Michael Kubina

Ulbrichts Scheitern

BEITRÄGE ZUR GESCHICHTE VON MAUER UND FLUCHT

Herausgegeben von der Stiftung Berliner Mauer

Michael Kubina

Ulbrichts Scheitern

Warum der SED-Chef nicht die Absicht hatte, eine »Mauer« zu errichten, sie aber dennoch bauen ließ

Ch. Links Verlag, Berlin

Editorische Notiz: Die Schreibweise in Zitaten und Aktenbezeichnungen folgt dem Original. Offensichtliche Rechtschreibfehler wurden stillschweigend korrigiert.

Die Deutsche Nationalbibliothek verzeichnet diese Publikation in der Deutschen Nationalbibliografie; detaillierte bibliografische Daten sind im Internet über www.dnb.de abrufbar.

1. Auflage, Oktober 2013
© Christoph Links Verlag GmbH
Schönhauser Allee 36, 10435 Berlin, Tel. (030) 44 02 32-0
www.christoph-links-verlag.de; mail@christoph-links-verlag.de
Umschlaggestaltung unter Verwendung eines Plakates zum V. Parteitag der SED 1958
Lektorat: Margret Kowalke-Paz, Berlin
Satz: Michael Uszinski, Berlin
Druck und Bindung: Druckerei F. Pustet, Regensburg

ISBN 978-3-86153-746-5

Inhalt

Vorwort

Zunächst einmal könnte man fragen: Warum denn noch ein weiteres Buch zur Vorgeschichte des Mauerbaus, wo doch in den »Jubiläumsjahren« um den 20. Jahrestag des Mauerfalls 2009 und den 50. Jahrestag des Mauerbaus 2011 zahlreiche Bände erschienen sind, die die politische Geschichte sowohl national als auch international einzuordnen und zu kontextualisieren suchten? Es waren Arbeiten, welche die Schicksale der Opfer des Mauerregimes sowie regionale Aspekte des Mauerbaus beleuchteten und die politische Entscheidungsfindung untersuchten, Verantwortlichkeiten definierten, aber auch neue Erkenntnisse zur militärischen Disziplinierung der Soldaten, zur Infrastruktur der Grenzanlagen oder etwa Strategien des künstlerischen Umgangs mit dem Bauwerk in den Fokus des Interesses rückten.

Was den Weg der politischen Entscheidungsfindung und der Kontextualisierung des Mauerbaus angeht, so hat die einschlägige Literatur der letzten Jahre eine Vielzahl von Werken hervorgebracht, die relativ stringent, mitunter aufeinander aufbauend bzw. sich gegenseitig zitierend argumentieren. Der Generalsekretär des ZK der SED bzw. ab 1953 der Erste Sekretär des ZK der SED, Walter Ulbricht, soll, so heißt es relativ einhellig, bereits 1952 die Absicht gehabt haben, zur Verhinderung der Massenflucht aus der DDR über das »Schlupfloch« Berlin die Sektorengrenzen schließen zu lassen. Als Hauptargument für dieses Bestreben wird die vermeintlich stetig steigende Zahl von

Flüchtlingen aus der DDR in den Westen herangezogen. Zur Erinnerung: Ende Mai 1952 war die innerdeutsche Grenze auf Geheiß der SED geschlossen und infolgedessen sowie aufgrund der verstärkten Fluchtbewegung der Grundstein für das Bundesnotaufnahmelager in Berlin-Marienfelde gelegt worden. Am 14. April 1953 wurde dieses, wenn auch noch längst nicht endgültig fertiggestellt, von Bundespräsident Theodor Heuss in Berlin eingeweiht.

Michael Kubina widerspricht dieser auf den ersten Blick geradlinigen Argumentation und widmet sich in seiner detaillierten, auf deutschen und russischen Quellen basierenden Studie vielmehr der Frage, was Ulbricht ab 1952 eigentlich genau und warum forderte und welchen Zweck die von ihm beabsichtigte Kontrolle der Grenzen zu West-Berlin erfüllen sollte. Überspitzt und auf die berühmte Pressekonferenz Ulbrichts vom 15. Juni 1961 anspielend wäre zu fragen: Hatte SED-Chef Walter Ulbricht tatsächlich *nicht* »die Absicht, eine Mauer zu errichten«?

Der Autor arbeitet in überaus akribischer wie ebenso kritischer Analyse der vorliegenden Literatur zum Thema eine Akzentverschiebung in der Deutung heraus, die man folgendermaßen charakterisieren könnte: Ulbricht und die SED-Führung nahmen die »Republikflucht« zunächst nicht als sonderlich bedrohlich wahr, sondern sahen in den Flüchtlingen vor allem »Klassenfeinde«, auf die beim Aufbau des Sozialismus und der angestrebten »klassenlosen Gesellschaft« verzichtet werden konnte. Als »gläubige Kommunisten« und als »Überzeugungstäter« der ersten Stunde waren sie von der perspektivischen Überlegenheit des Sozialismus ohnehin fest überzeugt. Erst als die Abwanderung aus der DDR und die vielzitierte »Abstimmung mit den Füßen« am Ende der zweiten Berlinkrise ein bedrohliches Ausmaß annahmen, entschied der sowjetische Parteichef Nikita Chruschtschow, das Fluchtproblem durch die Schließung der Sektorengrenze in Berlin zu lösen. In zweifacher Hinsicht war Ulbricht also gescheitert: Das für 1961 angekündigte »Überholen« Westdeutschlands erwies sich als Illusion, und West-Berlin wurde als »Pfahl im Fleisch der DDR« konserviert.

Ferner ließe sich – wie auch der Autor dies tut – fragen, ob der politische Weg zur Mauer also einer der sukzessiven und zielgerichteten Einmauerung der DDR-Bevölkerung mit dem Hauptziel der vollständigen Fluchtverhinderung war oder, wie der Autor herauszuarbeiten bemüht ist, doch eher einer des Abschieds von Illusionen auf beiden Seiten. Erkannten die Kommunisten um Ulbricht mit dem Mauerbau doch politische Realitäten an, die sie nicht einfach ändern, sondern vielmehr nur akzeptieren konnten, nämlich die Präsenz der Westmächte in Berlin und damit inmitten der DDR. Daneben stand die in den 50er Jahren enorm gewachsene Wirtschaftsmacht Westdeutschlands. Mit dem brutalen Akt der Spaltung der Stadt manifestierte sich zugleich die ostdeutsche Erwartung, dass auch der Westen die Realität der DDR zu akzeptieren hätte.

Die wissenschaftliche Publikationsreihe der Stiftung Berliner Mauer bietet sich für die Verbreitung dieser neuen Forschungsergebnisse an, da man von ihr die Diskussion der unterschiedlichen Dimensionen des Bauwerks, mit dem die SED-Diktatur ihren Herrschaftsanspruch für alle Welt sichtbar materialisierte und vor allem die eigene Bevölkerung einsperrte, wie auch seiner historischen Einordnung erwartet. Der Reihe kommt somit auch die Funktion eines Forums für neueste Untersuchungen zu. Die hier veröffentlichten Beiträge müssen sich zukünftigen wissenschaftlichen Debatten stellen. Dabei geht es immer auch um die Diskussion neuerer bzw. um das theoretisch fundierte Hinterfragen älterer Erkenntnisse. Dass der vorliegende Band immer wieder mit als gesichert geltenden Erkenntnissen und Argumentationslinien bricht, ist eine Qualität des Textes, die mit großer Wahrscheinlichkeit zu engagierter Gegenrede anregt.

Michael Kubina beschäftigt sich seit Jahren mit der Geschichte der SED und der ihre Herrschaft legitimierenden Mauer. Der Ursprung der nun vorliegenden Arbeit ist im Rahmen des von der Deutschen Forschungsgemeinschaft von 2007 bis 2010 geförderten interdisziplinären Forschungsvorhabens »Die Berliner Mauer als Symbol des Kalten Krieges: Vom Instrument der SED-Innenpolitik zum Baudenkmal von internationalem Rang« zu verorten. Dieses Projekt, das von Leo Schmidt (Lehrstuhl Denkmalpflege der Brandenburgischen Technischen Universität Cottbus), Manfred Wilke (Institut für Zeitgeschichte München–Berlin) und Winfried Heinemann (Zentrum für Militärgeschichte und Sozialwissenschaften der Bundeswehr, Potsdam) geleitet wurde, untersuchte die Berliner Mauer in ihrem prozesshaften Charakter und in der Wechselwirkung von politischer Absicht, materieller Ausführung und militärischer Praxis. Dieser interdisziplinäre Dreiklang sollte helfen, die vielschichtige Aussagekraft und Bedeutung der Berliner Mauer als herausragendes Geschichtsdenkmal des 20. Jahrhunderts möglichst umfassend zu verstehen.

Im Ansatz bereits während der Projektlaufzeit, doch vor allem nach Ablauf des Projektbewilligungszeitraums erweiterte Michael Kubina sein Forschungsinteresse auf die Zeit weit vor dem Mauerbau, um Entwicklungslinien und Entscheidungsfindungsprozesse transparent und akribisch nachzeichnen zu können. Dass es dabei immer auch um das kritische Untersuchen der Sekundärliteratur gehen musste, erklärt sich beinahe von selbst.

Die Stiftung Berliner Mauer dankt dem Autor dieser Studie herzlich für seine Bemühungen, mit neuen Fragestellungen den Blick auf die Vorgeschichte eines der schwärzesten Tage des deutschen Nachkriegsgeschehens zu lenken. Die Untersuchung trägt nicht nur dazu bei, Licht auf bislang häufig noch unbekanntes Quellenmaterial zu werfen, sondern sie exemplifiziert ebenso, wie eine differenzierte Analyse bereits zum Teil vielfältig herangezogenen Quellenmaterials zu neuen Deutungsansätzen führen kann.

Dr. Marc-Dietrich Ohse besorgte das gründliche wissenschaftliche Lektorat, Margret Kowalke-Paz vom Ch. Links Verlag das Verlagslektorat und die Endredaktion. Ihnen sei ebenso herzlich für ihre große Mühe, ihre Geduld und ihre einfühlsame Bearbeitung des Textes gedankt wie schließlich dem Verleger, Dr. Christoph Links, der das Publikationsprojekt mit großer Energie unterstützte.

Berlin, im August 2013

Prof. Dr. Axel Klausmeier
Direktor der Stiftung Berliner Mauer

Einführung

»Früher war der Ostteil Berlins von einer Mauer umschlossen. Wie lange ist der Fall dieser Mauer her?«[1] Das fragte 2009, anlässlich des 20. Jahrestages des Mauerfalls, der Berliner »Tagesspiegel« die Kinder unter seinen Lesern. Wahrscheinlich ist den wenigsten unter ihnen aufgefallen, dass in diesem Fall wirklich einmal die Frage falsch war, obwohl ja Fragen angeblich nicht falsch sein können, sondern nur die Antworten. Wie wir alle wissen, war nicht der Ostteil der Stadt von einer Mauer umschlossen, sondern der Westteil, wenn auch die Ost-Berliner und DDR-Bewohner die Eingemauerten waren und nicht die West-Berliner, für die die Mauer »Löcher« hatte. Der »Tagesspiegel« hat sich natürlich sofort für seinen Fehler entschuldigt, aber leider nicht mitgeteilt, wie es zu einem solchen Fehler in der Zeitung des (West-)Berliner Bildungsbürgertums kommen konnte. Wahrscheinlich ist der Grund relativ banal. Ein engagierter Jungredakteur hat messerscharf aus den ihm vorliegenden Informationen seinen Schluss gezogen: 1989 rissen die Ost-Berliner die Mauer nieder und stürmten begeistert in die Freiheit. Folglich war Ost-Berlin eingemauert. Dieser Schluss war naheliegend und plausibel, aber nichtsdestoweniger falsch.

1 Der Tagesspiegel, 5.9.2009, Kinderseite.

Für die richtige Bewertung von historischen Daten und Texten ist die Berücksichtigung ihres Kontextes von entscheidender Bedeutung, da sie eben nicht aus sich selbst heraus sprechen, sondern nur in ihrem Bezugsrahmen historisch interpretierbar sind. Bei aktuellen Texten und Daten können wir als Zeitgenossen meist deren Kontext mehr oder weniger unbewusst mitdenken, jedenfalls wenn diese aus demselben Kulturkreis kommen, in dem wir leben. Je weiter Daten und Texte von unserer eigenen Lebenswirklichkeit entfernt sind, egal ob zeitlich, kulturell, politisch, ökonomisch etc., desto schwieriger ist es für uns, sie in ihrem richtigen Sinnzusammenhang zu erfassen, sie also richtig zu verstehen. Die Daten und Texte des Umgangs der SED-Führung mit ihrer Mauer, mit der Grenze in Deutschland und Berlin, der Grenze zwischen zwei unterschiedlichen, ja sich feindlich gesinnten gesellschaftlichen und wirtschaftlichen Ordnungen, zwischen zwei Militärbündnissen, zwischen grundverschiedenen Menschen- und Weltbildern können nur richtig verstanden werden, wenn man ihren konkreten historischen Kontext, die Gedankenwelt der SED-Führer und deren Welt- und Menschenbild zur Basis ihrer Interpretation macht, jedenfalls wenn man Fehlschlüsse wie solche in der Art des (vermutlich) Jungredakteurs des Berliner »Tagesspiegels« vermeiden will. Das hat nichts mit Äquidistanz oder Wertneutralität zu tun. Selbstverständlich ist es legitim, ja notwendig, eigene, für richtiger gehaltene Maßstäbe an das Handeln der SED-Führer anzulegen, wenn es darum geht, dieses zu beurteilen. So abstrus wie das Bauwerk Berliner Mauer selbst war auch die Argumentation, die seitens der SED zu dessen Rechtfertigung vorgebracht wurde, jedenfalls dürften es die meisten Menschen so wahrgenommen haben. Die Mauer sei ein »antifaschistischer Schutzwall« gewesen, und mit ihrem Bau sei der Frieden gerettet worden. Die Todesopfer an der Mauer seien, wenn sie nicht selbst schuld waren, weil sie unerlaubt ein »Sperrgebiet« betreten hatten, »Opfer des Kalten Krieges«, nicht etwa der SED-Führung. So jedenfalls war die Argumentation der politischen wie auch der militärischen Führung Ostdeutschlands nach ihrem Machtverlust. Vorher waren es schlicht »Grenzverletzer«. Thematisiert wurden sie öffentlich nur, wenn es wegen westlicher Berichterstattung nicht mehr anders ging. Ähnlich war es auch nach ihrem Machtverlust.[2]

---

2 S. dazu Kubina, Michael: Die SED und ihre Mauer. Der Umgang der SED-Führer mit Mauer und Schießbefehl nach ihrem Machtverlust, unveröffentlichtes Manuskript, 2012, und zwei bereits daraus veröffentlichte Auszüge: Kubina, Michael: »Nichts Wesentliches unberücksichtigt gelassen«. Honecker und die Mauer. Versuch eines Psy-

Für den Verfasser war es zunächst doch etwas überraschend, wie hartnäckig die allermeisten einstigen Führungsmitglieder auch nach dem Zusammenbruch ihres Staates an den alten Rechtfertigungen festhielten (»antifaschistischer Schutzwall«, Friedensrettung), wie wenig sie sich der offenkundigen Tatsache stellten, dass diese Mauer in erster Linie dazu gedient hatte, die eigene Bevölkerung daran zu hindern, dem »sozialistischen Paradies« einfach den Rücken zu kehren. War dies ihrer anhaltenden ideologischen Verblendung zuzuschreiben, einem massiven Verdrängungsmechanismus, oder war es einfach nur dreiste Lüge? Letzterem könnte man zuneigen, wenn man sich veranschaulicht, wie weit ihr eigenes Leben sich bereits von den ideologischen Prämissen und Ansprüchen entfernt hatte. Sie predigten öffentlich Wasser und tranken selbst heimlich Wein. Was Heinrich Heine gut einhundert Jahre zuvor den damals Herrschenden, insbesondere der Kirche, vorwarf, nämlich es sich selbst bereits auf Erden recht behaglich eingerichtet zu haben, dem Volke »mit dem Eiapopeia vom Himmel« aber Entsagung zu predigen, traf auch auf jene zu, die für sich in Anspruch nahmen, umzusetzen, wovon Heine noch nur träumen konnte: »hier auf Erden schon das Himmelreich« zu errichten.[3] Die SED-Führer predigten »Abgrenzung« vom Westen und hielten ihre Bevölkerung mit Gewalt fern von der westlichen Konsumwelt wie auch, so weit wie möglich, von der westlichen Geisteswelt. Für Letztere interessierten sie sich selbst allerdings eher weniger, Ersterer gegenüber waren sie dafür umso aufgeschlossener, wenn es um ihren eigenen Lebensstil ging. Dass es Poesie, Geist und Freiheit im irdischen Himmelreich, im Kommunismus möglicherweise schwerhaben würden, dass aus dem siegreichen Proletariat vielleicht eine neue Spießbürgerwelt hervorgehen würde, das schwante auch schon Heine kurz vor seinem Tod.[4] Hierbei ging die selbsternannte Avantgarde wirklich voran. Wie

chogramms, Zeitschrift des Forschungsverbundes SED-Staat, Nr. 30/2011, S. 42 – 68; Kubina, Michael: Alfred Neumann und die Mauer. Wie mit Hilfe eines ehemaligen SED-Historikers aus einem Poltergeist im Politbüro posthum Ulbrichts Favorit wurde, so daß ein Ehrenvorsitzender ihn seligsprechen konnte, Zeitschrift des Forschungsverbundes SED-Staat, Nr. 29/2011, S. 170 – 176.

3 Heine, Heinrich: Deutschland. Ein Wintermärchen, in: Heine, Heinrich: Werke in fünf Bänden, Bd. 2, Berlin, Weimar 1967, S. 94 – 165, hier S. 95.

4 S. Vermächtnis. Vorwort zur französischen Ausgabe der Lutetia (1855), in: Heine, Werke, Bd. 5, S. 437 – 446, hier S. 442 – 445. Heines albtraumartige Vision vom Sieg des Kommunismus dürfte zu den deutlichsten offen kommunismuskritischen Zeilen zählen, die je in der DDR den Weg am allgegenwärtigen Zensor vorbei geschafft haben. Dies ist umso bemerkenswerter, als die Lutetia selbst gar nicht in dieser fünfbän-

einst die Herrschenden im reaktionären Deutschland hatten es sich auch die neuen »Arbeiterführer« bequem gemacht, in Wandlitz, in ihren Jagddomizilen oder auf der für die »Arbeiterführer« reservierten Ostseeinsel Vilm. Und wie zum Beweis dafür, dass der Kommunismus Schutzmauern benötigt, mauerten sie sich auch ihren Wandlitz-Kommunismus ein. Das, was hier »jeder nach seinen Bedürfnissen« bekam, waren allerdings zum Ende hin fast hundertprozentig Konsumgüter westlicher Produktion: von der Kaffeesahne über den Videorekorder bis hin zu den Luxuskarossen westlicher Automarken. Doch dieser Wandlitz-Kommunismus blühte erst hinter der doppelten »Mauer«, jener um West-Berlin und jener um die »Waldsiedlung Wandlitz« in den 70er und 80er Jahren so richtig auf.[5]

Dieses Buch befasst sich mit der Zeit vor dem Mauerbau. Allein mit dieser mehr oder weniger gebräuchlichen Bezeichnung für die 50er Jahre, für die Zeit zwischen der administrativen Spaltung Berlins 1948 und dem Mauerbau 1961, sind wir mittendrin in der Problematik, die in den folgenden Kapiteln behandelt wird. »Die Zeit vor dem Mauerbau« wird mit einer solchen Formulierung von ihrem Ende her definiert. Von der Lebenswirklichkeit der Zeitgenossen her betrachtet, war diese Umschreibung sinnvoll, da sich das Leben davor und danach für die meisten recht deutlich unterschied. So betrachtet ist es aber auch nicht mehr weit zu der Vorstellung, diese Zeit wäre eine gewesen, die etwa gezielt oder gar alternativlos auf den Bau der Mauer in Berlin zusteuerte. In der populärwissenschaftlichen wie auch in der Forschungsliteratur sind solche Vorstellungen recht verbreitet. Auch der Verfasser selbst ging annähernd von einer solchen aus, als er sich der Arbeit an diesem Buch zuwandte. Dennoch ist sie falsch.

Und damit sind wir wieder bei dem eingangs angeführten Problem der Kontextabhängigkeit schriftlicher, ja letztlich aller Überlieferungen. Das (westliche) Bild von der Mauer ist seit Jahrzehnten von einigen mehr oder weniger konstanten (nicht zuletzt politisch motivierten) Grundannahmen geprägt, die einer quellenkritischen Überlieferung nicht immer standhalten. Dazu gehört etwa die Vorstellung, die über Jahre anhaltende Massenabwanderung aus der SBZ/DDR sei quasi von Anfang an eines der größten Probleme der SED gewesen, die SED habe sie von Anfang an und mit allen Mitteln als existenzbedro-

---

digen Ausgabe enthalten war, sondern erst drei Jahre später in einem Ergänzungsband erschienen ist.

5 Vgl. die Angaben in Anm. 2.

hend bekämpft. So seien beispielsweise auch die sukzessive eingeführten Sicherungsmaßnahmen an der Demarkationslinie zwischen der SBZ/DDR und den westlichen Zonen bzw. der Bundesrepublik gewissermaßen von Anfang an auf die Fluchtverhinderung gerichtet gewesen. Gegen Ende der 50er, Anfang der 60er Jahre habe die Flucht, vermeintlich stetig anwachsend, Ausmaße angenommen, die Moskau und die SED-Führung ihr Heil in der vollständigen und endgültigen Einbetonierung mittels einer »Mauer« mitten durch Berlin suchen ließen. Spätestens mit den Publikationen von Hope M. Harrison seit den 90er Jahren hat sich auch die Auffassung durchgesetzt, Walter Ulbricht habe bereits seit etlichen Jahren gegenüber Moskau auf den Bau einer Mauer zur Verhinderung der Abwanderung der DDR-Bewohner über das »letzte Schlupfloch« West-Berlin gedrängt. Wir werden diese Frage im Buch eingehender diskutieren.

Weitgehend war dies auch die Auffassung des Verfassers, und so wollte er, sich auf die einschlägige Literatur stützend, Walter Ulbricht als den »ewigen Mauerbauer« porträtieren, der sich seinen Sozialismus im Grunde von Anfang an nur mit einer eingemauerten Bevölkerung vorstellen konnte. Anschließend sollte sich der Hauptteil der Arbeit mit dem Umgang der SED-Führung mit der Berliner Mauer in den Jahren zwischen ihrem Bau und ihrem Fall befassen. Während der Arbeit am Kapitel zur Vorgeschichte der Berliner Mauer stieß der Verfasser jedoch auf einige Widersprüche in der Literatur, die gewohnte Sichtweisen, auch seine eigene, in Frage stellten. Bei der Überprüfung einiger grundlegender Quellen zur Vorgeschichte des Mauerbaus wurden aus diesen ersten leichten Irritationen dann Gewissheiten. Die bisherige, verbreitete Lesart, wonach Ulbricht bereits seit Anfang der 50er Jahre die Absicht gehabt habe, in Berlin eine »Mauer« zur Verhinderung der Flucht seiner Bürger zu bauen, war, so stellte sich immer deutlicher heraus, wissenschaftlich unhaltbar. Ähnliches gilt für die These oder Behauptung, alle Sicherungsmaßnahmen an der Demarkationslinie zwischen der Sowjetischen Besatzungszone und den westlichen Besatzungszonen hätten vor allem der Fluchtverhinderung gedient. Spätestens die Sicherungsmaßnahmen im Sommer 1952 werden fast durchweg so interpretiert. Nicht wenige Autoren unterstellen eine solche Zielsetzung auch schon den Sicherungsmaßnahmen in der zweiten Hälfte der 40er Jahre. Tatsächlich ist eine solche Interpretation aber eine, die ex post, mit dem Wissen um das Ende (Mauerbau oder gar den Untergang der DDR), alle vorangegangenen Maßnahmen zur Grenzsicherung nur unter dem Aspekt der Fluchtverhinderung betrachtete, der 1961 der primäre war, und sich vom konkreten historischen Kontext weitgehend gelöst hat.

Die vorliegende Abhandlung geht daher der Frage nach, ab wann Ulbricht und die SED-Führung die Abwanderung als Gefährdung, ja als existentielle Bedrohung wahrgenommen haben, ab wann die SED-Führung und Ulbricht persönlich zumindest vorübergehend nur noch in einer nahezu vollständigen Schließung der Grenzen die Lösung gesehen haben und ab wann das eindeutige Bestreben nachzuweisen ist, zur Fluchtverhinderung in Berlin so etwas wie eine Mauer zu errichten. Es geht also vor allem um die Frage, wie Ulbricht und die SED-Führung in den 50er Jahren mit dem Thema »Republikflucht« umgingen, ab wann sie es überhaupt als ernsthaftes und bedrohliches Problem wahrnahmen und wie es letztlich dazu kam, dass es im August 1961 mittels einer »Mauer« mitten durch Berlin »gelöst« wurde.

Da die Ergebnisse doch recht deutlich von den bisherigen, in der einschlägigen Literatur vertretenen Auffassungen abweichen, wurden nicht nur die Entwicklung dargestellt, sondern auch einige text- und quellenkritische Exkurse eingebaut sowie der Vergegenwärtigung des jeweiligen historischen Kontextes von Urteilen und Entscheidungen der SED-Führung relativ breiter Raum eingeräumt. Beides soll es erleichtern, nachzuvollziehen, wie es zu den hier korrigierten Vorstellungen in der Forschung kommen konnte.

Die Sicht auf die Vorgeschichte der Mauer war lange Zeit und ist, wie zu sehen sein wird, in Teilen bis heute, noch – bewusst oder unbewusst – von den *politischen* Prämissen der Zeit des Kalten Krieges geprägt. Eine von solchen Prämissen bestimmte Sicht muss natürlich nicht per se falsch sein und ist es zu großen Teilen auch nicht. Die Tatsache sollte jedoch im Forschungsprozess hinreichend problematisiert werden, um einen historischen Zugang zum Thema im Unterschied zu einem politischen zu gewinnen.[6] Dessen ungeachtet kann und sollte bei einem zeitgeschichtlichen Thema natürlich auch eine politische Bewertung erfolgen, aber eben nun auf der Basis historisch-wissenschaftlicher Erkenntnisse und nicht mehr nach den Gesetzen einer aktuellen politischen Kontroverse.

Die wesentlichen, den bisherigen Forschungsstand widerlegenden und der einschlägigen Literatur widersprechenden bzw. diese korrigierenden Aussagen dieser Arbeit seien hier schon einmal zusammenfassend vorweggenommen:

---

6 Zur Frage der Bedingungen zeitgeschichtlicher Forschung vgl. grundsätzlich Klein, Thomas: Kopflanger und Weißwäscher? Der Ort der Intelligenz als soziale Schicht in der heutigen Gesellschaft, Telegraph. Ostdeutsche Zeitschrift, Nr. 125/126, 2012, S. 64–69.

1. Die Sicherungsmaßnahmen an der Demarkationslinie in der zweiten Hälfte der 40er und in den 50er Jahren galten lange nicht bzw. nicht vorrangig der Fluchtverhinderung, sondern der »Verteidigung«, sie waren gegen Schmuggel, Sabotage, Spionage und Diversion gerichtet bzw. gegen alles, was die SED dafür hielt.
2. Ähnliches gilt für Ulbrichts »Mauerpläne« für Berlin aus dem Jahr 1952. Auch diese waren gegen West-Berlin, aber nicht oder zumindest nicht primär gegen die Flucht der DDR-Bürger gerichtet. Diese interessierte Ulbricht zu jenem Zeitpunkt noch gar nicht wirklich, waren es doch aus seiner Sicht vor allem Klassenfeinde, Nazis oder Kriminelle, die die DDR verließen.
3. Die Massenabwanderung aus der DDR war zunächst zu nennenswerten Teilen auch gezielte Vertreibung, die den sozioökonomischen Umbau der Gesellschaft erleichterte. Ulbricht hatte kein Sibirien wie Russland bzw. die Sowjetunion, wohin er die »Klassenfeinde« verbannen konnte. Die Ost-West-Abwanderung fand vom Sommer 1953 bis zum Ende 1957 vor allem infolge legaler, von der SED genehmigter Reisen nach Westdeutschland statt. Erst relativ spät wurde fast ausschließlich der Fluchtweg über Berlin gewählt. Und immerhin etwa ein Sechstel bis ein Siebentel der Ost-West-Abwanderung geschah in jenen Jahren mittels legaler Übersiedlungen, also mit einer Genehmigung durch die ostdeutschen Behörden.
4. Ab Mitte der 50er Jahre kam die SED-Führung nicht mehr an der Einsicht vorbei, dass unter den die DDR Verlassenden nicht nur »Feinde« und »Kriminelle« waren, sondern immer mehr auch Menschen, die sich vom besseren Lebensstandard (und vermeintlich gezielter, von Bonn generalstabsmäßig betriebener Abwerbung) nach Westdeutschland locken ließen, darunter viele Jugendliche, aber auch Arbeiter und Akademiker. Die Lösung des Problems sah die SED-Führung jetzt in dem mit »wissenschaftlicher Gewissheit« für die allernächste Zeit erwarteten »Wirtschaftswunder« in Ostdeutschland und in der mit ebensolcher Sicherheit erwarteten zyklischen Konjunkturkrise in Westdeutschland. Die Wanderungsbewegung würde sich dann, so war die ostdeutsche Führung überzeugt, einfach umkehren. Die SED-Führung und nicht zuletzt Ulbricht selbst standen eingedenk einer solchen vermeintlichen Perspektive dem Phänomen »Republikflucht« schlicht verständnislos gegenüber, sahen es weitgehend auch als Ergebnis eines, wie man heute sagen würde, Vermittlungsproblems.
5. Erst in der zweiten Hälfte der 50er Jahre setzte ein, allerdings sehr langsam verlaufender, Desillusionierungsprozess in der SED-Führung (und in Mos-

kau) hinsichtlich des eigenen Problemlösungspotentials ein, der aber auch immer wieder durch ermutigende, die eigenen ideologischen Sichtweisen vermeintlich bestätigende Entwicklungen gebremst wurde. Die DDR und Ost-Berlin sollten als »Schaufenster des Sozialismus« ausgebaut werden. Das war nicht nur eine propagandistische Phrase, sondern ernst gemeintes, als realistisch eingestuftes Nahziel von Ost-Berlin und Moskau.

6. Ulbricht und die SED-Führung sahen West-Berlin als Teil der DDR. So wie es als Relikt des Zweiten Weltkrieges existierte, würde es nicht bleiben können. Sie strebten die »Eroberung« West-Berlins an, nicht dessen Einmauerung und dauerhafte Konservierung als »Pfahl im Fleische« der DDR.
7. Erst als sich 1960 abzeichnete, dass die ehrgeizigen Ziele des Siebenjahrplanes, nämlich Westdeutschland bis 1961 im Konsum zu überholen, nicht erreicht werden würden und gleichzeitig bei Ulbricht Zweifel an der Fähigkeit und am Willen Chruschtschows stärker wurden, sein Ultimatum an die Westmächte in absehbarer Zeit umzusetzen, ließ Ulbricht insgeheim einen »Plan B« zur Verhinderung der Flucht der DDR-Bewohner vorbereiten. Dieser sah verschiedene Stufen der Abriegelung vor, bis hin zur Unterbindung jeglichen unkontrollierten Verkehrs über die Grenzen nach West-Berlin.
8. Ulbrichts Wunsch oder Ziel war es aber auch 1961 nicht, eine Mauer durch Berlin zu bauen, sondern die Umsetzung von Chruschtschows Ultimatum, d.h. die Übernahme aller Kontrollfunktionen im Verkehr von und nach West-Berlin durch die DDR und die sukzessive Integration des Westteils der Stadt in den Herrschaftsbereich der SED. Das Mauerszenario war nur ein Notfallszenario und zugleich Instrument, um Chruschtschow, der die Mauerlösung nicht wollte, zum Abschluss eines Friedensvertrages wenigstens mit der DDR zu bewegen. Letzteres erwies sich als Fehlkalkulation, da Chruschtschow erkannte, dass die »Mauer« das akute Fluchtproblem löste und West-Berlin gleichzeitig Moskau als Druckmittel gegen den Westen erhalten blieb. Die Mauerlösung war eine Niederlage Ulbrichts, nicht nur, weil sie offenbarte, dass der Siebenjahrplan gescheitert war und sein Staat kurz vor dem Zusammenbruch stand, sondern auch gegenüber Chruschtschow, der nicht bereit war, der DDR die zugesagte volle Souveränität zu geben.

Vergegenwärtigt man sich *diese* Vorgeschichte der »Mauer«, wird deutlich, dass einiges von dem, was die SED-Führer in ihrer Propaganda und auch noch in ihren Stellungnahmen nach ihrem Machtverlust behaupteten und das den meisten von uns heute wie damals als purer Zynismus und dreiste Lüge erscheint, doch einen *gewissen* Bezug zur tatsächlichen Entstehungsgeschichte der »Mauer« aufweist: Die Grenzsicherung war tatsächlich ursprünglich primär als »Verteidigungsmaßnahme« gedacht und sollte den Verkehr von Menschen und Waren über die Grenze unter Kontrolle bringen. Das ist seit jeher der Zweck von Grenzen. Und auch die Überlegungen zur Errichtung einer strikteren Kontrolle an der Sektorengrenze in Berlin waren ursprünglich darauf gerichtet, den westlichen Einfluss auf die DDR zu minimieren. Es ging damals, nimmt man einmal für einen Moment die Sicht der SED-Führung ein, tatsächlich um einen »antifaschistischen Schutz«- und noch nicht um einen Fluchtverhinderungswall. Erst Ende der 50er Jahre, deutlich ab 1960 begann ein ganz anderes Motiv, eben das der Fluchtverhinderung, das ursprüngliche zu überlagern, ja zum fast alleinigen Zweck der dann tatsächlich gebauten »Mauer« zu werden. Diese war hernach in der Tat und anders, als die einstigen SED-Größen fast durchweg noch nach 1989 glauben machen wollten, keine Schutz- und Trutzmauer mehr, sondern eine Gefängnismauer. Doch die Genesis dieser »Mauer-Idee« erleichterte es der SED-Führung, ihre Lebenslüge vom »antifaschistischen Schutzwall« so lange aufrechtzuerhalten. Eine Lüge war es dennoch.

Noch zwei editorische Hinweise: Die Schreibweise des Namens der Westhälfte Berlins war bis 1990 ein Politikum. In der hier vorliegenden Arbeit wird die von Bundesregierung und Berliner Senat im Alltag benutzte Schreibweise West-Berlin benutzt, in der Regel nicht die amtliche westliche »Berlin (West)« und auch nicht die ebenfalls gebräuchliche, seit dem Mauerbau 1961 zudem faktisch einem politischen Statement gleichkommende Schreibweise »Westberlin«, da sie die östliche Sichtweise von der angeblich »besonderen politischen Einheit Westberlin« stützte. Lediglich in Zitaten wurden von West-Berlin abweichende Schreibweisen und – gegebenenfalls – auch die alte deutsche Rechtschreibung beibehalten.

Für die Schreibweise von ursprünglich in kyrillischer Schrift geschriebenen Personennamen existiert keine allen Wünschen gerecht werdende Übertragungsregel. Im Sinne einer besseren Lesbarkeit für den des Russischen nicht Mächtigen wurde im Text bei handelnden Personen in der Regel die gebräuchlichere Transkription des Duden (z. B. Kwizinski), bei kyrillischen Autorennamen von Literatur in kyrillischer Schrift sowie in den Angaben zu anderen

Quellen in kyrillischer Schrift aber die wissenschaftliche Transliteration benutzt (z. B. Kvicinskij). Auch diese Verfahrensweise war aber nicht konsequent durchzuhalten, da zum einen zuweilen deutsche Verlage für die Namen russischer Autoren Schreibweisen benutzen, die weder der Duden-Transkription noch der wissenschaftlichen Transliteration entsprechen (z. B. Kwizinskij), zum anderen in englischen Zitaten die dort benutzte Schreibweise beibehalten werden musste (z. B. Kvitsinsky).

Die Genesis dieser Arbeit war, wie diese Vorbemerkungen vielleicht schon haben deutlich werden lassen, nicht ganz einfach. Abschließend sei daher noch all jenen gedankt, die am Zustandekommen dieses Buches hilfreich beteiligt waren. Die Arbeit geht zurück auf das interdisziplinäre Forschungsprojekt »Die Berliner Mauer als Symbol des Kalten Krieges: Vom Instrument der SED-Innenpolitik zum Baudenkmal von internationalem Rang« unter der Leitung von Leo Schmidt (Lehrstuhl Denkmalpflege der Brandenburgischen Technischen Universität Cottbus), Manfred Wilke (Institut für Zeitgeschichte München–Berlin) und Winfried Heinemann (Militärgeschichtliches Forschungsamt der Bundeswehr in Potsdam), das von 2007 bis 2010 von der Deutschen Forschungemeinschaft gefördert wurde. Allen Projektpartnern sei hier noch einmal für die kollegiale Zusammenarbeit gedankt. Erst gegen Ende des Förderzeitraumes tauchten für den Verfasser die hier bereits angedeuteten neuen Fragen auf, die zu einer Verschiebung des thematischen Schwerpunktes auf die Zeit vor dem Mauerbau führten und in dem hier nun vorliegenden Buch mündeten. Stellvertretend für alle Mitarbeiter der benutzten Archive sei hier Frau Irene Schaarschmidt von der Behörde der/des Bundesbeauftragten für die Unterlagen des Staatssicherheitsdienstes der ehemaligen Deutschen Demokratischen Republik (BStU) gedankt, die sich den immer neuen Recherchewünschen des Verfassers mit nicht nachlassendem Engagement widmete. Steffen Alisch hat eine erste Rohfassung des Manuskriptes kritisch durchgesehen. Marc-Dietrich Ohse hat sich nicht weniger kritisch der Endfassung des Manuskriptes angenommen und zudem ein gründliches erstes Lektorat besorgt. Beiden Kollegen sei herzlich gedankt. Zu danken ist nicht zuletzt auch meiner Frau Sylvia, nicht nur, weil ohne ihre Unterstützung das Projekt schon rein finanziell nicht zu Ende zu bringen gewesen wäre. Sie besorgte zudem jede gewünschte Literatur, gab zahlreiche hilfreiche Hinweise und war auch zum Schluss eine unersetzliche Hilfe bei der Überprüfung und Vereinheitlichung der Literaturangaben. Es erübrigt sich zu sagen, dass die Verantwortung ungeachtet aller Hilfe allein der Verfasser trägt.

Mein Dank gilt natürlich zudem der Stiftung Berliner Mauer und insbesondere ihrem Direktor Axel Klausmeier, der das Projekt auch in schwierigen Phasen ganz persönlich unterstützte und die Publikation der Arbeit in der wissenschaftlichen Reihe der Stiftung ermöglichte. Nicht zuletzt sei auch dem Ch. Links Verlag für die Aufnahme des Buches in sein Programm und Margret Kowalke-Paz für das gründliche Verlagslektorat und die Endredaktion gedankt.

I. Sozialismus statt Barbarei – lichte Zukunft (1945–1953)

Wie konnten die Führer eines Staates, der sich als »demokratische Republik« bezeichnete, auf die Idee kommen, die eigene Bevölkerung einzumauern, sie mit Stacheldraht und Maschinenpistolen daran zu hindern, in die andere Hälfte des Landes oder der Hauptstadt zu kommen? Und wie konnten sie darauf verfallen, eine solche ja offenkundig nach innen gerichtete Befestigungsanlage »antifaschistischer Schutzwall« zu nennen, wo doch das äußere Erscheinungsbild damals jeden an die Umzäunungen der nationalsozialistischen Konzentrations- und Vernichtungslager[1] oder des Warschauer Ghettos erinnern musste? Der Untergang des nationalsozialistischen Deutschlands lag schließlich gerade einmal 16 Jahre zurück. Und wie ist es zu verstehen, dass die Erbauer einer solchen Mauer allen Ernstes behaupteten, mit ihrem Bauwerk den Weltfrieden gerettet zu haben?

Die Mauerbauer hatten offenbar eine ganz eigene Sicht auf die Welt, eine Sicht, die sich von unserer heutigen und auch der vieler ihrer Zeitgenossen ganz erheblich unterschied. Sie sahen die Welt durch die Brille der Ideologie des Marxismus-Leninismus. Viele meinen heute, dass es sich um eine sehr

1 Demke, Elena: »Antifaschistischer Schutzwall« – »Ulbrichts KZ«. Kalter Krieg der Mauer-Bilder, in: Die Mauer. Errichtung, Überwindung, Erinnerung, hg. von Klaus-Dietmar Henke, München 2011, S. 96–110.

trübe Brille handelte, durch die man die Welt nur sehr verzerrt wahrnehmen konnte. Die DDR-Marxisten selbst waren aber – zumindest darf man dies wohl noch für die 50er und 60er Jahre unterstellen – überzeugt, über die einzige »wissenschaftliche Weltanschauung« zu verfügen und daher die Dinge besonders klar zu erkennen, beispielsweise das Wesen imperialistischer Staaten allgemein und das des westdeutschen Staates im Besonderen. Zudem schien ihr eigenes Erleben – vom Ersten bis zum Zweiten Weltkrieg – die »wissenschaftliche Lehre« zu bestätigen.

Seit 1945 stand die Rote Armee mitten in Deutschland. Das Mutterland der kommunistischen Heilslehre war von den alliierten Siegermächten militärisch besetzt. Deren Kampf gegen Deutschland wurde bald abgelöst vom Kampf um Deutschland. Die aus Ost-Berlin finanzierte und gesteuerte KPD in Westdeutschland wurde zum östlichen Brückenkopf. Obwohl weitgehend erfolglos, wurde sie dort 1956 vom Bundesverfassungsgericht verboten. West-Berlin wurde zum westlichen Brückenkopf gegen die DDR. Vor allem von hier aus agierten die westlichen Geheimdienste, hier hatten von diesen oder vom Gesamtdeutschen Ministerium in Bonn finanzierte Widerstands- und Sabotageorganisationen ihren Sitz, von hier strahlten westliche Rundfunksender in die DDR.[2] Hier sollte sich die wirtschaftliche Überlegenheit des Westens besonders augenfällig zeigen. West-Berlin wurde zum »Schaufenster des Westens«.[3]

An der Spitze der Kommunistischen Partei in Deutschland standen seit 1945 die »Moskau-Kader« – in der Sowjetunion geschulte und auf ihre Aufgaben im Nachkriegsdeutschland vorbereitete kommunistische Exilanten.[4] Ihr Weltbild war nicht nur von der marxistisch-leninistischen Lehre, sondern auch von den Niederlagen des deutschen Proletariats einerseits und den vermeintlichen Erfolgen der russischen Kommunisten beim Aufbau des Sozialismus in Russland andererseits geprägt. Der Kapitalismus, so meinten sie mit

2 Maddrell, Paul: Exploiting and Securing the Open Border in Berlin: The Western Secret Services, the Stasi, and the Second Berlin Crisis, 1958–1961, Washington, February 2009 (Cold War International History Project; Working Paper; 58).

3 Vgl. für die diversen Aspekte dieser Systemkonkurrenz in und um Lemke, Michael (Hg.): Schaufenster der Systemkonkurrenz. Die Region Berlin-Brandenburg im Kalten Krieg, Weimar, Wien 2006, passim; Lemke, Michael: Vor der Mauer. Berlin in der Ost-West-Konkurrenz 1948 bis 1961, Köln, Weimar 2011, passim.

4 Erler, Peter: »Moskau-Kader« der KPD in der SBZ, in: Anatomie der Parteizentrale. Die KPD/SED auf dem Weg zur Macht, hg. von Manfred Wilke, Berlin 1998, S. 229–291.

der Sicherheit wissenschaftlicher Erkenntnis zu wissen, führe zwangsläufig zu Wirtschaftskrisen, Kriegen und einer zunehmenden Verelendung der arbeitenden Massen. Die Entwicklung nach der wegen des »Verrats« der Sozialdemokratie gescheiterten Revolution 1918/19 schien ihre Überzeugung zu bestätigen. Wenige Jahre später erlebte die Welt eine Wirtschaftskrise bisher ungekannten Ausmaßes. Allerdings erhob sich das deutsche Proletariat nicht. Es erhob sich auch nicht, als Sozialdemokraten und Kommunisten von den im Gefolge der Krise an die Macht gelangten Nationalsozialisten in Konzentrationslager gesperrt, ermordet oder ins Exil getrieben wurden. Die Herrschaft der Nationalsozialisten war ein Rückfall in tiefste Barbarei. Der von ihnen vom Zaune gebrochene Zweite Weltkrieg übertraf noch die Schrecken des Ersten. Rosa Luxemburgs während des Ersten Weltkrieges aufgerichtetes Menetekel, die Menschheit stehe vor der Alternative »Sozialismus oder Barbarei«, schien auf schrecklichste Art bestätigt worden zu sein.[5] 1961 drohte aus der Sicht der Kommunisten in Moskau und Ost-Berlin der »Aufbau des Sozialismus« in Deutschland erneut zu scheitern, weil die Menschen sich unter der Parole der »sozialen Marktwirtschaft« vom »westdeutschen Imperialismus« ihre »historische Mission« abkaufen ließen.

Die beiden Männer, die die DDR zeit ihres Bestehens diktatorisch führten, Walter Ulbricht und Erich Honecker, hatten etwas gemein, das für die Karrieren von Politikern in der Regel nicht unbedingt förderlich ist. Beiden fehlte jedes Charisma, und ihre hohe, fistelnde Stimme machte das Zuhören, ganz unabhängig vom Inhalt ihrer Rede, für die meisten zu einer Zumutung. Zu diesen augen- und ohrenfälligen Gemeinsamkeiten kommt noch eine weitere hinzu, die, wenn vielleicht nicht auf den ersten, dann aber doch auf den zweiten Blick unübersehbar war: Ihre geistigen Fähigkeiten blieben insgesamt recht beschränkt; eine intensive und eigenständige Auseinandersetzung mit der marxistisch-leninistischen Theorie haben sich beide, wohl nicht zuletzt aus Einsicht in die unzureichenden eigenen Fähigkeiten, erspart. Bildung im eigentlichen Sinne fehlte ihnen vollständig. Dies müssen sie sich nicht vorhalten lassen, aber es muss bedacht werden. Ihre Kenntnisse in Philosophie und Geschichte beschränkten sich auf ideologische Versatzstücke. Zur Kunst hatten

---

5 Die Formulierung dieser Alternative geht auf Friedrich Engels zurück, wurde von Rosa Luxemburg aufgegriffen und durch ihre unter dem Pseudonym Junius geschriebene Broschüre Die Krise der Sozialdemokratie aus dem Jahr 1916 zur einschlägigen Parole. Hinter der Formulierung stand die Überzeugung, dass der Kapitalismus zwangsläufig Kriege hervorbringe.

sie, wenn überhaupt, ein rein instrumentelles Verhältnis. Diesen vermeintlichen Nachteilen zum Trotz haben sie jedoch beide zusammen fast ein halbes Jahrhundert an der Spitze des Kommunismus in Deutschland gestanden und die Geschicke »ihres« ostdeutschen Teilstaates DDR mit einer Machtvollkommenheit bestimmt, wie sie größer Deutschen in dieser Zeit nicht möglich war. Diese Gemeinsamkeiten sind zumindest Indiz dafür, dass dort, wo sie Macht ausübten und Führung wahrnahmen, weder Bildung noch rhetorische oder geistige Fähigkeiten Voraussetzung für Machtergreifung und Machterhalt waren. Sieht man sich die Auseinandersetzungen in der Parteispitze in den 50er Jahren an, scheinen solche Qualitäten stattdessen geradezu hinderlich gewesen zu sein.[6]

Karl Marx, Friedrich Engels, Ferdinand Lassalle, August Bebel, Wilhelm Liebknecht, Franz Mehring, Karl Kautsky, Eduard Bernstein etc., das Urgestein der deutschen Arbeiterbewegung, waren Persönlichkeiten von einem völlig anderen Kaliber. Und auch die erste Generation der Führer des kommunistischen Flügels der deutschen Arbeiterbewegung – Rosa Luxemburg, Karl Liebknecht, Leo Jogiches, Paul Levi, Heinrich Brandler, August Thalheimer, Karl Korsch etc. war aus anderem Holz geschnitzt als die Nachkriegsführer des Kommunismus in Deutschland es waren. Für sie spielte die Machtfrage zwar eine wichtige Rolle, aber als Mittel und nicht als Selbstzweck. Im Denken und Handeln all dieser Persönlichkeiten war die Auseinandersetzung mit grundlegenden Fragen der menschlichen Gesellschaft ständig erkennbar – mit den Fragen nach dem Verhältnis von Freiheit und Verantwortung, von Gleichheit und Gerechtigkeit, von Individuum und Kollektiv, von geistiger Kreativität und deren sozialen Voraussetzungen. Diese Menschen waren Inspiratoren und Führer einer geistigen und sozialen Bewegung, die im 20. Jahrhundert Träger einer eigenen Kultur wurde.[7] Von all dem ist bei Ulbricht kaum noch etwas

6 Diese parteiinternen Machtkämpfe werden weiter unten noch angeschnitten: Stellvertretend s. Grieder, Peter: The East German Leadership 1946–1973. Conflict and Crisis, Manchester 1999, passim; Herzberg, Guntolf: Anpassung und Aufbegehren. Die Intelligenz der DDR in den Krisenjahren 1956/58, Berlin 2006, passim.

7 Knapp, aber grundlegend Pirker, Theo: Arbeiterbewegung und Arbeiterkultur, Gewerkschaftliche Monatshefte 36 (1985) 11, S. 676–692; Pirker, Theo: Vom »Ende der Arbeiterbewegung«, in: Das Ende der Arbeiterbewegung in Deutschland? Ein Diskussionsband zum sechzigsten Geburtstag von Theo Pirker, hg. von Rolf Ebbighausen und Friedrich Tiemann, Opladen 1984, S. 39–51 (Schriften des Zentralinstituts für sozialwissenschaftliche Forschung der Freien Universität Berlin, 43).

und bei Honecker nichts mehr zu finden.[8] Was Stalins und Hitlers Terror an irisierenden Glühwürmchen in Ulbrichts Umgebung noch übrig gelassen hatte, wurde von diesem in den 50er Jahren endgültig zum Erlöschen gebracht.[9] Honecker hatte so das Problem überhaupt nicht mehr, jedenfalls nicht als Teil der SED-Führung. Beide, Honecker wie Ulbricht, waren nie Führer einer geistigen und sozialen Bewegung, sondern Führer bürokratischer Apparate. Nicht in geistigen und sozialen Kämpfen waren sie aufgestiegen, sondern im hauptamtlichen Apparat der KPD. Spätestens seit Max Weber wissen wir, dass in bürokratischen Apparaten nicht die Fähigsten, sondern die Anpassungsfähigsten aufsteigen. Fehlt solchen Apparaten noch das Korrektiv der Konkurrenzapparate, finden sich mit der Zeit geradezu zwangsläufig Figuren wie Ulbricht, Honecker und jene in ihrer Umgebung an deren Spitze. Dessen ungeachtet sahen Ulbricht und sogar noch Honecker sich als jüngstes Glied einer Traditionskette von Marx über Bebel und Liebknecht als »Sieger der Geschichte«.[10]

Mauer und Schießbefehl waren geradezu die Antithese zu dem, was am Anfang der Arbeiterbewegung gestanden hatte. Ulbricht, Honecker und Genossen waren freilich intellektuell und von ihrer Rolle her nicht in der Lage, dies überhaupt zu begreifen. Ziemlich genau hundert Jahre vor dem Bauer der Mauer schmückte einst der Ruf nach »Freiheit, Gleichheit, Brüderlichkeit« den oberen Teil der Fahne des Allgemeinen Deutschen Arbeitervereins (ADAV) Ferdinand Lassalles. Für Ulbricht, Honecker und Genossen waren dies aber längst keine existentiellen Kategorien mehr, sondern bestenfalls Zielpunkte dessen, was sie als Klassenkämpfe begriffen. Ihre existentielle Kategorie war der Klassenkampf. Mauerbau und Schießbefehl waren Klassenkampf. Von der ADAV-Fahne hatten sie nur das begriffen, was deren unteren Teil schmückte und einst lediglich das Mittel beschwor, mit dem man die im oberen Teil genannten Ziele für die Gesellschaft zu erreichen hoffte: »Einigkeit macht stark!«, versinnbildlicht in der Mitte der Fahne durch zwei ineinandergreifende Hände, ähnlich dem SED-Symbol. Und selbst dies galt nur

8 Salter, Ernest J.: Walter Ulbricht. Portrait eines Satrapen, Die politische Meinung, H. 37 (Sonderdruck), Juni 1959, S. 37–48, hier S. 37.

9 Wilke, Manfred und Voigt, Tobias: Opposition gegen Ulbricht – Konflikte in der SED-Führung in den fünfziger Jahren, in: Widerstand und Opposition in der DDR, hg. von Klaus-Dietmar Henke, Peter Steinbach und Johannes Tuchel, Köln u. a. 1999, S. 211–240.

10 Siehe hierzu: Sieger der Geschichte. 120 Jahre Geschichte der deutschen Arbeiterbewegung in Bildern und Dokumenten, hg. vom Dietz Verlag unter Beratung durch die Abteilung Propaganda des ZK der SED, Berlin 1963.

noch in einer Perversion der ursprünglichen Idee: Statt Einigkeit anzustreben wurde Geschlossenheit eingefordert – mit dem Faktionsverbot 1921, 1946 mit der Zwangsvereinigung der SPD mit der KPD, seit 1961 in der DDR auch mit Mauer und Schießbefehl geradezu im wörtlichen Sinne.

1. Der Freie – Walter Ulbricht (I)

Walter Ulbricht wurde 1893 in Leipzig als Kind eines Schneiders geboren. Obwohl arm und in einem nicht gerade gut beleumundeten Leipziger Stadtteil aufwachsend, war seine Kindheit eher kleinbürgerlich als proletarisch geprägt. Beide Eltern waren engagierte Sozialdemokraten und Freidenker, die – typisch für ihre Zeit – auch bemüht waren, ihrem Sohn neben dem sozialistischen Gedankengut bürgerliche Bildungsinhalte mit auf den Weg zu geben. Statt Religionsunterricht besuchte er Unterrichtsstunden, in denen in ihm früh der Glaube an die revolutionären Möglichkeiten der Naturwissenschaften angelegt wurde. Der kleine, etwas schmächtige Knabe mit leicht femininen Gesichtszügen[11] war wissbegierig, las damals, was er in die Hand bekam; was Ulbricht an Bildungswissen hatte, stammte aus dieser Zeit und spiegelte die Bildungsideale jenes aufstiegsorientierten Milieus wider. Es war angelesen oder vermittelt meist durch Autodidakten in der Arbeiterbildung. Das »wahrhaft Edle und Gute«, Goethe, Schiller und Beethoven waren und blieben Inbegriff seines Kunst- und Kulturverständnisses.[12] Ähnlich wie Honecker, konservierte auch Ulbricht sein in der Jugend gewonnenes Weltbild, einen, wie seine Biografin Carola Stern schrieb, »Schmalspurmarxismus«, der ihm »ein Überlegenheitsgefühl gegenüber der so feindlichen Umwelt« erlaubte. Ulbricht habe ein starkes Bedürfnis gehabt, »aus der Not einer begrenzten intellektuellen Begabung, die die Fähigkeit zum selbständigen Weiterdenken ausschloß, die zweifelhaften Tugenden ›Unbeirrbarkeit‹ und ›Prinzipientreue‹ zu machen. Als Ulbricht sein Instrument zur Welterklärung einmal in der Hand hatte, ließ er es nicht mehr los.«[13]

---

11 Walter Ulbricht. Ein Leben für Deutschland, hg. vom Nationalrat der Nationalen Front des demokratischen Deutschland, Leipzig 1964, S. 15, 17–19.

12 Frank, Mario: Walter Ulbricht. Eine deutsche Biographie, Berlin 2003, S. 308–324; Walter Ulbricht. Ein Leben für Deutschland, S. 18 f., 150 f.

13 Stern, Carola: Ulbricht. Eine politische Biographie, Köln, Berlin 1964, S. 32.

Ulbricht lernte Tischler, studierte die damals gängige sozialistische Literatur, engagierte sich früh in der Arbeiterjugend und trat 1912 in die SPD ein – damals schon kein subversiver Akt mehr, sondern fast selbstverständlich für einen jungen Arbeiter.[14] Wohl forciert durch die Erfahrung als Soldat im Ersten Weltkrieg, radikalisierte er sich schnell. In der Revolution war er Mitglied eines Arbeiter- und Soldatenrates und nahm Anfang 1919 an der Gründung der KPD teil. In der Partei stieg er bald auf, bewies sein Organisationstalent und wurde hauptamtlicher Mitarbeiter der Partei. 1924 war er bereits für die Kommunistische Internationale (Komintern) in Moskau tätig.[15] Seit seinem 30. Lebensjahr gehörte er mit einer kurzen Unterbrechung, seit 1925 durchgehend dem – formal – obersten Organ der Partei, dem Zentralkomitee, an, allerdings nicht der eigentlichen Führung, sondern eher der zweiten Reihe. Ulbricht gab nicht den Kurs an, sondern organisierte. In den Jahren, in denen in der KPD die Führer kamen und gingen, blieb Ulbricht stets unbehelligt, machte alle, teils schroffen Kurswechsel der Partei – in Widerspiegelung der Fraktionskämpfe in der KPdSU-Führung – mehr oder weniger unbeschadet mit.[16] »Sein Aufstieg« in der KPD, schrieb ein intimer Kenner des deutschen Kommunismus 1959 in seinem »Porträt eines Satrapen«, sei »identisch mit dem Verlust des theoretischen Sinns der deutschen Kommunisten. Theoretische Dinge sind für ihn sekundär und beliebig manipulierbar. Die Quelle seiner Interpretation war für ihn immer die Moskauer Führung.«[17]

Ulbricht war seit 1926 für die KPD im Sächsischen Landtag und seit 1928 im Reichstag. Anfang der 30er Jahre ging die KPD in Berlin Zweckbündnisse mit den Nationalsozialisten gegen die verhasste Weimarer Republik und die Sozialdemokratie ein. Als Berliner Parteichef war er politisch mitverantwortlich für die Ermordung zweier Polizisten im Sommer 1931. Einer der Mörder, Erich Mielke, wurde später sein Staatssicherheitschef.[18] Nach der Machtübernahme durch die Nationalsozialisten ging Ulbricht im Oktober 1933 ins Exil,

---

14 Frank, Walter Ulbricht, S. 39 – 47.

15 Ebd., S. 72 ff.

16 Mallmann, Klaus Michael: Kommunisten in der Weimarer Republik. Sozialgeschichte einer revolutionären Bewegung, Darmstadt 1996; Weitz, Eric D.: Creating German Communism, 1890 – 1990. From popular protests to socialist state, Princeton 1997; immer noch lesenswert Weber, Hermann: Die Wandlung des deutschen Kommunismus. Die Stalinisierung der KPD in der Weimarer Republik, Frankfurt am Main 1969, zur Abhängigkeit von der KPdSU s. Webers Fazit ebd., Bd. 1, S. 300.

17 Salter, Walter Ulbricht, S. 39.

18 Frank, Walter Ulbricht, S. 90 ff.; Stern, Ulbricht, S. 59 ff.

wurde jetzt eine der führenden Figuren der Partei. Paris, Prag und Moskau waren die wichtigsten Stationen. Die Partei war seit 1925 immer mehr unter die Fuchtel Moskaus gekommen, »Bolschewisierung der Partei« hieß dieser Prozess der konsequenten Ausrichtung der KDP auf die Moskauer Kominternlinie offiziell. Die brutale Verfolgung der Partei in Deutschland führte das, was von der Partei und ihrer Führung noch übrig war, in die vollkommene Abhängigkeit von Moskau, nicht nur politisch, sondern auch ganz individuell und existentiell. Ulbrichts Blick für machtpolitische Realitäten, sein Organisationstalent und das Fehlen jeglicher Skrupel, wenn es um die »Sache« und die von ihr nicht zu trennende eigene Macht ging, ließen ihn in den heftigen innerparteilichen Führungskämpfen letztlich die Oberhand gewinnen. Von den neun Kandidaten und Mitgliedern des KPD-Politbüros 1932/33, die sich zwischen 1936 und 1938 in Moskau befanden, fielen fünf Stalins Terror zum Opfer und wurden ermordet, zwei starben unabhängig davon, und nur zwei überlebten: Walter Ulbricht und Wilhelm Pieck.[19] Beide waren zugleich Teil des Terrorapparates wie auch dessen potentielle Opfer. Das Schicksal eines Einzelnen zählte wenig in diesen Jahren, und das Wort »Freiheit« drohte jeglichen praktischen Sinn zu verlieren.

Ein Reden über Recht und Moral ist ohne Klärung des Freiheitsbegriffs nicht möglich. Die Philosophiegeschichte dreht sich seit Anbeginn nicht zuletzt um diese Frage. Der Freiheitsbegriff der Arbeiterbewegung war wesentlich von Engels' Interpretation des Hegel'schen Freiheitsbegriffs geprägt.[20] Der jahrtausendealte philosophiegeschichtliche Hintergrund und der philosophische Gehalt dürften den meisten Schülern aus proletarischem Milieu und sicherlich auch Ulbricht verschlossen geblieben sein.[21] So wurde dieser Freiheitsbegriff jahrzehntelang in – zunehmend – vulgarisierter Form in der Arbeiterbildung und später in den Schulen der DDR gepredigt: Freiheit ist nach Engels die Einsicht in die Notwendigkeit. Freiheit finde der Mensch nicht »in der geträumten Unabhängigkeit« von den Naturgesetzen, »sondern in der Erkenntnis dieser Gesetze und in der damit gegebenen Möglichkeit, sie plan-

19 Frank, Walter Ulbricht, S. 107–147; Stern, Ulbricht, S. 71–116.

20 Für eine gute und knappe Einführung in Marx' Freiheitsbegriff und seine Eschatologie s. Bienert, Walther: Karl Marx' Zukunftsreich des Kommunismus und der Freiheit, in: Von kommenden Zeiten. Geschichtsprophetien im 19. und 20. Jahrhundert, hg. von Joachim H. Knoll und Julius H. Schoeps, Stuttgart, Bonn 1984, S. 60–83 (Studien zur Geistesgeschichte, Bd. 4).

21 Vgl. Stern, Ulbricht, S. 24 f.

mäßig zu bestimmten Zwecken wirken zu lassen«. Freiheit, so Engels, sei ein Produkt der geschichtlichen Entwicklung. Je größer die Erkenntnis über die Gesetze der Natur, also auch der geschichtlichen Entwicklung, desto freier sei der Mensch, da er sein Handeln an den erkannten Gesetzen (Notwendigkeiten) ausrichten könne. »Unsicherheit, die zwischen vielen verschiedenen und widersprechenden Entscheidungsmöglichkeiten scheinbar willkürlich wählt«, beruhe dagegen auf Unkenntnis und sei daher das Gegenteil von Freiheit.[22] Was soll jemand, der ein paar Jahre die Volksschule besucht hat, mit solchen Fragen anfangen? Aber es wurden ja nicht Fragen gelehrt, sondern Antworten gegeben. Die Gesetze der geschichtlichen Entwicklung, die Marx und Engels erkannt hätten, so hieß es, führten mit Notwendigkeit zu dem, was Sozialismus oder Kommunismus genannt wurde. Von da ab war der Weg nicht mehr weit zur »Erkenntnis«, frei sein bedeute zu tun, was die Partei sage, da sich in ihr und insbesondere in ihrer Führung das Wissen um die Notwendigkeiten kumuliere. Zweifel waren schlicht Ausfluss von Unkenntnis, waren nichts anderes als Ausweis fehlender Freiheit im Denken und Handeln. Wer Zweifel hatte, war einfach nicht zu jener höheren Erkenntnisstufe der Einsicht in die Notwendigkeit fähig, die die Zweifelsfreien handeln ließ. Wer also von sich sagen konnte, er habe nie Zweifel gehabt, gab in dieser Logik zu erkennen, stets über ein Höchstmaß an Erkenntnis verfügt zu haben.

Das war der Freiheitsbegriff, mit dem Ulbricht und Genossen Stalins Terror und die immer neuen Kursschwankungen der Komintern erlebten und ggf. überlebten. Als Ulbricht schließlich die Macht hatte, wenn auch nur als Leihgabe Moskaus, sah er sich selbst als fleischgewordene Notwendigkeit und seinen Staat und später auch die Mauer als Ergebnis des von ihm gelebten Freiheitsverständnisses: »Der Gemeinschaftsgeist ist heute zum bestimmenden Faktor in den Beziehungen zwischen den Menschen geworden. Das Prinzip des bürgerlichen Individualismus wird mehr und mehr überwunden durch das humanistische Prinzip der sozialistischen Menschengemeinschaft, die auf der Gemeinsamkeit der Interessen aller Werktätigen beruht. Indem die gesellschaftlichen Interessen, die gemeinsamen Interessen aller den Vorrang haben, wird den individuellen persönlichen Interessen am besten entsprochen«, verkündete Ulbricht im Oktober 1960 vor der Volkskammer.[23] »Erst weit über hundert Jahre, nachdem Goethe die Feder für immer aus der Hand legen

22 Engels, Friedrich: Herrn Eugen Dührings Umwälzung der Wissenschaft (»Anti-Dühring«), in: Marx-Engels-Werke, Bd. 20, Berlin 1972, S. 5–303, hier S. 105 f.

23 Zit. nach Walter Ulbricht. Ein Leben für Deutschland, S. 119.

mußte«, so Ulbricht, »haben die Arbeiter und Bauern, die Angestellten und Handwerker, die Wissenschaftler und Techniker, haben alle Werktätigen der Deutschen Demokratischen Republik begonnen, den dritten Teil des ›Faust‹ mit ihrer Arbeit, ihrem Kampf für Frieden und Sozialismus zu schreiben.«[24] Die wenig später errichtete »Mauer« in Berlin stellte sich so als »notwendiger« Teil dieses Faust'schen Projektes heraus, mit Ulbricht als »Lehrer der Werktätigen«[25] an der Spitze.

Im Ersten Weltkrieg hatte Ulbricht einst angesichts des »preußischen Militarismus«, der »systematisch den Charakter« verderbe, und der unglaublichen »Menschenschinderei [...] zu Homers Werken Zuflucht genommen, die Brust voll Hoffnung auf bessere Zeiten«.[26] Er sah sich noch auf dem Weg. In den Moskauer Jahren perfektionierte Ulbricht seine taktischen Fähigkeiten und seinen strategischen Blick auf das für ihn Wesentliche, seine Wendigkeit in allen politischen und personellen Fragen, mit dem Ziel, ein relatives Maximum an Handlungsspielraum zu behalten, wenn dieses Maximum in dieser Zeit absolut gesehen auch minimal war. Grundlage seines Handelns war stets eine nüchterne Analyse der realen Machtverhältnisse. »Seine« Freiheit gewann er, indem er sich und sein Handeln so weit wie möglich an die Machtverhältnisse, die Teil der historischen »Notwendigkeiten« waren, anpasste. Nicht unähnlich seinem Nachfolger Honecker[27] sind auch von Ulbricht keine Zeugnisse überliefert, die Zweifel an der Richtigkeit seines Denken und Tuns erkennen ließen. Der Stalin'sche Terror wirkte auf jegliche menschliche Beziehungen verheerend, aber Ulbricht hatte ohnehin keine Freunde.[28] Der Hitler-Stalin-Pakt verlangte von jedem Kommunisten, der noch Rückgrat hatte, totale Selbstverleugnung. Für Ulbricht war das kein Problem. Die deutschen Kommunisten, von den Nationalsozialisten ins Exil getrieben, stützten jetzt faktisch Hitler und wetterten gegen die »imperialistischen Mächte« England und Frankreich. Der kommunistische »Antifaschismus« war ad absurdum geführt. Die Realität gehorchte nicht der Ideologie. Da man die Realität nicht ignorieren konnte, interpretierte man sie immer wieder neu und verbog selbst die Ideologie bis zur Unkenntlichkeit, allen voran Ulbricht. Für ihn bedeutete

24 Zit. ebd., S. 180.
25 Walter Ulbricht. Ein Leben für Deutschland, S. 22.
26 Ulbricht auf einer Postkarte aus Galizien an einen Freund, zit. nach Walter Ulbricht. Ein Leben für Deutschland, S. 25.
27 S. dazu Kubina, »Nichts Wesentliches unberücksichtigt gelassen«, S. 42–68.
28 Frank, Walter Ulbricht, S. 295–299; Stern, Ulbricht, S. 156–164.

jetzt »der Pakt der Sowjetunion mit Deutschland eine Stärkung der internationalen Arbeiterklasse, denn er zwang den deutschen Faschismus, sich so der Macht der Sowjetunion zu beugen und damit seine eigenen Lügen gegen die Sowjetunion zu widerlegen«.[29] Wer zu solchen geistigen Verrenkungen fähig war, für den war es ein Leichtes, den Bau einer Mauer mitten durch die Hauptstadt des zerschlagenen Deutschen Reiches, Stacheldraht und Schießbefehl als legitime Verteidigungsmaßnahme auszugeben und von einem »antifaschistischen Schutzwall« zu sprechen, zumal er, wie zu zeigen sein wird, die »Mauer« ursprünglich, knapp zehn Jahre zuvor, wirklich als »Schutzwall« gegen westliche »Agenten« und »Saboteure«, gegen den westlichen Einfluss überhaupt, hatte bauen wollen. Logik und Begriffe waren längst beliebig; wahr war, was nutzte, oder wie Ulbricht meinte aus seiner Schulzeit in Erinnerung zu haben: »Quo vadis [sic!] – wem nutzt es?«[30] Angesichts einer solchen Flexibilität im Denken und Handeln verwundert es jedoch, dass Ulbricht dem deutschen Überfall auf die Sowjetunion im Jahr 1941 fassungslos gegenüberstand, schließlich war es nicht das erste Mal, dass sich die Realität der Ideologie verweigerte. Aber möglicherweise brauchte selbst ein Ulbricht angesichts der Zustände im »Vaterland aller Proletarier« einen Restbestand an Utopie, an Hoffnung. Dass die deutsche Arbeiterklasse 1941 nicht imstande oder möglicherweise nicht einmal willens war, Hitlers Krieg gegen die Sowjetunion zu verhindern, das »war das Furchtbarste«, notierte er in sein Tagebuch. Vor der sowjetischen Militärakademie gestand er, keine überzeugenden Argumente dafür zu haben, »warum die Arbeiterklasse im Land von Engels und Marx,[31] an deren Spitze Thälmann stand, nicht imstande gewesen war, die Aktionseinheit der Arbeiterklasse herzustellen und die Widerstandsbewegung in Deutschland so zu entfalten, dass Hitler den Überfall auf die Sowjetunion nicht hätte wagen können«. Dies war angesichts der desaströsen Politik der KPD in den letzten zwei Jahrzehnten allerdings weniger verwunderlich, als es für Ulbricht gewesen zu sein scheint. Ein Grund zu zweifeln, ideologische Positionen auf den Prüfstand zu stellen, war all das für Ulbricht indessen an-

29 Zit. nach Frank, Walter Ulbricht, S. 157 ff.; vgl. Stern, Ulbricht, S. 102 – 107.

30 Das Diktum ist seit Jahrzehnten überliefert, belegt aber nicht, vgl. Wroblewsky, Clement de: Wo wir sind ist vorn. Der politische Witz in der DDR, Hamburg 1990, S. 56.

31 Zur Bedeutung Deutschlands für den »Weltkommunismus« s. Kubina, Michael: 60 Jahre SED/PDS/Die Linke. Thesen zur Etablierung der SED-Herrschaft im sowjetisch besetzten Teil Deutschlands (1945 – 1953), Zeitschrift des Forschungsverbundes SED-Staat, Nr. 19/2006, S. 158 – 173.

scheinend nicht; es stärkte nur seinen pädagogischen Impetus. Das deutsche Volk, die deutsche Arbeiterklasse hatten versagt, sich als ihrer Aufgabe nicht gewachsen erwiesen. Die bald einsetzende Arbeit mit den deutschen Kriegsgefangenen zeigte ihm, in welchem Ausmaß die »faschistische« Ideologie sich ihrer bemächtigt hatte.[32] »Barbaren zu Menschen« machen war die Aufgabe, vor der Ulbricht und die deutschen Kommunisten in Moskau sich nun gestellt sahen.[33] Ein Jahr vor Kriegsende konstatierte Ulbricht, die deutsche Arbeiterklasse habe versagt, werde aber mit Hilfe der Roten Armee nach der Niederschlagung Hitlerdeutschlands eine neue Chance bekommen.[34] Die »Mauer« wurde 1961 durch jenes einst barbarische Volk gezogen, teilte es mehr oder weniger säuberlich in die Machtbasis des »Klassenfeindes« im Westen und die siegreiche Avantgarde der leider noch erziehungsbedürftigen, politisch noch nicht zu vollem Bewusstsein gelangten Arbeiterklasse.

Deutschland wurde 1945 von den Siegermächten Sowjetunion, USA, Großbritannien und Frankreich in Besatzungszonen unterteilt, die deutsche Hauptstadt in vier Sektoren. Die oberste Regierungsgewalt in Deutschland übernahm der Alliierte Kontrollrat, in Berlin die Alliierte Kommandantura. Als Ulbricht mit einigen in Moskau handverlesenen Genossen noch vor Ende der Kampfhandlungen in Deutschland eintraf, wussten sie, es würde »2 Deutschland geben – trotz aller Einheit der Verbündeten«[35], eines, in dem die Kommunisten, gestützt auf die sowjetische Besatzungsmacht, als Staatspartei sukzessive die Gesellschaft in Richtung des sowjetischen Referenzmodells würden umformen können, und einen anderen Teil, in dem dies eine »Kampffrage sein« würde.[36] Ganz ähnlich schätzte damals übrigens Ul-

32 Zit. nach Frank, Walter Ulbricht, S. 167.

33 Zit. ebd., S. 163.

34 »Imperialismus zerschlagen«. Handschriftliche Notizen Wilhelm Piecks vom Schlusswort Walter Ulbrichts zum 2. Thema der Arbeitskommission, auf der Sitzung am 24. April 1944 vorgetragen, in: »Nach Hitler kommen wir«. Dokumente zur Programmatik der Moskauer KPD-Führung 1944/45 für Nachkriegsdeutschland, hg. von Peter Erler, Horst Laude und Manfred Wilke, Berlin 1994, S. 171 f.

35 Entgegen früheren Deutungen lassen sich diese Notizen kaum als Spaltungsabsichten Stalins interpretieren, sondern als Beschreibung einer Ausgangslage, die es unter kommunistischer Regie später zu überwinden gelte, s. Bodensieck, Heinrich: Wilhelm Piecks Moskauer Aufzeichnungen vom »4/6. 45« – ein Schlüsseldokument für Stalins Deutschlandpolitik?, in: Studien zur Geschichte der SBZ/DDR, hg. von Alexander Fischer, Berlin 1993, S. 29–55, zit. S. 52 und 55.

36 Referat Anton Ackermanns vor der Arbeitskommission des Politbüros vom 3. 7. 1944 nach Notizen von Wilhelm Florin, zit. nach »Nach Hitler kommen wir«, S. 215.

brichts späterer Gegenspieler Konrad Adenauer die Lage ein, nur war er sich noch nicht sicher, ob die Westmächte die Situation ebenfalls begriffen hatten: Deutschland werde »in mindestens zwei Verwaltungsgebiete zerfallen [...]. Die Russen haben an der Demarkationslinie zwischen ihrem Gebiet und der britischen Zone ihren Eisernen Vorhang heruntergelassen und sie veranlassen in ihrer Zone wichtige Maßnahmen, die in der britischen und der amerikanischen Zone unterbleiben.« Auch er sah, wie Ulbricht, die Notwendigkeit einer tiefgehenden Umerziehung der Deutschen, »um sicherzustellen, daß das deutsche Volk zu einer wahrhaft demokratischen Nation werde und in Zukunft Militarismus und Krieg verabscheuen würde«. Genau so hätte es auch Ulbricht sagen können, nur dass beide etwas vollkommen anderes darunter verstanden. Adenauer schilderte seinem Gesprächspartner vom amerikanischen Geheimdienst (OSS) die katastrophalen Lebensbedingungen der Deutschen und forderte die Westmächte, insbesondere die USA und Großbritannien, auf, alles zu tun, um die drohende Hungersnot in Deutschland zu verhindern und den Deutschen eine Perspektive zu geben, denn ein verzweifeltes deutsches Volk könne für den Kommunismus empfänglich werden.[37] Aus dem Kampf gegen Deutschland wurde so ein Kampf um Deutschland, wer ihn gewinnen würde, war noch vollkommen offen. Ulbricht jedoch war siegesgewiss, diente er doch als »freier« Mensch dem historisch »Notwendigen«. Die anfänglichen Hoffnungen Moskaus und seiner deutschen Kader, man würde durch geschickte Installierung gesamtdeutscher Institutionen seinen Einfluss auf ganz Deutschland sukzessive ausdehnen können, indem man sich als den Verfechter eines einheitlichen Deutschlands inszenierte, ging nicht auf. Im Osten folgte eine Sowjetisierungsmaßnahme der anderen, im Westen waren Demokratie und Marktwirtschaft angesagt oder, wie es die Kommunisten sahen: Restauration. Aus einer Demarkationslinie wurde so eine Systemgrenze.

Die Westmächte folgten aus machtpolitischem Eigeninteresse weitgehend Adenauers Vorschlägen, und der Westen Deutschlands wurde so für die meisten Deutschen zum attraktiveren Teil ihres Vaterlandes, anfangs nicht zuletzt auch für NS-Belastete, immer mehr aber auch für all jene, die die SED zu ihren Feinden erklärte oder machte und schließlich auch einfach für junge und qualifizierte Menschen, die ihre Zukunftschancen abwogen. Für nicht wenige war die Flucht auch schlicht die letzte Möglichkeit, der Verfolgung durch sowjeti-

37 Notiz über ein Gespräch mit Konrad Adenauer am 22. 6. 1945, zit. nach Koehler, John O.: Was Adenauer im Sommer 1945 mit dem US-Geheimdienst über Deutschland verhandelte, Welt am Sonntag, 5. 1. 1997, S. 10.

sche Geheimpolizei und SED zu entkommen. Zu Flucht und Vertreibung aus den deutschen Ostgebieten kam so bald eine weitere Migrationsbewegung von der Sowjetischen Besatzungszone in die westlichen Zonen.

2. »Jegliche Abhängigkeit von den Westsektoren beseitigen«

Gerade die seit Jahren anhaltende wissenschaftliche Kontroverse um die sowjetische Deutschlandpolitik, insbesondere die »Stalin-Noten« von 1952 und das Chruschtschow-Ultimatum sechs Jahre später, die bis heute Jahr für Jahr neue Bücher gebiert, ohne eine allgemein anerkannte Lösung aller Rätsel zu bringen, macht immer wieder deutlich, wie wichtig die Kontextualisierung aller Entscheidungen und Ereignisse durch den Historiker ist. Ist man doch aus der Sicht zurück stets verführt, Zwangsläufigkeiten einer Entwicklung auf jenes Ende hin zu sehen, das die Geschichte doch nur als Ergebnis höchstkomplexer und widersprüchlicher Prozesse bescherte. Unstrittig ist sicherlich – sieht man einmal von einigen unverbesserlichen Anhängern des untergegangenen »Arbeiter-und-Bauern-Staates« ab, dass die Mauer sich zeit ihres Bestehens gegen die eigene Bevölkerung richtete, nicht primär das Eindringen des Klassenfeindes, sondern die Flucht der eigenen Bevölkerung verhindern sollte und sich damit auch von den meisten anderen Mauern, die Staaten aus protektionistischen Gründen bauten und bis heute errichten, wesentlich unterschied. Aber kann man daraus schließen, dass auch all die Jahre davor die SED-Führung sich primär von der Sorge um die Verhinderung der Flucht ihrer Bevölkerung geplagt sah und diese mittels einer Mauer zu verhindern gedachte, nur weil bereits kurz nach Kriegsende die Demarkationslinie zunächst weniger, aber dann doch immer mehr vom Osten als Grenze zwischen zwei verschieden ausgerichteten Wirtschaftsgebieten und letztlich zwei Weltlagern, zwischen Sozialismus und Kapitalismus, begriffen und entsprechend militärisch gesichert wurde? Gab es wirklich eine klare Linie von den ersten Reisebeschränkungen nach dem Krieg über die militärische Befestigung der Demarkationslinie zwischen der sowjetischen Zone und den westlichen Besatzungszonen im Mai 1952 hin zur Abschottung des letzten »Schlupfloches« West-Berlin im August 1961? Galten all die Sicherungsmaßnahmen an der Grenze stets primär der Fluchtverhinderung?

Rückwärtsgewandte Teleologie – Ulbrichts angebliche Mauerbaupläne von 1952

1997 hielt Stefan Creuzberger einen kurzen, aber folgenreichen Vortrag während der von der Stiftung Bundeskanzler-Adenauer-Haus alljährlich veranstalteten Rhöndorfer Gespräche, der noch im selben Jahr in einem Tagungsband veröffentlicht wurde. Sein Thema war die »Abschirmungspolitik gegenüber dem westlichen Deutschland im Jahre 1952«. Creuzberger interpretierte die damaligen Sperrmaßnahmen an der innerdeutschen Demarkationslinie als im Wesentlichen in der gemeinsamen Sorge von Moskau und Ost-Berlin um »den wachsenden Flüchtlingsstrom gen Westen« begründet.[38] Das war schon damals und ist zum Teil bis heute die mehr oder weniger gängige Auffassung. Fast sensationell wirkte dagegen, dass Creuzberger auf Grundlage neuer, von ihm aufgefundener Dokumente meinte belegen zu können, dass Ulbricht bereits 1952 auch das »Schlupfloch« West-Berlin für seine Bürger habe schließen wollen, ja mehr noch stellte er fest, dass diese Überlegungen Ulbrichts bereits auf die Zeit vor dem Treffen der SED-Führer mit Stalin in Moskau Anfang April zurückzugehen schienen, auf dem Stalin den militärischen Ausbau der innerdeutschen Grenze anordnete. Creuzberger schrieb:

> Die rigorose Abriegelung der DDR, die innerhalb weniger Wochen nach dem 26. Mai 1952 zielstrebig verfolgt und umgesetzt wurde, war allerdings mit einem entscheidenden Makel behaftet. Nach wie vor galt Berlin, insbesondere der Westteil der Stadt, als »Schlupfloch«, über das man einigermaßen gefahrlos die DDR verlassen konnte.

Soweit es die Umstände zuließen, habe sich die »östliche Seite« bemüht,

> mit den Ende Mai 1952 einsetzenden Sperrmaßnahmen auch die Isolierung Berlins ein gutes Stück voranzutreiben. Überlegungen, die die SED-Führung bereits im Februar und April 1952 gegenüber der SKK[39] formuliert hatte, ka-

38 Creuzberger, Stefan: Abschirmungspolitik gegenüber dem westlichen Deutschland im Jahre 1952, in: Die sowjetische Deutschland-Politik in der Ära Adenauer, hg. von Gerhard Wettig, Bonn 1997, S. 12 – 36, hier S. 23 (Röhndorfer Gespräche, Bd. 16).

39 Sowjetische Kontrollkommission, seit dem 10. 10. 1949 die Nachfolgerin der Sowjetischen Militäradministration in Deutschland (SMAD); sie wurde ihrerseits am 28. 5. 1953 von der Hohen Kommission der UdSSR in Deutschland abgelöst.

men jetzt nach und nach zum Tragen. [...] Die in Berlin umgesetzten Abschirmungsmaßnahmen konnten den bis dahin anhaltenden Flüchtlingsstrom jedoch nicht sofort unterbrechen. Das Gegenteil war zunächst der Fall.

Diese Entwicklung habe, so weiter Creuzberger, den politisch Verantwortlichen in der DDR und in der SKK »größtes Kopfzerbrechen« bereitet. »Insbesondere Walter Ulbricht und Otto Grotewohl, aber auch Armeegeneral Tschuikow und der Politische Berater Wladimir Semjonow« hätten »in diesem Zusammenhang eine härtere Gangart« befürwortet. Auf sie sei es im Wesentlichen zurückzuführen, dass »im Dezember 1952 im Moskauer Außenministerium erstmals ernsthaft darüber nachgedacht wurde, auch die Sektorengrenzen innerhalb Berlins bis auf wenige, streng bewachte Kontrollpassierpunkte zu schließen«. Creuzberger berief sich dabei auf zwei russische Dokumente vom 4. und 20. Dezember 1952. »Höheren Orts«, so Creuzberger weiter, »griff man diese Überlegungen aber nicht auf. Erst im März 1953, nachdem sich die Spitzenvertreter der SKK erneut mit einschlägigen Absperrungsmaßnahmen an das sowjetische Außenamt gewandt hatten, erhielten sie von dort eine endgültige Absage. Wohl nicht zuletzt unter dem Eindruck der allgemeinen politischen Verunsicherung nach dem Tod Stalins am 5. März 1953« habe Moskau »offenbar die weitreichenden Konsequenzen, die ein auf vollkommene [sic!] Abschirmung West-Berlins angelegter Konfrontationskurs unweigerlich nach sich gezogen hätte«, gescheut. Die sowjetische Führung habe damals Wassili Tschuikow und Wladimir Semjonow in einer »streng geheimen« Instruktion beschieden, dass ein solcher Schritt unter »politischen Gesichtspunkten inakzeptabel und grob vereinfacht sei«. Die in Ost-Berlin avisierten Maßnahmen seien geeignet, »Verbitterung und Unzufriedenheit unter den Berlinern gegenüber der DDR-Regierung und den sowjetischen Machtorganen in Deutschland« hervorzurufen, was wiederum von den drei Westmächten gegen die Interessen der DDR und der UdSSR verwandt würde. »Acht Jahre später«, so beschließt Creuzberger seinen Aufsatz, seien die politisch Verantwortlichen in Moskau und Ost-Berlin bereit gewesen, »bis zum Äußersten zu gehen und an alte Konzepte anzuknüpfen«.[40] Das klang plausibel und fand schnell Eingang in die Literatur bis hin zu Gesamtdarstellungen zur deutschen Zeitgeschichte. Manfred Görtemaker etwa spricht in seiner »Geschichte der Bundesrepublik

40 Creuzberger, Abschirmungspolitik, S. 33–35.

Deutschland« mit Bezug auf 1961 von einem »Reserveplan« Honeckers[41] für den Fall des Scheiterns von Chruschtschows Berlin-Initiative, der vorgesehen habe, »das 46 Kilometer breite ›Schlupfloch‹ zwischen den beiden Teilen Berlins mit Stacheldraht und Mauer zu verstopfen. Dies war in Moskau schon im Dezember 1952 erwogen worden. Jetzt wurde der Plan realisiert.«[42] Wenig später fanden sich Interpretationen, wie sie Creuzberger vorgenommen hatte, auch in Spezialuntersuchungen zur Mauerproblematik.

Spekulationen, Ulbricht hätte bereits 1952 die Absicht gehabt, das nach der militärischen Sicherung der innerdeutschen Grenze verbliebene »Schlupfloch« West-Berlin für seine fluchtwilligen Bürger zu schließen, gab es bereits vor Creuzbergers Entdeckungen in den nun geöffneten Ost-Archiven. Ende 1957 hatte sich Fritz Schenk, ein enger Mitarbeiter des Chefs der Staatlichen Plankommission, nach West-Berlin abgesetzt. Er hatte, zumindest über einen Freund, bereits seit längerem in Kontakt mit dem SPD-Ostbüro, einer nachrichtendienstähnlichen Organisation, gestanden.[43] Im Frühjahr 1957 war zunächst der Freund und wenig später auch er selbst von der Staatssicherheit verhaftet worden. Unter der Bedingung, fortan für das MfS zu spitzeln, wurde er zu seiner eigenen Überraschung jedoch bald wieder entlassen. Schenk hatte insgeheim bereits seit Jahren in seinem Bücherschrank Dokumente aus seiner Arbeit in der Staatlichen Plankommission gesammelt, nach dem ersten Verhör, das noch nicht zu seiner Verhaftung führte, aber vernichtet – »all das, sowie die von Herbert [seinem ebenfalls verhafteten Freund] mitgebrachten ›illegalen Druckschriften‹, wanderten nun in den Badeofen«.[44] Nun, alles hatte er wohl nicht vernichtet. Und so konnte er bei seiner Flucht neben seiner Frau

41 Honecker leitete den Zentralen Stab, der für die operative Umsetzung des Mauerbaus verantwortlich war.

42 Görtemaker, Manfred: Geschichte der Bundesrepublik Deutschland. Von der Gründung bis zur Gegenwart, München 1999, S. 363. Vier Jahre später scheint diese Aussage schon so weit allgemein anerkanntes Faktum zu sein, dass Hubertus Knabe meint, ohne jeden Beleg unter Bezug auf das Fluchtproblem 1951 – 1953 schreiben zu können: »Schon damals wollte sie [die SED] deshalb die Grenzen nach Westberlin absperren, konnte sich damit jedoch bei der sowjetischen Führung nicht durchsetzen.« S. Knabe, Hubertus: 17. Juni 1953. Ein deutscher Aufstand, München 2003, S. 62. Ähnlich und ebenfalls ohne Quellenangabe auch Wilke, Manfred: Der Weg zur Mauer. Stationen der Teilungsgeschichte, Berlin 2011, S. 78.

43 S. Buschfort, Wolfgang: Das Ostbüro der SPD. Von der Gründung bis zur Berlin-Krise, München 1991 (Schriftenreihe der Vierteljahrshefte für Zeitgeschichte, Bd. 63).

44 Schenk, Fritz: Im Vorzimmer der Diktatur. 12 Jahre Pankow, Köln, Berlin 1962, S. 337.

und dem zur Tarnung dienenden Federballspiel noch das eine oder andere Dokument mit in den Westen nehmen.[45] Davon berichtete Schenk in seinen vier Jahre später erschienenen Erinnerungen allerdings nicht, und was genau der Überläufer damals in den Westen mitbrachte, ist bis heute nicht bekannt. In den westlichen Geheimdiensten hieß das, wovon der Überläufer ihnen berichtete, von da an »Operation Chinesische Mauer«. Die Nachrichtendienstler, die von Berlins Regierendem Bürgermeister Willy Brandt beauftragt worden waren, den zur Beunruhigung Anlass gebenden Plan Ost-Berlins zu prüfen, kamen zu dem Ergebnis, dass er durchaus zu realisieren sei. Die Experten hatten penibel nachgerechnet, ob es der DDR-Wirtschaft möglich wäre, mit Stacheldraht und Zement die Sektorengrenze abzuriegeln. Dieser ostdeutsche Plan sollte von der Staatlichen Plankommission Anfang der 50er Jahre erarbeitet worden sein, dann aber längere Zeit »auf Eis« gelegen haben.[46] Am 30. Mai 1959, einem Höhepunkt der zweiten Berlinkrise, entschloss sich Brandt, den Plan öffentlich zu machen. Auf die Frage eines Journalisten, ob angesichts des enormen Flüchtlingsstromes nicht mit einer »Abriegelungsaktion« zu rechnen sei, antwortete Brandt:

> Das bezweifle ich sehr. So ungern ich es sage, es ist nicht unmöglich, diesen Menschenstrom aufzuhalten. Sehen Sie doch, wie sie seit 1952 den Eisernen Vorhang hermetisch abgeriegelt haben … Bürgermeister Ebert in Ostberlin hatte eine Art chinesische-Mauer-Projekt, das durch das Herz der Stadt laufen sollte. Doch die Sowjets legten ein Veto ein … Sie beschlossen, uns in die Mangel zu nehmen wie ein Handtuch.[47]

Brandt wie auch der Westen insgesamt haben den ostdeutschen Mauerplänen damals keine allzu große Bedeutung beigemessen, hatte Fritz Schenk doch auch vom damaligen sowjetischen Veto gegen diese Pläne berichtet.[48] Zudem wurde ein solcher Plan als klare Verletzung der Rechte der westlichen Alliier-

45 Ebd., S. 411 f.

46 Catudal, Honore M.: Kennedy in der Mauer-Krise. Eine Fallstudie zur Entscheidungsfindung in den USA, Berlin 1981, S. 226 (Politologische Studien, Bd. 18).

47 Mayor under the Soviet Gun. Interview von James O'Donnell mit Willy Brandt, Saturday Evening Post, 30. 5. 1959, S. 30., zit. nach ebd., S. 226 f., Anm. 58. Auslassung dort.

48 In Schenks Buch, in dem er laut eigenem Bekunden seine Jahre »im Vorzimmer der Diktatur«, der Staatlichen Plankommission beschreibt, ist die »Republikflucht« (mit Ausnahme seiner eigenen am Ende des Buches) übrigens nirgends Thema.

ten in Berlin begriffen, die von diesen nicht hingenommen werden würde.[49] Zudem gab es zum Zeitpunkt von Schenks Bericht und auch in den zwei Jahren danach keinerlei Anzeichen dafür, dass ein solcher Plan in die Tat umgesetzt werden sollte.[50]

Auf einen ähnlichen »westlichen Geheimbericht, der zu seiner Zeit nicht ernst genommen wurde«, beruft sich Curtis Cate. Dieser Bericht soll auf einen »ehemaligen Rechtsberater der ostdeutschen Volkspolizei« zurückgehen. Demnach sei schon 1952 ein »Meisterplan« erarbeitet worden, um »West-Berlin von dem östlichen Teil der Stadt abzuriegeln«. Er habe angeblich in Kraft treten sollen, »wenn die Bundesrepublik und Frankreich den Vertrag über die Europäische Verteidigungsgemeinschaft (EVG) ratifiziert hatten. Da Frankreich letzten Endes die Ratifizierung verweigerte, wurde der Plan gegenstandslos.« Die vorübergehende Sperrung der Sektorengrenze am 5. Dezember 1952, »an dem alle Kraftwagen mit Westberliner Nummernschild an den Übergangsstellen angehalten und zurückgeschickt wurden, während Kraftwagen mit Ostberliner Nummernschild am Übergang nach West-Berlin gehindert wurden«, sei eine Art »Generalprobe« gewesen.[51] Zumindest die Schilderung der Vorgänge am 5. Dezember 1952 stimmt so nicht. Die zeitweise Abriegelung der Sektorengrenze durch Ost-Berlin fand am 3. 12. 1952 statt

49 Auf der Homepage der Bundeskanzler-Willy-Brandt-Stiftung wird die Interview-Aussage Brandts in ihr Gegenteil verkehrt. Während Brandt ja tatsächlich eine Abriegelung zwar für technisch möglich, aber angesichts der sowjetischen Haltung für unwahrscheinlich erklärte, erscheint er hier unter Bezugnahme auf das Interview als früher, hellseherischer Warner vor der Mauer: Brandt habe bereits seit der Blockade 1948/49 wiederholt vor einer Abriegelung West-Berlins gewarnt. In dem Interview habe er »mehr als zwei Jahre vor dem Mauerbau [...] seine Ansicht« erläutert, dass der Ost-Berliner Oberbürgermeister Friedrich Ebert beabsichtige, eine »Art chinesische Mauer mitten durch die Innenstadt« zu errichten. »Bisher sei er daran von der Sowjetunion gehindert worden.« Anschließend wird auch noch in Frage gestellt, dass Brandt über konkrete, dahingehende Informationen verfügte: »Was Brandt vermutlich nicht wusste: Seit 1951 plante die DDR unter dem Namen ›Projekt Chinesische Mauer‹ eine hermetisch abgeriegelte Grenze zwischen Ost- und Westdeutschland. Schon am 27. Mai 1952 wurde entlang der innerdeutschen Grenze eine Sperrzone errichtet und auch West-Berlin vom Osten abgetrennt, indem von 277 innerstädtischen Straßenübergängen 200 gesperrt wurden.« S. http://www.bwbs.de/bwbs_biografie/_Chinesische_Mauer__in_Berlin_B1597.html (Stand: 13. 3. 2011). Vgl. Cate, Curtis: Riss durch Berlin. Der 13. August 1961, Hamburg 1980, S. 63.

50 Catudal, Kennedy in der Mauer-Krise, S. 227, ähnlich Rühle, Jürgen und Holzweißig, Günter: 13. August 1961. Die Mauer von Berlin, Köln 1981, S. 18.

51 Cate, Riss durch Berlin, S. 357.

und diente der Überprüfung West-Berliner Fahrzeuge auf Schmuggelware. Fahrzeuge mit Ost-Berliner Kennzeichen konnten die Sektorengrenze in beide Richtungen wie gehabt passieren.[52] Auch ist zu fragen, warum der Plan zur Schließung der Sektorengrenze, wenn er denn primär der Fluchtverhinderung gedient haben sollte, mit dem Scheitern des EVG-Vertrages »gegenstandslos« geworden wäre. Beide Quellen behaupten auch nicht explizit, die 1952er Planungen seien gegen die Massenflucht aus dem Osten gerichtet gewesen. Allerdings schien dies Jahre später, als die Nachrichten in den Westen kamen, angesichts der nunmehrigen Lage evident, ja geradezu selbstverständlich zu sein. Diese auf vermeintlicher Evidenz beruhende Interpretation fand dann Eingang in die westliche »Vorwende«-Literatur zur Geschichte der Berliner Mauer.

Die Informationen bzw. besser die entsprechenden Interpretationen der Informationen von Schenk aus dem Jahr 1958 und jener des »ehemaligen Rechtsberater[s] der ostdeutschen Polizei«, zu dem nicht mitgeteilt wird, wann er diese Informationen in den Westen gegeben haben soll, schienen sich aber auch mit der Interpretation der neuen Archivfunde durch Creuzberger zu decken, wenn sie nicht sogar Ausgangspunkt von dessen Interpretationen waren. Hope M. Harrison berief sich 1993 auf diese alten Berichte, um dann unter Bezugnahme auf die zeitweilige Schließung der Sektorengrenze nach dem 17. Juni 1953 zu erklären, dies sei ohne Zweifel ein wichtiger Vorläufer für jenen Plan gewesen, der dann am 13. August 1961 umgesetzt worden sei.[53] Zwar verweist Harrison auf die 1952er-Pläne in direktem Zusammenhang mit den unmittelbaren Vorbereitungen zum Mauerbau im August 1961, betont aber vor allem den Aspekt, dass die Ostdeutschen damals, als die Sektorengrenze vollständig unter ihrer Kontrolle stand, erfahren hätten, wie viel leichter die Lage in Ost-Berlin bei einer geschlossenen Grenze im Griff zu behalten war.[54]

52 Berlin. Chronik der Jahre 1951–1954, hg. im Auftrag des Senats von Berlin, Berlin 1968, S. 575–581 (Schriftenreihe zur Berliner Zeitgeschichte, Bd. 5).

53 »The closure of the Berlin sectoral border, with the exception of a few checkpoints, for several weeks following the 17 June 1953 East German uprising was no doubt an important precursor for the plan which was implemented on 13 August 1961.« S. Harrison, Hope M.: Ulbricht and the Concrete »Rose«: New Archival Evidence on the Dynamics of Soviet-East German Relations and the Berlin Crisis, 1958–1961, Washington, D. C. 1993 (CWIHP Working Paper, No. 5), S. 40.

54 »Nevertheless, in the period that the East Germans did totally control the Berlin sectoral border, they and the Soviets learned how much easier it was to control the situation in East Berlin with the border closed.« Ebd., S. 41, Anm. 157.

Gerhard Wettig sieht 1999, zwei Jahre nach Creuzbergers Vortrag und unter Bezugnahme auf diesen, bereits die Sicherungsmaßnahmen vom Mai 1952 an der innerdeutschen Grenze in einem eindeutigen Zusammenhang mit angeblichen Bestrebungen, die Abwanderung in den Westen zu stoppen. Mit ihnen wurde, so Wettig,

> ein unerlaubter Übertritt über die Grenze zur Bundesrepublik, insbesondere zur Flucht aus der DDR, so gut wie unmöglich. [...] Es blieb jedoch ein »Schlupfloch«. Der Kreml hielt am Berlin-Status in dem 1949 verbliebenen Umfang fest. Daher lehnte das sowjetische Außenministerium bei den Beratungen über die Sperrung der Westgrenze im März 1952 [sic!] das Gesuch Ulbrichts ab, auch die innerstädtische Demarkationslinie zu den Westsektoren zu schließen. Für die DDR-Machthaber war das misslich nicht nur wegen der weiterhin bestehenden Möglichkeit zur Flucht. Zugleich entstanden Probleme für den Verkehr zwischen dem Regierungssitz Ost-Berlin und der DDR. Denn um eine völlig offene Grenze in der Vier-Sektoren-Stadt zu verhindern, wurde ein Kontrollring um Gesamt-Berlin gelegt. Im Winter 1952/53 machte die SED-Führung mit Unterstützung der SKK einen weiteren vergeblichen Versuch, den Kreml zur Sperrung auch der Sektorengrenze zu bewegen.[55]

Wettig geht also davon aus, dass Ulbrichts Pläne zu einer schärferen Kontrolle des Verkehrs zwischen West-Berlin und der DDR und Ost-Berlin primär auf Fluchtverhinderung gerichtet waren, wie er es auch für die Maßnahmen an der innerdeutschen Grenze unterstellt. Bei der Datierung der Ablehnung von Ulbrichts Plänen zur besseren Kontrolle der innerstädtischen Demarkationslinie (Sektorengrenze) ist ihm jedoch ein Fehler unterlaufen. Dies ist nicht für den März 1952, sondern erst für den März 1953 belegt. Ulbrichts Pläne wurden also nicht im Zusammenhang mit den Beratungen über die Sicherungsmaßnahmen an der innerdeutschen Demarkationslinie von Moskau abgelehnt, jedenfalls hat Wettig keinen Beleg dafür.[56]

---

55 Wettig, Gerhard: Bereitschaft zur Einheit in Freiheit? Die sowjetische Deutschland-Politik, München 1999, S. 232 f.

56 Durch die falsche Datierung bei Wettig ist auch die innere Logik falsch. Der bei Wettig: Bereitschaft zur Einheit in Freiheit? in Anm. 127 als Beleg für März 1952 genannte Aufsatz Tschubarjans (Čubar'jan, A.O.: Novaja istorija »cholodnoj vojny«, Novaja i novejšaja istorija, [1997] 6, S. 3–22, hier S. 19) enthält keine solche Aussage. Auf Nachfrage bestätigte Wettig gegenüber dem Autor den Irrtum und verwies auf die bei ihm in Anmerkung 128 und 129 genannten Quellen als die richtigen. Diese betreffen aber den März 1953 und nicht den März 1952, s. E-Mail an den Verf. vom 5.4.2011.

2001 publizierte Christian F. Ostermann einen Dokumentenband zum 17. Juni 1953, in dem ein Teil der russischen Dokumente veröffentlicht wurde, auf die sich Creuzberger und Wettig in Zusammenhang mit den 1952er »Mauerplänen« beziehen. Auch Ostermann sieht das Ziel von Ulbrichts Plänen für eine effektivere Kontrolle der Grenzen zu West-Berlin in der Verhinderung der Flucht. Ulbricht sei bereits damals bestrebt gewesen, das letzte »Schlupfloch« in den Westen zu stopfen und zugleich Druck auf den westlichen Vorposten auszuüben. Er habe daher Anfang 1953 vorgeschlagen, die drastische Maßnahme einer faktischen Schließung der Grenze zwischen dem östlichen und den Westsektoren durchzuführen, wie es dann 1961 geschehen sei.[57] Folgt man Ostermann, habe Ulbricht mit Deckung von Tschuikow und Semjonow noch nach Stalins Tod am 5. März 1953 »eine frühere Bitte an Moskau um Erlaubnis, Grenzposten entlang der Sektorengrenze zwischen West- und Ost-Berlin aufstellen zu dürfen,« erneuert und damit seine Bemühungen fortgesetzt, den westlichen Vorposten im Herzen der DDR zu isolieren. Da Ostermann hier keine Quelle, schon gar nicht die entsprechende Anfrage Ulbrichts anführt, ist davon auszugehen, dass es sich hierbei um einen Rückschluss aus einer Antwort Moskaus handelt. »Ein paar Tage später«, am 18. März 1953, habe Moskau sich geweigert, Ulbricht »grünes Licht« für jegliche weiteren »Grenzsicherungsmaßnahmen« an der Sektorengrenze zu geben.[58] Das Dokument, auf das sich Ostermann beruft, ist dasselbe, das schon Creuzberger in dieser Richtung interpretiert hatte.[59] Auch für Ostermann war der hauptsächliche Zweck dieser von Ulbricht beabsichtigten Grenzschließung innerhalb Berlins die Fluchtverhinderung, wobei Ostermann aber die in der Tat dramatische Lage im Frühjahr 1953 und weniger das Jahr 1952 im Blick hat.

Die Auffassung, Ulbricht habe bereits in den Jahren 1951 bis 1953 das Ziel verfolgt, das »Schlupfloch« Berlin mit einer gegen den Westdrang seiner eigenen Bevölkerung gerichteten »Mauer« zu schließen, ist common sense

Ähnlich und unter Berufung auf dieselben Quellen inklusive Tschubarjan vgl. Wettig, Gerhard: Sowjetische Machtapparate als integraler Bestandteil des SED-Regimes. Anfänge organisatorischer Durchdringung 1945 bis 1954, Osteuropa 50 (2000) 10, S. 1149–1163, hier S. 1159, Anm. 49 und 51.

57 Uprising in East Germany. The Cold War, the German Question, and the First Major Upheaval behind the Iron Curtain, compiled, edited and introduced by Christian F. Ostermann, Budapest, New York 2001, S. 3.

58 Uprising in East Germany, S. 4.

59 Ebd., S. 4, für das Dokument S. 50–51.

unter den meisten Historikern, mal eher implizit, aber meist auch explizit. So nimmt etwa 2002 Armin Wagner Bezug auf die Untersuchungen der Staatlichen Plankommission im Jahr 1951 zu den Möglichkeiten der Beseitigung von infrastrukturellen Abhängigkeiten von West-Berlin, die Creuzbergers Interpretation zu bestätigen scheinen. Er zitiert den damaligen Vorsitzenden der Staatlichen Plankommission Heinrich Rau, der Ulbricht am 10. August 1951 mitgeteilt hatte, dass »mit relativ wenigen Mitteln und in verhältnismäßig kurzer Zeit jegliche Abhängigkeit von den Westsektoren Berlins beseitigt werden« könnte. Wagner schildert anschließend all jene Maßnahmen, die seit langem als langfristige Vorbereitungen zum Mauerbau gewertet wurden (etwa der Bau des Eisenbahnringes um West-Berlin) unter der Überschrift »Die Abriegelung West-Berlins als Ziel östlicher Politik bis 1961«.[60] Wie Armin Wagner stellt auch Hope M. Harrison ein Jahr später in der veröffentlichten Fassung ihrer Dissertation die Planungen der Jahre 1951/52 klar in den Zusammenhang der Maßnahmen der SED zur Verhinderung der »Republikflucht«. Unter Bezugnahme auf ein nicht näher bezeichnetes Dokument[61] aus dem Archiv des Russischen Außenministeriums schreibt sie, die Sowjets hätten im Januar, also noch zu Stalins Lebzeiten, Ulbrichts Bitte um Genehmigung zum Aufstellen von Grenzposten entlang der Grenze zwischen Ost- und West-Berlin stattgegeben, um, jetzt das Dokument zitierend, »den unkontrollierten Zugang nach [sic!] Ost-Berlin aus den Westsektoren zu beenden«, was aber natürlich, so Harrison, den Effekt gehabt hätte, auch die Bewegung von Ost-Berlinern nach West-Berlin zu begrenzen. Letzteres mag so sein, aber das zitierte Dokumente spricht offensichtlich explizit von der Kontrolle des Verkehrs in West-Ost-Richtung und nicht umgekehrt. Anschließend kommt Harrison zu dem

60 Wagner, Armin: Walter Ulbricht und die geheime Sicherheitspolitik der SED. Der Nationale Verteidigungsrat der DDR und seine Vorgeschichte. 1953 – 1971, Berlin 2002, S. 432 f.; fast wortgleich auch in: Uhl, Matthias und Wagner, Armin: Ulbricht, Chruschtschow und die Mauer. Eine Dokumentation, München 2003, S. 12 f.

61 Harrison, Hope M.: Driving the Soviets up the Wall. Soviet-East German Relations 1953 – 1961, Oxford 2003, S. 19 (Anm. 43), gibt die russische Archivsignatur an, nicht aber Verfasser oder Titel des Dokuments, und verweist auf Loth, Wilfried: Stalin's Unwanted Child. The Soviet Union, the German Question, and the Founding of the GDR, New York 1998, S. 43. Dort findet sich aber nichts zu einem solchen Dokument. Gemeint ist offenbar Uprising in East Germany, S. 43, wo sich folgendes Dokument findet: Draft. CPSU CC Resolution Approving the Deployment of Border Guards along the Eastern Border of the GDR, 1. 2. 1953. Harrison verschweigt, dass es sich bei dem zitierten Dokument um einen Entwurf handelt, und sagt nichts dazu, ob Ulbricht eine entsprechende Auskunft auch bekommen hat.

bereits von Creuzberger zitierten Dokument vom 18. März 1953, in dem die Genehmigung zum Aufstellen von zusätzlichen Grenzposten verweigert wurde.[62] Von 1953 bis 1961 hätten, so Harrison, nun plötzlich Bezug nehmend auf ein russisches Dokument aus dem Jahr 1958 (!), die sowjetischen Führer stets argumentiert, dass »administrative Maßnahmen« zum Schließen der Berliner Grenze nur »unter extremen Umständen« angewendet werden sollten. Ganz ähnlich hätten in der ersten Hälfte des Jahres 1953 auch Wilhelm Zaisser und Rudolf Herrnstadt versucht, Ulbricht von seinem harten Kurs abzubringen, um die Lage im Lande zu verbessern.[63] Letzteres steht nicht in Abrede, aber haben sie Ulbricht auch davon abbringen müssen, die Grenze nach West-Berlin für die DDR-Bürger schließen zu wollen? Später geht Harrison auf die vorübergehende Schließung der Sektorengrenze durch die Sowjets nach dem 17. Juni 1953 ein. Die russischen Dokumente, die sie in diesem Zusammenhang zitiert, machen jedoch eigentlich klar, dass es den Sowjets auch hier darum ging, das unkontrollierte Eindringen von West-Berlinern in die DDR zu verhindern, da sie, wie auch Ulbricht, davon ausgingen, dass der Aufstand von westlichen Agenten initiiert, wenn nicht gar gesteuert worden sei.[64] Das mag heute absurd und weltfremd erscheinen, aber es entsprach der Sicht der SED-Führer, einseitig, beschränkt, immer die Propaganda im Blick, aber auch nicht nur aus der Luft gegriffen.

An der Literatur, die Ulbricht Mauerpläne zur Verhinderung der Republikflucht über Berlin schon für 1951/52 unterstellt, fällt auf, dass Quellen aus den Jahren 1951, 1952 und 1953 und oft auch noch spätere kaum in ihrem konkreten historischen Kontext interpretiert werden. Statt dessen wird, grob vereinfacht gesagt, eine über all die Jahre konstante Grundsituation unterstellt, die angeblich darin bestanden habe, dass ein wesentliches Problem Ulbrichts die hohe Zahl an Republikflüchtigen gewesen und vor allem in ihnen ein Grund für die wirtschaftlichen Schwierigkeiten der DDR zu suchen sei. Im Grunde werden die wenigen relevanten Quellen jener Jahre für den vermeintlich seit »Ewigkeit« bestehenden Wunsch Ulbrichts nach einer Mauer als »Anti-

62 Harrison, Driving the Soviets up the Wall, S. 19–21, unverändert auch in der überarbeiteten deutschen Ausgabe Harrison, Hope M.: Ulbrichts Mauer. Wie die SED Moskaus Widerstand gegen den Mauerbau brach, Berlin 2011, S. 46–48.

63 Harrison, Driving the Soviets up the Wall, S. 21. Vgl. auch Ein Zeichen des Versagens. Interview mit Hope Harrison: Wie Ulbricht den Mörtel anrührte und Chruschtschow erpresste, Bayernkurier, Nr. 15, 16.4.2011: Ulbricht habe »Moskau acht Jahre lang gedrängt und gedrängt. Er sagte, wir müssen dieses Tor in den Westen schließen.«

64 Harrison, Driving the Soviets up the Wall, S. 35–38.

Flucht-Wall« in Berlin nur illustrierend herangezogen, nicht aber in ihrem Kontext kritisch analysiert. Aus dem Wissen um das Ende und in der Suche nach den Wurzeln wird Ulbrichts (vermeintliche)[65] Haltung im Sommer 1961 so weit wie möglich zurückprojiziert. So schreibt etwa Torsten Diedrich im einschlägigen »Handbuch der bewaffneten Organe«:

> Mit den Enteignungen und der beginnenden Verfolgung Andersdenkender in der SBZ 1946/47 wuchs der Bevölkerungszustrom in die westlichen Zonen. Viele versuchten dabei, ihr Hab und Gut in Sicherheit zu bringen, was unweigerlich ein Abfließen von Zahlungsmitteln, Wertgegenständen bis hin zu Produktionsanlagen aus der SBZ zur Folge hatte.

Er führt dann Beispiele dafür an, um zu folgendem Schluss zu kommen: »Die UdSSR sah sich erstmalig mit dem Problem des ›Ausblutens und der Entvölkerung‹ ihrer [...] Besatzungszone konfrontiert.« Deshalb sei 1947 eine umfassende Reorganisation der Grenzpolizei durchgeführt worden. Im Ergebnis seien dann vom Juni 1948 bis zum Juli 1949 nach »internen Berichten und eigenem Sprachgebrauch 214 ›Spione und Saboteure‹, 2418 ›Kriminelle‹, 667 ›Großschieber‹ und 2115 ›Schmuggler‹ festgenommen sowie 1513 Fahrzeuge und 24 267 kg Lebensmittel und Industriewaren beschlagnahmt« worden. Diese Zahlen, so Diedrich, »verdeutlichen sowohl Probleme der wirtschaftlichen, politischen und personellen Trennung der einst einheitlichen Nation wie auch die Kriminalisierung jedweden ungenehmigten Warenaustauschs zwischen den Zonen durch die SBZ«.[66] Grundsätzlich hatten die Siegermächte selbstverständlich das Recht, zu bestimmen, was erlaubt ist und was nicht. Die Zahlen belegen zudem vor allem, dass es im hungergeplagten Deutschland Grund gab, den Abfluss von Waren und Produktionsmitteln in andere Besatzungszonen zu verhindern; die Sowjets waren schließlich für die Sicherstellung der Versorgung ihrer Zone verantwortlich. Aber belegen diese Zahlen die unterstellte Sorge der Sowjets, ihre Zone könnte »entvölkert« werden? Von 1945 bis 1948 kamen weit über vier Millionen Menschen aus den

65 Zu der Frage, ob die »Mauer« im Sommer 1961 tatsächlich Ulbrichts Wunschlösung war, eher eine Notlösung oder ein Druckmittel, um Chruschtschow zur Umsetzung seines Ultimatums zu bewegen, s. weiter unten, Kap. IV »Verschiedene Überraschungen« – Götterdämmerung (1960 – 1961).

66 Diedrich, Torsten: Die Grenzpolizei der SBZ/DDR (1946 – 1961), in: Handbuch der bewaffneten Organe, hg. im Auftrag des Militärgeschichtlichen Forschungsamtes von Torsten Diedrich, Hans Ehlert und Rüdiger Wenzke, Berlin 2007, S. 201 – 223, hier S. 202 f.

Teilen Deutschlands jenseits von Oder und Neiße in die SBZ/DDR.[67] Wie sollte da in einem zerbombten Land mit Millionen von Flüchtlingen eine Sorge vor Entvölkerung aufkommen?[68] Entsprechend der »Entvölkerungs«-These unterlaufen Diedrich dann auch in Bezug auf Berlin Fehlschlüsse, wenn er schreibt:

> Nach Beendigung der Blockade im Mai 1949 beließ die SED-Führung den Ring um Berlin. Es entsprach ihrem politischen Interesse, den Personen- und Warenverkehr von und nach Berlin zu kontrollieren und die Abwanderungsbewegung aus der SBZ über Berlin zu bremsen.[69]

Dafür, dass es das »politische Interesse« der SED gewesen sei, die »Abwanderungsbewegung aus der SBZ über Berlin zu bremsen«, gibt Diedrich keinen Beleg. Einmal unterstellt, die SED hätte die Frage der Abwanderung zu dem Zeitpunkt überhaupt umgetrieben, warum hätte sie ihr mit so untauglichen Mitteln wie einem lockeren Kontrollring um ganz Berlin begegnen sollen, der in den folgenden Jahren trotz zunehmender Kontrolldichte Jahr für Jahr Zigtausende Menschen nicht an einer Flucht hinderte? 1949 liefen im Übrigen noch zwei Drittel der Migration über die innerdeutsche Grenze und nicht über Berlin.[70] Mauerphantasien konnte man in Berlin aber auch ohne die der SED und Moskau unterstellte »Entvölkerungs«-Paranoia schon sehr viel früher haben. Die Journalistin Ruth Andreas-Friedrich schrieb am 6. September 1948,

---

67 Schwartz, Michael: Vertriebene und »Umsiedlerpolitik«: Integrationskonflikte in den deutschen Nachkriegs-Gesellschaften und die Assimilationsstrategien in der SBZ/DDR 1945 bis 1961, München 2004, passim (Quellen und Darstellungen zur Zeitgeschichte, Bd. 61); Amos, Heike: Die Vertriebenenpolitik der SED 1949 bis 1990, München 2009, S. 15 f. (Schriftenreihe der Vierteljahrshefte für Zeitgeschichte, Sondernummer 2009).

68 Als Arbeitskräfte wurden die Vertriebenen vor allem bis zur sukzessiven Rückkehr der Kriegsgefangenen (1946–1949) gesucht oder z. B. für die Arbeit im Uranbergbau, für die »Freiwillige« vor allem unter den »Umsiedlern« geworben wurden. Auch waren unter den späteren »Umsiedlern« aus dem sowjetisch besetzten Ostpreußen besonders viele Facharbeiter, da gerade dieser Personenkreis von den sowjetischen Behörden an einer Ausreise nach Deutschland zunächst gehindert wurde. S. Gafert, Bärbel: Am Ende von Flucht und Massenvertreibung, Teil II: Die »Sondertransporte« aus dem Königsberger/Kaliningrader Gebiet 1947/48 in die SBZ, Zeitschrift des Forschungsverbundes SED-Staat, Nr. 29/2011, S. 4–25.

69 Diedrich, Grenzpolizei, S. 205 f.

70 Fluchtziel Berlin. Die Geschichte des Notaufnahmelagers Berlin-Marienfelde, Hg.: Erinnerungsstätte Notaufnahmelager Marienfelde e.V., Berlin 2000, S. 27.

dem Tag, an dem der Berliner Magistrat von kommunistischen Störtrupps gesprengt wurde, in ihr Tagebuch:

> Ab heute haben wir nicht nur zwei Stadtpolizeibehörden, sondern auch zwei Stadtparlamente. Möglich, daß wir schon ab morgen zwei Stadtregierungen und eine chinesische Mauer mit Wehrgang und Wachtürmen längs der Sektorengrenzen haben. Vielleicht braucht man dann ein Auslandsvisum, um von Charlottenburg nach den Linden zu fahren. So wie wir damals dachten, als im Juli 45 die Viermächtebesetzung begann. Vielleicht.[71]

Diese imaginierte Mauer hatte aber mit der Flucht der Ostdeutschen nichts zu tun, genauso wenig wie auch die Schutz- und Trutzmauer, von der umgeben Lucius D. Clay die Westsektoren Berlins in seinen Erinnerungen an seine Jahre in Deutschland und die Luftbrücke zeichnen ließ.[72]

Fast in allen Darstellungen zur Entwicklung des Grenzregimes scheinen die Autoren bestrebt zu sein, möglichst frühzeitig Indizien für den Wunsch der SED zu finden, ihr Volk einzusperren. Dabei werden, mal mehr, mal weniger stark ausgeprägt, sämtliche seit 1946 eingeführten Kontrollmaßnahmen an der Grenze als verkappte Fluchtverhinderungsmaßnahmen interpretiert, und – überspitzt gesagt – erklärte Ziele wie die Verhinderung von Schwarzhandel, Schmuggel, Sabotage und Diversion im Grunde als Schutzbehauptungen abgetan. Im Ergebnis ist dann immer wieder davon die Rede, dass etwas »bereits« oder »schon« dann und dann eingeführt wurde, dass etwas ja »natürlich auch« der Fluchtverhinderung diente. Oft wird in Ermangelung beweiskräftiger Quellen aus der Frühzeit dann auch mal über einige Jahre hin und her gesprungen, um mit Quellen aus den Jahren 1959 bis 1961 zu belegen, was angeblich auch schon früher Ziel gewesen sei. So leitet Gerhard Sälter aus einem MfS-Bericht vom Mai 1960, der beklagt, dass die Kontrollen in und um Berlin in der aktuellen Form keine wirksame Maßnahme gegen die »Republikflucht« seien (was vom MfS detailliert beschrieben wird), nicht etwa die Frage ab, ob dies nicht vielleicht darauf hindeuten könnte, dass die Verhinderung der »Republikflucht« bis dahin gar nicht deren primäres Ziel gewesen sei, sondern schließt daraus anscheinend, SED oder MfS wären erst 1960 in der Lage gewesen, diesen Funktionsmangel zu erkennen. Abschließend ist der

71 Andreas-Friedrich, Ruth: Schauplatz Berlin. Tagebuchaufzeichnungen 1945 – 1948, Frankfurt am Main 1986, S. 259.

72 Clay, Lucius D.: Entscheidung in Deutschland, Frankfurt am Main 1950, Abb. auf dem Vorsatz.

Autor dann wieder in den Jahren 1953 ff. und erklärt: »Da der Verkehr zwischen den beiden Stadthälften nicht zu überwachen war, die Führung der SED dennoch eine Kontrolle über die DDR-Bürger (auch hinsichtlich ihrer Kontakte mit der westlichen Kultur) ausüben und die Flucht eindämmen wollte«, sei die SED darauf verfallen, sukzessive verschiedenen Personengruppen das Betreten oder Durchfahren von West-Berlin und teilweise sogar Ost-Berlins zu verbieten (»um gar keine Versuchung aufkommen zu lassen«) oder entsprechende freiwillige Erklärungen einzufordern. Genannt werden nun durchgehend Systemträger oder systemnahe Personengruppen wie SED-Funktionäre, Angehörige der bewaffneten Organe, Mitarbeiter des Staats- und Verwaltungsapparates oder Wissenschaftler.[73] Aber ist a) wirklich anzunehmen, gerade dieser Personenkreis sei besonders »republikfluchtverdächtig« gewesen und b) derartige Verbote hätten ihn daran hindern sollen oder können? Näher scheint doch zu liegen, Ziel derartiger Maßnahmen sei es vor allem gewesen, westlichen Diensten zu erschweren, an jenen im weitesten Sinne unter »Geheimnisträger« zu subsumierenden Personenkreis heranzutreten und Agenten anzuwerben.[74] Genau dies gab die SED als Begründung an. Als Motiv dürfte bei nicht wenigen Autoren das durchaus ehrbare und verständliche Bedürfnis anzunehmen sein, die Apologeten der SED-Herrschaft und »Täter«-Zeitzeugen zu widerlegen, die ihrerseits noch heute die Grenze als eine Grenze wie jede andere und das Regime an ihr als völlig normal verkaufen wollen und die Verhinderung von Sabotage, Diversion, Schmuggel und Schwarzhandel sowie die militärische Verteidigung als primären oder einzigen Zweck der Grenzsicherungsmaßnahmen angeben, nicht nur für die späten 40er und die 50er Jahre, sondern für 1961, also den Mauerbau selbst.[75]

Wie zu sehen war, gehen die bisherigen einschlägigen Interpretationen davon aus, dass Ulbricht bereits 1951/52 die Absicht hatte, »eine Mauer zu errichten«, um den Flüchtlingsstrom gen Westen abzudrosseln. Nicht selten wird ein solcher Zweck bereits vorangehenden Sicherungsmaßnahmen an der Demarkationslinie und der Berliner Grenze unterstellt. Alle Interpretationen

73 Sälter, Gerhard: Grenzpolizisten. Konformität, Verweigerung und Repression in der Grenzpolizei und den Grenztruppen der DDR 1952 bis 1965, Berlin 2009, S. 39 f. (Militärgeschichte der DDR, Bd. 17).

74 West-Berliner Polizisten war es übrigens ab März 1953 auch verboten, privat den Ost-Sektor und die DDR zu betreten, und jede Reise durch die DDR nach Westdeutschland musste vom Dienstvorgesetzten genehmigt werden.

75 S. etwa Baumgarten, Klaus-Dieter/Freitag, Peter (Hg.): Die Grenzen der DDR. Geschichte, Fakten, Hintergründe, Berlin 2004.

der SED-Pläne aus den Jahren 1951/52 zur Abschottung West-Berlins sind jedoch Ergebnis einer Bewertung vom Ende her, nicht aus den jeweils aktuellen Bedingungen heraus. Sie blicken entweder mit der Perspektive des Mauerbaus am 13. August 1961 oder der Fluchtwelle im ersten Halbjahr 1953 auf jene Pläne aus den beiden Vorjahren und blenden die konkreten Umstände ihrer Entstehung weitgehend aus bzw. ordnen sie nicht zeitgenau zu. Beide Ereignisse (1953 und 1961) waren das Ergebnis eines energischen Voranschreitens in Richtung »Sozialismus«, was nach marxistisch-leninistischer Lehre stets mit einer »Verschärfung des Klassenkampfes«, also der Repression, und – in der Lehre eher nicht vorhergesehen – auch stets mit katastrophalen wirtschaftlichen Verwerfungen, einer rapiden Verschlechterung der Versorgungslage und einem massiven Anstieg der Abwanderungszahlen verbunden war. Neben der Frage, was die Quellen denn eigentlich konkret und genau in Bezug auf die Abriegelung West-Berlins aussagen, ist für die Bewertung der Zielsetzung der 1951/52er Pläne nicht zuletzt die Frage entscheidend, wie die Fluchtzahlen sich 1951/52 entwickelten, und vor allem, wie diese Entwicklung von der SED wahrgenommen und die eigene Perspektive eingeschätzt wurde.

Von der Demarkationslinie zur Systemgrenze

Nach dem Krieg waren zunächst einmal alle Besatzungsmächte an einer Kontrolle der Bewegung über die jeweiligen Zonengrenzen hinweg interessiert.[76] Zwar ging die Sperrung der Demarkationslinie am 30. Juni 1946 durch den Alliierten Kontrollrat auf einen entsprechenden sowjetischen Vorstoß zurück, war aber ein gemeinsamer Kontrollratsbeschluss.[77] Aus der US-Zone wurden bis 1949 noch Tausende Flüchtlinge in die SBZ zurückgeschickt, allein im Juni 1947 sollen es über 40 000 gewesen sein.[78] Eine wirkliche Schließung

76 Schmelz, Andrea: Migration und Politik im geteilten Deutschland während des Kalten Krieges. Die West-Ost-Migration in die DDR in den 1950er und 1960er Jahren, Opladen 2002, S. 75. Schmelz macht zu Recht darauf aufmerksam, dass »überraschenderweise [...] der beiderseits der deutsch-deutschen Grenze virulente Aspekt der Sicherheitsdoktrin in bezug auf die legale und illegale Zuwanderung in der Forschungsliteratur unterbeleuchtet geblieben« ist, s. ebd. Anm. 6.

77 Lapp, Peter Joachim: Gefechtsdienst im Frieden. Das Grenzregime der DDR, Bonn 1999, S. 10–19.

78 Heidemeyer, Helge: Flucht und Zuwanderung aus der SBZ/DDR 1945/1949–1961. Die Flüchtlingspolitik der Bundesrepublik Deutschland bis zum Bau der Berliner

der Grenze war mit dem Kontrollratsbeschluss kaum verbunden. Auf einer Ansichtskarte aus dem Jahr 1947 ist eine Karikatur zu sehen, auf der eine junge Frau, beladen mit einem prallen Rucksack und ein Fass Heringe tragend, die innerdeutsche Grenze überschreitet, von der britischen Zone kommend in die russische gehend. Das Grenzschild zeigt neben Richtungsanzeigern zwei Totenköpfe und die Warnung: »Das Überschreiten der Grenze ist bei Todesstrafe verboten!«. Die junge Frau lässt sich davon nur kurz beirren.[79] Das heißt nicht, dass es nicht bereits damals Tote an der Demarkationslinie gab. Aber das Risiko war relativ gering. Eine Verhinderung der Flucht (!) von Ost nach West wurde mit diesem Beschluss, wenn es denn sowjetischerseits dessen Ziel gewesen sein sollte, jedenfalls nicht erreicht. Es ist aber auch eher davon auszugehen, dass die Kontrollmaßnahmen zunächst einmal tatsächlich der Unterbindung des grassierenden Schmuggels und Schwarzhandels dienen sollten.[80] Dessen tatsächliches Ausmaß ist naturgemäß schwer zu ermitteln. Schätzungen gehen von einem Umfang zwischen 40 und 200 Prozent des legalen Handels aus. Dieser schwarze Handel war angesichts der Mangelwirtschaft und der politisch und ökonomisch begründeten Beschränkungen im offiziellen Handel sehr lukrativ.[81] Es braucht nicht viel Phantasie, um sich

---

Mauer, Düsseldorf 1994, S. 78 f. (Beiträge zur Geschichte des Parlamentarismus und der politischen Parteien, Bd. 100).

79 Die Ansichtskarte ist abgebildet in: Die vergessenen Opfer der Mauer. Flucht und Inhaftierung in Deutschland 1961 – 1989, hg. von der Stiftung Gedenkstätte Berlin-Hohenschönhausen, Berlin 1999, S. 9.

80 Lapp, Gefechtsdienst, S. 12 ff. Seit 1990 ist eine Vielzahl von Arbeiten zur Regionalgeschichte und an Erinnerungen erschienen, die sich mit den Verhältnissen an der innerdeutschen Grenze befassen. Aus der Sicht des westdeutschen Grenzschutzes und Zolldienstes s. etwa Stoll, Klaus Hartwig: Das war die Grenze. Erlebte Geschichte an der Zonengrenze im Fuldaer, Geisaer und Hünefelder Land von 1945 bis zur Grenzöffnung, Fulda 1997, S. 9 – 29. Für eine eindrucksvolle Schilderung der Verhältnisse an der Demarkationslinie vor den Maßnahmen von 1952 auf der Mikroebene vgl. auch Walther, Achim/Bittner, Joachim: Heringsbahn. Die innerdeutsche Grenze bei Hötensleben, Offleben und Schöningen, Bd. 1: 1945 bis 1952, Halle 2011, S. 87 – 267, 298 – 318.

81 Kruse, Michael: Politik und deutsch-deutsche Wirtschaftsbeziehungen von 1945 bis 1989, Berlin 2005, S. 15 f.; Nakath, Detlef: Zur Geschichte der deutsch-deutschen Handelsbeziehungen. Die besondere Bedeutung der Krisenjahre 1960/61 für die Entwicklung des innerdeutschen Handels, Berlin 1993, S. 13 (Helle Panke, H. 4); Für eine regionale Studie zum regen, wenn auch illegalen grenzüberschreitenden Verkehr bis 1952 s. Kufeke, Kay: »Jeder, ob Genosse oder nicht, ist schon ›drüben‹ gewesen.« Die Durchlässigkeit der innerdeutschen Grenze in Mecklenburg vor 1952, Zeitgeschichte regional. Mitteilungen aus Mecklenburg-Vorpommern 15 (2001) 2, S. 34 – 38.

die enormen Gewinnmargen vorzustellen, die insbesondere nach der Währungsreform bei einem Verhältnis von West- zu Ost-Mark zwischen 1:2 und 1:9 möglich wurden. Auch die Bundesregierung ging damals davon aus, dass »der illegale Warenverkehr über die Zonengrenze in noch stärkerem Maße als bisher einsetzen wird«.[82] Die Sowjets ihrerseits hatten die Erfüllung ihrer Reparationsforderungen im Blick, wollten den Abfluss von Gütern aus ihrer Zone verhindern,[83] nicht den von wohnungs- und arbeitsuchenden und von Lebensmittelkarten abhängigen Deutschen. Vertriebene aus den Ostgebieten (in der SED-Sprache »Umsiedler«[84]) wurden auf deren Wunsch hin gemäß einer Weisung der DDR-Regierung noch 1950 direkt in den Westen weitergeleitet, Zuwanderer aus dem Westen keinesfalls begeistert aufgenommen, illegale Zuwanderer aus dem Westen meist sofort zurückgeschickt.[85] Erst im Ergebnis der Massenflucht aus der DDR, durch die in gewissem Umfang Wohnraum in der DDR frei wurde, konnte überhaupt die oft noch miserable Wohnsituation der »Umsiedler« in der DDR etwas verbessert werden.[86] Noch Anfang 1952 beklagte das Ministerium für Wirtschaft und Arbeit des Landes Sachsen gegenüber Berlin die mit der Zuwanderung aus Westdeutschland verbundene Verknappung des Wohnraumes: »So erfreulich diese Erscheinung politisch ist«, schrieb der Abteilungsleiter für Wohnraumlenkung,

> bringt sie doch wohnungspolitische Schwierigkeiten mit sich. Die Zahl der Einreisenden wird sich in nächster Zeit voraussichtlich noch steigern. Deshalb macht das Wohnungsamt der Stadt Dresden hierauf aufmerksam, insbesondere wegen der Fülle der übrigen Wohnraumanforderungen, z. B. für die Wismut. Die Frage hat Bedeutung auch in anderen Kreisen. Wir halten es für angebracht, die Regierung der DDR davon zu informieren.[87]

---

82 Brief des Bundesministers für gesamtdeutsche Fragen an den Bundesminister für Wirtschaft am 31. 3. 1950, zit. nach Kruse, Politik und deutsch-deutsche Wirtschaftsbeziehungen, S. 16.

83 Andererseits nutzten sie selbst natürlich den illegalen Handel (Embargo-Güter) für ihre Zwecke.

84 Zur Begriffsgeschichte s. Amos, Vertriebenenpolitik, S. 20 f.

85 Melis, Damjan von: »Republikflucht«. Flucht und Auswanderung aus der SBZ/DDR 1945 bis 1961, München 2006, S. 19–49, hier S. 24; vgl. zur »Umsiedler«-Politik der SED Amos, Vertriebenenpolitik, S. 83–98; Schmelz, Migration und Politik, S. 42, 217 ff.

86 Schwartz, Vertriebene und »Umsiedlerpolitik«, S. 1141.

87 Minister für Wirtschaft und Arbeit des Landes Sachsen an MfA der DDR, Abt. Wohnraumlenkung, 20. 2. 1952, Edel, Abt.-Leiter, BArch DO 1/27961, Bl. 18.

Allerdings verwies Berlin in seiner Antwort auf die durch die Abwanderung nach Westdeutschland zeitgleich frei werdenden Wohnungen:

> Es wird gebeten, sich mit diesen Stellen (Abteilungsleiter Edel von der Abteilung Wohnungswesen beim Ministerium für Wirtschaft und Arbeit) persönlich in Verbindung zu setzen und dabei auf die Tatsache des Verzugs nach Westdeutschland hinzuweisen. Unseres Erachtens dürften damit die erhobenen Bedenken gegenstandslos werden.[88]

Zeitgleich begann offenbar die zentrale, detaillierte Registrierung der Abwanderung und aller damit zusammenhängenden Daten (soziografische Auswertung) durch die Abteilungen für Pass- und Meldewesen der HV der DVP.[89] Aus diesem Umstand lässt sich allerdings nicht ableiten, dass die Abwanderung seitens der SED-Führung bereits als existentielles Problem gesehen wurde, denn was die Abteilungen Pass- und Meldewesen machten, war schlicht deren ureigenste Aufgabe, war zunächst einmal Datenerhebung für eine Bevölkerungspolitik, natürlich mit dem Ziel, steuernd eingreifen zu können. Diese Arbeit wurde bis 1961 geradezu exzessiv ausgeweitet, die soziale Zusammensetzung immer genauer erfasst, die regionalen Unterschiede bis hinunter auf die Betriebsebene registriert, die Motive immer genauer analysiert, Hunderte individuelle Fallbeispiele an die Zentrale übermittelt. Eine Behörde machte ihre Arbeit.[90]

Das Blockade-Desaster 1948/1949

Was war der aktuelle Erfahrungshintergrund Ulbrichts Anfang der 1950er Jahre? Vor allem die für den Osten ernüchternde Erfahrung mit der Blockade West-Berlins 1948/49, aber kaum eine angeblich bedrohliche Massenflucht. Der Westen hatte nicht nur mit der Luftbrücke bewiesen, dass er unter den ge-

---

88 HV DVP, HA PM, Lust, an Landespolizeibehörde Sachsen, 20.3.1952, BArch DO 1/27961, Bl. 20.

89 Lust, Leiter HV DVP, HA PM an alle LBdVP und PdVP, Abt. PM. Rückwirkend ab 1.1.1952 wurde Ende Oktober angewiesen, namentliche Listen aller Republikflüchtigen zu führen, HV DVP, HA PM, an alle BDVP einschließlich PDVP Berlin, 29.10.1952, BArch DO 1/27961, Bl. 1 bzw. 179.

90 S. für die Jahre 1952 bis 1962 BArch DO 1/27961-27968, 27708, 27779, 27780.

gebenen Umständen wirtschaftlich nicht zur Aufgabe Berlins zu zwingen war, sondern vielmehr seine eigene wirtschaftliche Kraft ins Spiel gebracht. Dass es eine westliche Gegenblockade gegen Ost-Berlin und die SBZ gab, wird heute oft vergessen: Der Westen stellte die Lieferung von Stahl und Kohle ein, wenig später wurden der Eisenbahnverkehr in den Osten und dann auch der LKW-Verkehr gesperrt. Ab September 1948 gab es keinen legalen Interzonenhandel mehr, im Januar 1949 wurde westlicherseits auch jeglicher PKW-Verkehr über die Zonengrenze verboten. Zugleich war die Blockade gegen den Westteil der Stadt nicht annähernd so total, wie man bei Lektüre der bald einsetzenden heroisierenden westlichen Literatur glauben konnte.[91] Viele West-Berliner versorgten sich »schwarz« aus der DDR, was zunächst vom Osten sogar politisch gewünscht, als »Angebot« propagandistisch verkauft wurde, aber letztlich auch den Druck minderte. Die Grenze war faktisch offen. Wer vor der Blockade in West-Berlin noch Illusionen über den Charakter des Regimes in Ost-Berlin gehabt haben mochte, hatte sie jetzt allerdings kaum noch. Amerikaner und West-Berliner waren neue »Alliierte« und nun tatsächlich erbitterte Feinde von Ulbricht als Moskaus Statthalter. Ein offenkundiges politisches Desaster, das von Ulbricht und der SED-Führung nur der eigenen ideologischen Verblendung wegen nicht in seinem vollem Umfang zur Kenntnis genommen wurde. Im März 1949 gaben die Sowjets auf und boten Verhandlungen an. Im Ergebnis gab es fortan ein faktisches Junktim zwischen dem für den Osten ökonomisch wichtigen Interzonenhandel und der vom Westen geforderten Freiheit des Verkehrs von und nach West-Berlin.[92] Am 12. Mai 1949 wurde die Blockade aufgehoben und in einem Regierungsabkommen der vier Mächte besatzungsrechtlich in Berlin zum Status quo ante zurückgekehrt. Was die Auseinandersetzung mit den Westalliierten und die von ihnen beanspruchten Besatzungsrechte anging, war vorerst eine relative Zurückhaltung auf Seiten der Sowjetunion angesagt. Zwar wurde das Ziel, die westlichen Besatzungsmächte aus Berlin zu vertreiben, nicht aufgegeben, Vorrang hatte für Moskau aber die Gründung und Konsolidierung des ostdeutschen Teilstaates bei

91 Koop, Volker: Kein Kampf um Berlin. Deutsche Politik zur Zeit der Berlin-Blockade 1948/1949, Bonn 1998, passim; Lemke, Michael: Totale Blockade? Über das Verhältnis von Abschottung und Durchlässigkeit im Berliner Krisenalltag 1948/49, in: Die Berliner Luftbrücke. Ereignis und Erinnerung, für das AlliiertenMuseum hg. von Helmut Trotnow und Bernd von Kostka, Berlin 2010, S. 121–135.

92 Kruse, Politik und deutsch-deutsche Wirtschaftsbeziehungen, S. 24f.

gleichzeitig anhaltendem Bemühen, die Einbindung Westdeutschlands in das westliche Bündnis zu verhindern.[93]

Die Geburt »West-Berlins«

Seit der Blockade West-Berlins war die Stadt faktisch geteilt. Trotz verwaltungsmäßiger Teilung lebten aber weiterhin Zigtausende im einen und arbeiteten im anderen Teil. In der geteilten Stadt gab es jetzt eine West- und eine Ost-Polizei, zwei Währungen, aber U- und S-Bahnen fuhren wie eh und je: aus der SBZ/DDR (nur S-Bahn) über West-Berlin nach Ost-Berlin und umgekehrt. Straßen und Straßenbahnen verbanden die geteilte Stadt über die Systemgrenze hinweg miteinander und mit dem Umland. Das war das genaue Gegenteil von dem, was man sich von der Blockade erhofft hatte: West-Berlin war als »Pfahl ins Fleisch« der DDR gerammt, wurde erst mit der Spaltung wirklich zum »Schaufenster des freien Westens« ausgebaut. Die SED hatte jeglichen Einfluss auf die Entwicklung der Westsektoren verloren, und die »Grenze« zwischen dem, wie die SED es ausdrückte, »Demokratischen Sektor« und den Westsektoren war offen. Rundfunksender strahlten ihre Programme aus West-Berlin bis weit die DDR hinein und waren sehr erfolgreich. Der östliche Berliner Rundfunk wurde, obwohl sein Haus paradoxerweise im Westteil der Stadt lag, vor allem von Systemträgern der SED gehört. Die meisten Berliner und Brandenburger holten sich politische Informationen und Unterhaltung beim deutschsprachigen amerikanischen Sender RIAS (Rundfunk im amerikanischen Sektor) und beim ebenfalls aus West-Berlin sendenden, ursprünglich unter britischer Aufsicht stehenden Nordwestdeutschen Rundfunk (NWDR). Ein politisches Konzept, wie dieser Zustand zu beseitigen wäre, gab es nach dem Scheitern der Blockade nicht mehr. Das Pulver war vorerst verschossen.

Die neuen Prioritäten der sowjetischen Deutschlandpolitik hinderten Ulbricht jedoch nicht, intern nach Wegen zu suchen, wie die Verbindungen zwischen den Stadthälften und das Hineinwirken des Westens in die DDR und Ost-Berlin verringert werden könnten. Erste Arbeiten zur Schaffung eines Eisenbahnaußenringes hatten bereits während der Blockade begonnen, ab 1951 wurde er zielstrebig ausgebaut. Diese und ähnliche Unternehmungen werden in der Literatur seit dem Mauerbau als Vorbereitungen zum Mauerbau

93 Wettig, Bereitschaft zu Einheit, S. 138–162.

gewertet. Tatsächlich setzte die Reichsbahn hier jedoch zunächst einmal auch schlicht seit langem bestehende Planungen zur Entlastung der innerstädtischen Eisenbahnwege um. Warum war man eigentlich im Sommer 1961 dann so geschockt und überrascht, wenn die jahrelangen Planungen doch all die Jahre angeblich so evident gewesen waren?

Zu den frühen Dokumenten, die als Beleg für die Aussage genommen werden, Ulbricht habe bereits Anfang der 50er Jahre Pläne gehabt, West-Berlin für DDR-Bürger und Ost-Berliner zu schließen, gehören einige im Bestand des Büros Ulbricht überlieferte Papiere aus dem Sommer 1951, die sich mit den Möglichkeiten befassen, »jegliche Abhängigkeit von den Westsektoren Berlins« zu beseitigen. Dabei handelt es sich sehr wahrscheinlich um jene Planungen, auf die sich Fritz Schenk nach seiner Flucht in den Westen 1958 berief. Ulbricht ließ seine Fachleute prüfen, in welchem Umfang noch gegenseitige Abhängigkeiten der – faktisch bereits geteilten – Versorgungsbetriebe (Strom, Gas, Wasser) und der Verkehrsverbindungen bestanden. Ziel war es offensichtlich, die eigene Abhängigkeit vom West-Berliner Senat, der sich wie der Ost-Berliner Magistrat als legitimer Nachfolger des einstigen Gesamtberliner Magistrats sah, bzw. von den Westalliierten möglichst weitgehend abzubauen. Dabei wurde anscheinend auch kalkuliert, der Westen könnte seinerseits die Sektorengrenzen sperren, wie er es während der Blockade schon mit der innerdeutschen Grenze vorgeführt hatte. In einer Ulbricht vorgelegten »vertraulichen« Information der Berliner Verkehrsbetriebe (BVG) für die Abteilung Verkehr und Städtische Betriebe des Ost-Berliner Magistrats heißt es einleitend:

> Falls die Westmächte dazu übergehen, die Sektorengrenzen abzusperren, kann die Situation entstehen, daß der bisher über ganz Berlin durchgeführte Straßenbahn- und U-Bahn-Verkehr nicht mehr aufrechterhalten werden kann.[94]

Denkbar, wenn auch ohne Indizien, ist allerdings auch, dass die – nicht vorliegenden – Überprüfungsaufträge des Magistrats von einer solchen Fragestellung ausgingen, um den eigentlichen Zweck, die mögliche Schließung der Grenze durch Ost-Berlin, zu kaschieren. Schließlich misstraute man – wohl nicht zu Unrecht – den Fachleuten in den eigenen Ost-Berliner Verwaltungen. Der Vorsitzende der Staatlichen Plankommission, Heinrich Rau, schrieb

94 Berliner Verkehrs-Betriebe (BVG) an die Abt. Verkehr und Städtische Betriebe, z. H. des Magistratsdirektors Frenzel, 21. 7. 1951, BArch DY 30/3681, Bl. 1 – 3, hier Bl. 1.

Ulbricht, es scheine, »daß die Spezialisten uns bisher [...] nicht alles gesagt haben«.[95]

In den vorliegenden Informationen werden die gegenseitigen Abhängigkeiten detailliert aufgelistet und Vorschläge gemacht, wie, mit welchem Zeitaufwand und zu welchen Kosten sie zugunsten der DDR und Ost-Berlins möglichst vollständig beseitigt werden könnten. Der Umfang der Investitionen macht dabei deutlich, dass durchaus von einer längerfristigen Anwesenheit der Westalliierten im Westteil ausgegangen wurde. Wichtige Schifffahrtsrouten führten beispielsweise durch West-Berlin. Im Frühjahr 1951 sperrten die Briten die Spandauer Schleuse aus »technischen Gründen« für mehrere Wochen und führten damit der SED vor, dass auch Ost-Berlins Versorgung vom Wohlwollen der anderen Seite abhängig war. Die SED-Führung zog daraus die Konsequenz, einen Umgehungskanal (Niederneuendorf-Paretz) für den durch West-Berlin führenden Teil der Havelwasserstraße zu schaffen.[96] Die Baukosten wurden auf etwa 35 Millionen DDR-Mark geschätzt.[97] Insgesamt ging Planungschef Rau aber davon aus, »daß mit relativ wenigen Mitteln und in verhältnismäßig kurzer Zeit jegliche Abhängigkeit von den Westsektoren Berlins beseitigt werden kann. Allerdings ergibt sich, daß die Westsektoren sich ebenfalls vorbereiten auf Beseitigung der Abhängigkeit von uns. Jedoch besteht für sie immer die große Frage der Heranschaffung der Massengüter.« Bezüglich der S-Bahn und der Schifffahrt sei »nochmals zu überprüfen, inwieweit bei der Durchführung des großen Investitionsprogramms die vordringlichsten Arbeiten beschleunigt werden könnten«.[98] Die Informationen an Ulbricht ergaben, dass bis Frühjahr 1952 eine weitgehende Unabhängigkeit von West-Berlin erreicht sein würde.[99]

95 Rau an Ulbricht, 10.8.1951, BArch DY 30/3681, Bl. 39–40.

96 Hauptabteilung Wirtschaftsplanung, PO 140, an die Staatliche Plankommission, Sekretariat Rau, z. H. des Kollegen Verleih, betr. Versorgung der Randgebiete von Berlin in Energie, Gas Wasser sowie Verkehr, streng vertraulich, Potsdam, den 26.7.1951, BArch DY 30/3681, Bl. 21–24, hier S. 23.

97 Die Sperrmaßnahmen der DDR vom Mai 1952. Die Sperrmaßnahmen der Sowjetzonenregierung an der Zonengrenze und um Westberlin. Faksimilierter Nachdruck des Weißbuches von 1953, hg. vom Bundesministerium für innerdeutsche Beziehungen, Bonn 1987, S. 24, 108 f.

98 Rau an Ulbricht, 10.8.1951, BArch DY 30/3681, Bl. 39–40.

99 BArch DY 30/3681, Bl. 21–24, 30, und die bereits zitierten Dokumente aus dieser Akte.

Selbstverständlich wurden mit all den Baumaßnahmen, die auf die weitgehende Beseitigung von Abhängigkeiten Ost-Berlins und der DDR von West-Berlin zielten, wichtige Voraussetzungen dafür geschaffen, dass 1961 die »Mauer« so gebaut werden konnte, wie sie gebaut wurde. Aber ist daraus zwangsläufig zu schließen, dass die Baumaßnahmen auch von Anfang an darauf zielten, das »Schlupfloch« West-Berlin zu schließen? Die Dokumente im Bestand des Büros Ulbricht geben eine solche Interpretation kaum her. Sie spiegeln vielmehr die Sorge der SED wider, vom Westen schikaniert zu werden, wie es die Briten etwa im Frühjahr des Jahres mit der Sperrung der Spandauer Schleuse vorgeführt hatten. Es war die Zeit, in der in Westdeutschland die FDJ verboten wurde und Bonn beispielsweise versuchte, Jugendliche an der Fahrt zu den III. Weltfestspielen der Jugend und Studenten im August 1951 in Ost-Berlin zu hindern. In einem Propaganda-Bildband zur Geschichte Berlins aus Anlass dieser III. Weltfestspiele findet sich eine Zeichnung, auf der Menschen auf westlicher Seite Stacheldrahtsperren und einen Schlagbaum überwinden, um auf das Brandenburger Tor zuzulaufen, das die »Friedenskämpfer« herzlich willkommen heißt. Im Begleittext dazu liest man:

> Trotz Verbot und Terror, über alle Grenzen hinweg, kommen die Arbeiter, Wissenschaftler, Frauen und die Jugend der ganzen Welt nach Berlin, der Hauptstadt Deutschlands, um uns zu helfen, ein einheitliches, friedliches demokratisches Deutschland zu schaffen und den Frieden zu erhalten.[100]

Das war östliches Propaganda-, aber ebenso auch Wunschbild.

Was der SED damals in Berlin Sorgen machte, waren Schmuggel und Schwarzhandel – eine angesichts des Währungsgefälles naheliegende und berechtigte Sorge. Und es war die Sabotage und »ideologische Diversion«, die aus West-Berlin nach Ost-Berlin und in die DDR getragen wurde – eine ebenfalls begründete Sorge. Das im April 1951 gegründete »Psychological Strategy Board«[101] der US-Regierung nahm im Herbst 1952 einen »psychological warfare plan« gegen die Machthaber in Ost-Berlin an, dessen Ziel es war, in Ostdeutschland Unzufriedenheit und Dissidenz zu verstärken mittels

100 Berlin. III. Weltfestspiele der Jugend und Studenten für den Frieden, zusammengest. vom Amt für Information des Magistrats von Groß-Berlin unter Mitwirkung der Abt. Volksbildung, o. O. [Berlin] o. J. [1951], unpaginiert.

101 Lucas, Scott: Campaigns of Truth: The Psychological Strategy Board and American Ideology, 1951 – 1953, The International History Review 18 (1996) 2, S. 279 – 302.

psychologischer, politischer und ökonomischer Störmanöver und einer »controlled preparation for more active resistance«. Wichtigstes Instrument dabei war der amerikanische Sender RIAS.[102] Bei der Durchsetzung dieser Ziele sollte eng mit der »Kampfgruppe gegen Unmenschlichkeit«, dem »Untersuchungsausschuss freiheitlicher Juristen«, der Evangelischen Kirche und den Ost-Büros der westdeutschen Parteien zusammengearbeitet werden.[103] Alle genannten Institutionen wurden von der SED genau dessen beschuldigt, nämlich im Auftrag der angloamerikanischen Besatzer die Ordnung in der DDR zu unterminieren. An der Berechtigung der SED-Sorge ändert auch nichts, dass diese »Saboteure« und »Diversanten« sich durch das Legitimationsdefizit und die Willkür der SED-Herrschaft zu ihrer Widerstandsarbeit legitimiert fühlen durften. Ein zu stopfendes »Schlupfloch« war West-Berlin dagegen 1951 noch gar nicht oder allenfalls für jene »Saboteure« und »Diversanten«. Die »grüne Grenze« nach Westdeutschland war noch relativ problemlos zu überwinden, und die Flucht »über« West-Berlin endete damals für viele noch in einer Sackgasse anstatt in Westdeutschland. Zwar wurde damals bereits kein Volljähriger mehr aufgefordert, in die »Zone« zurückzukehren. Wer aber nicht als »Flüchtling« anerkannt wurde, lebte »illegal« im Westteil, war von Sozialleistungen für Flüchtlinge abgeschnitten und wurde nicht nach Westdeutschland ausgeflogen. Die Folge war, dass sich bereits vor dem Ausbau der innerdeutschen Grenze im Mai 1952 immer mehr »Illegale« in West-Berlin stauten, die dort oft unter erbärmlichen Bedingungen leben mussten. Im März 1952 lebten 67 000 abgelehnte Flüchtlinge in West-Berlin. Hinzuzurechnen sind noch jene wahrscheinlich in die Tausende Gehenden, die wegen Chancenlosigkeit gar nicht erst die Aufnahme beantragten.[104] Die Anerkennung als Flüchtling lag in West-Berlin bis Anfang 1952 weitgehend im Ermessen von Sachbearbeitern und wurde recht restriktiv gehandhabt, in der Regel nur gewährt, wenn der Flüchtling eine akute und erhebliche Bedrohung für seine Person oder Familie nachweisen konnte und vor seiner Flucht

102 Rundfunk im amerikanischen Sektor.

103 Ostermann, Christian F.: The United States, the East German Uprising of 1953, and the Limits of Rollback, Washington 1994 (CWIHP Working Paper, No. 11), S. 14; Ostermann, Christian F.: »Keeping the Pot Simmering, the United States and the East German Uprising of 1953«, German Studies Review 19 (1996) 1, S. 61–89, hier S. 64 ff.

104 Oesterreich, Charlotte: Die Situation in den Flüchtlingseinrichtungen für DDR-Zuwanderer in den 1950er und 1960er Jahren. »Die aus der Mau-Mau-Siedlung«, Hamburg 2008, S. 131 ff.

nicht für das Ulbricht-Regime gearbeitet hatte. Erst ab Februar 1952 galt das in Westdeutschland 1950 verabschiedete Bundesnotaufnahmegesetz auch in West-Berlin. Mit ihm wurde das Anerkennungsverfahren zwar jetzt auch hier verrechtlicht, nichtsdestotrotz wurden aber immer noch über 60 Prozent aller Anerkennung beantragenden Flüchtlinge nicht anerkannt. Zweck des Notaufnahmeverfahrens war Abschreckung, nicht Aufforderung zur Flucht.[105]

»Selbstmörderische Humanität«

So wie der Westen – wie sich am 17. Juni 1953 zeigen sollte – nicht ohne Grund, aber doch vergebens davon ausging, dass sich das Thema DDR und Flucht in Kürze durch den Zusammenbruch der DDR erledigen würde, so baute die SED – ideologisch begründet, aber, wie sich zeigen sollte, ungerechtfertigt – noch auf eine wirtschaftliche Überlegenheit des Sozialismus, die die Wanderungsbewegung schließlich umkehren würde, und darauf, dass der Westen und insbesondere West-Berlin bald von sich aus würden Maßnahmen gegen die Flucht ergreifen müssen.[106] Und in der Tat waren Art und Umfang der Aufnahme von Flüchtlingen im Westen damals durchaus noch umstritten. Zwar hatten humanitäre Überlegungen letztendlich immer Vorrang, aber zugleich sollte niemand durch westliche Maßnahmen zur Flucht ermuntert werden. Noch im Februar 1953 sprach der sich zur heimatlosen Rechten zählende Chefkommentator des Bayerischen Rundfunks Walter von Cube in Zusammenhang mit der Aufnahme der Flüchtlinge in einem Rundfunkkommentar von »selbstmörderischer Humanität« und rechnete die enormen Kosten für den Westen vor. Den Osten Deutschlands und Berlin hielt er für verloren. Neben viel Zustimmung vom Publikum erhielt er aber freilich auch massiven Wider-

105 Kimmel, Elke: Das Notaufnahmeverfahren, in: Effner, Bettina/Heidemeyer, Helge (Hg.): Flucht im geteilten Deutschland. Erinnerungsstätte Notaufnahmelager Marienfelde, Berlin 2005, S. 115 – 133; Heidemeyer, Flucht und Zuwanderung, S. 45; Fluchtziel Berlin, S. 9 – 14; Kubina, Michael: Das Recht auf Freizügigkeit. Die Aufnahmepolitik Westdeutschlands gegenüber den DDR-Zuwanderern, Zeitschrift des Forschungsverbundes SED-Staat, Nr. 28/2010, S. 75 – 89, hier S. 75 – 80.

106 Bispinck, Henrik: »Republikflucht«: Flucht und Ausreise als Problem für die DDR-Führung, in: Vor dem Mauerbau. Politik und Gesellschaft in der DDR der fünfziger Jahre, hg. von Dierk Hoffmann, Michael Schwartz und Hermann Wentker, München 2003, S. 285 – 309, hier S. 288 ff. (Schriftenreihe der Vierteljahrshefte für Zeitgeschichte, Sondernr.).

spruch aus der Politik.[107] Die »Zone« sollte nicht – wie die Gebiete jenseits von Oder und Neiße – von Deutschen entvölkert werden.[108] Erst die Fluchtwelle im Frühjahr 1953 und das Scheitern des Aufstandes gegen das SED-Regime im Juni 1953 bewirkten in Bonn ein deutliches Umdenken dahingehend, das Problem der inzwischen in die Zigtausende gehenden »Illegalen« zu lösen.[109] Aber das war 1951/52 noch Zukunft und von Ulbricht und der SED-Führung kaum vorherzusehen.

Auch wirtschaftlich war die Bundesrepublik (und das gilt noch mehr für West-Berlin) noch längst nicht für alle das »Wirtschaftswunderland«, das sie in der zweiten Hälfte der 50er Jahre wurde. Anfang der 50er Jahre war es für junge, hochqualifizierte Menschen im Westen durchaus nicht unnormal, in den Osten zu gehen, wenn sie dort eine Arbeitsmöglichkeit fanden.[110] Es gab in Westdeutschland noch keinen Arbeitskräftemangel, schon gar nicht in West-Berlin. Die Arbeitslosigkeit lag in Westdeutschland 1950 noch bei zwölf Prozent, ging danach zwar Jahr für Jahr zurück, aber erst unmittelbar vor und in den ersten Jahren nach dem Mauerbau lag sie mit etwa einem Prozent auf jenem Tiefstand, der anschließend nie wieder erreicht wurde. Das war deutlich unter der Marke (je nach Sichtweise zwei bis fünf Prozent), bei der bereits von Vollbeschäftigung ausgegangen wird, das heißt, es herrschte massiver Arbeitskräftemangel. Der Tiefststand war durchaus historisch zu nennen, lag deutlich unter den Werten, die in den besten Jahren des Kaiserreichs und der Zwischenkriegszeit erreicht wurden.[111] In West-Berlin kam der Umschwung auf dem Arbeitsmarkt aber erst deutlich später als in Westdeutschland. Anfang der 50er Jahre gab es trotz etlicher Konjunkturprogramme hier um die 300 000 Arbeitslose. Insbesondere die Jugendarbeitslosigkeit, die sich nur be-

---

107 Cube-Kommentar. Alles Porzellan zerschlagen, Der Spiegel, H. 11, 11. 3. 1953, S. 5–10; vgl. Walter von Cube, Der Spiegel, H. 15, 19. 12. 1951, S. 24; Birkenfeld, Günter: Sprung in die Freiheit. Berichte über die Ursachen, Begleitumstände und Folgen der Massenflucht aus der Sowjetischen Besatzungszone, Ulm 1953, S. 7.

108 Kubina, Das Recht auf Freizügigkeit, S. 78.

109 Heidemeyer, Flucht und Zuwanderung, S. 127–151.

110 Melis, Republikflucht, S. 25.

111 Die Rezession der Jahre 1966/67, so Abelshauser, Werner: Deutsche Wirtschaftsgeschichte seit 1945, München 2004, S. 300 f., »erschütterte das bis dahin verbreitete Vertrauen in die Selbststeuerungsfähigkeit der Marktwirtschaft gründlich«. Nach einer kurzen Erholung ab 1969 stieg die Arbeitslosigkeit seit 1975 wieder mehr oder weniger kontinuierlich an. Rückgänge gab es immer nur gegenüber zuvor erreichten Höchstständen, nicht mehr jedoch gegenüber zuvor erreichten Tiefstständen.

dingt in der Arbeitslosenstatistik widerspiegelte, war sehr hoch. Erst 1957 sank die Arbeitslosigkeit in West-Berlin auf knapp unter zehn Prozent.[112]

All dies wird wirklich politische Flüchtlinge und jene, die unter den Bedingungen der zunehmenden Verstaatlichung, politischen Reglementierung und terroristischen Repression für sich wirtschaftlich keine Perspektive mehr sahen, nicht von einer Flucht abgehalten haben, aber deren Flucht hat Ulbricht und Genossen auch kaum gestört.[113] Die Zeit schien – Ulbrichts festen Glauben an die Überlegenheit des Sozialismus vorausgesetzt – für die SED zu arbeiten. Als in der zweiten Hälfte der 60er Jahre die Arbeitslosigkeit im Westen wieder anstieg, war der Druck im Kessel DDR schon so groß, dass den SED-Führern eine Öffnung der Mauer wohl nicht mehr möglich schien. Auch hatte man sich in der SED-Führung anscheinend schlicht an die von ihr vermeintlich ausgehende Sicherheit gewöhnt. Doch das alles war Anfang der 50er Jahre noch weit entfernte, nicht vorhersehbare Zukunft. Ulbricht sah 1951/52 in Westdeutschland jenen Imperialismus, mit dem er aufgewachsen war, und war von der »wissenschaftlichen« Gewissheit getragen, dass dieser bald ähnliche Krisen produzieren würde, wie er sie kennengelernt hatte. Grund zum »Pessimismus« im Hinblick auf Westdeutschland gab es für ihn 1952 noch nicht, auch Mitte der 50er Jahre noch nicht und schon gar nicht mit Blick auf West-Berlin. Vom großen Aufschwung war da, abgesehen von den blendenden Schaufenstern am Kurfürstendamm, noch nicht viel zu sehen.[114] Zwar ordnete das Sekretariat des ZK der SED am 20. Dezember 1951 eine Untersuchung über die »Zusammensetzung und Lage der so genannten ›Ostzonenflüchtlinge‹ in Westdeutschland« an. Hintergrund war aber nicht die Sorge um den damit eventuell verbundenen volkswirtschaftlichen Verlust, sondern der Umstand, dass eine Untersuchungskommission der Vereinten Nationen in der DDR erwartet wurde und die SED eine »Gegenkampagne« gegen Bonns Flüchtlingskampagne auf internationaler Ebene plante.[115] Ziel der Untersuchung sollte es daher sein, »alle bekannt gewordenen [sic!] Unterlagen über die Zusammensetzung dieser ›Flüchtlinge‹ aus kriminellen

112 1960 war mit 3,7 Prozent fast Vollbeschäftigung erreicht. Krumholz, Walter: Berlin-ABC, Berlin 1965, S. 35 – 38.

113 Melis, Republikflucht, S. 24; Bispinck, Republikflucht, S. 288 ff.

114 S. z. B. So sieht es in Westberlin wirklich aus, Hg.: SED, Bezirksleitung Groß-Berlin, Berlin 1953/54, zu den Arbeitslosenzahlen vor allem S. 19 und 86.

115 Für die internationale Propaganda seitens Bonn s. Some Facts about Expellees in Germany 1952, published by Federal Ministry for Expellees, Bonn 1952.

Verbrechern [sic!], Saboteuren und Agenten« und alle »bekannt gewordenen Tatsachen über die Verurteilung solcher kriminellen Elemente aus den Reihen der ›Flüchtlinge‹ in Westdeutschland« zusammenzutragen.[116] Der ZK-Apparat sollte also einerseits Informationen darüber zusammentragen, wie vielen und welchen der Flüchtlinge aus SED-Sicht kriminelle Aktivitäten vor ihrer Flucht nachgewiesen oder unterstellt werden könnten und wie viele von ihnen auch nach ihrer Flucht im Westen strafbare Handlungen begangen hatten und von den dortigen Gerichten verurteilt worden waren.[117] Diese Aufgabenstellung zeugt einerseits von der ideologischen Verblendung der Auftraggeber und einem weitgehenden Verkennen der tatsächlichen Lage und der Motive vieler Flüchtlinge, lässt sich aber kaum so deuten, dass die SED-Führung in den Flüchtlingen primär einen Verlust gesehen hätte. Jeder Flüchtling beschädigte aber das Image des »Arbeiter-und-Bauern-Staates«.

3. Quellenkritischer Exkurs (I) – Schutz- und Trutz- oder Fluchtverhinderungswall?

Anfang 1952 sahen sich nach Creuzberger die

> sowjetische Besatzungsmacht und die SED-Führung [...] veranlaßt, über geeignete Maßnahmen nachzudenken, um ein vorzeitiges Ende des jungen »Arbeiter- und Bauernstaates« abzuwenden. Ein solcher Weg konnte nur darin bestehen, die Fluchtwelle möglichst effektiv einzudämmen. Praktisch mußte daher alles darauf hinauslaufen, das bisherige Grenzregime zu verschärfen bzw. zu perfektionieren.

Dieser Zwang habe sich auch noch aus einem anderen Grunde ergeben:

116 Zit. nach Melis, Republikflucht, S. 29.

117 Nach einer Aufstellung der Hauptabteilung Kripo der HV der DVP wurden in der Zeit vom 1. 1. – 30. 9. 1952 167 Personen vor oder bei der Flucht festgenommen, die zuvor eine Straftat begangen hatten. Nach der Aufschlüsselung der Fälle kann bei 7 davon von rein politischen Taten ausgegangen werden (Art. 6 der DDR-Verfassung), s. Betr. Personen, die nach Ausführung eines Verbrechens nach Westdeutschland bzw. Westberlin flüchtig wurden und die vor bzw. während der Ausführung der Flucht von der Volkspolizei festgenommen wurden, HV DVP HA K, Dombrowsky, Chefinspektor, L. der HA K, Berlin, 18. 10. 1952, BArch DO 1/27779, Bl. 21 – 23.

> So war Anfang 1952 in Moskau und Ost-Berlin die Entscheidung gefallen, auf der II. Parteikonferenz der SED im Juli den planmäßigen Aufbau des Sozialismus in der DDR zu beschließen.[118]

Creuzbergers Argumentation funktioniert aber nur, weil sie sich hier von den historischen Tatsachen löst und das Wissen um das Ende als Schablone dient. Er gibt, wie erwähnt, keine Belege dafür, dass Moskau oder Ost-Berlin zu diesem Zeitpunkt bereits ein Ausbluten der DDR befürchteten, auch kaum dafür, dass bereits Anfang 1952 in Moskau und Berlin die Entscheidung getroffen worden wäre, im Juli 1952 mit dem »planmäßigen Aufbau des Sozialismus« zu beginnen. Tatsächlich hatte Moskau im eigentlichen Sinne nie seine Zustimmung zu einer solchen öffentlichen Formulierung gegeben.[119] Außerdem unterstellt Creuzbergers Argumentation, Moskau und Ost-Berlin wären überzeugt gewesen, der Aufbau des Sozialismus würde die Menschen massenweise in die Flucht treiben. Nach marxistisch-leninistischer Lehre war zwar von einer »Verschärfung des Klassenkampfes« auszugehen; in die Flucht würde man damit aber natürlich nur »Kapitalisten« und »Großbauern«, »Kriminelle«, »Saboteure« und »Diversanten« treiben, kaum aber jene, mit denen und für die man den Sozialismus aufbauen wollte. Das war freilich eine Illusion, aber Illusionen sind nicht selten handlungsleitend, bei Politikern wie auch bei anderen Menschen. Belege fehlen ebenfalls dafür, dass von Ulbricht bereits damals, im Februar 1952, die militärische Befestigung der innerdeutschen Demarkationslinie geplant gewesen wäre. Ohne die aber hätten die Pläne zur Sperrung der Sektorengrenze in Berlin als Mittel der Fluchtverhinderung kaum Sinn ergeben.

Was sagt aber das Dokument vom 28. Februar 1952 tatsächlich aus? Creuzberger selbst führt daraus nicht einen Satz an, der seine These, es sei Ulbricht in

118 Creuzberger, Abschirmungspolitik, S. 23.

119 Loth, Wilfried: Die Sowjetunion und die deutsche Frage. Studien zur sowjetischen Deutschlandpolitik, Göttingen 2007, S. 229. Das entsprechende Konzept sandte Ulbricht am 22. 3. 1952 an das Moskauer Außenministerium, s. Wentker, Außenpolitik in engen Grenzen, S. 95; vgl. Loth, Wilfried: Stalins ungeliebtes Kind. Warum Moskau die DDR nicht wollte, Berlin 1996, S. 185 – 194; Bonwetsch, Bernd/Kudrjašov, Sergej: Stalin und die II. Parteikonferenz der SED. Ein Besuch der SED-Führung in Moskau, 31. März – 8. April 1952, und seine Folgen (Dokumentation), in: Stalin und die Deutschen. Neue Beiträge der Forschung, hg. von Jürgen Zarusky, München 2006, S. 173 – 206, hier S. 176 – 186 (Schriftenreihe der Vierteljahrshefte für Zeitgeschichte; Sondernummer).

dem Papier um »ein Anhalten des Massenexodus« gegangen, bestätigen würde.[120] Und einen solchen Satz gibt es auch im gesamten Dokument nicht. Ulbricht macht genaue Vorschläge, wer wofür welche Papiere benötigt. Punkt 1 führt aus: »Personen, die in Berlin wohnhaft sind, benötigen zur Reise in die DDR eine Bescheinigung einer Stelle beim Magistrat von Berlin.« Obwohl der Satz Ost- wie West-Berliner umfasst, nimmt Ulbricht in der Begründung nur auf West-Berliner Bezug, die bisher »ohne Kontrolle in die DDR« fahren können. Mit DDR meint Ulbricht, wie aus dem Kontext hervorgeht, in diesem Papier tatsächlich nur das Gebiet der ehemaligen SBZ, nicht Ost-Berlin. Punkt 2 fordert, den Eisenbahnfernverkehr aus West-Berlin in die DDR mit Ausnahme der »Interzonenzüge der Besatzungsorgane« sukzessive einzustellen. Alle Züge sollten von Bahnhöfen Ost-Berlins abgehen. Punkt 3 regelt den grenzüberschreitenden S-Bahn-Verkehr. Dieser sollte auch bei den Ost-Berliner Routen in die DDR nur noch bis zur Stadtgrenze geführt werden, wo umgestiegen werden müsste, um »die Möglichkeit der Ausweiskontrolle« zu haben. In der Begründung heißt es, diese Maßnahme solle zu einem späteren Zeitpunkt eingeführt werden, da sie die »größte Zahl von Menschen betrifft«, nämlich auch alle Ost-Berliner und Bewohner der Randgebiete Ost-Berlins. Eine ähnliche Regelung war für den Autobusverkehr aus West-Berlin in die DDR vorgesehen (Punkt 4). Die DDR-Gewässer sollten für West-Berliner Fahrgastschiffe gesperrt werden, sobald die DDR nach dem Bau des Paretzer Umgehungskanals nicht mehr auf die Durchfahrt ihrer Schiffe durch West-Berlin angewiesen sei (Punkt 5). »Die Posten der Volkspolizei an den Grenzen der Westsektoren von Berlin sind bedeutend zu verstärken, da die Lastwagen und Personenwagen der Schmuggler über die Feldwege fahren und dadurch die Kontrollpunkte umgehen« (Punkt 6). Hier ist wahrscheinlich die Grenze der Westsektoren mit der DDR und weniger die innerstädtische Grenze gemeint, da es »Feldwege« vor allem an der Grenze zwischen Berlin und dem Umland gab, weniger über die innerstädtische Grenze. Eindeutig ist Ulbrichts Formulierung, möglicherweise mit Absicht, aber nicht.[121] Ein spezielles Ausweis- und Meldesystem sollte West-Berliner Berufspendler in die DDR unter Kontrolle bringen. West-Berliner, die in der DDR arbeiteten, sollten »einen Ausweis (mit Lichtbild) vom Direktor des Betriebes in der DDR, in dem sie beschäftigt sind«, erhalten. »Dieser Ausweis muß vom zuständigen Landratsamt

120 Creuzberger, Abschirmungspolitik, S. 23–25.
121 Auch die russische Übersetzung erlaubt keine eindeutige Interpretation.

gestempelt sein« (Punkt 7). Eine entsprechende Ost-Berliner Behörde, die solche Ausweise für West-Berliner stempeln müsste, wird von Ulbricht nicht genannt. Die unter Punkt 8 genannten »Sonderregelungen« können noch am ehesten in Richtung Fluchtverhinderung interpretiert werden, denn sie schufen die Möglichkeit, den gesamten Verkehr zwischen Ost-Berlin und der DDR besser zu kontrollieren, da die hier genannten Spezialausweise zum Besuch von Ost-Berlinern in der DDR und Einwohnern der DDR in Berlin eine Unterscheidung ermöglichen würden zwischen »legitimierten« Reisenden und solchen ohne spezielle Reiselegitimation durch östliche Behörden. Spezielle Bescheinigungen sollte es geben für Personen »aus dem Regierungsapparat und den zentralen Organisationen und Institutionen, die im demokratischen Sektor Berlins wohn[t]en« und offiziell in der DDR zu tun hatten, ebenso für Ost-Berliner Schüler, die in der DDR zur Schule gingen. Keine Regelung wird genannt für solche, die in West-Berlin die Schule besuchten.[122] Auch für Ost-Berliner, die in der DDR ein Grundstück nutzten, sollte eine spezielle Bescheinigung eingeführt werden, ebenso für FDGB-Ferienreisende nach Ost-Berlin. Diese Regelungen zusammengenommen hätten zwar den Kreis jener Personen eingeschränkt, die hinsichtlich der Reisegründe genauer befragt und deren Gepäck ggf. kontrolliert werden müsste. Nirgends in dem Papier ist jedoch davon die Rede, dass Ost-Berliner ohne spezielle Bescheinigung nicht mehr in die DDR und DDR-Bewohner nicht mehr ohne spezielle Bescheinigung nach Berlin reisen dürften. Darauf könnte höchstens die letzte unter Punkt 8 genannte Regelung hindeuten, nach der »zu großen Veranstaltungen sportlichen, kulturellen oder politischen Charakters« vom MdI »Sonderbestimmungen für das Passieren der K[ontroll]P[unkte] erlassen werden« könnten. Es geht aus dem Papier nicht hervor, wie diese »Sonderbestimmungen« aussehen sollten, ob sie eine – in dem Papier allerdings, wie gesagt, nicht erwähnte – generell notwendige Legitimationsbescheinigung für Reisen nach Berlin ganz oder teilweise für obsolet erklären sollten oder ob gemeint ist, dass spezielle Reiselegitimationen für solche Großveranstaltungen ausgegeben würden, um den Kreis jener, die offiziell reisen dürften, zu vergrößern. Auch wenn man unterstellte, zu solchen Veranstaltungen würden vor allem linientreue DDR-Bürger kommen, wären in beiden Fällen fortan solche Großveranstaltungen in der »Hauptstadt« für die SED mit einem erheblichen Risiko verbunden

122 Schulpflichtige Kinder durften offiziell bereits nur noch in dem Bezirk zur Schule gehen, in dem sie wohnten. In der Praxis hatte dies aber kaum Auswirkungen. Auch konnten Ost-Berliner z. B. noch ihr Abitur in West-Berlin machen.

gewesen, da sie für DDR-Bürger eine ideale Gelegenheit zur Flucht nach West-Berlin geboten hätten. Diese zu verhindern, sei aber nach bisheriger Einschätzung in der Literatur ja gerade der Sinn von Ulbrichts Februar-Vorschlägen gewesen. Die Flucht nach oder über West-Berlin spielt in dem gesamten Dokument aber weder explizit noch implizit eine Rolle, auch das Thema »Abwerbung« oder »Menschenhandel« kommt in dem Dokument nicht vor. Unterstellt man nicht eine geradezu perfide Verschleierungstaktik gegenüber der SKK und Moskau, legen Ulbrichts Vorschläge also vielmehr nahe, dass es ihm allgemein um Druck auf West-Berlin, auf die Beschränkung der Einwirkungsmöglichkeiten des Westens durch die offene Grenze in Berlin und vorrangig um die Eindämmung des Schmuggels, der »Verschiebung von Waren nach Westberlin«, ging. Warum hätte Ulbricht in einem solchen streng geheimen Papier gerade seine vermeintliche Hauptmotivation, die Verhinderung der Republikflucht, die ja angeblich auch von den Sowjets bereits mit Sorge gesehen wurde, verschweigen sollen? Schließlich ging es ihm doch in dem Papier darum, Moskau von seinen Vorschlägen zu überzeugen. Da der Schmuggel »in großem Umfang über den Postweg« erfolge, so heißt es weiter im Dokument, sei »der Transport von Paketen nach West-Berlin so lange einzustellen, solange die westdeutschen Behörden verhindern, daß das interzonale Handelsabkommen in Kraft tritt« (Punkt 9).[123] Letzter und 10. Punkt war: »Motorboote und andere Boote, die aus Westberlin in die Gewässer der DDR fahren und keine Registriernummer besitzen, werden kontrolliert.«[124] Es sei notwendig, so beschließt Ulbricht seine Vorschläge,

> das Material zusammenzustellen über die Schädigung der Wirtschaft der DDR durch die Westberliner Schieberzentralen sowie das Material über die Tätigkeit der Agentenzentralen, die von Westberlin in die DDR arbeiten, und

123 Das alte Interzonenhandelsabkommen (Frankfurter Abkommen, 1949) lief Ende 1951 aus. Das neue (Berliner) Abkommen war zwar schon am 6.7.1951 paraphiert worden, trat jedoch wegen östlicher Behinderungen im Berlin-Verkehr erst am 20.9.1951 in Kraft. Da der Osten im November erneut versuchte, den Handel West-Berlins mit Westdeutschland zu stören, kam der innerdeutsche Handel infolge von westlichen Gegenmaßnahmen einige Monate fast völlig zum Erliegen. Der Osten bestritt einen Zusammenhang zwischen funktionierendem Berlin-Verkehr und dem Abkommen und sah in westlichen Embargolisten eine Verletzung des Abkommens.

124 Zwischen West-Berlin und der DDR verläuft die Stadtgrenze an mehreren Stellen mitten durch Seen und seenartige Havelerweiterungen, zwischen West- und Ost-Berlin gibt es nur vor allem von der Berufsschifffahrt genutzte Fluss- und Kanalverbindungen.

> es zu veröffentlichen, bevor mit der Durchführung obengenannter Maßnahmen begonnen wird. Durch eine Reihe Prozesse [sic!] ist die feindliche Tätigkeit gerichtlich festzustellen.[125]

Sicherlich hätten die vorgesehenen Kontrollen wie auch die bereits eingeleiteten Abschottungsmaßnahmen gegenüber West-Berlin auch eine Flucht aus der DDR nach West-Berlin erschwert, aber kaum ernsthaft verhindern können. Da die Maßnahmen nur sukzessive durchgeführt werden sollten, hätten sie auch eine Art »Torschlusspanik« auslösen können, was von Ulbricht anscheinend aber nicht befürchtet wurde, wahrscheinlich deshalb, weil seine Maßnahmen noch gar nicht primär gegen die »Republikflucht« gerichtet waren. Zudem gab es ja noch die »grüne Grenze« nach Westdeutschland. Wenn Ulbricht bereits im Februar 1952 davon ausgegangen wäre, dass die innerdeutsche Grenze im Mai militärisch gesperrt würde, und als Folge ein Umlenken des Flüchtlingsstromes über Berlin befürchtet hätte, wäre ja wohl anzunehmen gewesen, dass er diesen Zusammenhang seinen sowjetischen Genossen erläutert und seine vorgeschlagenen Maßnahmen dem deutlicher Rechnung getragen hätten.

Creuzberger schildert anschließend als logische Konsequenz aus Ulbrichts Februar-Vorschlägen die Abriegelung der Demarkationslinie im Mai 1952 zum Zwecke der Fluchtverhinderung, die allerdings den noch »entscheidenden Makel« gehabt habe, dass West-Berlin als »Schlupfloch« geblieben sei. Nun liegt doch die Frage nahe, ob denn angesichts des Offenbleibens Berlins die Sperrmaßnahmen an der innerdeutschen Demarkationslinie überhaupt primär der Fluchtverhinderung galten, waren sie doch diesbezüglich schlicht weitgehend wirkungslos bzw. folgt man Creuzberger oder Harrison, sogar kontraproduktiv.[126] Creuzberger geht der Frage aber nicht nach. Er schildert dann die Abschirmungsmaßnahmen gegen West-Berlin, die, teilweise Ulbrichts Plänen vom Februar entsprechend, seit dem Frühjahr 1952 umgesetzt wurden,[127] um festzustellen, dass sie »den bis dahin anhaltenden Flüchtlingsstrom je-

125 An den Vorsitzenden der SKK in Deutschland, Armeegeneral Gen. Tschuikow, 28.2.1952, Ulbricht. Adressat und Absender befinden sich nur auf der in 2 Exemplaren angefertigten russischen Übersetzung, beim deutschen Original fehlen sie. Die von Creuzberger zitierte Akte aus dem Büro Ulbricht (BArch DY 30/J IV 2/202/65) wurde inzwischen umsigniert und findet sich jetzt in BArch DY 30/3682, Bl. 2–4 (dt.) und 5–7 (russ.).

126 S. dazu weiter unten.

127 S. Die Sperrmaßnahmen der DDR, S. 24 ff.; Berlin. Chronik der Jahre 1951–1954, S. 300 ff.

doch nicht sofort unterbrechen konnten. Das Gegenteil war der Fall.«[128] Nun waren die gegen West-Berlin eingeleiteten Maßnahmen, wie ausgeführt, auch nicht besonders geeignet, die Flucht dorthin zu verhindern, schlichtweg weil dies auch gar nicht ihr Zweck war.

4. Stalins Westgrenze – Grenzsicherung im Sommer 1952

Die Welt oder zumindest Deutschland diskutierte im Frühjahr 1952, ob Stalins Angebot (die sogenannte Stalin-Note vom 10. März) zur Schaffung eines einheitlichen, neutralen Deutschlands ernst zu nehmen, ja gar eine »Chance« sei.[129] Anfang April war die SED-Führung zu einem ihrer mehr oder weniger regelmäßig stattfindenden Spitzengespräche in Moskau, traf dort zweimal mit Stalin zusammen, am 1. und am 7. April. Dazwischen vertrieb sie sich die Zeit mit dem Anschauen sowjetischer Filmkunst und zweier Teile »Tarzan«.[130] Bereits am 1. April erteilte Stalin der SED-Führung den Auftrag: »Volksarmee schaffen – ohne Geschrei/Pazifistische Periode ist vorbei«.[131] Dies war ein recht abrupter Kurswechsel, zumindest was die Propaganda betraf. In den beiden Gesprächen mit Stalin kam auch die Lage in Berlin zur Sprache. Allerdings ging es hierbei um die Diversionsaktivitäten aus West-Berlin in die DDR und

---

128 Creuzberger, Abschirmungspolitik, S. 33 f., für das Zitat S. 35.

129 Neben vielen vgl. Stalins großer Bluff. Die Geschichte der Stalin-Note in Dokumenten der sowjetischen Führung, hg. und eingel. von Peter Ruggenthaler, München 2007, passim. Vehement, aber relativ isoliert die Gegenposition vertretend Loth, Die Sowjetunion und die deutsche Frage, S. 101–174. Verweise auf die ältere Literatur finden sich bei diesen beiden wie auch bei Die Stalin-Note vom 10. März 1952. Neue Quellen und Analysen, hg. von Jürgen Zarusky, München 2002 (Schriftenreihe der Vierteljahrshefte für Zeitgeschichte, Bd. 84).

130 Aus Kalender und Chronik: Ablauf der Reise nach Moskau, in: Wilhelm Pieck – Aufzeichnungen zur Deutschlandpolitik 1945–1993, hg. von Rolf Badstübner und Wilfried Loth, Berlin 1994, S. 382.

131 So notierte sich Pieck Stalins Anweisung, Dokumente zur Reise der SED-Delegation nach Moskau vom 29. 3.–10. 4. 1952, in: Wilhelm Pieck – Aufzeichnungen, S. 382–399, hier S. 395. Im Protokoll ist die Formulierung nicht ganz so griffig, s. Aufzeichnung des Gesprächs des Gen. J. W. Stalin mit den Führern des ZK der SED W. Pieck, W. Ulbricht und O. Grotewohl am 1. 4. 1952, in: Bonwetsch/Kudrjašov, Stalin und die II. Parteikonferenz der SED, S. 189. Nach Ruggenthaler, Stalins großer Bluff, S. 155 f., war es »wohl nicht Stalin, der die Schaffung einer Armee ins Spiel brachte«, sondern die SED-Führung.

Ost-Berlin, nicht um die Fluchtproblematik. Beklagt wurde von Pieck und Ulbricht der Einfluss der SPD und der westlichen Medien sowie die Tätigkeit der westlichen Geheimdienste. Die »Konterbande«, also Schmuggler, so Ulbricht auf eine wohl eher rhetorisch gemeinte Frage Wjatscheslaw Molotows, könne »zur Zeit fast völlig offen aus der DDR nach Westberlin« gehen und die Polizei »nicht einmal auf die Täter schießen [...], weil sie keine Munition hat«. Molotow und Stalin bemerkten, dass dies »unmöglich« sei und man es nicht »einfach dulden« könne. Auf Stalins Frage, ob es in der DDR einen Grenzschutz[132] gebe, antwortete Ulbricht, er sei schwach und müsse verstärkt werden und den zu bildenden »Militärorganen« unterstellt werden. Stalin, so heißt es im Protokoll lapidar »stimmt zu«.[133] Die Flucht aus der DDR ist nur kurz und insofern Thema, als Pieck beklagt, »daß viele Intelligenzangehörige aus der DDR in den Westen fliehen«, worauf Stalin einwirft, »Sie müssen Ihre eigene Intelligenz schaffen«. Auch Fred Oelßners wohl etwas pikierte Bemerkung, dass »das in der DDR bereits« geschehe, führte nicht zu einer Vertiefung des Problems.[134] Anschließend wurden noch kurz die niedrige Entlohnung und der Mangel an Fachliteratur in der DDR thematisiert. Das war es allerdings zum Thema Flucht.[135] In Wilhelm Piecks Notizen für bzw. über das Treffen mit der sowjetischen Führung finden sich die Berlin betreffenden Absperr- und Kontrollmaßnahmen unter der Überschrift: »Was tun gegen Generalvertrag?«[136]

---

132 In Westdeutschland wurde mit dem Gesetz über den Bundesgrenzschutz vom 16. 3. 1951 mit dem Aufbau von Grenzschutztruppen begonnen. Seine Größe wurde zunächst auf 10 000 Mann festgelegt, s. Schmidt, Hans-Jürgen: »Wir tragen den Adler des Bundes am Rock ...«. In Freiheit dienen. Chronik des Bundesgrenzschutzes am Beispiel des Standortes Coburg. 1951 – 1992, Coburg 1993, S. 72 f.; Die Geschichte des Grenzschutzkommandos Nord 1951 – 1991, Hg.: Grenzschutzkommando Nord, Hannover 1991, S. 107 f.

133 Aufzeichnung des Gesprächs des Gen. J. W. Stalin mit den Führern des ZK der SED W. Pieck, W. Ulbricht und O. Grotewohl am 1. 4. 1952, in: Bonwetsch/Kudrjašov, Stalin und die II. Parteikonferenz der SED, S. 192, 197 f.

134 Pieck hatte das Thema schon am 15. 11. 1951 in einer Besprechung, wahrscheinlich mit Vertretern der SKK, berührt, als Grund die »Angst vor Verhaftungen« genannt und mögliche »Maßnahmen zum Verbleiben« diskutiert, Besprechung am 15. 11. 1951, 8 Uhr abends, Wilhelm Pieck – Aufzeichnungen, S. 379 f. Vgl. auch Notizen zur Vorbereitung der 2. Parteikonferenz der SED vom 9. – 12. Juli 1952, o. D., ebd., S. 391.

135 Aufzeichnung des Gesprächs des Gen. J. W. Stalin mit den Führern des ZK der SED W. Pieck, W. Ulbricht und O. Grotewohl am 1. 4. 1952, in: Bonwetsch/Kudrjašov, Stalin und die II. Parteikonferenz der SED, S. 190 f.

136 »Autobahnsteuer – [...] Abdrosselung Verkehr Berlin u. DDR/Ausweiszwang für

Sie waren also zumindest auch als Drohkulisse gegen Bonn gedacht. Den Sack (Berlin) zu schlagen, wenn man den Esel (Bonn) meinte, war auch später noch eine beliebte Methode im innerdeutschen Verhandlungsgeschäft. Die Flucht aus der DDR spielt, mit Ausnahme der erwähnten Probleme mit den Angehörigen der Intelligenz, auch in Piecks umfangreichen Notizen zum Gipfeltreffen in Moskau keinerlei Rolle, weder in Bezug auf die innerdeutsche Grenze noch in Bezug auf Berlin. West-Berlin ist auch hier nur als »Konzentration der Reaktion«, als Ausgangspunkt von Sabotage und Diversion, Thema.[137]

Am 7. April, eine knappe Woche nach dem ersten Treffen, verkündet Stalin den noch in Moskau ausharrenden SED-Führern unter Bezugnahme auf die Entwicklung in Westdeutschland seinen Entschluss, die Grenze nach Westdeutschland massiv zu sichern:

> Auch Sie müssen ihren eigenen Staat gründen. Die Demarkationslinie[138] zwischen West- und Ostdeutschland muß man als Grenze ansehen, und zwar nicht einfach als Grenze, sondern als gefährliche Grenze. Der Schutz dieser Grenze muß verstärkt werden. In vorderster Linie werden zu ihrem Schutz Deutsche stehen, und in der zweiten Linie stellen wir zu ihrem Schutz russische Truppen. Agenten der Westmächte bewegen sich viel zu frei auf dem Gebiet der Deutschen Demokratischen Republik. Sie könnten zu äußersten Maßnahmen greifen und Sie oder den Gen. Tschuikow umbringen. Damit muß man rechnen. Deshalb ist eine scharfe Bewachung der Grenze nötig.[139]

Berlin«. Diese Worte sind seitlich vermerkt, was darauf hindeuten könnte, dass sie erst im Gespräch mit Stalin hier notiert wurden, s. Notizen zur Vorbereitung der 2. Parteikonferenz der SED vom 9.–12. Juli 1952, o. D., Wilhelm Pieck – Aufzeichnungen, S. 391. In einem anderen Konzept für die Besprechungen in Moskau ist, ebenfalls unter der Überschrift »Was tun gegen Generalvertrag?« mit der Unterüberschrift »Regierungsmaßnahmen der DDR« notiert: »Erklärung, dass keine Gültigkeit / Steuer für Autobahnen und Wasserstraßen / Erschwerung Verkehr Berlin und DDR / Ausweiszwang für Berlin«, s. ebd., S. 384.

137 Notizen zur Reise nach Moskau, 29. 3. bis 10. 4. 1952, in: Wilhelm Pieck – Aufzeichnungen, S. 385, 391 f. Auch in der Vorbesprechung des Treffens mit Stalin, die Semjonow und Smirnow am Abend des 31. 3. 1952 mit Pieck, Ulbricht und Grotewohl in Moskau führten, spielte die Republikflucht als zu besprechendes Thema keine Rolle, s. V. Semjonow und A. Smirnow an W. M. Molotow, 31. 3. 1952, RGASPI, f. 82, op. 2, d. 1170, S. 123, in: Stalins großer Bluff, S. 191.

138 In den offiziellen Dokumenten war übrigens weiter von »Demarkationslinie«, nicht von »Staatsgrenze« die Rede.

139 Aufzeichnung des Gesprächs des Gen. J. W. Stalin mit den Führern der SED W. Pieck, W. Ulbricht und O. Grotewohl, 7. 4. 1952, in: Bonwetsch/Kudrjašov, Stalin und die II. Parteikonferenz der SED, S. 199 f.

Die innerdeutsche Grenze war bereits seit 1946 Bestandteil der sowjetischen Verteidigungskonzeption. Nimmt man Stalins Worte ernst, und das scheint hier durchaus angebracht zu sein, dann ging es bei der Grenzsicherung nicht um die Verhinderung von Flucht, jedenfalls nicht vorrangig, sondern um eine militärische Schutzmaßnahme,[140] eine wirksame Abgrenzung gegen die NATO, eine Abschottung zum Zwecke der Konsolidierung des eigenen Machtbereichs.[141] Diese Argumentation gleicht der Rechtfertigung, die etwa der ehemalige DDR-Verteidigungsminister Heinz Keßler bis heute für Mauer und Grenzregime anführt:

> Das bekanntlich sehr strenge Regime der Grenzsicherung, das die Sowjetunion als Konsequenz aus ihrem Versagen von damals heraus entwickelt und durchgesetzt hatte, wurde auch auf die Bündnispartner übertragen und besonders für die gemeinsame Grenze zur kapitalistischen Welt zum ehernen Gesetz. »Das, was wir 1941 erlebten, darf sich nie wiederholen!«, dies hörten wir immer und immer wieder von sowjetischen Politikern und Offizieren.[142]

140 Zu den militärischen Dimensionen s. Diedrich, Torsten: Waffen gegen das Volk. Der 17. Juni 1953 in der DDR, hg. vom Militärgeschichtlichen Forschungsamt, München 2003, S. 10–30.

141 Liest man Diedrich, Grenzpolizei, S. 209 f., bekommt man den Eindruck, der Autor sehe sich genötigt, sich dafür zu entschuldigen, dass er die Verteidigungsfunktion der Maßnahme erwähnt. Einst Mitarbeiter des Militärgeschichtlichen Instituts der DDR, scheint er sein Wissen von damals aber nicht vollends ignorieren zu wollen: »Diente die Grenzsicherung der DDR vordergründig zwar [sic!] der Verhinderung von ›Republikfluchten‹ und des Eindringens von ›DDR-feindlichen‹ Personen aus dem Westen, so verstand sich der Grenzschutz in der sowjetischen Militärtheorie eigentlich [sic!] als der vorgeschobenste Verteidigungsstreifen des eigenen Landes. Die Grenzeinheiten der DDR sollten im Zusammenhang mit der 1952 vollzogenen Neuorientierung in der Militärpolitik befähigt und ausgerüstet sein, einen militärischen Angriff aufzuhalten, bis die Streitkräfte einsatzbereit waren.« Nachdem sich die Grenzsicherung 1952 bei Diedrich noch nur »vordergründig« und »zwar« gegen Republikfluchten und das Eindringen des Feindes gerichtet hatte, habe sie sich 1956 dann schon »mehr denn je« gegen den »Massenexodus« gerichtet, also auch mehr als 1952, s. ebd., S. 212. Es ist zu vermuten, dass Diedrich zu dieser eigenartigen Steigerungsform greift, weil er wider »altes«, in diesem Fall auch richtiges Wissen diese »vordergründige« (gemeint ist wohl »primäre«) Ausrichtung schon für 1952 meinte behaupten zu müssen, doch selbst – zu Recht – für 1952 die Verteidigungsfunktion zumindest als die hauptsächliche ansah. Vgl. Diedrich, Waffen gegen das Volk, S. 41 f.; Creuzberger, Abschirmungspolitik, S. 15 f.; Loth, Stalins ungeliebtes Kind, S. 188 f.; Melis, Republikflucht, S. 35 f.

142 Keßler, Heinz: Zur Sache und Person. Erinnerungen, Berlin 1997, S. 28 f.

Keßler und Genossen lügen hier nicht einfach, sondern übertragen eine Anfang der 50er Jahre genutzte und geglaubte Argumentation für die militärische Sicherung der innerdeutschen Demarkationslinie zum Zwecke der Gefahrenabwehr einfach auf das, was später zum alleinigen Zweck der Fluchtverhinderung als Grenzregime eingeführt wurde, wofür die Berliner Mauer bis heute als Symbol steht.

Der aus östlicher Sicht unbefriedigende Stand der Sicherung der innerdeutschen Grenze war seit spätestens Januar 1952 in Moskau als Problem bekannt. Der Chef des sowjetischen Staatssicherheitsdienstes (MGB), Semjon D. Ignatjew, informierte die sowjetische Führung damals »über den nicht zufriedenstellenden Zustand der Bewachung der Demarkationsgrenze [...]. Die Demarkationslinie der DDR gilt als äußerst aktiv im Sinn von Schädigungen durch eine Vielzahl an Verletzungen.« Ignatjew führte jetzt »Provokationen durch Grenzsoldaten der westlichen Besatzungsmächte« und 112 708 aufgegriffene Grenzverletzter auf, darunter immerhin 49 968 in West-Ost- und 61 282 in umgekehrter Richtung.[143] 37 amerikanische und 22 englische Agenten seien festgenommen worden. Die ostdeutsche Grenzpolizei sei »durchsetzt mit unzuverlässigen Elementen«, über 15 Prozent seien in westlicher Kriegsgefangenschaft gewesen oder hätten »Verwandte und andere Verbindungen in Westdeutschland«. Auch sei die »operative Betreuung der Bevölkerung des Grenzstreifens nicht zufriedenstellend«.[144] Die »Republikflucht« als wirtschaftliches Problem gibt es in diesem Bericht nicht. Auch waren die Migrationszahlen bis Juni 1952 sogar rückläufig, zwar nicht stark, aber doch unverkennbar.[145] Zudem war bereits vor dem Beginn der Sicherungsmaßnahmen an der Demarkationslinie im Sommer 1952 der Anteil der Flüchtlinge, die über West-Berlin gingen, kontinuierlich angestiegen, lag in der ersten Hälfte 1952 bereits bei knapp über 50 Prozent,[146] was der SED aber damals so noch nicht klar gewesen sein muss, da sie nur Abgänge registrieren konnte, aber bis auf die legalen Übersiedler und die Nichtrückkehrer nach genehmigten Reisen kaum die individuellen Fluchtwege nachvollziehen konnte. Die die Fluchtmöglich-

143 Den Rest bilden Polen und Tschechen.

144 S. Ignatjew an W.M. Molotow, 9. 1. 1952, RGASPI, f. 82, op. 2, d. 1182, S. 91–93, in: Stalins großer Bluff, S. 170 f.

145 Bispinck, Republikflucht, S. 306.

146 Gemessen an den registrierten Flüchtlingen, s. Deutsche flüchten zu Deutschen. Der Flüchtlingsstrom aus dem sowjetisch besetzten Gebiet nach Berlin, hg. vom Senator für Arbeit und Sozialwesen, Berlin o. J. [1956], S. 13 f.

keiten einengende Wirkung der Sperrung der Demarkationslinie dürfte also höchstens ein Nebeneffekt gewesen sein. Zudem war der Schmuggel über die Demarkationslinie nun zwar nicht mehr möglich bzw. mit einem deutlich höheren Risiko verbunden. Allerdings war das Risiko, erwischt zu werden, noch lange nicht so hoch, dass es einen Flüchtling von einem Versuch hätte abhalten müssen. Der Umweg über Berlin wurde von nun an vor allem gewählt, weil er letztlich einfacher und risikoärmer war, nicht aber weil eine Flucht über die innerdeutsche Grenze, wie etwa nach dem weiteren Ausbau der Grenzanlagen nach dem Mauerbau 1961, nahezu unmöglich war.

Der unkontrollierte Grenzverkehr war schlichtweg auch ein Ordnungsproblem des jungen Staates.[147] Anders wäre auch kaum zu erklären, dass die spezielle Problematik West-Berlin in dem zweiten Moskauer Gespräch am 7. April nicht mehr erörtert wurde, die mit den nun beschlossenen Grenzsicherungsmaßnahmen nach Westdeutschland eigentlich ja zu erwartende Fluchtwelle über das erst jetzt zum letzten »Schlupfloch« werdende West-Berlin anscheinend weder von Ulbricht noch irgendeinem anderen Beteiligten angesprochen worden ist. Nicht völlig auszuschließen, wenn auch nach derzeitigem Kenntnisstand sehr unwahrscheinlich ist, dass die Fluchtfrage in einem bis heute unter Verschluss gehaltenen Teil des Protokolls des Gesprächs am 1. April 1952 thematisiert worden ist.[148] In jenem »streng geheimen« Teil geht es nach Auskunft eines russischen Historikers, der die drei Seiten bereits einsehen konnte, um Details der geplanten Aufrüstung der DDR und der Umwandlung der Kasernierten Volkspolizei in eine reguläre Armee. Wladimir Wolkow berichtet, Stalin habe sich »für die Einführung der Wehrpflicht« ausgesprochen und den SED-Führern gesagt, im Westen denke man,

> daß ihr überhaupt nicht bewaffnet seid, daß ihr keine Kraft habt und man euch leicht erobern kann. Solange sie das denken, sind sie nicht gesprächsbereit. Sie reagieren nur auf Stärke. Wenn bei euch plötzlich eine Armee auftaucht, wird man anders mit euch sprechen – man wird euch anerkennen und liebgewinnen, da Stärke von allen geliebt wird.[149]

147 Melis, Republikflucht, S. 29 – 33.

148 Kwizinskij, Julij A.: Vor dem Sturm. Erinnerungen eines Diplomaten. Berlin 1993, S. 161, gibt ohne weitere Erläuterungen oder Quellenhinweise und bezogen auf Berlin an, »daß die Führung der DDR die Idee, die Grenze zu schließen, bereits 1952 mit Stalin erörtert hatte – wenn sie zunächst auch nicht weiterverfolgt worden war.«

149 Wolkow, Wladimir K.: Die deutsche Frage aus Stalins Sicht (1947 – 1952), Zeitschrift für Geschichtswissenschaft 48 (2000) 1, S. 20 – 49, hier S. 44 f.

Dieses Kalkül Stalins ging zwar nicht ganz auf, die Frage der Wehrpflicht ist allerdings insofern für die mögliche Bedeutung des Fluchtthemas in den Moskauer Gesprächen interessant, als zwar im Januar 1956 auf Basis der militärischen Formationen der Kasernierten Volkspolizei die Nationale Volksarmee (NVA) geschaffen wurde, die von Stalin »empfohlene« Wehrpflicht in der DDR aber erst nach Bau der Mauer eingeführt worden ist, während sie in Westdeutschland bereits seit 1956 galt.[150] Die SED sah 1956 übrigens – wie sich zeigen sollte irrtümlich – die Chance, die Jugendmigration umzukehren, und bot sich als Asylland für westdeutsche Wehrpflichtflüchtlinge an,[151] die allerdings auch die damals noch wenig attraktive Alternative West-Berlin hatten, wo es bis 1990 kein deutsches Militär gab. Die Gründe für den Verzicht auf die Einführung der Wehrpflicht in der DDR sind naheliegend. In Anbetracht der eher gering ausgeprägten Bereitschaft unter Jugendlichen, wenige Jahre nach Ende des Krieges bereits wieder eine Waffe in die Hand zu nehmen, sowie angesichts der faktisch mehr oder weniger offenen Grenze wäre zu befürchten gewesen, dass sich ein nennenswerter Teil der Einzuziehenden durch Flucht in den Westen dem Wehrdienst für die Kommunisten entzogen hätte.[152] Wenn Wolkow nicht bewusst wichtige Passagen des geheimen Teils des Protokolls ausgelassen hat, bedeutet dies, dass selbst vor dem Hintergrund von Überlegungen zur Einführung der Wehrpflicht die SED-Führung keine Notwendigkeit gesehen hat, die Frage einer Grenzschließung auch in Berlin bzw. überhaupt nur die Fluchtproblematik in Moskau anzusprechen. In jedem Fall

150 Der Beitritt Westdeutschlands zur NATO wurde im September 1955 zum Anlass genommen, die DDR-Verfassung so zu ergänzen, dass der Aufbau von Streitkräften und die Einführung einer allgemeinen Wehrpflicht möglich wurden. Der »Schutz des Vaterlandes« wurde zu einer »ehrenvolle[n] nationale[n] Pflicht« der Bürger erklärt.

151 S. beispielsweise die auf den ersten Blick wie eine westdeutsche Broschüre zum Fluchtthema erscheinende SED-Propagandaschrift Deutsche Schicksale 1956. Hg.: Büro des Präsidiums des Nationalrats der Nationalen Front des demokratischen Deutschland, Abt. Agitation und Schulung, Berlin o.J. [1956].

152 In Westdeutschland sah bereits das Grundgesetz von 1949 (Art. 12) die Möglichkeit vor, »aus Gewissensgründen den Kriegsdienst mit der Waffe« zu verweigern. Die SED ließ einen guten Monat nach dem Bau der Mauer im neuen Verteidigungsgesetz die Möglichkeit der Einführung einer Wehrpflicht verankern und führte sie, nachdem aus Moskau das Einverständnis eingeholt worden war, im Januar 1962 ein. Infolge der geburtenschwachen Jahrgänge ab 1961 hätten zwei von drei jungen Männern im wehrpflichtigen Alter freiwillig geworben werden müssen, um die Stärke der NVA zu erhalten, was selbst unter den Bedingungen der Mauer kaum realistisch gewesen wäre.

kann dieses Nichtansprechen der Berliner Grenzfrage selbst vor dem Hintergrund einer möglichen Einführung der Wehrpflicht in der DDR aber als recht deutliches Indiz dafür genommen werden, dass die SED-Führung die Fluchtfrage – mit Ausnahme der Flucht Hochqualifizierter – zu jener Zeit noch nicht als sonderlich problematisch angesehen hat. Bezüglich Berlins erhielt Ulbricht in Moskau lediglich die Erlaubnis, Schauprozesse »gegen Saboteure und Agenten der westlichen Geheimdienste durchzuführen, die Brandstiftung, Sabotage und Attentate gegen Parteiarbeiter der DDR verüben«, sowie »ein Passierscheinsystem für Reisen von Einwohnern Westberlins auf dem Gebiet der DDR einzuführen«[153] – also zu gegen West-Berliner gerichteten Kontrollen, wie er sie in seinem Papier für Tschuikow vom 28. Februar ja auch vorgeschlagen hatte. Wohl nur mit Ulbrichts unerschütterlichem Glauben an die Überlegenheit des Sozialismus ist zu erklären, dass die – für einen mit der Materie vertrauten und mit sicherem Machtinstinkt ausgestatteten Menschen wie ihn – durchaus naheliegenden Konsequenzen der Schließung der Demarkationslinie in Verbindung mit der »Verschärfung des Klassenkampfes« für die Lage in Berlin ihm nicht bewusst gewesen zu sein scheinen oder sie ihm schlicht gleichgültig waren. Möglicherweise hat er auch geglaubt, die Flucht jener, die er im Lande halten wollte, mit einer besseren Bewachung des Ringes um ganz Berlin zumindest beschränken zu können. Es gibt aber keine Belege oder Indizien für eine solche Überlegung bei Ulbricht.

Auch war ja noch gar nicht absehbar, wie der Westen mit einer Flüchtlingsflut in West-Berlin fertig werden würde. Weder war sicher, dass die Westmächte die Flüchtlinge in jenem Umfang nach Westdeutschland ausfliegen würden, wie es dann später geschah, noch, wie die Bewohner West-Berlins mit den wirtschaftlichen und sozialen Folgen der Anwesenheit Zigtausender Flüchtlinge aus anderen deutschen Landstrichen umgehen würden.[154] Vielleicht setzte Ulbricht auch seine Hoffnung auf wie auch immer geartete westliche Abschot-

---

153 Aufzeichnung des Gesprächs des Gen. J. W. Stalin mit den Führern des ZK der SED W. Pieck, W. Ulbricht und O. Grotewohl am 1.4.1952, in: Bonwetsch/Kudrjašov, Stalin und die II. Parteikonferenz der SED, S. 197 f. Zu den bereits seit Ende Mai eingeleiteten, allerdings eben vorrangig West-Berliner betreffenden einschneidenden Maßnahmen s. Die Sperrmaßnahmen der DDR, S. 26 – 32.

154 Ritter, Gerhard A.: Die menschliche »Sturmflut« aus der »Ostzone«, in: Effner/Heidemeyer, Flucht im geteilten Deutschland, S. 33 – 47, hier S. 33 ff.; Heidemeyer, Flucht und Zuwanderung, S. 127 – 145; Ackermann, Volker: Der »echte« Flüchtling. Deutsche Vertriebene und Flüchtlinge aus der DDR 1945 – 1961, Osnabrück 1995, S. 96 – 111.

tungsmaßnahmen. Immerhin wandte sich das Bonner Vertriebenenministerium 1952 vor dem Hintergrund der Millionen an Vertriebenen und Flüchtlingen der vergangenen Jahre und des nicht abreißenden Flüchtlingsstroms aus der DDR mit einer englischsprachigen Broschüre an die internationale Öffentlichkeit. »Some Facts about Expellees in Germany« war die mit eindrücklichen farbigen Grafiken ausgestattete großformatige Propagandaschrift betitelt. Ihr war unter anderem zu entnehmen, dass 51,5 Prozent der Dauerarbeitslosen Vertriebene stellten, wobei hier auch Flüchtlinge aus der »Soviet Zone« eingeschlossen waren.[155] Da durfte Ulbricht durchaus »hoffen«.

Auch der Umstand, dass der im Sommer 1952 unter der Tarnbezeichnung »Institut für Wirtschaftswissenschaftliche Forschung« (IWF) in Aufbau befindliche Spionagedienst der DDR im Zusammenhang mit der Reorganisation seines Agentennetzes in West-Berlin eine »evtl. Sperrung der Sektorengrenze« einkalkulierte, hilft leider nicht weiter bei der Frage, von welcher Seite eine solche Sperrung erwartet wurde und mit welchem Ziel sie möglicherweise geplant war. Durch seine enge Anbindung an den sowjetischen Auslandsgeheimdienst dürften die führenden Mitarbeiter des IWF jedenfalls über beste Informationen verfügt haben. In einem Entwicklungsplan vom 21. August 1952 heißt es:

> Es muß vor allen Dingen dafür gesorgt werden, daß die Residenten möglichst ebenfalls in Westberlin wohnen und arbeiten. Weiterhin ist notwendig, ein Netz von konspirativen Quartieren bei vollkommen unbekannten Personen zu schaffen, damit die Besprechungen mit den Quellen ungefährdet in den Westsektoren stattfinden können. [...] Alle diese Fragen sind besonders unter dem Gesichtspunkt einer evtl. Sperrung der Sektorengrenze durchzuführen bzw. vorzubereiten. Die aussichtslose Katastrophen-Politik der Reuter-Clique erleichtert unsere Arbeit, da sie unzähligen Westberliner Bürgern immer mehr die Augen öffnet und in Gegensatz zu den dort herrschenden Parteien bringt. Damit sind unsere Voraussetzungen zur Werbung gewisser Personen aus dem öffentlichen Leben in Westberlin gegeben.[156]

Nach Panikstimmung wegen der Fluchtbewegung klingt dies eher nicht. Auch dürfte »die aussichtlose Katastrophen-Politik der Reuter-Clique«, also

155 Some Facts about Expellees in Germany 1952, Hg.: Federal Ministry for Expellees, Bonn 1952, Table 7.

156 Über die Entwicklung in der Abtlg. 4, Schönherr, 21. 8. 1952, BStU, MfS, HA II/6, Nr. 1158, S. 503–528.

des West-Berliner Senats um den Regierenden Bürgermeister Ernst Reuter, im Falle einer Einmauerung West-Berlins durch den Osten bei »unzähligen Westberliner Bürgern« vielleicht nicht mehr ganz in der vom IWF prognostizierten Weise Wirkung entfalten. Im IWF war man jedenfalls zu jener Zeit vor allem damit beschäftigt, den prägenden Einfluss der einstigen Westemigranten auf die Aufklärungsarbeit im Westen zu begrenzen, da er als Sicherheitsrisiko wahrgenommen wurde[157] und die alte »Parteiaufklärung«, da vermeintlich oder tatsächlich von westlichen Diensten unterwandert, aufgelöst werden sollte.[158] Auf jeden Fall konnte Ulbricht davon ausgehen, dass die Existenz der DDR und damit seine Macht mit der Sicherung der Demarkationslinie und der Ablehnung der deutschlandpolitischen Vorschläge Moskaus durch den Westen gesicherter als bisher war.

Von der »Zonenflucht« zur »Republikflucht«

Der Tag der Unterzeichnung des Bonner Deutschland-Vertrages, der 26. Mai, wurde zum propagandistischen Anlass genommen, die seit dem Moskauer Treffen vorbereitete Sperrung der innerdeutschen Grenze offiziell bekanntzugeben. Die nunmehr, wenn auch nicht primär so beabsichtigte,[159] aber doch relativ effektivere Schließung der »grünen Grenze« nach Westdeutschland

157 Westemigrant Franz Dahlem, dem diese Arbeit in der Parteiführung seit Kriegsende unterstand, wurde im April 1953, kurz bevor auf sowjetischen Druck ein vorsichtiger Kurswechsel begann, aller Funktionen enthoben und aus dem ZK ausgeschlossen.

158 Kubina, Michael: »Was in dem einen Teil verwirklicht werden kann mit Hilfe der Roten Armee, wird im anderen Kampffrage sein.« Zum Aufbau des zentralen Westapparates der KPD/SED 1945–1949, in: Anatomie der Parteizentrale, S. 413–500, hier S. 489 ff.

159 In den Dokumenten, die die Umsetzung des Beschlusses regeln, geht es stets um die Verhinderung des Eindringens in die DDR, nicht um die Verhinderung von Flucht. Auch die zur Aussiedlung aus dem Grenzgebiet Bestimmten sollten nicht vorrangig an der Flucht gehindert werden, sondern die »westlichen Agenten« keine Kooperationspartner im Grenzraum haben. Die sofortige Aussiedlung, mit der die örtlichen Organe völlig überfordert waren, war für den Einzelnen (ca. 8300 Personen) zwar ein katastrophales Erlebnis, insgesamt betraf sie jedoch nur zwei Prozent der in den Grenzkreisen Lebenden. Die Aktion wurde knapp einen Monat später auch wieder eingestellt, da »ernste Mängel« aufgetreten seien, s. Bennewitz, Inge/Potratz, Rainer: Zwangsaussiedlungen an der innerdeutschen Grenze, Berlin 1997, S. 36–65, Dokument 14. Zur Agentenfurcht im Grenzraum vgl. Schmelz, Migration und Politik, S. 77 ff.

auch für fluchtwillige Ostdeutsche wirkte sich auf die Fluchtzahlen[160] zunächst kaum aus, da jetzt einfach der Umweg über Berlin genommen wurde.[161] Der zu vermutende und in der Literatur auch immer wieder behauptete *massive* Anstieg der Fluchtzahlen blieb aber zunächst aus. Der – sicher auch der SED-Führung nicht entgangene – Eindruck einer massiven Fluchtwelle in der zweiten Jahreshälfte entstand vor allem dadurch, dass jetzt fast der gesamte Flüchtlingsstrom in West-Berlin landete und Bilder der völlig überfüllten Aufnahmelager[162] um die Welt gingen. Sieht man sich die Zahlen an, die der SED-Führung damals zur Verfügung standen, ergibt sich zwar seit Juli 1952 ein Anstieg der Migration nach Westdeutschland im Vergleich zu den Zahlen der Vorjahresmonate, er hielt sich aber noch im bis dahin bekannten Schwankungsrahmen. Insgesamt verließen nach DDR-Statistik 1952 mit 185 778 Personen sogar fast 2000 Menschen weniger als 1951 die DDR.[163] Für Panik gab es also bei der SED-Führung kaum einen Grund. Ulbricht und Genossen waren zukunftsgewiss und sicher, dass die Attraktivität des nunmehr auch offiziell im Aufbau befindlichen Sozialismus für die Massen wie auch für die Intelligenz wachsen werde. Zudem gab es auch eine Migration von Westdeutschland in die DDR, darunter mindestens zur Hälfte rückkehrende Flüchtlinge. 1952 lag diese Migration allerdings mit gut 23 000 Personen auf dem niedrigsten Stand der 50er Jahre, ein Jahr zuvor waren es noch über 47 000 gewesen, 1950 hatte

160 Zu den stark voneinander abweichenden Zahlen in der Literatur s. Melis, Republikflucht, S. 34 f. Es gab auch lange keine einheitlichen Kriterien für die Erfassung der Abwanderung, weshalb z. T. voneinander abweichende Zahlen erhoben worden, s. BArch DO 1/27961 passim.

161 Die Zahl der in West-Berlin eintreffenden Flüchtlinge stieg seit Juni 1952 deutlich an, war im Juli bereits doppelt so hoch wie im Vorjahr und lag in den folgenden Monaten fast dreimal so hoch wie im Vorjahr, s. Die Sperrmaßnahmen der DDR, S. 31; Melis, Republikflucht, S. 31.

162 Das Lager in Berlin-Marienfelde gab es noch nicht. Es wurde erst am 14. 4. 1953 offiziell eröffnet, war aber auch zu diesem Zeitpunkt noch nicht fertiggestellt, s. Fluchtziel Berlin, S. 14; Augustin, Katja: Im Vorzimmer des Westens. Das Notaufnahmelager Marienfelde, in: Effner/Heidemeyer, Flucht im geteilten Deutschland, S. 135–151, hier S. 137–142.

163 Melis, Republikflucht, S. 255. Westliche Schätzungen gingen von ca. 20 000 Personen mehr als im Vorjahr aus, s. Deutsche flüchten zu Deutschen, S. 15. Nach einer MdI-Statistik aus dem Jahr 1957 lag die Ost-West-Migration inkl. der legalen Übersiedlung 1951 bei 160 560 Personen und 1952 bei 165 548 Personen, s. Vorschläge der HA PM für die Kommission des PB, 20. 3. 1957, Fischer, VP-Inspektor, BArch, Bl. 109–122, hier Bl. 115.

die Zahl noch höher gelegen.[164] Die Rückkehr wurde allerdings auch nicht gerade gefördert, vielmehr dominierte, so Schmelz, »in der Zuzugs- und Rückkehrfrage wie auch in der Besucherregelung eine abwehrende Attitüde«, die durch »sicherheitspolitische Interessen und daseinsvorsorgerische Erwägungen« veranlasst worden sei.[165] Dies ist eine recht akademische Umschreibung der Tatsache, dass die SED-Führung sich um Wohn- und Arbeitsplätze sorgte und vor Unterwanderung Angst hatte, aber kaum vor einem »Ausbluten« der DDR.

Insgesamt war die Ost-West-Migration wirtschaftlich für die SED also noch kein wirkliches Problem, sondern eher ein ideologisches.[166] Jeder Flüchtling beschädigte das Image des »Arbeiter-und-Bauern-Staates«, war aber zugleich ein »Feind« weniger im Land, eine Wohnung mehr in der DDR und eine weniger im Westen, dort zu der Zeit oft noch auch ein Arbeitsloser mehr. Ulbricht konnte im April 1952 in Moskau sogar gegenüber Stalin Arbeitslosigkeit in der DDR infolge von Rohstoffmangel nicht ausschließen.[167] Wie gesagt, war auch völlig offen, wie der Westen mit der nun einsetzenden Fluchtbewegung

164 Hier wurden DDR-Zahlen genannt. Die westdeutschen liegen etwas niedriger, die ostdeutschen aber wahrscheinlich wegen der besseren Erfassung näher am tatsächlichen Umfang der Wanderung. In den Jahren 1954 bis 1957 lag die jährliche West-Ost-Migration deutlich über 70 000, wobei der Anteil der Rückkehrer immer größer wurde, um dann bis 1961 sukzessive auf etwa 34 000 Zuwanderer im Jahr abzusinken. Die Zahlen nach Melis, Republikflucht, S. 256. Zur Problematik der Zahlen vgl. Heidemeyer, Flucht und Zuwanderung, S. 37 f.; Röhlke, Cornelia: Entscheidung für den Osten. Die West-Ost-Migration, in: Effner/Heidemeyer, Flucht im geteilten Deutschland, S. 97 – 113, hier S. 97 f.; Schmelz, Migration und Politik, S. 33 – 41, bei der für die Jahre 1950 und 1951 deutlich niedrigere Zahlen als bei Melis angeführt werden.

165 Schmelz, Migration und Politik, S. 73 – 79, für das Zitat S. 79. Auf S. 76 findet sich eine Statistik zur Ablehnung von Anträgen auf Zuzug aus Westdeutschland.

166 Melis, Republikflucht, S. 19 – 47; Lemke, Michael: Einheit oder Sozialismus. Die Deutschlandpolitik der SED 1949 – 1961, Köln, Weimar, Wien 2001, S. 249 f.

167 Aufzeichnung des Gesprächs des Gen. J. W. Stalin mit den Führern des ZK der SED W. Pieck, W. Ulbricht und O. Grotewohl am 1. 4. 1952, in: Bonwetsch/Kudrjašov, Stalin und die II. Parteikonferenz der SED, S. 191. Tatsächlich war 1952 die Arbeitslosigkeit so weit gesunken (1,6 Prozent), dass faktisch Vollbeschäftigung herrschte. Sie sank in den kommenden Jahren kontinuierlich weiter und erreichte 1954 mit 0,7 Prozent einen Stand, bei dem von deutlichem Arbeitskräftemangel auszugehen war. S. Roesler, Jörg: Ende der Arbeitskräfteknappheit in der DDR? Erwartete und unerwartete Wirkungen der Grenzschließung auf wirtschaftlichem Gebiet, in: Küchenmeister, Daniel (Hg.): Der Mauerbau. Krisenverlauf, Weichenstellung, Resultate, Berlin 2001, S. 74 – 87, hier S. 80.

über West-Berlin umgehen würde. Der Anteil der in Berlin Aufnahme beantragenden Flüchtlinge stieg bis Ende des Jahres 1952 auf fast 90 Prozent und in den ersten Monaten des Jahres 1953 auf über 95 Prozent.[168] Von diesen wurde zunächst nur etwa die Hälfte von den Westalliierten nach Westdeutschland ausgeflogen. Der Rest, etwa 40 000 Menschen, blieb in West-Berlin, zuzüglich derjenigen, die sich mangels Aussichtslosigkeit, »aufgenommen« zu werden, gar nicht erst dem Notaufnahmeverfahren stellten.[169] Die Zahl der »illegal« in West-Berlin lebenden Ostdeutschen stieg somit beträchtlich und in einer für West-Berlin nicht unproblematischen Weise an. Der Berliner Senat spekulierte sogar öffentlich, ob die SED die Flucht nicht sogar begünstige, anstatt ihre Ursachen zu bekämpfen. Es sah ja tatsächlich so aus, als sei der Flüchtlingsstrom mit der Grenzschließung im Sommer 1952 gezielt auf West-Berlin gelenkt worden, zumal keine effektiven Maßnahmen eingeleitet wurden, um die Flucht über Berlin besser kontrollieren oder eindämmen zu können. Selbst im Fall von durchgeführten Kontrollen war kein einheitliches Verhalten der Kontrolleure erkennbar, die auch Menschen reisen ließen, deren Reisegepäck eindeutig auf Fluchtabsichten schließen ließ.[170] Und in der Tat ist das Bild eher widersprüchlich als konsistent. Es gab keinen Fahrplan zur Berliner Mauer, weder in Moskau noch bei Ulbricht. Menschen waren vor dem Hintergrund von Flucht und Vertreibung und des Ausmaßes der Zerstörung in Deutschland zunächst oft mehr Belastung als Kapital. Daher sah die SED-Führung die Flucht lange nicht und vor allem nicht durchweg als Problem. Viele wollte man loswerden, und sie wurden durch repressive Maßnahmen, Gerüchte und Ähnliches geradezu zur Flucht getrieben.[171] So wie in Moskau von einer Grenzschließung zum Zwecke der Fluchtverhinderung nirgends die Rede war, so spielt beispielsweise auch in den Pieck-Notizen zu Gesprächen mit Vertretern der SKK nach dem Moskauer Treffen die Fluchtfrage keinerlei Rolle, weder allgemein noch in Bezug auf die Berliner Situation.[172]

Wurden Flüchtlinge bisher meist einfach als Verbrecher, Kriminelle und

168 Deutsche flüchten zu Deutschen, S. 14.
169 Kubina, Recht auf Freizügigkeit, 78 f.
170 Deutsche flüchten zu Deutschen, S. 33–35.
171 Melis, Republikflucht, S. 19–29.
172 S. die Gesprächsaufzeichnungen für die Zeit vom 21.2.1951 bis zum 6.2.1953 in: Pieck, Aufzeichnungen, S. 361–381. Dafür finden sich immer wieder Hinweise auf die Probleme bei der Arbeit mit der KPD in Westdeutschland und dortige Streikaktionen. Piecks Notizen enden mit dem 6.2.1953, ohne dass seit dem Moskauer Treffen im April auch nur einmal die Flucht aus der DDR Thema gewesen wäre.

Saboteure diffamiert, begann die SED-Führung allerdings jetzt, sich langsam stärker den Ursachen der Flucht und Möglichkeiten ihrer Verhinderung bei jenen, die man halten wollte, zuzuwenden. Ein realistischer und offener Blick war der SED-Führung aber aufgrund ihrer ideologischen Scheuklappen verstellt. Zwar wurden im Detail Fluchtgründe auch in eigenen Fehlern gesehen, letztlich aber wieder alles auf Feindpropaganda zurückgeführt. Rechtsunsicherheit, Terror und politische Willkür waren zudem systemimmanent und zumindest unter den damaligen Bedingungen nicht ohne Gefahr für die eigene Macht zu beseitigen. Bei Ulbricht fehlte wohl auch der Wille dazu. Und so blieb alles wie es war bzw. wurde noch schlimmer.

Am 9. September 1952 setzte das Politbüro eine spezielle Kommission zur Untersuchung der, wie es jetzt zunehmend hieß, »Republikflucht« ein. Dieser Terminus war zunächst weit weniger negativ konnotiert, als es mit dem Wissen um seinen späteren Gebrauch den Anschein haben könnte. So war bis zur Gründung der DDR im Oktober 1949 in den täglichen Polizeirapporten an die Zentrale der Deutschen Verwaltung des Innern (DVdI) ganz zutreffend von »Zonenflüchtlingen« die Rede, eben von Menschen, die von einer Besatzungszone in Deutschland mehr oder weniger fluchtartig, jedenfalls illegal, in eine andere wechselten. Nach Gründung der DDR, die ja nun dezidiert keine Zone (Sowjetzone, SBZ) mehr sein wollte, konnte dieser bis dahin gängige Begriff natürlich kaum weiter in offiziellen Papieren benutzt werden. Kurzzeitig war nun der ebenfalls sachlich schlicht zutreffende Terminus »DDR-Flüchtling« in Gebrauch. Nun wollte die DDR aber weder eine Sowjetzone noch ein auf eine Abkürzung (SBZ, DDR) reduziertes Staatsgebilde sein, sondern *die* Deutsche Demokratische Republik, eine Republik, die wie die von der DDR-Führung ihrerseits lange Zeit abwertend als »deutsche Bundesrepublik« oder »Westdeutschland« bezeichnete Bundesrepublik Deutschland deutscher Kernstaat zu sein beanspruchte. Wahrscheinlich ist die Entstehung des Terminus »Republikflüchtling« auf solch banale Überlegungen zurückzuführen. Man brauchte einen praktikablen Ersatzbegriff, der nun angemessen zum Ausdruck bringen sollte, dass die Ost-Flüchtlinge nicht mehr von einer Zone Deutschlands in eine andere flohen, sondern die stolze, junge »deutsche« und »demokratische« *Republik* verließen.[173] Ihren ersten Bericht legte die neue Kommission zur Untersuchung der »Republikflucht« freilich erst im Mai

173 Tages- und Morgenrapporte DVdI, Hauptabt. K, Abt. C, BArch DO 1/25361 ff.; Informationsberichte über die polizeiliche Lage, HV DVP Sekretariat, BArch DO 1/28367 ff.

1956 vor.[174] Von panischer Sorge um die Massenflucht zeugt das nicht gerade. Allerdings sollte es in den kommenden Monaten auch Entwicklungen geben, die in ganz anderer Größenordnung der SED Grund zur Sorge gaben.

5. Der Erzieher – Walter Ulbricht (II)

Da Ulbricht die Ursachen für die Flucht (und für die meisten anderen Probleme in der DDR) in allererster Linie im Westen sah, galt es aus seiner Sicht, dessen Möglichkeiten der Einflussnahme auf die Menschen in der DDR zu minimieren.[175] Dass Ulbricht Probleme in der DDR, aber auch in ganz Deutschland, zudem wesentlich als Erziehungsprobleme begriff, wird auch aus dem wohl von ihm stammenden Brief des SED-Politbüros vom 2. Juli 1952 an Stalin deutlich. Die SED-Führung bzw. Ulbricht selbst sahen sich nun als Spitze einer Partei, die »die Arbeiterklasse und die Werktätigen auf dem Wege des Aufbaus des Sozialismus« vorwärts führen werde:

> Durch diese Fragestellung wird der grundsätzliche Kampf in der Sozialdemokratie und in den Gewerkschaften Westberlins und Westdeutschlands entwickelt und die Arbeiterklasse zum Klassenbewußtsein erzogen. Auch die werktätigen Bauern und die Kleinbürger werden zu dem Resultat kommen, daß man bei uns besser leben kann als in Westdeutschland.[176]

Vor dem ZK hatte Ulbricht im Februar gefordert, die DDR müsse »das Vorbild für ganz Deutschland« werden.[177] Ulbricht stand so einerseits unter einer starken Erwartungshaltung in Moskau, hatte sie aber auch selbst gegenüber »seinem« Volk. Angesichts der Abhängigkeit seiner Herrschaft von Moskau konnte er nur versuchen, das im Moment und unter der gegebenen Moskauer Linie seine Herrschaft effektiv Stärkende und zugleich Erziehung weitmöglichst Begünstigende durchzusetzen. Ein wesentliches Mittel dazu war, den

174 Melis, Republikflucht, S. 37–42; Schmelz, Migration und Politik, S. 87 f.

175 Melis, Republikflucht, S. 26 ff., 37–46; Creuzberger, Abschirmungspolitik, S. 18–22.

176 Teurer Genosse Josef Wissarionowitsch Stalin, Brief des SED-Politbüros vom 2. 7. 1952, zit. nach Staritz, Dietrich: Die SED, Stalin und der »Aufbau des Sozialismus« in der DDR. Aus den Akten des Zentralen Parteiarchivs, Deutschland Archiv 24 (1991) 7, S. 686–700, hier S. 698 f.

177 Zit. nach ebd., S. 694.

Einfluss des Westens auf die Objekte seiner Erziehung zu verringern. Dem dienten unter anderem auch seine Vorschläge vom 28. Februar 1952 an Tschuikow, die Ausschaltung der Westemigranten in der Parteiführung, die Minimierung der Westkontakte von ideologisch »noch« ungefestigten Bürgern und die Vertreibung von Angehörigen der ehemals »herrschenden Klasse« aus seinem sozialistischen Biotop. Aber den Menschen in der DDR die Flucht aus diesem Biotop mit einer Gefängnismauer generell unmöglich zu machen, dazu hatte Ulbricht noch gar keinen Anlass, arbeitete doch die Zeit, so seine Überzeugung, für ihn und den Sozialismus.

Der im Sommer von der SED auf deren 2. Parteikonferenz beschlossene »Aufbau der Grundlagen des Sozialismus« ging davon aus, neben den politischen und ökonomischen Bedingungen sei auch »das Bewußtsein der Arbeiterklasse und der Mehrheit der Werktätigen [...] so weit entwickelt, daß der Aufbau des Sozialismus zur grundlegenden Aufgabe der DDR geworden ist«.[178] »Durch den großen Fünfjahrplan«, so Ulbricht auf der Parteikonferenz,

> wird ein solcher Aufschwung der Wirtschaft erreicht werden, daß bis zum Jahr 1955 die Lebenshaltung des Volkes die der Bevölkerung der kapitalistischen Länder übertreffen wird.[179]

Warum sollte sich Ulbricht angesichts einer solchen Perspektive über die Ost-West-Abwanderung besondere Sorgen machen? Spätestens ab 1955 würde sich die Sache wieder umkehren. Wenn Historiker das Wissen um das Scheitern, das sie heute haben, implizit bereits Ulbricht und Genossen unterstellen und deren kühne Prophezeiungen als reine Propaganda und als Lügen zum Zwecke des Erhalts ihrer selbst als illegitim wahrgenommenen Macht interpretieren, ist die Gefahr von vom Kontext losgelösten Fehlinterpretationen nicht weit. Hätte man Ulbricht damals prophezeit, in Westdeutschland würde Arbeitskräftemangel entstehen, der mehr als ein Jahrzehnt andauern würde, und er

---

178 Werkentin, Falco: Die Politik der SED nach der 2. Parteikonferenz im Juli 1952, in: Werkentin, Falco: (Hg.): Der Aufbau der »Grundlagen des Sozialismus« in der DDR 1952/53, Berlin 2007, S. 49–65, hier S. 49 (Schriftenreihe des Berliner Landesbeauftragten für die Unterlagen des Staatssicherheitsdienstes der ehemaligen DDR, Bd. 15).

179 Ulbricht, Walter: Die gegenwärtige Lage und die neuen Aufgaben der Sozialistischen Einheitspartei Deutschlands, in: Protokoll der Verhandlungen der II. Parteikonferenz der SED, 9. bis 12. Juli 1952 in der Werner-Seelenbinder-Halle zu Berlin, Berlin 1952, S. 56.

selbst würde in weniger als zehn Jahren gezwungen sein, zur Unterbindung der anhaltenden »Republikflucht« sein Land vollständig einzumauern, und auf jeden schießen lassen, der trotzdem versuchte, die DDR zu verlassen, hätte er wahrscheinlich gelacht und wäre fassungslos angesichts der »wissenschaftlichen« Unbedarftheit des solches Prophezeienden gewesen. Aber damals kam auch keiner auf die Idee, ihm dies zu prophezeien. Nur aus der Sicht ex post erscheint diese Entwicklung als eine zwangsläufige.

Warum hätte Ulbricht im Sommer 1951 oder im Frühjahr 1952 geplant haben sollen, die Hauptstadt Deutschlands mit einer KZ-Umzäunung zu teilen, wenn ihm zwar die Bonner Flüchtlingspropaganda und deren internationale Wirkungen Sorgen machten, aber kaum die Flucht selbst – von den Hochqualifizierten einmal abgesehen? Selbst Ulbricht dürfte genug Phantasie gehabt haben, um sich die Wirkung einer solchen Absperrung keine sechs oder sieben Jahre nach Hitler vorzustellen, sei diese »Mauer« nun aus Steinen, Beton oder Stacheldraht. Ulbrichts Pläne müssen natürlich nicht vernünftig, weder im Sinne seiner sozialistischen Illusionen noch auch nur seines Machterhalts, gewesen sein. Sein Handeln im Rahmen seines eigenen, ideologisch bestimmten Koordinatensystems musste nicht den Kriterien von Rationalität und Stringenz genügen. Aber wir haben keine Indizien, dass Ulbricht in nennenswertem Maße system- und ideologieimmanent oder bezogen auf seine eigene Macht irrational handelte.

Auch was sonst noch in der Literatur als Beleg für Ulbrichts angebliche Pläne, seine Menschen bereits 1951/52 in der DDR komplett einzumauern, angeführt wird, belegt letztlich nur, dass Ulbricht den Einfluss des Westens auf die DDR erschweren wollte. So war etwa einen Monat nach Sicherung der innerdeutschen Grenze von der DDR-Regierung eine streng vertrauliche Anordnung erlassen worden,

> allen Einwohnern der Deutschen Demokratischen Republik, die gegenwärtig noch in West-Berlin beschäftigt sind [...], nahezulegen, ihre Beschäftigung in West-Berlin aufzugeben und eine Arbeit in der Deutschen Demokratischen Republik aufzunehmen.[180]

Wahrscheinlich waren hiermit, entsprechend ostdeutschem Verständnis, auch die Ost-Berliner gemeint. Vollkommen klar ist es jedoch nicht, da, wie am Ul-

180 Anordnung der Regierung der DDR, MdI, der Minister, 26.6.1952 (Streng vertraulich! Nicht zur Veröffentlichung !), zit. nach Creuzberger, Abschirmung, S. 34.

bricht-Papier vom 28. Februar zu sehen war, damals auch die SED zuweilen noch zwischen Ost-Berlin und der DDR als der ehemaligen SBZ unterschied. Aber unabhängig von dieser Frage belegt diese Anweisung zunächst einmal das Bestreben, die Grundlagen für den grassierenden Schmuggel und Schwarzhandel zu beseitigen. Auch wenn die in West-Berlin arbeitenden Ost-Berliner in der Regel nur einen Teil ihres Lohnes in Westmark ausgezahlt bekamen, jedenfalls wenn sie legal dort arbeiteten, war dies natürlich ein Problem für eine Planwirtschaft mit in weiten Bereichen nicht marktgerechten Preisen, verbunden mit einer Unterversorgung mit Konsumgütern. Es ging daher noch lange nicht um die Verhinderung einer jeden Flucht um jeden Preis. So wies etwa im August 1952 die Hauptabteilung Pass- und Meldewesen der Hauptverwaltung der Deutschen Volkspolizei mit ausdrücklicher Billigung der SKK die Landespolizeibehörden an, jede (!) Übersiedlung nach Westdeutschland zu genehmigen, wenn »der DDR ein Vorteil daraus entsteht«.[181] Damit hatten die Behörden immer noch einen erheblichen Ermessenspielraum, da beispielsweise auch ein »Feind« weniger als Vorteil für die DDR gewertet werden konnte. Es muss also davon ausgegangen werden, dass ein Großteil der Flucht in der zweiten Jahreshälfte 1952 gewollt war, musste doch auch der SED-Führung vollkommen klar gewesen sein, dass die zahlreichen Schauprozesse, die Enteignungen, der Druck auf die Kirchen etc. die Zielgruppen nicht nur zur Anpassung, sondern in vielen Fällen auch zur Aufgabe ihrer Existenz in der DDR bewegen würden. Fritz Schenk, wie erwähnt von 1952 bis 1957 persönlicher Sekretär und Büroleiter von Bruno Leuschner, Politbüromitglied und Chef der Staatlichen Plankommission, erinnert sich, dass die SED-Führung die Fluchtbewegung »bis etwa Mitte der fünfziger Jahre« hingenommen, ja sogar teilweise begünstigt habe:

> Insbesondere in den ersten Zeiten der Enteignungen und der Umwandlung der Produktionsbetriebe der DDR erschien es vorteilhaft, wenn die früheren Unternehmer, vor allem auch die Buchhalter und Finanzwirte (die man bei der sozialistischen Rechnungsführung nicht mehr brauchte und die man hätte umschulen lassen müssen), die DDR verließen. Man war froh, wenn man sie los war, denn man hatte keine Beschäftigung für sie.[182]

181 Bericht von Fischer, Leiter der HA Paß- und Meldewesen 1, vom 18.12.1952, BArch DO 1/11, Nr. 961, Bl. 211 ff., zit. nach Melis, Republikflucht, S. 22.

182 S. Diskussionsbeitrag von Fritz Schenk beim 16. Rhöndorfer Gespräch, in: Die sowjetische Deutschland-Politik in der Ära Adenauer, hg. von Gerhard Wettig, Bonn

Die Flucht der »Klassenfeinde« ersparte deren Internierung zwecks Umerziehung oder Vernichtung, wie es in der Sowjetunion der Fall gewesen war. Ulbricht hatte kein »Sibirien«,[183] wo er Hunderttausende von »Feinden« internieren, umerziehen oder vernichten konnte.

Nichtsdestoweniger war Ulbricht und Genossen jedoch klar, dass der »Beschluss zum Aufbau der Grundlagen des Sozialismus« nur mit einer Verstärkung der staatlichen Repressionsmaßnahmen umzusetzen war. In den kommenden Monaten wurde massiv gegen die Privatwirtschaft vorgegangen und mit der Kollektivierung der Landwirtschaft begonnen. Die forcierte militärische Aufrüstung wurde durch Steuer- und Preiserhöhungen sowie Kürzungen im Sozialversicherungsbereich finanziert. Zum Aufbau des nötigen Drucks säuberte man den Justizapparat. Rechtsstaatliche »Relikte« wurden weiter abgebaut, um auch die Rechtsprechung voll für den »Aufbau des Sozialismus« in Dienst nehmen zu können. Als »Hebel zur Förderung der Arbeits- und Staatsdisziplin« ließ Ulbricht im Oktober 1952 das Pseudoparlament der DDR, die Volkskammer, ein »Gesetz zum Schutz des Volkseigentums und der anderen gesellschaftlichen Einrichtungen« beschließen. In der Folge wuchs die Zahl der Verfahren und Verurteilungen rasant. Innerhalb von nicht einmal einem Jahr stieg die Zahl der Gefangenen in der DDR bis Anfang Juni 1953 auf fast das Dreifache an.[184] Ulbricht sprach im November auf der 10. ZK-Tagung von einer »Verschärfung des Klassenkampfes«, die in der »Verstärkung der feindlichen Hetze sowie in der Zunahme der von den Imperialisten organisierten Sabotage- und Diversionstätigkeit« zum Ausdruck komme.[185]

Auch die bereits erwähnte Einsetzung einer Kommission zur Untersuchung der »Republikflucht« am 9. September 1952 machte wenig Sinn, wenn zu der Zeit ohnehin bereits die völlige Schließung der Grenzen geplant war.[186]

1997, S. 162 (Rhöndorfer Gespräche, Bd. 16); vgl. auch Schenk, Fritz: Die Magie der Planwirtschaft, Köln, Berlin 1960, S. 62.

183 So Ulbricht bedauernd am 1. 8. 1961 zu Chruschtschow, s. Gespräch Chruschtschows mit dem Ersten Sekretär der SED, Walter Ulbricht am 1. 8. 1961, in: Wettig, Gerhard: Chruschtschows Westpolitik 1955 bis 1964. Bd. 3: Kulmination der Berlin Krise (Herbst 1960 bis Herbst 1962), München 2011, S. 295–313 (Quellen und Darstellungen zur Zeitgeschichte, Bd. 88).

184 Werkentin, Die Politik der SED nach der 2. Parteikonferenz, S. 50–63.

185 Kommuniqué der 10. Tagung des ZK der Sozialistischen Einheitspartei Deutschlands, Neues Deutschland, 23. 11. 1952, S. 1.

186 Protokoll der Politbüro-Sitzung am 9. 9. 1952, TOP 7. Vorschläge zum Bericht über die Republikflucht, BArch DY 30/IV 2/2/230.

Am Tag nach Einsetzung der Kommission erging ein Schreiben an die Bezirks- und Kreisleitungen der SED, wirksame Maßnahmen gegen die Republikflucht durchzuführen. Hierbei waren zunächst einmal eine bessere Zusammenarbeit von Volkspolizei, MfS und SED vor Ort und eine Erfassung der Motive für die Republikflucht anvisiert. Vor allem aber müssten, wie es in einem Bericht aus dem Bezirk Rostock vom Ende des Jahres 1952 heißt, »abgesehen von denjenigen Elementen, die republikflüchtig werden, weil sie Agenten oder Handlanger des anglo-amerikanischen Imperialismus sind und aus Angst vor Strafe« die DDR verlassen, »alle anderen Personen, wo bekannt wird, daß sie die DDR verlassen wollen, durch Überzeugung für unsere Sache gewonnen werden.«[187] Beklagt wurde, die Bekämpfung der Republikflucht »kann und darf nicht alleine eine volkspolizeiliche Aufgabe sein und bleiben«. Zugleich sollte der Zuzug aus Westdeutschland erleichtert werden.[188] Dem erwähnten Bericht aus Rostock ist auch zu entnehmen, dass es den Behörden schwerfiel, die genauen Gründe für die Republikflucht zu ermitteln, da die Flüchtlinge eben weg waren und kaum einer »auf frischer Tat« gestellt und nach seinen Motiven befragt werden konnte. Zu diesem eher praktischen Problem kam aber auch, dass die mit »Republikflucht« befassten Mitarbeiter wegen ihrer eigenen ideologischen Voreingenommenheit, Verblendung und zuweilen geistigen Unbedarftheit die generelle Unzufriedenheit im Lande offenbar kaum begriffen oder aus Sorge vor Kritik durch übergeordnete Stellen nicht hinreichend deutlich benannten. Zwar wurde jetzt auch eine bessere vorbeugende Kontrolle angestrebt, aber das Hauptgewicht lag auf der »Aufklärung« der Bevölkerung.[189] Bald sah sich die Polizeizentrale in Berlin dem Problem gegenüber, dass von den Verantwortlichen vor Ort nun jeder Fall einer »Republikflucht« nach Berlin gemeldet wurde. Der Operativstab der Hauptverwaltung der Deutschen Volkspolizei (HV DVP) sah sich daher genötigt, in einer Information an alle Bezirkschefs der DVP klarzustellen, was zu melden war und was nicht:

> So setzte z. B. die BDVP Rostock am 10. 11. 1952 FS[190] über republikflüchtige Personen an die HVDVP ab, ohne den Bezug auszufüllen und über solche Personen, die nicht spitzenmeldepflichtig sind, z. B. eine Rentnerin, ein Arbeiter,

187 Bericht der BDVP Rostock o. D., o. V. [nach dem 25. 11. 1952], BArch DO 1/27780, Bl. 6 – 19, auszugsweise auch in Melis, Republikflucht, S. 161.

188 Melis, Republikflucht, S. 37 – 42.

189 Bericht über die Republikflucht im Bezirk Rostock von Ende 1952, o. D., o. V., zit. nach Melis, Republikflucht, S. 158 – 167.

190 Bedeutet wahrscheinlich Fernschreiben oder Funkspruch.

> ein Fischer und ein Maschinist. In der Dienstanweisung 119/52 heißt es ausdrücklich: Republikflucht von solchen Personen, die für die DDR von Interesse oder Wichtigkeit sind.[191]

Auch die Ende des Jahres beschlossenen Richtlinien über Maßnahmen gegen die Republikflucht und zur Werbung von Fachkräften in Westdeutschland« machen deutlich, dass man sich bei der Bekämpfung der jetzt durchgehend als »Republikflucht« bezeichneten Abwanderung in den Westen noch unmittelbar vor dem massiven Ansteigen der Flucht in den ersten Monaten des Jahres 1953 vor allem auf propagandistische Maßnahmen (Schreckensberichte über den Westen und das Schicksal von Republikflüchtlingen, Aufklärung über westliche Diversions- und Sabotageaktivitäten etc.) stützen wollte.[192] Die »systematische Gewinnung von Wissenschaftlern, Ärzten, Spezialisten, Künstlern und Facharbeitern aus Westdeutschland für die Arbeitsaufnahme« in der DDR war die zweite wichtige Säule des Konzepts. An administrativen Maßnahmen wird nicht eine genannt, die mit einer besseren Kontrolle der Grenzen in Berlin in Verbindung steht. Vielmehr sollten die Motive und die Vergangenheit der »Republikflüchtigen« genau analysiert und erfasst werden. Deutlich wird auch, dass es der SED immer noch vor allem um Spezialisten, Wissenschaftler, Künstler, Ärzte etc. ging, denn dieser Personengruppe waren die meisten der vorgesehenen administrativen Maßnahmen gewidmet. Sie sollte in Gesprächen dazu gebracht werden, möglichst auf Reisen nach Westdeutschland zu verzichten, und vielmehr ihre Angehörigen in die DDR einladen. »In dringenden Fällen« sollten nach Stellungnahme des Arbeitgebers Interzonenpässe ausgegeben werden. Darüber hinaus sei eine »eingehende Feststellung vorzunehmen: inwieweit Inhaber von Interzonenpässen diese zur Republikflucht benutzen, inwieweit durch das Versagen des Interzonenpasses Republikflucht ausgelöst wird«. Man wusste es schlicht noch nicht. Die Richt-

---

191 Operativstab der HV DVP an alle Chefs der BDVP 1-14, PdVP Berlin, Siegmar-Schönau sowie an alle Trapo-Ämter, Information Nr. 87, BArch DO 1/28366, Bl. 126.

192 Schmelz, Migration und Politik, S. 87–94. Schmelz äußert sich, da sie eine wirtschaftlich begründete Sorge der SED-Führung unterstellt, verwundert darüber, dass diese Kommission auffällig langsam gearbeitet und auch das Politbüro offenbar keine Eile gesehen habe, ganz zu schweigen von den späten Umsetzungsversuchen auf unterer Ebene. Dahlem, als Kommissionsvorsitzender, kaprizierte sich »fast ausnahmslos auf eine wirkungsvoll inszenierte und breitangelegte Kampagne gegen die ›Republikflüchtigen‹ und ihre Schicksalslage in der Bundesrepublik«. S. ebd., S. 87 f., Anm 53.

linien, die Anfang 1953 auch vom Politbüro beschlossen wurden,[193] lassen eine gewisse Hilflosigkeit der führenden Kommunisten gegenüber dem Phänomen »Republikflucht« erkennen, jedenfalls sofern sie es nicht mehr auf »Kriminelle«, »Nazis« und andere »Klassenfeinde« beschränkt sehen konnten. Sie standen der über diese Kreise hinausgehenden »Republikflucht« verständnislos gegenüber und konnten sie letztlich nur als Ergebnis westlicher Propaganda begreifen. So werden z. B. zur Bekämpfung der »Republikflucht« von Jugendlichen ausschließlich propagandistische Maßnahmen benannt. Lediglich gegen die »Junge Gemeinde« der evangelischen Kirche sollte das MfS vorgehen, sie sei »in ihrer Tätigkeit nach dem Westen zu kontrollieren«. West-Berlin wird in dem gesamten Dokument weder implizit noch explizit erwähnt.[194] Und auch hier meinten die SED-Führer, froh sein zu können, wenn die Wortführer der Jungen Gemeinde in den Westen flöhen. Honecker argumentierte noch nicht einmal eine Woche vor dem Aufstand am 17. Juni gegenüber einem Pfarrerssohn und Weggefährten in der FDJ, der sich über die Behandlungen von jungen Christen in einer Oberschule in Berlin-Weißensee beklagte:

> Du erkennst nicht unsere Klassenfeinde! Das sind doch keine Arbeiterkinder, um die du dich sorgst. Sie entstammen bürgerlichen Kreisen, die Feinde des Marxismus bleiben. Du solltest als Genosse politischer an diese Dinge herangehen. Dieter, begreife doch endlich: Für jeden kommt einmal der Tag, an dem man sich zu entscheiden hat. [...] Und wenn die lautesten deiner Weißenseer »Kugelkreuzler«[195] nach dem Westen türmen wollen, dann – bitte sehr!

Honeckers Genosse Dieter Borkowski hatte versucht, ihn auf die Dramatik der Situation und den Verlust, den der Weggang dieser Jugendlichen bedeutete, aufmerksam zu machen:

193 Protokoll der Politbürositzung am 6. 1. 1953, Anlage 7: Richtlinien über Maßnahmen gegen die Republikflucht und zur Werbung von Fachkräften in Westdeutschland, BArch DY 30 J IV 2/2/256, Bl. 30 – 40.

194 Protokoll der Sekretariatssitzung am 22. 12. 1952, Anlage 6: Richtlinien über Maßnahmen gegen die Republikflucht und zur Werbung von Fachkräften in Westdeutschland, BArch DY 30 J IV 2/3/351, Bl. 46 – 57, zit. nach Melis, Republikflucht, S. 207 – 214.

195 »Kugelkreuzler« spielt auf die von vielen jungen Christen als Zeichen der Zugehörigkeit zur Jungen Gemeinde getragene Reversnadel mit einem auf einem Kreis als Symbol der Welt sitzenden Kreuz an.

> Erich, täglich fliehen Tausende nach Westberlin, darunter viele Jugendliche. Die Partei, auch die FDJ treiben gerade die wertvollsten jungen Christen zur Verzweiflung.[196]

Wenn Otto Grotewohl in seiner Funktion als Regierungschef vor der Volkskammer erklärte, die DDR-Regierung sei bereit, alle Republikflüchtlinge wieder aufzunehmen, die aus »Kopflosigkeit« sich von der westlichen »psychologischen Kriegsführung« zur »Republikflucht« verleiten ließen, aber hinzufügte, kein »ordentlicher Mensch«, der die Gesetze einhalte und seiner Arbeit nachgehe, habe etwas zu befürchten, dann dürfte die Wirkung relativ gering geblieben sein.[197] Denn darüber, was ein »ordentlicher Mensch« sei, gingen die Meinungen doch zuweilen auseinander, und die Gesetze der DDR einzuhalten, war in diesen Monaten wirklich nicht einfach. Es gab eben keine Rechtssicherheit, und genau dies war für viele ein Grund zur Flucht gewesen.

Ähnlich hilflos wirkt auch, was die zentrale Kaderregistratur dem Sekretariat des SED-Zentralkomitees, bezogen auf Parteimitglieder, zum Umgang mit »illegalen Übersiedlungen aus Westdeutschland in die DDR und umgekehrt« vorschlug. Auch hier ging es primär darum, den unkontrollierten Zu- und Wegzug unter Kontrolle der Partei zu bringen, nicht darum, ein Ausbluten der DDR oder auch eine Fluchtwelle von Kommunisten aus Westdeutschland zu verhindern. Illegale Migranten, egal in welche Richtung, sollten im jeweils anderen Teil Deutschlands nicht in die Partei aufgenommen werden und ihre Rechte aus der Parteizugehörigkeit im Ausgangsland verlieren. Den meisten KPD-Zuwanderern aus Westdeutschland wurde, entgegen ihren eigenen Angaben, unterstellt, aus »sozialer Not«, aber nicht wegen politischer Verfolgung in die DDR gekommen zu sein. Sicher sei auch, »daß der Gegner versucht, auf diese Art Agenten einzubauen.« Über alle Nichtparteimitglieder sollten die staatlichen Organe entscheiden.[198] Andrea Schmelz spekuliert, dass »arbeitskräftepolitische Erwägungen mit großer Wahrscheinlichkeit bereits eine zentrale Rolle« in den Überlegungen der SED-Führung gespielt hätten, gesteht

196 Borkowski, Dieter: Für jeden kommt der Tag ... Stationen einer Jugend in der DDR, Frankfurt am Main 1983, S. 310.

197 Grotewohl in seiner Etatrede am 4./5. 2. 1953 in der Volkskammer, zit. nach Berlin. Chronik der Jahre 1951 – 1954, S. 629.

198 Zentrale Kaderregistratur. Vorlage an das Sekretariat, Betr.: Illegale Übersiedlungen aus Westdeutschland in die DDR und umgekehrt, 23. 1. 1953, BArch DY 30 IV 2/5/2, Bl. 52 – 53, vgl. BArch DO 1/27962, Bl. 148 – 152.

aber sogleich ein, dass »sie in den Vorschlägen selbst an keiner Stelle eigens thematisiert wurden.«[199] Dies dürfte aber wohl eher dahingehend zu interpretieren sein, dass arbeitskräftepolitische Erwägungen mit großer Wahrscheinlichkeit doch noch keine zentrale Rolle spielten.

6. Ulbricht und die »Verschärfung des Klassenkampfes« (1953)

»Ich glaube nur der Statistik, die ich …«

Winston Churchill soll angeblich gesagt haben: »Ich glaube nur der Statistik, die ich selbst gefälscht habe.« Aber wahrscheinlich ist auch dieses Zitat nur eine Fälschung, vielleicht sogar aus Joseph Goebbels' Reichspropagandaministerium.[200] Wem soll man noch trauen, wenn nicht den Zahlen?

Wie bereits erwähnt, fand der in der Literatur zur Begründung von Ulbrichts vermeintlichen Fluchtverhinderungsplänen angeführte, angeblich massive Anstieg der Fluchtzahlen in der zweiten Hälfte des Jahres 1952 tatsächlich gar nicht statt. Es entstand lediglich ein solcher Eindruck, da nun fast der gesamte Flüchtlingsstrom über Berlin lief und in West-Berlin die Aufnahmelager überquollen. Wie kommen die dem entgegenstehenden Aussagen in der Literatur zustande? Stefan Creuzberger zum Beispiel beruft sich auf zeitgenössische westliche Zahlen,[201] wenn er meint, »angesichts der düsteren

199 Schmelz, Migration und Politik, S. 88.

200 Barke, Werner: »Ich glaube nur der Statistik, die ich selbst gefälscht habe …«, Statistisches Monatsheft Baden-Württemberg (2004) 11, S. 50–53.

201 Der Großteil der Literatur nutzt – meist, ohne dies zu problematisieren – nur die Zahlen des Bundesnotaufnahmeverfahrens (NAV). Da dies aber nicht verpflichtend war und ein beträchtlicher Teil der Flüchtlinge sich diesem Verfahren aus unterschiedlichen Gründen nicht unterzog, sind die tatsächlichen Migrationszahlen über denen des NAV anzusetzen (auch unter Berücksichtigung der Tatsache, dass die NAV-Zahlen auch spätere Rückkehrer in die DDR enthalten), bei deutlichen Schwankungen lagen sie zwischen 20 und 50 Prozent über denen des NAV. Demnach lag nach zeitgenössischen (1956) Angaben die Zuwanderung aus Ostdeutschland (ohne Abzug der Abwanderung nach Ostdeutschland) 1949 bei 260 000 Personen, 1950 bei 245 000, 1951 bei 205 000 und 1952 bei 225 000, wobei der Zuwachs 1952 allein aus den Monaten nach der Verkündung des »Aufbaus der Grundlagen des Sozialismus« stammt. Nimmt man nur die zeitgenössischen Zahlen des Notaufnahmeverfahrens, gab es 1952 gegenüber 1951 eine Zunahme um 10 000. S. Deutsche flüchten zu Deutschen,

Zukunftsperspektiven« hätten sich die durch die Vorgänge an der innerdeutschen Grenze »aufgeschreckten Bürger [...] nunmehr in noch größerer Zahl aus der DDR in die Bundesrepublik« aufgemacht. Seien es »bis Juni 1952 rund 22 000 Menschen [gewesen], die über das ›Schlupfloch‹ West-Berlin ihre Heimat verließen, so erhöhte sich diese Ziffer in der zweiten Jahreshälfte um das Dreifache auf über 76 000 Flüchtlinge.« Rechnet man die Monatszahlen, auf die Creuzberger sich beruft, zusammen, dann ergibt sich für die Zeit der ersten Jahreshälfte zunächst einmal tatsächlich eine etwas höhere als die von ihm angegebene Zahl (25 757, nicht »rund 22 000«), was aber nichts daran ändert, dass in der zweiten Jahreshälfte sich die Zahl der Flüchtlinge verdreifachte (76 523). Aber die Fluchtzahlen nach Berlin sagen schlicht nichts darüber aus, ob sich die Menschen »in noch größerer Zahl« als 1951 oder der ersten Hälfte des Jahres 1952 »aus der DDR in die Bundesrepublik aufgemacht« haben, da dem Zuwachs in Berlin ein massiver Rückgang der direkt in Westdeutschland eintreffenden Flüchtlinge gegenüberstand.[202] Auch Hope Harrison spricht von einem

> sprunghaften Anstieg der Zahl der Ostdeutschen, die in den Westen flohen [...]. Waren im April 1952 insgesamt 9307 Menschen geflohen, so lag deren Zahl im Dezember bei 16 970 und im Januar 1953 bei 22 396, bevor sie im März auf 58 605 hochschnellte.[203]

Nun nimmt Harrison zwar richtigerweise die Gesamtzahl[204] der Flüchtlinge in den Blick, bezieht sich aber auf einen recht willkürlich gewählten Ausgangswert. Zwar lag die Zahl der Flüchtlinge im April 1952 tatsächlich bei lediglich 9307, im Vormonat März war sie mit 18 420 aber fast doppelt so hoch, und

---

S. 13–15. Angaben aus dem Jahr 1962 weisen für 1952 182 393 Antragsteller im Notaufnahmeverfahren gegenüber 165 648 für 1951 aus. Die jährliche Zuwanderung in den Westen wurde später (1963) für 1950 mit 337 3000, 1951 mit 287 800 und 1952 mit 232 100 Menschen angegeben. Ein solch niedriger Wert wie 1952 wurde erst wieder 1958 erreicht. S. Heidemeyer, Flucht und Zuwanderung, S. 44 f. Relevant für die Wahrnehmung des Fluchtproblems durch die SED-Führung sind natürlich nur die zeitgenössischen ostdeutschen Zahlen. Zur Problematik der unterschiedlichen Migrationszahlen s. a. Effner, Bettina/Heidemeyer, Helge: Die Flucht in Zahlen, in: Effner/Heidemeyer, Flucht im geteilten Deutschland, S. 27–31.

202 Creuzberger, Abschirmungspolitik, S. 35.

203 Harrison, Ulbrichts Mauer, S. 49.

204 Sowohl die von Creuzberger als auch die von Harrison benutzten Zahlen sind die Zahlen der Aufnahme (NAV) beantragenden Flüchtlinge.

im April des Vorjahres lag sie mit 13 892 ebenfalls noch deutlich höher. Den 16 970 Flüchtlingen im Dezember 1952 stehen 12 642 im Vergleichsmonat des Vorjahres gegenüber. Der Monat mit der höchsten Fluchtrate war 1952 übrigens der September. Danach gingen die Zahlen zunächst einmal wieder deutlich zurück. Nimmt man die Monate Juli bis Dezember zusammen, stehen 110 167 Flüchtlinge im Jahr 1952 88 265 im gleichen Zeitraum des Vorjahres gegenüber. Das entspricht einer Zunahme von nicht ganz 25 Prozent, nicht wenig, aber auch kein Grund zur Panik, jedenfalls wenn man berücksichtigt, dass es im gleichen Zeitraum zwei Jahre zuvor mit 102 982 Flüchtlingen bereits einmal fast genauso viele waren. Für die SED-Führung stellte sich, wie bereits mehrfach erwähnt, stets zunächst die Frage, wer da wegging, und weniger wie viele es waren. Nimmt man den von Creuzberger herangezogenen Vergleichszeitraum nicht nur für Berlin, sondern für die Gesamtzahl der Flüchtlinge, stehen 62 433 Flüchtlingen in der ersten Jahreshälfte 1952 mit 110 167 in der zweiten zwar doppelt, aber eben nicht dreimal so viele gegenüber. Aber was sagt das aus? Vielleicht war die Zahl mit 62 433 in der ersten Jahreshälfte nur besonders niedrig? In der Tat waren es 1951 in der ersten Jahreshälfte 77 383, 1950 sogar 94 806 Flüchtlinge gewesen.[205]

Für Ulbricht und Genossen könnten all diese Zahlen ohnehin Propaganda des Klassenfeindes gewesen sein. Welches Bild ergab sich für sie, wenn sie die eigenen Zahlen ansahen? Für die erste Jahreshälfte 1952 wird eine Abwanderung von 72 766 ausgewiesen, für die zweite eine von 99 314. Insgesamt haben laut DDR-Statistik mit 185 778 Menschen 1952 sogar fast 2000 weniger Bürger als 1951 die DDR verlassen.[206] All diese Zahlen dürfen nicht überbewertet werden, da die Erhebungsmethoden zu der Zeit noch sehr uneinheitlich waren und kaum wissenschaftlichen Kriterien genügten. Sie können jedoch kaum als Beleg dafür genommen werden, dass Ulbricht in der ersten oder in der zweiten Hälfte des Jahres 1952 in Bezug auf die Abwanderungszahlen einer im Vergleich zu 1951 grundsätzlich verschärften Situation gegenübergestanden habe. Möglicherweise hat sich die Wahrnehmung des Fluchtproblems bei Ulbricht etwas verändert, möglicherweise stand er auch selbst unter dem Eindruck der Berichte über die West-Berliner Flüchtlingslager; belastbare Belege dafür, dass er den Abwanderungsstrom zu irgendeinem Zeitpunkt des Jahres 1952 grundsätzlich anders als ein Jahr zuvor gesehen und nun als ernsthafte Bedrohung

205 Zahlen nach Heidemeyer, Flucht und Zuwanderung, S. 233.
206 Melis, Republikflucht, S. 255.

wahrgenommen habe, existieren bislang aber nicht. Einen wirklich dramatischen Anstieg der Fluchtzahlen gibt es erst in der ersten Hälfte des Jahres 1953. Über die Gründe dafür dürfte sich Ulbricht kaum im Unklaren gewesen sein, hatte er doch eine »Verschärfung des Klassenkampfes« in den Monaten zuvor bewusst herbeigeführt. Man muss nicht gleich so weit gehen und unterstellen, Ulbricht habe auch die Eskalation der Demonstrationen am 16. und 17. Juni 1953 bewusst herbeigeführt, um seine angesichts des Kurswechsels in Moskau nach Stalins Tod angeschlagene Position zu festigen,[207] aber warum sollte er hinsichtlich einer riesigen Wohnungsknappheit, von Lebensmittelkarten und Mangel aller Orten, der Gefahr von Arbeitslosigkeit wegen Rohstoffmangels, Sabotage und Diversion als vermeintlich wesentlicher Ursache der wirtschaftlichen Probleme etc. in der Flucht von »Klassenfeinden«, »Kriminellen« und »Saboteuren« eine Gefahr für seine Herrschaft gesehen haben?

Was verweigerte Moskau Ulbricht im März 1953?

Die Einbindung West-Berlins in die Bundesrepublik wurde seit der Blockade Schritt für Schritt vorangetrieben, wobei allerdings vom Westen stets zu beachten war, dass der Besatzungsstatus nicht verletzt wurde. Während Bundeskanzler Konrad Adenauer und die CDU wegen dieser Gefahr z.B. die Direktwahl der Berliner Bundestagsabgeordneten ablehnten, war die SPD dafür. Bundesgesetze wurden aber weitestmöglich für West-Berlin übernommen, so im November das Gesetz über Zollvergünstigungen und das Passgesetz. Ost-Berlin warf daraufhin dem Abgeordnetenhaus vor, eine Zollgrenze zwischen West-Berlin und der DDR zu errichten und den »demokratischen Sektor« Berlins faktisch zum »Ausland« gemacht zu haben, die Polizeiüberwachung der Sektorengrenze sei verschärft und bei »Grenzhäusern«, deren Zugänge nur in den »demokratischen Sektor« gingen, seien neue West-Zugänge geschaffen worden. Der Osten sperrte seinerseits immer mehr Straßenverbindungen zwischen der DDR und West-Berlin. Ulbricht sprach im November auf der 10. ZK-Tagung von einer »Verschärfung des Klassenkampfes«, die in der »Verstärkung der feindlichen Hetze sowie in der Zunahme der von den Imperialisten

207 So unter anderem unter Berufung auf westliche zeitgenössische Einschätzungen und Harich, Wolfgang/Prokop, Siegfried: Der 17. Juni 1953. Geschichtsmythen und historischer Prozess, in: Frotscher, Kurt/Krug, Wolfgang (Hg.): 17. Juni 1953. Der Streit um sein Wesen, Schkeuditz 2004, S. 67–104, hier S. 92ff.

organisierten Sabotage- und Diversionstätigkeit« zum Ausdruck komme.[208] Im Januar wurde im Osten die Tätigkeit der »Grenzgänger« einschließlich Schüler und Studenten meldepflichtig, und der West-Berliner Senat kam nach einer Überprüfung zu dem Ergebnis, auf 15 000 der etwa 45 000 Ost-Berliner Grenzgänger dringend angewiesen zu sein. Sie sollten im Falle weiterer Beschränkungen seitens des Ostens eine Zuzugsgenehmigung für den Westteil erhalten. Die Spaltung der Stadt wurde aber nicht nur vom Osten vorangetrieben. Als der Ostteil auch Frauen als Straßenbahnführerinnen einsetzte, verweigerte der Westen ihnen die Arbeitserlaubnis, da in West-Berlin nur Männer als Fahrer zugelassen waren. Der durchgehende Straßenbahnbetrieb wurde daraufhin eingestellt. Die Berliner SED-Leitung forderte in einer »Der Weg zu einem einigen Berlin als Hauptstadt des wiedervereinigten Deutschlands« überschriebenen Proklamation den Abzug der Besatzungsmächte und die Entwicklung »normaler« Beziehungen zwischen den Stadthälften sowie zwischen West-Berlin und der DDR.[209] All diese und die noch folgenden östlichen Maßnahmen bis zum 17. Juni 1953 wurden selbstverständlich nicht gegen den Willen Moskaus durchgeführt. Sie zielten innenpolitisch auf Sowjetisierung und nach außen darauf, den Druck auf West-Berlin zu erhöhen und zugleich angesichts der kaum noch aufzuhaltenden Einbindung West-Berlins in den Weststaat die Trennung beider Gebiete voranzutreiben. Wirksame Schritte zur Fluchtverhinderung wurden jedoch, wie schon allein die Entwicklung der Fluchtzahlen belegt, nicht eingeleitet.

Allerdings ist einem Dokument vom November 1960 zu entnehmen, dass 1952 »Im Auftrage der sowjetischen Zentralkommandantur in Berlin die Grenze zwischen den Berliner Westsektoren und der Deutschen Demokratischen Republik vermessen und markiert« wurde. Die »Gesamtleitung der Arbeiten« habe »deutscherseits in den Händen des Genossen Kerstan vom Magistrat von Groß-Berlin« gelegen. »Sämtliche Unterlagen über den Grenzverlauf und die Grenzmarkierung« seien im Dezember 1952 dem sowjetischen Stadtkommandanten übergeben, eine Zweitschrift nicht angefertigt

208 Kommuniqué der 10. Tagung des ZK der Sozialistischen Einheitspartei Deutschlands, Neues Deutschland, 23. 11. 1952, S. 1.

209 Berlin. Chronik 1951–1954, S. 563 f., 613–615, 631. Zur Vielschichtigkeit des »Grenzgänger«-Problems vgl. Roggenbuch, Frank: Das Berliner Grenzgängerproblem. Verflechtung und Systemkonkurrenz vor dem Mauerbau, Berlin, New York 2008, hier v. a. S. 133–173, 196–244. (Veröffentlichungen der Historischen Kommission zu Berlin, Bd. 107).

worden. Im November 1960, so viel sei schon einmal vorweggenommen, wurde deutscherseits offenbar erstmals versucht, diese Unterlagen, die ja für eine Grenzschließung wichtig waren, wiederzubekommen.[210] Jener Zufallsfund aus dem Jahr 1960, der Auskunft gibt über diesen Vorgang im Jahr 1952, macht noch einmal deutlich, welche Lücken im Wissen über diese Zeit noch bestehen und ohne freien Zugang zu den russischen Archiven wohl auch bleiben werden. Dieser Vorgang scheint zu dem zu passen, was hinsichtlich angeblicher Fluchtverhinderungspläne für Berlin in der einschlägigen Literatur zu finden ist. Ende 1952, Anfang 1953 habe sich auf Drängen Ulbrichts und sowjetischer Funktionäre in der DDR auch Moskau mit dem Fluchtproblem und dem Vorschlag Ulbrichts zur Abriegelung der Sektorengrenze, um das »Schlupfloch« Berlin zu stopfen, befasst, so heißt es in der bereits mehrfach zitierten Literatur. Leider bleibt im Dunkeln, welche Vorschläge denn überhaupt nach Moskau gesandt wurden. Keiner der Autoren, die sich auf die eine Seite umfassende Auskunft von Michail G. Gribanow, Leiter der für Deutschland zuständigen 3. Abteilung des sowjetischen Außenministeriums, vom 4. Dezember 1952 über die »Einrichtung einer Bewachung an der Sektorengrenze«[211] sowie auf ein Schreiben im Umfang von vier Seiten von Außenminister Andrej Ja. Wyschinski und Wjatscheslaw S. Semjonow an Stalin vom 22. Dezember[212] berufen, zitiert auch nur ein Wort aus diesen Dokumenten, noch erfährt der Leser sonst etwas zum Inhalt beider Dokumente. Es wird lediglich mitgeteilt, dass in ihrer Folge im Moskauer Außenministerium »erstmals ernsthaft darüber nachgedacht wurde, auch die Sektorengrenze innerhalb Berlins bis auf wenige, streng bewachte Kontrollpassierpunkte zu schließen«.[213] Rückschlüsse auf den Inhalt der Vorschläge lassen sich aber aus der Reaktion in Moskau ziehen.

210 Generalmajor Borufka, MdI, Kommando der DVP, an den sowjetischen Stadtkommandanten von Groß-Berlin, Sacharow, betr.: Dokumentation über die Grenze zwischen den Westsektoren von Groß-Berlin und der Deutschen Demokratischen Republik, 17. 11. 1960, BArch GT 490, Bl. 1. Für den Hinweis auf das Dokument danke ich Axel Klausmeier.

211 M. Gribanov, Spravka ob ustavlenii ochrany na sektornoj granice v Berline, 4. 12. 1952, AVPRF, fond 082, opis' 40, papka 266, delo 98, l. 15.

212 Schreiben von Ja. Wyschinski und V. Semjonow an J. W. Stalin, 20. 12. 1952, AVPRF, fond 082, opis' 40, papka 266, delo 98, ll. 18–22.

213 So etwa Creuzberger, Abschirmungspolitik, S. 35, Anm. 71; ähnlich auch Wettig, Bereitschaft zur Einheit, S. 233, Anm. 128. Auf Nachfrage sah sich keiner der Autoren dazu in der Lage, genauere Angaben zum Inhalt der Dokumente zu machen, s. E-Mail von Gerhard Wettig an den Verf. vom 8. 4. 2011 und von Stefan Creuzberger vom 11. 4. 2011.

Demnach ist es nicht unwahrscheinlich, dass den Überlegungen in Moskau Ulbrichts Vorschläge vom 28. Februar 1952, die freilich in Teilen bereits umgesetzt waren, möglicherweise in einer überarbeiteten Form, zugrunde lagen. Am 2. Januar 1953 wurden der Erste Stellvertreter des Chefs der Sowjetischen Kontrollkommission Iwan F. Semitschastnow und dessen Politischer Berater angewiesen, Ulbricht mitzuteilen, dass »keine Einwände« gegen die vom SED-Politbüro geplanten Maßnahmen zur Stationierung von Posten »entlang der Grenze zwischen Ost- und West-Berlin bestehen, um den unkontrollierten Zugang nach Ost-Berlin aus den westlichen Sektoren« zu beenden. Weitere Einzelheiten enthält diese ZK-Resolution nicht. Ostermann, der das Dokument in englischer Übersetzung veröffentlichte, sieht in ihm den Beleg dafür, dass Ulbricht das »Schlupfloch« Berlin schließen und auf die westlichen Besatzungsmächte Druck ausüben wollte. Ob die Weisung überhaupt weitergegeben wurde, geht weder aus dem Dokument noch aus Ostermanns Kommentar hervor. Die Tatsache, dass in der ZK-Resolution als Zweck der Grenzschließung angegeben wird, den unkontrollierten Zugang von West nach Ost zu beenden und nicht etwa den vom Osten in den Westen, ignoriert Ostermann in seinem Kommentar. Die Zustimmung Moskaus nimmt er aber als Beleg dafür, dass eine mögliche Verschärfung der Spannungen mit dem Westen »anscheinend« Moskau kaum Sorge machte.[214] Nun gibt es wenig Grund anzunehmen, dass eine Sperrung der Sektorengrenze für Fluchtwillige, falls sie denn beabsichtigt gewesen wäre, die Spannungen mit dem Westen wirklich verschärft hätte.[215] Möglicherweise hätten die Alliierten sich öffentlich entrüstet über den Offenbarungseid der Kommunisten. Ihre Rechte wären aber kaum berührt gewesen, ähnlich wie 1961. Intern hätte man sich in Washington, Paris und London wohl eher beruhigt zurückgelehnt, wäre doch das ausufernde Flüchtlingsproblem vom Osten endlich unter Kontrolle genommen worden. Ostermann selbst liefert in seiner Untersuchung über die USA und den 17. Juni 1953 die Belege dafür, dass die Amerikaner, in der Annahme, die SED bzw. Moskau wären in der Lage, den Flüchtlingsstrom zu steuern, Anfang 1953 in der Massenflucht eher eine Maßnahme der psychologischen Kriegsführung des Ostens gegen den Westen als den Ausdruck der sich rapide verschlechternden Situation in der DDR gesehen haben. »It is my opinion that Commies have capabilities of cut-

214 Uprising in East Germany, S. 43.

215 Am 13. 3. 1953 schossen die Sowjets eine britische Militärmaschine im Luftkorridor ab, deren Besatzungsmitglieder alle ums Leben kamen, ohne dass es vom Westen eine nennenswerte Gegenaktion gab. Berlin. Chronik der Jahre 1951 – 1954, S. 648.

ting stream drastically«, war der neue Hohe Kommissar der USA in Deutschland, James B. Conant, nach einem ersten Berlin-Besuch[216] im Februar überzeugt. Panik sei, so Ostermann, bezeichnend gewesen für die erste Reaktion der USA auf die Fluchtwelle. Conant habe für die nächsten 100 Tage die Zahl von 300 000 Flüchtlingen prognostiziert und vor möglichen Epidemien und Unruhen in West-Berlin gewarnt, entweder als Ergebnis der allgemeinen Unzufriedenheit oder von den Kommunisten initiiert.[217] Moskau seinerseits war damals recht gut informiert über die Haltung der Westmächte. Am 19. Februar 1953, also zwei Wochen vor Stalins Tod, leitete der sowjetische Geheimdienst den Bericht eines höheren französischen Beamten nach Moskau, aus dem die Geheimdienstler den anscheinend für sie neuen Schluss zogen, die SED sei unfähig, einen Staat aufzubauen und die DDR habe »alle Anziehungskraft für die Bürger Westdeutschlands« verloren. Wohlgemerkt, es geht um die Bürger Westdeutschlands, d. h. Moskau interessierte die Frage der »Magnetwirkung« Ostdeutschlands.[218] Anfang März sagte der amerikanische Stadtkommandant Thomas S. Timberman auf einer Pressekonferenz, er sei zuversichtlich, dass der Westen das Berliner Flüchtlingsproblem gemeinsam in den Griff bekommen werde. Er halte es zudem für möglich, dass die sowjetischen Behörden den rasant anschwellenden Flüchtlingsstrom durch eigene Maßnahmen ein-

216 Berlin. Chronik der Jahre 1951 – 1954, S. 636.

217 Ostermann, The United States, the East German Uprising, S. 10. Vgl. Tagebucheintrag von James B. Conant vom 6. 3. 1953, in: The Post-Stalin Succession Struggle and the 17 June 1953 Uprising in East Germany. The Hidden History. Declassified Documents from U. S., Russian and Other European Archives, ed. by Christian F. Ostermann, The Cold War International History Project of the Woodrow Wilson International Center for Scholars and The National Security Archive at the George Washington University, Washington 1996 (unpaginierte Dokumentensammlung), hier Dok. 2.

218 S. etwa MGB-Bericht 708/i, 19. 2. 1953, SWRA, Akte 45513, Bd. 7, S. 97 – 99, zit. bei Bailey, George/Kondrašev, Sergej A./Murphy, David E.: Die unsichtbare Front. Der Krieg der Geheimdienste im geteilten Berlin, Berlin 1997, S. 202, vgl. Kramer, Mark: Der Aufstand in Ostdeutschland im Juni 1953, in: Greiner, Bernd/Müller, Christian/Walter, Dierk (Hg.): Krisen im Kalten Krieg, Hamburg 2008, S. 80 – 126, hier S. 83 (Studien zum Kalten Krieg, Bd. 2). Parallel dazu war primäres Ziel der USA in Europa, die Europäische Verteidigungsgemeinschaft Wirklichkeit werden zu lassen. Jede Diskussion der »deutschen Frage« mit den Sowjets wurde in dieser Lage, insbesondere nach Stalins Tod, dabei als kontraproduktiv eingeschätzt, s. Memorandum of discussion at the 126th meeting of the National Security Council, 11. 3. 1953, in: Uprising in East Germany, S. 44 – 49.

dämmen würden, wofür sie sich allerdings zu »sehr dramatischen und unverhüllten Schritten entschließen« müssten, die das Viermächteabkommen über die Freizügigkeit in Berlin verletzen würden.[219]

Am 9. März, vier Tage nach Stalins Tod, ging ein deutlich pessimistischerer Bericht nach Moskau, demzufolge das MfS seiner Aufgabe nicht gerecht und die Beherrschung der Lage infolge der »Verschärfung des Klassenkonflikts« schwieriger würde.[220] Erst am 13. März warnten Moskaus Geheimdienstler ausdrücklich vor dem bedrohlichen Ausmaß des Flüchtlingsproblems. Es werde »die Regierung der DDR in naher Zukunft zwingen, Schritte zu unternehmen, um die Abwanderung der Bevölkerung in den Westen zu unterbinden«. Seien bisher unter den Flüchtlingen viele Rentner und Menschen ohne besondere Qualifikation gewesen, so begännen »im Zusammenhang mit den sich verschärfenden Widersprüchen in der DDR [...] Bauern und Angehörige der technischen Intelligenz nach West-Berlin zu fliehen«.[221] Am folgenden Tag wurde die SKK von Moskau aufgefordert, über die Gründe für die Republikflucht zu berichten und Vorschläge zu deren Eindämmung zu machen.[222] Erst jetzt wird die Lage in Ost-Berlin und Moskau wegen der täglich ansteigenden Fluchtzahlen als wirklich kritisch wahrgenommen. Ab jetzt wäre denkbar, dass es in Ost-Berlin tatsächlich Überlegungen gegeben hat, das »Schlupfloch« West-Berlin für Flüchtlinge zu stopfen, zur Abwehr einer akuten Notsituation, die davor aber weder vorlag noch als solche von der SED-Führung wahrgenommen wurde.

In dieser Situation – in Moskau ist nach Stalins Tod inzwischen nicht mehr Wyschinski, sondern der unter Stalin abgesetzte Molotow wieder Außenminister – gab es am 18. März plötzlich eine Weisung aus Moskau bezüglich eines Plans Ulbrichts zur besseren Kontrolle der Sektorengrenze. Keiner der Autoren, die sich auf dieses Dokument berufen, teilt mit, dass ein Dokument, das Ulbrichts Pläne enthält bzw. auf das sich die ablehnende Antwort Moskaus be-

219 Timbermann auf einer Pressekonferenz am 7.3.1953, zit. nach: Berlin. Chronik der Jahre 1951 – 1954, S. 646.

220 Baily/Kondrašev/Murphy, Die unsichtbare Front, S. 202, 204.

221 Bericht 1586/i, Pitowranow an Puschkin, 13.3.1953, zit. nach Baily/Kondrašev/Murphy, Die unsichtbare Front, S. 194. Berichte aus den folgenden Wochen bis zum Aufstand sind nicht überliefert, s. ebd., S. 205.

222 Protokoll der 8. Sitzung des Präsidiums [so hieß zu der Zeit das Politbüro] des ZK der KPdSU vom 14.3.1953, TsKhSD, f. 3, op. 10, d. 23, Bl. 41 – 42, nach Loth, Wilfried: Die Sowjetunion und die deutsche Frage. Studien zur sowjetischen Deutschlandpolitik, Göttingen 2007, S. 185.

zieht, ihnen gar nicht vorlag. Stattdessen wird der Eindruck vermittelt, als sei vollkommen klar, was Ulbricht geplant habe und was Zweck seiner Pläne war, nämlich eine Art Mauer zur Verhinderung der Flucht über West-Berlin.[223] Anders als am 2. Januar lehnte Moskau jetzt die »Vorschläge der Führung der DDR«, die von den Adressaten unterstützt worden seien, »zur Einführung einer Grenzbewachung [pograničnoj ochrany] an der Sektorengrenze zwischen Ost-Berlin und West-Berlin und für Maßnahmen, die mit der Einführung einer solchen Bewachung verbunden sind, einschließlich der Regulierung des Verkehrs«, ab. Die Vorschläge seien, so heißt es weiter in dem Dokument, »unter politischen Gesichtspunkten inakzeptabel und darüber hinaus grob vereinfachend«. Tschuikow und Semjonow sollten sich mit Grotewohl und Ulbricht treffen und ihnen »in taktvoller Weise« erklären, was nachfolgend in dem Dokument unter a–c ausgeführt wird.[224] Die vorgesehenen Maßnahmen würden a) die Wirtschaft der Stadt desorganisieren und darüber hinaus die

> Interessen nicht nur der Bevölkerung West- [sic!], sondern auch Ost-Berlins negativ beeinflussen, würden Verbitterung und Unzufriedenheit der Berliner [sic!] gegenüber der Regierung der DDR und den sowjetischen Organen in Deutschland hervorrufen, was von den drei westlichen Mächten gegen die Interessen der DDR und der UdSSR genutzt würde.

Die Durchführung solcher Maßnahmen gegenüber West-Berlin würde b) die Ernsthaftigkeit der Politik der Regierung der UdSSR und der Regierung der DDR für die Einheit Deutschlands und den Abschluss eines Friedensvertrages

---

223 Lediglich in einer in geringer Auflage als Fotokopie verbreiteten Dokumentensammlung findet sich ein Hinweis von Hope Harrison darauf, dass die ostdeutschen Vorschläge nicht vorliegen: »Unfortunatly, the companion document to this in which the East Germans put forward their specific propasals about tightening up the border between East and West Berlin has not been located.« Anschließend wird sofort der Bogen zu 1961 geschlagen und damit suggeriert, es sei unzweifelhaft klar, dass es 1953 um das Gleiche gegangen wäre, wie beim Mauerbau. S. The Post-Stalin Succession Struggle, Dok. 4. (russ. Original als Faksimile und engl. Übersetzung). Das Dokument nimmt einleitend Bezug auf zwei Dokumente, zu denen es im wissenschaftlichen Apparat in der Buchfassung lediglich heißt »Not printed«; zum Inhalt dieser Dokumente schweigt der Herausgeber. Draft Instructions to Cdes. Chuikov, Semyonov, 18.3.1953, Uprising in East Germany, S. 50–51.

224 Der »streng geheime« Entwurf ging am 16.3.1953 von W. Sokolowski und G. Puschkin an Molotow und von diesem am 18.3.1953 an Malenkow, Präsidium des Ministerrats der UdSSR.

mit Deutschland in Zweifel ziehen und den bisherigen politischen Erfolgen in Westdeutschland schweren Schaden zufügen. Und c), zu den konkreten Plänen kommend, heißt es:

> Die Aufstellung von Grenzposten entlang der Sektorengrenze von Ost-Berlin würde, zum Nachteil der Länder des Lagers des Friedens und der Demokratie, nur die Beziehungen der Sowjetunion zu den USA, England und Frankreich komplizieren, eine Entwicklung, die wir vermeiden können und müssen.

Der Moskauer Absender leugnete

> jedoch nicht grundsätzlich die Notwendigkeit, eine Reihe von zusätzlichen Maßnahmen zur Sicherung der Interessen der DDR (und auch der UdSSR) in Berlin durchzuführen mit dem Zweck der Stärkung der Gegenmaßnahmen gegen die feindlichen Kräfte, die ihre Basis in West-Berlin haben.

Solche Maßnahmen dürften jedoch »nicht überstürzt und vereinfachend« sein, damit sie sich nicht zum eigenen Schaden auswirken und feindliche Handlungen erleichtern. Moskaus Vertreter in Deutschland sollten in »zwei bis drei Wochen« entsprechende Überlegungen nach Moskau senden. Auch wenn die ablehnende Antwort weitgehend offenlässt, welche konkreten Maßnahmen abgelehnt wurden, lässt sich ihr jedenfalls nicht entnehmen, dass sie primär gegen die Flucht der Ostdeutschen gerichtet gewesen wären.[225] Vielmehr ist davon die Rede, dass sie nicht nur die West-Berliner, sondern *auch* die Ost-Berliner betreffen würden. Warum geht Moskau davon aus, die vorgesehenen Maßnahmen würden Verbitterung bei den Berlinern hervorrufen, während von den Bewohnern der DDR, gegen die sich Maßnahmen zur Fluchtverhinderung ja wesentlich richten würden, nicht die Rede ist? Solange keine Dokumente vorliegen, die genauere Schlüsse erlauben, lässt sich aus solchen Formulierungen wohl eher schließen, dass die aus Ost-Berlin vorgeschlagenen und in Moskau nun abgelehnten Maßnahmen immer noch in erster Linie ge-

225 Auch Wettig, Gerhard: Sowjetische Deutschlandpolitik 1953 bis 1958. Korrekturen an Stalins Erbe, Chruschtschows Aufstieg und der Weg zum Berlin-Ultimatum, München 2011, S. 11 (Quellen und Darstellungen zur Zeitgeschichte, Bd. 82), geht, ohne Gründe für eine solche Interpretation des Dokuments vom 18. 3. 1953 zu nennen, davon aus, Moskau habe mit diesem eine »Bitte der DDR-Regierung ab[gelehnt], den Exodus durch Schließung der Sektorengrenze in Berlin zu stoppen«.

gen West-Berlin gerichtet waren, was auch eher allen bisher vorliegenden Dokumenten entspräche und zum konkreten historischen Kontext passt.[226]

Erst ein Bericht des Vertreters des Innenministeriums (MWD) in Ost-Berlin, M. K. Kawerznew, von Anfang Mai 1953 lässt sich mit Mark Kramer so interpretieren, »daß die ostdeutschen Behörden bereits über den Bau einer Mauer durch Berlin nachdachten, um ihre Bürger an der Flucht in die Bundesrepublik zu hindern«. Kawerznew hatte nach Kramer gegenüber Moskau beklagt, dass die SED »›nicht energisch genug‹ gegen den Exodus ankämpfe und die ostdeutschen Führer ›fälschlicherweise annehmen, Fluchtbewegungen dieser Art könnten nicht verhindert werden, solange Bewegungsfreiheit zwischen West-Berlin und der DDR besteht‹«.[227] Kawerznews Aussage kann so interpretiert werden, wie Kramer es tut, muss es aber nicht. Immerhin unterstellt Kawerznew, die SED-Führung gehe immer noch »nicht energisch genug« gegen die Fluchtbewegung vor, wobei er typischerweise offenlässt, was sie denn machen sollte und warum er die von der SED-Führung vertretene Meinung für falsch hält,[228] »Fluchtbewegung dieser Art könnten nicht verhindert werden, solange Bewegungsfreiheit zwischen West-Berlin und der DDR« bestehe. Das Argument soll nicht überstrapaziert werden, aber auch hier wird die Bewegungsfreiheit »zwischen West-Berlin und der DDR«, nicht etwa die von der DDR oder Ost-Berlin nach West-Berlin problematisiert. Aber selbst wenn es der SED-Führung tatsächlich um die Schließung der Sektorengrenze mit dem Zweck der Fluchtverhinderung gegangen wäre, was zu diesem Zeit-

---

226 Proekt ukazanij tt. Cuikovu, Semenovu (Entwurf für eine Instruktion für die Gen. Tschujkow, Semjonow), in: The Post-Stalin Succession Struggle, Dok. 4; englisch auch in: Uprising in East Germany, S. 50–51.

227 V Prezidium Tsk KPSS, Memorandum Nr. 44/B (streng geheim), 6. 5. 1953, von Berija an das KPdSU-Präsidium, ASVR, f. 7, d. 3581, S. 326–328, Kramer, Der Aufstand, S. 87 f. Weitere Auszüge aus dem Dokument finden sich bei Bailey/Kondrašev/Murphy, Die unsichtbare Front, S. 202–205, und in dem allerdings katastrophal bzw. anscheinend überhaupt nicht lektorierten Aufsatz Kondraschow, Sergej: Über Ereignisse des Jahres 1953 und deren Bewertungen von Aufklärungsdiensten einiger Länder, in: Timmermann, Heiner (Hg.): 1953 in Deutschland. Der Aufstand im Fadenkreuz von Kaltem Krieg, Katastrophe und Katharsis, Münster, Hamburg, London 2003, S. 26–43, hier S. 26 f. (Dokumente und Schriften der Europäischen Akademie Otzenhausen, Bd. 110).

228 Er listet zutreffend die wesentlichen Fluchtursachen auf, die auf die Politik der SED zurückzuführen sind, verschweigt aber, dass diese Politik auf Geheiß und in enger Abstimmung mit Moskau durchgeführt wurde.

punkt durchaus plausibel gewesen wäre, hätte sie mit ihrer Auffassung, nur so die Flucht verhindern zu können, wohl einfach recht gehabt, zumindest solange das sozialistische Wirtschaftswunder so beharrlich auf sich warten ließ und der Sozialismus so war, wie er war und blieb. Und Kawerznew berichtet auch nicht nach Moskau, dass die SED-Führung die Schließung der Sektorengrenze gefordert hätte, nur, dass ihrer Meinung nach die Fluchtwelle bei offener Grenze nicht zu stoppen sei. Möglicherweise hat die SED-Führung von Moskau die Schließung der Sektorengrenze gefordert, aber Kawerznews Bericht bzw. was daraus in der Literatur zitiert wird, gibt eine solche Interpretation nicht her. Allerdings war die Lage inzwischen eine völlig andere als 1951 und 1952.

»Schwarzer Peter«

Die SED steuerte – ohne dies zu bemerken – mit ihrer noch unter Stalin begonnenen Politik auf eine Katastrophe zu. Moskaus Kritik an der SED-Politik war mehr als wohlfeil, war die Lage in Ostdeutschland doch letztlich Ergebnis einer von Stalin und Ulbricht gemeinsam gewollten weiteren Sowjetisierungsetappe. Moskau hatte seit 1945 in der SBZ Strukturen etabliert, die, so Gerhard Wettig, »allein nach ihren Vorstellungen gestaltet waren und die es dem Kreml erlaubten, den Einfluss auf das besetzte Land langfristig von innen her auszuüben. In der SBZ/DDR entstand so ein penetriertes System, in dem allein sowjetische Denkmuster, Urteilskategorien und Handlungsweisen maßgebend waren und Organe der UdSSR dem Willen der Führung auf interne Weise Geltung verschaffen konnten.«[229] Dem Auftreten der Besatzungsoffiziere habe zudem, so Norman Naimark, eine »tiefe Überzeugung von der Überlegenheit des bolschewistischen Weges« zugrunde gelegen.[230] Und auch Ulbricht tat nur, was er in Stalins Sowjetunion als gelehriger Schüler gelernt hatte und seiner Überzeugung entsprach. Moskaus Reparationspolitik machte es ihm, einmal abgesehen von allen systembedingten Defiziten, zudem nicht gerade leichter,

229 Wettig, Sowjetische Machtapparate, S. 1151.

230 Naimark, Norman M.: Die Sowjetische Militäradministration in Deutschland und die Frage des Stalinismus. Veränderte Sichtweisen auf der Grundlage neuer Quellen aus russischen Archiven, Zeitschrift für Geschichtswissenschaft 43 (1995) 4, S. 293 – 307, hier S. 306.

dabei erfolgreicher als sein Vorbild oder gar Westdeutschland zu sein.[231] Stalins Zurückhaltung gegenüber Ulbrichts Kurs auf den Sozialismus vom Sommer 1952 war rein taktisch und deutschlandpolitisch begründet, nicht grundsätzlicher Art. Die Kritik von Moskaus Vertretern in Deutschland an der SED war daher nichts anderes als das alte Spiel, den »schwarzen Peter« weiterzuschieben, genau wie die SED stets ihrerseits untergeordneten Chargen für ihre Probleme und alle zusammen den Westen verantwortlich machten. Das war so unter Stalin und änderte sich auch nicht nach seinem Tod.[232] Entsprechend wohlfeil waren auch die »Vorschläge«, die Moskau und seine Vertreter in der DDR seit Ende Mai zur Drosselung der Republikflucht der SED-Führung anempfahlen. Der »Schwarze Peter« wurde weitergeschoben. Die Notwendigkeit der Maßnahmen in Zusammenhang mit der Schaffung der »Grundlagen des Sozialismus« seit dem Sommer 1952 wurde in der Regel nicht in Frage gestellt, nur deren Umsetzung und mangelnde propagandistische Begleitung kritisiert: »Bestimmte Ministerien und lokale Partei- und Staatsorgane« hätten »enorme Fehler und Exzesse in Bezug auf bestimmte Schichten der Bevölkerung begangen«. Von Moskaus Vertretern in der DDR wurde deshalb unter anderem »vorgeschlagen«, die Strafverfolgung etwas zu drosseln, vorerst keine Kollektivierungen mehr durchzuführen, die administrativen Maßnahmen gegen Christen und Kirchen auf die »reaktionären Kräfte« zu konzentrieren und durch eine verstärkte antireligiöse Propaganda zu ergänzen etc. All dies versprach ebenso wenig effektiv zu sein wie die Empfehlung, zur Befriedung der Intelligentsia die wissenschaftlichen und kulturellen Kontakte zwischen Wissenschaftlern in der DDR und der Sowjetunion sowie den volksdemokratischen Ländern zu verbessern oder einen Austausch der Ausweise vorzunehmen und spezielle Legitimationen für DDR-Bürger zum Besuch von Berlin einzuführen. Zwar wurde jetzt die »Republikflucht« nicht mehr ausschließlich auf feindliche Propaganda, sondern auch wesentlich auf die wirtschaftlichen Probleme in der DDR und »Fehler« bei der Umsetzung der Politik zur »Schaffung der Grundlagen des Sozialismus« zurückgeführt, das Hauptproblem aber, nämlich dass die forcierte Sowjetisierung die Feindpropaganda erst so effektiv sein ließ und zugleich Hauptursache der wirtschaftlichen Probleme

231 Karlsch, Rainer: Allein bezahlt? Die Reparationsleistungen der SBZ/DDR 1945–53, Berlin 1993.

232 Juli A. Kwizinski gibt für die späten 50er Jahre eine anschauliche Darstellung, wie das funktionierte. Vgl. dazu weiter unten Kap. IV. 4. »Das muß doch zu Ende gehen«. Im Jahre 1953 dürfte die Lage für die SED kaum vorteilhafter gewesen sein.

war, konnte oder durfte von Moskaus Vertretern nicht begriffen, zumindest nicht benannt werden. Bezeichnend ist jedoch, dass der SED-Führung und den lokalen Parteiorganen selbst jetzt noch vorgeworfen wurde, die »politische Bedeutung« (von einer wirtschaftlichen ist nirgends die Rede) der Flucht zu unterschätzen, was sich auch in den Direktiven des ZK widerspiegele. Es werde von der SED keine »politische Bewertung« dieses Themas gegeben, und es würden keine Maßnahmen benannt, die eine »grundlegende Änderung der Lage« bringen könnten. Nicht einmal die Flucht von SED-Mitgliedern und Funktionären würde als »Parteivergehen«[233] charakterisiert. Es stellt sich die Frage, wie ein solcher Vorwurf mit angeblich seit über einem Jahr beharrlich gegenüber Moskau vorangetriebenen Plänen Ulbrichts, die Sektorengrenze zur Verhinderung der Flucht seiner Bürger zu schließen, in Einklang zu bringen ist. Auch wird eine solche Möglichkeit seitens der sowjetischen Vertreter nicht einmal erwähnt.[234] Die Flucht aus der DDR war für Moskau ein Imageproblem, kein wirtschaftliches. Moskau strebte immer noch, und seit Stalins Tod gerade einmal wieder mit besonderem Eifer, eine Veränderung der Lage in Deutschland an, um die Einbindung der Bundesrepublik in den Westen doch noch zu verhindern.[235] Eine Voraussetzung dafür war ein Umschwung in der öffentlichen Meinung in Westdeutschland zugunsten Moskaus. Mit über 10000 Flüchtlingen pro Monat war in Westdeutschland kaum Vertrauen zu gewinnen. Rudolf Herrnstadt sprach, sich auf die Flüchtlinge seit 1951 beziehend, von »450000 Propagandisten gegen uns drüben«.[236] So sprach er aller-

233 In der englischen Übersetzung des russischen Originals »party crime«.

234 W. Tschuikow, P. Judin und I. Iljitschew, SKK, an G. Malenkow, 18.5.1953, APRF, f.3, op.64, d.802, ll.124–144, vgl. MWD an W. Semjonow, Über die Frage der Verhinderung der Flucht von Bewohnern der DDR nach Westdeutschland, 15.5.1953, AVPRF, f.0742, op.41, pap.271, d.92, ll.99–102, beides in: Uprising in East Germany, S.100–109 bzw. 97–99.

235 O dal'neijšich meroprijatijach sovetskogo pravitel'stva po germanskomu voprosu (Zu weiteren Maßnahmen der sowjetischen Regierung in der deutschen Frage), ca. 28.4.1953, AVPRF, f.6, o.12, p.16, d.259, ll.45–46, in: The Post-Stalin Succession Struggle, Dok.6; nur engl. in: Uprising in East Germany, S.71–73; s. a. Ostermann, Christian F.: »This Is Not A Politburo, But A Madhouse«. The Post-Stalin Succession Struggle, Soviet Deutschlandpolitik and the SED: New Evidence from Russian, German, and Hungarian Archives, in: CWIHPB 10, März 1998, S.61–110, hier S.63f.

236 Diskussionsbeitrag von R. Herrnstadt in der außerordentlichen Sitzung des Politbüros am 6.6.1953, in: Otto, Wilfriede: Die SED im Juni 1953. Interne Dokumente, Berlin 2003, S.80–84, hier S.80 (Texte der Rosa-Luxemburg-Stiftung, Bd.10).

dings erst, nachdem Ulbricht und Grotewohl am 2. Juni 1953 in Moskau eine völlige Wende ihrer bisherigen, ebenfalls zuvor von Moskau initiierten Politik befohlen wurde. Ulbrichts Interesse an einer Wiedervereinigung Deutschlands dürfte aber deutlich geringer gewesen sein als das Moskaus, jedenfalls solange nicht klar war, zu welchen Bedingungen sie erfolgen würde, d. h. welche Rolle ihm selbst im Vereinigungsprozess und danach vorbehalten war.

»Über die Tatsache ihrer Abwanderung gleichgültig hinwegzugehen« (der »Neue Kurs«)

Fünf Tage vor diesem abrupten, in Moskau befohlenen Richtungswechsel hielt Ulbricht auf der Parteiaktivtagung des MfS in Berlin-Weißensee, im »Klub Orankesee«, ein aufschlussreiches Referat, aufschlussreich nicht nur in dem, was er dort seinen Tschekisten mit auf den Weg gab, sondern vor allem darin, wovon er vor ihnen nicht sprach. Zweck dieser Beratung war, so Ulbricht,

> festzustellen, was haben wir erreicht und selbstkritisch Lehren zu ziehen, damit die Arbeit unter den Bedingungen des Kampfes um ein einheitliches, demokratisches Deutschland, unter den Bedingungen des Kampfes für die Schaffung der Grundlagen des Sozialismus in der DDR weiter verbessert wird.

Ulbricht nahm ausdrücklich Bezug auf die neue sowjetische Kampagne »um die nationale Wiedervereinigung und die Herbeiführung eines Friedensvertrages mit Deutschland«. Dies bedeute,

> die Position der DDR innerlich so zu festigen und so zu stärken, daß die Feinde von selbst auf die Idee kommen, daß es für sie ein großes Risiko ist, wenn sie die von ihnen geplanten Provokationen durchführen werden. Alle unsere Maßnahmen müssen so durchgeführt werden,

dass die westdeutsche Bevölkerung verstehe, dass

> die staatlichen Unterdrückungsmaßnahmen sich richten gegen Kriegshetzer, gegen Kriegstreiber, gegen Feinde des Volkes, die gegen die Interessen der deutschen Nation und der werktätigen Bevölkerung handeln.[237]

237 Protokoll des Referats des Gen. Walter Ulbricht anläßlich der Parteiaktivtagung am 28. Mai 1953 im Klub Orankesee, BStU, MfS, SdM, Nr. 1199, S. 232–273, hier S. 232–233.

Das Protokoll des Referats umfasst 42 eng beschriebene Seiten, davon betreffen etwa zwei Drittel das Referat selbst und der Rest Ulbrichts Schlusswort nach der »Diskussion«, über die kein Bericht vorliegt. Ulbricht geht sehr konkret auf die Arbeit des MfS ein und benennt dessen wichtigste aktuelle Aufgaben. Das Thema »Republikflucht« wird von ihm weder explizit noch implizit angeschnitten, obwohl in den vergangenen fünf Monaten pro Tag im Schnitt über 1000 Menschen seinem Sozialismus-Experiment den Rücken gekehrt hatten, bis zu diesem Tag bereits so viele wie sonst in einem Jahr. Ulbrichts Thema sind die »Feinde«, die »Agenten«. Für sie sei »in der DDR kein Platz« mehr, sie seien »zu verjagen«. Er spricht davon, dass es nach den Beschlüssen der 2. Parteikonferenz »die Aufgabe ist, die feindlichen Kräfte zu vernichten«, »daß wir eine riesige Erziehungsarbeit leisten müssen in bezug auf die Wachsamkeit«.[238] Es sei

> zweifellos ein Verdienst der Organe der Staatssicherheit und gemeinsam mit der Partei, daß es gelungen ist, einen großen Teil dieser Agenten ausfindig zu machen und ihnen die Möglichkeit zu geben, sich in einigen Zuchthäusern auf den Tag X vorzubereiten.

An dieser Stelle verzeichnet das Protokoll »Beifall«. Ulbricht führt anhand zahlreicher konkreter Beispiele auf, wie viel auf diesem Gebiet noch zu leisten sei, wobei von ihm immer wieder die Aufmerksamkeit auf die »Verbindungen nach Westberlin« gelenkt wird. Diese müssten aufgedeckt werden, denn hier sieht er die Basis aller Sabotage und Diversion gegen die DDR. Die Möglichkeiten für feindliche Propaganda möchte er so weit wie möglich beschränkt sehen. Da zum Beispiel die Agitation nach Westdeutschland mittels Briefen dazu geführt habe, dass das »Kaiserministerium«[239] nun seinerseits Propagandamaterial an die dem Ministerium so bekannt gewordenen Adressen in der DDR geschickt habe,

> haben wir die Schlußfolgerung gezogen, daß es überhaupt nicht zweckmäßig ist, solche direkten Verbindungen der verschiedenen Parteien mit Westdeutschland weiterzuführen, sondern alle Verbindungen, die notwendig sind,

238 Ebd., S. 234–236, 239.

239 Propagandabezeichnung für das zu der Zeit von Jakob Kaiser geleitete Gesamtdeutsche Ministerium. Kaiser, aus der christlichen Gewerkschaftsbewegung kommend, gehörte zu den Mitbegründern der CDU in der SBZ, wurde Ende 1947 von der SMAD als Vorsitzender der Ost-CDU abgesetzt und ging 1948 in den Westen.

durchzuführen über den Nationalrat der Nationalen Front des demokratischen Deutschland.[240]

Die Abschottung gen Westdeutschland und gegenüber West-Berlin gilt, das wird mehr als deutlich in diesem Referat Ulbrichts, der Minimierung feindlicher Möglichkeiten der Einflussnahme. Die »Republikflucht« interessiert ihn nicht, und ihre Verhinderung wird von ihm auch nicht als Aufgabe des MfS benannt. Die Veranstaltung mit Ulbricht und seinen führenden Tschekisten dürfte mindestens drei Stunden gedauert haben, aber die Situation an der Sektorengrenze, rund fünf Kilometer Luftweg vom »Klub Orankesee« entfernt, spielte keinerlei Rolle.

Der am 2. und 3. Juni in Moskau Ulbricht und Grotewohl sowie dem als Dolmetscher mit anwesenden Fred Oelßner diktierte abrupte Kurswechsel führte auch zu einer Neubewertung der Fluchtproblematik. Für unsere Frage ist dabei zunächst weniger von Interesse, wie unter dem »Neuen Kurs« mit ihr umgegangen werden sollte, als vielmehr, wie die alte Sicht auf die Frage war, von der sich die SED nun abwenden sollte. Oelßner brachte es in der Diskussion auf der außerordentlichen Politbürositzung am 6. Juni auf den Punkt: »Ausgangspunkt Änderung: Flüchtlingsfrage! Massen [sic!] gegen uns!«[241] Immerhin waren nach Oelßner auch 8000 Volkspolizisten in den Westen gegangen. Herrnstadts Wort von den »450 000 Propagandisten gegen uns drüben« wurde bereits erwähnt. Wenige Tage vor dem Ausbruch des Aufstandes war Herrnstadt im Auftrag des Politbüros an der Arbeit für einen Entwurf, der auf der 15. ZK-Tagung beschlossen werden sollte. In diesem heißt es:

> Nicht wenige Menschen – vor allem Angehörige des Mittelstandes, Mittel- und Großbauern, Angehörige der Intelligenz – verließen unter dem wirtschaftlichen Druck, dem sie nicht gewachsen waren, irritiert die Republik. Anstatt die Abwanderung dieser Menschen als einen Verlust für die Republik anzusehen, breitete sich die Tendenz aus, diese Menschen den – ziffernmäßig wenigen tatsächlichen Feinden, die zu gleicher Zeit die Republik verließen – gleichzusetzen und über die Tatsache ihrer Abwanderung hinwegzusehen.[242]

240 Ebd., S. 251.

241 Handschriftlicher Diskussionsbeitrag von Fred Oelßner für die außerordentliche Politbürositzung am 6. 6. 1953, in: Otto, Die SED im Juni 1953, S. 65–69, hier S. 65.

242 Vorlage von Rudolf Herrnstadt für den Tagesordnungspunkt 4 (Beschlußentwurf) der Sitzung des Politbüro am 13. 6. 1953 mit Anmerkungen von Walter Ulbricht, in: Otto, Die SED im Juni 1953, S. 102–108, hier S. 104.

Die Vorlage, die schließlich nach Diskussionen dem Politbüro am 3. Juli vorlag, war noch etwas deutlicher, berücksichtigte aber noch nicht die Folgen, die der Aufstand für den »Neuen Kurs« der SED hatte. Die SED-Führung habe, so heißt es jetzt, nicht nur über die Abwanderung hinweggesehen, sondern sie sei ihr »gleichgültig« gewesen. Dem oben zitierten Absatz wurde noch folgende Passage vorangestellt:

> In unmittelbarem Zusammenhang mit dem falschen Kurs [der SED bis zur Moskaureise am 2. und 3. Juni 1953] standen ferner die einengenden Maßnahmen hinsichtlich des Verkehrs zwischen der Deutschen Demokratischen Republik und Westdeutschland. Der Versuch, das Einschleusen feindlicher Agenten auf administrativem Wege zu verhindern, führte unter den gegebenen Verhältnissen zur Verärgerung von Hunderttausenden ehrlichen Menschen. Die Befriedigung der berechtigten Bedürfnisse der ehrlichen Menschen wird dazu führen, daß eingeschleuste Agenten mit ihrer Hilfe um so sicherer entlarvt werden.[243]

Die Bemühungen der SED-Führung, »Republikflüchtlinge« zur Rückkehr zu bewegen, waren nicht sehr erfolgreich, nicht zuletzt wohl auch, weil sie nur halbherzig unternommen wurden.[244] Immer noch herrschte die Sorge um das Eindringen von »feindlichen Elementen« vor. In einer Direktive des Politbüros an die Bezirke vom 20. Juni heißt es, Bezug nehmend auf Rückkehrer:

> Obwohl die frühere Politik des Druckes weder von der Partei noch von den staatlichen Organen weitergeführt werden darf, so sind doch gegen die feindlichen Elemente, die staatsfeindliche Handlungen begehen und gegen die Regierung der DDR auftreten, die Gesetze zur Anwendung zu bringen.[245]

243 Entwurf einer Entschließung von Rudolf Herrnstadt für die Sitzung des Politbüros am 3. 7. 1953 in Vorbereitung des 15. Plenums des ZK, in: Otto, Die SED im Juni 1953, S. 219 – 231, hier S. 221 f. Vgl. Herrnstadt, Rudolf: Das Herrnstadt-Dokument. Das Politbüro der SED und die Geschichte des 17. Juni 1953, hg., eingel. und bearbeitet von Nadja Stulz-Herrnstadt, Reinbek bei Hamburg 1990, S. 119 ff.

244 Schmelz, Migration und Politik, S. 95 – 114.

245 Protokoll der Politbürositzung am 20. Juni 1953, TOP 1: Direktive für die Bezirke über die Behandlung von zurückkehrenden Großbauern, Lehrern und Schülern an Oberschulen, BArch DY 30 J IV 2/2/291, in: Otto, Die SED im Juni 1953, S. 125 – 129, hier S. 126.

»Gegen das Eindringen faschistischer Banditen« (17. Juni)

Am 17. Juni 1953 schlossen die Sowjets die Sektorengrenze, allerdings nicht, um der Flucht der DDR-Bewohner einen Riegel vorzuschieben, sondern um das Eindringen »faschistischer Agenten«, »Provokateure«, »Saboteure« und »Diversanten« zu verhindern. Wie auch die SED-Führung, hatten sie das Ausmaß der Krise in den vergangenen Wochen unterschätzt und konnten eine Erklärung für den unerwarteten Aufstand zunächst wieder nur in den Machenschaften des Westens finden.[246] Die westlichen Besatzungsmächte sperrten übrigens ihrerseits auch die Sektorengrenze mit dem Ziel, Einwohner West-Berlins daran zu hindern, »sich an den Demonstrationen in Ost-Berlin zu beteiligen«.[247] Am 20. Juni gab das SED-Politbüro, offenbar eine aus seiner Sicht verfrühte Aufhebung des Ausnahmezustandes durch die Sowjets befürchtend, seiner Auffassung Ausdruck,

> daß mit der Aufhebung des Ausnahmezustandes im demokratischen Sektor von Berlin die Maßnahmen zur Absperrung gegen das Eindringen faschistischer Banditen aus Westberlin nicht sofort aufgehoben werden sollen.[248]

Von Flüchtlingen ist hier nicht nur nicht die Rede; sie waren schlicht nicht im Blick der SED-Führung. Auch die Sowjets sahen immer noch ausschließlich »Agenten« und »Provokateure« und nicht zuletzt den amerikanischen Sender RIAS als Auslöser des Aufstandes.[249] Bereits am 23. Juni wurden die von der Volkspolizei eingerichteten drei Kontrollpunkte an der Sektorengrenze

---

246 Bericht von V. Sokolowski, W. Semjonow und P. Judin Über die Ereignisse vom 17.–19. Juni 1953 in Berlin und der DDR und einige Schlußfolgerungen aus diesen Ereignissen, 24.6.1953, AVPRF, f. 06, op. 12a, pap. 5, d. 301, ll. 1-51, in: Uprising in East Germany, S. 257–285; Ostermann, This Is Not A Politburo, hier S. 63, 67.

247 Memorandum des HICOG/BE für das US-Außenministerium, 17.3.1953, (geheim), NAR, RG 59, 762A.0221/6-1753, zit. nach Kramer, Der Aufstand, S. 124; Berlin. Chronik der Jahre 1951–1954, S. 717.

248 Protokoll der Politbürositzung am 20.6.1953, in: Otto, Die SED im Juni 1953, S. 130–132. Vgl. Herrnstadt, Das Herrnstadt-Dokument, S. 87. Der Ausnahmezustand wurde erst am 11. Juli 1953 aufgehoben.

249 Baily/Kondrašev/Murphy, Die unsichtbare Front, S. 221–225; Bericht von V. Sokolowski, W. Semjonow und P. Judin Über die Ereignisse vom 17.–19. Juni 1953 in Berlin und der DDR und einige Schlußfolgerungen aus diesen Ereignissen, 24.6.1953, AVPRF, f. 06, op. 12a, pap. 5, d. 301, ll. 1-51, engl. in: Uprising in East Germany, S. 257–285.

unter Ausgabe von Passierscheinen für Grenzgänger in beiden Richtungen wieder geöffnet. Doch auch Moskaus Vertreter in Ost-Berlin hielten eine Öffnung der Sektorengrenze noch für verfrüht, solange die westlichen Stadtkommandanten

> nicht alle notwendigen Maßnahmen unternehmen, um die Einstellung der Infiltration Ost-Berlins und der DDR mit Agenten und Provokateuren aus West-Berlin mit dem Ziel, subversive Aktivitäten gegen die DDR zu begehen, zu garantieren.

Es sei vielmehr

> in unmittelbarer Zukunft ein System von dauerhaften und zeitweiligen Pässen zum Überschreiten der Sektorengrenze zwischen Ost- und West-Berlin einzuführen, ohne dabei unnötige Schwierigkeiten bei der Ausstellung dieser Pässe zu schaffen, sondern die Interessen der deutschen Bevölkerung sind möglichst weit zu berücksichtigen[250]

Am nächsten Tag, dem 25. Juni, wurden die nach Verhängung des Ausnahmezustandes in Ost-Berlin stationierten sowjetischen Einheiten wieder abgezogen und in den folgenden Tagen die Sperre der Grenze weiter gelockert.[251] Den Flüchtlingsstrom hat sie nie stoppen können oder sollen. Insgesamt meldeten sich im Juni 33 000 Flüchtlinge bei den Flüchtlingsstellen des Senats, im Juli waren es 12 876.[252] Allerdings wurden eigenartigerweise am 3. Juli die bis dahin noch passierbaren Übergänge aus der DDR nach West-Berlin (Spandau-Heerstraße und Glienicker Brücke von Potsdam) für den Personenverkehr gesperrt.[253] Das Motiv dafür ist unklar, denn am nächsten Tag beschloss die SED-Führung,

---

250 Bericht von V. Sokolowski, W. Semjonow und P. Judin Über die Ereignisse vom 17.–19. Juni 1953 in Berlin und der DDR und einige Schlußfolgerungen aus diesen Ereignissen, 24.6.1953, in: Uprising in East Germany, S. 257–285, hier S. 282.

251 Berlin. Chronik der Jahre 1951–1954, S. 733–748.

252 Insgesamt beantragten 1953 296 174 Flüchtlinge die Notaufnahme, fast zwei Drittel davon in den Monaten Januar bis Juni. Im Juli und August lagen die Zahlen etwas unter denen des Vorjahres, ab September leicht über ihnen. S. Melis, Republikflucht, S. 255.

253 Berlin. Chronik der Jahre 1951–1954, S. 752.

> daß angesichts der Unzufriedenheit der Bevölkerung über die Absperrung der Sektorengrenzen in Berlin der Hohe Kommissar gebeten wird, die Sektorengrenzen umgehend zu öffnen,[254]

da die geschlossene Grenze für viele DDR-Bewohner Probleme mit sich brachte. So mussten beispielsweise DDR-Bewohner, die westlich der Stadt wohnten, aber im Ostteil der Stadt arbeiteten, lange Umwege in Kauf nehmen, brauchten drei- bis viermal so lange wie zuvor mit der S-Bahn durch West-Berlin. Die anhaltend hohen Flüchtlingszahlen spielten in der SED-Führung immer noch keine Rolle, jedenfalls nicht in dem Sinne, dass man sie mit administrativen Mitteln zu senken dachte, da man sie für vorübergehend hielt und der nun mit neuer Hoffnung erwartete wirtschaftliche Aufschwung das Problem lösen würde. Die Hoffnung lag auf den mit dem »Neuen Kurs« vermeintlich eingeleiteten Reformen, auf wirtschaftlicher Hilfe aus der Sowjetunion und der Reduzierung der Reparationslasten,[255] bei Ulbricht wohl vor allem auf letzteren beiden Punkten.[256] Er wollte Ersteres, da zumindest mit einer Machteinbuße für seine Person verbunden, so weit wie möglich vermeiden[257] und bekam dafür zur Überraschung seiner Gegner im Politbüro bald wieder die Unterstützung aus Moskau. In Vertretung des Hohen Kommissars Semjonow nahm B. P. Miroschnitschenko an der Politbürositzung teil, und es ist möglich, dass der Beschluss auf entsprechende »Hinweise« von ihm zustande gekommen

254 Protokoll der Politbürositzung am 4.7.1953, TOP 3: Lage an den Sektorengrenzen von Berlin, in: Otto, Die SED im Juni 1953, S. 234–236. Gleichzeitig wurden Maßnahmen »Zur Sicherung des demokratischen Sektors« beschlossen, etwa die Stationierung von zusätzlichen Kräften der KVP.

255 S. die Schilderung und Begründung dieser Hoffnungen bei Herrnstadt, Das Herrnstadt-Dokument, S. 108 ff.

256 In einem Bericht des sowjetischen Geheimdienstes an die Führung in Moskau, der sich auf hochrangige, namentlich genannte Informanten aus der Führung beruft, wird berichtet, Ulbricht habe am 9. Juni in einer Politbürositzung einer Verringerung Schwerindustrie zugunsten Leichtindustrie seine Zustimmung verweigert und stattdessen vorgeschlagen, sich an Moskau mit der Bitte um Reduzierung der Reparationszahlungen zu wenden. Der Direktor der Staatlichen Verwaltung für Materialversorgung habe zur Unterstützung Ulbrichts gesagt, er glaube, wir können aus dieser »katastrophalen Situation« nur herauskommen, »wenn die Sowjetunion uns in ähnlicher Weise Unterstützung gewährt wie die USA sie Westdeutschland mit dem Marshall-Plan geben«. Niemand habe daraufhin etwas gesagt. Bericht von S. Kruglow an G. Malenkow, 9.7.1953, APRF, f. 3, op. 64, d. 925, ll. 156-165, in: Uprising in East Germany, S. 309–313, hier S. 309 f.

257 Ostermann, »This Is Not A Politburo«, S. 63 ff.

ist. Allerdings konnte Miroschnitschenko kein Deutsch und war auf die Übersetzung Fred Oelßners angewiesen.[258] Eigenartigerweise meldete Miroschnitschenko noch am selben Tag konkrete, die »Bitte« des Politbüros um Grenzöffnung aber nur teilweise umsetzende Vorschläge nach Moskau. Demnach sollten ab dem 6. Juli in den Morgen- und Abendstunden West-Berlin ohne Halt durchfahrende S-Bahnen eingesetzt werden, um die Fahrzeiten für die Bewohner der westlichen Berliner Umlandgebiete nach Ost-Berlin zu verkürzen. Darüber hinaus sollten für Grenzgänger zusätzlich zu den bereits bestehenden innerstädtischen Grenzübergängen weitere fünf geöffnet werden. Für DDR-Bewohner, die in West-Berlin arbeiteten, sollten S-Bahn-Verbindungen zu »bestimmten Stationen in West-Berlin« aufgenommen werden. Anschließend übermittelten die Vertreter des Hohen Kommissars noch:

> [Unsere] Freunde (Gen. Ulbricht) stimmen vollkommen mit den Maßnahmen, die wir vorschlagen überein und bitten, informiert zu werden über die Entscheidung über diese Vorschläge, die heute getroffen wird, um in der Lage zu sein, die Entscheidung im Rundfunk bekanntzugeben und die Bevölkerung zu beruhigen.

Etwas unklar wird diese Aussage dadurch, dass sie einerseits mit dem Plural das Einverständnis des Politbüros unterstellt, aber andererseits in Klammern nur »Gen. Ulbricht« nennt. Direkt anschließend heißt es:

> In Bezug auf den Beschluß des SED-Politbüros, den Hohen Kommissar der UdSSR in Deutschland zu bitten, die Sektorengrenze zu öffnen, erklärte Ulbricht, daß diese Frage nach Einführung der oben genannten Maßnahmen geprüft werden kann.[259]

---

258 Herrnstadt, Das Herrnstadt-Dokument, S. 112. Herrnstadt schildert zwar den Verlauf der Politbürositzungen dieser Tage, geht aber auf den Beschluss zur Sektorengrenze leider nicht ein.

259 Fernspruch (telefonogram) von Miroschnitschenko und Lunkow an Semjonow, AVPRF, f. 82, op. 41, por. 93, p. 280, ll. 61-62, zit. nach Ostermann, »This Is Not A Politburo«, S. 100. Übersetzung aus dem Englischen. Das russische Original liegt dem Autor leider nicht vor. Miroschnitschenko und Lunkow waren Mitarbeiter der Hohen Kommission, Lunkow ein Freund der Familie Ulbricht. Die Hohe Kommission war, in Anlehnung an gleichlautende Einrichtungen der westlichen Alliierten, ab dem 28. Mai 1953 die Nachfolgeeinrichtung der SKK. Hoher Kommissar wurde W. S. Semjonow, bis dahin Politischer Berater des Chefs der SKK.

Diese Passage lässt sich zumindest in zweifacher Weise interpretieren. Ulbricht könnte Miroschnitschenko und N. M. Lunkow, die diesen Bericht noch am selben Tag per Funkspruch nach Moskau schickten, zu diesem vom Politbürobeschluss abweichenden Vorschlag überredet haben mit dem Argument, alles Weitere könne man nach den ersten Erfahrungen mit den vorsichtigeren Maßnahmen immer noch prüfen. Dann wäre aber zu fragen, warum Miroschnitschenko und Lunkow, ein Freund von Walter und Lotte Ulbricht, ihrem gerade in Moskau weilenden Chef Semjonow diesen Zusammenhang nicht klarer mitteilten.[260] Ulbricht stand zu dieser Zeit zudem noch unter starkem, wenn auch bereits nachlassendem Druck im Politbüro, und ein solcher Alleingang an der Mehrheitsmeinung des Politbüros vorbei wäre damals noch mit erheblichen Risiken für ihn verbunden gewesen – es sei denn, es war mit Moskau abgestimmt.[261] Denkbar ist aber auch, dass die Bitte des Politbüros, möglicherweise in der Vermutung um eine entsprechende Meinung ihres in Moskau weilenden Chefs Semjonow[262], von Miroschnitschenko und Lunkow abgeschwächt wurde, die sich ihrerseits gegenüber Moskau damit absicherten, dass sie Ulbrichts Einverständnis mit der vorgeschlagenen Vorgehensweise mitteilten. Dann wäre allerdings zu fragen, warum Miroschnitschenko nicht gleich einen entsprechenden Politbürobeschluss herbeiführen ließ. In jedem Fall aber lässt dieser Funkspruch kaum Wettigs apodiktische Aussage zu, »trotz Ulbrichts starker Bedenken«[263] bzw. »entgegen Ulbrichts Verlangen« hätten die Sowjets entschieden, »die zeitweilige Sperrung der Sektorengrenze in Berlin baldmöglichst wieder auf[zuheben]«.[264]

---

260 Vorausgesetzt, Ostermann hat keine entscheidende Passage am Anfang dieses Dokuments weggelassen.

261 Harrison, Driving the Soviets up the Wall, S. 40.

262 Immerhin hatte dieser es noch 11 Tage zuvor für »unzweckmäßig« gehalten, die Grenze zu öffnen, solange die westlichen Besatzungsmächte nicht Maßnahmen ergreifen, »um die Infiltration von Ostberlin und der DDR mit Agenten und Provokateuren zu verhindern«, und Moskau die Einführung eines Passierscheinsystems zur Überwindung der Sektorengrenze empfohlen. Bericht von V. Sokolowski, W. Semjonow und P. Judin Über die Ereignisse vom 17.–19. Juni 1953 in Berlin und der DDR und einige Schlußfolgerungen aus diesen Ereignissen, 24. 6. 1953, in: Uprising in East Germany, S. 257–285, hier S. 282.

263 Wettig, Gerhard: Die Sowjetunion und die Krise der DDR im Frühjahr und Sommer 1953, in: Volkserhebung gegen den SED-Staat. Eine Bestandsaufnahme zum 17. Juni 1953, hg. von Roger Engelmann und Ilko-Sascha Kowalczuk, Berlin 2005, S. 92–123, hier S. 121 (Analysen und Dokumente, Bd. 27).

264 Wettig, Sowjetische Machtapparate, S. 1161.

Mit dem Fluchtproblem hatte auch diese Entscheidung ohnehin nichts zu tun. Der im »Neuen Kurs« vorgesehene abrupte Stopp für den forcierten Ausbau der Schwerindustrie war nach Ulbrichts Überzeugung mit bis zu 300000 Arbeitslosen verbunden, die nicht so einfach mit anderen Arbeiten versorgt werden könnten. Mag sein, dass Ulbricht hier vor allem möglichst viel von seinem »alten« Kurs retten wollte; die Sorge um mangelnde Arbeitskräfte stand jedenfalls auch zu diesem Zeitpunkt nicht im Vordergrund.[265] Wladimir Semjonow und Pawel Judin verfassten noch am selben Tag einen Vorschlag für Molotow. In ihm nahmen sie einleitend Bezug auf den Beschluss des SED-Politbüros, »sich mit der Bitte an den Hohen Kommissar der UdSSR in Deutschland zu wenden, die Freizügigkeit [unhindered movement] über die Sektorengrenze wieder herzustellen«, da die derzeitige Situation Unzufriedenheit unter der Berliner Bevölkerung hervorrufe und diese auch in »Form organisierter Forderungen« zum Ausdruck gebracht werden könnte. Die Vorschläge von Miroschnitschenko und Lunkow wurden ignoriert, statt dessen ab 5. Juli eine weitestgehende Rückkehr zu den Verhältnissen vor dem 17. Juni empfohlen und damit der Bitte, wie sie das Politbüro ursprünglich formuliert hatte, nachgekommen.[266] Lediglich an sensiblen Orten, die Brennpunkte »der Attacken der Provokateure aus West-Berlin am 17. Juni »gewesen seien (zum Beispiel Leipziger und Potsdamer Platz), sollten die Straßen geschlossen bleiben. Die Polizeipräsenz in Berlin sollte – auch dies entsprach der Bitte des SED-Politbüros – verstärkt und öffentlich verkündet werden, dass alle

265 So berichtet Rudolf Herrnstadt über die Diskussionen im Politbüro, nachdem Grotewohl und Ulbricht Anfang Juni mit dem »Neuen Kurs« aus Moskau zurückgekehrt waren, s. Herrnstadt, Das Herrnstadt-Dokument, S. 77. Ulbricht habe darauf verwiesen, dass die in der Schwerindustrie beschäftigten Arbeiter nicht so einfach und von heute auf morgen anderenorts eingesetzt werden könnten, da es an Wohnraum fehle und gut bezahlte Metallarbeiter nicht so ohne weiteres schlechter bezahlte, einfachere Arbeit annehmen würden.

266 In dem von Ostermann publizierten »excerpt« des Funkspruchs von Miroschnitschenko und Lunkow an Semjonow wird der eigentliche Beschluss des SED-Politbüros gar nicht wiedergegeben, vielmehr, wie erwähnt, der nicht zutreffende Eindruck erweckt, die Vorschläge von Miroschnitschenko/Lunkow bzw. Ulbricht entsprächen dem Politbürobeschluss. Ostermann macht keine Angaben dazu, was er ggf. weggelassen hat, teilt lediglich mit, es sei gestempelt mit »Secretariat of com. Vyshinskii, MID USSR, 4 July 1953; Declassified.« und enthalte »viele unlesbare Randbemerkungen«, s. Ostermann, »This Is Not A Politburo«, S. 100, Anm. 68.

> Personen aus West-Berlin, die antidemokratische Propaganda durchführten, versuchten Unruhe zu stiften oder andere kriminelle Aktivitäten auf dem Territorium Ost-Berlins oder der DDR entfalteten, festgenommen und den Regierungsorganen übergeben

würden. Zugleich sollte die sowjetische Seite ein Schreiben an die Hohen Kommissare der Westalliierten richten, in dem diese darauf hingewiesen würden, dass Personen, die von West-Berlin aus solche Straftaten begingen, mit den härtesten Strafen zu rechnen hätten. Zudem seien sie nochmals aufzufordern, für ein Ende der »kriminellen Aktivitäten der Diversions- und Terrororganisationen«, die ihre Basis in West-Berlin hätten, zu sorgen.[267] Die Fluchtfrage spielte auch in diesem Dokument weder explizit noch implizit eine Rolle. Am 6. Juli beschloss dann auch das SED-Politbüro, die Sektorengrenze wieder zu öffnen und vom Polizeipräsidium eine entsprechende Bekanntmachung veröffentlichen zu lassen.[268] Vom Presseamt beim DDR-Ministerpräsidenten wurde eine Meldung herausgegeben über Wünsche in der Bevölkerung, die Grenzsperren wieder aufzuheben. Es liege zwar im Interesse der ganzen »friedliebenden Bevölkerung«, eine Wiederholung von »Provokationen« aus West-Berlin zu verhindern, die Regierung der DDR prüfe aber bereits, ob der normale Verkehr wiederhergestellt werden könne. Noch am selben Tag wurden neben den bestehenden drei innerstädtischen Grenzübergängen fünf weitere geöffnet.[269] Am 8. Juli gab der Ost-Berliner Polizeipräsident in einer Presseerklärung bekannt, der Magistrat habe auf Empfehlung der Regierung der DDR beschlossen, ab Mitternacht die Freizügigkeit in Berlin wiederherzustellen. Er forderte die Bevölkerung auf, alle Personen aus West-Berlin, die im »demokratischen Sektor« Unruhe stifteten und versuchten, »antidemokratische Propaganda« zu betreiben, unverzüglich den Staatsorganen zu übergeben. Auch die Grenzübergänge an der Glienicker Brücke (Potsdam) und an der Heerstraße und am Bahnhof Staaken (Spandau) wurden wieder geöffnet. U- und S-Bahn nahmen wieder den durchgehenden Verkehr auf. Am 11. Juli

267 Notiz von Semjonow und Judin für Molotow, geheim, 4. 7. 1953, AVPRF, f. 0742, op. 41, port. 92, pap. [illegible], ll. 114-115, in: Uprising in East Germany, S. 295–296.
268 Protokoll der Politbürositzung am 6. 7. 1953, Tagesordnungspunkt 2, in: Otto, Die SED im Juni 1953, S. 237–238.
269 Berlin. Chronik der Jahre 1951–1954, S. 754 f.

hob der sowjetische Stadtkommandant Generalmajor P. T. Dibrowa den am 17. Juni verhängten Ausnahmezustand auf.[270]

In gewissem Sinn stellte die Schließung der Sektorengrenze »für einige Wochen nach dem 17. Juni« wohl einen »wichtige[n] Vorläufer für den Plan, der dann am 13. August 1961 umgesetzt wurde«, dar, wie Harrison meint.[271] Am 13. August 1961 war aber die Verhinderung der »Republikflucht« der hauptsächliche und dringliche Zweck der Grenzsperrung. Diese für jeden offenkundige Tatsache stellt sich auch in den internen Dokumenten von SED und KPdSU klar so dar. Die Verhinderung der »Republikflucht« war jedoch nach allem, was bisher bekannt ist, weder Ziel der Grenzschließung am 17. Juni noch der vorhergehenden Pläne Ulbrichts und schon gar nicht Moskaus. Möglicherweise hat aber die Erinnerung an die drei Wochen nach dem 17. Juni 1953 dann 1961 in Ost-Berlin und Moskau die Illusion bestärkt, man könne den Freiheits- und West-Drang der ostdeutschen Bevölkerung mit einigen Stacheldrahtsperren und verstärkten Grenzposten aufhalten. 1953 jedoch sollten sie eben das Eindringen von »Agenten« und »Provokateuren« verhindern, die ggf. für ihr Tun etwas weniger Todesmut aufzubringen bereit waren, als es bei vielen Ostdeutschen in der umgekehrten Richtung der Fall war. Und so »musste« dann 1961 aus Stacheldraht bald eine »Mauer« mit Todesstreifen und Schießbefehl werden. Was Ulbricht aber 1952 wollte, war – nimmt man einmal für einen Moment Ulbrichts Weltsicht an – tatsächlich ein »antifaschistischer Schutz«-, jedenfalls kein Fluchtverhinderungswall.

270 Ebd., S. 756–759.

271 »The closure of the Berlin sectoral border, with the exception of a few checkpoints, for several weeks following the 17 June 1953 East German uprising was no doubt an important precursor for the plan which was implemented on 13 August 1961.« S. Harrison, Ulbricht and the Concrete »Rose«, S. 40.

II. Sozialismus als Erziehungsdiktatur – Zeit der Wirren (1954–1957)

Die Einsetzung der »Republikflucht«-Kommission im September 1952 und deren anschließende relative Untätigkeit deuten also eher daraufhin, dass die Kommissionseinsetzung auf seitens der Sowjetischen Kontrollkommission artikulierte erste Sorgen über die Massenflucht, deren Ausmaß ja erst seit der Konzentration auf West-Berlin offenkundig wurde, zurückzuführen war. Mit dem nach Stalins Tod Anfang Juni 1953 Ulbricht und Genossen verordneten »Neuen Kurs« wurde das Problem im Grunde zumindest mittelfristig als erledigt angesehen, da mit den Erleichterungen des »Neuen Kurses« für die Menschen in der DDR die Gründe für alle Nicht-»Kriminellen« unter den potentiellen Flüchtlingen wegfallen würden. Allerdings wurde dieser »Neue Kurs« nach dem Aufstand vom 17. Juni 1953 von Ulbricht bekanntlich nur halbherzig und widerwillig umgesetzt. Erst Mitte der 50er Jahre, als sich die erhofften wirtschaftlichen Verbesserungen und folglich auch deren positive Effekte auf die Migration immer noch nicht eingestellt hatten, wurde, wie noch zu zeigen sein wird, das Fluchtproblem wieder intensiver wahrgenommen und nun zunehmend auch als Bedrohung begriffen.

Stalins Nachfolger Nikita S. Chruschtschow war überzeugt, dass die für die eigenen Bürger geschlossenen Grenzen kein permanentes Merkmal des sowjetischen Sozialismus, sondern nur einer Übergangsperiode des wirtschaftlichen Aufholens geschuldet seien, die sich nun ihrem Ende nähere. Deutschland, als Vaterland des Marxismus und zugleich hochindustrialisiertes Land, würde eine Wende einleiten und das Bild vom Kommunismus in der Welt verändern. Ulbricht sah sich so einerseits dieser großen sowjetischen Erwartungshaltung ausgesetzt und war andererseits felsenfest davon überzeugt, ihr in kürzester Frist gerecht werden zu können. Ulbrichts und Chruschtschows Weg zur Mauer war der Weg eines Abschieds von Illusionen nach dem großen Sieg 1945, nicht der einer planvollen sukzessiven Einmauerung der Bewohner des ostdeutschen Teilstaates. Die Systemgrenze in Deutschland blieb bis 1961 weitgehend offen, wenn sich auch Zeiten eines eher »liberalen« mit solchen eines restriktiveren Umganges mit den innerdeutschen Reisemöglichkeiten abwechselten. Berlin blieb bis »fünf vor zwölf« offen. Anfang der 50er Jahre war die Flucht für die SED-Führung und insbesondere für Ulbricht nichts, was seitens der SED abzuwehren wäre, sondern faktisch in weiten Teilen gewollte Vertreibung von »Klassenfeinden«.

Bis 1956 stiegen die Fluchtzahlen stark an (auf ca. 360 000), anschließend fielen sie aber auch wieder, erreichten 1959 einen absoluten Tiefststand (ca. 144 000), was zwar nicht zuletzt auf restriktive Maßnahmen, über die noch zu sprechen sein wird, zurückzuführen war, aber eben doch zugleich auch die Siegesgewissheit der SED-Führung zu rechtfertigen schien. Bei dieser zunächst an-, dann wieder absteigenden Kurve gab es jedoch zeitweise starke Ausschläge nach oben und nach unten. Die Gründe für diese Schwankungen waren vielfältig, lagen in der allgemeinen gesellschaftlichen und wirtschaftlichen Entwicklung, in bestimmten, die eine oder andere Bevölkerungsgruppe zur Flucht animierenden politischen Kampagnen, in verschärften Repressionsmaßnahmen gegen Republikflüchtige und wieder liberalerem Umgang mit Reisegenehmigungen etc. Eine stringente politische Linie zur Eindämmung der Flucht ist während der 50er Jahre nicht zu erkennen.

Das Problem war seitens der SED jedoch als solches erkannt, und die nachgeordneten staatlichen Akteure zeigten jetzt einen gewissen Aktionismus bei der Bekämpfung der »Republikflucht«. Eine grundsätzliche Lösung des Problems durch die Kontroll- und Repressionsmaßnahmen wurde aber wohl kaum ernsthaft erwartet, ja schien auch nicht notwendig zu sein. Die Zeit, so meinte man überzeugt sein zu dürfen, arbeite für die DDR. Da die politische Unfreiheit und die mangelnde Akzeptanz der SED-Herrschaft in der Bevölkerung als eine wesentliche Ursache der Massenabwanderung nicht erkannt oder benannt werden konnten, blieb neben den stereotypen Vorwürfen gegen den Westen (»Sabotage«, »Spionage«, »Diversion« und immer stärker auch Abwerbung und »Menschenhandel«) nur noch, den Flüchtigen ein rückständiges Bewusstsein oder moralische Mängel zu unterstellen und auf die noch – natürlich angeblich nicht zuletzt auch darin ihre Ursache habende – ungenügende wirtschaftliche Leistungsfähigkeit der DDR zu verweisen. Von der SED-Führung selbst zu verantwortende Ursachen und Probleme wurden in der Regel nur in Detailfragen anerkannt, etwa wenn ein Fehlverhalten einzelner Akteure aus Partei- und Staatsapparat kritisch erwähnt wurde. Dies bekam dann meist das Etikett »bürokratisch« oder »sektiererisch«, womit die Führung sich sofort selbst exkulpierte.

All die von der SED öffentlich benannten Ursachen für die Massenabwanderung gab es tatsächlich, nur waren sie nicht wesentlich für das Phänomen »Republikflucht«. Die Versuche der SED, ihrerseits Menschen in Westdeutschland »abzuwerben«, waren vor diesem Hintergrund von vornherein weitgehend zum Scheitern verurteilt. Es kamen nur wenige, und wer kam, war oft kein ökonomisch gleichwertiger Ersatz für jene, die gegangen waren.[1] Dass das West-Ost-Wirtschaftsgefälle nicht von Dauer sein würde, sich stattdessen bald in sein Gegenteil verkehren und damit auch der »Hetze« aus dem Westen der Boden entzogen würde, davon waren die führenden Kommunisten und insbesondere Ulbricht selbst weiterhin fest überzeugt. Diese Überzeugung war es wohl auch, die es trotz der ideologischen, gesellschaftlichen und wirtschaftlichen Belastungen, die die Flucht für die DDR unverkennbar mit sich brachte, der SED-Führung erlaubte, in der Flucht der »Klassenfeinde« weiterhin eine gewisse Entlastung für ihr Gesellschaftsexperiment zu sehen, das sie selbst aber natürlich nicht als »Experiment«, sondern als den »notwendigen« Gang der Geschichte betrachteten. Die Abwanderung löste immer noch auch Konflikte, die seitens der SED anderenfalls oft nur mit den Mitteln des Strafrechts hätten gelöst werden können. Sie bot den in der DDR bleibenden Bürgern soziale Aufstiegschancen, die der ostdeutsche Staat ohne Massenabwanderung nicht in diesem Ausmaß hätte bieten können, und half, eine systemloyale Schicht auch in der jüngeren Generation zu entwickeln.[2] Die Siegesgewissheit der SED, die, wenn auch abnehmende, politische Ambivalenz der Massenabwanderung wie auch mangelnde Souveränität, vor allem in allen Berlin betreffenden Fragen, verhinderten lange, dass Ulbricht und die SED-Führung einen so einschneidenden Schritt, wie es der Mauerbau werden sollte, in Erwägung zogen.

1 Vgl. ausführlich Schmelz, Migration und Politik, v. a. S. 137 – 174.

2 Vgl. dazu ausführlich Melis, Republikflucht, S. 55 – 120; Bispinck, Republikflucht, S. 292 – 309.

Die SED war in den 50er Jahren zwar, wie wir im Nachhinein wissen, auf dem Weg zur Mauer. Sie beschritt diesen Weg bis Ende der 50er Jahre jedoch nicht bewusst, schon gar nicht plante sie ihn. Ihr – und auch Moskaus – Lösungskonzept war, Westdeutschland wirtschaftlich zu überholen und die Attraktivität der DDR zu steigern. In Bezug auf West-Berlin war man sich sicher, dass angesichts dessen geografischer Lage die Zeit für die SED arbeiten würde. Die – wie erwähnt allerdings nicht gerade wirkungsmächtigen – administrativen, juristischen, polizeilichen und politischen Maßnahmen gegen die »Republikflucht« sollten diese in der vermeintlich überschaubaren Übergangszeit eindämmen und in gewissem Maße steuern helfen, nicht jedoch das Problem grundsätzlich lösen. Die Lösung würden die Erfolge des Sozialismus bringen, die sich über kurz oder lang einstellen würden, ja einstellen mussten, da dem Sozialismus eine, ja die einzige »wissenschaftliche Weltanschauung« zugrunde lag.

Noch im Sommer 1957, als schon mindestens zwei Millionen Menschen die DDR in Richtung Westen verlassen hatten und die Fluchtwelle gerade Werte wie vor dem 17. Juni 1953 erreichte, waren die Genossen des damals zur Bewährung in die Provinz geschickten und hier bereits erwähnten Wirtschaftsfunktionärs Fritz Schenk überzeugt, dass er gar nicht auf die Idee kommen könne, sich seiner Bewährung oder möglicherweise noch folgenden Bestrafung durch Flucht in den Westen zu entziehen, wäre dies für ihn doch »nur ein hinausgeschobenes Todesurteil« gewesen. Schenk erinnerte sich nach seiner Flucht an diese Situation:

> Zehn, vielleicht fünfzehn Jahre wird sich die Bundesrepublik – und der Westen überhaupt – noch halten. Dann sind wir soweit, daß wir sie mit unserer wirtschaftlichen und sozialen Macht überrundet haben. Dann gibt es im sozialistischen Lager den höchsten Lebensstandard, den kürzesten Arbeitstag, die niedrigsten Preise und die höchsten Löhne, das fortschrittlichste Bildungssystem – dann haben wir den Kapitalismus auf allen wichtigen Gebieten geschlagen. Dann wird den Kapitalisten bei der geringsten Krisenerscheinung ihr Kartenhaus über dem Kopf zusammenstürzen. Die Massen werden uns kampflos in die Arme laufen. Was glaubst Du, was dann aus denjenigen wird, die uns in kritischen Zeiten feige und heimtückisch verlassen haben?[3]

3 Schenk, Im Vorzimmer der Diktatur, S. 393 f.

Zehn oder 15 Jahre sind nicht viel, wenn es darum geht, eine neue Epoche der Menschheitsgeschichte zu erreichen, aber was tun, wenn man diese Zeit nicht mehr hat?

Seit der Mitte der 50er Jahre waren die wirtschaftlichen, ganz zu schweigen von den gesellschaftlichen und politischen, Folgen der zwar im Umfang schwankenden, aber dennoch auf Dauer in jedem Fall zu groß bleibenden Massenabwanderung aus der DDR nicht mehr zu übersehen. Es war ein naheliegender Gedanke, zur provisorischen Lösung – langfristig würde ja die wirtschaftliche Überlegenheit des Sozialismus die Lösung mit sich bringen – die von Ulbricht ohnehin seit langem, wenn auch aus anderen Gründen angestrebte stärkere Sicherung der Grenzen um West-Berlin zu nutzen. Voraussetzung dafür, dass eine solche Maßnahme die »Republikflucht« tatsächlich würde eindämmen können, wäre aber auch gewesen, die innerdeutsche Grenze stärker als bisher zu überwachen und zu befestigen. Eine Flucht über die innerdeutsche Grenze war seit 1952 durch die Fünf-Kilometer-Sperrzone zwar risikoreicher als zuvor, aber alles andere als unmöglich. Noch im Sommer 1961 gab es nach Jürgen Ritter und Peter Joachim Lapp »ernstzunehmende Hindernisse in Form von Stacheldrahtzäunen [...] nur auf einer Länge von 10% der Grenze«.[4]

Wann genau in Ulbrichts Penetrationsverhinderungsplan für die Sektorengrenze erstmals Fluchtverhinderungsmotive in den Vordergrund traten, ist mangels aussagekräftiger Quellen kaum genau zu bestimmen. Solche Pläne und Überlegungen – von welchen Motiven auch immer geprägt – unterstanden ggf. strengster Geheimhaltung und hinterließen, sofern sie nicht umgesetzt wurden, zumindest in den überlieferten Akten kaum Spuren. Die Einsicht, dass ohne massiven wirtschaftlichen Aufschwung gegenüber dem Westen das Problem »Republikflucht« bei offener Grenze in Berlin nicht zu lösen sei, war spätestens seit 1953 vorhanden. Doch zugleich war die Hoffnung noch groß, dass dieser Aufschwung sich kurzfristig einstellen würde. Während Ulbricht seine Hoffnungen auf den noch unter Stalin begonnenen Kurs der Schaffung der Grundlagen des Aufbaus des Sozialismus, also auf eine forcierte Sowjetisierung setzte, waren seine Opponenten im Politbüro überzeugt, der von Stalins

4 Ritter/Lapp, Die Grenze, S. 56; für einen aufschlussreichen Erinnerungsbericht zu den noch relativ lockeren Verhältnissen an der innerdeutschen Grenze im Harz im Jahr 1959, die trotzdem schon Todesopfer fordern konnten, vgl. Drechsler, Sigrid: Der Haß stirbt mit der Erinnerung. Die Geschichte eines Todesschusses an der innerdeutschen Grenze, Emsdetten 1998, passim, v. a. 11 ff., 27 ff., 38 ff., 49 ff., 54 ff.

Nachfolgern der SED oktroyierte gemäßigte »Neue Kurs« werde zumindest einen wesentlichen Teil der Fluchtgründe beseitigen helfen. Beide Hoffnungen waren illusorisch. Letztere waren es zumindest in dem Sinne, dass eine konsequente Umsetzung des »Neuen Kurses« wohl seinerseits die Grundlagen der SED-Herrschaft in Frage gestellt hätte und Ulbricht dessen Umsetzung ohnehin erfolgreich sabotierte, um seine eigene Macht zu retten, aber wohl auch aus der Überzeugung, nur sein Weg sei der erfolgversprechende.

Mit der dreiwöchigen Grenzschließung infolge des Aufstandes vom 17. Juni 1953 war der Geist jedenfalls aus der Flasche. Die Möglichkeit der Schließung der Sektorengrenze hing als Damoklesschwert über allem, was sich in Berlin entwickelte, wenn die Erinnerung an diese Möglichkeit mit der Zeit auch wieder in Vergessenheit zu geraten schien. Im Sommer 1953, während der von den Amerikanern nach dem 17. Juni großangelegten Lebensmittelpaketaktion für die Ostdeutschen, gab es seitens der Amerikaner durchaus die Befürchtung, die Propagandaaktion könnte vom Osten als Rechtfertigung für eine neuerliche Schließung der Sektorengrenze genutzt werden. »Dies würde unsere Operationen sowohl in Berlin als auch in Ostdeutschland erheblich behindern«, warnte damals die Berliner CIA-Vertretung.[5] Die östliche Reaktion war jedoch relativ zurückhaltend. Vor einer erneuten Grenzschließung schreckte man jedenfalls zurück, wenn sie überhaupt in diesem Zusammenhang erwogen wurde.[6] Die für die Amerikaner propagandistisch sehr erfolgreiche Aktion wurde dann – wegen der östlichen Zurückhaltung – entgegen den ursprünglichen Plänen noch bis Oktober des Jahres fortgesetzt.[7] Im November warnte der neue Staatssicherheitschef Ernst Wollweber gar vor zu vielen Meldungen und Berichten über Verhaftungen in den Medien, da dies zum Ansteigen der »Republikflucht« führen könne.[8] Ohne solche Meldungen jedoch drohte die

5 Memorandum, John A. Bross an Allen Dulles, CIA-Chef, Proposal for establishing food depots along zonal boundaries, 11. 8. 1953, in: Uprising in East Germany, S. 366 f.; vgl. Baily/Kondrašev/Murphy, Die unsichtbare Front, S. 230.

6 Vgl. die hilflose erste Reaktion der SED auf den Massenandrang in West-Berlin, SED-Hausmitteilung, Abt. Agitation, an Grotewohl, 29. 7. 1953 (zugleich an Ulbricht und Schirdewan, mündlich an Axen) BArch NY 4090/437, Bl. 321–323; Maßnahmen zur Bekämpfung der Lebensmittel-Paket-Aktion, 4. 8. 1953, BStU, MfS, SdM, Nr. 1909, S. 89–101; vgl. auch Lemke, Vor der Mauer, S. 214–222.

7 First Programm for the Distribution of Food in West Berlin to Residents of the Soviet Sector of Berlin and the Soviet Zone of Germany (July 27–August 15), HICOG Berlin to the U.S.Department of State, 17. 9. 1953, in: Uprising in East Germany, S. 376–389, zu den östlichen Gegenmaßnahmen S. 383 ff.

8 Wollweber an die Chefs der MfS-Bezirksverwaltungen einschließlich der Verwaltung

disziplinierende Wirkung, die man sich vom Terror erhoffte, zu verpuffen. Auch konnte ihr weiterer Zweck, ein – wie die SED meinte, sachlich begründetes – Gefühl der permanenten Bedrohung durch den »Klassenfeind« bei der DDR-Bevölkerung zu erzeugen, so kaum erreicht werden. Dieses Dilemma blieb für die SED bis zum Mauerbau bestehen. Sie brauchte die disziplinierende Wirkung von Terror und Unterdrückung, um die Masse der DDR-Bevölkerung ruhigzustellen und das Bedrohungsszenario halten zu können. Sie trieb damit aber zugleich immer wieder auch solche Menschen in die Flucht, die sie eigentlich nur disziplinieren wollte.

Das Spektrum der Gründe, die die SED-Führung nach Analyse der Lage für die anhaltend massenweise »Republikflucht« anführte, und die vorgeschlagenen Gegenmaßnahmen änderten sich von 1953 bis 1960 insgesamt nur wenig, wenn sich auch deren Schwerpunkte immer wieder verschoben.[9] Je nachdem, ob gerade ein eher harter Kurs oder, wie etwa nach dem XX. Parteitag der KPdSU, ein etwas liberalerer und in Maßen selbstkritischer Kurs gefahren wurde, wurden auch bei der Analyse der Fluchtgründe eher weniger oder mehr Fehler in der eigenen Politik benannt. Nichtsdestoweniger lässt sich jedoch ein langsamer Prozess zunehmender Desillusionierung feststellen, der – zur eigenen Rechtfertigung – seine Entsprechung in einer mit den Jahren tendenziell immer eindeutigeren Schuldzuweisung an den Westen findet. Dies war im Grunde genommen ein normaler menschlicher Vorgang: Eigene Verantwortung wurde verdrängt, um Zweifel am eigenen Weg gar nicht erst aufkommen zu lassen; das eigene Handeln wurde als alternativlos wahrgenommen. Die SED-Führung fuhr in der Republikfluchtfrage auf Sicht und hoffte auf besseres Wetter, das so sicher kommen würde wie der Frühling nach dem Winter.

Anfangs wurde, wie dargelegt, die Abwanderung kaum registriert und dann kaum als Verlust wahrgenommen. Als die Zahlen nicht mehr zu ignorieren waren, wurden die Flüchtlinge schlicht mehr oder weniger durchgängig zu »Kriminellen« oder/und »Klassenfeinden«, zu Feinden der neuen »antifaschistisch-demokratischen« bzw. dann nach 1952 »sozialistischen« Ordnung erklärt. Als diese Position angesichts der massiven Fluchtwelle im Frühjahr 1953 und wegen des in Moskau angeordneten Kurswechsels nicht mehr zu halten war, wurden Fehler auch im eigenen Handeln, wenn auch meist

Wismut, Karl-Marx-Stadt und Groß-Berlin, 21.11.1953, BStU, MfS, SdM, Nr. 1906, S. 176.

9 Harrison, Driving the Soviets up the Wall, S. 72.

nur bei untergeordneten Organen, eingestanden. Die Flüchtlinge setzten sich jetzt nicht mehr nur aus »Klassenfeinden« und »Kriminellen«, sondern auch aus von westlicher Propaganda Verführten oder durch »bürokratisches« Verhalten von Funktionären vor Ort in den Westen Getriebenen zusammen. Alle bis dahin seitens der SED-Führung wahrgenommenen Ursachen der Massenabwanderung hatten gemein, dass sie für die SED-Führung keine unlösbaren Probleme darstellten. Die »Klassenfeinde« und »Kriminellen« würden irgendwann mehr oder weniger vollzählig im Westen sein, während sich in der DDR die gesellschaftliche Basis für sie auflösen würde. Der westlichen Propaganda waren eine bessere eigene Propaganda und »Aufklärungsarbeit« sowie moralische Appelle entgegenzusetzen, die umso effektiver werden würden, je deutlicher sich die umfassenden Vorzüge der sozialistischen Gesellschaftsordnung zeigten. »Bürokratisches« Handeln der Partei- und Staatsfunktionäre als Fluchtimpuls würde ebenfalls in dem Maße verschwinden, in dem die Funktionäre vor Ort mit ihren neuen Aufgaben reifen und die »Verbundenheit mit den Massen« wachsen würde. Selbst als der wirtschaftliche Aufschwung in Westdeutschland mehr und mehr als Fluchtmotiv zur Kenntnis genommen werden musste und die Abwanderung auch zu einem wirtschaftlichen Problem für die DDR wurde, war Hoffnung in Sicht, würde doch bald die Planwirtschaft nicht nur soziale Gerechtigkeit schaffen, sondern ihre wirtschaftliche Überlegenheit über die westliche Krisenwirtschaft unter Beweis stellen und bald einen umgekehrten Wanderungsprozess in Gang setzen. Doch all dies war, wie sich zeigen sollte, Illusion; zumindest kurzfristig zeichnete sich keinerlei grundlegende Änderung der Lage ab. Eigene Hoffnungen als Illusion zu begreifen, ist stets ein schmerzhafter Prozess, der meist – und so eben auch bei der SED-Führung – von Verdrängungsprozessen begleitet ist. Als wirkungsmächtigster Verdrängungsmechanismus sollte sich in der zweiten Hälfte der 50er Jahre die Legende von der »systematischen Abwerbung«, meist verbunden mit dem moralischen Vorwurf des »Verrats«, erweisen. Doch all das stand der SED-Führung erst noch bevor.

1. »Nur ein Vorschlag eines maßgebenden Organs« – Plan »Anton« (1955)

Im Mai 1954 erließ der Minister des Innern aufschlussreiche »Richtlinien über Maßnahmen zur Einschränkung der Republikflucht und zur Verbesserung der gesamtdeutschen Arbeit im Rahmen der Tätigkeit der Deutschen Volkspolizei«.[10] Einleitend heißt es:

> Im Ergebnis des neuen Kurses und der verstärkten Friedenspolitik unserer Republik festigt sich unsere Deutsche Demokratische Republik und gewinnt mehr und mehr das Vertrauen des gesamten deutschen Volkes. Diese Tatsache führt in Verbindung mit der wachsenden Unterdrückung und Verelendung der Werktätigen in Westdeutschland dazu, daß die Zahl der Republikflüchtigen ständig zurückgeht, während die der Rückkehrer und aus Westdeutschland Zuziehenden ständig steigt.

Was zunächst wie reines Wunschdenken aussieht, erweist sich beim Blick auf die Zahlen doch als nicht völlig an den Haaren herbeigezogen – die Hoffnung stirbt zuletzt. Zwar war ein nennenswerter Rückgang der Fluchtzahlen nur im Vergleich mit den extremen Monaten der ersten Hälfte des Jahres 1953 zu verzeichnen, die Zahl der Rückkehrer bzw. Neuzuwanderer aus dem Westen nahm jedoch tatsächlich seit Sommer 1953 deutlich zu, erreichte auf das Jahr gerechnet 1954 mit 75 876 einen mehr als doppelt so hohen Wert wie im Vorjahr (31 792) und einen mehr als das dreimal so hohen wie 1952 (23 134). Die West-Ost-Migration blieb bis 1957 in etwa auf diesem Niveau, während die Abwanderungszahlen ab 1955 wieder stark anstiegen.[11] Zunächst sah es jedoch nach Besserung aus. In Berlin war es zum Beispiel 1954 noch relativ problemlos, sogar eine Genehmigung für den Umzug vom Ostteil der Stadt in den Westteil zu bekommen, da, wie Frank Roggenbuch schreibt, »diese DDR-Bewohner einerseits für den SED-Staat in sozioökonomischer Hinsicht

---

10 Richtlinien über Maßnahmen zur Einschränkung der Republikflucht und zur Verbesserung der gesamtdeutschen Arbeit im Rahmen der Tätigkeit der Deutschen Volkspolizei. Nur für den Dienstgebrauch!, Berlin, 19. 5. 1954, zit. nach Der Bau der Mauer durch Berlin. Die Flucht aus der Sowjetzone und die Sperrmaßnahmen des kommunistischen Regimes vom 13. August 1961 in Berlin. Faksimilierter Nachdruck der Denkschrift von 1961, hg. vom Bundesministerium für innerdeutsche Beziehungen, Bonn 1986, S. 84–87.

11 DDR-Zahlen, nach Melis, Republikflucht, S. 256.

nur eine Belastung darstellten und andererseits der Kampf um ihre ›Bekehrung‹ und Integration noch nicht auf der Agenda der SED stand«.[12] So urteilte etwa die Abteilung Pass- und Meldewesen des Berliner Polizeipräsidiums, die Mehrzahl der Umsiedlungsanträge stamme von »Angestellten westlicher Industrie- und Versicherungskonzerne«, die sich durch »langjährige Tätigkeit bei diesen Firmen langjährige ›Rechte‹ erworben« hätten, die sie »unter keinen Umständen« aufzugeben bereit seien:

> Wir vertreten den Standpunkt, dass solche Menschen unter den Bedingungen der Spaltung jeglicher Umerziehung unzugänglich sind, unserem Staat z. Z. in keiner Weise nützen, lediglich Wohnraum belegen und von uns ernährt werden müssen.

Darüber hinaus wirke sich

> allein schon das Vorhandensein solcher Menschen, die aus dem Schwindelkurs der Westmark legale Vorteile ziehen [...] negativ auf die Umgebung aus, geschweige denn, dass sie ihre offenbaren.[13]

Allerdings versuchten die »amerikanischen und Bonner Agentenzentralen«, so die SED, gerade weil die Abwanderungszahlen zurückgingen, also quasi mit dem Rücken an der Wand, nun die »Republikflucht« aus der DDR

> zu organisieren. Dabei wenden sie die hinterhältigsten Methoden an, indem sie Fachkräfte nach Westdeutschland locken, Gerüchte verbreiten oder durch Drohbriefe oder Telefonanrufe Bürger verängstigen und zur Republikflucht veranlassen.

Ziel des Adenauer-Regimes sei es, »Die Republikflüchtigen für ihre verbrecherischen Zwecke zu mißbrauchen, sie als Agenten und Spione« in die DDR »zu senden oder sie als Lohndrücker und Streikbrecher oder auch als Söldner zu verwenden, um so ihre Aggressionspolitik« gegen die DDR »und alle friedliebenden Staaten fortzusetzen und die Einheit Deutschlands als friedliebenden, demokratischen Staat zu verhindern.« Dem müsse die Volkspolizei offensiver als bisher entgegentreten. Was jetzt folgt, erscheint zwar wenig geeignet, um die »Republikflucht« tatsächlich einzudämmen, lässt aber auch nicht erken-

---

12 Roggenbuch, Das Berliner Grenzgängerproblem, S. 357.

13 Überblick über die Personenbewegungen im Interzonenwesen und Feststellung dazu, Bericht der Abteilung PM – Reisewesen – im PdVP, Berlin, 24. 9. 1954, zit. nach Roggenbuch, Das Berliner Grenzgängerproblem, S. 357.

nen, dass die Reisemöglichkeiten der DDR-Bewohner nach Westdeutschland in der Breite eingeschränkt werden sollten. Vielmehr heißt es unter der Überschrift »Maßnahmen zur Unterstützung eines offenen Meinungsaustausches zwischen den Bürgern der Deutschen Demokratischen Republik und Westdeutschland zur Wahrung der Lebensinteressen des deutschen Volkes«, Reisen nach Westdeutschland dürften

> nicht von einem sektiererischen Standpunkt abgelehnt werden. Hier liegt zum Teil die Ursache illegaler Reisen oder Verzüge. Ablehnungen dürfen nur dann ausgesprochen werden, wenn gegen die Person ein Strafverfahren läuft, wenn die bürgerlichen Ehrenrechte abgesprochen wurden oder tatsächlich schwerwiegende politische Bedenken bestehen.

Letzteres war natürlich in der Regel der Fall, wenn der Verdacht auf »Republikflucht« bestand. Um dies und die möglichen Gründe rechtzeitig zu ermitteln, sollte ein System nahezu flächendeckender Überwachung der Bevölkerung inklusive der Besucher aus Westdeutschland durch die Polizei in Zusammenarbeit mit der Partei, allen staatlichen Organen und den Massenorganisationen geschaffen werden, wie es später unter der Regie des MfS tatsächlich Wirklichkeit wurde. Der Zuzug aus Westdeutschland sollte leichter und attraktiver gemacht werden, und bei jedem einzelnen VP-Angehörigen müsse »mehr als bisher auf diszipliniertes Verhalten, Sauberkeit im Anzug und höfliches und korrektes Verhalten geachtet werden«. Die VP-Angehörigen seien »zu erziehen, die politischen Tagesfragen mit ihrer täglichen Arbeit zu verbinden. Sie müssen befähigt sein, richtig zu argumentieren, und müssen von der Stärke« der DDR als »Bollwerk im Kampf um die friedliche Wiedervereinigung Deutschlands überzeugt sein«. Unzweifelhaft ist die »Republikflucht« als ernsthaftes Problem jetzt von der SED-Führung erkannt und ihre Bekämpfung zum Ziel des gesamten staatlichen und nichtstaatlichen Apparates der SED erklärt. Sie wurde als das Ergebnis der »feindlichen Tätigkeit« in der DDR gesehen, die zu bekämpfen Zweck der angestrebten flächendeckenden Überwachung war. Es ging also, wenn man so will, um »Abwehrarbeit«. Dies wird besonders deutlich, wenn betont wird, es seien

> verstärkte Maßnahmen gegen solche Elemente zu treffen, die durch Gerüchte, Drohungen und Hetze Personen zur Republikflucht veranlassen. Besonders sind Maßnahmen zur Ermittlung von ›Telefonanrufern‹ intensiv durchzuführen.[14]

14 Alle Zitate aus den Richtlinien über Maßnahmen zur Einschränkung der Republik-

Mit »Telefonanrufern« sind solche Personen gemeint, die unter dem Vorwand, denjenigen schützen zu wollen, DDR-Bewohner vor einer angeblich bevorstehenden Verhaftung »warnten« und damit oft zur Flucht trieben. Wenn die Polizei landesweit angehalten wurde, sich solchen Fällen mit besonderer Aufmerksamkeit zu widmen, kann davon ausgegangen werden, dass dem MfS Informationen vorlagen, denen zufolge es sich nicht um Einzelfälle handelte, es also in nennenswertem Umfang Fälle gab, in denen nicht nur die tatsächliche Repression durch die SED die Menschen zur Flucht in den Westen veranlasste.[15] Die Lage an der offenen Grenze in Berlin spielt in dem gesamten Dokument gleichwohl keinerlei Rolle.

Erst 1955, die monatlichen Fluchtzahlen stiegen deutlich an,[16] gibt es in den Akten erneut Spuren dafür, dass es seitens der SED-Führung ernsthafte Überlegungen gab, die komplette Grenze um West-Berlin einer strikteren Kontrolle zu unterziehen. Allerdings liegen keine Informationen darüber vor, was genau und zu welchem Zweck überlegt oder geplant war. Den damals angestellten Überlegungen vorausgegangen war ein anscheinend zuvor gegebenes Einverständnis der sowjetischen »Freunde«, die »Übergangstellen an der Sektorengrenze nach Westberlin zu verringern«. Daraufhin wurde von der Sicherheitskommission der SED, dem Vorläufer des Nationalen Verteidigungsrates, am 17. März 1955 beschlossen,

> daß der Genosse Ali [Alfred] Neumann und der Polizeipräsident von Berlin gemeinsam festlegen, welche Übergänge zu schließen sind. Ebenfalls wird der Genosse Neumann beauftragt, zusammen mit den Sicherheits- und Polizeiorganen zu untersuchen, wie der Schutz der Sektorengrenze verbessert werden kann.

Einen direkten Zusammenhang dieser Maßnahmen mit dem Problem der »Republikflucht« geben allerdings die wenigen überlieferten Dokumente

---

flucht und zur Verbesserung der gesamtdeutschen Arbeit im Rahmen der Tätigkeit der Deutschen Volkspolizei. Nur für den Dienstgebrauch!, Berlin, 19. 5. 1954, zit. nach Der Bau der Mauer durch Berlin, S. 84–87.

15 Eine Analyse der Hauptabteilung Kripo der HV DVP listete im April 1955 landesweit 53 Fälle von »Abwerbungen« auf, darunter etliche mittels anonymer Warnungen vor angeblich bevorstehenden MfS-Maßnahmen gegen die Betroffenen, s. Analyse über die Feststellung von Abwerbern, HV DVP HA K, 16. 4. 1955, BARch DO 1/27708, Bl. 10–13.

16 1954 verließen nach DDR-Zahlen 226 355, 1955 315 235 und 1956 363 661 Menschen die DDR, s. Melis, Republikflucht, S. 255.

nicht her. Auf der Sitzung der Sicherheitskommission ging es ansonsten vor allem um den unbefriedigenden ideologischen Stand in den Grenzregimentern um Berlin (»starke Westverbindungen bestehen, insbesondere auch nach Westberlin«) und die geplante Unterstellung der Grenzpolizei unter die Staatssicherheit. Der Kontext und vor allem der Umstand, dass das Thema »Republikflucht« inzwischen zu einer permanenten wie auch mit politischen und wirtschaftlichen Mitteln offenkundig kaum kurzfristig zu lösenden Sorge der SED-Führung geworden war, lassen es jedoch als nicht ausgeschlossen erscheinen, dass bei den von Ulbrichts Protegé Alfred Neumann zusammen mit dem Chef der Volkspolizei in Berlin und seinem Stab nun aufgemachten Planspielen die »Republikflucht« zumindest auch eine Rolle gespielt hat. Diese Planspiele liefen unter dem Codewort »Plan ›Anton‹«. Der Plan wird unter Tagesordnungspunkt 7 abgehandelt, bei dem es um die Verbesserung und Verstärkung der Ausbildung der sogenannten Kampfgruppen der Arbeiterklasse geht, also jenem paramilitärischen Verband, dem dann 1961 beim Bau der Mauer eine wichtige Rolle zugedacht werden sollte. Am Ende dieses Tagesordnungspunktes findet sich der Beschluss, Übersiedlungen aus der DDR nach Westdeutschland nicht mehr zu gestatten: »Genosse Stoph wird dafür verantwortlich gemacht, dass keine Genehmigungen mehr erteilt werden und alle entsprechenden Sicherungsmaßnahmen getroffen werden.« Auch sei das »Durchfahren der Kontrollpunkte westberliner [sic!] Stadtgrenze – DDR durch eine Reihe Intelligenzler, die dazu Sonderberechtigungen erhalten haben, einzuschränken und später einzustellen. Neue Genehmigungen werden nicht mehr erteilt und alte nach Ablauf nicht mehr verlängert.«[17] Ob und in welchem Umfang dies umgesetzt wurde, wäre noch zu untersuchen. Spätestens mit den »Liberalisierungsmaßnahmen« infolge des XX. Parteitages der KPdSU ein Jahr später waren diese Maßnahmen aber wieder weitgehend hinfällig.

Allerdings ist nicht zu übersehen, dass gerade zu dieser Zeit auch wieder die »Diversionsaktivitäten« von West-Berlin in die DDR der SED-Führung besondere Sorge machten. Diese Sorge war echt und begründet, wenn auch wahrscheinlich übertrieben, aber eben nicht nur Mittel politischer Propaganda. Der DDR-Ministerrat beschuldigte am 13. April 1955 in einer ausführlichen Erklärung die Westmächte, West-Berlin als Hauptzentrum ihrer »Spio-

17 Die Sitzung widmete sich fast ausschließlich den Problemen an der Berliner Grenze, s. Auszüge aus der Sitzung der Sicherheitskommission vom 17.3.1955, ohne TOP, Berlin, 19.3.1955, BStU, MfS, SdM, Nr. 407, S. 6 – 11, für die Zitate S. 10 f.

nage- und Diversionstätigkeit« zu benutzen, und forderte einmal wieder die Auflösung aller »Spionage- und Sabotageorganisationen« in West-Berlin, zu denen die DDR-Regierung nicht zuletzt auch den amerikanischen Sender RIAS zählte. Anderenfalls wurden nicht näher erläuterte Maßnahmen angekündigt, denn der Missbrauch West-Berlins zu Spionagezwecken schaffe ein Spannungsfeld, das zu »unverzüglichen Folgen und besonderen Schwierigkeiten« für die Bevölkerung West-Berlins führen könne.[18] Zwei Tage später begrüßte der Ost-Berliner Magistrat demonstrativ die Erklärung des DDR-Ministerrats und warnte seinerseits, jeder Bürger wisse, dass die Umwandlung West-Berlins in einen Provokationsherd die Spaltung der Stadt vertiefen müsse und die Regierung der DDR zu Abwehrmaßnahmen zwinge, die für die Bewohner West-Berlins »manche Schwierigkeiten mit sich bringen müsse«.[19]

Die zweite und bisher auch letzte bekannte Erwähnung dieses Planes »Anton« findet sich in einem »streng vertraulichen« Vermerk von Ende April 1955 im Bestand des Sekretariats des Ministers für Staatssicherheit ohne Datum, Adressat und Absender, was, wie auch die beiliegende russische Übersetzung, darauf schließen lässt, dass dieser Vermerk für die sowjetischen »Freunde« bestimmt war.[20] Thema dieses Dokuments sind angebliche Pläne der CIA und der westdeutschen Organisation Gehlen für eine konzertierte Propagandaaktion und Diversions- und Sabotageakte gegen die DDR. Zu den vom Gegner geplanten Aktionen sollte auch die »Provokation von Zwischenfällen an der Grenze« gehören. In diesem Zusammenhang wurden vom MfS mit besonderer Aufmerksamkeit Berichte über Grenzzwischenfälle in der Westpresse und über eine tatsächliche oder vermeintliche Verschärfung des Grenzregimes registriert. Dies ist auch der Zusammenhang, in dem auf den Plan »Anton« Bezug genommen wird. Sorge machte dem Verfasser des Dokuments der Umstand, dass mit dem Stab der Berliner Volkspolizei ein Gremium an diesen sensiblen Plänen beteiligt war, dem seitens des MfS offenbar nicht hundertprozentiges Vertrauen geschenkt wurde:

> Dieser Plan ist nur ein Vorschlag eines maßgebenden Organs, aber die Teilnahme einer Gruppe von Mitarbeitern der Volkspolizei an seiner Ausarbeitung kann zu einer vorzeitigen Veröffentlichung in der Presse des Gegners –

18 Zit nach Berlin. Chronik der Jahre 1955–1956, S. 118 f.

19 Ebd., S. 123.

20 Trotz eines fehlenden Datums lassen die in dem Dokument erwähnten Ereignisse eine relativ sichere Datierung auf die Zeit kurz nach dem 23.4.1955 zu. Vermerk, streng vertraulich, o. D. etc., BStU, MfS, SdM, Nr. 1201, S. 227–254.

> über neue Aktionen von unserer Seite – führen. Auf Grund der aufgezeigten Verhältnisse ist es zweckmäßig, aufmerksam die Lage zu analysieren und zusammen mit der Hauptverwaltung der Deutschen Volkspolizei Vorschläge auszuarbeiten.

Zum Plan »Anton« selbst heißt es:

> Auf Vorschlag des Sekretärs der Bezirksleitung Genossen Neumann, wurde von der Leitung der Volkspolizei der Stadt Berlin (Eickemaier [sic!][21] und sein Stab) ein ausführlicher Plan über Beschränkungen im Verkehr der Bevölkerung zwischen dem Westsektor [sic!] Berlins und dem demokratischen Sektor (Plan ›Anton‹) ausgearbeitet. In dem Plan sind drei Etappen vorgesehen. Die letzte sieht eine vollkommene Einstellung des freien Verkehrs der Bevölkerung vor, bis zur Einführung von Sonderausweisen nur für Angestellte der Behörden der DDR, die im Westsektor Berlins wohnen.

Die Formulierung könnte einerseits dahingehend ausgelegt werden, dass nun bereits eine Situation durchgespielt wurde, die der nach dem 13. August 1961 relativ nahekam. Darauf könnte auch die Formulierung von der »vollkommene[n] Einstellung des freien Verkehrs der Bevölkerung« hindeuten. Eindeutig ist dies jedoch immer noch nicht. Denn der Hinweis auf Sonderausweise »nur für Angestellte der Behörden der DDR, die im Westsektor wohnen«, und nicht etwa auch für solche, die im Ostsektor wohnen und in West-Berlin arbeiten (etwa bei der Reichsbahn oder der Schifffahrtsverwaltung), scheint auf primär gegen West-Berlin gerichtete Maßnahmen hinzudeuten, da eine Ausweispflicht nur für das Betreten Ost-Berlins explizit erwähnt wird. Die in dem Dokument darüber hinaus gemachten Bemerkungen zu westlichen Presseberichten legen zudem nicht gerade den Schluss nahe, dass kurzfristig an eine signifikante Verschärfung des Grenzregimes oder die vollständige Unterbindung des Ost-West-Reiseverkehrs gedacht war. So wird etwa moniert, der »Tagesspiegel« habe berichtet, die Grenzpolizei sei seit dem 25. März gehalten, »zu schießen, ohne vorher einen Warnschuß abgegeben zu haben, wenn die Person, die an der Grenze bemerkt wurde, nicht nach dem ersten Anruf des Postens stehen bleibt. In Wirklichkeit«, so der Verfasser dieses Vermerkes anscheinend etwas entrüstet, verhalte

21 Gemeint ist Fritz Eikemeier, von 1953 bis 1964 Präsident der VP Berlin.

> es sich so, daß, wenn früher den Grenzpolizisten erlaubt war, die Person anzurufen, danach einen Warnschuß abzugeben und erst dann auf den Grenzgänger zu schießen, so steht jetzt in dem Befehl, daß die Waffe nur in Ausnahmefällen benutzt werden darf, d.h. auf den Grenzgänger darf nur in Ausnahmefällen geschossen werden, als Regel, wenn der Grenzposten die Waffe aus Notwehr benutzen muß.

Darüber hinaus wird vom Verfasser beklagt, dass die West-Berliner Zeitung »Telegraf« unter Verweis auf den Umstand, dass DDR-Bewohner Reisewünsche nach Westdeutschland nun schriftlich der Volkspolizei begründen müssten,

> mit tendenziösen Zielen die Aufmerksamkeit der Öffentlichkeit auf das Eingreifen der Polizei in Angelegenheiten eines jeden Bürgers der DDR, der den Wunsch nach Westdeutschland zu fahren äußert, akzentuiert.[22]

Beide Monita machen wenig Sinn, wenn gleichzeitig etwas mit den Maßnahmen des 13. August 1961 Vergleichbares bereits ernsthaft und kurzfristig in den Blick genommen worden sein sollte.[23]

---

22 Vgl. dazu die interne Dienstanweisung der Volkspolizei, Richtlinien über Maßnahmen zur Einschränkung der Republikflucht und zur Verbesserung der gesamtdeutschen Arbeit im Rahmen der Deutschen Volkspolizei vom 19.5.1954, in: Der Bau der Mauer durch Berlin, S. 84–87.

23 Vermerk, streng vertraulich, o.D. etc. [nach dem 23.4.1955], BStU, MfS, SdM, Nr. 1201, S. 227–254. Zur gleichen Zeit wurde übrigens im Grenzgebiet zwischen Thüringen und Franken die Beschäftigung von mehreren hundert Fachkräften im Thüringer Schieferabbau wieder aufgenommen, die 1952 im Zusammenhang mit dem Grenzausbau eingestellt worden war. Die westdeutschen Arbeiter wurden in DM bezahlt, fuhren jeden Tag über die Grenze, waren aber ansonsten voll in den betrieblichen Arbeitsablauf eines VEB integriert, einschließlich »Aktivistenbewegung«. Erst nach dem Mauerbau, im September 1961, wurde diese Zusammenarbeit eingestellt. Das Angebot, mit der Familie in die DDR überzusiedeln, wurde von keinem der Arbeiter aus Franken angenommen. S. Fäßler, Peter E.: »Diversanten« oder »Aktivisten«? Westarbeiter in der DDR (1949–1961), Vierteljahrshefte für Zeitgeschichte 49 (2001) 4, S. 613–642; speziell zu den anscheinend erst 1958 einsetzenden MfS-Aktivitäten s. Fäßler, Peter E.: Westarbeiter im Dienste der Staatssicherheit, Deutschland Archiv 37 (2004) 6, S. 1022–1029.

2. Genf und die innerdeutsche Grenze (1955)

Im Juli 1955 machte die Sowjetische Delegation bei der Genfer Konferenz auf der Rückreise nach Moskau in Ost-Berlin Station. Karl Schirdewan, damals ZK-Sekretär für Kaderfragen und Mitglied von Politbüro und Sicherheitskommission, berichtet – nach dem Zusammenbruch der SED-Herrschaft – von einem Gespräch in der Wohnung von Otto Grotewohl, an dem er selbst sowie Nikita S. Chruschtschow, Regierungschef Nikolai N. Bulganin, Botschafter Georgi M. Puschkin, Hermann Matern und Fred Oelßner teilgenommen haben.[24] Chruschtschow habe sich in dem Gespräch Sorgen gemacht um die auf- und absteigende Massenflucht von DDR-Bewohnern in den Westen, unter denen sich ja sogar Parteifunktionäre befänden. Dies zeuge doch von äußerster Labilität. »Wir«, so Chruschtschow zu Schirdewan, »müssten uns Gedanken machen, wie dem zu begegnen sei. Schirdewan habe ihm beigepflichtet, Matern »erstaunt und mürrisch« zugehört, aber kein Wort gesagt und Grotewohl vorsichtig die Frage gestellt, »ob das eine zunehmende Isolierung gegenüber der BRD bedeuten könnte. Grotewohl machte sich«, so Schirdewan, »Sorgen um seine Vorstellungen über eine Politik des Offenhaltens der Grenzen«. Chruschtschow sei dieser Frage ausgewichen, habe »alle Gedanken im Raum stehen« gelassen und sei »eigentlich nicht so weit« gegangen, »eine Grenzschließung in Erwägung zu ziehen. Praktisch forderte er von uns eine politische Meisterung dieses Problems.« Chruschtschow habe sich, so spekuliert

24 Am 28.7.1955 veröffentlichte das »Neue Deutschland« ein offizielles Kommuniqué über eine Zusammenkunft von Bulganin, Chruschtschow und Puschkin einerseits und andererseits Otto Grotewohl, Hermann Matern, Friedrich Ebert, Fred Oelßner, Karl Schirdewan (alle SED), Otto Nuschke (stellv. Ministerpräsident, CDU), Hans Loch (Finanzminister, LDPD), Lothar Bolz (Außenminister, NDPD) und Paul Scholz (Minister für Land- und Forstwirtschaft, DBD) teilgenommen haben. In dem Kommuniqué wird von den »realen Bedingungen des Bestehens zweier deutscher Staaten« gesprochen, »die verschiedene wirtschaftliche und gesellschaftliche Ordnungen haben«. Beide Seiten würden davon ausgehen, »daß die Lösung der deutschen Frage ohne die Beteiligung der Deutschen selbst, ohne eine Annäherung zwischen« den beiden deutschen Staaten »unmöglich« sei. Zit. nach Weber, Hermann: Geschichte der DDR, München 1985, S. 257. Es ist nicht klar, ob Schirdewan die Nicht-SED-Mitglieder auf deutscher Seite einfach verschweigt, möglicherweise, um die Bedeutung des Gesprächs zu vergrößern, oder ob es sich bei dem von ihm geschilderten Gespräch um ein anderes, eventuell vor oder nach dem offiziellen Gespräch mit den nicht der SED angehörenden Regierungsvertretern handelt.

Schirdewan anschließend, offensichtlich an 1953 erinnert und eine internationale Krise vermeiden wollen:

> Daher blieben die sowjetischen und auch die Westmächte bei einer Politik der Verhandlungen. Verhandlung bedeutet immer Zeitgewinn, bedeutet ökonomisches Wachstum und Steigerung der Verteidigungsfähigkeit.[25]

Schirdewans Erinnerungen vom Anfang der 90er Jahre sind als Quelle natürlich grundsätzlich mit Vorsicht zu betrachten, nicht nur wegen möglicher subjektiver Verfälschungen und eines Wissens ex post, sondern allein schon wegen der fast vier bis zur Niederschrift vergangenen Jahrzehnte. Es fällt jedoch auf, dass Schirdewan, obwohl die Erinnerungen unter dem direkten Eindruck des Machtverlustes der SED und des Falls der Mauer verfasst wurden, nicht den Versuch unternimmt, seinem innerparteilichen Gegner und »Linksextremisten« Ulbricht bereits für diese Zeit explizit Mauerpläne oder etwas Ähnliches für Berlin zu unterstellen. Vorausgesetzt, seine Schilderung ist korrekt, irritiert auch, dass Matern, ein Mann Ulbrichts, »erstaunt und mürrisch« zugehört, aber nichts gesagt habe. Was war an Chruschtschows Worten, das Matern hätte erstaunen und mürrisch machen können, ihn aber ansonsten nur zum Schweigen veranlasste, ihn zum Beispiel nicht zu einem Hinweis auf das Problem der offenen Grenze in Berlin animierte? Schirdewan sagt leider nichts dazu. Möglicherweise war Matern durch Ulbricht schon über Chruschtschows ggf. ablehnende Haltung gegenüber einer Schließung der innerstädtischen Grenze informiert? Wahrscheinlicher ist aber, dass ihn schlicht Moskaus ständiges Stochern in der offenen Wunde der SED, der Massenabwanderung in den Westen, nervte. Ebenso ist möglich, dass Matern mehr auf Schirdewan, der Chruschtschows Ausführungen beipflichtete, als auf Chruschtschows Äußerungen »erstaunt und mürrisch« reagiert hat. Vielleicht hatte er auch Schirdewan in Verdacht, das mit der Flucht der Parteimitglieder und Funktionäre Chruschtschow gesteckt zu haben? Schirdewans Bericht erlaubt leider keine eindeutige Zuordnung, lässt auch im Dunkeln, was Schirdewan selbst zum Problem gesagt hatte. Auffällig ist, wie Schirdewan Regierungschef Grotewohl, einst Sozialdemokrat, ins Spiel bringt. Grotewohl habe Chruschtschow »vorsichtig« gefragt, ob dessen Ausführungen »eine zunehmende Isolierung gegenüber der BRD bedeuten könnte[n]«, und sich »Sorgen um seine [sic!]

25 Schirdewan, Karl: Aufstand gegen Ulbricht, Berlin 1995, S. 71 f.

Vorstellung über eine Politik des Offenhaltens der Grenzen« gemacht. Heißt dies, Grotewohl habe Chruschtschows Ausführungen so interpretiert, dass Chruschtschow möglicherweise im Begriff war, eine Schließung der Sektorengrenze als Lösung des Fluchtproblems in Erwägung zu ziehen? Schirdewans etwas holprige Formulierung (»seine Vorstellung über eine Politik«) kann suggerieren, es habe in der SED-Führung so etwas wie einen Dissens in der Grenzfrage gegeben, ja die offene Grenze in Berlin sei nicht (nur) Ergebnis fehlender Zustimmung aus Moskau zu deren Schließung bzw. strikter Kontrolle, sondern auch so etwas wie das Ergebnis einer eigenständigen »Politik des Offenhaltens der Grenzen« zumindest bei Teilen der SED-Führung, wobei auch in diesem Fall die Gewichtung von Penetrationsabwehr und Fluchtverhinderung offen bliebe.[26]

Wahrscheinlich ist hier aber überhaupt nicht von der Berliner, sondern von der innerdeutschen Grenze und vor allem den noch relativ problemlosen Reisemöglichkeiten und überhaupt den grenzüberschreitenden Kontakten die Rede gewesen. Die Benutzung des Plurals (»Grenzen«) könnte so interpretiert werden, wenngleich nicht auszuschließen ist, dass konkret die innerdeutsche und die Berliner Grenze gemeint waren. Grotewohl hatte in der Vergangenheit in der Tat gelegentlich in seinen öffentlichen Reden nicht nur weitgehend vermieden, die »Republikflucht« als solche zu kriminalisieren, sondern zum Beispiel auch schon im Februar 1953 angeboten, den freien Verkehr zwischen Berlin und der DDR wiederherzustellen, sobald die Stützpunkte der »Terror- und Spionageorganisationen« beseitigt seien. Seine Regierung sei für eine volle Freiheit des Verkehrs für alle »friedliebenden« deutschen Menschen.[27] Man wird hier zwar kaum von einem eigenen Kurs Grotewohls sprechen können, aber doch in gewissem Sinne von einem eigenen Tonfall. So kritisierte er beispielsweise Bonn wegen der unwürdigen Lebensbedingungen in den westdeutschen Flüchtlingslagern[28], in denen die westdeutsche Regierung die Menschen unter ständiger Sorge um ihre Existenz leben lasse und ihnen zugleich

26 Grotewohl hatte sich in der Tat in seiner Funktion als Ministerpräsident mehrmals mit Appellen an Republikflüchtige in Westdeutschland gewandt und sie zur Rückkehr in die DDR aufgefordert, so im Februar und Oktober 1953 und im Februar und November 1954. Jene, die sich nichts zuschulden kommen lassen hätten, hätten auch kein Strafverfolgung zu befürchten. S. Berlin. Chronik der Jahre 1951 – 1954, S. 629, 827, 953 und 1230 f.

27 Grotewohl in seiner Regierungserklärung vom 24. 2. 1953 vor der Volkskammer, zit. nach ebd., S. 953.

28 Vgl. dazu Oestereich, Die Situation in den Flüchtlingseinrichtungen, passim.

Angst einjage, in die DDR zurückzukehren. Er wolle daher »allen diesen unglücklichen und verzagten Menschen« nochmals sagen, sie könnten jederzeit in ihre Heimat zurückkehren.[29] Schirdewan war überzeugt, dass für Grotewohl »das Problem der Wiedervereinigung Deutschlands das Erste war« und er »für jede mögliche Lösung in Richtung der Wiedervereinigung« gewesen sei.[30] Nun liegt die Betonung hier wohl eher auf »mögliche« denn auf »jede«. Klar ist aber auch, dass bei einer solchen Sicht eine Lösung des Fluchtproblems mittels einer Grenzschließung in Berlin nicht recht passen würde.

Ulbricht war zu jener Zeit im Urlaub. Möglicherweise hat Chruschtschow gezielt die Gelegenheit genutzt, zu erfahren, wie andere Führungsmitglieder der SED zum Problem der Massenabwanderung standen. Dass Ulbricht am liebsten die Sektorengrenze einer strikten Kontrolle unterwerfen wollte, ist, wie weiter oben ausgeführt wurde, bereits für 1952 nachgewiesen.[31] Es ist davon auszugehen, dass er dieses Ziel weiter verfolgte, da ja auch sein »Diversions«-Problem akut blieb. In welchem Maße bei der anvisierten Grenzsicherung (Plan »Anton«) inzwischen die Fluchtproblematik eine Rolle spielte, muss mangels aussagekräftiger Quellen aber, wie gesagt, weiter offen bleiben. Festzuhalten ist, dass Schirdewan Ulbricht solche Pläne zur Fluchtverhinderung für diese Zeit nicht unterstellt, höchstens implizit den Eindruck erweckt, für Ulbricht und andere als ihn selbst oder etwa Grotewohl in der SED-Führung wäre dies eventuell damals schon eine Option gewesen. Aber warum äußert er sich nicht offen dazu? Er war damals (1955) noch sehr »dicht« dran an Ulbricht und hätte auch als Mitglied der Sicherheitskommission in dieser Frage nicht völlig ahnungslos sein können. Näher liegt, dass der Plan »Anton« und die Frage der Kontrolle an der Berliner Grenze mit der im Gespräch mit Chruschtschow angesprochenen Frage bezüglich der innerdeutschen Grenze und der »Republikflucht« aus Schirdewans Sicht schlicht nichts zu tun hatten.[32]

29 Grotewohl in seiner Regierungserklärung vom 19. 11. 1954 vor der Volkskammer, zit. nach Berlin. Chronik der Jahre 1951 – 1954, S. 1230 f.

30 So Schirdewan gegenüber Peter Grieder am 12. 10. 1992, s. Grieder, Peter: Eine unabhängige britische Sicht auf die Konflikte im SED-Politbüro 1956 – 1958, in: Klein, Thomas/Otto, Wilfriede/Grieder, Peter: Visionen. Repression und Opposition in der SED (1949 – 1989), Frankfurt (Oder) 1996, S. 562 – 619, hier S. 585 f.

31 Vgl. Kap. I. 2. »Jegliche Abhängigkeit von den Westsektoren beseitigen«.

32 In seinen umfangreichen Erinnerungen bringt Chruschtschow die Frage der Grenzschließung in Berlin zum Zwecke der Unterbindung der Massenabwanderung ausschließlich in direktem Zusammenhang mit der dramatischen und wirtschaftlich für die DDR aus seiner Sicht nicht mehr zu verkraftenden Entwicklung nach seinem Tref-

Aus Schirdewans Erinnerungen eine eindeutigere Antwort auf die Frage abzuleiten, ob Ulbricht und die SED-Führung bereits zu diesem Zeitpunkt eine »Mauer« zur Fluchtverhinderung wollten, gelingt nur, wenn man seine Aussagen grob sinnentstellend zitiert und faktisch in ihr Gegenteil verkehrt.[33] Schirdewan schreibt, wie erwähnt, zur Reaktion Grotewohls auf Chruschtschows Bemerkungen zur anhaltend hohen »Republikflucht«: »Grotewohl stellte vorsichtig die Frage, ob dies eine zunehmende Isolierung gegenüber der BRD bedeuten könnte.« Bei Hope M. Harrison heißt es unter Berufung auf die hier zitierte Passage in Schirdewans Erinnerungen, zunächst Chruschtschow nach Schirdewan referierend:

> Man müsse sich Gedanken darüber machen, wie dem [scil.: der anhaltenden Republikflucht, auch von Parteimitgliedern] zu begegnen sei. Als Grotewohl vorsichtig auf die offene Grenze hinwies, stellte Chruschtschow klar, dass er »nicht so weit [gehe][34], eine Grenzschließung in Erwägung zu ziehen«. Praktisch forderte er von den Ostdeutschen »eine politische Meisterung dieses Problems«.[35]

Das, was Schirdewan tatsächlich berichtet, ist hier kaum noch wiederzuerkennen. Grotewohl hatte nicht als Erklärung oder Rechtfertigung der nicht zu verhindernden Massenabwanderung, wie Harrison schreibt, »vorsichtig auf die offene Grenze« hingewiesen, sondern tatsächlich vorsichtig angefragt, ob Chruschtschows Mahnungen eventuell dahingehend zu verstehen seien, dass »eine zunehmende Isolierung von der BRD« anstehe. Seine Sorge war also, die Grenzen könnten eventuell nicht weiter offengehalten werden. Von Berlin ist nirgends die Rede. Auch stellte Chruschtschow in diesem Gespräch und in seiner Antwort auf Grotewohl nach Schirdewans Bericht eben gerade nichts klar, sondern wich »dieser Frage aus und ließ alle Gedanken im Raum stehen«.[36]

---

fen mit Kennedy in Wien und schildert die »Mauer« als seine ureigene Idee, die von Ulbricht begeistert aufgenommen worden sei, s. dazu weiter unten.

33 Die Kritik an Harrisons Umgang mit Quellen ist ausführlicher dargelegt in Kubina, Michael: Frau Hope M. Harrisons Mauer (und ihre Folgen) oder: wie ein politikwissenschaftliches Modell mit der Hermeneutik wedelt, Zeitschrift des Forschungsverbundes SED-Staat, H. 31/2012 (Teil I), S. 74–108, und H. 32/2012 (Teil II), S. 84–109.

34 Einfügung durch Harrison.

35 Harrison, Ulbrichts Mauer, S. 93 f.

36 In der englischen Originalausgabe von Harrisons Buch ist zumindest noch erkennbar, dass hier nicht, wie in der deutschen Fassung vermutet werden könnte, Chru-

Schirdewan resümiert dann: Chruschtschow »ging eigentlich nicht so weit, eine Grenzschließung in Erwägung zu ziehen«. So bleibt nur, sich auch hier von in der einschlägigen Literatur vermeintlich vorhandenen Gewissheiten zu verabschieden, bis eventuell neue Quellen Gewissheit ermöglichen.

Es gibt bislang keine belastbaren Quellen oder Indizien, dass Ulbricht zu der Zeit bereits eine vollständige Schließung der Berliner Grenze mit dem vorrangigen Ziel der Fluchtverhinderung anstrebte. Auch wenn Harrison unter Berufung auf Tagebuchnotizen eines Mitarbeiters der sowjetischen Botschaft in Ost-Berlin berichtet, Alfred Neumann habe am 30. Januar 1956 in einem Gespräch mit diesem »weiterhin [sic!] für eine Einschränkung des Grenzverkehrs über die Berliner Sektorengrenze« plädiert, trägt das kaum zur Klärung bei, da nicht gesagt wird, mit welcher Begründung Neumann das tat und worauf sich Harrison »weiterhin« bezieht.[37] Leider führt sie kein Zitat aus dieser

---

schtschow selbst redet, sondern Schirdewan: »When Grotewohl referred cautiously to the open borders [Plural!], Khrushchev made it clear, that he ›did not consider clothing the border. [Instead], he demanded from us [sic!] a political mastering of this Problem,‹ as the Soviets had been urging.«, s. Harrison, Driving the Soviets up the Wall (2003), S. 51. In ihrer als Manuskript veröffentlichten Dissertation, Harrison, Hope Millard: The bargaining power of weaker allies in bipolarity and crisis. The dynamics of Soviet-East German relations. Ph. D. Dissertation, Ann Arbor 1993, S. 110, heißt es an dieser Stelle: »Khrushchev told Schirdewan that he favored making the border between the two Germanys a bit firmer, since reunificaton was not realistic and since, as he told Schirdewan, even East German party members [we]re fleeing«. In der Fußnote beruft sie sich für diese Aussage auf ihre Interviews mit Schirdewan am 22. 4. 1992 und 2. 10. 1993, die in Harrison (2003) an dieser Stelle nicht mehr angeführt werden. Während Chruschtschow also laut Harrison (2003) nicht die Absicht hatte, die Grenze zu schließen, favorisierte er nach der Originalfassung ihrer Dissertation, die Grenze ein »wenig dichter« zu machen. Hier könnte zunächst ein Missverständnis der Interviewäußerungen Schirdewans durch Harrison vorgelegen haben. Schirdewans erstes Erinnerungsbuch, auf das sie sich in der gedruckten Fassung (Harrison, 2003) beruft, war zum Zeitpunkt der Fertigstellung ihrer Dissertation noch nicht erschienen. Seine Aussagen rechtfertigen aber weder Harrisons Aussagen in der Originalfassung ihrer Dissertation noch in deren Buchfassung von 2003 oder 2011.

37 Zapis' besedy s pervym sekretarem GK SEPG Berlina A. Noimanom, 30. 1. 1956, Harrison, Ulbrichts Mauer, S. 95. Das Datum der Besprechung ist insofern interessant, als Chruschtschow gerade auf der Tagung des Politisch Beratenden Ausschusses der Teilnehmerstaaten des Warschauer Vertrages am 27./28. 1. 1956 in Prag Deutschland zum Hauptaustragungsort des Systemwettbewerbs erkoren hatte, und zwar explizit wegen der offenen Grenze, vgl. Kap. II. 5. Die DDR als »Schaufenster des Sozialismus« – die offene Grenze als Faszinosum (1956). Im November 1956 sprach Neumann auf dem 29. ZK-Plenum das Problem der offenen Grenze in Berlin an, stellte

Quelle an. Auf dieses Problem wird später noch zurückzukommen sein. Allerdings ist nicht auszuschließen, dass der positive Effekt der möglichen Kontrolle der Grenze auch im Hinblick auf die Abwanderung inzwischen eine gewisse Rolle im »Hinterkopf« von Hardlinern wie Ulbricht oder Neumann spielte, als Kollateralnutzen – zwei Fliegen mit einer Klappe. Auch gehörte Neumann wohl zu denen, die relativ früh für eine Schließung der Grenzen waren. Nach seinem Sturz im Jahre 1989 sagte er in einem Interview mit einem Genossen:

> Das versuchte noch niemand bei offenen Grenzen zum Westen. Es gibt ein Axiom beim Sozialismus, daß man die Grenzen zum Kapitalismus nicht aufmachen kann. Wir haben die Grenzen bis 1961 offengelassen. Wir wissen, wie uns das bekommen ist. Darüber brauchen wir nicht zu reden. [...] Der Aufbau des Sozialismus konnte am Anfang nur in der Form der Diktatur des Proletariats vollzogen werden. Wir brauchten dafür nur die Erkenntnisse, die schon Marx und Engels im »Kommunistischen Manifest« dargelegt haben. Wegen der kapitalistischen Umkreisung war es nicht möglich, zu einer Demokratie für [sic!] das Volk zu kommen.[38]

Diese Aussage scheint eindeutig, relativiert sich aber, wenn berücksichtigt wird, dass Neumann sich bis zuletzt der Einsicht verweigerte, Zweck der Mauer sei vor allem die Fluchtverhinderung und nicht die Penetrationsabwehr gewesen.[39] Im August 1955 dementierte Bruno Baum, Sekretär der Berliner SED-Bezirksleitung, in West-Berlin Gerüchte, wonach alle Mitarbeiter Ost-Berliner Behörden und volkseigener Betriebe angehalten seien, sich schriftlich zum Nichtbetreten der West-Sektoren zu verpflichten.[40] Dies sei, so Baum, »eine heuchlerische Propagandakampagne« des Senats. Eine solche Verpflichtung bestehe nur für die Ministerien,

---

aber keinen Zusammenhang zur Republikfluchtfrage her. Die Tagung stand bereits deutlich unter dem Einfluss des Aufstandes in Ungarn und der Vorgänge in Polen. Ihm ging es wieder um die Beschränkung der Möglichkeiten gegnerischer Einflussnahmen. Allerdings könnte dies nun bereits ein nun nur noch vorgeschobenes Argument gewesen sein. BArch DY 30 IV 2/1/166, Bl. 204, 209.

38 Poltergeist im Politbüro. Siegfried Prokop im Gespräch mit Alfred Neumann. Frankfurt (Oder) 1996, S. 78; vgl. Prokop, Siegfried: Ulbrichts Favorit. Auskünfte von Alfred Neumann, Berlin 2009, S. 115.

39 S. ausführlicher Kubina, Alfred Neumann und die Mauer, passim.

40 Berlin. Chronik der Jahre 1955 – 1956, hg. im Auftrag des Senats von Berlin, Berlin 1971, S. 247 (Schriftenreihe zur Berliner Zeitgeschichte, Bd. 6).

> und dort zu Recht, denn wir setzen unseren Staatsapparat nicht aufs Spiel. Wir haben kein Interesse daran, daß Regierungsfunktionäre von Agentenorganisationen unter Druck gesetzt werden.[41]

Wieder ging es um Penetrationsabwehr und nicht oder nicht vorrangig um Fluchtverhinderung, denn eine Verpflichtungserklärung dürfte gegen eine geplante »Republikflucht« relativ wirkungslos gewesen sein.

Zudem setzten Ulbricht und die SED-Führung ihre Hoffnungen gerade zu dieser Zeit auch auf eine andere Entwicklung. Moskau ging spätestens seit der Genfer Konferenz propagandistisch von der Existenz zweier unabhängiger Staaten in Deutschland aus, die die Fragen der Wiedervereinigung vor allem selbst miteinander zu verhandeln hätten.[42] Karl Schirdewan, damals noch der »zweite Mann« nach Ulbricht, schilderte kurz vor seinem Tod die Hoffnungen des Jahres 1955 so:

> Was heute naiv und weltfremd klingt, war damals keinesfalls unrealistisch. Insbesondere die der DDR im Jahre 1955 zugebilligte größere Selbständigkeit vor allem im innenpolitischen Bereich nährte berechtigte Hoffnungen. Ich hatte meinen Freunden [den Sowjets] immer gesagt, daß, wenn nicht wir das Problem der deutschen Einheit lösen, es unsere Kinder auf die Tagesordnung setzen würden! Und obwohl ich natürlich von einer sozialistischen Entwicklung ausging, war mir doch klar, daß eines Tages auch eine widersprüchlichere Variante in Frage kommen könnte. Das eine Generation später eingetretene, durch die erstarrte SED-Führung zu verantwortende Desaster lag damals allerdings außerhalb meiner Vorstellungskraft.

Das dürfte wohl auch für den Gedanken zutreffen, dass sechs Jahre später die DDR ihr Volk für eine Generation einmauern würde, da das sozialistische Ex-

---

41 Bericht in Ost-Berliner Zeitungen vom 11.8.1955, zit. nach ebd., S.254. Sälter, Grenzpolizisten, S.40, führt für seine Aussage, »Mitarbeiter der Verwaltung und Angehörige der Parteigliederungen« seien angehalten worden, sich »freiwillig« zu verpflichten, West-Berlin nicht mehr zu betreten, nur westliche Berichte, nicht aber entsprechende östliche Anweisungen an. Es setzte, so Sälter, »ein Wettbewerb ein, welche Abteilung oder Organisation den höchsten prozentualen Anteil solcher Verpflichtungserklärungen vorweisen konnte«. Sollte ein solcher Wettbewerb wirklich jeden Mitarbeiter von »Verwaltungen« in Ost-Berlin betroffen haben, wäre dies aber von der SED kaum zu bestreiten gewesen.

42 Wettig, Sowjetische Deutschland-Politik, S.45ff.

periment nicht die erhofften Wirkungen zeitigte.[43] In freien, gesamtdeutschen Wahlen sah Schirdewan aber bereits damals für die SED keine Chance, weder im Moment noch »auf absehbare Zeit«.[44] Im Oktober 1955 desillusionierte er den sowjetischen Außenminister, als dieser auf der Rückreise von der Genfer Außenministerkonferenz in Berlin Station machte und Schirdewan um seine Meinung bat. Vor gesamtdeutschen Wahlen, so Schirdewan in seinen Erinnerungen, sei eine Demokratisierung der DDR notwendig. Zudem müssten »die Werktätigen im anderen Teil Deutschlands den Bruch des Potsdamer Abkommens verurteilen[45] und die Richtigkeit und die Erfolge des in unserem Teil Deutschlands begonnenen Weges erkennen und anerkennen. Und dazu darf man sich nicht von ihnen abschotten.«[46]

Ulbricht, so Schirdewan, sei aber »immer stärker zur Abschottung« übergegangen:

> Er schob dafür Sicherheitserfordernisse vor und setzte damit das in der Politik um, wovon er in seinen Moskauer Jahren zutiefst geprägt worden war und was seinem Charakter entsprach.[47]

Möglicherweise stehen die Überlegungen im Plan »Anton« auch bereits in Zusammenhang mit der von der SED erwarteten Übertragung der vollen Souveränität durch Moskau.[48] Dies hätte die Bewachung und Kontrolle der Grenzen zu einer alleinigen Obliegenheit des dann voll souveränen Staates DDR

---

43 Schirdewan, Karl: Ein Jahrhundert Leben. Erinnerungen und Visionen, Berlin 1998, S. 231.

44 Chruschtschow gestand Eisenhower beim Treffen in Camp David im September 1959 unter vier Augen, er würde 10 Jahre brauchen »to educate the GDR to vote in a right way in a free election«. Eisenhower erinnerte sich an diese vertrauliche Bemerkung Chruschtschows in einem Gespräch während des Pariser Gipfeltreffens im Mai 1960 mit einem Beamten des State Department, der eine Gesprächsnotiz anfertigte. Zit. nach Zubok, Vladislav M.: Khrushchev and the Berlin Crisis (1958 – 1962), Washington, DC 1993, S. 11 (CWIHP Working Paper, No. 6).

45 Die SED beschuldigte den Westen, vor allem die im sog. Potsdamer Abkommen von 1945 vereinbarte konsequente Entnazifizierung und Demilitarisierung nicht umgesetzt zu haben.

46 Schirdewan, Aufstand gegen Ulbricht, S. 75.

47 Schirdewan, Ein Jahrhundert Leben, S. 232. Vgl. Harrison, Ulbrichts Mauer, S. 132 ff.

48 Moskau hatte bereits am 25. 3. 1954 eine Erklärung abgegeben, die Sowjetunion nehme im »Ergebnis von Verhandlungen mit der Regierung der DDR« mit der DDR die gleichen Beziehungen wie mit anderen souveränen Staaten auf. Zit nach Berlin. Chronik der Jahre 1951 – 1954, S. 980; vgl. Wettig, Sowjetische Deutschland-Politik, S. 123 f.

gemacht. Eine Grenzsicherung und -kontrolle auch innerhalb Berlins wäre, angesichts des umstrittenen Status des Westteils der Stadt, dann zunächst einmal eine relative Selbstverständlichkeit gewesen, schließlich pflegte die DDR zu Bonn und West-Berlin nicht gerade freundschaftliche Beziehungen, wie umgekehrt Bonn, West-Berlin und die Westmächte die DDR nicht einmal als Staat anerkannten und der West-Berliner Senat sich analog zu Bonn als einzig legitime Vertretung aller Berliner begriff und dementsprechend auftrat.

Die Kontrolle der eigenen Grenzen gehört zu den souveränen und legitimen Rechten eines jeden Staates. Nicht zuletzt auch deshalb legte die SED-Führung – bis 1989 – solch einen gesteigerten Wert auf die Demonstration dieses Rechts. Ganz abgesehen davon, dass Moskau angesichts der Machtverhältnisse und Abhängigkeiten natürlich auch im Fall der tatsächlichen Souveränitätsübertragung faktisch in allen wesentlichen Fragen das Sagen behalten hätte, unterlag die dann mit dem »Vertrag über die Beziehungen zwischen der DDR und der UdSSR« vom 20. September 1955 der DDR gewährte Souveränität aber zum Bedauern Ulbrichts und der SED-Führung auch deutlichen formal-rechtlichen Einschränkungen, nicht zuletzt in Bezug auf den Viermächtestatus Berlins. Allerdings wurde in einem Briefwechsel zwischen den Außenministerien festgehalten, der DDR obliege die Bewachung und Kontrolle ihrer Grenzen an der »Demarkationslinie zur Deutschen Bundesrepublik«, am Außenring von Groß-Berlin, wie auch in Berlin selbst und auf in ihrem Gebiet liegenden Verbindungswegen zwischen der Bundesrepublik und West-Berlin. Ausgenommen war der lediglich die Kontrolle des Verkehrs der in West-Berlin stationierten Besatzungsmächte, die »bis zur Vereinbarung eines entsprechenden Abkommens« vom Kommando der Gruppe der sowjetischen Streitkräfte in Deutschland ausgeübt werde.[49] Jedoch stellte Moskau jetzt auch wieder grundsätzlich – erstmals seit der Berlin-Blockade 1948/49 – die Rechtmäßigkeit der Präsenz der westlichen Besatzungsmächte in Berlin in Zweifel.[50] Ulbricht drängte fortan durchgängig auf die Übertragung weiterer Kontrollrechte über die Zugangswege nach West-Berlin, nicht zuletzt auch auf die Übernahme der Kontrolle der Luftwege.[51] Dies hätte eine scharf

49 Zit nach Berlin. Chronik der Jahre 1955–1956, S. 280f. Zu den Rahmenbedingungen, also der Genfer Konferenz und den Verhandlungen Moskaus mit Adenauer, vgl. Wettig, Sowjetische Deutschland-Politik, S. 45ff.

50 Wettig, Sowjetische Deutschland-Politik, S. 118.

51 Ebd., S. 123ff. Dafür, dass Ulbricht angeblich »von 1952 bis zum ausgehenden Frühjahr 1958 in Moskau mehrfach erfolglos auf Schließung des Schlupflochs Berlin«

gesicherte Grenze in Berlin zum Zwecke der Fluchtverhinderung mehr oder weniger überflüssig gemacht, da die Flüchtlinge aus West-Berlin nicht mehr hinausgekommen wären. Aber selbst zu der in Zusammenhang mit dem Plan »Anton« angekündigten Verringerung der Sektorenübergänge kam es nicht. Ob die »Freunde« ihr zunächst anscheinend gegebenes Einverständnis zur Schließung einiger Sektorenübergänge wieder zurückgezogen haben, das Einverständnis ein Missverständnis war oder aus welchen Gründen sonst es nicht zur Umsetzung der Pläne zur Schließung einiger Übergänge und zur deutlichen Verschärfung der Kontrolle gekommen ist, darüber geben die Akten keine Auskunft. Der Plan »Anton« blieb noch in der Schublade (bzw. wurde anscheinend irgendwann vernichtet).

3. Diskussionen im ZK über die »Republikflucht« (1955)

Mitte der 50er Jahre war die »Republikflucht« zu einem Alltagsthema für die SED geworden, hatte einen festen Platz im Sorgenkanon der Partei. Es war aber eine unter vielen, noch immer nicht *die* Sorge der SED, wie dann Anfang der 60er Jahre.[52] Noch war die »Republikflucht« als solche weder tabuisiert noch durchweg kriminalisiert. Selbst auf ZK-Tagungen wurde darüber relativ

---

gedrängt habe, führt Wettig keinen Beleg an. In der entsprechenden Anm. 43 finden sich als Beleg nur Dokumente aus der Zeit vom Dezember 1952 bis zum Frühjahr 1953. Zur Bewertung dieser Dokumente s. Kubina, Michael: Ulbrichts obskures Objekt der Begierde. Korrekturen zum Geschichtsbild von Ulbrichts angeblichen Mauerplänen vom Anfang der 50er Jahre, Zeitschrift des Forschungsverbundes SED-Staat, Nr. 29/2011, S. 26–81, passim, besonders S. 69 ff. Auch für seine Behauptung auf S. 127, »Ulbricht dagegen glaubte [anders als Chruschtschow], dass man bei Bedarf auch zu Mitteln der Gewalt greifen müsse«, gibt Wettig keinen Beleg, sondern schreibt selbst, dass Ulbricht erst Anfang 1958, als die sowjetische Führung zu erkennen gegeben habe, dass ihr der Hinweis Ulbrichts auf schlechtere Ausgangsbedingungen und mangelnde sowjetische Unterstützung als Grund für den anhaltenden wirtschaftlichen Rückstand gegenüber Westdeutschland »nicht mehr glaubhaft erschien, [...] die Probleme in seinem Land auf die offene Grenze« zurückgeführt habe, ebd., S. 127 f. Allerdings hat er auch für diese Aussage keinerlei belastbaren Beleg, s. hier weiter unten.

52 Fritz Schenk erinnert sich, dass die SED-Führung die »Republikflucht« noch »bis etwa Mitte der fünfziger Jahre« hingenommen und teilweise sogar begünstigt habe. Erst in »späteren Phasen der ostdeutschen Entwicklung wurde die Massenflucht zu einem kritischen Problem«. S. den Diskusssionbeitrag von Fritz Schenk beim

ausführlich und offen gesprochen. Die Aussprachen auf ZK-Tagungen waren allerdings in keiner Weise thematisch strukturiert, wenngleich die Redner mehr oder weniger genaue Vorgaben hatten, was sie wie zu behandeln hatten. Neben den Funktionären der zentralen Führungsebene kamen solche aus den Bezirken und Vertreter von Wissenschaft und Kunst sowie »einfache« Arbeiter zu Wort. Zuweilen wurde zwar auf vorangegangene Beiträge Bezug genommen. Meist erschöpfte sich der »diskursive« Charakter solcher Aussprachen aber in mehr oder weniger banalen oder auch korrigierenden Zwischenrufen seitens des Führungspersonals, vor allem auch Ulbrichts selbst. Anders war es freilich, wenn die »Diskussion« Teil einer Kampagne war, wie etwa ab 1957 die gegen die »Revisionisten« in der Partei. Allein das Unstrukturierte dieser Aussprachen macht aber schon deutlich, dass ihr Zweck nicht darin lag, den Entscheidungsfindungsprozess der Parteiführung zu beeinflussen. Sie waren eher Inszenierungen als ein offener Meinungsaustausch. Vor allem dienten diese Aussprachen wohl der Selbstvergewisserung und waren natürlich auch ein Feigenblatt des sogenannten demokratischen Zentralismus.[53] Gerade ihre Funktion als Mittel der Selbstvergewisserung der SED macht sie jedoch für die Frage interessant, wie Führung und Funktionäre das Problem der Republikflucht wahrnahmen oder welches Bild sie in die Partei vermitteln wollten. In den in der Regel gekürzten Fassungen von Diskussionsbeiträgen in der DDR-Presse sucht man die (selbst-)kritischen und schwerwiegende Missstände in der DDR deutlich benennenden Redepassagen allerdings meist vergebens. Sie wurden jedoch zuweilen als »parteiinterne Informationen« den Funktionären der Partei und mittels dieser auch den Mitgliedern zugänglich gemacht. Diese Vorgehensweise stellte sicher, dass das »Herrschaftswissen« innerhalb der Partei verbreitet und genutzt werden konnte, gleichzeitig aber kein »normaler« DDR-Bewohner sich bei seiner Kritik am SED-Staat auf solche Redepassagen berufen konnte, es sei denn, er war bereit, westliche Medien als Quelle anzugeben, denn es dauerte natürlich meist nicht lange, bis solche »parteiinternen Informationen«, zum Beispiel über die Kanäle des SPD-Ostbüros, in den Westen gelangten und von dort via Rundfunk zurück in die

---

16. Rhöndorfer Gespräch in: Die sowjetische Deutschland-Politik in der Ära Adenauer, S. 161.

53 Die Bedeutung der 25. ZK-Tagung des SED-Zentralkomitees für die künftige politische Entwicklung in der sowjetisch besetzten Zone Deutschlands und die »gesamtdeutschen« Pläne des SED-Regimes, BMG, Presse- und Informationsstelle, Berlin, Dezember 1955, S. 1 ff.

DDR. Die Parteiführung dürfte sich dessen durchaus bewusst gewesen sein. So erschienen die als »parteiinterne Information« verbreiteten Auszüge aus der 25. und 33. Tagung des ZK der SED (Oktober 1955 bzw. Oktober 1957) wenig später sogar als ein vom Bonner Gesamtdeutschen Ministerium verbreiteter Nachdruck.[54] Es ist nicht auszuschließen, dass dies durchaus im Interesse der SED-Führung lag, wurde doch im Westen so der Eindruck vermittelt, als fände in der SED ein freier Meinungsaustausch als Basis eines demokratischen Willensbildungsprozesses statt.

Sieht man sich diese, wie gesagt, meist nicht offiziell veröffentlichten »sensiblen« Redepassagen an, fällt auf, dass sie ihre Themen zwar »parteiisch« und unter Zugrundelegung der ideologischen Prämissen, ansonsten aber zu jener Zeit noch erstaunlich offen, sachlich, in Maßen selbstkritisch, zuweilen auch humorvoll und, insbesondere auch was die »Republikflucht« betrifft, ohne jeden Ansatz von Panik angehen. Immer noch hat die SED vor allem Hochqualifizierte und Jugendliche im Blick, macht sich aber zunehmend auch Sorgen um einfache Arbeiter, ihre Kernklientel, bald auch um ihre Mitglieder und Funktionäre. Die 25. ZK-Tagung im Oktober 1955 war zugleich eine Abrechnung mit Honeckers erfolgloser Jugendpolitik, nicht zuletzt wurde die Jugendarbeit seiner FDJ verantwortlich gemacht für den anhaltend hohen Anteil Jugendlicher unter den »Republikflüchtlingen«. Honecker konnte bzw. musste sich nicht verteidigen, da er sechs Wochen zuvor zum Studium nach Moskau geschickt worden war und den FDJ-Vorsitz abgegeben hatte.[55] Niemals zuvor und niemals danach (bis 1989) hat es eine so scharfe Abrechnung mit Honeckers Politik vor dem Plenum des ZK der SED gegeben. Was ZK-Sekretär Albert Norden vortrug, war ein Totalverriss der Honecker'schen Arbeit an der FDJ-Spitze:

---

54 Die fotomechanischen Nachdrucke erschienen ohne jeden Hinweis auf den Urheber des Nachdrucks. Das Gesamtdeutsche Ministerium trat nicht als Herausgeber in Erscheinung, so dass diese Nachdrucke in Bibliothekskatalogen als von der SED herausgegeben erscheinen, so z. B. im Katalog der Bibliothek der SAPMO im Bundesarchiv (http://www.bundesarchiv.de/bibliothek/F/IIFX1DTBQB7APBAKB2JFG2H6VF P9KRNCRN4VIEGG4KVM9NUEV3-03397?func=find-b&find_code=WRD& adjacent=N&request=aus+dem+wortprotokoll+tagung+zentralkomitees+der+sed& local_base=BAB01, Stand 11.10.2011). Vgl. Weber, Geschichte der DDR, 1985, S. 261, Anm. 32. Im Nachdruck der 33. ZK-Tagung findet sich lediglich auf dem Innentitel ein Hinweis darauf, dass es sich um einen solchen handelt, und welche Teile im Nachdruck weggelassen wurden. Auf der letzten Seite findet sich ein kleiner Hinweis auf die Druckerei: »C. Brandt, Bonn«.

55 Borkowski, Dieter: Erich Honecker, München 1987, S. 239 ff.

> In der Tat wissen wir, daß die Jugend bei uns Existenzbedingungen hat, von denen sie früher nicht einmal träumen konnte und die sie in Westdeutschland nicht hat. Und trotzdem haben wir es mit einer Erscheinung zu tun, die jedem verantwortungsbewußten Genossen zu denken gibt [...], nämlich die Republikflucht einer Anzahl von Jugendlichen. Das ist eine Sache, die nicht nur die FDJ, sondern die ganze Partei auf den Plan rufen muß, damit wir nach den Ursachen forschen und Abhilfe zu schaffen versuchen. [...] Es gelingt nur ungenügend, ihr [der Jugend] nahezubringen, daß hier auf ostdeutschem Boden doch der entscheidende Einschnitt in die deutsche Geschichte vollzogen wurde und welch ein grandioses Unternehmen der Aufbau unserer neuen Gesellschaft auf sozialistischen Grundlagen ist. [...] Ich glaube, daß es uns nicht genügend gelingt, der Jugend klarzumachen, daß die Bundesrepublik unter der Diktatur der 150 Multimillionäre automatisch ein jugendfeindlicher Staat sein muß, weil in ihm die Militaristen und Chauvinisten regieren, und für Militaristen und Chauvinisten ist die Jugend und wird die Jugend nie etwas anderes sein als Kanonenfutter. Aber nur, wenn wir der Jugend das so prinzipiell erklären, helfen wir ihr, hinter die Fassade der modernen Konjunktur in Westdeutschland zu blicken, die offensichtlich viele Jugendliche blendet.

Norden führte die anhaltende »Republikflucht« der Jugend auf eine insgesamt mehr als mangelhafte Arbeit der FDJ zurück. Das Freizeitangebot für Jugendliche sei schlecht, die hauptamtlichen FDJ-Funktionäre träten unter den Jugendlichen kaum in Erscheinung, die Jugend hätte kein Vertrauen zu ihnen:

> Die Mehrzahl der Jugendlichen ist nämlich der Überzeugung, daß sie selbst keinerlei Einfluß auf die Tätigkeit der FDJ ausüben können, weil dort alles von oben bestimmt werde und weil man jeden mit Mißtrauen betrachtet und behandelt, wenn er mal einen anderen Gedanken zum Ausdruck bringt.

Außerdem, so nach Norden die Meinung der Jugendlichen, habe es ohnehin keinen Zweck, da man von den Funktionären keine Antwort bekomme. »Wollen wir die Republikflucht der Jugend zu einem fühlbaren Rückgang bringen«, so Norden,

> dann muß, gut vorbereitet, die große Aussprache mit der Jugend unter dem Motto beginnen: Jeder soll seine Meinung sagen. Tun wir das nicht, dann läuft der gute, starke Kern unserer FDJ Gefahr, sich von der Jugend zu isolieren.

Norden fügt die rhetorische Frage an, was es denn bedeute, wenn die Jugendlichen meinen,

> »im Westen ist es besser!« Meinen sie damit die Entlohnung? Natürlich nicht, weil diese Entlohnung und auch die ganze soziale Fürsorge bei uns besser ist.[56] Für die Jugendlichen handelt es sich darum, daß es im Westen mehr Tanzvergnügungen gibt, mehr Abwechslung, mehr Möglichkeiten für die Freizeitgestaltung.

Für Norden war ganz offensichtlich die schlechte Jugendarbeit der FDJ das Problem, nicht die offene Grenze, ja im Gegenteil. Er forderte etwa, es dürfe von Frühjahr bis Herbst keine Woche vergehen, in der die FDJ keine Großveranstaltung für Jugendliche anbiete: »Was die anderen mit dem Olympiastadion, mit der Waldbühne machen,[57] das können wir doch ebenso und noch besser machen.« Norden fragt:

> Was ist eigentlich mit dem Walter-Ulbricht-Stadion los? Nur 10- bis 12mal [sic!] im ganzen Jahr wird es ausgenützt, es hat uns verdammt viel Geld gekostet und liegt günstig an der Sektorengrenze.

Für Norden war die Lage unmittelbar an der Grenze zum britischen Sektor[58] ein Standortvorteil, denn er hoffte, mit attraktiven Veranstaltungen dort sogar Einfluss auf West-Berlins Jugend zu bekommen. Und er ging noch weiter und fragte, ob man bei der Lieferung von Waren ins Ausland oder Montagearbeiten dort nicht jugendliche Arbeiter mitschicken könnte, »die dann nach ihrer Rückkehr über Land und Leute, über die Verhältnisse dort berichten und dadurch die jungen Menschen stärker fesseln«.[59] Hier spricht nicht jemand, der seine Bürger einmauern will, sondern der selbstsicher auf die Kraft seiner Argumente vertraut, die nur angemessen unters Volk gebracht werden müssten. Kurze Zeit später warnte Norden vor hohen Parteifunktionären des Bezirks Erfurt sogar davor, die Jugendlichen könnten das Gefühl bekommen, sie seien »ihr Leben lang zwischen Elbe und Oder eingesperrt«, wobei er allerdings auch unterstellte, der Klassenfeind versuche mit allen Mitteln, dieses Gefühl

56 Allerdings war die Kaufkraft in Bezug auf viele Konsumgüter, insbesondere höherwertige, im Westen bereits deutlich höher.

57 Beide Veranstaltungsorte liegen im ehemaligen West-Berlin.

58 Die später in »Stadion der Weltjugend« umbenannte Sportstätte lag etwa dort, wo derzeit die neue BND-Zentrale gebaut wird.

59 Aus dem Wortprotokoll der 25. Tagung des Zentralkomitees der SED vom 24.–27. Oktober 1955, o. O. o. J. (fotomechanischer Nachdruck, Bonn 1956), S. 104–106 bzw. 159–160 (Originalpaginierung).

zu transportieren.[60] Die Kritik Nordens an Honeckers Jugendarbeit war natürlich mehr als wohlfeil, da deren Umsetzung letztlich das System gesprengt hätte, wie die Phasen relativer Liberalisierung davor und danach immer wieder unter Beweis stellten.[61] Und was hilft es, wenn in der FDJ frei diskutiert werden soll, aber anschließend die Staatssicherheit eingreift?

Auch Paul Verner, Abteilungsleiter im ZK für gesamtdeutsche Fragen, also für die Westarbeit der SED, sah vor allem in einer besseren »Aufklärung« über die Lage in Westdeutschland eine Chance für die SED. Er verwies auf den Fall der Reise einer Delegation von Ost-Berliner SPD-Mitgliedern[62] nach Kaiserslautern. Dort habe die westdeutsche SPD versucht, »die Hetze« gegen die DDR,

> die in der sozialdemokratischen Mitgliedschaft im Abklingen ist, dadurch wieder in Gang zu setzen, daß man eine 20köpfige SPD-Delegation aus dem demokratischen Sektor von Groß-Berlin nach Kaiserslautern holte. Als diese Delegation aber die schlechten Löhne und die unsozialen Verhältnisse in den dortigen Betrieben kennenlernte, gab sie ihrer Empörung Ausdruck. Ein Delegationsteilnehmer erklärte wörtlich, »daß es im letzten volkseigenen Betrieb besser wäre als in diesen kapitalistischen Betrieben von Kaiserslautern«.

Die Sache habe sich für die SPD zu einem Bumerang entwickelt. Es ist für unsere Frage unwichtig, ob Verners Geschichte sich tatsächlich so zugetragen hat. Auch in Verners Beitrag wird jedoch deutlich, dass die SED-Führung sich ihrer Sache sicher war, sich in der Offensive wähnte und durchaus meinte, sich, was Lebensstandard und vor allem die sozialen Verhältnisse der Arbeiter betraf,

---

60 Diskussionsrede Nordens vor führenden Parteifunktionären des Bezirks Erfurt, November 1955, zit. nach Lemke, Einheit oder Sozialismus, S. 361.

61 Nach der ZK-Tagung befasste sich eigens das ZK-Sekretariat mit dem Problem der jugendlichen »Republikflucht«. Zuständiger Sekretär war Schirdewan, der Honecker eher ablehnend gegenüberstand. S. Protokoll der Sekretariatssitzung am 12. 10. 1955, BArch DY 30 J IV 2/3/490, Bl. 1 f.

62 Als »Gegenleistung« für die Zulassung der 1946 unter sowjetischem Druck in der SBZ und im Ostsektor Berlins aus KPD und SPD vereinigten SED in den westlichen Sektoren blieb auch die SPD in Ost-Berlin eine zwar verfolgte, aber legale Partei. Die Ost-Berliner Parteigliederungen lösten sich erst nach dem Mauerbau auf, da eine von der SED unkontrollierte Arbeit nun nicht mehr möglich schien und vor allem die Verbindung zur Parteiführung in West-Berlin nicht mehr aufrechtzuerhalten war, s. Heimann, Siegfried: Die SPD in Ostberlin 1945 – 1961, in: Die Parteien und Organisationen der DDR. Ein Handbuch, hg. von Gerd-Rüdiger Stephan u. a., Berlin 2002, S. 402 – 425.

nicht verstecken zu müssen. Auch Verner sah das Problem in der mangelnden Qualität von »Aufklärung« und Propaganda begründet. Zur Bekämpfung der »Republikflucht« sei es nach Verner daher vor allem notwendig,

> sehr klar die westdeutschen Verhältnisse darzulegen und unseren Arbeitern, unseren Parteimitgliedern die Perspektiven der westdeutschen Wirtschaft darzustellen und die zukunftsfrohen und zukunftsträchtigen Perspektiven unserer Entwicklung

in der DDR zu erläutern. Man müsse

> sagen, worin das »Geheimnis« besteht, nämlich in der verstärkten Ausbeutung der Arbeiterklasse, mit der das »Wirtschaftswunder« für die großen Monopolkapitalisten in Westdeutschland organisiert wurde.

Die westdeutsche Wirtschaft unterliege dem »kapitalistischen Krisenzyklus«, während die DDR-Wirtschaft davon frei sei und »gewaltige Entwicklungsperspektiven« habe.[63]

Kurt Seibt, SED-Chef des (Grenz-)Bezirks Potsdam, schilderte in seinem Beitrag, durchaus eindrücklich und nachvollziehbar, wie die Wirtschaftskrise Ende der 20er Jahre und insbesondere der Umstand, dass sie mit Hilfe der Lehren Lenins und Stalins »vorausgesagt« werden konnte, zu einem Schlüsselerlebnis für ihn wurde:

> Dieses Wissen war für uns damals eine Lebensnotwendigkeit. Wir hatten jetzt eine scharfe Waffe für den Kampf, für die Auseinandersetzung, die wir täglich führen mußten. Die Lehre war sehr wichtig für unsere Argumentation. Ich habe sie immer gebraucht und nie wieder vergessen. Das war deshalb wichtig, weil die Krise ja noch nicht da war. Aber wir konnten jetzt die Entwicklung genau darlegen und zeigen, was kommen würde. Doch die meisten Menschen werden ja erst durch die Tatsachen überzeugt.

Bei der SED-Führung halfen allerdings, wie sich zeigen sollte, auch diese nicht. Aber die Fähigkeit zur Hellseherei war seit altersher mit der Chance auf Glück, Reichtum und Macht verbunden und das (vergebliche) Hoffen auf die kathartische Wirkung des bevorstehenden Unterganges der alten Welt stets wesentlicher Teil einer jeden eschatologischen Ideologie. Und so war es auch bei der

63 Aus dem Wortprotokoll der 25. Tagung, S. 28 ff. bzw. 82 ff.

SED. SED-Funktionär Seibt sah, wie wohl die meisten seiner Genossen, aktuell deutliche Parallelen zur Situation in der zweiten Hälfte der 20er Jahre und plädierte daher dafür,

> diesen Zusammenhang zwischen Krise und Konjunktur in der kapitalistischen Ordnung zu zeigen, diese Kursstürze in New York sind gewissermaßen das Wetterleuchten für das hereinbrechende Gewitter, das unbedingt kommen muß und daß den Kapitalismus nicht[s][64] davor retten kann. Es ist meiner Meinung nach wichtig, in der Propaganda gerade diese Seite der Sache besonders hervorzuheben.[65]

Nun war Hintergrund für den New Yorker Börsensturz weniger der kapitalistische Krisenzyklus als vielmehr ein Herzinfarkt des amerikanischen Präsidenten Dwight D. Eisenhower[66] gewesen und Seibt insofern etwas voreilig. Aber aus historischen Erfahrungen Schlüsse auf die Gegenwart zu ziehen, ist eine unter Menschen und besonders auch Politikern verbreitete, wenn auch oft nicht sonderlich treffsichere Methode. Außerdem wird angesichts der westdeutschen Erfolgsgeschichte heute oft vergessen, dass die 50er Jahre der Bundesrepublik nicht nur Jahre politischer, sondern auch sozialer Kämpfe waren.[67] Die SED sah sich dort mittendrin als Partei, im wörtlichen wie im übertragenen Sinn. Was sie nicht sah, war, dass der westdeutsche »Imperialismus« die Herausforderung durch das Sozialismusexperiment in Ostdeutschland nicht nur dahingehend annahm, dass er es bekämpfte, sondern auch in erheblichem Maße zu sozialen Konzessionen bereit, schlicht lernfähig war.

Auch Werner Steinke, Sekretär des FDJ-Zentralrats, schlug in dieselbe Kerbe wie schon Verner und Norden,[68] sich dabei auf die Befragung von »vie-

---

64 Im Text steht »nicht«; es muss aber offensichtlich »nichts« heißen.

65 Ebd., S. 70 f. bzw. 124 f.

66 Eisenhower erlitt am 23. 9. einen Herzinfarkt, woraufhin die Kurse an der New Yorker Börse fielen, am 26. 9. an einem Tag um fast 32 Punkte. Eine längere Börsenflaute folgte.

67 Vgl. etwa Bikini. Die fünfziger Jahre. Politik, Alltag, Opposition. Kalter Krieg und Capri-Sonne. Fotos, Texte, Comics, Analysen, zusammengestellt von Eckhard Siepmann, ausgebreitet von Irene Lusk, montiert von Jürgen Holtfreter, Berlin 1983; aus orthodox kommunistischer Sicht: Krause, Fritz: Antimilitaristische Opposition in der BRD 1949 – 55, Frankfurt am Main 1971, beides passim.

68 Vgl. darüber hinaus auch den Redebeitrag von Rudi Kirchner, Sekretär des Bundesvorstandes des FDGB für gesamtdeutsche Arbeit, Aus dem Wortprotokoll der 25. Tagung, S. 37 bzw. 91.

len Jugendlichen« stützend, »die die Absicht hatten, die Deutsche Demokratische Republik« zu verlassen. Knapp die Hälfte von ihnen sei Mitglied der FDJ gewesen. Etwa ein Zehntel von ihnen hätte, »wenn man so sagen kann, hochpolitische Gründe genannt, vor allem haben sie Angst, daß das ›Wehrgesetz‹ kommt, sie wollen keine Waffe in die Hand nehmen«. Der Rest habe, so Steinke, Schwierigkeiten im beruflichen oder persönlichen Leben angeführt, sie seien »zum Teil Abenteurer« gewesen, die es drüben »probieren« und »etwas erleben« wollten. Alle hätten »fast keine Kenntnis über die politische Lage« gehabt, »kein Verhältnis, keine Beziehung zu unserem Arbeiter- und Bauernstaat und zur FDJ«. Was auffällt ist, dass der Feindbegriff im Zusammenhang mit der »Republikflucht« der Jugendlichen hier, wie auch sonst in den meisten Beiträgen, explizit überhaupt nicht vorkommt. Die »Republikflucht« der Jugend wird eher in einer gewissen Parallele zur Abwanderung der Jugend aus dem ländlichen Raum in die Städte begriffen.[69]

Alois Pisnik, SED-Bezirkschef von Magdeburg, ebenfalls ein Grenz-Bezirk, machte in seinem Beitrag auf zwei weitere Probleme aufmerksam: den immer noch als zu niedrig empfundenen Lebensstandard in der DDR und den Umstand, dass die Menschen ihre Probleme, Sorgen und Zweifel nicht offen aussprächen:

> Es gibt auch eine solche Frage: In Westdeutschland ist es besser als bei uns. Seit 1953 ist es bei uns nicht aufwärts, sondern abwärts gegangen. Wenn es gelingt, die Menschen zur Sprache [scil.: zum Sprechen] zu bringen, so daß sie wirklich ihre Meinung sagen, und das ist nicht immer der Fall, dann kommen sehr oft diese Dinge heraus. In vielen Fällen, auch im Rahmen der Partei halten die Menschen und auch die Parteimitglieder mit ihrer wirklichen Meinung zurück und sagen sie nicht. Das ist ein bedenklicher Zustand. Wo es uns gelingt, Menschen zum Sprechen zu bringen, hört man in starkem Maße die Meinung in einer solchen Richtung: Bei uns ist es schlechter, in Westdeutschland ist es besser als bei uns, wir müßten erst einmal den Lebensstandard wie in Westdeutschland erreichen.

Angesichts der alltäglichen Probleme in den Betrieben und im Alltag werde sogar bereits die Überlegenheit der Planwirtschaft grundsätzlich angezweifelt. Auch Briefe von Flüchtlingen in die DDR würden angeführt, die zwar oft im Westen weniger verdienten, aber »sich doch mehr dafür leisten« könnten.

69 Ebd., S. 73 f. bzw. 127 f.

Pisnik machte in seinem Beitrag auch – wohl eher nolens als volens und ohne Konsequenzen zu ziehen oder zu fordern – deutlich, worin das Kernproblem lag:

> Eine sehr ernste Geschichte war auch in einer Gewerkschaftsgruppenversammlung, die im Karl-Marx-Werk in Magdeburg nur Angehörige der Intelligenz umfaßte. Dort ist die Intelligenz sehr massiv gegen unsere Republik und unsere Regierung aufgetreten.

Verwundert stellt Pisnik fest:

> Es waren aber solche, die eine ausgezeichnete fachliche Arbeit leisten. Als ihnen das in einer späteren Aussprache entgegengehalten wurde, sagten sie: »Wir sind interessiert daran, daß wir eine gute Arbeit leisten, wir sind aber nicht mit der Ordnung einverstanden, wie sie hier besteht. Drüben ist die Ordnung besser, das ist unsere Meinung.«

Pisniks lange Liste von weiteren konkreten ähnlichen Beispielen veranlasste Schirdewan zu dem Zwischenruf: »Was gibt es denn für positive Meinungen im Bezirk? Wir hören jetzt von Dir alle Meinungen, die negativ sind. Wie kämpft bei Euch die Partei?« Pisnik konterte: »Ich habe eingangs einige positive Dinge angeführt. Aber die Weiterentwicklung dieser positiven Seiten wird uns erschwert durch solche Momente, wie ich sie angeführt habe.« Das heiße nicht, dass die Partei in seinem Bezirk alles hinnähme und nicht dagegen ankämpfe, aber um erfolgreich sein zu können, müsse es »eine Änderung im Arbeitsstil« geben, wie es auf der Tagung schon mehrfach angesprochen worden sei. Das heiße auch, »daß man von Seiten der zentralen Organe, auch des Zentralkomitees, nicht so viele Empfehlungen, die bestimmte Festlegungen enthalten, gibt«. Ein solches Arbeiten bringe viel Papier hervor, erfordere »lange Sitzungen usw. Es erschwert aber auch die Entfaltung einer positiven Arbeit.«[70] Von »Abwerbung«[71] als Ursache der anhaltenden »Republikflucht« ist auch hier nirgends die Rede, wie auch die offene Grenze mit keinem Wort problematisiert, geschweige denn in Frage gestellt wird.

Auch in Bezug auf die Abwanderung von Akademikern und Arbeitern stehen also in der Analyse der Ursachen parteiintern durchaus eigene Fehler und

70 Ebd., S. 23 ff. bzw. 77 ff.

71 Lediglich das Problem der Abwerbung von Arbeitskräften durch die ostdeutsche private Wirtschaft aus volkseigenen Betrieben wird thematisiert, s. die Rede Willi Rumpfs, S. 99 bzw. 152.

Missstände in der DDR im Vordergrund, vor allem verbreitetes »bürokratisches« Handeln« und eine schlechte Versorgungslage mit Konsumgütern und Wohnraum. Anders als zwei Jahre später (siehe unten), vermutete der Magdeburger Bezirkschef hinter den Briefen von einstigen Flüchtlingen aus dem Westen an Freunde und Verwandte in der DDR auch noch keine unsichtbare, steuernde Hand in Bonn, sondern nimmt sie durchaus als Ausdruck der Erfahrungen der Flüchtlinge. Der Umstand, dass in der Aussprache »Abwerbung« oder gar »planmäßige Abwerbung« keine Rolle spielt, erstaunt umso mehr, als Grotewohl in seinem einführenden Referat gesagt hatte:

> Die Zunahme der Republikflucht bei Facharbeitern zeigt uns, daß amerikanische Kapitalisten und deutsche Rüstungsindustrielle eine planmäßige Abwerbung dieser Arbeitskräfte in unserer Republik organisieren. Ideologisch nicht gefestigte Arbeiter und Techniker fallen diesem Manöver zum Opfer, weil sie noch nicht begriffen haben, daß sie der Kriegsindustrie und dem Kriege in Westdeutschland dienstbar gemacht werden. Sie lassen sich vom westlichen Kapitalismus kaufen, weil ihr ideologisches Bewußtsein ihnen noch nicht die Erkenntnis vermittelt, daß es besser ist für den Frieden und den Aufbau des Sozialismus zu arbeiten, als dem Kriege und der kapitalistischen Ausbeutung zu dienen. Alle Partei- und Staatsorgane müssen dieser Entwicklung die größte Aufmerksamkeit schenken.[72]

Ulbricht hatte bereits auf der 24. ZK-Tagung Anfang Juni einen schärferen Kurs angekündigt und den im Frühjahr 1953 auf Druck Moskaus verkündeten »Neuen Kurs« für beendet, ja indirekt für falsch erklärt – falsch in dem Sinne, wie ihn manche verstanden hätten. Amerikanischen und westdeutschen »Agenten« unter der »Maske wissenschaftlicher Beratungen« warf er vor, organisierten »Menschenhandel« und einen »regelrechten Kauf« von Wissenschaftlern, Technikern und Ingenieuren zu betreiben. Dies werde von den Organen der DDR aufs Strengste geahndet werden.[73] Im September wiederholte der Sekretär des ostdeutschen »Ausschusses für Deutsche Einheit« die Vorwürfe auf einer Pressekonferenz. Die »verbrecherische Werbetätigkeit«

72 Die Verbesserung der Arbeit des Staatsapparates zur Erfüllung der Wirtschafts- und Verwaltungsaufgaben, Referat auf der 25. Tagung des ZK der SED, 24. – 27. 10. 1955, in: Grotewohl, Otto: Im Kampf um die einige Deutsche Demokratische Republik. Reden und Aufsätze aus den Jahren 1954 – 1956, Bd. IV, Berlin 1959, S. 598 – 638, hier S. 605.

73 Ulbricht auf der 24. ZK-Tagung am 1./2. 6. 1955, zit. nach Berlin. Chronik der Jahre 1955 – 1956, S. 184.

werde als ein »Akt ausgesprochener Feindseligkeit gegen die DDR« gesehen und sei geeignet, die Spannungen zwischen den beiden deutschen Staaten zu verschärfen.[74] Ende Dezember billigte die Volkskammer »einstimmig« eine Erklärung des Ost-Berliner Magistrats, in der dieser Ost-Berliner davor warnte, sich von westdeutschen Konzernen mit Versprechungen abwerben zu lassen. Jeder, der die DDR verlasse, und sei es nur, um in West-Berlin Arbeit anzunehmen, kehre dem Friedenslager den Rücken und helfe den Militaristen.[75]

Nun ist es einerseits selbstverständlich, dass eine dynamisch wachsende Wirtschaft Arbeitskräfte, insbesondere qualifizierte anzieht und auch um solche wirbt. Headhunter gibt es nicht erst seit heute. Der Abwerbungsvorwurf rückte auch genau in dem Moment in den Vordergrund der SED-Propaganda, da in Westdeutschland nahezu Vollbeschäftigung erreicht war und aus dem Problem der Arbeitslosigkeit eines des Mangels nicht zuletzt an qualifizierten Arbeitskräften wurde. Im Herbst 1955 lag die Arbeitslosigkeit in Westdeutschland nur noch bei 2,7 Prozent.[76] Es ist eine Binsenweisheit, dass in solchen Situationen Arbeitskräfte abgeworben werden, von wem und woher auch immer. Nur steckte dahinter eben keine gezielte und koordinierte, quasi kriegerische Handlung gegen die DDR seitens der Bundesregierung, allerdings war die Wirkung so. Die Schädigung der DDR-Wirtschaft war aber wohl eher ein Kollateralnutzen als eigenständiges Ziel der Abwerbung. Insofern war die auf Abwerbung abstellende »Ursachenanalyse« für die »Republikflucht« aber auch nicht völlig von den Realitäten losgelöst, wenn auch der Vorwurf der »Planmäßigkeit« wahrscheinlich weitgehend unbegründet war. Er geht wohl vor allem auf die in der SED-Führung verbreitete Vorstellung zurück, auch im Westen gäbe es ein dem eigenen Politbüro ähnliches Organ, das alle Fäden in

74 Girnus auf einer Pressekonferenz in Ost-Berlin am 7. 9. 1955, zit. nach Berlin. Chronik der Jahre 1955 – 1956, S. 269. Er behauptet dort auch, 1954 hätten rund 100 000 Menschen aus Westdeutschland ihren Wohnsitz in die DDR verlegt, und im ersten Halbjahr 1955 sei diese Zahl um 22 % angestiegen. Zwar ist die Zuwanderung aus Westdeutschland im ersten Halbjahr 1955 (40 522 gegenüber 32 198), wahrscheinlich wegen der bevorstehenden Einführung der Wehrpflicht in Westdeutschland, tatsächlich angestiegen, fiel aber bereits im zweiten Halbjahr wieder ab, so dass sie auf das Jahr gesehen sogar leicht zurückging. Die Angabe »rund 100 000« war ohnehin stark übertrieben, tatsächlich waren es nicht ganz 76 000 im Jahr 1954 und nicht ganz 73 000 im Jahr 1955.

75 Erklärung der Volkskammer vom 28. 9. 1955, zit. nach Berlin. Chronik der Jahre 1955 – 1956, S. 291.

76 Dieser Zusammenhang ist auch von westlicher Seite damals nicht geleugnet worden, s. Deutsche flüchten zu Deutschen, S. 22.

der Hand, steuernd und kontrollierend alle Bereiche der Gesellschaft erfasse. Diese grundsätzliche Fehleinschätzung hielt sich bis zum Ende der SED-Herrschaft, war ursächlich für nicht wenige Folgefehleinschätzungen seitens der SED und hatte wesentlichen Anteil an der chronischen Paranoia der SED-Führung. Noch die Massenflucht 1989 wurde auf eine konzertierte Aktion des Westens zurückgeführt.[77]

Abgesehen von dieser grundsätzlichen Fehlwahrnehmung gibt es wahrscheinlich mehrere Gründe dafür, dass von nun an der Abwerbungsvorwurf gegen Westdeutschland propagandistisch immer mehr in den Vordergrund rückte. Zunächst einmal war er, wie erwähnt, nicht völlig unbegründet und wurde mit dem Erreichen von Vollbeschäftigung und bald auch einem deutlichen Arbeitskräftemangel in Westdeutschland nach innen und außen plausibler. Zudem exkulpierte er die SED-Führung, indem er vom eigenen Versagen in der Wirtschaftspolitik ablenkte und es zugleich ermöglichte, die wirtschaftlichen Probleme auf Machinationen des »Klassenfeindes« (und intern auch – nicht völlig unbegründet – auf mangelnde wirtschaftliche Unterstützung bzw. sogar Ausbeutung durch Moskau) zurückzuführen. Ende der 50er Jahre, als die westdeutsche Wirtschaft und der Lebensstandard einen noch kurz zuvor von niemandem für möglich gehaltenen Aufschwung nahmen, wurde der Abwerbungsvorwurf an den Westen dann für die SED-Führung geradezu unverzichtbar. Aber so weit war es 1955 noch nicht. Noch war der wirtschaftliche Aufschwung im Westen längst nicht für jeden oder auch nur die Mehrheit mit einem drastischen Ansteigen des eigenen Lebensstandards verbunden. Was wirkte, war eher das Versprechen, der neue Wohlstand werde bald alle erreichen, der Glauben daran oder auch nur die Hoffnung, für einen selbst sei es möglich. Bei nicht wenigen war dieser Glaube, diese Hoffnung aber auch noch auf Ostdeutschland gerichtet. Warum sollte dort nicht möglich sein, was auch für Westdeutschland noch vor wenigen Jahren kaum jemand für möglich gehalten hatte? Auf Seiten der SED stand immer noch die feste Überzeugung von der Überlegenheit des eigenen, planwirtschaftlichen Systems.

So wie der Abwerbungsvorwurf die Führung exkulpierte, so verhinderte er allerdings, sobald die »Abwerbung« auch intern zur Hauptursache deklariert wurde, eine Lösung der eigentlichen, endogenen Probleme, wie sie in der Aussprache der 25. ZK-Tagung noch relativ realitätsbezogen benannt wurden.

---

77 S. Kubina, Alfred Neumann, passim; ders., »Nichts Wesentliches unberücksichtigt gelassen«, S. 49 ff., 63 ff.; Kubina, Die SED und ihre Mauer, passim.

Weil man sich die Lösung durchaus noch zutraute, wurden die Ursachen parteiintern noch relativ deutlich angesprochen, ja mussten besprochen werden. Je mehr dieses Problemlösungszutrauen im Schwinden begriffen war, je weiter die auf eigene Überlegenheit beruhende Wiedervereinigung Deutschlands auf Basis der ostdeutschen Verhältnisse in die Ferne rückte und zugleich die Abwanderung hoch blieb oder sogar wieder anwuchs, desto größer wurde die Verführung, in der »planmäßigen Abwerbung« auch parteiintern die Hauptursache zu sehen und die eigentlichen Probleme nur noch in der engsten Parteiführung beim Namen zu nennen. Dieser Prozess begann jetzt, und erst im Zuge dieses Desillusionierungsprozesses entstand eine logische Basis für Überlegungen, das Problem der »Republikflucht« durch (vorübergehendes) rigoroses Einsperren der eigenen Bevölkerung zu lösen, sei es durch Kontrolle aller Zugangswege von West-Berlin nach Westdeutschland, sei es durch die totale Kontrolle der Grenzen West-Berlins.

Aus den Beiträgen auf der 25. ZK-Tagung wird also deutlich, dass die SED-Führung einerseits immer noch selbstbewusst und optimistisch in die Zukunft sah, dass sie andererseits aber dem Umstand, dass ihre eigene Überzeugung nicht von allen geteilt würde, immer hilf- und verständnisloser gegenüberstand. Dieser nicht zu leugnende Umstand war für sie aber eindeutig Ergebnis eines Vermittlungsproblems und nichts, was zu Zweifeln an der eigenen Sache Anlass hätte bieten können oder müssen. So war es jedenfalls in der Führung. Angesichts der als sicher angenommenen grundsätzlichen Überlegenheit des Sozialismus wurden die Lösung der Republikfluchtproblematik immer noch in erster Linie in einer besseren »Aufklärung« und Propaganda gesehen und vor allem die Mängel in diesen Bereichen kritisiert, wie es etwa auch ZK-Sekretär Kurt Hager tat, der sich aber zugleich als rabulistischer Scharfmacher betätigte:

> Seit Monaten nimmt die Republikflucht von Angehörigen der Intelligenz, Facharbeitern und Jugendlichen ständig zu, die Genossen in den Ministerien registrieren dies (oder auch nicht), aber es hat den Anschein, daß sie diese Tatsache als unabänderlich hinnehmen und sich mit der nachträglichen Feststellung, es handele sich um Feinde, beruhigen. Aber es wurde nicht prinzipiell und an Hand von Beispielen erläutert, daß die Republikflucht einer Unterstützung des Militarismus und der kapitalistischen Ausbeuter gleichkommt und ein Verrat an den Interessen der Werktätigen ist.

Noch war dies ein agitatorisches Argument. Bald sollte es zu einem juristischen werden. »Wir erläutern«, so Hager weiter,

> nach wie vor in unserer Propagandaarbeit zu wenig, daß sich das Kräfteverhältnis in der Welt zugunsten des Sozialismus verändert hat, daß das Lager der Demokratie und des Sozialismus immer stärker wird und unüberwindlich ist, weil es das Neue, Fortschrittliche in der Entwicklung der Gesellschaft darstellt.

Belege dafür waren Hager die Völker in Asien und Afrika, die »ihre Unabhängigkeit erkämpfen und einen demokratischen Weg einschlagen«, sowie der Umstand,

> daß die Sowjetwissenschaft auf den Gebieten der Kernphysik und Kerntechnik an der Spitze steht. Mir scheint, daß wir in der sozialistischen Erziehung der Werktätigen nur vorwärtskommen werden, wenn wir keine Frage unbeantwortet lassen, keiner Auseinandersetzung aus dem Wege gehen, stets prinzipiell argumentieren und Mängel und Schwierigkeiten offen darlegen.[78]

Einer der Vorzeigearbeiter im ZK, der Bergmann Karl Krüger, hatte die von Hager eingeschlagene Richtung (»Verrat an den Interessen der Werktätigen«) schon vor ihm in schlichteren Worten ausgedrückt:

> Auf dem 24. Plenum [des ZK Anfang Juni 1955] sagte, glaube ich, der Genosse vom Staatssicherheitsdienst, man müsse anders vorgehen, man müsse diese Leute als Staatsfeinde – so war ungefähr der Ausdruck – ansehen. Ich habe das damals begrüßt. Ich glaube, wenn wir mal so handeln würden, daß wir den Leuten, die abhauen, nicht Zucker hinten hineinblasen, sondern tatsächlich mit ihnen ein ernstes Wort sprechen würden, dann würden wir die Republikflucht nicht in solchem Maße haben.

Krügers Redebeitrag lässt zudem erkennen, in welchem Ausmaß die Frage der »Republikflucht« in bestimmten Kreisen der Partei auch aus einem antibürgerlichen und antiintellektuellen Ressentiment heraus begriffen wurde:

> Ich bin einverstanden, daß wir die Intelligenz brauchen, und wenn uns einer abhaut, haben wir in manchen Betrieben Schwierigkeiten. Aber ich bin der Meinung, daß wir uns noch mehr mit unseren Kumpeln in den Betrieben beschäftigen müssen.

78 Aus dem Wortprotokoll der 25. Tagung, S. 61 f. bzw. 115 f.

Seine Kritik richtet sich vor allem gegen die Hilfen für Rückkehrer aus dem Westen, die »unsere werktätigen Kumpel, die treu zu unserer Partei und Regierung stehen und treu die ganzen Jahre gearbeitet haben«, nicht verstünden.[79]

Allein die in den Redebeiträgen der ZK-Tagung geschilderten Missstände und Probleme ergäben, nüchtern betrachtet, bereits hinreichend Gründe, die DDR in Richtung Westen zu verlassen.[80] Viele ZK-Mitglieder indes nahmen sie aber anscheinend vor allem mit Humor auf. Alfred Neumann, Berliner Parteichef und, wie gezeigt, zeitgleich mit dem Plan »Anton« befasst, platzte darüber der Kragen. Bezug nehmend auf »alle möglichen Anekdoten unseres Bürokratismus«, die auf der Tagung zu hören gewesen seien, sagte er:

> Ich könnte hier genauso lachen wie alle anderen. Aber es ist mir viel zu ernst. Warum wird das nicht geändert? Ist das Sache des Witzblattes oder lachen wir über unsere Unfähigkeit?

Fast neun Stunden habe man sich Referate angehört, aber was seien die Schwerpunkte? Die Partei könne doch »im zweiten Fünfjahrplan nicht mit der gleichen Walze kommen«.[81]

Die immer »gleiche Walze«, die Litanei von den auf die derzeitigen Opfer folgenden Segnungen der kommenden neuen Ordnung – das war in der Tat das, was der SED in den folgenden Jahren zu schaffen machen sollte. Ihre »Probezeit« für die große Utopie lief ab; je mehr sich Westdeutschland zum »Wirtschaftswunderland« entwickelte, umso schneller. Nicht wenige von denen, die der SED zunächst vielleicht noch ihre rosigen Zukunftsverheißungen abgenommen hatten, bekamen angesichts über Jahre unveränderter Probleme Zweifel. Auch dürften gewisse ideologische Unsicherheiten, die der Zusammenbruch des Nazistaates und der Naziideologie für die bis dahin weitgehend ihrem Führer folgenden Deutschen mit sich gebracht hatte, inzwischen neuer individueller Selbstsicherheit gewichen sein. Für viele wurde die Entscheidung gegen die »leuchtende Zukunft« im Osten natürlich auch dadurch leichter, dass die »lichte Zukunft« in Westdeutschland Mitte der 50er Jahre unter dem Rubrum »soziale Marktwirtschaft« bereits begonnen zu haben schien.

---

79 Ebd., S. 35 bzw. 89.

80 Einen referierenden Überblick bietet, allerdings ohne die Ausführungen zur »Republikflucht« zu berücksichtigen, Weber, Geschichte der DDR, 2004, S. 243–250.

81 Aus dem Wortprotokoll der 25. Tagung, S. 98 bzw. 152.

4. Mit dem Sein das Bewusstsein verändern – Kriminalisierung der »Republikflucht«

Ulbricht nahm, aller Ursachenanalyse im ZK zum Trotz, in seinem Schlusswort die Frage der »Republikflucht« nur am Rande und unter Bezug auf eine der »Anekdoten« auf:

> Noch zu etwas anderem! Warum sind denn einige der Ingenieure und Wissenschaftler von Zeiß weggegangen? Weil unsere Genossen den Eindruck erweckt haben, daß die Zeiß-Werke[82] keine Perspektive haben, das war der Grund.

Die Frage der Perspektive war in der Tat entscheidend, nicht nur bei den Zeiß-Werken, aber bei Ulbricht folgte lediglich das bewährte Muster sich selbst exkulpierender Schuldzuweisung, nachdem die »unten« richtige Direktiven derer »oben« falsch umgesetzt hätten: »Das ist eine sehr ernste Frage.«[83] Die Republikflucht wurde von ihm parteiintern immer noch als Marginalie, neben der »Abwerbung« vor allem aus schlechter Umsetzung zentraler Weisungen resultierend, behandelt. Dies dürfte Ergebnis typisch Ulbricht'scher Überlegungen gewesen sein. So glaubte er wahrscheinlich weitgehend selbst, was er sagte, zumindest in dem Sinne, dass sich die Wirklichkeit nicht durch offene Fehlerdiskussionen, sondern vielmehr durch die Kraft des Willens im Einklang mit den »historischen Gesetzmäßigkeiten« formen lasse. Wirklichkeitsverleugnung sollte mittels Motivation Wirklichkeitsveränderung bewirken. Vergegenwärtigt man sich, in welchem Ausmaß in den Jahren, in denen Ulbricht in Moskau lebte, auf Befehl Stalins Wirklichkeit konsequent verleugnet und zugleich verändert wurde, ist ein solches Denken nicht mehr ganz so abwegig, wie es im Blick zurück erscheinen mag. Für Ulbricht stand am Ende eines solchen Vorgehens durch Stalin die Sowjetunion als zweite Weltmacht, die sich vermeintlich anschickte, zur ersten zu werden. Ulbricht sah die Wirk-

82 Die auf dem Gebiet der DDR befindlichen Teile der Carl-Zeiss-Stiftung, vor allem die Werke in Jena und Dresden, hatten beim Abzug der Amerikaner wichtige technische Unterlagen und Spezialisten an die im westdeutschen Oberkochen 1946 unter Regie der Amerikaner gegründete und in Heidenheim ansässige Stiftung verloren und konkurrierten mit dieser nicht zuletzt auch um die Namensrechte. Zur Geschichte des Werkes s. Mühlfriedel, Wolfgang/Hellmuth, Edith: Carl Zeiss in Jena 1945–1990, Köln, Weimar, Wien 2004, v. a. S. 1–88 und S. 268 ff.

83 Aus dem Wortprotokoll der 25. Tagung, S. 123 bzw. 177.

lichkeit wie sein Lehrmeister, und er gedachte, die Wirklichkeit wie dieser zu verändern. Ulbrichts Selbstverständnis als politischer Mensch glich eher dem eines Künstlers als dem eines Wissenschaftlers, auch wenn ihm das so nicht bewusst gewesen sein dürfte. Wirklich war, was sein sollte. Wenn noch nicht in diesem Moment, aber sehr bald:

> Die Lehre von Karl Marx ist allmächtig, weil sie wahr ist. Sie ist in sich geschlossen und harmonisch, sie gibt den Menschen eine einheitliche Weltanschauung, die sich mit keinerlei Aberglauben, keinerlei Reaktion, keinerlei Verteidigung bürgerlicher Knechtung vereinbaren läßt.

Ulbricht hatte – in der Nachfolge Lenins und Stalins – begriffen, was ein Teil der »Massen« noch nicht zu verstehen imstande war und was, wie sich bald erweisen sollte, auch Teile der Partei nicht zu begreifen imstande waren. »Revisionismus« hieß dieses Nichtverstehen der geschlossenen und harmonischen Lehre innerhalb der Partei. Aber warum blieb die Erkenntnisfähigkeit so vieler Menschen hinter der eines Walter Ulbricht zurück?

> Genauso wie die Erkenntnis des Menschen die von ihm unabhängig existierende Natur, d.h. die sich entwickelnde Materie widerspiegelt, so spiegelt die gesellschaftliche Erkenntnis des Menschen (d.h. die verschiedenen philosophischen, religiösen, politischen usw. Anschauungen und Lehren) die ökonomische Struktur der Gesellschaft wider.

So führte Lenin seine Zusammenfassung der »Drei Quellen und Bestandteile des Marxismus« weiter. Der »Voluntarist« Ulbricht schloss daraus, er müsse nur radikal und schnell genug die ökonomische Struktur verändern, und schon werde sich zwangsläufig das dieser Basis adäquate Bewusstsein bei den Menschen einstellen. Sein Voluntarismus war Ergebnis seines Freiheitsverständnisses als Erkenntnis des Notwendigen. Die brachiale Veränderung der ökonomischen Struktur der Gesellschaft war daher für ihn der einzig realistische Weg zur Lösung des vermeintlich in der massenhaften »Republikflucht« zum Ausdruck kommenden Bewusstseinsproblems und nicht etwa Ursache desselben. Die DDR brauchte nicht weniger, sondern mehr Sozialismus. So handelte Ulbricht 1952, und so handelte er wieder, nachdem er seine Opponenten in der Parteiführung ausgeschaltet hatte. Es lohnt sich noch heute, Lenins kleinen, 1913 legal in Russland in der bolschewistischen Zeitschrift »Prosweschtschenije« (Aufklärung) erschienenen, für die »Bildung« auch der deutschen

Kommunisten folgenreichen Aufsatz zu lesen.[84] In wenigen Sätzen erklärt Lenin »schlüssig« nicht nur den Marxismus und dessen vermeintlich totale Überlegenheit, sondern mit ihm auch gleich die ganze Welt. Mehr braucht im Grunde kein Kommunist über den Marxismus zu wissen, und viel mehr wussten auch die meisten Kommunisten nicht über ihn. In Lenins Aufsatz findet sich der Kern dessen wieder, was sie so selbst- und siegessicher machte.

In der veröffentlichten Resolution der ZK-Tagung ist dann von der insgesamt recht differenzierten Analyse in den Redebeiträgen nichts mehr zu finden, dafür wird Hagers auf der Tagung propagierte Kriegstreiber- und Verratslogik konsequent zu Ende geführt:

> Wer die Deutsche Demokratische Republik verläßt und aus irgendwelchen [sic!] Gründen nach Westdeutschland geht, schädigt die Deutsche Demokratische Republik, die Bastion des Friedens und des Fortschritts, und leistet bewußt oder unbewußt den reaktionären Machthabern in Westdeutschland Hilfsdienste. Das muß als eine gegen den Frieden gerichtete Handlung betrachtet werden.[85]

Das war schon eine sehr schlichte Form von »Aufklärung« über die Verhältnisse in Westdeutschland. In der Praxis sollte sie eine weitere Kriminalisierung jeglicher Abwanderung nach Westdeutschland bedeuten, ohne das eigentliche Problem einer Lösung zuzuführen. Allerdings war diese Formel im offiziellen Kommuniqué bereits eine leicht abgeschwächte. Zunächst hatte es nach einer Politbürovorlage heißen sollen »jede Umsiedlung«, also nicht nur das illegitime Verlassen der DDR aus »irgendwelchen Gründen«, sei als eine »gegen die Sicherung des Friedens und die demokratische Entwicklung in Deutschland gerichtete Handlung« zu betrachten.[86]

Am 12. November behandelte die (Ost-)»Berliner Zeitung« in einem Leitartikel unter der Überschrift »Die Republikflucht« die »tragische Bevölkerungsbewegung [...] im gespaltenen Deutschland«, unterstellte den Flüchtigen »opportunistische Motive« und warnte zugleich vor der kommenden

84 Alle Zitate aus Lenin, Wladimir Iljitsch: Drei Quellen und drei Bestandteile des Marxismus, in: Ders., Werke, Bd. 19, Berlin 1977, S. 3 – 9.

85 Die neue Lage und die Politik der Sozialistischen Einheitspartei Deutschlands, zit. nach Dokumente der Sozialistischen Einheitspartei Deutschlands. Beschlüsse und Erklärungen des Zentralkomitees sowie seines Politbüros und seines Sekretariats, Bd. V, Berlin 1955, S. 445 – 511, hier 471.

86 Die neue Lage und die Politik der SED, Anlage zum Arbeitsprotokoll 49/55 der Politbürositzung vom 18. 10. 1955, zit. nach Lemke, Einheit oder Sozialismus, S. 361.

Krise im Westen, die »so sicher kommen werde wie das Amen in der Kirche«. Amerikanische und westdeutsche Rüstungsindustrielle betrieben eine planmäßige Abwerbung als Teil der Kriegsvorbereitung in der Bundesrepublik. Wer die DDR klammheimlich verlasse, werde, bewusst oder unbewusst, zum Schädling an den Interessen des werktätigen Volkes.[87] Der DDR-Justiz kam jetzt die Aufgabe zu, öffentlichkeitswirksam Belege für den Vorwurf der systematischen Abwerbung zu präsentieren. Am 27. Januar 1956 verurteilte der I. Strafsenat des Obersten Gerichts der DDR auf Basis von Artikel 6 der DDR-Verfassung (Boykott-, Mord- und Kriegshetze) und entsprechend der von Hager auf der 25. ZK-Tagung vorgetragenen Logik wegen Abwerbung zwei Angeklagte zum Tode, eine Angeklagte zu lebenslänglicher Haft und einen weiteren Angeklagten zu acht Jahren Zuchthaus. Das Gericht folgte dabei erwartungsgemäß den Strafanträgen des berüchtigten Generalstaatsanwalts Ernst Melsheimer.[88] Dieser hatte den Angeklagten vorgeworfen,

> als Agenten des amerikanischen Geheimdienstes und als Beauftragte westdeutscher Konzerne Sabotage am wirtschaftlichen und kulturellen Aufbau der DDR betrieben [zu haben], indem sie planmäßig und systematisch in verräterischer Absicht den Abzug von Angehörigen der Intelligenz und qualifizierten Facharbeitern […] nach Westdeutschland und in andere kapitalistische Staaten organisierten, um die Volkswirtschaft der DDR zu schädigen, die industrielle Produktion zu verlangsamen, den wissenschaftlich-technischen Fortschritt zu hemmen und damit die rasche wirtschaftliche Entwicklung zu verhindern.

Diese »faschistischen Kreaturen« hätten mit »verbrecherischen Methoden« ihre »Abwerbetätigkeit« betrieben. Melsheimer formulierte auch die Lehre für die DDR-Bewohner in unmissverständlicher Weise: Wer »republikflüchtig« werde, diene

> den Erzfeinden des deutschen Volkes […] Er zieht nicht um, sondern geht in den Teil Deutschlands, der vom Monopolkapital, Junkertum und Militaris-

87 Berliner Zeitung, 12. 11. 1955, zit. nach Berlin. Chronik der Jahre 1955–1956, S. 343.

88 Ernst Melsheimer (1897–1960) trat nach dem Jurastudium 1922 in den preußischen Justizdienst ein und gehörte von 1928 bis 1933 der SPD an. Nach 1933 engagierte er sich im Nationalsozialistischen Rechtswahrerbund (NSRB) und machte im NS-Justizapparat Karriere, ohne allerdings NSDAP-Mitglied zu werden. 1945 trat er in die KPD ein. S. Heymann, Brita: Ernst Melsheimer (1897–1960). Eine juristische Karriere in verschiedenen staatlichen Systemen, Frankfurt am Main 2007.

> mus beherrscht wird. Er verlässt den einzig rechtmäßigen deutschen Staat, die DDR, und übt Verrat an der Sache des Friedens und des Fortschritts.

Die ostdeutschen Zeitungen berichteten ausführlich über das Verfahren.[89] Hier findet sich erstmals in voller Deutlichkeit jene Argumentation, die fünf Jahre später auch zur Rechtfertigung des Mauerbaus angeführt wurde und letztlich bis zu deren Öffnung wesentlicher Teil der Mauerrechtfertigung der SED blieb.

Für den Moment konstatierte ein sowjetischer Beobachter jedoch, die SED nehme das Flüchtlingsproblem nicht wirklich ernst, um zugleich eine jener bereits bekannten wohlfeilen Mahnungen an ihre Adresse zu richten, nach der sie keine hinreichend »menschliche« Politik betreibe, um sich mit den Bedürfnissen der Bevölkerung zu befassen:

> Bis vor kurzen haben die Partei- und Staatsorgane der DDR dem Thema der Abwanderung von DDR-Bürgern nach Westdeutschland keine ernsthafte Beachtung geschenkt und dieser Erscheinung nicht die nötige politische Bedeutung beigemessen. Der Beschluss des Politbüros des ZK der SED vom 15. Dezember 1953 über »Weitere Maßnahmen im Kampf gegen die Republikflucht« wurde nicht ausgeführt und geriet praktisch in Vergessenheit.

Mit der Flüchtlingsproblematik sei vor allem die Polizei befasst, aber nicht die politische Führung:

> Erst in jüngster Zeit hat die zunehmende Abwanderung ... bei Partei- und Regierungsorganen der DDR Beunruhigung hervorgerufen. Ulbricht sprach darüber auf dem Plenum des ZK der SED im Oktober 1955, aber weder in seiner Rede noch in den Beschlüssen des Plenums gab es einen Hinweis darauf, welche Maßnahmen ergriffen werden sollten.[90]

---

89 Zit. nach Berlin. Chronik der Jahre 1955–1956, S. 406f. Anfang März wandte sich Parlamentspräsident Willy Brandt an deutsche und internationale Organisationen, darunter auch die UNO-Menschenrechtskommission, mit dem Hinweis auf inzwischen etwa 30 bekannt gewordene Prozesse vor DDR-Gerichten, in denen Deutsche wegen angeblicher »Abwerbung« zu langjährigen Haftstrafen verurteilt worden seien, s. ebd., S. 432.

90 Ob Ochode časti graždan Germanskoj Demokratičeskoj Respubliki v Zapadnuju Germaniju [Über den Weggang eines Teils der Bürger der DDR nach Westdeutschland], I. Tugarinov, stellv. Vorsitzender des Komitees für Information beim Außenministerium, 28. 12. 1955, von Gromyko am selben Tag an Suslov gesandt. zit. nach Harrison, Ulbrichts Mauer, S. 94f. Auslassung bei Harrison. Der Verfasser des Berichts

5. Die DDR als »Schaufenster des Sozialismus« – offene Grenze als Faszinosum (1956)

Spätestens seit der Genfer Konferenz im Juli 1955 verfolgte die Sowjetunion eine Politik der Sicherung und Stabilisierung des Status quo, nicht zuletzt auch in Deutschland. Eine Wiedervereinigung sei, so die neue sowjetische Position in der deutschen Frage, nur möglich auf dem Weg der Annäherung beider deutscher Staaten, begleitet von der Entstehung »eines wirksamen Systems der europäischen Sicherheit« und einer weiteren Reduzierung der internationalen Spannungen.[91] Beide deutsche Staaten waren inzwischen fest eingebunden in das jeweilige Lager: Westdeutschland durch die Pariser Verträge, die am 5. Mai 1955 rechtskräftig wurden, als souveräner Staat und als Mitglied der NATO, Ostdeutschland formal ebenfalls souverän und als Mitglied des Warschauer Paktes. Westdeutschland und die Sowjetunion nahmen diplomatische Beziehungen auf. Bonn hielt jedoch an seinem Alleinvertretungsanspruch für alle Deutschen fest. Um eine internationale Anerkennung Ostdeutschlands als zweitem deutschen Staat zu verhindern, betrachtete die Bundesrepublik die Aufnahme diplomatischer Beziehungen mit Ost-Berlin als unfreundlichen Akt, auf den sie entsprechend reagieren würde, bis hin zum Abbruch der diplomatischen Beziehungen ihrerseits. Diese nach dem westdeutschen Außenminister als »Hallstein-Doktrin« bezeichnete Maxime sollte die westdeutsche Außen- und Deutschlandpolitik bis zum Ende der Ära Adenauer prägen. Die »Deutsche Frage« wurde auf der Agenda der bipolaren Welt auf Initiative Moskaus mehr und mehr durch die Frage der Rüstungskontrolle und eines eu-

forderte, so meint Harrison, wie viele vor und nach ihm, dass die »bestehende Situation hinsichtlich der Abwanderung der Bevölkerung nach Westdeutschland dringend die Vorbereitung und Durchsetzung tiefgreifender ökonomischer und politischer Maßnahmen erfordert, die zur Lösung dieses schwierigen Problems führen können«. Direkt anschließend schreibt sie, Ulbricht habe jedoch »keine praktischen Maßnahmen« ergriffen, »um den Flüchtlingsstrom zu stoppen«. Obwohl sie zugleich darauf hinweist, der Vorwurf, die SED-Führung nehme das Fluchtproblem nicht ernst, sei immer wieder Teil der sowjetischen Analysen und Berichte, behauptet sie doch selbst immer wieder, das Fluchtproblem habe Ulbricht und die SED-Führung immer stärker beunruhigt, ohne allerdings für diese Aussage Belege für die Zeit vor 1960 anzuführen. Für eine Kritik an Harrisons Interpretation dieses Routineberichts s. Kubina, Frau Hope M. Harrisons Mauer (Teil I), S. 80 f.

91 Meldung der sowjetischen Nachrichtenagentur TASS vom 3. 11. 1995, zit. nach Lemke, Einheit oder Sozialismus, S. 355.

ropäischen Sicherheitssystems abgelöst. Die Genfer Gipfelkonferenz sollte für 35 Jahre die letzte gewesen sei, auf der die vier Hauptsiegermächte des Zweiten Weltkrieges die Frage der Wiedervereinigung Deutschlands aus ihrer Verantwortung aus dem Potsdamer Abkommen vom Sommer 1945 heraus verhandelten.

Die neue, auf »friedliche Koexistenz« ausgerichtete Politik Moskaus gegenüber dem Westen[92] hatte für die Deutschlandpolitik der SED zur Folge, dass sie langsam, aber endgültig Abschied nahm von der propagandistischen Forderung nach Wiedervereinigung als aktueller Aufgabe, und sich, wie Michael Lemke formulierte, von der Hoffnung auf eine kurzfristige Revolutionierung Westdeutschlands ab- und einer »›nationalen‹ Langzeitpolitik« zuwandte,[93] wobei, so ist zu ergänzen, in der Partei kurzfristig hier morgen oder übermorgen gemeint hatte und langfristig in einigen wenigen Jahren bedeutete. Ulbricht erteilte auf dem 25. ZK-Plenum zudem allen Überlegungen eine Abfuhr, die Wiedervereinigung könnte in einem wie auch immer gearteten Kompromiss aus den jeweiligen gesellschaftlichen Verhältnissen in Westdeutschland und in Ostdeutschland zustande kommen. Zumindest propagandistisch war diese Möglichkeit bis dahin nicht kategorisch ausgeschlossen worden. Ulbricht wandte sich jetzt auch gegen die Erwartung einiger seiner Genossen, die wirtschaftliche Überlegenheit der DDR werde erst erkennbar werden, wenn der Westen von der zu erwartenden zyklischen Krise des Kapitalismus erfasst werde. Die DDR müsse und könne Westdeutschland auch ohne Krise überholen. Ulbricht forderte,

> systematischer und aktiver als bisher alles Neue und Fortschrittliche auf dem Gebiet der Wissenschaft, der Technik und der Organisation der Produktion zu übernehmen. Man muß schneller das Fortschrittliche in die Praxis einführen.[94]

Er erkannte durchaus, dass der Westen auf diesem Gebiet bisher erfolgreicher war, machte dafür jetzt aber auch mehr oder weniger deutlich die Reparationslasten, die Kosten der sowjetischen Besatzungsherrschaft und der Auf-

---

92 S. Wettig, Bereitschaft zur Einheit, S. 286 ff.; Wettig, Sowjetische Deutschland-Politik, S. 41 ff.; Lemke, Einheit oder Sozialismus, S. 354 ff.; und Wilke, Manfred: Der Weg zur Mauer. Stationen der Teilungsgeschichte, Berlin 2011, S. 139 ff.

93 Lemke, Einheit oder Sozialismus, S. 357 f.

94 Zit. nach ebd., S. 357.

rüstung sowie die insgesamt zu geringe wirtschaftliche Unterstützung durch die Sowjetunion verantwortlich. Dies, so sein Fazit, müsse sich jetzt ändern. Faktisch forderte Ulbricht eine Art nachholenden Marschallplan der Sowjetunion für die DDR und strebte parallel einen weiteren Sowjetisierungsschub an, der das zu Ende bringen sollte, was 1953 wegen des aus Moskau oktroyierten »Neuen Kurses« und des »konterrevolutionären Putsches« abgebrochen werden musste. Zwar war Ulbrichts Lageanalyse in weiten Teilen realistisch, nicht jedoch, wie sich zeigen sollte, seine Einschätzung der wirtschaftlichen Potentiale des Sozialismus in Deutschland und in der Sowjetunion.[95] Aber dieser fehlende ökonomische Realismus war eben nicht Resultat mangelnder Kenntnisse über die ökonomischen Rahmendaten, sondern seines bereits erwähnten, an Stalin orientierten Voluntarismus, des Glaubens an eine spezifische Art »sich selbst erfüllender Prophezeiung« – auf Basis seiner »wissenschaftlichen Weltanschauung«. Auf einer Sitzung des Demokratischen Blocks machte er im November 1955 den Führungen der Blockparteien deutlich, dass es eine Wiedervereinigung erst geben könne, wenn die Kräfte der DDR

> so stabil, so stark sind, daß die Politik und die wirtschaftlichen, kulturellen und anderen Errungenschaften so ausstrahlen nach Westdeutschland, daß es gelingt, schrittweise unsere Einflüsse dort zu vergrößern und die Kräfte des Friedens und der Demokratie in Westdeutschland zu stärken.[96]

Im Grunde war dies eine Umkehrung der zunächst von Kurt Schumacher propagierten und dann von Konrad Adenauer adaptierten sogenannten Magnet-Theorie.[97] Die Eigenstaatlichkeit der DDR wurde zu einem Instrument der Wiedervereinigungspolitik uminterpretiert, deren internationale Anerkennung zum neuen Ziel der Außen- und Deutschlandpolitik der SED.

Dies hatte gravierende Konsequenzen für die Perspektiven der Menschen in der DDR. Stellte sich bisher, zumindest wenn man der »nationalen« Propaganda der SED noch etwas Glauben geschenkt hatte, die baldige Wiederverei-

95 Ebd., S. 356 f.

96 Ulbricht auf der Sitzung des Demokratischen Blocks am 8. 11. 1955, Stenografische Niederschrift, zit. nach ebd., S. 359.

97 Abelshauser, Werner: Zur Entstehung der »Magnet-Theorie« in der Deutschlandpolitik. Ein Bericht von Hans Schlange-Schöningen über einen Staatsbesuch in Thüringen im Mai 1946, Vierteljahrshefte für Zeitgeschichte 27 (1979) 4, S. 661–679; Abelshauser, Werner: Deutsche Wirtschaftsgeschichte, S. 361 f.

nigung als gemeinsames Ziel, ja als etwas Selbstverständliches und von allen Deutschen Angestrebtes dar, geriet jetzt die Frage, was für ein Deutschland das wiedervereinigte sein würde oder könnte, in den Vordergrund. Bisher dürfte bei den meisten Menschen die Erwartung vorgeherrscht haben, dass das größere und stärkere Westdeutschland maßgebend für die gesellschaftlichen Verhältnisse in einem vereinten Deutschland sein würde. Sieht man einmal von der Furcht vor Verfolgung bzw. drohender Verfolgung oder von menschlichen Bindungen als Abwanderungsgründen ab, war die Abwanderung nach Westdeutschland bisher oft mit relativ kurz- oder mittelfristigen Zielen verbunden. Menschen wollten Chancen nutzen, »ihr Glück« jetzt suchen und nicht nur auf bessere Zeiten warten. Eine Rückkehr war, zumindest theoretisch, ja immer noch möglich, und die in Bälde erwartete Wiedervereinigung würde die mit der Flucht in gewissem Maße eventuell verbundene Trennung von Familie, Freunden und Heimat aufheben. Dies begann sich jetzt deutlich zu ändern, zum einen, weil durch die Definition jeglicher »Republikflucht« als Verrat, da Unterstützung der »Kriegstreiber« im Westen, durch die 25. ZK-Tagung die Abwanderung sehr viel deutlicher ideologisiert, zunehmend kriminalisiert und aus einem Wohn- und Arbeitsortswechsel innerhalb Deutschlands ein »Seitenwechsel« wurde; zum anderen, weil die jetzt nur noch in einer – tatsächlich – langfristigen Perspektive realistisch erscheinende Hoffnung auf eine Wiedervereinigung aus der Wanderungsentscheidung immer mehr eine Lebensentscheidung machte.

Die Bedeutung der neuen Perspektive für die Frage der »Republikflucht« wurde auch von der SED-Führung erkannt. Hermann Matern machte dies vor führenden Vertretern der Blockparteien deutlich. Bisher sei ein wiedervereinigtes Deutschland von der SED immer als »einheitlich, friedliebend und demokratisch« definiert worden. Darunter verstünden

> jedoch nicht alle Menschen das gleiche. Es gab z. B. nicht wenige, die darunter Adenauer-Deutschland verstanden und sich darauf einstellten, daß eines Tages dieses einheitliche Deutschland ein Adenauer-Deutschland ist. Jetzt ist klar: das gibt es nicht, das wird nicht sein. Das muß bei Teilen der Bevölkerung eine Schockwirkung haben, Schwankungen erzeugen, denn jetzt müssen sie die Dinge erst verdauen. Damit hängt auch ein wenig die Republikflucht zusammen.[98]

98 Matern auf der Sitzung des Demokratischen Blocks am 8. 11. 1955, Stenografische Niederschrift, zit. nach Lemke, Einheit oder Sozialismus, S. 360.

Im folgenden Jahr kletterte die Abwanderung nicht nur ein wenig, sondern auf den Allzeithöchststand (über 363 661 Menschen).[99] Noch bedenklicher war, dass auch aus dem Kreis der SED immer mehr Menschen in den Westen gingen. Über ein Drittel der in einem Parteiverfahren 1954/55 aus der SED Ausgeschlossenen hatte, so informierte Matern im März 1956 das Politbüro, zuvor die DDR in Richtung Westen verlassen, fast 20 000 Menschen.[100]

Die Gründe für diese neue Fluchtwelle waren so vielfältig wie bisher. Die Absage der SED an eine baldige Wiedervereinigung und die massive Werbung für die Kasernierte Volkspolizei bzw. dann die Nationale Volksarmee dürften neben der Sogwirkung durch inzwischen massiven Arbeitskräftemangel im Westen nun aber eine nicht unwesentliche Rolle gespielt haben.[101] Für die Überzeugungskraft von Ulbrichts »Magnettheorie« war diese Fluchtwelle natürlich alles andere als hilfreich, für die DDR-Wirtschaft wurde sie zunehmend ein Problem. Zunächst einmal standen Ulbricht und die SED aber vor einem ganz neuen Problem. Auf dem XX. Parteitag der KPdSU hatte Chruschtschow scharf mit dem einst so »geliebten Führer« Stalin abgerechnet. Ulbricht versuchte zunächst die Folgen für sich und die SED so gering wie möglich zu halten. Als aber im März 1956 westliche Medien Chruschtschows Geheimrede auf dem Parteitag verbreiteten, mussten auch er und die Partei sich den nun massiv vorgebrachten Fragen stellen, Ulbricht selbst sogar, von der westlichen Berichterstattung völlig überrascht, auf einer Versammlung von SED-Funktionären in Berlin.[102] Rechtsverletzung und Führerkult waren nun nicht mehr nur Themen, die die »Freunde« in Moskau, sondern auch Ulbricht und die SED-Führung einzugestehen hatten. Kaum dass der »Neue Kurs« des Jahres 1953 von Ulbricht für beendet erklärt worden war, gab Moskau einen neuen »neuen Kurs« vor.

---

99 Selbst 1961 waren die Zahlen niedriger. Von Januar bis August 1961 verließen nach DDR-Zahlen 173 242 Menschen die DDR (im ganzen Jahr 212 814), im selben Zeitraum waren es 1956 mit 197 640 über 20 000 Menschen mehr; Zahlen nach Melis, Republikflucht, S. 258.

100 Information Materns an die Mitglieder und Kandidaten des Politbüros, Anlage zum Arbeitsprotokoll 11/56 der Politbürositzung vom 20. 3. 1956, nach Lemke, Einheit oder Sozialismus, S. 361. Damit hatten Parteimitglieder einen Anteil von etwa 3,7 % an den »Republikflüchtigen«, während der Anteil der Parteimitglieder (ca. 1,3 Mio.) an der erwachsenen Gesamtbevölkerung der DDR etwa 10, an der Gesamtbevölkerung gut 7 % betrug.

101 Deutsche flüchten zu Deutschen, S. 22 f.

102 Frank, Walter Ulbricht, S. 262.

Möglicherweise hatte der eine oder andere in Moskau bereits erste und noch ganz leise Zweifel, ob der Sozialismus sich wirklich so eindeutig und so bald, wie noch vor einigen Jahren erwartet, als dem Kapitalismus überlegen erweisen würde. Wichtig war da, den sichtbaren Beweis für die Richtigkeit der eigenen Überzeugung zu erbringen. Was Chruschtschow der DDR-Führung im Sommer 1956 als deren Aufgabe im Rahmen des sozialistischen Bündnisses vorgab, war genau jene Mischung aus noch bestehender Illusion und der wachsenden Erkenntnis, welche grundlegende Bedeutung einem in der Realität erfolgreichen Sozialismus in Deutschland für die Strahlkraft der sozialistischen Utopie in der Welt zukommen würde. Chruschtschows Kritik und seine Mahnungen waren freilich so wohlfeil wie fast alles, was in dieser Richtung aus Moskau bereits gekommen war und noch kommen würde, dass sie hier nicht im Detail geschildert werden müssen. Wichtig ist, dass die DDR die Auffassung widerlegen sollte, der Sozialismus sei vielleicht »gut für Asien, aber schlecht für den Westen«. »Wir als ihre nächsten Freunde«, predigte Chruschtschow den ostdeutschen Funktionären,

> haben nur einen Wunsch, daß Sie auf festen Füßen stehen und vorwärtskommen. Die Deutsche Demokratische Republik muß Anziehungskraft nicht nur [sic!] für Westdeutschland gewinnen, sondern auch für andere Staaten im Westen.

Die Sowjetunion werde dabei helfen.[103] Die DDR sollte zum Schaufenster des gesamten sozialistischen Systems werden.[104] Die Frage der »Republikflucht« wurde so von einem Problem des innerdeutschen Konkurrenzkampfes zu einem des Weltsozialismus. Ostdeutschland war für Moskau unter dieser Prämisse nicht einmal mehr theoretisch disponibel, es war auf absehbare Zeit unverzichtbar, weil konstitutiver Teil des ideologischen Konstrukts »Sozialismus«. Ulbricht hatte spätestens ab diesem Zeitpunkt eine Bestandsgarantie für die DDR und für den Sozialismus in ihr.[105] Die Politik der »friedlichen

103 Ausführungen von Chruschtschow am 10.7.1956, Aufzeichnung von ostdeutsch-sowjetischen Gesprächen in Moskau, zit. nach Lemke, Einheit oder Sozialismus, S. 363.

104 Lemke, Einheit oder Sozialismus, S. 363 f.; Lemke, Die Berlinkrise, S. 46.

105 Ausführungen von Chruschtschow am 10.7.1956, Aufzeichnung von ostdeutsch-sowjetischen Gesprächen in Moskau, zit. nach Lemke, Einheit oder Sozialismus, S. 363.

Koexistenz« zwischen den beiden gesellschaftlichen Systemen und politischen Lagern war eine Politik des Klassenkampfes mit anderen, eben friedlichen Mitteln, zumindest in Europa und gegenüber den NATO-Staaten. Chruschtschow wollte in einer Zeit, in der die Sowjetunion stärker denn je in der Weltpolitik dazustehen schien, auch das durch Stalin arg beschädigte Image des Sozialismus aufbessern. Seine Abrechnung mit Stalin auf dem XX. Parteitag der KPdSU war nicht zuletzt auch als ein an den Westen gerichtetes politisches Signal zu verstehen, war ein öffentlichkeitswirksamer Schlussstrich unter eine historisch vielleicht notwendig gewesene, aber inzwischen überwundene Epoche der Geschichte der Sowjetunion und des Weltkommunismus.[106] Die Wirkungen dieser Imagekampagne waren jedoch bekanntlich durchaus zwiespältig, wenn man nur an die Aufstände in Ungarn und Polen noch im selben Jahr sowie die sich anschließende Revisionismusdebatte denkt. Diese Vorgänge zeigen, dass Chruschtschows illusionäre Politik sich teilweise recht schnell als eine solche erwies. Als Machtmensch wusste er damit umzugehen; seine Illusionen behielt er trotzdem weitgehend. Chruschtschow gehört zu den sehr wenigen kommunistischen Führungsfiguren, die authentische, nicht von Parteihistorikern auf die jeweilige politisch-ideologische Linie getrimmte Erinnerungen und Reflexionen hinterlassen haben. Die Tonbandmitschnitte bzw. -abschriften gelangten Ende der 60er, Anfang der 70er Jahre in den Westen, ihre damalige Veröffentlichung war eine Sensation.[107] In unserem Zusam-

106 Orthodoxe Kommunisten sehen in Chruschtschow gar einen amerikanischen Agenten, auf jeden Fall einen »Konterrevolutionär«, so etwa der einst prominente SED-Historiker Gossweiler, Kurt: Die Taubenfuß-Chronik oder die Chruschtschowiade 1953 bis 1964: Dokumente, Kommentare, Analysen, Briefe, München 2002/2005.

107 Sie erschienen zuerst in verschiedenen Zeitschriften. In Deutschland im »Stern« und nicht im »Spiegel«, was Letzteren dazu ermunterte, sie für zumindest in Teilen für nicht echt zu halten, ihn aber nicht daran hinderte, einige Jahre später zwischenzeitlich in den Westen gelangte Nachträge zu veröffentlichen. Chruschtschow-Memoiren. Aus der Vorhölle, Der Spiegel, H. 48, 23. 11. 1970, S. 138–142; Chruschtschow: Stimme aus der Datscha, Der Spiegel, H. 18, 29. 4. 1974, S. 114–129. Es handelt sich nicht um einen geschlossenen Erinnerungstext, sondern um einen aus etlichen Mitschnitt- bzw. Textbausteinen zusammengestellten Text. Inzwischen ist die Echtheit unstrittig. Anfang der 90er Jahre erschienen Neuausgaben und in Zeitschriften auch Ausgaben in Russland. Vgl. zur Entstehung der Erinnerungen auch das Vorwort von Botho Kirsch zur 1992 erschienenen Taschenbuchausgabe, die ansonsten ein unveränderter Nachdruck der Ausgabe von 1971 ist (Chruschtschow erinnert sich. Die authentischen Memoiren, hg. von Strobe Talbott, eingel. und kommentiert von Edward Crankshaw, mit einem Vorwort zur Taschenbuchausgabe von Botho Kirsch, Reinbek bei Hamburg 1992); Chruschtschow, Sergej: Nikita Chru-

menhang bieten sie zwar wenig an historischen Detailinformationen, sind aber vor allem wegen einiger persönlicher Aussagen interessant, die Einblick in Chruschtschows Denkweise und seine Sicht auf den Sozialismus, den Westen und die Grenzen zwischen beiden Lagern geben.

Das Genfer Gipfeltreffen im Sommer 1955 gehörte zu den ersten Auftritten, die Chruschtschow als Parteichef außerhalb des sowjetischen Imperiums hatte, und er war sich seiner Unerfahrenheit bewusst, nahm vieles, was er sah, mit Staunen auf und schien es sofort, zum Teil auf recht naive Weise, in sein Weltbild, das immer noch weitgehend das aus Stalins Sowjetunion war, integriert zu haben. In Genf ist ihm nicht nur der Unterschied zwischen der Kleidung der sowjetischen Delegation und den führenden westlichen Staatsmännern aufgefallen, unangenehm berührt hatte ihn auch, dass seine Delegation nur mit einer kleineren Maschine gekommen war:

> Leider befand sich unsere Delegation bereits in dem Augenblick, als wir auf dem Genfer Flughafen landeten, im Nachteil. Die Leiter der anderen Delegationen kamen mit viermotorigen Maschinen und wir in einer bescheidenen zweimotorigen Iljuschin. Ihre Flugzeuge waren ganz zweifellos eindrucksvoller, und der Vergleich einigermaßen peinlich.[108]

Bei seinem Besuch in London im kommenden Frühjahr führte er, um die Peinlichkeit wettzumachen, eine sowjetische TU-104, eine der ersten Passagiermaschinen mit Düsenantrieb vor. Er war besonders angetan, als ihn selbst die englische Königin darauf ansprach, die das Flugzeug an ihrem Palast habe vorbeifliegen sehen.[109] Es war der Stolz eines Bauernjungen, der sich mit den Knaben des Nachbardorfes maß. Seine Erinnerungen sind voll von Berichten des Staunens und des Erkennens während seiner Auslandsreisen. Ähnlich begrenzt und ideologisch geprägt wie seine Kenntnisse über den Westen und

---

schtschow. Marionette des KGB oder Vater der Perestroika, hg. von William Taubman, München 1991, S. 285–393. 1999 erschien dann auch in Russland eine umfassende Ausgabe der Erinnerungsdiktate: Chruščëv, N.S.: Vremja, Ljudi, vlast' [Zeit, Menschen, Macht], 4 Bde., Moskau 1999, und später eine englische, weitgehend auf dieser russischen Ausgabe basierende Übersetzung Khrushchev, N. S.: Memoirs of Nikita Khrushchev, Vo. 1–3, University Park, Pa. 2004–2007.

108 Chruschtschow erinnert sich, 1971, S. 398; vgl. Khrushchev, Memoirs of Nikita Khrushchev, 3, S. 34.

109 Chruschtschow erinnert sich, 1971, S. 409; vgl. Khrushchev, Memoirs of Nikita Khrushchev, 3, S. 72.

die gesamte außersowjetische Welt[110] waren auch seine Vorstellungen von Deutschland.

Unmittelbar vor der Genfer Konferenz im Juli 1955 hatte Chruschtschow Josip Broz Tito besucht. Der charismatische jugoslawische Führer hatte sich noch unter Stalin gegen Moskaus Vormachtrolle in der kommunistischen Bewegung gesträubt und war daraufhin 1948 von diesem mit einer Art Bann belegt worden. Chruschtschow wollte eine Wiederannäherung beider Seiten erreichen. Diese Wiederannäherung war in Moskau nicht unumstritten, galt Jugoslawien doch bei etlichen in der sowjetischen Führung schon nicht mehr als »sozialistisches« Land. Interessant ist, wie Chruschtschow in seinen gut zehn Jahre später entstandenen Erinnerungen dieser Auffassung entgegentritt. Er bringt eine Art Gleichnis:

> Es war wie in der Geschichte von dem Mullah, der allen, die ihm auf dem Marktplatz begegnen, erzählt, da wo er gerade herkomme, gäbe es gratis Lammfleisch mit Reis. Die Kunde verbreitete sich rasend schnell in der Stadt und alle Welt rennt in die Richtung, die er gezeigt hat. Wie nun der Mullah alle Welt rennen sieht, hält er jemanden auf und sagt: »Was gibt es denn?« – »Nun, dort verteilt man gratis Lammfleisch und Reis!«. Also schürzt der Mullah seine Gewänder und stürzt ebenfalls in diese Richtung davon, obschon er es doch selber war, der sich die ganze Geschichte ausgedacht hat. Und genauso war es mit Jugoslawien. Wir hatten uns lauter gräßliche Sachen ausgedacht, die die Jugoslawen angeblich begingen, und hatten das alles so oft gehört, daß wir schließlich selber daran glaubten.[111]

Chruschtschow beschreibt hier ganz gut, was bei den Kommunisten dieser Generation unter Überzeugung zu verstehen ist, nämlich zumindest in Teilen das Ergebnis von Selbstbetrug. Dies ist jedoch von Lüge zu unterscheiden. Trotz ihres oft geringen Bezuges zur Realität sind solcherart Überzeugungen durchaus wirkungsmächtig, und sie bleiben, wenn auch oft nur autosuggestiv erzeugt, Überzeugungen. Hinzu kommt, es wurde bereits in Zusammenhang

---

110 Vgl. Wettig, Gerhard: Chruščëvs außenpolitisches Weltbild. Leitvorstellungen in der Berlin-Krise, in: Karner, Stefan u.a. (Hg.): Der Wiener Gipfel 1961. Kennedy-Chruschtschow, Innsbruck, Wien, Bozen 2011, S. 287–301 (Veröffentlichungen des Ludwig Boltzmann Instituts für Kriegsfolgen-Forschung, Graz – Wien – Klagenfurt; Sonderband 12).

111 Chruschtschow erinnert sich, 1971, S. 381; vgl. Khrushchev, Memoirs of Nikita Khrushchev, 3, S. 533 f.

mit den SED-Führern erwähnt, eine oft mangelhafte Bildung, ein recht begrenztes Bild von der Welt außerhalb des eigenen Mikrokosmos. Trotz solcher Defizite konnte man natürlich geistig offen sein und neue Erfahrungen, sofern man denn die Chance bekam, sie zu machen, aufnehmen, und Chruschtschow war es und bekam solche Chancen.

Kurz bevor Chruschtschow sich im Juli 1955, wie bereits dargestellt, in Ost-Berlin mit Schirdewan, Grotewohl und anderen aus der DDR-Führung unter anderem auch über die Frage der Grenze unterhielt, hatte er in Jugoslawien eine solche Erkenntnischance. Chruschtschow war von der Schönheit des Landes überwältigt. Ehe er dorthin reiste, habe er noch geglaubt, »unsere Krim und unsere Kaukasusküste seien die schönsten Landschaften der Welt«. Ja, sie seien auch wirklich atemberaubend: »Aber als ich Dubrovnik und andere Orte Jugoslawiens besuchte, begriff ich, daß wir nicht das einzige sozialistische Land sind, das solche Naturschönheiten vorweisen kann.« Die Jugoslawiens überträfen, so bekennt Chruschtschow, »möglicherweise noch die Schönheiten unseres eigenen Landes«.[112] Diese naive Offenheit ist schon bemerkenswert für einen Weltmachtführer. Anschließend schildert Chruschtschow eine Unterhaltung mit Tito über die mit dem Tourismus aus seiner Sicht zusammenhängenden Probleme der Grenzkontrolle. Aus der Schilderung Chruschtschows ist nicht eindeutig zu entnehmen, wann dieses Gespräch stattgefunden hat, wahrscheinlich waren es auch mehrere Gespräche. In der 1971 im Westen erschienenen Ausgabe findet sich diese Schilderung unmittelbar vor der des Gipfeltreffens in Genf 1955, wobei aber auch bereits auf 1963 Bezug genommen wird.[113] In der neuesten Ausgabe wird diese Episode vom Herausgeber Chruschtschows letztem Besuch in Jugoslawien im Sommer 1963 zugeordnet.[114] Allerdings dürfte er die Schönheiten Jugo-

112 Chruschtschow erinnert sich, 1971, S. 392 f; vgl. Khrushchev, Memoirs of Nikita Khrushchev, 3, S. 547.

113 Chruschtschow erinnert sich, 1971, S. 392 f. Das Buch ist mehr oder weniger chronologisch angelegt.

114 Titos Aussagen zum Grenzregime in Jugoslawien gegenüber Chruschtschow werden in dieser Ausgabe in zwei Versionen und unterschiedlichen Zusammenhängen gebracht, zum einen im Zusammenhang mit einem Gespräch über Tourismus und Chruschtschows Aussagen zur Schönheit Jugoslawiens (Khrushchev, Memoirs of Nikita Khrushchev, 3, S. 546 f.), zum anderen im Zusammenhang mit Überlegungen Chruschtschows zur Frage der Reisefreiheit für Sowjetbürger, in denen er sich sehr kritisch zur fehlenden Reisefreiheit äußert (Khrushchev, Memoirs of Nikita Khrushchev, 2, S. 77 f.). In allen Versionen fehlt jeder Bezug zur Lage in Deutschland oder Berlin. Chruschtschows Erinnerungen sind sehr subjektiv geprägt, eben nicht in

slawiens nicht erst bei seinem letzten Besuch 1963 entdeckt haben. Möglich ist also, dass Chruschtschow hier eigenes Erleben, Erkenntnisse und Gespräche mit Tito aus unterschiedlichen Besuchen zusammenfasst.[115] Auch wird Chruschtschow die Frage des Grenzregimes an den Grenzen Jugoslawiens nicht erst bei seinem letzten Besuch im Jahr 1963 umgetrieben haben. Bemerkenswert ist jedenfalls, dass Chruschtschow diese Episode(n) überhaupt für berichtenswert hält. Auf seinen Hinweis, in der Sowjetunion habe man für den Tourismus »einen mächtigen bürokratischen Apparat, der dem Touristen viele Hindernisse in den Weg« lege, und auf seine Frage, wie es die Jugoslawen eigentlich fertigbrächten, »alle Touristen aus dem Westen zu überprüfen, die mit dem Auto nach Jugoslawien kommen«, habe Tito lachend erwidert:

> Das machen wir ganz einfach. Unerwünschte Personen, Spione usw. können jederzeit leicht ins Land kommen, dagegen hilft auch keine Grenzkontrolle, und es gibt andere Methoden, solche Infiltranten zu bekämpfen. Unsere Grenzposten führen bei den Touristen nur die notwendigsten Kontrollen durch.

Personalien würden so gut wie nie überprüft, sowohl bei der Ein- als auch bei der Ausreise. Bergleute zum Beispiel, die in Westdeutschland Geld für ein Auto verdienen wollten, sagten dies an der Grenze, »und schon lässt man sie durch«. Anschließend bekennt Chruschtschow freimütig:

> Daß man Grenzkontrollen derartig handhaben kann, faszinierte mich. Nach Hause zurückgekehrt, berichtete ich den Genossen, die den Tourismus unter sich haben, und legte ihnen nahe, darüber nachzudenken.[116]

---

einem Schreibprozess entstanden und zuweilen aus Akten oder der Literatur »aufgefrischt« oder ergänzt, sondern mehr oder weniger »spontane« Tonbanddiktate, tatsächlich weitgehend aus der »Erinnerung«. So nennt Chruschtschow etwa, völlig unzutreffend und offenkundig stark von seinen eigenen Erfahrungen Ende der 50er und Anfang der 60er Jahre ausgehend, als Ziel von Stalins Berlin-Blockade 1948/49, die Abwanderung aus Ostdeutschland in den Westen zu stoppen. S. Khrushchev, Memoirs of Nikita Khrushchev, 3, S. 559.

115 Nach dem Besuch von 1955 begann jedenfalls ein regelrechter Funktionärstourismus aus der Sowjetunion nach Jugoslawien. »Der Spiegel« berichtete damals von eine »ständig stärker werdende[n …] Besucher-Invasion«. Etwa »200 Sowjetrussen« besuchten »täglich die jugoslawische Hauptstadt«, Der Spiegel, H. 47, 16. 11. 1955, S. 33. Selbstverständlich waren diese Besuche i. d. R. nicht rein touristischer Art.

116 Chruschtschow erinnert sich, 1971, S. 392 f.; vgl. Khrushchev, Memoirs of Nikita Khrushchev, 3, S. 546 f.

Auch sein kurzer Berlin-Besuch nach der Genfer Konferenz war für ihn laut eigenem Bekunden mit einem Erkenntnisgewinn verbunden. Er sei

> auf eine gewisse Feindseligkeit uns gegenüber gefasst gewesen, aber nichts dergleichen. Ich sah ein paar mürrische Gesichter, doch nicht viele. Im Ganzen wurden wir begeistert begrüßt. Die herzliche Aufnahme in Berlin bestärkte uns in unserer Überzeugung, dass die Deutschen vom Kriegführen genug hatten und feste freundschaftliche Beziehungen mit uns knüpfen wollten.[117]

Die Perzeption der umgebenden Wirklichkeit durch Akteure ist ein höchst komplexer Vorgang, der vom Historiker meist mangels adäquater Quellen nicht einmal in den wesentlichen Punkten hinreichend rekonstruiert werden kann. Er sieht – bestenfalls – nur die daraus abgeleiteten Handlungen relativ klar. Für den Systemwettbewerb mit friedlichen Mitteln war Deutschland in den Augen Chruschtschows zu der Zeit nicht etwa ein Schwachpunkt, da der sozialistische Teil mit seiner faktisch offenen Grenze den imperialistischen Machinationen hier besonders hilflos ausgeliefert war, sondern der ideale Austragungsort, da hier nahezu Laborbedingungen herrschten – ein geteiltes, hochindustrialisiertes Land, in dem Marx und Engels einst die Idee des Kommunismus als letztem und höchstem Stadium der Menschheitsgeschichte entwickelt bzw. die vermeintlichen Gesetze der Geschichte erkannt hatten. Hier lagen, anders als 1917 in Russland, all die Bedingungen vor, die beide Theoretiker als Voraussetzung für den Entwicklungssprung vom Kapitalismus zum Sozialismus/Kommunismus gesehen hatten.[118] Die offene Grenze war jedenfalls für Chruschtschow lange kein Standortnachteil. Vielmehr eröffnete sie die Chance, den Beweis der Überlegenheit des sozialistischen Modells Moskauer

117 Chruschtschow erinnert sich, 1971, S. 403; vgl. Khrushchev, Memoirs of Nikita Khrushchev, 3, S. 49. An einer anderen Stelle schildert er, wie er mit Ulbricht bei seinem ersten Besuch 1955 in der DDR vom Flughafen in die Stadt fuhr und die Deutschen ihnen begeistert zugewinkt hätten. Ulbricht war bei diesem Besuch allerdings gar nicht in Berlin, s. ebd., S. 561.

118 In seinen Erinnerungen schildert er dies freilich aus einer Sicht vom Ende (Mauerbau) her und betont die von Anfang an sehr schwierige Lage für die DDR. Die großen Hoffnungen, die er und die sowjetische Führung auf Deutschland setzten, werden eher nur beiläufig deutlich. S. Khrushchev, Memoirs of Nikita Khrushchev, 3, S. 557 ff., zu Letzterem s. etwa S. 563 f. Für die herausgehobene Bedeutung Deutschlands für den Weltkommunismus s. Kubina, 60 Jahre SED/PDS/Die Linke, S. 158 – 173.

Prägung gegenüber dem Westen zu erbringen.[119] Und so verkündete Chruschtschow den in Moskau versammelten Ostblockführern Ende Januar 1956: Dort, in Deutschland,

> sind die Grenzen einfach offen und es erfolgt eine ständige Berührung mit der kapitalistischen Welt, zu der ja die Deutsche Bundesrepublik gehört. Dort wird nicht nur eine ideologische Schlacht geschlagen, sondern eine ökonomische Schlacht zwischen Sozialismus und Kapitalismus. Dort wird der Vergleich gezogen, welche Ordnung bessere materielle Bedingungen schafft: die in Westdeutschland oder die in Ostdeutschland. So steht heute die Frage.

Chruschtschow definierte aber auch, dass dieser Wettkampf auf deutschem Boden nicht allein »Ehrensache für die Deutschen« sei, sondern »auch für uns alle, für alle Länder des sozialistischen Lagers«. Die wirtschaftliche Unterstützung der DDR wurde seitens Chruschtschows zu einer Sache des »sozialistischen Internationalismus« erklärt.[120] Nichtsdestoweniger war diese Aufgabe natürlich auch eine besondere Herausforderung für Ulbricht. Sie hob seine Bedeutung im Rahmen des östlichen Bündnisses hervor, setzte ihn aber auch unter erheblichen Druck. Es war eine enorme Erwartungshaltung, die auf der DDR und damit auf ihm lastete.

6. Demonstration neu gewonnener »Souveränität«

Es ist bemerkenswert, dass Alfred Neumann zwei Tage nach dieser Konferenz in Moskau die Frage der offenen Grenze in Berlin bei einem Gespräch in der sowjetischen Botschaft zum Thema machte und auf bessere Kontrollmöglichkeiten seitens der DDR drängte, wenn wir auch nicht genau wissen, was er dort

119 Zur Bedeutung des Systemwettbewerbs in Chruschtschows Denken und seiner Unfähigkeit, die freiheitlichen und auf Gewaltenteilung beruhenden Strukturen der westlichen Gesellschaften zu begreifen, vgl. auch Wettig, Gerhard: Im Namen von Frieden und Freundschaft. Chruščevs Konzept der intersystemaren Kommunikation, in: Karner u. a., Der Wiener Gipfel, S. 372–386.

120 Nicht näher bezeichnetes Papier im Bestand der sog. Allgemeinen Abteilung des ZK, beginnend mit »Genosse Chruschtschow führte bei der Eröffnung aus«, wohl auf der Tagung des Politischen Beratenden Ausschusses der Teilnehmerstaaten des Warschauer Vertrages am 27./28. 1. 1956 in Prag, zit. nach Lemke, S. 46f.

sagte.[121] Allerdings fällt auf, dass es genau zu dieser Zeit auch zum Schusswaffeneinsatz an der Berliner Grenze kam. So wurde am 27. November 1955 an der Grenze zu Staaken und am 23. März 1956 am Kontrollpunkt Dreilinden von DDR-Grenzern von der Schusswaffe Gebrauch gemacht. In Staaken wurde ein ehemaliger Flüchtling durch den Schusswaffeneinsatz verletzt, der sich der Ausweiskontrolle durch Zurücklaufen in den Westen entziehen wollte. In Dreilinden verfolgten Volkspolizisten zwei Jugendliche und beschossen sie. Einer der beiden kam unverletzt nach West-Berlin, der andere verfing sich in einem Stacheldrahtverhau und wurde abgeführt. Den Schusswaffeneinsatz an der Grenze rechtfertigte die DDR-Nachrichtenagentur ADN mit der Behauptung, die Volkspolizei sei dazu gezwungen gewesen. Die Volkspolizei bemühe sich stets darum, einen reibungslosen Personenverkehr zu gewährleisten, gegen Verbrecher müssten jedoch alle notwendigen·Maßnahmen ergriffen werden.[122] Beide Fälle dürften zumindest *auch* der Demonstration neu gewonnener Souveränität gegolten haben. Grenzkontrollen stehen ja noch nicht im Widerspruch zum Konzept einer offenen Grenze, solange sie nicht primär darauf zielen, den Verkehr über sie weitgehend zu verhindern. Auch hier sollte vermieden werden, nur aus dem Wissen um das Ende, den Mauerbau, Schlüsse auf Motivlagen im Jahr 1956 zu ziehen. Auch ein weiterer Vorfall jener Tage macht deutlich, wie wichtig der SED die Veränderung des rechtlichen Status von Berlin war. Am 29. November 1955 sah sich der amerikanische Stadtkommandant Charles L. Dasher genötigt, gegen das Festhalten eines amerikanischen Fahrzeuges am Treptower Park (Ost-Berlin) durch Volkspolizisten bei seinem sowjetischen Kollegen Pawel T. Dibrowa zu protestieren. Anlass war die Benutzung eines Funkgerätes durch die Amerikaner im Ostteil der Stadt. Der sowjetische Stadtkommandant erklärte Generalmajor Dasher zu dessen Erstaunen, Ost-Berlin sei die »Hauptstadt« des von der Sowjetunion anerkannten Staates DDR und kein besetzter Sektor Berlins. Dibrowa verweigerte mit dieser Begründung die Annahme eines Protestes Dashers. Er bot stattdessen an, als »Vermittler« zur Regierung der DDR zu fungieren, da sie ja von der amerikanischen Regierung nicht anerkannt werde. Zwei Tage später legte die DDR nach. Das »Neue Deutschland« »erinnerte« unter der Überschrift »Treptower Park kein NATO-Übungsplatz« die US-Dienststellen in

121 Zapis' besedy s pervym sekretarem CK SEPG Berlina A. Noimanom [Notiz der Besprechung mit dem Ersten Sekretär des ZK der SED Berlins A. Neumann], 30. 1. 1956, so berichtet jedenfalls Harrison, Ulbrichts Mauer, S. 95.

122 Berlin. Chronik der Jahre 1955 – 1956, S. 360 f., 452.

West-Berlin daran, dass Berlin die »Hauptstadt der DDR« sei. Wenn die US-Dienststellen die Gesetze nicht achten wollten, wäre es für sie zweckmäßiger, das Territorium anderer Staaten zu meiden. In diesem konkreten Fall gäbe es natürlich die Möglichkeit, sich mit der DDR-Regierung über Einzelfragen zu verständigen. Der Viermächtestatus gelte jedoch nicht mehr für Berlin. Kurze Zeit später bekam der Osten mit der Entdeckung eines amerikanischen Spionagetunnels unter der Sektorengrenze ein schlagkräftiges Argument gegen die »Spionagezentralen« in West-Berlin in die Hand.[123] Am 1. Mai ließ die SED erstmals NVA-Truppen auf dem Berliner Marx-Engels-Platz aufmarschieren. Die Westmächte brauchten zwei Wochen, bis sie zu einem gemeinsamen Protest in der Lage waren. Eine solche Demonstration sei eine Bedrohung der Stadt und nicht nur mit dem besonderen Status Berlins unvereinbar, sondern stünde auch im Widerspruch zum Wunsch der Sowjetunion nach Verringerung der Spannungen.[124] Die Dinge schienen sich nicht zuungunsten Ost-Berlins zu entwickeln.

7. Reisefreiheit gegen »Republikflucht« (1956)

Im Mai 1956 legte eine vom Politbüro ursprünglich bereits im Herbst 1952 eingesetzte Kommission zu Fragen der »Republikflucht« einen Bericht vor. Die Kommission stand jetzt unter Leitung von Innenminister Karl Maron.[125] Mit Karl Schirdewan als Politbüromitglied und Staatssicherheitschef Ernst Wollweber gehörten ihr zwei weitere einflussreiche Spitzenfunktionäre der SED an. Der von der Kommission vorgelegte Bericht war bereits von den Liberalisierungstendenzen infolge des XX. Parteitages der KPdSU geprägt. Zwar werden in einer einleitenden Passage die auch aus der Propaganda inzwischen sattsam bekannten Argumente vorgetragen, nach denen die »Republikflucht [...] von Bonner Stellen planmäßig organisiert und von ihnen als ein wesentliches Mittel zur Weiterführung des ›kalten Krieges‹ betrachtet« werde. Allerdings ist – wohl mangels beweiskräftiger Informationen – nur die Rede davon, dass man davon ausgehen müsse,

123 Ebd., S. 473.
124 Ebd., S. 488.
125 Erster Leiter der Kommission war Franz Dahlem, der zwischenzeitig aber als Westemigrant entmachtet war. Wahrscheinlich war die Arbeit der Kommission nach Dahlems Ausscheiden einfach »eingeschlafen«.

> daß das Kaiserministerium in Verbindung mit den verschiedenen Ost- und Spionagebüros nach einem einheitlichen Plan zur Organisierung der Republikflucht arbeitet und gegenwärtig die ›gesamtdeutsche Arbeit‹ hauptsächlich unter dem Gesichtswinkel der Schwächung« [der DDR] durch den systematischen Abzug bestimmter Berufsgruppen aus der DDR

führe. Dabei werde als »Hauptmittel die Ausnutzung der gegenwärtigen [sic!] Wirtschaftskonjunktur in Westdeutschland betrachtet.«[126] Das heißt, die SED-Führung schloss allein von den Wirkungen auf die DDR auf entsprechende Absichten Bonns und in Analogie zu den Verhältnissen in der DDR auch darauf,[127] solche Absichten würden zwangsläufig zu einem alle politischen Kräfte und staatlichen Einrichtungen steuernden und bindenden Plan führen. Die Schilderung der genauen Vorgehensweise des Gegners als vermeintlicher Hauptursache beschränkt sich allerdings auf nur drei Absätze, während die Darstellung einer »Reihe von Faktoren, die es dem Gegner leichter machen, seinen Plan zu verwirklichen«, etwa viermal soviel Raum einnimmt. In 16 Punkten wird relativ realistisch aufgelistet, auf welche endogenen Faktoren die mangelnde Attraktivität der Verhältnisse in der DDR zurückzuführen sei. Das Dilemma der SED wird aber bereits dadurch deutlich, dass ein großer Teil der aufgelisteten Mängel systembedingt und insofern kaum systemkonform zu lösen waren. Aber dies gestand die SED-Führung sich nicht ein, war sich dessen möglicherweise auch nicht bewusst. Der Bericht der Kommission zeige, wie Michael Lemke zu Recht einschätzt, »Problembewusstsein und die angestrengte Suche nach systemkonformen Lösungsmöglichkeiten«.[128] Genau das war es, was die SED-Führung in den folgenden Jahren bis zum Mauerbau umtrieb: die Suche nach systemkonformen Lösungen, wobei man überzeugt war, dies sei möglich. Alle nun vorgeschlagenen Maßnahmen sind nicht wirklich neu. Im Grunde ist es derselbe Maßnahmenkatalog, der sich seit Jahren – mit jeweils unterschiedlichen Gewichtungen – als weitgehend wirkungslos erwiesen hatte, wobei liberalisierende Elemente jetzt zwar deutlicher waren als in den zwei vorangegangenen Jahren, meist aber sofort wieder unter Bezug-

126 Bericht der Kommission zu Fragen der Republikflucht, Anlage 4 zum Protokoll der Politbürositzung vom 19. 6. 1956, in: Melis, Republikflucht, S. 181 – 187, hier S. 181 f.

127 In dem Bericht heißt es, es sei »notwendig, daß der gesamte Staatsapparat und alle gesellschaftlichen Organisationen nach einem einheitlichen Plan im Kampf gegen die Republikflucht einbezogen werden«, ebd., S. 184.

128 Lemke, Einheit oder Sozialismus, S. 363.

nahme auf irgendeine »feindliche Tätigkeit« relativiert wurden, etwa, wenn es heißt, es solle allen Verantwortlichen Funktionären zur »Richtschnur gemacht werden, daß in der Aussprache mit der Bevölkerung die Unduldsamkeit gegenüber unklaren oder falschen Auffassungen [...] überwunden« werden müsse, aber eben nur, »sofern sie nicht einer feindlichen Einstellung entspringen«. Allerdings wurden Reisen in beide Richtungen tatsächlich erleichtert. Insgesamt wird jedoch der rein instrumentell-propagandistische Charakter aller vorgesehenen Maßnahmen deutlich. Sie waren, wie sie gemeint waren, so systemkonform wie weitgehend ungeeignet, das Problem grundsätzlich zu lösen. Es ging weniger darum, Missstände zu beseitigen und eigene Fehler zu korrigieren, als darum, die Bevölkerung davon zu überzeugen, dass dies geschehen werde. Die »Perspektiven des wachsenden Wohlstandes« seien »immer breiteren Schichten der Bevölkerung aufzuzeigen und die Bevölkerung zu überzeugen, daß alle die Möglichkeiten [sic!] besitzen, bei uns in Sicherheit und ohne Furcht zu leben.« Der Bevölkerung sei zu erläutern,

> warum der Aufbau des Sozialismus in der DDR verbunden ist mit einer immer breiteren Entfaltung der Demokratie durch die aktive Teilnahme aller Bevölkerungsschichten am gesamten staatlichen Leben und damit in Verbindung der notwenigen Erweiterung der demokratischen Rechte der Bürger.

Nicht die demokratische Praxis sollte überzeugen, sondern der Hinweis auf bessere Verhältnisse im Zuge des weiteren Aufbaus des Sozialismus. Nicht das Sein, sondern die Perspektive auf ein künftiges Sein sollte das Bewusstsein bestimmen. Ein besseres Leben im Jenseits sollte es geben als Lohn für systemkonformes Verhalten im Diesseits. Wenn alle freiwillig und aus Einsicht in das große Ziel sich der Partei bzw. ihrer Führung unterwerfen, wird Repression als Mittel der Erziehung immer weniger benötigt werden. Das war die Drohung des Vaters an das Kind, es möge doch gefügig sein und den Vater nicht zwingen, es zu züchtigen.

Das Grenzregime spielt in dem gesamten Dokument keine Rolle, obwohl zu den der Kommission im April vom Politbüro gestellten Aufgaben noch gehört hatte, die Anordnungen über die Kontrolltätigkeit an den Sektorengrenzen zu überprüfen.[129] Aber auch hier ging es vom Kontext her um die Möglichkeiten einer »Liberalisierung«, nicht um eine Schließung der Grenzen zum

129 Protokoll der Politbürositzung vom 17. 4. 1956, BArch DY 30 J IV 2/2/472, Bl. 3 f.

Zwecke der Eindämmung der »Republikflucht«. Eine solche Maßnahme hätte alle propagandistischen Vorhaben von vornherein zum Scheitern bestimmt. Allerdings war dies auch durch die repressiven Rahmenbedingungen und die geringe wirtschaftliche Leistungsfähigkeit bereits gegeben, nur war sich die SED-Führung dessen eben, wie es scheint, gerade noch nicht bewusst. Alles blieb von ihrem tiefen Misstrauen gegenüber den Bürgern bestimmt, aber eine so radikale Maßnahme, wie sie fünf Jahre später am 13. August 1961 durchgeführt wurde, scheint noch außerhalb des Spektrums praktikabler Maßnahmen gewesen zu sein.[130] Dass sie realiter die einzig wirksame und zugleich systemkonforme Möglichkeit einer nennenswerten Eindämmung der »Republikflucht« darstellte, war zu diesem Zeitpunkt wohl weder Erkenntnisstand der SED-Führung noch der in Moskau.

Drei Tage nach dem Beschluss des Politbüros über den Kommissionsbericht kündigte Innenminister Maron in einem Interview mit ADN Erleichterungen im deutsch-deutschen Reiseverkehr und insgesamt weniger Kontrollen an, wenngleich sie sich auch nicht ganz umgehen ließen, da sie dem Schutz vor kriminellen und asozialen Elementen dienten, die es beiderseits der Zonengrenze gebe. Aufenthaltsgenehmigungen für westdeutsche Besucher würden fast ausnahmslos bewilligt, auch für einstige »Republikflüchtige«, denen man im Westen die schlimmsten Schauermärchen über ihre drohende Verhaftung erzähle. Reisen von DDR-Bürgern unterlägen, so Maron, »bekanntlich keinen größeren Beschränkungen«. Wo diese bisher notwendig gewesen seien, zum Beispiel bei Angehörigen republikflüchtiger Geheimnisträger, würden Milderungen eingeführt. Fragen des Berufs- und Reiseverkehrs zwischen dem »demokratischen Sektor« Berlins und seinen Randgebieten und der ganzen DDR erforderten noch Rücksprachen und Verhandlungen. Auf die Frage, ob die Neuregelungen auch für West-Berliner gelten, meinte Maron, diese Fragen könnten nur mit dem (Ost-Berliner) Magistrat besprochen werden. Zeitgleich wurden zahlreiche politische Häftlinge amnestiert und Verbesserungen im Bereich von Justiz und Strafvollzug und im Umgang mit der Intelligenz angekündigt. Was jetzt DDR-offiziell verkündet wurde, stand dem, was im Zuge des »Neuen Kurses« 1953 seitens der SED kurzzeitig zu hören war, kaum nach. Das Recht der Verteidigung sollte »großzügiger« gehandhabt, die Praxis der Verhaftungen und Festnahmen in bedeutender Weise geändert werden.

130 Zu den vorgesehenen Maßnahmen, ihren Möglichkeiten und Wirkungen s. die Analyse bei Lemke, Einheit oder Sozialismus, S. 362–365.

Staatsanwälte sollten die gesetzlichen Prinzipien konsequenter und kämpferisch durchsetzen und sich nicht mehr von lebensfremden Theoretikern einreden lassen, dass selbst ein fahrlässiger Verstoß gegen die Straßenverkehrsordnung einen Ausdruck des verschärften Klassenkampfes darstelle. Es gelte nunmehr, so heißt es in der fast schon als selbstironisch zu charakterisierenden Mitteilung der ZK-Kommission »zur Überprüfung von Angelegenheiten von Parteimitgliedern und ehemaligen Parteimitgliedern«, »solche Lebensbedingungen und Voraussetzungen zu schaffen, damit jeder, der ehrlich arbeiten und anständig leben will, ungestört in der Deutschen Demokratischen Republik sein Können und Wissen sowie sein Leben entfalten und entwickeln kann«, denn jeder Missgriff eines staatlichen Organs oder eines Funktionärs lähme und hemme die Entfaltung der Initiative der Menschen und untergrabe das Vertrauen der Bevölkerung. Auch die »Bereinigung des Fahndungs- und Steckbriefwesens« sei in Angriff genommen worden:

> Jeder, der die Deutsche Demokratische Republik verließ und geringfügige Delikte begangen hatte, wurde steckbrieflich gesucht und, falls er in die Deutsche Demokratische Republik zurückkehrte, verhaftet. Daraus leitete das Kaiser-Ministerium seine Lüge ab, jeder, der in die Deutsche Demokratische Republik zurückkehrt, würde verhaftet werden.[131]

Wenn es das Gesamtdeutsche Ministerium unter Jakob Kaiser sagte, war es also eine Lüge, sagte es die ZK-Kommission, war es die neue Parteilinie. Da es praktisch unmöglich war, die DDR zu verlassen und dabei kein Delikt zu begehen, sagten beide aber genau das Gleiche. Man fragt sich, was in den Köpfen der Autoren einer solchen Mitteilung vor sich ging, wenn sie plötzlich die Dinge beim Namen nannten, die Frage der Verantwortung für die nun kritisierten Zustände aber nicht stellten.

Das »Neue Deutschland« berichtete in den folgenden Tagen von zügigeren Kontrollen an den Grenzpunkten und forderte für Berlin die Einstellung der bisherigen »Massenkontrollen« an der Sektorengrenze. Kontrollen sollten sich fortan auf wirkliche Schieber und Spekulanten konzentrieren. Wenn

131 Alles für die Festigung der demokratischen Gesetzlichkeit, Neues Deutschland, 21.6.1956, S. 1–3; Mitteilung des Presseamtes beim Ministerpräsidenten, ebd., S. 1; Berlin. Chronik der Jahre 1955–1956, S. 520 f. Bereits Mitte Mai hatte es Erleichterungen für das Grenzgebiet gegeben, s. Bennewitz/Potratz, Zwangsaussiedlungen, S. 94.

der »Frontstadt-Senat« sich wirklich für die Lage der Menschen interessieren und sich zu Verhandlungen mit Volksvertretung und Magistrat bereit erklären würde, wären sicher auch für die »Bürger der Westsektoren unserer Hauptstadt« manche Erleichterungen möglich.[132] Ab 1. Juli wurden die Kontrollen des Verkehrs zwischen Ost-Berlin und der DDR erheblich reduziert und Beschränkungen aufgehoben.[133] Ost-Berlin bot sogar die, freilich einst vom Westen unterbrochene, Wiederaufnahme des durchgehenden Straßenbahnverkehrs mit den Westsektoren an.[134] Die Reichsbahndirektion Berlin gab ein umfangreiches Wiederaufbauprogramm für die Berliner S-Bahn für die nächsten fünf Jahre bekannt, nicht zuletzt auch in West-Berlin und für die grenzüberschreitenden Strecken.[135] An der Sektorengrenze am Potsdamer Platz wurde gar, den »dringenden Wünschen West-Berliner Arbeitsloser und Rentner« folgend, ein spezielles Geschäft eröffnet, in denen West-Berliner Waren, »die in der DDR reichlich vorhanden sind«, offiziell gegen Ost-Mark einkaufen durften, was unter Ost-Berlinern zum Teil Unverständnis hervorrief, da es ja doch ein deutliches Abweichen von bisherigen Gepflogenheiten bedeutete. Weitere solcher Geschäfte sollten folgen.[136] In Zusammenhang mit der Vorstellung des vom Magistrat beschlossenen »Planes zur Verschönerung des demokratischen Berlin« wurde mitgeteilt, dass neue Grünflächen zwischen Pariser und Potsdamer Platz geschaffen würden, und zwar nicht als Provisorien, sondern als eine Fortsetzung des auf West-Berliner Seite angrenzenden Tiergartens. Man könnte dies natürlich mit dem Wissen darum, wie diese Gegend nach dem 13. August 1961 aussah, als perfide verschleierte Vorbereitung des Mauerbaus interpretieren, ebenso wie die Absicht, das Brandenburger Tor entsprechend der ursprünglichen städtebaulichen Vorstellung seines Baumeisters Carl Gotthard Langhans wiederherzustellen, was bedeutete, die Bebauung beiderseits des Tores (die ohnehin in Trümmern lag) zu beseitigen, Grünflächen anzulegen und den Verkehr an beiden Seiten des Tores vorbeizuführen. Aber außer dem Wissen darum, wie die bauliche Situation sich dort später entwickelte, gibt es keinerlei Indizien dafür, dass so etwas bereits damals mit diesen

---

132 Die Koffer bleiben im Gepäcknetz. Reisende begrüßen Verkehrserleichterungen/ Ohne Ausweis keine Weiterreise, Neues Deutschland, 7.7.1956, S.6; Berlin. Chronik der Jahre 1955 – 1956, S.522.

133 Berlin. Chronik der Jahre 1955 – 1956, S.530.

134 Ebd., S.539.

135 Ebd., S.555.

136 Ebd., S.561.

Plänen verfolgt worden wäre.[137] Die Berliner SPD begrüßte es, dass ihre Ost-Berliner Parteiorganisationen ihre Versammlungen wieder in stärkerem Maße im Ost-Sektor durchführen konnten. Aus der Benutzung von Schulräumen durch die Ost-Berliner SPD-Organisationen dürfe aber natürlich nicht abgeleitet werden, dass die SED Ähnliches in West-Berlin beanspruchen könne.[138] Im September wurde West-Berlinern der Besuch von nahe der Stadtgrenze auf DDR-Gebiet gelegenen großen Friedhöfen wieder erleichtert. Es liege an den West-Berlinern selbst, die Ausnutzung dieser großzügigen Regelungen durch »dunkle Elemente« zu verhindern. Zweifellos gebe es in Berlin noch viele Möglichkeiten, wieder normale Verhältnisse zu schaffen. Voraussetzung sei, dass die »unselige Frontstadtpolitik« aufgegeben werde und die zahlreichen in- und ausländischen Agentenzentralen im Westteil der Stadt beseitigt würden.[139] »Frontstadt«, das war West-Berlin auch im eigenen Selbstverständnis, nicht allein in der Zuschreibung der SED.

Alfred Neumann warb gar vor dem Kreisparteiaktiv Berlin-Prenzlauer Berg für den Wettbewerb zwischen Kapitalismus und Sozialismus, und zwar nicht nur an der ideologischen Front durch eine konsequente Friedenspolitik. Vielmehr müsse es auch auf allen anderen Gebieten gelingen, die Überlegenheit des Sozialismus zu beweisen. Für Berlin bedeute dies, dass der »demokratische Sektor« den noch kapitalistischen Teil der Stadt überflügeln müsse, erst recht, wenn aus West-Berlin ein »Schaufenster der westlichen Welt« gemacht werde. Die Einheit Deutschlands könne nur auf dem Weg des gesellschaftlichen Fortschritts erreicht werden: »Wir bauen den Sozialismus auf, während drüben die Monopolkapitalisten an der Macht sind.«[140] Es mag dahingestellt bleiben, ob Neumann von der Vorstellung einer offenen Grenze in Berlin ebenso fasziniert war wie Chruschtschow von der Jugoslawiens zum Westen. Konkret und vor Ort ist die Umsetzung faszinierender Vorstellungen

137 Ebd., S. 589.

138 Ebd., S. 591. Die SED stand in West-Berlin unter erheblichem Druck, war zahlreichen Schikanen ausgesetzt und konnte teilweise nur sehr eingeschränkt öffentlich arbeiten, für einige Beispiele s. Müller, Peter: Die Sozialistische Einheitspartei Westberlins, in: Stöss, Richard (Hg.): Parteienhandbuch. Die Parteien der Bundesrepublik Deutschland 1945–1980, Bd. 4, Opladen 1986, S. 2241–2273, hier S. 2245 (v. a. Anm. 18); auch Lemke, Vor der Mauer, S. 124–138, 185 ff.

139 Berlin. Chronik der Jahre 1955–1956, S. 597.

140 Westberlin überflügeln! Berliner Parteiaktivs beraten die nächsten Aufgaben nach den Moskauer Verhandlungen, Neues Deutschland, 19. 7. 1956, S. 3; Berlin. Chronik der Jahre 1955–1956, S. 552.

immer schwieriger als in der Phantasie euphorisierter Führer. Für Mauerpläne zur Fluchtverhinderung in Berlin ist in dieser Konzeption aber jedenfalls kein Platz. Ziel war es, West-Berlin zunehmend in die DDR zu integrieren, indem die westlichen Besatzungsmächte für die Probleme in der Stadt verantwortlich gemacht wurden (Diversion etc.) und der Senat zu direkten politischen Verhandlungen mit Ost-Berliner Stellen gedrängt wurde, nicht aber eine »Mauer« mitten durch die Stadt, die eine Verfestigung der Frontstadt, kaum jedoch deren Auflösung bedeutet hätte. Eine »Mauer« mochte im Moment einer existentiellen Bedrohung aus Sicht der SED-Führung Sinn machen, die aber lag noch nicht vor bzw. wurde, was vorlag, noch nicht annähernd als existenzbedrohend wahrgenommen.

Die Kontrolle seiner Grenzen dient neben dem Schutz auch dem Ausdruck der Souveränität eines Staates. Diese permanent zu demonstrieren, musste angesichts des Bonner Alleinvertretungsanspruches und vor dem Hintergrund des von Ost-Berlin bestrittenen Viermächtestatus auch des Ostteils der Stadt ein wichtiges Ziel der SED-Politik bleiben. Solange keine anderslautenden Quellen vorliegen, gibt es wenig Grund, für das Bedürfnis der DDR nach Grenzkontrolle bereits 1956 primär Fluchtverhinderungsmotive zu unterstellen.[141] Die Forderung der SED nach Kontrolle ihrer Grenzen ist auch nicht zwangsläufig gleichbedeutend mit einem Reiseverbot für alle Ostdeutschen, wie es dann mit dem Mauerbau faktisch durchgesetzt wurde. Die Ausübung ihrer »souveränen Rechte« bei der Kontrolle der Grenzen des Staates DDR wurde seitens Moskau unterstützt, die radikale Schließung der Grenze zum Zwecke der Fluchtverhinderung war, nach allem, was bekannt ist, weder in Moskau noch in Ost-Berlin zu diesem Zeitpunkt ein Thema. Zumindest Chruschtschow war von der Vorstellung einer offenen Grenze zwischen Sozialismus und Kapitalismus »fasziniert«, was natürlich noch lange nicht bedeutet, sie sofort und überall zu verwirklichen. Eine totale Schließung der Grenze für

141 Harrison, Ulbrichts Mauer, S. 94 f., stellt die von Neumann geäußerte Kritik an der offenen Grenze in Berlin in den Zusammenhang mit der Fluchtproblematik (ohne jedoch nur einen Satz aus dem in Anm. 8 als Beleg angeführten Gespräch Neumanns in der sowjetischen Botschaft zu zitieren). 50 Seiten weiter, aber noch für das Jahr 1956, muss sie feststellen, Neumann habe einen besseren Schutz der Grenze gefordert, »um die Möglichkeiten der gegnerischen Infiltration zu verringern«. Sie unternimmt allerdings keinen Versuch, diesen Umstand in Zusammenhang mit ihrer These, die andauernden Bestrebungen zur besseren Grenzkontrolle in Berlin seien primär in dem Bedürfnis nach Fluchtverhinderung begründet gewesen, zu problematisieren (S. 142).

Ostdeutsche wäre aber eben das völlige Gegenteil dessen gewesen, was Chruschtschow damals »faszinierte«. Jede nicht totale Grenzkontrolle wäre aber kaum geeignet gewesen, die »Republikflucht« effektiv zu begrenzen. Hätte man etwa gerade jenen, die man in der DDR halten wollte, also den Hochqualifizierten und der Jugend, die Reisemöglichkeiten verwehren sollen, den anderen aber nicht? Vor dem Hintergrund der durchweg auf »Aufklärung« zielenden Kampagnen gegen die »Republikflucht« und dem Weltbild der kommunistischen Führer machten solche oder ähnliche Maßnahmen in der aktuellen Lage kaum Sinn. Auch als Neumann auf der 29. ZK-Tagung im November des Jahres 1956, auf der infolge des XX. Parteitages der KPdSU recht offen diskutiert wurde, die unkontrollierte Grenze in Berlin zum Thema machte, stellte er keinen Zusammenhang mit der damals ja durchaus präsenten Frage der »Republikflucht« her. Vielmehr sah er die Grenze, bestärkt durch die »konterrevolutionären« Ereignisse in Ungarn und Polen kurz zuvor, wieder einmal als gefährliche Einfallsstelle für den Klassengegner, als ungeschützte Flanke für »gegen die DDR gerichtete Aktionen«. Nun wurde auch die »Republikflucht« nicht unwesentlich auf gegnerische Aktivitäten zurückgeführt, und somit ist auch nicht auszuschließen, dass Neumann sie mit im Blick hatte. Aber belastbare Belege dafür, dass es Neumann um eine Schließung der Grenze für Ostdeutsche gegangen wäre, gibt es nicht.[142] Als auf Initiative des CDU-Bundestagsabgeordneten und Herausgebers der »Zeit« Gerd Bucerius im Westen darüber diskutiert wurde, Berlin zur Hauptstadt der Bundesrepublik zu erklären, konterte Neumann mit der Feststellung: »Jeder Punkt Westberlins ist von der DDR aus in 15 Minuten zu erreichen.« Das Geschrei über Berlin als Hauptstadt sei Ausdruck der Erkenntnis, »daß die westberliner Politik immer tiefer in die Sackgasse gerät«.[143] Man sah West-Berlin perspektivisch als Teil der DDR, nicht als dauerhaften Fremdkörper auf dem eigenen Territorium. Allerdings schien für diese Perspektive der grobschlächtige Neumann nicht mehr der richtige Mann an der Spitze der Berliner SED zu sein. Er wurde durch Hans Kiefert abgelöst. [144]

142 Neumann auf der 29. ZK-Tagung am 13. 11. 1956, BArch DY 30/IV 2/1/166, Bl. 204, 209.

143 Schönebergs Hauptstadt-Illusion, Neues Deutschland, 15. 12. 1956, S. 1 f.

144 Neumann stieg allerdings auf, wurde zunächst ZK-Sekretär, ein Jahr später auch Vollmitglied des SED-Politbüros und 1960 sogar Mitglied des neu gebildeten Nationalen Verteidigungsrates. Nachfolger Neumanns wurde Hans Kiefert, der jedoch die in ihn gesetzten Erwartungen nicht erfüllte und nach dem Debakel für die SED bei

Zur gleichen Zeit stellte auch die Kommission zur Bekämpfung der »Republikflucht« noch einmal einen klaren Zusammenhang zwischen der wirtschaftlichen Lage und der anhaltenden Abwanderung her:

> Die Mehrheit derjenigen, die die Deutsche Demokratische Republik verlassen, tut das nicht deshalb, weil sie mit unserer Ordnung nicht einverstanden sind [sic!], sondern vor allem aus ökonomischen und anderen Ursachen Sie flüchten also nicht, sondern reisen aus.[145]

Das war keine nach außen gerichtete Propagandaaussage, sondern eine Information für das Politbüro. Der Satz, eigentlich gegen das westliche Reden von der »Flucht aus der Sowjetzone« gerichtet, stellt letztlich aber auch den eigenen Propagandaterminus von der »Republikflucht« in Frage, in dem er vor allem auf »ökonomische und andere Ursachen« der Abwanderung abhebt. Wichtig für die Frage, wie die SED-Führung an das Problem heranging, ist, dass sie intern die Abwanderung noch nicht oder zumindest nicht in erster Linie als eine »Abstimmung mit den Füßen« gegen das politische Regime auffasste, sondern als Resultat der noch bestehenden wirtschaftlichen Schwäche, von privaten Gründen zur Abwanderung einmal abgesehen. Für die wirtschaftliche Unterlegenheit trug allerdings die SED-Führung die Verantwortung. Solange die SED-Führung aber ihre Hoffnung auf eine sich *bald* zeigende ökonomische Überlegenheit des Sozialismus über den Kapitalismus noch nicht aufgegeben hatte, hatte sie nach dem eigenen Verständnis der Problematik auch keinen Grund, in der Abwanderung eine existenzbedrohende Gefahr für ihren Staat zu sehen, da sich mit dem wirtschaftlichen Aufschwung ja das Abwanderungsproblem von selbst lösen würde.

---

den Wahlen zum West-Berliner Abgeordnetenhaus (1,9 % für die SED) am 7. 12. 1958 zum 2. Sekretär degradiert wurde.

145 Sektor Leitende Staatsorgane, Niederschrift über die Sitzung der Kommission zu den Fragen der Republikflucht am 23. 11. 1956, 4. 12. 1956, BArch DY 30/IV 2/13/397, zit. nach Major, Patrick: Torschlußpanik und Mauerbau. »Republikflucht« als Symptom der zweiten Berlinkrise, in: Sterben für Berlin? Die Berliner Krisen 1948 – 1958, hg. von Burghard Ciesla, Michael Lemke und Thomas Lindenberger, Berlin 2000, S. 221 – 243, hier S. 223.

8. Revisionismus – der Feind in den eigenen Reihen (1956/57)

Der politische »Frühling« in der DDR war, kaum dass er begonnen hatte, auch schon wieder »bedroht« und binnen weniger Monate bereits am Ende. Die Streiks polnischer Arbeiter in Posen im Frühjahr 1956 wurden vom Militär brutal niedergeschlagen, bald als Machinationen westlicher Geheimdienste dargestellt und die Gefahr des westdeutschen Revanchismus an die Wand gemalt. Die Erinnerung an den Aufstand in Ostdeutschland genau drei Jahre zuvor war bei der SED-Führung noch sehr lebendig und sollte es bis zum Ende ihrer Herrschaft bleiben. Für Ulbricht bot die Entwicklung im sozialistischen Lager, insbesondere dann nach dem Aufstand in Ungarn im Herbst, wieder die Möglichkeit, gegen Chruschtschows Illusionen auf stärkere Abgrenzung gegenüber dem Westen zu drängen. Innenpolitisch wurde bald die »Revisionismus«-Debatte von ihm geschickt genutzt, um seine innerparteilichen Opponenten auszuschalten. Zwar verhinderte diese neue harte Linie Ulbrichts realiter, dass die DDR überhaupt die Chance bekam, sich im Wettbewerb mit dem Westen zu behaupten und eigene Attraktivität über die Parteimitglieder hinaus zu erlangen, aber er selbst sah genau diesen Zusammenhang nicht. Er war überzeugt, seine Linie sei die einzig richtige und schaffe durch die konsequente Bekämpfung des »Klassenfeindes« überhaupt erst die Möglichkeit, dass sich der »Sozialismus« in der DDR weiter entwickeln könne. Ulbricht tat, so seine Überzeugung, was historisch notwendig war, weil er sich entsprechend den Gesetzmäßigkeiten der historischen Entwicklung verhielt. Da es einigen anderen in der Führung an jener Klarheit der Erkenntnis mangelte, war es nur folgerichtig, dass für ihn der Kampf um den Sozialismus in dieser Etappe gleichbedeutend mit dem Erhalt seiner persönlichen Macht war. Sein Opponent Schirdewan schrieb später über Ulbrichts damaliges Selbstverständnis:

> Er war sich in dieser Zeit seines eigenen politischen Gewichts sehr bewußt. Und in seinem Selbstverständnis hielt er sich für die einzige personelle Alternative an der Spitze der Partei. In seiner geschichtlichen und politischen Sicht war ihm und nur ihm selbst letztlich alle Verantwortung für die DDR und darüber hinaus für die kommunistische Bewegung in Deutschland zugefallen. Und daraus resultierte sein autoritärer Anspruch gegenüber der Partei, aber auch seine durchaus nicht widerspruchslose Haltung gegenüber den Sowjets.[146]

146 »Die Führung lag in Moskau«. Michael Schumann und Wolfgang Dreßen im Ge-

War nicht in Polen und Ungarn zu besichtigen, wohin alles andere führte?

In der westdeutschen Zeitschrift »SBZ-Archiv«, deren respektloser Name allein schon Provokation war, wurde über das ganze Jahr diskutiert, wie die »DDR« nach der im Ergebnis der »Liberalisierung« in Moskau nun bald erwarteten Wiedervereinigung in allen Bereichen an die westdeutschen Verhältnisse angepasst werden könne und wie dann bei der »Entsedifizierung« verfahren werden sollte: »Was geschieht mit den politischen Funktionären der ›DDR‹?«, hieß etwa eine der erörterten Fragen.[147] Da galt es im Osten, die Reihen fest zu schließen. So wie Ulbricht vor diesem Hintergrund die Opponenten im eigenen Lager meinte ausschalten zu müssen, so musste er zugleich jede Politik der Sowjetunion grundsätzlich unterstützen, da er ohne sowjetische Unterstützung seine Macht nicht würde halten können. Es war dieselbe selbstbeschränkende Erkenntnis, die auch seine Opponenten hinderte, im Kampf gegen ihn weiterzugehen, als sie es taten. »Ich durfte ja auch nicht weitergehen, als die Russen gingen«, sagte Schirdewan nach dem Zusammenbruch der SED-Herrschaft einem Gesprächspartner:

> Mehr ging doch nicht. Alles andere wäre zur Provokation geworden. Auch in Moskau. Das war zu schwer, zu schwer ... Wenn Sie noch eine Frage haben?[148]

Doch noch wollte Moskau den »Frühling«, und die SED rehabilitierte auf der 28. Tagung ihres Zentralkomitees Ulbrichts Opponenten vom Anfang der 50er Jahre, Franz Dahlem, Anton Ackermann, Paul Merker und andere. Eine politische Rolle spielten sie allerdings nicht mehr.[149] Im Jahr 1957 stand dann aber bereits der Kampf gegen den »Revisionismus« im Zentrum der SED-Politik, dem kurzen »Frühling« des Jahres 1956 folgte dann ziemlich unvermittelt ein innenpolitischer »Herbst«.

---

spräch mit Karl Schirdewan, Niemandsland. Zeitschrift zwischen den Kulturen 4 (1992) 10/11, S. 305–326, hier S. 312.

147 So ein Diskussionsbeitrag der in den Westen geflüchteten einstigen SED-Funktionärin Carola Stern in SBZ-Archiv 7 (1956) 2, S. 17–20. Weitere Beiträge zum Thema finden sich in fast jedem Heft dieses Jahres.

148 Dwars, Jens F.: »... in der elitären Ebene.« Ein Gespräch mit Karl Schirdewan, Utopie kreativ, (2002) 139 (Mai), S. 428–438, hier S. 438. Drei Punkte im Original.

149 Berlin. Chronik der Jahre 1955–1956, S. 556. Zur zeitgenössischen Sicht darauf s. F.W.: »Die Rehabilitierung der Gegner Ulbrichts«, SBZ-Archiv 7 (1956) 15, S. 225 f.

»Es ist eine Tatsache, daß [...] Arbeiter den Hauptanteil an den Republikflüchtigen haben«

Am 3. Juli 1956 trat Fred Oelßner, Chefredakteur des theoretischen SED-Organs »Einheit«, im Politbüro offen gegen Walter Ulbricht auf. Ermutigt durch die Vorgänge in der Sowjetunion, richtete er seine Kritik gegen Ulbrichts Leitungsstil (keine kollektive Führung), dessen »persönliches Regime«, gegen die, wie er meinte, unzureichenden Konsequenzen, die Ulbricht aus den Lehren des XX. Parteitages der KPdSU für die SED und die DDR zog, und wandte sich gegen die reflexartige Abwehr jeder Kritik am »Ersten Sekretär« mit dem Hinweis auf die »fanatische Hetze des Klassenfeindes, besonders gegen Walter Ulbricht«. Über diese Dinge, so Oelßner, sollte »auf dem Plenum des ZK offen gesprochen werden«. Er legte Ulbricht nahe, diese Themen selbst vor dem ZK zur Sprache zu bringen.[150] Oelßner hatte gute Verbindungen nach Moskau, war als Russisch-Dolmetscher der SED-Führung bestens über die Interna der Führung informiert. Es ist davon auszugehen, dass er diesen Vorstoß nicht ohne zumindest indirekte Rückendeckung aus Moskau wagte und Ulbricht genau das auch in Rechnung stellte. Die sich nun bis zum Sommer 1958 hinziehenden Auseinandersetzungen in der SED-Führung sind hinreichend dargestellt und werden hier daher nicht umfassend und im Detail, sondern nur in Bezug auf das Thema »Republikflucht« und Grenze berücksichtigt.[151]

Ende Juli 1956 machte Oelßner dann neben Ulbrichts Leitungsstil auch die »Republikflucht« zum Thema auf dem ZK-Plenum. Dass diese Frage dort behandelt wurde, war, wie anhand der 25. ZK-Tagung zu sehen war, nicht neu, aber die Formulierung, die er wählte, schon:

> Es ist eine Tatsache, Genossen, daß seit dem Jahre 1954 die Arbeiter den Hauptanteil an den Republikflüchtigen haben [...] Das ist auch eine gewisse

150 Fred Oelßner: Erklärung im Politbüro am 3. 7. 1956, BArch DY 30 4215/112, Bl. 65, abgedruckt auch (ohne Angabe der Signatur) bei Schirdewan, Aufstand gegen Ulbricht, S. 181–183.

151 Grieder, Peter: Eine unabhängige britische Sicht auf die Konflikte im SED-Politbüro 1956–1958, in: Klein/Otto/Grieder, Visionen, S. 562–619; Amos, Heike: Politik und Organisation der SED-Zentrale 1949–1963. Struktur und Arbeitsweise von Politbüro, Sekretariat, Zentralkomitee und ZK-Apparat, Münster u. a. 2003, S. 416–537; Frank, Walter Ulbricht, S. 260–283; Klein, Thomas: »Für die Einheit und Reinheit der Partei«. Die innerparteilichen Kontrollorgane der SED in der Ära Ulbricht, Köln, Weimar, Wien 2002, S. 315–326.

> Kritik an unserer Arbeit, eine Kritik mit den Beinen, und das ist, so denke ich, für unsere Partei ein außerordentlich ernsthaftes Signal, mit dem man sich befassen muß.[152]

In der damaligen Situation musste dies wiederum als eine Kritik an Ulbricht verstanden werden, zeichnete doch vor allem dieser, nicht zuletzt durch seine Omnipräsenz in den Medien, für die SED-Politik verantwortlich. Bald trat Karl Schirdewan an die Spitze der Ulbricht-Gegner und drängte mehr oder weniger offen auf Ulbrichts Ablösung an der Spitze der SED. An dessen Stelle gedachte er selbst zu treten. Auch Schirdewan sah sich von Moskau darin unterstützt.[153] Interessant für unser Thema sind diese innerparteilichen Machtkämpfe, weil neben den bereits genannten Fragen des Führungsstils eben auch die Frage des Umgangs mit der »Republikflucht« Gegenstand des Machtkampfes wurde. Dabei dürfte neben echten Meinungsverschiedenheiten über den angemessenen Umgang mit diesem Problem auch der Umstand eine Rolle gespielt haben, dass sich das Thema »Republikflucht« gut in diesem Machtkampf instrumentalisieren ließ, war es doch augenfälliger Beleg dafür, dass es der SED-Führung unter Ulbricht auch bei vielen Arbeitern nicht gelungen war, diese für ihre Politik zu gewinnen.

Schirdewan hat nach dem Zusammenbruch der SED-Herrschaft geschickt und mit Unterstützung der »Reformer« in der SED/PDS versucht, sich als eine Art Urvater eines »demokratischen« SED-Sozialismus darzustellen, zunächst in zahlreichen Interviews und schließlich auch in zwei autobiografischen Büchern.[154] Tatsächlich war er wohl eher, wie Werner Müller es ausdrückte, ein »Stalinist mit preußischer Disziplin«. Was ihn von Ulbricht getrennt habe, sei »seine Prinzipienfestigkeit, die eher mit Starrköpfigkeit zu übersetzen wäre«.

152 Stenografisches Protokoll 28. Tagung des ZK vom 27. bis 29. Juli 1956, BArch DY 30 IV 2/1/162 (Bd. 3), Bl. 203, vgl. Grieder, Eine unabhängige britische Sicht, S. 573.

153 Schirdewan selbst bestritt dies nach dem Zusammenbruch der SED-Herrschaft; er habe nur eine Änderung der Politik der SED und des Leitungsstils in der Führung erreichen wollen. S. zum Beispiel Ein Widersacher des mächtigen »Ersten«. Karl Schirdewan wagte 1956 den offenen Kampf mit Ulbricht – für einen demokratischen Sozialismus. Verdammung, Entfernung aus der SED-Spitze und politische Ruhigstellung im Archiv waren die Folgen, Berliner Zeitung, Nr. 35, 10./11. 2. 1990, S. 9. Die Quellen sprechen jedoch eine eindeutige Sprache.

154 Schirdewan, Aufstand gegen Ulbricht; Schirdewan, Ein Jahrhundert Leben. Dem folgen z. B. mehr oder weniger Frank, Walter Ulbricht, S. 260 – 283; auch Grieder, Eine unabhängige britische Sicht, S. 562 – 619.

Die »Unterschiede in den politischen Konzeptionen zwischen beiden hingegen waren« nach Müller

> zu jener Zeit marginal. Schirdewan war bedingungsloser Anhänger des Kurses der sowjetischen Führung. [...] Seine Intention einer SED als Erziehungs-, Kontroll- und Kollektivitätsdiktatur war am stalinistischen Menschenbild der späten zwanziger und dreißiger Jahre orientiert und im Grunde schon in seinen Jahren an der Spitze der SED anachronistisch.[155]

Schirdewan hatte während der Nazizeit zunächst im Untergrund gelebt und war ab 1934 bis Kriegsende in Haft gewesen. Neben dem bolschewistischen Parteikonzept prägten vor allem auch seine Hafterfahrungen seine Vorstellungen von politischer Arbeit. Der »Feind« war überall; Information, Konspiration und Disziplin waren Voraussetzung des Überlebens seiner selbst und der Genossen. Der Zusammenhalt der Partei stand daher über allem. Noch 1945 begann er im Auftrag der Parteiführung mit der Aufarbeitung der illegalen Parteigeschichte, d.h. mit dem Sammeln von Informationen über Aufrichtigkeit und Mut, aber auch über Feigheit und Verrat unter den Parteimitgliedern und nicht zuletzt auch über Anzeichen von Abweichungen von der Parteilinie.[156] Schirdewan wollte 1956 keine radikalen Reformen, sondern eine Vervollkommnung des Vorhandenen. Er war Opponent und Rivale Ulbrichts, aber nicht politische Opposition. Im KZ hätte er sich »lieber totschlagen lassen, als Aussagen zu machen«, in der eigenen Partei fehlte ihm die Kraft, sich und seine Positionen im »Kollektiv« durchzusetzen. Immer wieder kam Schirdewan später auf seine Haftzeit zu sprechen, insbesondere auf die Jahre im KZ ab 1937:

> Ich dachte, das Herz bricht, aber es tat's nicht. Und abends dann die große Solidarität, da waren Genossen im Block, und die halfen mir dann, die rieben mir die Füße ein, verwundete Füße, damit ich am nächsten Tag dann wieder fit

155 Müller, Werner: Karl Schirdewan – ein Stalinist mit preußischer Disziplin, in: Jahrbuch Extremismus & Demokratie (E & D), hg. von Uwe Backes und Eckhard Jesse, Baden-Baden 2009, S. 64–91, hier S. 89f.

156 Kubina, Michael: Der Aufbau des zentralen Parteiapparates der KPD 1945–1946, in: Anatomie der Parteizentrale, S. 49–117, hier S. 89. Schirdewan versuchte diese Arbeit als quasi die eines Historikers darzustellen: »Es ging keineswegs um die Prüfung des Verhaltens von Genossen. Es galt einen thematisch festgelegten Beitrag zur Darstellung von illegalen Aktivitäten der Partei gegen die Nazidiktatur zu leisten.« S. Schirdewan, Aufstand gegen Ulbricht, S. 30; ähnlich Schirdewan, Ein Jahrhundert Leben, S. 217ff.

> war, auch nur einen Tag auszuhalten. Wenn jemand schwer krank war, dann schützten die ihn sofort. Aber sie erwarteten von uns allen, die wir körperlich noch intakt waren: »Du mußt das durchstehen, damit Du Dich assimilierst an die Situation, die Härte, die wirkliche Härte mußt Du Dir anerziehen.«[157]

Als ZK-Sekretär war er zuständig für die Abteilung Leitende Organe und Kader, war zudem Mitglied der Sicherheitskommission, dem Vorläufer des Nationalen Verteidigungsrates, stand in der informellen Parteihierarchie gleich hinter Ulbricht. Nach seinem Sturz wurde er ins Staatsarchiv abgeschoben. Das Gefängnis der Genossen blieb ihm erspart, weil er 1959 öffentlich Selbstkritik übte. Mit Schirdewan »stürzte« 1958 auch Ernst Wollweber. Dieser, nach dem 17. Juni 1953 von Moskau Ulbricht als Staatssicherheitschef zur Seite gegeben, kam weniger aus eigenem Antrieb mit Ulbricht in Konflikt, sondern weil Letzterer den Konflikt suchte. Wollweber hatte gute Kontakte nach Moskau und gehörte wohl zu den wenigen in der Führung, die es wagten, Ulbricht offen zu widersprechen. Während des Konfliktes war sein Gesundheitszustand allerdings schon stark angegriffen.

Konfrontation im Politbüro

Beide, Schirdewan und Wollweber, waren, wie erwähnt, auch Mitglieder der Kommission zur »Republikflucht«. Oelßner und Schirdewan versuchten mehrmals, die »Republikflucht« zum Gegenstand einer tiefergehenden Problemdiskussion im Politbüro zu machen, was ihnen aber nicht gelang. Immer wieder wurde das Thema von Ulbricht und den anderen mit Floskeln abgetan. Die Vorwürfe, die beide jetzt dem Politbüro und insbesondere Ulbricht machten, waren denen, die bereits Rudolf Herrnstadt nach dem »Neuen Kurs« erhoben hatte, nicht unähnlich: Das Politbüro habe sich nur selten und oberflächlich mit dem Thema befasst. Im Dezember 1956 legte Oelßner dem Politbüro statistisches Material vor, das belegte, dass nicht zuletzt Jugendliche die DDR verließen.[158] Berücksichtigt man, was Schirdewan in derselben Politbürositzung forderte, verwundert kaum, dass es in diesem Gremium zu keiner wirklichen Diskussion kam:

157 Zit. nach Dwars, »... in der elitären Ebene«, S. 431, vgl. Schirdewan, Ein Jahrhundert Leben, S. 144 ff.

158 Grieder, Eine unabhängige britische Sicht, S. 572.

> Man muß im Politbüro kritisch auftreten können, ohne befürchten zu müssen, dafür Nachteile zu erfahren. Ich kann aus meiner Erfahrung sagen, daß ich diese Überzeugung [der Möglichkeit einer freien Meinungsäußerung] nicht habe ... Wir müssen zu einer solchen Lage kommen, daß jeder Genosse im Politbüro gegen jeden Genossen kritisch auftreten kann.[159]

Beide, Schirdewan, aber noch stärker Oelßner, griffen Ulbricht scharf an, der nicht minder scharf konterte, Oelßner stelle immer wieder »die gleichen, alten, falschen Fragen« und Schirdewan habe einen »Anfall von Größenwahn gehabt, die Partei vor den Fehlern Ulbrichts bewahren« zu müssen. Obwohl es in der Parteiführung etliche gab, die mit Ulbricht unzufrieden waren, gelang es ihm, so Wollweber in seinen 1963/64 verfassten, aber erst nach dem Zusammenbruch der SED-Herrschaft publizierten Erinnerungen, bereits Ende Januar 1957 auf dem 30. ZK-Plenum, das Ruder in den Führungsgremien herumzureißen: »Eine neue Perspektive wurde aufgezeigt. Der Aufbau des Sozialismus wurde beschleunigt, die Sicherungsmaßnahmen gegenüber dem Westen berechtigterweise verstärkt.«[160] Als Einpeitscher gegen Ulbrichts Opponenten tat sich der gerade von seinem eher unfreiwilligen Studienaufenthalt in Moskau zurückgekehrte Honecker hervor.[161] Seine Position war seit der massiven Kritik an seiner Arbeit als FDJ-Chef angeschlagen, doch Ulbricht bot ihm eine zweite Chance als ihm ergebener Gehilfe. Honecker hatte keine Probleme mit dieser Rolle. Seit Oktober 1956 war er, obwohl immer noch nur Kandidat des Politbüros, im ZK-Sekretariat für den gesamten Sicherheitsbereich zuständig.[162] Die drei Männer im engsten Kreis um Ulbricht hatten ihre eigenen Gründe, Ulbricht gegen Schirdewan zu unterstützen. Honecker war für Schirdewan ein »Idiot«, Matern »ein heimtückischer und hintergründiger Mensch«, und in Bezug auf Alfred Neumann meinte Schirdewan, es sei

159 Oelßner hat Aufzeichnungen hinterlassen (BArch NY 4215/112), in denen er Schirdewan und andere Politbüromitglieder wiedergibt, zit. nach Amos, Politik und Organisation, S. 477 f., Auslassung dort.

160 Wollweber, Ernst: Aus Erinnerungen. Ein Porträt Walter Ulbrichts, Beiträge zur Geschichte der Arbeiterbewegung, 32 (1990) 3, S. 350–378, hier S. 371.

161 Honecker trug auf dem 35. ZK-Plenum im Februar 1958 auch den Bericht des Politbüros an das ZK vor, in dem mit Schirdewan und Ulbrichts anderen Opponenten abgerechnet wurde, s. Przybylski, Peter: Tatort Politbüro. Die Akte Honecker, Berlin 1991, S. 261–279.

162 Amos, Politik und Organisation, S. 467, 488.

»eine Schande, daß er im Politbüro gesessen hat«.[163] Diese mangelnde Wertschätzung dürfte auf Gegenseitigkeit beruht haben, zumal Schirdewan von seiner eigenen, in diesem Kreis überragenden Intelligenz überzeugt war und dies andere auch merken ließ.[164] Die SED-Führung war schon damals kein intellektueller Debattierklub. Bildung und geistige Fähigkeiten waren bei ihren Mitgliedern sicher nicht überdurchschnittlich ausgeprägt. In der Auseinandersetzung Ulbrichts mit seinen Opponenten dieser Jahre wurde das Niveau nun allerdings weiter deutlich und dauerhaft gesenkt. Auch wenn Intelligenz und Bildung weder eine politische noch eine moralische Kategorie darstellen, ist der Mangel an beidem in den SED-Führungsgremien doch symptomatisch dafür, wie nach dem Mauerbau mit dem Thema in der Führung umgegangen wurde, oder besser, wie es bald faktisch von der politischen Agenda gestrichen wurde, vollends dann unter Honecker.

Doch noch saß das Thema »Republikflucht« Ulbricht im Nacken, nicht nur des Drängens von Schirdewan und Oelßner wegen. Auch Moskau zeigte sich zunehmend besorgt, ja auch verständnislos, dass die SED das Problem nicht in den Griff bekam. So sprach selbst der Chef der Ost-CDU, Otto Nuschke, dem ebenfalls gute Beziehungen zu den »Freunden« in Moskau nachgesagt wurden, Ulbricht während einer Sitzung des »demokratischen Blocks« auf das Thema an. Chruschtschow habe ihn eindringlich gefragt, wie es denn möglich sei, dass »bei Euch die Republikflucht diesen Umfang« annehme. Auch Kliment J. Woroschilow, der Vorsitzende des Obersten Sowjets, habe die Frage zur Sprache gebracht und klargemacht, dass die sowjetische Führung eine Erklärung erwarte. Die »Republikflucht«, so Nuschke fast drohend, sei »eine ernste Sorge nicht nur von uns [...], sondern auch unserer sowjetischen Freunde«.[165] Dies war Ulbricht jedoch natürlich nicht neu. Zu einer ernsthaften Debatte über das Thema war er trotzdem nicht bereit.

»Republikflucht« war in der DDR zu jener Zeit noch nicht einmal ein Straftatbestand. Zwar konnte sie seit Jahren, je nach aktuellem politischen Kurs, mehr oder weniger stark über ersatzweise angewandte Tatbestände rechtlich geahndet werden. Diese Sanktionierungsmaßnahmen beruhten aber

---

163 So Schirdewan in einem Gespräch im September und Oktober 1992, zit. nach Grieder, Eine unabhängige britische Sicht, S. 590.

164 Im Gespräch mit Dwars, »... in der elitären Ebene«, führte er noch 1994 »mehrfach das Urteil der Sowjets über seine Intelligenz« an, hier S. 429.

165 Stenografische Niederschrift der Sitzung des demokratischen Blocks, 4. 2. 1957, zit. nach Lemke, Die Berlinkrise, S. 48.

weniger auf einheitlichen Vorgaben aus der SED-Führung als auf dem Umstand, dass die Parteiführung immer wieder die untergeordnete Parteigliederung sowie den gesamten Staats- und Verwaltungsapparat zu einer konsequenten »Bekämpfung der Republikflucht« ermahnte, wobei die Aussagen über die dabei anzuwendenden Methoden oft eher »globalen« als konkreten Charakter hatten. Wie bereits mehrfach erwähnt, stand dabei offiziell stets eine bessere »Aufklärungsarbeit« im Mittelpunkt. Da diese aber kaum Erfolge zeitigte, die staatlichen Einrichtungen, von den für die Planerfüllung Verantwortlichen bis zur Polizei, aber nichtsdestoweniger für jedes Anwachsen der »Republikflucht« von Ulbricht in die Verantwortung genommen wurden, versuchten diese durch eine möglichst »kreative« Ausnutzung vorhandener Sanktionierungsmittel die »Republikflucht« einzudämmen. Dies führte auch dazu, dass nicht zuletzt die in dieser Weise für die »Bekämpfung der Republikflucht« seitens der Führung in die Verantwortung Genommenen auf klarere rechtliche Sanktionsmöglichkeiten drängten.[166] Insbesondere die für die Sicherheit verantwortlichen Organe kamen so aber in einen Zielkonflikt, blieb ihnen der Zusammenhang zwischen »Liberalisierungsmaßnahmen« und einer größeren Zufriedenheit und Ruhe in der Bevölkerung doch nicht verborgen. So stellte etwa das Innenministerium im März 1957 in einer internen Stellungnahme fest, die Lockerungen im innerdeutschen Reiseverkehr hätten »wesentlich zur Beruhigung der Lage in der Bevölkerung« beigetragen.[167] Andererseits wurde zwischen 1954 und 1957 fast jede zweite »Republikflucht« anlässlich einer genehmigten Westreise begangen.[168]

Ulbrichts Gegenangriff – voran zum Sozialismus

Über all dies hätte nach Ansicht von Schirdewan, Oelßner und wahrscheinlich auch noch einigen anderen im Politbüro einmal eingehend gesprochen werden müssen, was von Ulbricht aber abgeblockt wurde. Über seine Gründe kann man nur spekulieren. Es dürfte eine Mixtur aus ideologischer Verblendung, teilweisem Realitätsverlust, Illusionen über die eigenen Perspektiven und das

166 Melis, Republikflucht, S. 48 f., 56 f.; Bispinck, Republikflucht, S. 294 ff.
167 HV DVP (Hauptabt. PM), Vermerk vom 13. 3. 1957, zit. nach Major, Torschlußpanik, S. 233.
168 Major, Patrick: Behind the Berlin Wall. East Germany and the Frontiers of Power, Oxford 2009, S. 100, v. a. auch die Grafiken auf S. 101.

Krisenpotential im Westen und wohl auch Verdrängung eigener Verantwortung vorgelegen haben. Maßgeblich wird für ihn bei der Behandlung der »Republikfluchtfrage« jedoch ein sehr realistisches Machtkalkül gewesen sein. In der gegebenen Situation (Angriffe seitens einer Anti-Ulbricht-»Fraktion« in der Parteiführung; Schwankungen in Moskau in der Frage, ob Ulbricht tatsächlich der beste Garant sowjetischer Interessen in Deutschland sei; Systemkrisen in Ungarn und Polen infolge »revisionistischer« Abweichungen) konnte sich eine Diskussion der »Republikflucht«-Problematik nur gegen ihn als den Hauptverantwortlichen für die bisherige Politik der SED insgesamt und auch in Fragen der »Republikflucht« richten. Ulbricht versuchte daher, das Thema als gesellschaftliches Problem und als zu diskutierendes Resultat der eigenen Politik auf drei Ebenen zu entschärfen: erstens mit ungebrochener und offensiver Siegespropaganda, zweitens durch die moralische Ächtung und Kriminalisierung jeglicher Übersiedlung und Flucht und drittens, indem er im Sommer 1957 Moskau bat zu prüfen, »ob es gegenwärtig möglich ist, Maßnahmen einzuleiten, die den Flugverkehr in den Luftkorridoren in Übereinstimmung mit der in den einschlägigen Dokumenten festgelegten Rechtslage bringen«.[169] Im Oktober 1957, also parallel zum ZK-Plenum, liefen im DDR-Außenministerium Planungen an, um eine Anerkennung der Lufthoheit der DDR »einschließlich Groß-Berlins« zu erreichen.[170] Anscheinend war die Prüfung in Moskau aber negativ ausgefallen. Im November äußerte sich Otto Winzer, damals stellvertretender Außenminister, ablehnend gegenüber den in einer Beratung vom 16. Oktober, an der er selbst nicht teilgenommen hatte, geäußerten Überlegungen. Die in den dort formulierten Forderungen zum Ausdruck kommenden Vorstellungen seien »ganz und gar nicht hieb- und stichfest«. Vielmehr habe die DDR in den ihre Souveränität betreffenden Ab-

169 Anlage zur Verbalnote der DDR an die UdSSR, 29.8.1957, zit. nach Lemke, Michael: Sowjetische Interessen und ostdeutscher Wille. Divergenzen zwischen den Berlinkonzepten von SED und UdSSR in der Expositionsphase der zweiten Berlinkrise, in: Sterben für Berlin, S. 203–219, hier S. 206. Bei Wettig, Sowjetische Deutschland-Politik, S. 131, der sich auf Lemke bezieht, ist dieser Vorstoß eigenartigerweise vom Kontext her und auch explizit auf 1958 datiert, während er bei Wettig, Gerhard: Chruschtschows Berlin-Krise 1958 bis 1963. Drohpolitik und Mauerbau, München 2006, S. 8 (Quellen und Darstellungen zur Zeitgeschichte, Bd. 67), noch korrekt auf 1957 datiert ist.

170 Besprechung im MfAA unter Teilnahme von Außenminister Lothar Bolz, dem stellvertr. Außenminister Sepp Schwab und Ewald Moldt, persönlicher Referent von Bolz, 16.10.1957, zit. nach Lemke, Sowjetische Interessen, S. 206.

machungen mit der Sowjetunion »faktisch eine Beschränkung ihrer Souveränität anerkannt«. Da die Viermächtebeschlüsse für die DDR durchaus noch bindend seien, dürfe der Hauptpunkt der Forderungen der DDR nicht die Einschränkung dieser Beschlüsse, sondern »das Recht auf den eigenen Luftraum, d.h. das Befliegen des Luftkorridors auch durch unsere Lufthansa« sein. Anderenfalls würde die »Gefahr eines internationalen Konfliktes« heraufbeschworen.[171] Winzers Stellungnahme, sicher nicht ohne sowjetische »Hilfe« zustande gekommen, stieß in der Leitung des DDR-Außenministeriums auf Widerspruch, was, so Michael Lemke, »auf Kontroversen in der Parteiführung schließen lässt«. In einer Gegenstellungnahme wurde Winzers These von der beschränkten Souveränität der DDR zurückgewiesen.[172] Lemke meint, es sei fraglich, »ob die Führung der SED 1957/58 das Problem der Republikflucht bereits als unmittelbare Infragestellung der staatlichen Existenz ihrer Republik ansah und die Eliminierung des Störfaktors Westberlin als unaufschiebbare Maßnahme ins Auge faßte oder lediglich als chronische Bedrohung auf einem relativ gleichbleibend hohen Niveau, die irgendwann – möglichst bald freilich – beseitigt werden müsste«.[173] Letzteres ist, wie hier bereits mehrfach argumentiert wurde, wahrscheinlicher. Unter Druck sah sich Ulbricht zu diesem Zeitpunkt, wie seine Ausführungen auf dem 33. ZK-Plenum deutlich machen, weniger durch die Tatsache der anhaltend hohen »Republikflucht« selbst[174] als dadurch, dass seine innerparteilichen Gegner versuchten, sie gegen ihn zu instrumentalisieren. So musste er dies jedenfalls wahrnehmen, was natürlich nicht bedeutet, dass seine Gegner mit ihrer Offensive nicht tatsächlich auch eine Lösung des Problems angestrebt hätten.

Hier deutet sich also auf Seiten Ulbrichts, wenn auch wohl noch nicht primär so motiviert, ein erstes Konzept für eine Art Plan B für den Fall an, dass die prinzipielle Überlegenheit des Sozialismus nicht ganz so kurzfristig wie erhofft für alle Bürger erkennbar werden würde. Zwar war sich Ulbricht der Überlegenheit des eigenen Systems wohl immer noch relativ sicher, da alles andere ja die Grundfesten seiner Überzeugungen in Frage gestellt hätte. Aber

171 Bemerkungen zum Material über die Fragen der Lufthoheit, Otto Winzer, 11.11.1957, zit. nach Lemke, Sowjetische Interessen, S. 207.

172 Stellungnahme zu den Bemerkungen des Ministers Winzer zum Material über Fragen der Lufthoheit, 14.11.1957, zit. nach Lemke, Sowjetische Interessen, S. 207.

173 Lemke, Sowjetische Interessen, S. 209.

174 Die Monatszahlen lagen vom Mai bis September sogar noch leicht über denen der Vergleichsmonate des Vorjahres, als die jährliche Abwanderung ihr Allzeithoch hatte, s. Melis, Republikflucht, S. 255.

er musste auch zugestehen, dass bei der »Errichtung der neuen Ordnung mit all ihren Zwischenstufen laufend neue Probleme auftauchen und auf Lösung drängen. Das unablässige Voranschreiten bei der Entwicklung der Produktivkräfte und auch bei der Gestaltung der Produktionsverhältnisse«, so Ulbricht in dem ihm eigenen hölzernen Duktus auf dem 33. ZK-Plenum, »wirft ständig neue Fragen auf, und es treten auf höherer Stufe neue Schwierigkeiten auf«. Die hierin erkennbare Differenz zwischen Wollen und Wirklichkeit führte Ulbricht darauf zurück, dass die Partei »unter den Bedingungen der Spaltung Deutschlands [...] in bezug auf Ziel und Tempo des sozialistischen Aufbaus nicht tun und lassen« könne, was sie wolle.[175] Da die Souveränität der DDR aber faktisch unleugbar beschränkt war, kam Ulbricht auf diesem Weg, der Kontrolle der Luftkorridore, im Moment noch nicht weiter.

Zunächst einmal predigte Ulbricht daher weiter grenzenlosen Optimismus, überzeugt, dass sein Optimismus, sofern er auch ein wenig Zweckoptimismus war, durch die ständige Wiederholung schon eine ihm entsprechende Wirklichkeit schaffen würde. Leuchtendes Beispiel waren Ulbricht dabei die »grandiosen wissenschaftlichen Leistungen der Sowjetunion, die ungeheuren Anstrengungen der Werktätigen der Sowjetunion in der Industrie und der Landwirtschaft, um die USA in der Produktion pro Kopf der Bevölkerung zu überholen«. Während in Westdeutschland »der Gegensatz zwischen der gesellschaftlichen Arbeit, die von Millionen arbeitsamer Menschen geleistet wird, und der Aneignung der erzeugten Werte durch die kapitalistischen Ausbeuter besonders kraß« sei, hätten die Werktätigen in der DDR bewiesen, »daß die Wirtschaft ohne die kapitalistischen Ausbeuter und Schmarotzer besser geleitet wird«. Das war offenkundig (noch) nicht so, und Ulbricht musste wissen, dass das auch seine Zuhörer wussten. Er sah sein Vorgehen trotzdem gerechtfertigt, da es für ihn nichts anderes als eine Extrapolation, eine in der Wissenschaft ja übliche Methode, war. Seine Gewissheit ergab sich

> nicht nur aus der Entwicklung des Kräfteverhältnisses in der Welt zugunsten der Sowjetunion und der Friedenskräfte, sondern aus der Tatsache, daß die Revanchepolitik der Machthaber Westdeutschlands in die Sackgasse gekommen ist. [...] In Westdeutschland ist deshalb eine politische Wende gewiß.

175 »Warum gehört dem Sozialismus die Zukunft?«, Walter Ulbricht auf dem 33. ZK-Plenum, Aus dem Wortprotokoll der 33. Tagung des Zentralkomitees der SED, o.J. (fotomechanischer Nachdruck, Bonn 1958), S. 7/27.

Das war zwar ein Zirkelschluss, aber als Erzieher kann man das schon einmal machen, und Ulbricht zitiert so Bertolt Brechts »Lob des Kommunismus«: »Er ist nicht das Rätsel, Sondern die Lösung. Er ist das Einfache, Das schwer zu machen ist.« »Der Aufbau des Sozialismus«, so war er überzeugt, war

> in erster Linie eine Erziehung des Menschen. Bei der Erfüllung der neuen Produktionsaufgaben lernen die Menschen und gewöhnen sich schlechte Gewohnheiten aus der kapitalistischen Zeit, wie z. B. Arbeitsbummelei, allmählich ab.

Alle Probleme und Widersprüche des Sozialismus seien lösbar »und werden gelöst«, verkündete Ulbricht vor dem 33. ZK-Plenum im Oktober 1957.[176]

Der Sputnik und die klare Perspektive

Der erfolgreiche Start des ersten künstlichen Erdtrabanten, des »Sputniks«, hatte der Welt gerade den vermeintlich handfesten Beweis geliefert. Der Satellit sendete Funksignale im normalen Kurzwellenbereich. Sie waren von jedem Funkamateur zu empfangen. Die Wirkung war kolossal, nicht nur auf Kommunisten, bis in jeden Winkel der Erde hinein. Wenige Tage nach Ende der ZK-Tagung starteten die Sowjets bereits ihren zweiten Satelliten, diesmal mit der Hündin Laika an Bord. Der propagandistische Erfolg, weniger der wissenschaftliche, war perfekt. Der Westen war schockiert. Die USA legten als Reaktion auf die sowjetischen Erfolge ein milliardenschweres Bildungsprogramm auf.[177] Damals erfuhr niemand, dass Laika bereits kurz nach dem Start an Hitzschlag verendet war.[178] Für Ulbricht waren die Sputnik-Starts der Erfolg der »auf sozialistische Weise organisierte[n] Zusammenarbeit von Forschern und Wissenschaftlern, die durch keinerlei objektive gesellschaftliche Schranken behindert ist«.[179] Angesichts solch klarer gesellschaftlicher Perspektiven

176 Ebd., S. 6/26 f.

177 Für die vielfältigen Folgen des Sputnik-Starts vgl. Poljanski, Igor J./Schwartz, Matthias (Hg.): Die Spur des Sputnik. Kulturhistorische Expeditionen ins kosmische Zeitalter, Frankfurt am Main, New York 2009.

178 Offiziell wurde die Hündin nach sieben Tagen planmäßig »eingeschläfert«.

179 »Warum gehört dem Sozialismus die Zukunft?«, Walter Ulbricht, Aus dem Wortprotokoll der 33. Tagung des Zentralkomitees, S. 13/33.

behandelte Ulbricht das Problem »Republikflucht« als das einer untergehenden Welt, nicht seiner kommenden.

Auch im Bericht des Politbüros, der diesmal von Ulbrichts Gefolgsmann Hermann Matern vorgetragen wurde,[180] wurde die »Republikflucht« vor dem ZK-Plenum angesprochen. Der Bericht charakterisierte sie als das gegenwärtige Hauptmittel des Angriffs der »Bonner Machthaber« auf die DDR. Diese seien sich bewusst, im friedlichen Wettstreit gegenüber dem Sozialismus nicht bestehen zu können. Mit der Organisierung der »Republikflucht« wollten sie beweisen, dass die historisch überlebte Klasse der Ausbeuter noch eine gesellschaftliche Zukunft hätte, und zugleich den Sozialismus schädigen. Der Kampf gegen die »Republikflucht« sei daher ein Beitrag zum Kampf gegen die »Bonner Kriegspolitik« und für die Wiedervereinigung Deutschlands als »demokratischer« Staat. Der Kampf gegen die »Republikflucht« müsse daher weit mehr als bisher in die politische Massenarbeit mit einbezogen werden. Es müsse klargemacht werden, dass jeder Arbeiter, der die DDR verlasse, Verrat an sich und seiner Klasse übe, dass jeder Jugendliche seine gesicherte Perspektive aufgebe: Die Flucht eines jeden Vertreters der Intelligenz, so verstieg sich Matern im Auftrag des Politbüros, sei gar gleichbedeutend mit der Verneinung des wissenschaftlichen Fortschritts und der Kultur im Dienste der Menschheit. Man griffe zu kurz, wenn man in diesen harschen Thesen nur Instrumente unredlicher Propaganda sähe. Im geschlossenen Weltbild der führenden Kommunisten hatte eine solche Sicht eine innere, ja nahezu zwingende Logik, auch wenn sie sich, wie Matern beklagte, noch nicht gänzlich der gesamten Partei und den übrigen Parteien und Massenorganisationen erschlossen habe.

Grotewohl versuchte in seinem Beitrag deutlich zu machen, dass der Sieg des Sozialismus auch in Westdeutschland nicht mehr aufzuhalten sei. Die überzeugende Politik der SED habe letztlich dazu beigetragen, der westdeutschen Bevölkerung die »antinationale Rolle des Adenauer-Regimes« bewusstzumachen. Grotewohl führte gar den Zuwachs an Stimmen für die SPD bei den Bundestagswahlen auf die SED-Politik zurück und erwartete im Gegenzug die Bereitschaft zur »Aktionsgemeinschaft« der SPD mit allen »Anhängern des Friedens«.[181] Auch heute versuchen Politiker aller Parteien jedes auch noch so schlechte Wahlergebnis der eigenen Partei schönzureden, und gewiss ist

180 Für die eigentliche, gegen den »Revisionismus« gerichtete Stoßrichtung der Tagung s. Herzberg, Anpassung und Aufbegehren, S. 293 ff.

181 Nach Berlin. Chronik der Jahre 1957 – 1958, hg. im Auftrag des Senats von Berlin, Berlin 1974, S. 85 ff. (Schriftenreihe zur Berliner Zeitgeschichte, Bd. 8).

Grotewohls Argumentation in erheblichem Maße auch von einem solchen Bedürfnis geprägt. Aber seit dem Verbot der KPD durch das Bundesverfassungsgericht in Westdeutschland blieb es der SED erspart, die desaströsen Wahlergebnisse ihres Ablegers in Westdeutschland erklären zu müssen. Wie hätte sich ein Erfolg der SED-Westarbeit bei den Wahlen dort anders zeigen sollen als in einem Zuwachs an Stimmen für die SPD, da den arbeitenden Massen die Alternative KPD nicht mehr zur Verfügung stand? So beförderte das KPD-Verbot den Realitätsverlust in Ost-Berlin und erleichterte den Selbstbetrug der SED-Führer.

»Verräter und Überläufer«

Wenn man schon nicht mehr die gesamte »Republikflucht« als Flucht von Feinden erklären konnte, da diese eigentlich längst im Westen sein müssten, so konnte man doch die Flucht selbst zum feindlichen, geradezu kriegerischen Akt erklären und den Flüchtling zum Verräter machen, zum »Verräter« am Frieden. Es waren jetzt also nicht mehr die »Feinde«, die in den Westen gingen, sondern durch die Flucht wurde man zum Feind. Unter denen, die im Oktober 1957 auf der 33. ZK-Tagung das Thema »Republikflucht« aufgriffen, war auch wieder Alois Pisnik, SED-Bezirkschef von Magdeburg. Er sprach, wie schon auf der 25. ZK-Tagung zwei Jahre zuvor, das Problem der Rückkontakte der »Republikflüchtigen«, etwa mittels Briefen und Karten, an. Aus dem Umstand, dass diese Briefe mehr oder weniger gleichen Inhalts waren, nämlich die Vorzüge des Westen lobten und »sehr geschickt abgefaßt« seien, »in der Art eines Arbeiters, der mit der Feder nicht gut umgehen kann, dem das Schreiben nicht geläufig ist«, schloss er jetzt, dahinter müsse organisierte Propaganda stecken.[182] Die eigentliche Brandrede wurde aber von Hanna Wolf, Direktorin der Parteihochschule, gehalten. Sie sei sehr froh, dass Genosse Matern das Problem der Republikflucht angesprochen habe:

> Wir wissen alle, daß das ein echt schweres Problem ist und die Genossen damit sehr zu kämpfen haben, um so mehr, als in der letzten Zeit doch eine ziemliche Zahl von Arbeitern unsere Republik verlassen hat.

182 Aus dem Wortprotokoll der 33. Tagung des Zentralkomitees, S. 53/97.

Diese Erkenntnis hinderte sie jedoch nicht daran, die Flüchtigen mit jenen zu vergleichen, die im Zuge vorangegangener Revolutionen ihre Macht verloren hatten. Nach jeder Revolution hätten die »früher Herrschenden oder Teile der schwankenden Schichten das revolutionäre Gebiet verlassen«. Mit dem Hinweis, die Partei solle in ihrer Propaganda und Agitation mehr herausstellen, dass es heute jedoch »kaum noch Platz zum Abhauen gibt«, erntete sie zustimmende »Heiterkeit« im Plenum. Sie sei

> sehr einverstanden, daß klar gesagt wurde, wie man die Republikflüchtigen behandeln und wie man Klarheit schaffen soll, daß einer, der heute die Republik verläßt, ein Verräter und ein Überläufer ist. Mir scheint, daß darüber noch nicht überall Klarheit vorhanden ist.

Wenn ein Genosse höre,

> daß einer republikflüchtig ist, muß der erste Reflex bei einem Genossen sein – jedenfalls bei mir ist es so –, »das ist ein Schwein!«, und dann kann ich mich mit Psychologie beschäftigen, aber als erstes werde ich sagen, daß er ein Deserteur ist, ein Überläufer.[183]

Zwar sprach Wolf hier zunächst einmal über »fahnenflüchtige« Genossen, aber es war klar, das es nicht lange dauern konnte, bis eine solche entmenschlichende Sicht auf jeden »Republikflüchtigen« Anwendung finden würde. Dem Beitrag von Justizministerin Hilde Benjamin auf der ZK-Tagung ist zu entnehmen, dass die SED noch Probleme hatte, im Justizapparat ein klares Bewusstsein hinsichtlich der »Strafbarkeit und Einschätzung von Handlungen, die eine Verleitung zur Republikflucht darstellen«, durchzusetzen.[184] Die

183 Ebd., S. 67/111.

184 Am 13.7.1957 berichtete z. B. ADN von einem gegen Mitarbeiter des Evangelischen Hilfswerkes in Mecklenburg eingeleiteten Untersuchungsverfahren. Ihnen wurde vorgeworfen, statt »Friedensreisen« zu vermitteln, die Verschleppung von Kindern und Jugendlichen aus der SBZ nach Westdeutschland vorbereitet zu haben. Die SED dagegen nahm für sich selbstverständlich in Anspruch, Kinder aus Westdeutschland in Pionierferienlager der DDR einzuladen. Sie sollten fühlen, so Ulbricht, daß sie in der DDR ein wahres Vaterland besitzen, s. SBZ von 1955 – 1958. Die Sowjetische Besatzungszone Deutschlands in den Jahren 1955 – 1958, hg. vom Bundesministerium für gesamtdeutsche Fragen, Bonn, Berlin 1961, S. 330, 332. Das Vorgehen gegen die Mitarbeiter des Evangelischen Hilfswerkes war Teil sowohl der Kampagne gegen »Abwerbung« und »Republikflucht« als auch einer neuen Kampagne gegen die evangelischen Kirchen.

Freiheit des Einzelnen, so Benjamins Definition, höre ganz klar da auf, »wo das Handeln des einzelnen beginnt der NATO zu nützen, wo es zur Hetze, zur Verbindung zu verbrecherischen Agentenorganisationen wird«. Die Justiz krankte ihrer Auffassung nach noch an den infolge des XX. KPdSU-Parteitages im Vorjahr verkündeten »liberalen« Losungen. Es gebe noch »Reste des Mißverstehens aus den Diskussionen des vergangenen Jahres, mißverstandene Vorstellungen der Gesetzlichkeit im Interesse des Angeklagten«. Dies bedeute nicht, so Benjamin, »daß wir die Gesetze, die dem Angeklagten das Recht auf Verteidigung geben, mißachten wollen, aber auch hier liegt die Grenze der Freiheit da, wo Schaden für unseren Staat beginnt«.[185] Der oberste Maßstab sozialistischen Rechts ist hier mehr als deutlich definiert: die Interessen des sozialistischen Staates. »Republikflucht« beeinträchtigt diese Interessen und ist entsprechend zu behandeln. Ein Hinweis, wie er etwa von Franz Dahlem, stellvertretender Staatssekretär im Ministerium für Hochschulwesen, kam, hatte bei der auf dieser Tagung eingeschlagenen Richtung kaum noch Chancen, wahrgenommen zu werden. Dahlem nahm Bezug auf eine westliche Meldung, nach der 14 Prozent der Studenten in der Bundesrepublik aus der DDR kämen. Er habe daraufhin die Republikfluchtzahlen unter Studenten ermitteln lassen. Dabei sei herausgekommen, dass im Studienjahr 1956/57 nur 343 Studenten in den Westen gegangen seien, das seien bei 45 134 im Bereich des Staatssekretariats erfassten Studenten gerade einmal 0,76 Prozent.[186] Das Gros der aus der DDR stammenden Studenten in Westdeutschland resultiere

> aus Tausenden von Abiturienten, dabei viele Kinder von Intelligenzlern, die unmittelbar nach ihrer Nichtzulassung zum Hochschulstudium nach Westdeutschland gingen. Hier ist ein Problem, das auf einer anderen Flanke einmal diskutiert werden muß, wie dieser Gefahr begegnet werden soll. Andere gehen weg [...], wenn sie schon in den Betrieben ein oder zwei Jahre als Assistent gearbeitet hatten.[187]

185 Aus dem Wortprotokoll der 33. Tagung des Zentralkomitees, S. 89/133.

186 Nach einer Meldung des Neuen Deutschlands vom 29. 5. 1957 waren Studenten »Reisen nach allen NATO-Staaten« nur noch nach vorheriger Befürwortung der zuständigen Organe der Hoch- und Fachschulleitungen erlaubt, s. SBZ von 1955–1958, S. 316.

187 Aus dem Wortprotokoll der 33. Tagung des Zentralkomitees, S. 88/132.

Schirdewan: »Republikflucht« als Folge der SED-Politik

Ulbrichts aktive Gegner kamen auf dieser Tagung schon nicht mehr zu Wort, es sei denn, sie waren bereit, ihre Wortmeldung für »Selbstkritik« zu nutzen. Schirdewan war auf der 29. Tagung im November des Vorjahres zum letzten Mal vor dem ZK aufgetreten.[188] Doch jetzt sah er sich vor einer Entscheidungsschlacht mit Ulbricht. Am 11. November 1957, in einer Art konspirativem Gespräch mit dem bereits »zurückgetretenen« Staatssicherheitschef Wollweber, legte er diesem seine geplante Vorgehensweise dar und wollte sich seiner Unterstützung versichern. Wollweber geht in seinen bereits erwähnten Erinnerungen relativ ausführlich auf dieses Gespräch und die von Schirdewan vertretene Linie ein. Schirdewan fühlte sich von Wollweber offenbar gut wiedergegeben, übernahm dessen Schilderung sogar wörtlich in seine 1994 erschienenen Erinnerungen.[189] Es ist also davon auszugehen, dass sie relativ authentisch das Gespräch beschreiben. Zudem ist auch eine (nicht gehaltene) Stellungnahme Schirdewans für das 35. ZK-Plenum im Februar 1958 überliefert, die weitgehend als Bestätigung von Wollwebers Darstellung gelesen werden kann.

Schirdewan war sich darüber im Klaren, dass seine vor dem ZK geplante Rede »eine Anklage gegen Walter Ulbricht« werden würde. Eine der »Hauptfragen«[190], die Schirdewan behandeln wollte, sei die Frage der »Republikflucht« gewesen. Sie dürfe nicht mehr »als tabu«[191] angesehen werden. »Er werde nachweisen«, so schildert Wollweber das Gespräch,

> daß neben dem Hauptargument der gegnerischen Tätigkeit ein anderer Grund vorhanden ist, der in unserer Politik begründet ist. Er werde nachweisen, daß die Republikflucht gestiegen oder zurückgegangen sei in Abhängigkeit von unseren Beschlüssen. Dabei werfe er die Frage auf, ob unsere Politik in allen Teilen richtig sei.[192]

---

188 S. dazu Schirdewan, Ein Jahrhundert Leben, S. 266 ff.; Harrison, Bargaining Power, S. 118 ff.

189 Schirdewan, Aufstand gegen Ulbricht, S. 128 ff.

190 Die andere war die unzureichende »Kollektivität« in der SED-Führung.

191 Harrison, Bargaining Power, S. 128, übergeht bei der Schilderung von Schirdewans Besuch bei Wollweber das Wort »tabu« und schreibt stattdessen: »Schirdewan said that he would speak about flight from the republic and the need to treat it more seriously and openly.«

192 Wollweber, Aus Erinnerungen, S. 373.

Auch Wollweber selbst sah es als eine wichtige Aufgabe an, die »Republikflucht« einzuschränken, wobei er nach eigener Darstellung hauptsächlich an »politische Maßnahmen« dachte. Damals sei, so Wollweber in seinen Erinnerungen, »gar nicht mehr die Hauptursache die Unzufriedenheit über irgendwelche Mängel der Versorgung in der DDR« gewesen,

> sondern die Tendenz des Apparates, den Menschen sozusagen »auf der Seele zu knien«, ihnen alle möglichen Vorschriften zu machen: Wie sie sich kleiden sollen, welche Haarfrisuren, wie sie tanzen sollen, wie sie ins Theater gehen und Ferien machen sollen. Und das alles wurde firmiert [sic!] als Erziehung. Sektierer waren zu allen Zeiten auf diesem Gebiet groß.

Er habe damals nichts anderes gewollt, als

> daß man dem Menschen eine persönliche Intimsphäre läßt und sich nicht in alles mögliche einmischt. Der Holzhammer sollte beiseite gelegt werden. Und das hätte man ohne Gefahr tun können. Das wäre 1956/57 ebenso möglich gewesen wie 1963/64.[193] Die Unzufriedenheit führte zu erhöhter Republikflucht. »Der Sozialismus siegt!« war dann die Hauptlosung.

Die Frage sei jedoch gewesen, »wie man am besten zum endgültigen Sieg des Kommunismus kommt«.[194]

In dieser Bedrängnis kam Ulbricht ein Zwischenfall zu Hilfe, der es ihm erlaubte, die ganze »Strategie« Schirdewans gegen diesen selbst und seine tatsächlichen oder angeblichen Gefolgsleute, seine »Fraktion« zu wenden. Auf einer Besprechung hatte sich einer der Unterstützer Schirdewans, Gerhart Ziller, Sekretär für Wirtschaft im ZK, unter starkem Alkoholeinfluss recht despektierlich über Ulbricht geäußert und angekündigt, dass Schirdewan auf dem 35. ZK-Plenum loslegen werde, die ihn unterstützenden Personen nannte er auch gleich mit. Er schwadronierte, es gehe jetzt

---

193 Wollweber schrieb seine Erinnerungen in einer von Ulbricht eingeleiteten Phase der relativen Liberalisierung, insbesondere im kulturellen Bereich, nieder. Diese fand jedoch mit dem 11. Plenum, dem sog. »Kahlschlagplenum«, im Dezember 1965 ein abruptes Ende. Scharfmacher auf dem Plenum war damals, wie auch auf dem 35. ZK-Plenum 1958, Erich Honecker – 1958 noch im Dienste Ulbrichts, 1965 schon mehr oder weniger subtil gegen diesen agierend. Vgl. Kahlschlag. Das 11. Plenum des ZK der SED. Studien und Dokumente, hg. von Günter Agde, Berlin 2000.

194 Wollweber, Aus Erinnerungen, S. 376.

> auf Biegen und Brechen, auf's Ganze. Wir lassen uns nicht einer nach dem anderen abschießen. Entweder, wir gehen vor die Hunde, dann wird man uns als Lumpen bezeichnen, oder wir gehen als Sieger hervor.[195]

Maßgebliche Stellen in Moskau seien eingeweiht. Es dauerte nicht lange, und Ulbricht war über einen anwesenden MfS-Offizier über den Vorfall informiert. Am 13. Dezember berief Ulbricht eine außerordentliche Politbürositzung ein und »vergaß«, seinen Opponenten Schirdewan zu dieser einzuladen. Nur durch Zufall erfuhr dieser von der Sitzung.[196] Ulbricht inszenierte auf dieser Sitzung ein Tribunal. Es kam zu heftigen Wortgefechten. Schließlich wurde die Sitzung abgebrochen und auf den nächsten Tag vertagt. In dieser Nacht nahm Ziller sich das Leben. »Nun kam alles anders,« so Wollweber, »als es sich Karl Schirdewan, auch ich und manche andere vorgestellt hatten.«[197]

Ulbricht setzte, von Zillers Tod vollkommen ungerührt, seinen Gegenangriff fort. Aber auch auf der Sitzung am 14. Dezember wurde keine Entscheidung getroffen, lediglich beschlossen, Moskau zu informieren. Die entscheidende Auseinandersetzung fand dann am 17. Dezember statt. Keines der Mitglieder und keiner der Kandidaten des Politbüros unterstützte Schirdewan und Oelßner.[198] Die »Republikflucht« war jetzt nur noch ein Randthema im Machtkampf. Unter dem Druck, sich zwischen dem wieder die Oberhand gewinnenden Ulbricht auf der einen und Schirdewan und Oelßner auf der anderen Seite entscheiden zu müssen, wurde jede Schuld der Führung selbst an der anhaltenden Massenflucht von den anderen Führungsmitgliedern zurückgewiesen. In den Politbürositzungen am 17. Dezember und am 11. Januar des neuen Jahres wurde das ganze Problem wieder allein auf die Machenschaften des Klassenfeindes oder Fehlleistungen untergeordneter staatlicher Behörden zurückgeführt. »Monatlich gehen 4000[199] legal, d.h. bei uns sind

195 Bericht von Otto Last, 11.12.1957, zit. nach Amos, Politik und Organsiation, S. 504f.

196 Schirdewan, Aufstand gegen Ulbricht, S. 132ff.

197 Wollweber, Aus Erinnerungen, S. 375.

198 Amos, Politik und Organisation, S. 506ff.

199 Wahrscheinlich meint Matern hier im engeren Sinne nicht »Republikflüchtlinge«, sondern genehmigte Übersiedlungen, meist zum Zweck der Familienzusammenführung. 1954 bis 1957 machten legale Übersiedlungen nach Westdeutschland etwa ein Sechstel der Ost-West-Abwanderung aus, s. Vorschläge der HA PM für die Kommission des PB, 20. 3. 1957, Fischer, VP-Inspektor, BArch DO 1/27964, Bl. 109 – 122, hier Bl. 115. Die Genehmigungen zur Übersiedlung wurden auf der Basis einer vom

gewisse Organe aufgeweicht!«, tönte Matern und machte ansonsten die Versorgungslage verantwortlich. Erich Mückenberger sekundierte ihm und meinte, die Gründe für die Republikflucht lägen »nicht in unserer Politik, sondern darin, daß man von Deutschland nach Deutschland gehen kann«.[200] Willi Stoph nahm Ulbricht direkt in Schutz und behauptete, die »Republikflucht« habe überhaupt nichts mit einem »persönlichen Regime« zu tun.[201]

Schirdewan begriff anscheinend noch immer nicht, dass er zu lange gezögert hatte. Als wäre zwischenzeitlich nichts geschehen und wohl immer noch sich der Unterstützung aus Moskau sicher wähnend, bereitete er eine Stellungnahme für das 35. ZK-Plenum vor. Er ging davon aus, dass seine Stellungnahme zumindest an die ZK-Mitglieder ausgehändigt würde, wenn er sie vielleicht auch nicht selbst würde vortragen können. Ulbricht wusste dies jedoch zu verhindern und nutzte die Stellungnahme geschickt als Steinbruch für seine anschließende Kampagne gegen die »fraktionelle Tätigkeit« Schirdewans. Diese Stellungnahme wurde daher so etwas wie Schirdewans politisches Testament, denn nach dem Plenum verlor er sukzessive seine Macht, bis ihn schließlich der politische Tod ereilte.

Die Frage der »Republikflucht« nimmt in dieser Stellungnahme vom Umfang her nur einen relativ geringen Raum ein, wird aber dadurch, dass er sie an deren Ende setzt, in ihrer Bedeutung hervorgehoben. Er wendet sich explizit dagegen, wie Hanna Wolf das Thema auf dem 33. Plenum behandelt hatte. Das Gros der Republikflüchtigen seien schon lange nicht mehr Vertreter der einst herrschenden Klassen, sondern kämen, »wenn die Informationen, die wir haben, stimmen, aus der Arbeiterklasse und ihrer Jugend, Teilen der alten und jungen Intelligenz, aber weniger aus den kapitalistischen Elementen«. Dies sei eine »sehr ernste Frage«, die im ZK behandelt werden müsse. Sie sei

---

Chef der DVP, Karl Maron, im Zuge des »Neuen Kurses« im August 1953 gegebenen Weisung erteilt. Demnach konnte die Übersiedlung genehmigt werden im Falle von Familienzusammenführungen sowie bei »alten Leuten (Invaliden und Rentnern)«, die »zu ihren Kindern oder sonstigen Verwandten nach« Westdeutschland wollen. 1955 wies Matern aufgrund der ihm zu hohen Genehmigungsrate an, einen »strengen Maßstab« anzulegen, die Kriterien wurden aber nicht grundsätzlich verändert, s. Maron an Stoph, 22. 3. 1955, BArch DO 1/27963, Bl. 7.

200 Oelßners Notizen zur Politbürositzung am 17. 12. 1957, zit. nach Grieder, Eine unabhängige britische Sicht, S. 573.

201 Ebd., S. 573. Vgl. auch Kurze Information über die Politbürositzung am 11. 1. 1958, BStU, MfS, SdM, Nr. 2377, abgedruckt auch in: Schirdewan, Aufstand gegen Ulbricht, S. 211-218. Wer diese »Information« verfasst hat, ist nicht bekannt.

auch nicht nur eine ökonomische, die sich unter anderem aus der Konjunktur in Westdeutschland ergäbe, »sondern ein politische, eine Bewußtseinsfrage unserer noch nicht genügend zusammengeschweißten Arbeiterklasse«. Und Schirdewan warnte davor, dass »mit der Beschleunigung des Aufbaus des Sozialismus auf dem Lande« auch hier mit einem Anwachsen der Fluchtzahlen zu rechnen sei. Er konstatierte, dass »der Einfluß unserer Überzeugungsarbeit offensichtlich« nicht ausreiche:

> Wir suchen jetzt durch gesetzliche Maßnahmen, durch die Abschließung der Grenzen[202], durch schärfere Kontrollmaßnahmen, durch die konsequente Durchsetzung der Staatsautorität die Republikflucht einzudämmen. Das kann und wird zu gewissen Erfolgen führen. Es trägt auch zur Förderung des Staatsbewußtseins bei.

Er verweist jedoch darauf, dass ein solcher Problemlösungsansatz durchaus janusköpfig sei, denn »zugleich ist dabei von uns nüchtern einzuschätzen, daß die Zahl der Unzufriedenen, die bisher weggingen, in der Republik bleiben, und die Wachsamkeit erhöht werden muß«.[203] Das war eine deutliche Anspielung darauf, wohin ein solcher harter Kurs schon einmal, nämlich 1952/53, geführt hatte. Die Ereignisse in Polen und Ungarn im Vorjahr saßen allen in der SED-Führung noch im Nacken, nicht nur Ulbricht. Die eigentliche »Provokation« Schirdewans war aber, dass er, sich dabei auf Zahlen berufend, sich der These verweigerte, jeder »Republikflüchtige« sei ein Verräter oder, wie es Hanna Wolf auf dem 33. Plenum ausgedrückt hatte, »ein Schwein«.

Schirdewan, Oelßner und Wollweber spielten ab jetzt keine Rolle mehr, weder in der SED-Führung noch hinsichtlich der Frage des Umgangs mit dem Thema »Republikflucht«. Ihre sukzessive Entmachtung war vollständig und

202 Es ist eher unwahrscheinlich, dass Schirdewan hier die Berliner Sektorengrenze meinte, auch wenn er im Plural spricht. Gemeint ist wohl eher allgemein, die Grenzen zum Westen weniger durchlässig zu machen, durch weniger Reisegenehmigungen, bessere Sicherung und Kontrollen an der innerdeutschen Grenze etc., wie es dann wenig später ja auch von der SED umgesetzt wurde (s.u.). Es ist kaum anzunehmen, dass Schirdewan eine Frage wie die Schließung der Sektorengrenze vor diesem Gremium und ohne vorherige »Absegnung« durch Moskau angesprochen hätte.

203 Karl Schirdewan: Fraktionsmacherei oder gegen Ulbrichts Diktat? Eine Stellungnahme vom 1. Januar 1958, Beiträge zur Geschichte der Arbeiterbewegung, 32 (1990) 4, S. 498–512, hier S. 510 f. Auch abgedruckt in: Schirdewan, Aufstand gegen Ulbricht, S. 184–210.

dauerhaft. Wie sie von Ulbricht betrieben wurde, ist ein spannendes und aufschlussreiches Kapitel der Geschichte dieser »bolschewistischen Partei«, hat mit der Frage des Umgangs der Partei mit der »Republikflucht« aber kaum noch etwas zu tun. Die Zeit, in der im Politbüro oder im Sekretariat Meinungsunterschiede noch halbwegs offen angesprochen und diskutiert wurden, neigte sich nun ihrem Ende zu. Wer nach 1958 noch in diesen Gremien saß, war dort von Ulbrichts Gnaden.[204]

Repression statt Überzeugung

Ob die etwas »liberaleren« Vorstellungen, wie sie Schirdewan, Wollweber, Oelßner und einige andere hatten, die »Republikflucht« besser hätten eindämmen können als die strafrechtlichen und administrativen Maßnahmen, wie sie Ende 1957 ergriffen wurden, wissen wir nicht. Zweifel sind mehr als angebracht, wäre doch auch die DDR à la Schirdewan, Wollweber, Oelßner & Co. weit entfernt von einem freien und demokratischen Rechtsstaat geblieben und wohl auch die wirtschaftliche Leistungskraft nicht in einem hinreichenden Maße gewachsen, um die von dem Wohlstandsgefälle ausgehende Sogwirkung nennenswert abzuschwächen. Westdeutschland blieb noch über ein Jahrzehnt ein Land mit ausgeprägtem Arbeitskräftemangel. Auch die innerparteilichen Gegner Ulbrichts waren fest ins ideologische Korsett des Marxismus-Leninismus eingeschnürt. Ihr Denken war eng, ihre Hörigkeit gegenüber Moskau fast grenzenlos, sei es aus innerer Überzeugung, sei es aus Einsicht in die fehlende oder zumindest brüchige Legitimation ihrer Herrschaft im Lande selbst. Der Braindrain, den die DDR inzwischen zu verzeichnen hatte, war immens und setzte sich weiter fort.

Eines wird aber auch aus den Auseinandersetzungen zwischen Ulbricht und seinen Opponenten deutlich: Die offene Grenze in Berlin wurde im Zusammenhang mit der Frage der »Republikflucht« zu keinem Zeitpunkt thematisiert. Wenn sie Thema war, dann auch in dieser Zeit nur als offene Flanke der DDR gegenüber angeblicher oder tatsächlicher westlicher Diversion, Spionage und Sabotage etc. Keiner seiner Gegner warf Ulbricht vor oder unterstellte auch nur, Ulbricht habe zu dieser Zeit bereits das Problem der »Republikflucht« mit etwas wie einer »Mauer« in Berlin »lösen« wollen, weder in der

204 S. Amos, Politik und Organisation, S. 538–562.

zeitgenössischen Auseinandersetzung noch im Blick zurück. Selbst Erich Mückenbergers Statement in der Politbürositzung am 17. Dezember, die »Republikflucht« liege nicht in der Politik der SED begründet, sondern darin, »daß man von Deutschland nach Deutschland gehen« könne,[205] was auf den ersten Blick in eine solche Richtung interpretiert werden könnte, ist letztlich nichts anderes als eine zutreffende Lagebeschreibung. Hier wird, genau genommen, nicht einmal die offene Grenze angesprochen, sondern der Umstand, dass die Menschen »auswandern« können, ohne dabei ihr Vaterland verlassen zu müssen. Wenn irgendjemand im Politbüro zu diesem Zeitpunkt das eigentliche Problem in der offenen Grenze in Berlin oder zumindest in deren Schließung bzw. besseren Kontrolle die Möglichkeit einer vielleicht auch nur vorübergehenden Lösung gesehen hätte, warum hätte er es im Politbüro nicht sagen sollen? Die Gefahr, sich damit dem »Revisionismus«-Vorwurf auszusetzen, hätte wohl kaum bestanden, und auch sonst ist nicht erkennbar, dass eine solche Überlegung irgendjemandem im Führungsgremium hätte gefährlich werden können. Stattdessen ist einfach wahrscheinlich, dass das Problem bzw. dessen Lösung noch gar nicht wesentlich in der Grenzfrage in Berlin gesehen wurde. Zwar kritisierte Wollweber in seinen Erinnerungen Ulbricht dafür, dass er die Kollektivierungskampagne ohne »Mauer« begonnen habe. Aber dies ist offenkundig eine Sicht ex post und betrifft zudem erst die Zeit ab 1960. Auch Wollweber behauptet nicht, dass die »Mauer« hätte früher gebaut werden müssen, nur dass deren Errichtung 1961 eine »absolute politische Notwendigkeit« gewesen sei.[206]

Eine solche Wahrnehmung des Problems schon 1957 wäre aber auch allein deshalb recht abwegig gewesen, weil seit 1954 die »Republikflucht« etwa zur Hälfte unter Ausnutzung einer Reiseerlaubnis nach Westdeutschland (und auch noch in Teilen direkt über die innerdeutsche Demarkationslinie) stattfand und nicht etwa, wie das Reden vom »Schlupfloch Berlin« seit der Grenzsicherung im Sommer 1952 in der einschlägigen Literatur suggeriert, fast ausschließlich über Berlin.[207] Bis Ende 1957 verließen zeitweise fast dop-

205 Oelßners Notizen zur Politbürositzung am 17. 12. 1957, zit. nach Grieder, Eine unabhängige britische Sicht, S. 573.

206 Wollweber, Aus Erinnerungen, S. 372.

207 Die Zahlen weichen auch hier, je nach Zählkriterien, voneinander ab. S. die Gegenüberstellung der Flüchtlingszahlen für Gießen und Uelzen einerseits und West-Berlin andererseits in Krumholz, Berlin-ABC, S. 171, nach der 1955 und 1958 das Verhältnis bei etwa 50:50 lag und 1956 und 1957 die Zahl derer, die über Berlin in den Westen gingen, leicht unter der jener lag, die über die innerdeutsche Demarkations-

pelt so viele Menschen mit einer Reisegenehmigung auf Dauer die DDR als durch illegalen Grenzübertritt in Berlin. Hinzu kamen, wie Matern im Politbüro verständnislos monierte, die genehmigten Übersiedlungen. In der Tat ist es bemerkenswert, dass allein in den Jahren 1954 bis 1956 fast 120 000 Menschen mit einer offiziellen Genehmigung nach Westdeutschland übersiedelten.[208] Da jene Fluchten, die mittels eines illegalen Grenzübertritts stattfanden, von der Polizei in der Regel erst mit Verspätung und kaum vollständig erfasst werden konnten, dürfte das SED-Politbüro in dieser Zeit also eher unter dem Eindruck der Zahlen derjenigen gestanden haben, die von genehmigten Reisen nicht in die DDR zurückkehrten. Warum sollte die SED-Führung in einer Zeit, als ein Großteil der Flüchtenden dies mit einer von den staatlichen Organen erteilten Reisegenehmigung tat, ihren Blick auf die Lage in Berlin fokussieren? Auch Mückenbergers zitierte Aussage, die »Republikflucht« habe ihre Ursache darin, dass »man von Deutschland nach Deutschland gehen« könne, legt die Vermutung nahe, dass die SED-Führung zumindest bis Ende 1957 weniger Berlin als »Schlupfloch« im Blick hatte, als mit der Erkenntnis fertig werden musste, dass eine »großzügigere« Praxis bei der Erteilung von Reisegenehmigungen zwar zu einer Befriedung der Lage im Lande beitrug, leider aber auch ein Anwachsen der »Republikflucht«, eben unter Ausnutzung solcher Genehmigungen, zur Folge hatte. Diese Erkenntnis war durchaus neu und wurde von der SED-Führung jetzt mit scharfen restriktiven Maßnahmen beantwortet. Seit etwa Ende 1957, Anfang 1958 scheint sich in der SED-Füh-

---

linie oder mit einem Reisevisum gekommen waren. In Fluchtziel Berlin, S. 22 und 27, ist die Zahl derer, die über Berlin kamen, stets etwas größer. In beiden Publikationen finden sich keine Angaben darüber, welche Statistik den Angaben und Grafiken zugrunde liegt. Bei Major, Behind the Berlin Wall, sind die Grafiken zu klein, um genaue Zahlen ablesen zu können. Sie beruhen auf Zahlen der DVP (S. 101) und des Bundesministeriums für Vertriebene (S. 105). Die Zahlen und Grafiken in allen drei Publikationen belegen jedoch, dass stets ein erheblicher Teil (etwa zwischen 50 und 25 Prozent) nicht den Weg über das angeblich letzte »Schlupfloch« Berlin nahm. Erst ab 1958 verschiebt sich dies zunehmend in Richtung Berlin, bei Krumholz, Berlin-ABC, jedoch nennenswert erst ab 1961. Möglicherweise wurde hier nicht berücksichtigt, dass über Berlin kommende Flüchtlinge offenbar in den späteren Jahren wohl auch direkt nach Westdeutschland ausgeflogen wurden und erst dort das Notaufnahmeverfahren durchliefen, s. Major, Behind the Berlin Wall, S. 105.

208 1954 waren es 30 857, 1955 41 185 und 1956 46 313. Das bedeutet, fast ein Sechstel der Ost-West-Abwanderung erfolgte mit offizieller Genehmigung. S. Vorschläge der HA PM für die Komission des PB, 20. 3. 1957, Fischer, VP-Inspektor, BArch DO 1/27964, Bl. 109–122, hier Bl. 115.

rung die Überzeugung durchgesetzt zu haben, dass unter den gegebenen Bedingungen die »Republikflucht« kurzfristig nicht mit dem bisherigen Mix aus relativ moderaten restriktiven Maßnahmen und einer politischen und moralischen Gegenpropaganda zu lösen oder auch nur nennenswert einzudämmen wäre. Auch jemand wie Schirdewan sah, wie seine »Stellungnahme« zeigt, in einer Einschränkung der Reisegenehmigungen die einzige zu jener Zeit effektive Möglichkeit, das Problem kurzfristig in den Griff zu bekommen. Während Schirdewan aber meinte, jede »Republikflucht« sei eine »Beleidigung für die Arbeiterklasse«, sprachen Ulbricht, Grotewohl oder Matern davon, sie sei »Verrat an der Arbeiterklasse«.[209] Der Unterschied zwischen diesen beiden Worten spiegelt den Kern des damaligen Dissenses in der SED-Führung in der Frage der »Republikflucht« recht treffend wider.

Im November 1957 kündigte Josef Streit, damals für den Sektor Justiz in der Abteilung Staat und Recht im Apparat des ZK zuständig, im »Neuen Deutschland« »harte Strafen für Feinde des Volkes« an. Es sei an der Zeit, anzuerkennen, dass die systematische Verleitung zur »Republikflucht« heute eine Methode sei, mit der der Klassenfeind den Sozialismus bekämpfe. Darauf müsse und werde der »Arbeiter- und-Bauern-Staat« entsprechend reagieren.[210] Streit, der 1962 als Nachfolger Melsheimers zum Generalstaatsanwalt der DDR aufstieg, bekannte sich offen dazu, dass die sozialistische Rechtsprechung und die Staatsanwaltschaft nicht nur die Aufgabe hätten, die sozialistische Gesellschaftsordnung zu schützen, sondern beide hätten »im besonderen als wichtige Hebel für die gesellschaftliche Umwälzung zu wirken«.[211] Das waren sie in der Praxis schon lange, und das würden sie künftig auch in Bezug auf die »Republikflucht« sein – bis zum Zusammenbruch der SED-Herrschaft 1989. Ende 1957 wurde das Passgesetz der DDR aus dem Jahr 1954 dahingehend geändert, dass nicht nur ein ungenehmigtes Verlassen der DDR »nach dem Ausland«, sondern jegliches ungenehmigte Verlassen der DDR, und damit auch nach Westdeutschland, das noch nicht als Ausland galt, unter Strafe gestellt wurde:

209 Zit. nach Wollweber, Aus Erinnerungen, S. 378.

210 Neues Deutschland, 26. 11. 1957, zit. nach Berlin. Chronik der Jahre 1957–1958, S. 340 f.

211 Streit, Josef: Die Justizorgane sind wichtige Hebel bei der sozialistischen Umgestaltung, Neue Justiz, S. 789, zit. nach Werkentin, Falco: Politische Strafjustiz in der Ära Ulbricht, Berlin 1995, S. 47.

> Wer ohne erforderliche Genehmigung das Gebiet der Deutschen Demokratischen Republik verläßt oder betritt[212] oder wer ihm vorgeschriebene Reiseziele, Reisewege und Reisefristen oder sonstige Beschränkungen der Reise oder des Aufenthaltes hierbei nicht einhält, wird mit Gefängnis bis zu drei Jahren oder mit Geldstrafe bestraft. Vorbereitung und Versuch sind strafbar.[213]

Während bis dahin an der »Demarkationslinie« lediglich Verstöße gegen die »Grenzverordnung« unter Strafe standen, war von nun an jegliches ungenehmigte Reisen (z.B. auch über West-Berlin) zwischen den beiden deutschen Teilstaaten von der SED unter Strafe gestellt. Zugleich wurde, wie von Ulbricht auf dem 33. ZK-Plenum bereits angekündigt, durch eine Ergänzung des Strafgesetzbuches auch der Straftatbestand der »Verleitung zum Verlassen der Deutschen Demokratischen Republik« geschaffen. Wer anlässlich eines Besuches etwa einem Freund in der DDR vom höheren Lebensstandard im Westen erzählte und ihm anbot, ihm eine Arbeit zu besorgen, konnte jetzt mit einer mehrjährigen Zuchthausstrafe bestraft werden.[214] Auch dies zeigt erneut, wo Ulbricht das eigentliche Problem sah: im schädlichen westlichen Einfluss. Die SED war sich der Problematik, die mit einer eindeutigen strafrechtlichen Sanktionierung jeder »Republikflucht« verbunden war, sehr wohl bewusst, musste dies doch potentielle Rückkehrer davon abschrecken, in die DDR zurückzukommen. Aber die SED hatte auch feststellen müssen, dass ein Großteil derer, die nach einer Flucht wieder in die DDR zurückkehrten, nicht zum Kreis jener gehörte, die man unbedingt halten wollte,[215] und dass bei Letzteren die Chan-

---

212 Hier hatte es in der Erstfassung von 1954 noch geheißen: »nach dem Ausland verläßt oder aus dem Ausland betritt«.

213 Paragraph 8, Abs. 1 des Passgesetzes, Gesetzblatt der DDR I 1957, S. 650, zit. nach http://www.verfassungen.de/de/ddr/passgesetz54.htm (Stand 12. 12. 2011).

214 Gesetz zur Ergänzung des Strafgesetzbuches (Strafrechtsergänzungsgesetz) vom 11. 12. 1957, § 21, Gesetzblatt der DDR I 1957, S. 643, zit. nach http://www.verfassungen.de/de/ddr/strafrechtsergaenzungsgesetz57.htm (Stand 12. 12. 2011). Zu den Folgen des neuen Passgesetzes und der gleichzeitigen Verschärfung des Strafgesetzbuches s. Fricke, Karl Wilhelm: »Republikflucht« und Ausreise. Permanente Krisenelemente des SED-Herrschaftssystems, in: Machtokkupation und Systemimplosion. Anfang und Ende der DDR. Zehn Jahre danach. Dieter Voigt zum 65. Geburtstag, hg. von Lothar Mertens, Berlin 2001, S. 45–65 (Schriftenreihe der Gesellschaft für Deutschlandforschung, Bd. 80).

215 Otto Grotewohl auf der 2. ZK-Tagung am 18. und 19. 9. 1958, nach Berlin. Chronik der Jahre 1957–1958, S. 657 f. Vgl. auch die weiter unten ausführlicher besprochene Niederschrift des Gesprächs Schelech–Maron am 27. 1. 1958.

ce auf eine Rückkehr aus Enttäuschung eher gering war. Viele Rückkehrer, so heißt es etwa in einem Bericht in der »Berliner Zeitung« vom 12. April 1958, hätten nur gewährte Vergünstigungen in Anspruch genommen und seien anschließend wieder »republikflüchtig« geworden, andere seien nur zurückgekommen, »um im Auftrag westdeutscher Agentenorganisationen andere Bürger abzuwerben«. Die Gerichte der DDR würden bei jedem Rückkehrer aber selbstverständlich berücksichtigen, wenn dieser offen und ehrlich seine Fehler eingestehe und versuchen wolle, durch seine Arbeit das wiedergutzumachen, »was er durch seine falsche Handlungsweise angerichtet hat«.[216] Auch hier wird wieder der große erzieherische Impetus der SED spürbar, der von vielen Bürgern angesichts des Ausbleibens der angekündigten großen Erfolge des SED-Staates aber immer mehr als Anmaßung begriffen wurde. Konsequenterweise mussten, wenn die Rückkehr praktisch nicht mehr propagiert werden konnte, die Möglichkeiten zur illegalen Abwanderung massiv eingeschränkt werden. Daher wurden 1958 kaum noch Reisegenehmigungen nach Westdeutschland ausgestellt, nur noch etwa ein Viertel gegenüber der Zahl von 1957. Fast die Hälfte aller Anträge wurde 1958 abgelehnt. Beides, verbunden mit einer gewissen wirtschaftlichen Stabilisierung, führte, wie erwähnt, tatsächlich ab Februar 1958 zu einem merklichen Rückgang der Fluchtzahlen. 1958 verließen »nur« noch 215 530 Menschen die DDR in Richtung Westen, während es 1957 noch 351 668 gewesen waren.[217]

216 So erläuterte es der junge Jurist Harry Creuzburg unter der Überschrift »Das Paßgesetz der DDR und die Republikflucht« in der Berliner Zeitung vom 12.4.1958, zit. nach Berlin. Chronik der Jahre 1957–1958, S. 487 f.

217 Melis, Republikflucht, S. 255.

III. Sputnik oder Splitnik – Prinzip Hoffnung (1958–1959)

1. Quellenkritischer Exkurs (II) – zu einem Routinegespräch Schelech–Maron am 27. Januar 1958

Im Zusammenhang mit dem nun von Ulbricht konsequent beschrittenen Weg administrativer Zurückdrängung der »Republikflucht« wäre es durchaus plausibel, wenn der SED-Chef Chruschtschow, der wegen der ausbleibenden wirtschaftlichen Erfolge in der DDR allmählich ungeduldig wurde und nach den Gründen dafür suchte, nun seinerseits auch auf die letztlich von Moskau zu verantwortende offene Grenze in Berlin verwiesen und deren Schließung gefordert hätte – allerdings eigentlich auch nur als kurzfristiges Provisorium, denn Ulbricht strebte zu dieser Zeit noch voller Selbstbewusstsein an, West-Berlin der DDR einzuverleiben.[1]

Gerhard Wettig schreibt in seinem Buch »Chruschtschows Berlin-Krise« (2006), Ulbricht habe im Januar 1958 kritischen Nachfragen des Kreml bezüglich der Wirtschaftsdaten und der anhaltenden Massenabwanderung entgegnet, »die Probleme seien auf die offene Grenze zurückzuführen. Dem Flucht-

1 S. Die Lage in Westberlin und unsere Aufgaben, Protokoll der Politbürositzung vom 12. 2. 1958, Anlage 6 zum Arbeitsprotokoll, BArch DY 30/J IV 2/2A/613, Bl. 37–62.

weg über West-Berlin komme vorrangige Bedeutung zu; dieser Störfaktor müsse beseitigt werden. Chruschtschow war dazu nach wie vor nicht bereit.«[2] So entsteht der Eindruck, Ulbricht habe sich so direkt Chruschtschow gegenüber geäußert. Sofern Wettig Recht hätte, ließe sich also für den Januar 1958 erstmals belegen, dass Ulbricht von Moskau forderte, das Problem des »Schlupflochs« West-Berlin zu lösen; unter Bezugnahme auf die Flucht »vorschlug«, diesen »Störfaktor«[3] bzw. »Gefahrenherd«[4] zu »beseitigen«. Allerdings lassen Wettigs Ausführungen offen, ob Ulbricht an die Schließung der Grenze oder an die Übernahme der Kontrolle aller Zugangswege dachte.[5]

Wettig führt in den entsprechenden Fußnoten mehrere Belege an, die indes alle einer Überprüfung nicht standhalten. Erster und wichtigster Beleg Wettigs[6] (und Harrisons) ist eine Gesprächsnotiz aus der russischen Botschaft: »Gespräch N. R. Schelech – K. Maron, 27. 1. 1958«. Anhand dieses Dokuments kann exemplarisch gezeigt werden, dass Harrison und Wettig mit solcherart Quellen zum Teil recht problematisch umgehen. Zudem liefert das Dokument interessante Informationen, die nicht ins geläufige Bild passen, von Wettig und Harrison erstaunlicherweise aber nicht mitgeteilt werden. Wettig stellte auf Nachfrage freundlicherweise eine Kopie des russischen Originals zur Verfügung und schrieb dazu an den Verfasser:

> Sie sollten aber m. E. dem Dokument nur symptomatische Bedeutung beimessen; schließlich haben da zweitrangige (auf DDR-Seite) und dritt- bis viertrangige Leute (auf russischer Seite) miteinander geredet.[7]

Da ist Wettig voll zuzustimmen. Unverständlich ist aber, warum er selbst aus solch einem Dokument so weitreichende Schlüsse, nämlich auf den Meinungsaustausch auf oberster Ebene zieht, warum er meint, mit diesem Dokument be-

---

2 Wettig, Gerhard: Chruschtschows Berlin-Krise, S. 16, fast wortgleich auch bei Wettig, Sowjetische Deutschland-Politik, S. 128.

3 Wettig, Chruschtschows Berlin-Krise, S. 16.

4 Wettig, Sowjetische Deutschland-Politik, S. 127 f.

5 Was er in der entsprechenden Fußnote 43 als Beleg anführt, taugt in keiner Weise dazu, seine Aussage zu belegen, s. Wettig, Chruschtschows Berlin-Krise, S. 16. Ganz ähnlich nimmt Wettig auch in seinem neuesten Buch zur sowjetischen Deutschland-Politik Bezug auf diesen vermeintlichen Meinungsaustausch von Chruschtschow und Ulbricht, wobei er sich auf dieselben Quellen beruft, s. Wettig, Sowjetische Deutschland-Politik, S. 127 f.

6 Zu den anderen vermeintlichen Belegen von Wettig und Harrison sowie ausführlicher zum ganzen Komplex s. Kubina, Frau Hope M. Harrisons Mauer (Teil I), S. 91 ff.

7 Anschreiben zum Fax vom 15. 12. 2011.

legen zu können, was Ulbricht Chruschtschow bzw. der sowjetischen Führung sagte. Ein relativ großer Teil der bei Wettig und insbesondere bei Harrison als Belege angeführten russischen Dokumente sind Quellen dieser Qualität (Berichte und Gespräche nachgeordneter Funktionäre), ohne dass dies quellenkritisch problematisiert worden wäre. Auch wird aus diesen »Belegen« kaum zusammenhängend zitiert, so dass sie sich einer Beurteilung weitgehend entziehen. Schließlich verfügen nur wenige Historiker über diese Dokumente, die zumeist im »goldenen Zeitalter« des Archivzugangs in Moskau, Ende 1992 und 1993, beschafft wurden bzw. einsehbar waren.[8]

Das Dokument

Geheim Ex. 1[9]
Aus dem Tagebuch des Mitarbeiters der Botschaft der UdSSR in der DDR
Schelech N. R.
6. Februar 1958[10]
Nr. 084/DDR[11]
DDR 38[12]
Niederschrift zur Besprechung mit dem Minister für Innere Angelegenheiten der DDR Maron

Am 27. Januar besuchte ich[13] Maron mit dem Ziel, ihm Schreiben[14] des Minis-

8 S. Harrison, Hope M.: Research in Former Soviet and East German Archives on the Cold War and the Berlin Wall, Beitrag auf der Konferenz Power of Free Inquiry and Cold War International History, 25.–26. 9. 1998, College Park, MD, http://www.archives.gov/research/foreign-policy/cold-war/conference/harrison.html#027 (Stand: 8. 3. 2011).

9 »1« ist handschriftlich eingetragen. Die Übersetzung folgt möglichst dicht dem russischen Original, so dass auch Eigenheiten der russischen Sprache für den des Russischen Kundigen in der Übersetzung erkennbar bleiben.

10 »6. Februar« ist handschriftlich eingetragen, überschrieben wurde dabei anscheinend »Januar«.

11 »084« ist handschriftlich eingetragen.

12 »DDR 38« ist handschriftlich eingetragen.

13 An dem Gespräch nahm auch Pawel G. Buschmanow teil, mangels hinreichender eigener Deutschkenntnisse war er aber auf einen Übersetzer angewiesen. Dies dürfte auch der Grund sein, warum N. R. Schelech, der offenkundig als Dolmetscher fungierte, die Niederschrift anfertigte und den Besuch bei Maron als seinen bezeichnet.

14 Im Original: pis'ma.

ters für innere Angelegenheiten der UdSSR, Gen. Dudorow[15], über die Reise zweier Mitarbeiter des MdI der DDR in die Sowjetunion zu übergeben.
Während der Besprechung sagte Maron, dass er sich viel befassen muss mit Fragen, die mit dem Weggang der Bevölkerung der DDR nach Westdeutschland verbunden sind. 1957 haben wir eine Reihe von Maßnahmen eingeleitet, die auf die Verhinderung des Weggangs der Bevölkerung aus der DDR gerichtet waren, aber diese begrenzten Maßnahmen haben bis jetzt noch nicht zu positiven Ergebnissen geführt. Die westdeutsche Presse versucht zu beweisen, dass nach der Verabschiedung des Passgesetzes die Flucht aus der DDR sich nicht nur nicht verringert, sondern umgekehrt, wächst. Aber dies entspricht nicht den Tatsachen. Nach der Annahme des Gesetzes über die Pässe hat sich der Weggang der Bevölkerung aus der Republik verringert. Aber diese Verringerung ist unbedeutend[16].
Unter den Bedingungen einer offenen Grenze[17] zwischen den beiden deutschen Staaten, einer starken wirtschaftlichen Konjunktur[18] und des Anwachsens des Militarismus in Westdeutschland haben unsere beschränkten Maßnahmen nicht die notwendige Wirkung. Darüber hinaus gibt es noch eine Reihe weiterer Gründe für den Weggang der Bevölkerung. In den vergangenen Jahren haben die Berufsschulen in der DDR einen Stamm an Facharbeitern und Spezialisten geschaffen, größer als unsere Industrie benötigt. Deshalb bekommen viele, die die Berufsschulen absolviert haben, keine Arbeit in ihrem Beruf und machen Schwarzarbeit. Ein bedeutender Teil dieser jugendlichen Arbeiter geht in die BRD, um dort in ihrem Beruf unterzukommen. Die Hochschulen der DDR können auch nicht alle aufnehmen, die studieren wollen. Wir nehmen in den Hochschulen vor allem Kinder von Arbeitern und Bauern auf oder Personen, die 1–2 Jahre in der Produktion gearbeitet haben. Kinder von Vertretern kleinbürgerlicher Schichten erhalten sehr oft nicht in genügender Anzahl Studienplätze. Deshalb gehen sie nach Westdeutschland, um dort eine höhere Bildung zu erlangen. Viele gehen in die BRD, um sich ihrer Verantwortung für ihre Verbrechen zu entziehen, sich vor der Zahlung von Alimenten zu drücken etc. Es steigt auch der Abgang der technischen Intelligenz aus der DDR, weil sie in Westdeutschland eine höhere Bezahlung erhält und Waren besserer Qualität kaufen kann oder solche, die es in der DDR nicht gibt, zum

15 Im Original: Dudarov. Nikolai Pawlowitsch Dudorow war 1956–1960 Innenminister der UdSSR.
16 Im Original: naznačitel'no, richtig wohl neznačitel'no.
17 1957 reisten 2,7 Mio. Ostdeutsche legal nach Westdeutschland, 1958 waren es nur noch 689 000. Im Januar 1958 waren es 48 100 gegenüber 115 900 im gleichen Monat des Vorjahres.
18 Die Arbeitslosenquote lag 1957 in Westdeutschland mit 3,7 % bereits nahe an der Vollbeschäftigung und sank weiter. Erst 1975 wurde der Wert von 1957 wieder überschritten und seitdem auch niemals wieder unterschritten.

Beispiel Autos. Ein gewisser Teil der Intelligenz und der kleinbürgerlichen Schichten, der nicht einverstanden ist mit dem Aufbau des Sozialismus in der DDR, geht wegen politischer Überzeugungen weg. Auf diese Schichten der Bevölkerung wirkt auch mit stärkerer Kraft die feindliche Propaganda. Der Erfolg der feindlichen Propaganda erklärt sich in bedeutendem Maße daraus, dass sie in der Muttersprache der Bevölkerung der DDR erfolgt.
Beim Weggang der Bevölkerung in den Westen spielt Westberlin eine große Rolle. Hierüber gehen 50 – 60 % aller Flüchtenden, weil man für den Besuch Westberlins keine Erlaubnis der Behörden der DDR benötigt. Außerdem arbeiten viele Bewohner der DDR in Westberlin und leben besser als die Bevölkerung unserer Republik. Wenn ein Bewohner der DDR in Westberlin 100 Westmark verdient, dann hat er die Möglichkeit, sie in Mark der DDR zu wechseln, und erhält für diese 100 Mark 400 – 450 Mark im Wert der DDR. Oder, zum Beispiel, Reinemachefrauen erhalten in der DDR und in Westberlin den gleichen Lohn, aber die Kaufkraft von West- und Ostmark ist unterschiedlich. Außerdem zahlen dort Reinemachefrauen keine Steuern, aber bei uns zahlen sie. Im Ergebnis, zum Beispiel, gibt es in Berlin nicht einmal genügend Arbeitskräfte einer solchen Kategorie wie Reinemachefrauen.
Was die Rückkehrer betrifft, so sind wir genötigt, auch hier verschiedene Arten von Einschränkungen zu berücksichtigen, denn 16 – 20 % der Rückkehrer erweisen sich als kriminelle Elemente.[19] Nach der Annahme des Passgesetzes hat sich die Zahl derer, die in die DDR zurückkehren wollen, bedeutend erhöht, aber wir haben die Genehmigungen zur Einreise in die DDR [nur] bei 50 – 60 % gegeben, den übrigen haben wir sie verweigert. Die Einschränkungen der Bewegungsfreiheit zwischen der DDR und der BRD für die Bevölkerung wie auch die Strafverfolgung des Wegganges entsprechend dem Passgesetz ruft eine gewisse Unzufriedenheit der Bevölkerung der Republik hervor, aber diese Maßnahmen sind bei unseren Verhältnissen unausweichlich.
Die Besprechung dauerte 45 min. An der Besprechung nahm der 1. Sekretär der Botschaft, Gen. Buschmanow, P. G, teil.
N. Schelech[20]

---

19 Vgl. dazu Schmelz, Migration und Politik, S. 137 – 174. »11,6 % aller von unserer Justiz im Jahr 1959 Verurteilte[n], so heißt es etwa in einer Analyse des Innenministeriums, »sind Rückkehrer, Erstzuziehende bzw. Personen aus Westdeutschland und Westberlin«, d. h. jeder zehnte in der DDR Verurteilte kam aus dem Westen, s. DO 1/21465 (Büro Stellvertreter des Ministers des Innern), Bl. 17. Angeblich wurden Häftlinge in Westdeutschland schneller entlassen, wenn sie eine Aufenthaltsgenehmigung für die DDR vorweisen konnten, s. Protokoll über die am 14. 2. 1957 stattgefundene Arbeitsberatung über Fragen der Rückkehrer und Erstzuzüge, die durch das Ministerium des Innern einberufen wurde, BArch DO 1/27964, Bl. 65 – 81, hier Bl. 67.

20 Rossiski Gossudarstwennoi Archiw Nowejschej Istorii (Russisches Staatsarchiv für neueste Geschichte; RGANI), f. 5, op. 48, d. 82 (rolik 8875), Bl. 11 – 13.

Kontext und Exegese

Aus diesem Dokument also leitet Gerhard Wettig seine Aussage ab, Ulbricht habe im Januar 1958 gegenüber Moskau die Probleme in der DDR »auf die offene Grenze« zurückgeführt, dabei auf die »vorrangige Bedeutung« des Fluchtweges über West-Berlin verwiesen und gefordert, dieser »Störfaktor« müsse beseitigt werden, wozu Chruschtschow jedoch »nach wie vor nicht bereit« gewesen sei.[21]

Schelech war Mitarbeiter der sowjetischen Botschaft in Ost-Berlin, Maron DDR-Innenminister. Neben Schelech nahm noch Pawel G. Buschmanow[22], erster Sekretär der sowjetischen Botschaft in Ost-Berlin, an dem Treffen teil. Obwohl Buschmanow schon seit Jahren in Berlin arbeitete, war sein Deutsch eher schlecht, selbst das Lesen ging nur langsam und nur mit Wörterbuch. Sein Aufgabengebiet war die Arbeit der DDR-Staatsorgane. Vertreter der Ministerien waren also seine regelmäßigen Gesprächspartner.[23] Das Innenministerium war, neben dem MfS, maßgeblich für die Eindämmung der »Republikflucht« verantwortlich bzw. wurde von der politischen Führung dafür verantwortlich gemacht – das bekannte Schwarze-Peter-Spiel.[24] Politische Entscheidungskompetenzen hatte das Innenministerium nicht. Hier und in anderen vergleichbaren, von Wettig und Harrison herangezogenen Gesprächen klagten zweitrangige DDR-Funktionäre in der Botschaft drittrangigen Sowjetvertretern ihr Leid mit ihrer Sisyphusarbeit gegen die »Republikflucht«,[25] agierten aber wohl kaum als Boten Ulbrichts zu Chruschtschow und stellten natürlich auch keine politischen Forderungen an diesen. Diese Gespräche waren Teil des »Berichtswesens« der DDR gegenüber Moskau, keine politischen Bera-

21 Wettig, Gerhard: Chruschtschows Berlin-Krise, S. 16, fast wortgleich auch bei Wettig, Sowjetische Deutschlandpolitik, S. 128.

22 Bei Harrison heißt er Buschman.

23 Kwizinskij, Vor dem Sturm, S. 157 f.

24 So forderte beispielsweise der Leiter der Hauptabteilung Innere Angelegenheiten im MdI, Bergmann, auf einer Dienstbesprechung im MdI, es müsse »erreicht werden, daß alle staatlichen Organe sich mit der Republikflucht befassen und die Auffassung verschwindet, daß die Organe des MdI für diese Fragen ausschließlich zuständig sind«. In »der ideologischen Arbeit müssen Perspektiven der Entwicklung in Deutschland stärker herausgestellt werden (welchem Staat gehört die Zukunft)«, Aktenvermerk, HA PM, Berlin, 12. 8. 1957, BArch DO 1/27964, Bl. 140.

25 Aus dem Protokoll einer Besprechung der HA PM in der HV der DVP wird deutlich, dass es immer noch kein koordiniertes Vorgehen gegen die »Republikflucht« gab, trotz jahrelanger Analysen die Polizei weiter weitgehend hilflos der Abwanderung

tungen. Fritz Schenk, von 1952 bis 1957 persönlicher Sekretär und Büroleiter von Bruno Leuschner, Politbüromitglied und Chef der Staatlichen Plankommission, hat sogar Ulbrichts Briefe an Chruschtschow in die Kategorie solcher »Rechenschaftsberichte« eingruppiert:

> Daß Ulbricht kritische Briefe nach Moskau schrieb, war entscheidend dadurch bedingt, daß die DDR in das Gesamtsystem der sozialistischen Staatengemeinschaft eingebunden war. Ulbricht hatte der sowjetischen Vormacht über die Entwicklung in der DDR – genauso wie die unteren Organe der DDR, die Bezirke und Kreise ihm gegenüber verantwortlich waren – Rechenschaft abzulegen. Die Briefe hatten zum Teil Entschuldigungsfunktion: Sie sollten rechtfertigen, warum nie ein Plan erfüllt wurde, warum die Wirtschaft nie funktionierte und warum es vor allem mit dem Ein- und Überholen Westdeutschlands nicht klappte, die DDR im Gegenteil immer weiter ins Hintertreffen geriet. Das musste natürlich für Moskau begründet werden, das war gegenüber dem sowjetischen ZK zu rechtfertigen.[26]

Und genauso war natürlich auch die Botschaft rechenschaftspflichtig, musste Moskau gegenüber erklären, warum sie nicht imstande war, die deutschen Genossen so anzuleiten, dass die Dinge in der von Moskau gewünschten Weise liefen. Einmal im Quartal hatte Buschmanow ein Telegramm mit statistischen Angaben zur »Republikflucht« nach Moskau zu schicken, erinnert sich Juli A. Kwizinski, der von November 1958 bis Ende April 1959 als Praktikant und faktisch auch als Dolmetscher für Buschmanow arbeitete.[27] Der Boschafter, so Kwizinski, habe diese Telegramme jedes Mal nur ungern unterschrieben,

---

gegenüberstand, Unklarheit selbst in den eigenen Reihen herrschte und einheitliche und klare zentrale Weisungen vermisst wurden, s. Protokoll der Besprechung über Republikfluchten bei der HA PM am 6. 11. 1957, HA PM, Berlin, 8. 11. 1957, BArch DO 1/27779, Bl. 78 – 81. Polizei und Innenministerium gingen geradezu in einer (angeforderten) Datenflut zur Abwanderung unter, ohne dass sie diese Informationen in nennenswerter Weise zur Problemlösung nutzen konnten, vgl. für 1958 etwa passim BArch DO 1/27965. Die Situation erinnert ein wenig an die Endphase der DDR, als das MfS auch über eine enorme Menge an Informationen über die Lage im Land und die sich bildende Opposition verfügte, ohne dies zur Problemlösung nutzen zu können.

26 S. den Diskussionsbeitrag von Fritz Schenk beim 16. Rhöndorfer Gespräch, in: Die sowjetische Deutschland-Politik in der Ära Adenauer, S. 163.

27 Nach kurzer Rückkehr nach Moskau zum Abschluss seines Studiums kehrte er im August 1959 als Chefdolmetscher an die sowjetische Botschaft in Ost-Berlin zurück, s. Kwizinskij, Vor dem Sturm, S. 162.

> denn sie bereiteten niemandem in Moskau Vergnügen. Die Sowjetunion hatte zu jener Zeit viele unbestreitbare außen- und innenpolitischen Erfolge, aber die Deutschen mit ihrem »niedrigen Bewußtseinsstand« liefen weiter in den Westen, wo sie doch offenkundig keine Zukunft hatten. Die deutschen Kommunisten mit ihrer vielgerühmten Bildung, Kultur und Disziplin konnten aber nichts dagegen tun, womit sie immer wieder bewiesen, wieviel sie noch von der Sowjetunion zu lernen hatten.[28]

Sieht man sich das Dokument genau und unvoreingenommen an, fällt zunächst auf, dass Maron das Ausbleiben nennenswerter Erfolge durch das neue Passgesetz auf die »offene Grenze zwischen den beiden deutschen Staaten« zurückführt, aber hier eben gerade nicht auf die Lage in Berlin Bezug nimmt. Im zurückliegenden Jahr waren, wie erwähnt, 2,7 Millionen Ostdeutsche legal zu Besuchsreisen nach Westdeutschland gefahren. Zudem benennt Maron zwei weitere Gründe dafür, dass das neue Passgesetz nur wenig Wirkung entfaltete: den anscheinend unerwartet anhaltenden wirtschaftlichen Aufschwung in Westdeutschland und das »Anwachsen des Militarismus«, was in diesem Zusammenhang wohl heißen soll die massive antikommunistische Propaganda aus Westdeutschland und die mit der Aufrüstung der Bundeswehr verbundene Demonstration von Stärke gegenüber dem kleineren deutschen Teilstaat. Interessant ist auch, was Maron seinem sowjetischen Gegenüber als ersten aus der »Reihe weiterer Gründe für den Weggang der Bevölkerung« schilderte. Die SED hatte aus Sicht Marons nicht nur das Problem, dass in der DDR dringend benötigte Fachkräfte abwanderten, sondern dass die DDR mehr solche Kräfte ausbildete, als die eigene Wirtschaft beschäftigen konnte, dass also die DDR einem nennenswerten Teil der Facharbeiter gar keine ihrer Ausbildung entsprechende Arbeit anbieten konnte. Das ist die eigentlich bemerkenswerte Information in diesem Dokument, die Wettig und Harrison allerdings nicht erwähnen. Was Maron ansonsten über Fluchtgründe und die schwierige Lage in Berlin berichtet, hätte den sowjetischen Funktionären eigentlich seit Jahren bekannt sein müssen, wurde es doch offen auf den ZK-Tagungen besprochen bzw. war für jeden, der in Berlin lebte, täglich erfahrbar, etwa die Möglichkeiten, die der Wechselkurs Westmark in DDR-Mark in West-Berlin für die Bewohner Berlins und des Umlandes bot. Was Maron hier vortrug, waren keine Forderungen, sondern Rechtfertigungen, und die wiederholt man bekanntlich so oft, wie man beschuldigt wird. Wie anders ließe sich sonst eine eigentlich

28 Ebd., S. 160.

mehr als banale Aussage wie die erklären, die feindliche Propaganda sei in »bedeutendem Maße« darum so erfolgreich, weil sie in der »Muttersprache der Bevölkerung der DDR erfolge«? Sollte Maron angenommen haben, dass diese Tatsache den sowjetischen Gesprächspartnern bisher entgangen sein könnte? Wohl kaum, wahrscheinlich hatte sich die sowjetische Seite einmal mehr den wohlfeilen Hinweis nicht verkneifen können, ihnen und den anderen »Volksdemokratien« liefen ja schließlich auch nicht die Menschen in Massen davon. Kwizinski beschreibt recht anschaulich, von welcher Art und Qualität die Gespräche waren, die Wettig und noch mehr Harrison so oft als Belege für weitreichende Schlüsse oder Behauptungen anführen, meist allerdings, wie erwähnt, ohne wörtliche Zitate zu bieten.[29] Alle Gespräche über Republikflucht zwischen der Botschaft und der SED-Führung, so Kwizinski in seinen Erinnerungen,

> mußten nach meiner Auffassung ergebnislos bleiben. Unsere Mitarbeiter brachten mit tadelndem Blick und einer Spur Überlegenheit im Ton immer wieder Befremden darüber zum Ausdruck, daß unseren deutschen Freunden die Bürger wegliefen und in den imperialistischen Westen gingen. So etwas war in der Sowjetunion undenkbar, und auch in den anderen sozialistischen Ländern herrschte Ordnung.[30] Offenbar leistete die SED eine schwache ideologische Arbeit; man mußte besser aufklären, überzeugen, demonstrieren, beweisen, jeden einzelnen Fall von Abwanderung genau untersuchen und Schlußfolgerungen für die praktische Arbeit ziehen. Unsere deutschen Gesprächspartner, die uns wahrscheinlich innerlich verfluchten [sic!], waren gezwungen zuzugeben, daß ihre ideologische Arbeit nicht auf der Höhe der Zeit sei. Sie baten jedoch die besondere Lage einer in zwei Staaten gespaltenen Nation zu berücksichtigen, die offene Grenze und die wirtschaftlichen Startbedingungen, die für die DDR ungünstiger gewesen seien als für die Bundesrepublik. Stalin hätte die schlesische Kohle nicht Polen geben und die DDR nicht völlig ohne natürliche Ressourcen lassen sollen.[31]

29 Wettig, Sowjetische Deutschland-Politik, S. 135, schreibt unter Berufung auf Harrison, Driving the Soviets up the Wall, S. 99, der Kreml sei über das Ansteigen der Flucht über die Sektorengrenze beunruhigt gewesen: »Seit Anfang 1958 tauschten Vertreter der UdSSR und der DDR jeden Monat ihre Meinungen dazu aus.« Leider teilen aber weder Wettig noch Harrison mit, wie dieser Meinungsaustausch ausgesehen habe, was die Themen, Streitpunkte, offenen Fragen etc. gewesen seien.

30 Tatsächlich aber fehlte Bürgern der anderen »sozialistischen Staaten« schlicht ein so aufnahmebereites Asylland, wie es die Ostdeutschen in Westdeutschland fanden.

31 Kwizinskij, Vor dem Sturm, S. 159.

Kwizinski stand damals am Beginn seiner diplomatischen Karriere. Die Gespräche über die »innenpolitische[n] Probleme der DDR« haben ihn damals sehr beeindruckt, sah er doch dabei »zum ersten Mal [...] den Mechanismus der Macht eines sozialistischen Staates von innen«.[32] Davon, dass in ihnen, wie Harrison und Wettig behaupten, seitens »Ulbrichts«, der »SED-Führung« oder gar nur nachgeordneter Funktionäre aus den Ministerien die Forderung nach einer Schließung der Grenze in Berlin vorgebracht worden wäre, findet sich in seinen Erinnerungen aber kein Wort. Nun betrifft Kwizinskis Zeugenschaft zunächst die Zeit vom November 1958 bis April 1959, also erst einige Monate nach dem Gespräch Schelech – Maron (– Buschmanow) von Ende Januar 1958. Aber es ist kaum anzunehmen, dass eine, wie Harrison und Wettig behaupten, immer drängender vorgebrachte Forderung nach Schließung der Sektorengrenze just zu der Zeit, als Kwizinski Zeuge und Dolmetscher solcher Gespräche war, nicht erhoben worden wäre. Zudem schildert Kwizinski eine Episode, die deutlich macht, dass allein die Vorstellung, die Sektorengrenze in Berlin könnte zum Zwecke der Fluchtverhinderung durch eine Art Mauer oder andere bauliche Maßnahmen geschlossen werden, in der Botschaft damals als völlig abwegig empfunden wurde:

> Als Pawel Buschmanow eines Morgens an die Tür seines Arbeitszimmers kam, erblickte er die Gestalt unseres Praktikanten Eduard Skoblew, der im Dunkeln auf den Fersen an der Wand hockte. Eduard trug ihm das Ergebnis langen Nachdenkens vor. Seine Idee grenzte für die damalige Zeit an Wahnsinn. Es sei klar, so Skoblew, daß man den Weggang der Bevölkerung aus der DDR nicht aufhalten könne, solange die Grenze in Berlin offen bleibe. In einer einheitlichen Stadt sei eine Grenzkontrolle nicht möglich. Davon ausgehend, schlug Eduard vor, beim weiteren Aufbau Berlins die vielen Straßen, die beide Teile der Stadt miteinander verbanden, nach und nach zuzubauen.

An Wahnsinn grenzend war diese Idee für Kwizinski 1959, und das, obwohl Ulbricht, folgt man Harrison und Wettig, seit 1952 die Schließung des vermeintlich letzten »Schlupflochs« West-Berlin beständig von Chruschtschow wie auch in der sowjetischen Botschaft gefordert und dies zudem immer drängender getan haben soll, auch und nicht zuletzt in Gesprächen, an denen Buschmanow beteiligt war. Buschmanow habe aber damals, so fährt Kwizinski fort,

32 Ebd., S. 158.

> Eduards Gedanken [...] milde zurückgewiesen. Die von ihm vorgeschlagenen Maßnahmen hätten die Idee der Umwandlung Westberlins in eine Freie Stadt diskreditieren, zu Panik und anderen unerwünschten Folgen führen können. Wer hätte außerdem im Außenministerium der UdSSR damals wohl auf die ausgefallene Idee eines Praktikanten gehört? Wir alle lächelten über die kühnen Ansichten unseres Freundes.[33]

Doch wie waren nach Kwizinskis Erinnerung die Ansichten seiner deutschen Genossen zur Frage der »Republikflucht« zu dieser Zeit? Kwizinski schreibt, er selbst sei schon damals überzeugt gewesen, dass das Problem mit der von seinen eigenen Genossen empfohlenen Verbesserung der ideologischen Arbeit nicht zu lösen war, da das Hauptproblem im ökonomischen Gefälle gelegen habe:

> Die deutschen Kommunisten waren der Meinung, die Auseinandersetzung zwischen Sozialismus und Kapitalismus vollziehe sich allein auf deutschem Boden unter natürlichen und unverfälschten Bedingungen. Walter Ulbricht versuchte damals, das sozialistische Lager mit dieser These dazu zu bringen, die DDR mit allen Kräften und Ressourcen zu unterstützen, um sie zu einem »Schaufenster des Sozialismus« zu machen. Allein hatte sie natürlich im Wettbewerb mit der Bundesrepublik fast keine Chance.

Die anderen Volksdemokratien hätten dies allerdings, so Kwizinski, als »typischen Ausdruck des deutschen Nationalismus« empört zurückgewiesen.[34] Dies alles schließt natürlich nicht aus, dass Ulbricht einen »Plan B« in der Tasche hatte. Aber wenn Maron oder ein Abteilungsleiter aus dem Innenministerium davon Mitarbeitern der sowjetischen Botschaft erzählt oder gar entsprechende Forderungen vorgetragen hätten, wären Eduard Skoblews »kühne Ansichten« ihnen kaum so kühn und zugleich belächelnswert erschienen. Harrison und Wettig kennen die Erinnerungen Kwizinskis, nutzen sie an anderer Stelle auch, ignorieren aber diese aufschlussreiche Episode.

Allerdings macht Kwizinski am Ende dieser Geschichte noch eine bedeutsame Einschränkung:

---

33 Ebd., S. 161.
34 Ebd., S. 160.

> Damals wußte ich allerdings noch nicht, daß die Führung der DDR die Idee, die Grenze zu Westberlin zu schließen, bereits 1952 mit Stalin erörtert hatte – wenn sie zunächst auch nicht weiterverfolgt worden war.[35]

Leider legt Kwizinski nicht dar, wann, wie und aus welcher Quelle bzw. von wem er denn davon erfahren hat, »daß die Führung der DDR diese Idee bereits 1952 mit Stalin erörtert hatte«, geht wohl stattdessen eher davon aus, das Wissen darum sei inzwischen Allgemeingut.[36] Hope Harrison hat Kwizinski 1992 interviewt,[37] als ihr und anderen jene Dokumente zugänglich gemacht wurden,[38] die solche Pläne bei Ulbricht für 1952 zu belegen schienen,[39] und als – nebenbei gesagt – in Berlin die Verfahren wegen der Mauertoten gegen die alte Führung anliefen. Im Mai 1993 publizierte Harrison ihren ersten Aufsatz zu Ulbrichts angeblichen Plänen für einen Fluchtverhinderungswall in Berlin;[40] etwa zeitgleich erschienen Kwizinskis Erinnerungen in einem deutschen Verlag, als Erstausgabe. In Russland wurden Kwizinskis Erinnerungen erst 1999 veröffentlicht.[41] Hat er womöglich erst im Gespräch mit Harrison erfahren, was er 1958/59 noch nicht gewusst hatte und was er jetzt als Zeitzeuge vermeintlich bezeugt? Unabhängig davon bleibt, dass er 1958/59 nicht einmal andeutungsweise solche Überlegungen von deutscher Seite gehört hatte, sonst hätte er diese Episode nicht so erlebt haben können. Auf einen »Praktikanten« in der Botschaft mag man im Außenministerium nicht gehört haben, wenn aber Ulbricht dies gefordert hätte, hätte man sich schon Gedanken machen und irgendwie reagieren müssen. Und dies hätte Spuren in den Akten hinterlassen. Diese Spuren gibt es aber offenbar nicht. Harrison hätte sie andernfalls sicherlich präsentiert.

Die »Vorschläge«, die Moskau und seine Vertreter in der DDR zur Drosselung der Republikflucht der SED-Führung anempfahlen, waren, wie bereits mehrfach erwähnt, allesamt mehr als wohlfeil. Der »Schwarze Peter« für die Folgen der Sowjetisierung in Ostdeutschland wurde einfach weitergeschoben. Maron war es wichtig, das macht das Gespräch deutlich, seine sowjetischen

35 Ebd., S. 161.
36 Ebd.
37 Harrison, Ulbrichts Mauer, S. 476.
38 Harrison, Research, passim.
39 S. dazu ausführlich kritisch Kubina, Ulbrichts obskures Objekt der Begierde, passim.
40 Harrison, Ulbricht and the Concrete »Rose«.
41 Kvicinskij, Julij A.: Vremja i slučaj. Zametki professionala [Zeit und Begebenheit. Anmerkungen eines Profis], Moskau 1999.

Genossen auf die Vielschichtigkeit der Gründe für die Abwanderung hinzuweisen, die eben nicht mit von seinem Innenministerium zu leistenden administrativen Maßnahmen beseitigt werden konnten, wie auch kaum allein durch bessere ideologische Arbeit. Nicht einmal andeutungsweise geht aus dem Dokument hervor, Maron habe gefordert, den »Störfaktor« oder »Gefahrenherd« West-Berlin zu beseitigen, und schon gar nicht, dass Ulbricht dies von Chruschtschow verlangt habe, wie Wettig unter Berufung auf dieses Dokument meint.

Vielmehr ist dem Wehklagen Marons zu entnehmen, dass West-Berlin für die SED ein viel tiefergehendes Problem darstellte als nur das, angeblich »letztes« oder »einziges« »Schlupfloch« zu sein. Wie Maron die Lage beschreibt, wird nämlich deutlich, dass mit der von Moskau und Ost-Berlin angestrebten Übergabe der Kontrolle auch des Luftweges von und nach West-Berlin an die DDR die aus dem Wirtschafts- und Währungsgefälle zwischen West-Berlin und dem Ostteil der Stadt und dem Umland resultierenden Probleme nicht gelöst werden konnten. Auch das Konzept einer »Freien Stadt«, die nicht mehr so unbeschränkt als »Spionage- und Diversionszentrale« würde wirken können, wie es knapp zehn Monate nach dem Schelech–Maron-Gespräch von Chruschtschow mit seinem Berlin-Ultimatum ins Spiel gebracht wurde, hätte diese Probleme kaum wirklich lösen können. Für die Lösung dieser Probleme gab es im Grunde nur zwei Wege: a) das Wirtschafts- und Währungsgefälle zu beseitigen oder zu reduzieren – durch »Eroberung« West-Berlins, durch ein »Wirtschaftswunder« in der DDR oder eine Mischung aus beidem – oder b) den Verkehr zwischen den beiden Wirtschafts- und Währungsgebieten rigoros zu kontrollieren – des Praktikanten Skoblew an Wahnsinn grenzende Idee. Die SED strebte zu der Zeit eindeutig Weg (a) an.[42] Das mag rückblickend einerseits größenwahnsinnig und unrealistisch wirken; die Zeitgenossen sahen dies aber anders, je nach Standpunkt als reale Gefahr oder reale Chance.

Maron tritt in dem Gespräch auch nicht als Fordernder auf, sondern als Wehklagender und sich Rechtfertigender. Was Maron als Innenminister (aber eben nicht Ulbricht) hier vorträgt, schließt zwar nicht aus, dass eines Tages auch die Letztere der beiden Problemlösungsmöglichkeiten in den Blick ge-

42 Das SED-Politbüro fordert fast zeitgleich, eine »Wende in Westberlin« und auch dort »wieder demokratische Verhältnisse zu schaffen« und ein »normales Verhältnis« zur DDR herbeizuführen, s. Die Lage in Westberlin und unsere Aufgaben, Protokoll der Politbürositzung vom 12. 2. 1958, Anlage 6 zum Arbeitsprotokoll, BArch DY 30/J IV 2/2A/613, Bl. 37 – 62.

nommen und von Ulbricht »gefordert« werden würde, aber hier geschieht dies eben nicht, weil die Perspektive eine ganz andere war: Eroberung und nicht Einmauerung. Wettig sieht Ersteres auch,[43] unterstellt aber gleichzeitig eine Einmauerungsabsicht, für die er allerdings keine Belege anführen kann. Es bleibt letztlich ein Rätsel, warum Wettig, der wie kaum ein anderer mit den Quellen vertraut sein dürfte, diese Behauptung überhaupt aufstellt, ohne Belege zu haben, ist sie doch im Zusammenhang seiner eigenen Darstellung nicht einmal plausibel und – anders als bei Harrison – auch nicht Voraussetzung für die eigenen Thesen bzw. Aussagen.

Auch war West-Berlin mit einem Anteil von »50 – 60 %« an den Weggehenden zu der Zeit noch gar nicht das »letzte Schlupfloch«, wenn es auch langsam eine »große Rolle« dabei zu spielen begann. Zum fast »letzten Schlupfloch« wurde es erst gegen Ende des Jahres 1958, als etwa 90 Prozent aller, die die DDR verließen, dies über West-Berlin taten, weil Reisegenehmigungen nach Westdeutschland nur noch sehr restriktiv erteilt wurden und sich inzwischen zudem herumgesprochen hatte, dass nahezu jeder problemlos aus West-Berlin ausgeflogen würde (was in den Jahren davor nicht so war). Aber es gibt keinerlei Indizien dafür, dass die SED eine solche Entwicklung schon Anfang des Jahres prognostiziert hätte. Deutlich macht das Schelech-Maron-Dokument aber noch einmal, dass es für die SED seit langem viele gute Gründe gab, eine bessere Kontrolle der Sektorengrenze in Berlin anzustreben, völlig unabhängig davon, ab wann die Massenabwanderung von der SED als nicht mehr zu verkraftender Verlust angesehen wurde, unabhängig auch davon, ob West-Berlin »letztes Schlupfloch« war oder nicht. Das Währungs-, Wirtschafts- und Wohlstandsgefälle in der Stadt und die vom Westteil ausgehende politische »Diversion« waren für die SED mindestens ebenso problematisch wie der »Schlupfloch«-Aspekt.

Time Tunnel

In der publizierten Fassung ihrer Dissertation schreibt Harrison unmittelbar nach Bezugnahme auf das Dokument Schelech-Maron von Anfang 1958 und dem Hinweis, dass es nach der Verschärfung des Passgesetzes zwar zu einem Rückgang der Zahl der Flüchtlinge gekommen sei, es aber gleichzeitig eine

43 Wettig, Sowjetische Deutschland-Politik, S. 125 f.

»drastische Erhöhung des Anteils der Flüchtlinge, die den Weg über Westberlin nahmen« gegeben habe: »Infolgedessen wurde immer nachdrücklicher die Schließung des Fluchtventils Westberlin gefordert.« Einen Beleg, von wem, wann und wie genau eine solche Forderung »immer nachdrücklicher« vorgebracht wurde, bleibt sie aber auch hier schuldig, bringt dafür direkt anschließend folgendes Zitat: »›Das Vorhandensein einer offenen und weitgehend unbewachten Grenze zwischen der sozialistischen und der kapitalistischen Welt in Berlin‹, bemerkte Michail Perwuchin, der sowjetische Botschafter in der DDR, ›hat die unbeabsichtigte Folge, dass die Bevölkerung einen Vergleich zwischen beiden Teilen der Stadt anstellt, der leider nicht immer zu Gunsten des demokratischen Berlin ausfällt.‹«[44] Nun ist auch diesem Zitat nicht zu entnehmen, dass eine »Schließung des Fluchtventils Westberlins gefordert« wurde, schon gar nicht, dass dies »immer nachdrücklicher« geschehen sei. Vielmehr spiegelt sich in dem Zitat die Erkenntnis wider, dass die offene Grenze im Systemwettbewerb zwar in geradezu idealer Weise den Leistungsvergleich zwischen Sozialismus und Kapitalismus ermöglichte, aber dieser eben (noch) nicht, wie Chruschtschow lange gehofft hatte, zugunsten des Sozialismus ausfiel. Insofern deutet die Bemerkung Perwuchins, die Möglichkeit des direkten Systemvergleichs sei eine »unbeabsichtigte« Folge der offenen Grenze, einen Sinneswandel auf sowjetischer Seite an, zumindest in der Berliner Botschaft. Allerdings gehörte Perwuchin zu jenen in der sowjetischen Führung, die im Frühjahr 1957 Chruschtschows Sturz betrieben hatten, was nach dem Scheitern des Versuchs Perwuchins Abstieg einleitete und ihn im Frühjahr 1958 als nunmehr eher einflusslosen Botschafter nach Berlin führte.[45] Davon erfährt man aber bei Harrison nichts und auch nicht, dass diese zitierte Äußerung Perwuchins erst im Dezember 1959, also fast zwei Jahre nach dem gerade als Beleg angeführten Gespräch Schelech–Maron und ein Jahr nach dem Berlin-Ultimatum Chruschtschows fiel. Wenn Harrison zuweilen in den Belegfußnoten mit der Bemerkung »weitere Hinweise« gleich mehrere Quellen anführt, nicht selten verteilt über mehrere Jahre, entsteht der Eindruck, als sei ihre Aussage, Ulbricht bzw. die SED-Führung habe »immer nachdrücklicher die Schließung des Fluchtventils Westberlin gefordert«, massiv von Quellen unterfüttert. Tatsächlich gibt sie nicht einen belastbaren Beleg.[46] Es bleibt also festzuhalten,

44 Harrison, Ulbrichts Mauer, S. 168; Harrison, Driving the Soviets up the Wall, S. 99.
45 Fursenko, Aleksandr/Naftali, Timothy: Khrushchev's Cold War. The Inside Story of an American Adversery, New York, London 2006, S. 191.
46 Zu Harrisons »sourcedropping« und zum für den Leser oft unmerklichen Springen

dass es in der einschlägigen Literatur entgegen dem dort erweckten Anschein auch für Anfang 1958 noch keinen belastbaren Beleg dafür gibt, Ulbricht habe die Schließung der »Fluchtwege über West-Berlin« mittels Grenzschließung anvisiert oder dies gar von Chruschtschow gefordert.

2. Mit dem Siebenjahrplan in die Zukunft – ein letztes Aufbegehren (1958–1959)

Die Systemgrenze sichern und West-Berlin erobern

Ulbricht forderte also Anfang 1958 keine Mauer zur Fluchtverhinderung in Berlin, jedenfalls gibt es bislang keine Belege. Ihm ging es erst einmal um eine Effektivierung der seit 1952 eher theoretisch als praktisch »geschlossenen« innerdeutschen Grenze. Am 28. Januar 1958, also einen Tag nach dem Gespräch Schelech–Maron, fand eine Sitzung des Kollegiums des MfS statt. Punkt zwei der Tagesordnung war die »Einschätzung der Gründe der Republikflucht und Maßnahmen zur Bekämpfung«.[47] Das Protokoll dieser Sitzung offenbart eine ähnliche Hilflosigkeit gegenüber dem Problem der »Republikflucht«, wie sie auch bei Maron festzustellen war. Bei der Frage, »welche Maßnahmen sich zur Durchsetzung des Paßgesetzes ergeben und welche Auswirkungen diese und jene Maßnahmen haben« wird in Klammern eingefügt: »Evtl. Grenzen schließen«. Karl Wilhelm Fricke meint, dieser »verräterische Passus [...] könnte ein Indiz dafür sein, daß Mielke die Abriegelung der Berliner Sektorengrenze schon gut dreieinhalb Jahre vor dem 13. August 1961 für eine Alternative hielt«.[48] Frickes durch den Konjunktiv ausgedrückten Zweifel an seiner eigenen Überlegung sind mehr als angebracht.[49] Für die ostdeut-

zwischen den Jahren bei ihr s. ausführlicher Kubina, Frau Hope M. Harrisons Mauer (Teil I), S. 93 f., 101 f.

47 Protokoll der Kollegiumssitzung, 28. 1. 1958, BStU, MfS, SdM, Nr. 1554, S. 1 ff.

48 Fricke, »Republikflucht« und Ausreise, S. 49.

49 Fricke, ein exzellenter Kenner der Geschichte der SED, der DDR und vor allem des MfS, findet es, völlig zu Recht und offenkundig in Unkenntnis von Harrisons Thesen, vor dem Hintergrund seiner Kenntnisse über die Entwicklung in der DDR und des Umgangs der SED mit dem Thema der »Republikflucht« in den 50er Jahren bemerkenswert, wenn in der SED-Führung »schon [sic!] gut dreieinhalb Jahre vor

schen Kommunisten war damals, wie Marons Bemerkung gegenüber Schelech und Buschmanow zeigt, auch die innerdeutsche Grenze noch »offen«, nicht nur im Sinne einer »grünen Grenze«, obwohl sie auch das eben in weiten Teilen faktisch noch war,[50] sondern weil das Reisen nach Westdeutschland zwar einer Genehmigung bedurfte, diese aber nicht, wie nach dem Mauerbau, ganz grundsätzlich verweigert wurde. Erst im Zuge der seit Herbst 1957 geplanten Verschärfung des Passgesetzes und der nachfolgenden deutlich restriktiveren Handhabung von Reisegenehmigungen nach Westdeutschland begann sich die Frage nach Sicherung der innerdeutschen Grenze gegen die Flucht wirklich zu stellen.[51] Hätten Wollwebers Nachfolger Erich Mielke und die MfS-Generalität im Januar 1958 bereits die Berliner Grenze im Blick gehabt, wäre das wegen der statusrechtlichen Implikationen und der grundsätzlichen Bedeutung einer solchen Überlegung mit ziemlicher Sicherheit auch dem Protokoll zu entnehmen gewesen. Ganz auszuschließen ist freilich nicht, dass sich die Klammer auch auf die Berliner Sektorengrenze bezieht. Das Berlin-Problem sollte aber immer noch mit anderen Mitteln gelöst werden, mit dem, was dann bis 1961 als Chruschtschows Berlin-Ultimatum die Welt oder zumindest die Deutschen in Atem hielt. Zwar gab es in der Partei immer noch die Position,

dem 13. August 1961« über die Sperrung der Sektorengrenze als Lösung des Fluchtproblems nachgedacht worden wäre. Er kommt anscheinend, und auch dies völlig zu Recht, nicht einmal auf die Idee, dies sei bereits seit 1952 Ulbrichts Forderung gewesen.

50 Noch im Sommer 1961 gab es, wie bereits erwähnt, »ernstzunehmende Hindernisse in Form von Stacheldrahtzäunen [...] nur auf einer Länge von 10 % der Grenze«, s. Ritter, Jürgen/Lapp, Peter Joachim: Die Grenze. Ein deutsches Bauwerk. Berlin 2011, S. 56. Vgl. auch die Abbildungen von der innerdeutschen Grenze in: Mitten in Deutschland. Mitten im 20. Jahrhundert. Die Zonengrenze, hg. vom Bundesministerium für gesamtdeutsche Fragen, Bonn 1958. Diese westdeutsche Propagandabroschüre, die von da an bis weit in die 60er Jahre hinein in mehreren Auflagen massenhaft verbreitet wurde, erschien übrigens erstmals 1958, nicht etwa 1952 oder 1953. Und vor 1958 erschien m. W. auch keine andere, vergleichbare Propagandabroschüre, die die existierende Grenzsicherung an der innerdeutschen Demarkationslinie zum Gegenstand machte. Als direkte Reaktion auf die Maßnahmen vom Mai/Juni 1952 erschien lediglich 1953 eine Dokumentation des BMG zu den rechtlichen und administrativen Maßnahmen, s. Die Sperrmaßnahmen der Sowjetzonenregierung an der Zonengrenze und um Westberlin, hg. vom Bundesministerium für gesamtdeutsche Fragen, Bonn 1953.

51 Zugleich wurde mit dem massiven Ausbau der Grenzpolizei als militärisches Organ begonnen, das befähigt sein sollte, einen »imperialistischen Überfall« in der ersten Linie abzuwehren. Entsprechend wurde die Bewaffnung verändert und ausgebaut. Diedrich, Die Grenzpolizei, S. 214 f.

die Berlin-Frage könne nur im Kontext einer zukünftigen Wiedervereinigung gelöst werden, die Führung hatte sich aber längst auf Ulbrichts Position begeben[52] und strebte an, die Berlin-Frage unabhängig von einer möglichen Wiedervereinigung oder einem Friedensvertrag sukzessive zu lösen, »indem man jetzt beginnt, eine entschlossene Linie der politischen und wirtschaftlichen Eroberung Westberlins zu verfolgen, um die Voraussetzungen für die künftige Vereinigung Berlins zu schaffen«.[53] Nachdem das Politbüro am 12. Februar 1958 beschlossen hatte, eine »Wende in Westberlin« und ein »normales Verhältnis« zur DDR herbeizuführen sowie auch dort »wieder demokratische Verhältnisse zu schaffen«,[54] meldete die sowjetische Botschaft einen alarmierenden Bericht »Über die Lage in Westberlin« nach Moskau. Westberlin diene seit Jahren als Zentrum der Wühlarbeit der westlichen Mächte gegen die DDR. Westberlin werde vom Feind zur Organisierung politischer Provokationen und ökonomischer Diversion unterschiedlichster Art wie auch als propagandistisches Schaufenster der westlichen Welt ausgenutzt. Dies war nicht neu. Neu war aber die Schlussfolgerung, die der Bericht zog: »Vor den deutschen Freunden steht die Aufgabe der Neutralisierung dieser Tätigkeit ... durch die Verstärkung des eigenen Einflusses auf diesen Teil der Stadt«.[55] Diese Linie des verstärkten Druckes auf West-Berlin und damit auch auf die

52 Es darf nicht vergessen werden, dass der Machtkampf in der SED-Führung zwar zugunsten Ulbrichts entschieden, aber der Prozess der Ausschaltung seiner Gegner, wie Schirdewan, Oelßner oder Wollweber, noch nicht völlig abgeschlossen war.

53 So schilderte Peter Florin, Leiter der Abteilung für Internationale Verbindungen des ZK der SED, die Position der Mehrheit in der Parteiführung am 12. 5. 1958 dem Botschaftsrat O. P. Seljaninov, Niederschrift über die Besprechung mit dem Leiter der Abteilung Internationale Verbindungen des ZK der SED P. Florin, 12. 5. 1958, Aus dem Tagebuch von O. P. Seljaninov, zit. nach Harrison, Ulbrichts Mauer, S. 170 f. Vgl. Wettig, Chruschtschows Berlin-Krise, S. 16 ff.

54 Die Lage in Westberlin und unsere Aufgaben, Protokoll der Politbürositzung vom 12. 2. 1958, Anlage 6 zum Arbeitsprotokoll, BArch DY 30/J IV 2/2A/613, Bl. 37–62.

55 Über die Lage in Westberlin, Bericht der sowjetischen Botschaft in Ost-Berlin, 24. 2. 1958, zit. nach Orlov, Aleksandr S.: Tajnaja bitva sverchderžav [Die geheime Schlacht der Supermächte], Moskau 2000, S. 414, Übersetzung d. Verf., Auslassung in der Quelle. Wettig schreibt, unmittelbar nachdem er auf den bei Orlov zitierten Bericht Bezug nimmt, das SED-Politbüro habe sich »daraufhin [sic!] zur Erklärung ermutigt« gesehen zu fordern, das »Diktat der westlichen Alliierten« in der Stadt könne nicht »auf Dauer aufrechterhalten bleiben«. Die Zitate Wettigs stammen aber aus einer Anlage zur Politbürositzung vom 12. 2. 1958. Der Bericht der Botschaft ging also nach der Entscheidung des SED-Politbüros nach Moskau und nicht etwa umgekehrt, s. Wettig, Sowjetische Deutschland-Politik, S. 125 f.

Westmächte machte, ganz unabhängig von der Frage der »Republikflucht«, den Ausbau der innerdeutschen Grenze als Verteidigungslinie[56] notwendig, denn mit diesem Druckaufbau und der Infragestellung des Rechtes der Westmächte in Berlin erhöhte sich die Gefahr eines Krieges. Ob man dies nun als »Angriff« der NATO oder als Verteidigungsmaßnahme der NATO interpretiert, ist dabei ohne Belang.

Verbunden wurde diese Linie von Ulbricht mit dem dringenden Appell an Moskau und die Führungen der anderen sozialistischen Staaten, die DDR dabei zu unterstützen. Diese Unterstützung sollte nicht um der DDR selbst willen erfolgen. Ulbricht versuchte sie den Führungen der anderen sozialistischen Staaten, deren Menschen ja einen sehr viel niedrigeren Lebensstandard hatten als die Ostdeutschen, als Teil einer gemeinsamen Offensive zur Stärkung des gesamten sozialistischen Lagers zu verkaufen. Der Chef der Staatlichen Plankommission, Bruno Leuschner, erläuterte dies im Mai 1958 auf einer RGW-Konferenz in Moskau:

> Angesichts der Entwicklung Westdeutschlands zur Hauptaggressionsbasis in Europa ist das Verhältnis zwischen den beiden deutschen Staaten entscheidend für die Entwicklung in ganz Europa sowohl in der Frage des Friedens als auch in der Frage der weiteren Entwicklung des sozialistischen Weltsystems.[57]

Das war propagandistischer Trick und Verhandlungstaktik, aber entsprach zugleich der Überzeugung Ulbrichts, Deutschland (und er selbst) seien prädestiniert, den schlagenden Beweis für die Überlegenheit des Sozialismus zu erbringen. Eben weil das so sei, sozusagen als präventive Reaktion auf die sich angeblich ankündigenden Erfolge des Sozialismus in der DDR, seien die deutschen Kommunisten einer besonders aggressiven Hetze und hemmungslosen wirtschaftlichen Sabotage seitens des Imperialismus ausgesetzt. Ulbricht rich-

56 Das Argument, der pioniertechnische Ausbau des Grenzstreifens würde gegen einen Angriff der NATO wenig ausrichten können, zieht dabei wenig. Verteidigungsmaßnahmen haben oft auch einen symbolischen Wert und gehorchen nicht immer militärischer, noch weniger ökonomischer Rationalität, wie die Beispiele »Maginot-Linie« oder »Westwall« zeigen. Nicht selten sind sie Reflex auf eine traumatische Erfahrung im vorangegangenen Krieg.

57 So wird Leuschner vom Staatssekretär des DDR-Außenministeriums Otto Winzer auf einer Dienstbesprechung der Leitung des Außenministeriums wiedergegeben, Protokoll der Dienstbesprechung vom 29. 5. 1958, zit. nach Lemke, Einheit oder Sozialismus, S. 417.

tete sich mit einer eindringlichen Bitte um wirtschaftliche Unterstützung an die Delegationsleiter der RGW-Tagung: In der DDR, so schrieb er, sei noch nicht ein Lebensstandard erreicht, der die DDR für die »Arbeiterklasse und die Werktätigen anziehend« mache: »Die ursprüngliche Konzeption, die DDR als Schaufenster des sozialistischen Lagers gegenüber dem Westen zu machen, konnte bisher nicht durchgeführt werden.« Es sei nicht gelungen, das Lebensniveau in der DDR dem in Westdeutschland anzunähern. »Ohne diesen entscheidenden Schritt«, so macht Ulbricht den Vertretern der präsumtiven Geberländer die eigentliche Zielrichtung deutlich, sei es schwer, »die Massen der Gewerkschaftsmitglieder in Westdeutschland zu überzeugen«.[58] Es ging also nicht darum, die Menschen in der DDR im Wohlstand schwelgen zu lassen, sondern darum, ganz Deutschland zum Bollwerk des Sozialismus in Europa zu machen.[59] West-Berlin wurde von Ulbricht auf dieser RGW-Tagung selbstbewusst mit dem völkerrechtlichen Begriff des »Einflussgebietes« belegt: Es sei »Einflussgebiet« der DDR. Er drängte seine kommunistischen Genossen dazu, ihre wirtschaftlichen Beziehungen zum Westteil der Stadt nicht über Bonn abzuwickeln, »sondern direkt mit den Westberliner Wirtschaftsorganen die nötigen Vereinbarungen zu treffen«, allerdings nicht, ohne jeweils darüber »eine Abstimmung mit den zuständigen Organen der DDR herbeigeführt« zu haben.[60] Chruschtschow habe, so berichtet Staatssekretär Otto Winzer auf einer Dienstbesprechung der Leiter des DDR-Außenministeriums, auf der Tagung eine »flammende Rede über die Rolle der DDR als vorderster Posten des sozialistischen Lagers« gehalten und zu deren wirtschaftlicher Unterstützung aufgerufen. Chruschtschow habe betont, »daß die Sowjetunion, wenn es notwendig sein sollte, ihren Riemen enger schnallen würde, um der DDR zu helfen«.[61] Die offene Grenze wurde jetzt von Chruschtschow als Erschwernis für die deutschen Genossen ins Spiel gebracht und nicht mehr, wie früher, als geradezu ideale Voraussetzung für einen Systemvergleich angese-

58 Schreiben Ulbrichts an die Leiter der Delegationen der kommunistischen und Arbeiterparteien der Staaten des RGW auf der ökonomischen Beratung in Moskau vom 20.–23.5.1958, zit. nach Lemke, Die Berlinkrise, S. 54.

59 Vgl. auch Lemke, Einheit oder Sozialismus, S. 423.

60 Rede des Genossen Ulbricht zum Tagesordnungspunkt 4 der Beratung der kommunistischen und Arbeiterparteien vom 20. bis 23.5.1958 [am 21.5.1958 abends], zit. nach Wettig, Sowjetische Deutschland-Politik, S. 136.

61 Protokoll der Dienstbesprechung vom 29.5.1958, zit. nach Lemke, Einheit oder Sozialismus, S. 417.

hen.[62] Auch im Präsidium der KPdSU, wie deren Politbüro zu jener Zeit hieß, warb Chruschtschow um Verständnis für die komplizierte Lage der deutschen Genossen aufgrund ihrer »offenen Grenze mit der kapitalistischen Welt«: An einen Rückzug zu denken, verbiete sich. Der »Klassenkampf« müsse durch wirtschaftliche Unterstützung der DDR fortgesetzt werden, bis diese die Oberhand gewinne und den Beweis erbringe, dass die sozialistische Gesellschaftsordnung nicht nur für unterentwickelte Länder sinnvoll, sondern ebenso für industrialisierte Länder von Vorteil sei.[63]

Im Vorfeld dieser RGW-Tagung scheint auch die Frage, »eventuell die Grenzen [zu] schließen«, für das MfS und die innerdeutsche Grenze entschieden gewesen zu sein. Berlin betrafen diese Überlegungen und diese Planung nicht. Die Sicherheitskommission beschloss nach einer Instrukteursuntersuchung vor Ort, die Sicherheit an der »Staatsgrenze West« zu verbessern. Mielke wurde beauftragt, »im Sinne der Aussprache« umgehend Maßnahmen zur Erhöhung der Sicherheit an den Staatsgrenzen zu treffen. Der Instrukteursbericht, der der Sicherheitskommission zum »Stand der Sicherung der Staatsgrenze West« vorgelegt wurde, lässt erkennen, dass neben den »Schwächen und Mängel[n] in der Absicherung der legalen Möglichkeiten des Eindringens feindlicher Elemente in die DDR« – also im Reiseverkehr und auf dem Weg der Übersiedlung – jetzt vor allem auch eine bessere »Tiefensicherung in der 5 km Sperrzone« im Blick war. Seien früher »die Hauptkräfte in der Linie eingesetzt« gewesen, also direkt an der Demarkationslinie, erfolge jetzt »der Einsatz der Hauptkräfte der Einheiten im 5 km Sperrgebiet«. Dies wirke sich, so wird jetzt explizit betont,

> günstig auf die Verhinderung von Grenzverletzung aus Richtung DDR – West aus und schafft die Voraussetzung, die Grenzverletzung bereits im 5 km Sperrgebiet zu verhindern. Die Grenzordnung wird dadurch strenger kontrolliert und Verstöße gegen sie werden gegenüber früher geahndet.

Das heißt ja wohl, ein Eindringen in das Fünf-Kilometer-Sperrgebiet wurde bis dahin kaum kontrolliert und so auch kaum geahndet. Für die Grenzbereitschaft Mühlhausen führt der Bericht Vergleichszahlen an, um zu zeigen, wie

62 Chruschtschows Rede auf der Beratung am 21. 5. 1958, zit. nach Wettig, Sowjetische Deutschland-Politik, S. 122.

63 Aufzeichnung über die Sitzung des Präsidiums des ZK der KPdSU am 28. 5. 1958, zit. nach Wettig, Sowjetische Deutschland-Politik, S. 121 f.

sich die Lage an der Grenze seit Anfang des Jahres gewandelt hat. Während im Januar und Februar 1957 36 »Grenzverletzer« festgenommen worden seien, seien es im selben Zeitraum des folgenden Jahres 165 gewesen, also fast das Fünffache. Inwieweit diese Erhöhung auf eine verstärkte Kontrolle und inwieweit auf ein möglicherweise erhöhtes Aufkommen an der Grenze zurückgeht, ist den Zahlen nicht zu entnehmen. Auch der pioniermäßige Ausbau sollte jetzt vorangetrieben werden, was aber »abhängig von der Bereitstellung entsprechender Materialien« sei.[64] Die Grenzsicherung war und blieb auch ein wirtschaftliches Problem der DDR.

Wie in sich widersprüchlich, hin und her gerissen zwischen einer gewissen Desillusionierung und Ratlosigkeit gegenüber dem anhaltenden Westdrang ihrer Bürger einerseits und der Hoffnung auf Konsolidierung und einer sich verstärkenden West-Ost-Wanderung andererseits, die Politik der SED zu dieser Zeit noch war, zeigen die weiteren Beschlüsse der Sicherheitskommission auf dieser Sitzung. Die »Ausbildung der Angehörigen der Deutschen Grenzpolizei und des Amtes für Zoll und Kontrolle des Warenverkehrs« sei

> so zu organisieren, daß die Abfertigung der Reisenden in Übereinstimmung mit den gesetzlichen Bestimmungen in korrekter Weise erfolgt. Einige Vorkommnisse im Zusammenhang mit der Einreise zur Leipziger Messe sind zum Anlaß zu nehmen, um an Ort und Stelle eine Änderung herbeizuführen.

Die Grenzkontrollen sollten also zivilisierter ablaufen, als dies offenbar in der Vergangenheit zuweilen der Fall gewesen war. An der »Staatsgrenze West« sollten »an den Hauptkontrollpunkten« die Aufnahmelager für »Rückkehrer und Erstzuziehende« gar so eingerichtet werden, dass sie den »Befugnissen und der Arbeitsweise der westlichen Aufnahmelager« entsprachen. Auch wenn dies systemimmanent kaum umzusetzen war, zeigen diese zentralen Vorgaben, wie sehr man auf eine Trendumkehr und eine »Normalisierung« in den jetzt als Auslandsbeziehungen begriffenen deutsch-deutschen Beziehungen setzte. Dieses Dilemma wird auch in den Überlegungen der Justiz zum Passgesetz ab Herbst des Jahres deutlich. Einerseits wurde eine konsequente Umsetzung des Gesetzes zum Zwecke der deutlichen Reduzierung der »Republikflucht« aus

64 Auszug aus dem Protokoll der Sitzung der Sicherheitskommission des ZK vom 10.4.1958; Bericht der Instrukteurbrigade der Abteilung für Sicherheitsfragen im Zentralkomitee über den Stand der Sicherung der Staatsgrenze West, Berlin, den 25.3.1958, BStU, MfS, SdM, Nr. 407, S. 191–209.

wirtschaftlichen Gründen für unerlässlich gehalten, gleichzeitig wurde aber erkannt, dass eine zu rigide Anwendung nicht gerade förderlich war für die Rückkehr insbesondere von qualifizierteren Flüchtlingen in die DDR. Im Ergebnis wurde beschlossen, dass Passgesetz zwar nicht zu ändern, jedoch differenzierter gegen Rückkehrer anzuwenden.[65]

Der V. Parteitag und die gewisse Zukunft

Im Ergebnis der Ausschaltung des propagandistischen und ökonomischen Störfaktors West-Berlin würde, so Ulbrichts Überzeugung, auch der Sozialismus in der DDR zu voller Blüte gelangen und unwiderstehliche Anziehungskraft entwickeln. Bestärkt durch die Unterstützungszusagen aus Moskau, verkündete die SED-Führung auf ihrem V. Parteitag ehrgeizige Ziele und ließ den noch laufenden Fünfjahrplan vorzeitig abbrechen. Letzteres war unter anderem auch deshalb notwendig, um die DDR-Wirtschaft mit der sowjetischen Wirtschaftsplanung in Übereinstimmung zu bringen. Auch in Moskau sollte das Jahr 1959 mit einem neuen Siebenjahrplan beginnen. Und wieder wurde, wie schon 1952, angekündigt, binnen kürzester Frist den Westen zu überholen. Nicht nur die Sowjetunion würde die USA überholen, sondern, so Chruschtschow, die Industrieproduktion der »sozialistischen Staaten« werde bis 1966 größer sein als die aller kapitalistischen Länder.[66] Ulbricht erklärte es auf dem V. Parteitag der SED im Juli 1958 zur »ökonomischen Hauptaufgabe«,

> die Volkswirtschaft der Deutschen Demokratischen Republik [...] innerhalb weniger Jahre so zu entwickeln, daß die Überlegenheit der sozialistischen Gesellschaftsordnung der DDR gegenüber der Herrschaft der imperialistischen Kräfte im Bonner Staat eindeutig bewiesen wird und infolgedessen der Pro-Kopf-Verbrauch unserer werktätigen Bevölkerung mit allen wichtigen Lebensmitteln und Konsumgütern den Pro-Kopf-Verbrauch der Gesamtbevölkerung in Westdeutschland erreicht und übertrifft (Lebhafter Beifall).[67]

65 Schmelz, Migration und Politik, S. 171 f.
66 Chruschtschow im Neuen Deutschland vom 25. 11. 1958, zit. nach Weber, Geschichte der DDR, 1985, S. 270.
67 Protokoll der Verhandlungen des V. Parteitages der SED in Berlin, 10.–16. 7. 1958, Berlin 1959, Bd. 1, S. 68, vgl. auch Bd. 2, S. 1357.

Das »wahre Wirtschaftswunder« werde 1961 in der DDR zu besichtigen sein; »wir wissen, was morgen geschieht« – so brachte im Herbst 1958 eine Ost-Berliner Propagandabroschüre zum Siebenjahrplan die Zukunftsgewissheit der ostdeutschen Kommunisten auf den Punkt:

> Seit einigen Wochen besitzen wir in der DDR ein neues großartiges Wirtschaftsprogramm: wir wissen, wie sich die Wirtschaft bis zum Jahre 1961, ja, bis zum Jahre 1965 entwickeln wird. Der V. Parteitag der Sozialistischen Einheitspartei Deutschlands stellte die Aufgabe, innerhalb von 1200 Tagen Westdeutschland im Pro-Kopf-Verbrauch aller wichtigen Konsumgüter einzuholen und zu überholen. In kürzester Frist wird unsere sozialistische Gesellschaftsordnung auch auf diesem Gebiet den sichtbaren Beweis ihrer absoluten Überlegenheit über die kapitalistische Ausbeuterordnung in Westdeutschland antreten.[68]

Umstritten ist in der Forschung, ob bzw. inwieweit Ulbricht und die SED-Führung sich dessen bewusst gewesen sind, dass diese Ziele angesichts der Ausgangsdaten unrealistisch waren. Nicht selten wird dabei unterstellt, was man aber erst im Nachhinein sicher weiß, nämlich dass die westdeutsche Wirtschaft weiter stark wachsen würde. Die Kommunisten in Moskau, Ost-Berlin und im gesamten Ostblock gingen aber davon aus, dass die schon seit längerem erwartete zyklische Krise des Kapitalismus im Zuge einer Weltüberproduktion nun unmittelbar bevorstehe. Die kurzfristige konjunkturelle Schwäche der westdeutschen Wirtschaft 1958 schien ein neues, sicheres Indiz dafür zu sein.[69] So sahen es die kommunistischen Wirtschaftswissenschaftler, und so sahen es Ulbricht und die SED-Führung. Sie erwarteten zwar noch keine Katastrophe

68 Wir wissen was morgen geschieht, Hg.: Zentraler Wahlausschuß beim Nationalrat der Nationalen Front des demokratischen Deutschland, Berlin o.J. [1958].

69 1958 stieg die Arbeitslosigkeit in Westdeutschland erstmals wieder, gegenüber 1957 um 20000 auf 685000, sank dann allerdings bis 1961 auf 160000. Zahlen aus dem Statistischen Jahrbuch für die Bundesrepublik Deutschland, nach Steiner, André: Politische Vorstellungen und ökonomische Probleme im Vorfeld der Errichtung der Berliner Mauer. Briefe Walter Ulbrichts an Nikita Chruschtschow, in: Von der SBZ zur DDR. Studien zum Herrschaftssystem in der Sowjetischen Besatzungszone und in der Deutschen Demokratischen Republik, hg. von Hartmut Mehringer, München 1995, S. 233–268, hier S. 256, Anm. 64. Zwei Jahre später mussten sich die marxistischen Wirtschaftswissenschaftler ihre Fehleinschätzung eingestehen, vgl. etwa Kahn, Siegbert: Zur ökonomischen Entwicklung in Westdeutschland, Berlin 1960, S. 3ff. (Deutsche Akademie der Wissenschaften zu Berlin; Heft 67).

wie 1929, aber doch eine schwere, alle kapitalistischen Länder erfassende Krise, die das Versprechen Ludwig Erhards vom »Wohlstand für alle!«[70] mittels der »sozialen Marktwirtschaft« und dessen Hoffnung, »das alte und bisher für unumstößlich gehaltene Gesetz von dem konjunkturzyklischen Ablauf des wirtschaftlichen Geschehens« überwinden zu können,[71] als Illusion entlarven würde.[72] Die SED-Führung gab also ihr Überholversprechen unter der Voraussetzung, dass der Wohlstand in Westdeutschland zurückgehen würde, wenn auch dieser Konnex in der Propaganda so nicht deutlich gemacht wurde.[73] Das Ziel war also, sah man sich die ökonomischen Ausgangsdaten an, im Moment mehr als ehrgeizig, ja man könnte sagen, ohne die prognostizierte Krise in Westdeutschland vollkommen unrealistisch. Und wahrscheinlich sahen das Ulbricht und einige Genossen in der SED-Führung, insbesondere der Staatlichen Plankommission, auch.[74] Aber die Krise des Kapitalismus war eine »Gesetzmäßigkeit«. Und war der Aufbau der kommunistischen Gesell-

---

70 Unter diesem Titel veröffentlichte Bundeswirtschaftsminister Erhard im Februar 1957 eine populärwissenschaftliche Begründung seines Konzeptes einer »sozialen Marktwirtschaft«. »Wohlstand für alle« war übrigens auch der Titel einer von 1907 bis 1914 von Rudolf Grossmann alias Pierre Ramus herausgegebenen anarchistischen Zeitschrift.

71 Erhard, Ludwig: Wohlstand für alle, Düsseldorf 1964 (8., letzte von Erhard autorisierte Ausgabe), S. 8 (http://www.ludwig-erhard-stiftung.de/files/wohlstand_fuer_alle.pdf, Stand 18. 3. 2012).

72 Steiner, André: Von Plan zu Plan: Eine Wirtschaftsgeschichte der DDR, Bonn 2007, S. 110 ff.; Ciesla, Burghard: »All das bremst uns, kann uns aber nicht aufhalten«. Wohlstandsversprechen und Wirtschaftswachstum: Grundprobleme der SED Wirtschaftspolitik in den fünfziger Jahren, in: Vor dem Mauerbau, S. 149 – 164, hier S. 156 f.

73 Vgl. etwa Ulbrichts Darlegung der Gründe für das Scheitern des Siebenjahrplanes im Jahr 1961, Brief von Ulbricht an Chruschtschow, 18. (19.)1. 1961, in: Steiner, Politische Vorstellungen, S. 242 – 254, vgl. auch die Ausführungen Steiners dazu, ebd., S. 236 f.; Information, am 4. 8. 1961 von Ulbricht an Chruschtschow übergeben, ebd. S. 254 – 268. In der Information heißt es rückblickend: »Zum Zeitpunkt des V. Parteitages bestand ein noch beträchtlicher Rückstand gegenüber Westdeutschland hinsichtlich der Produktion pro Kopf der Beschäftigten und im Pro-Kopf-Verbrauch bei den meisten Konsumgütern. Zu diesem Zeitpunkt aber zeigten sich krisenhafte Erscheinungen in der Wirtschaft Westdeutschlands und der meisten kapitalistischen Länder. Die westdeutsche Wirtschaft verzeichnete 1958 mit nur 3 % das niedrigste Wachstumstempo der Industrieproduktion seit Kriegsende. Die Arbeitslosigkeit in Westdeutschland stieg.«

74 Zu den wirtschaftlichen und politischen Rahmenbedingungen des Siebenjahrplanes s. Lemke, Die Berlinkrise, S. 50 – 57; Steiner, Von Plan zu Plan, S. 110 ff.

schaftsordnung nicht auch mehr als »unrealistisch«, die menschliche Vorstellungskraft überfordernd, sofern man nicht von dessen »historischer Gesetzmäßigkeit« überzeugt war? Was waren die Details der Realität gegen die Erkenntnis dieser »historischen Gesetzmäßigkeit«? »All das bremst uns, kann uns aber nicht aufhalten«, so war die Überzeugung.[75] Und wissen nicht auch unsere heutigen Politiker, dass die Summen, die sie inzwischen in immer neuen Rettungsschirmen den Gläubigern »garantieren«, um das Projekt Europa und die Demokratie zu retten, ökonomisch unrealistisch sind? Setzen nicht auch sie sich aus »politischen« Erwägungen über rein ökonomischen Sachverstand hinweg? Allein schon das Wort »Gläubiger« macht deutlich, mit welcher Art von Realismus wir es hier zu tun haben. Der Gläubiger »glaubt«, dass der Schuldner seine Schuld begleichen werde. Tut er das nicht mehr, bricht das System zusammen. Ulbricht und Genossen brauchten weiteren Kredit von ihren Gläubigern, den Bürgern. Aber der Tag war nicht mehr weit, da sie keinen Kredit mehr bekommen würden und nur noch eine Zwangsanleihe ihre Handlungsfähigkeit sichern würde. Die Reisebeschränkungen, das Passgesetz und die Kriminalisierung der ungenehmigten Ausreise, die verschärfte Grenzsicherung an der innerdeutschen Grenze, all das war Druck auf die Gläubiger, weiteren Kredit (ihre Arbeitskraft) zu geben. Wie sich zeigen sollte, reichte die Wirkung nicht aus. Der SED half bald nur noch die rigorose Zwangsanleihe (Mauer). Doch dass es so weit kommen würde, war noch lange nicht sicher. Sie handelte doch entsprechend der von ihr erkannten historischen und ökonomischen Gesetze und nicht im Interesse des Profits des Kapitals. Das allein war doch ein Fortschritt, so ihre Überzeugung.

Ulbrichts Heilsversprechen: »Das Reich des Menschen ist gekommen«

Heilsversprechen stehen nicht selten am Anfang eines Unterganges, oft des eigenen. Ulbricht inszenierte sich mit seinen auf dem Parteitag verkündeten »10 Geboten der sozialistischen Moral« als Oberpriester des Fortschritts und der kommenden neuen Zeit. Ein Jahr später, im Herbst 1959, rief Ulbricht am Ende einer Rede zur Beratung der Volkskammer über den Siebenjahrplan gar euphorisch und größenwahnsinnig zugleich aus: »Das Reich des Menschen

75 So brachte ein überzeugter Kommunist in einem Artikel in der Freiheit vom 25.8.1955 die Sichtweise auf den Punkt, zit. nach Ciesla, »All das bremst uns«, S. 149.

ist gekommen!« Die Abgeordneten aller Fraktionen, so berichtete das SED-Zentralorgan »Neues Deutschland« am 1. Oktober, hätten sich daraufhin »in einer Welle von Begeisterung von ihren Plätzen erhoben«.[76]

Angesichts solch endzeitlicher Visionen der ostdeutschen Führer war zu erwarten, dass die dem Untergang geweihte »alte Welt« in Gestalt der »herrschenden Kreise« sich mit Händen und Füßen gegen ihr vorherbestimmtes Schicksal zur Wehr setzen und ihrerseits die Entscheidungsschlacht einleiten würde. So jedenfalls interpretierten Ulbricht und Genossen die anhaltende und sich angeblich sogar noch verstärkende »Hetze« gegen die DDR. Der ehemalige Staatssicherheitschef Wollweber, zu dem Zeitpunkt von Ulbricht schon kaltgestellt, lässt dies in seinen bereits mehrfach zitierten Erinnerungen an den V. Parteitag und dessen Folgen ganz gut deutlich werden. Zunächst unterstellt er Ulbricht, dieser habe die vom Imperialismus ausgehende Gefahr unterschätzt, vor allem wohl, um im Nachhinein seine Schwerpunktsetzung in der Westarbeit als Staatssicherheitschef zu rechtfertigen:[77]

> Wir stellen die Herausforderung, wir werden euch überholen in einem kurzfristigen Zeitraum und damit eure Existenz untergraben. Was hat man sich dabei gedacht? Hat man sich gedacht, der Imperialismus wird dabei stillhalten? Dann ist es doch offensichtlich eine Unterschätzung. Und die Bundesrepublik und die Westmächte hielten nicht still. Im Gegenteil, sie organisierten, was unschwer vorauszusehen war, einen massiven Angriff auf die DDR, auf ihre ökonomische Grundlage, auf einen ihrer wichtigsten Faktoren, auf die Arbeitskräfte durch massenhafte Abwerbung von Arbeitskräften. Das konnte man unschwer voraussehen, und die Errichtung der »Mauer« war eine absolute politische Notwendigkeit. Aber als man die Beschlüsse faßte, war die Grenze offen, und das wußte man doch. Der »große Sprung«, auf dem 30. Plenum angesetzt, vom 35. Plenum forciert, vom V. Parteitag zur offiziellen Politik erhoben, mußte wegen der Unterschätzung des Imperialismus zu einem vollkommenen Fiasko führen. Warum, fragt man sich, mußte mit der vollständigen Kollektivierung ein halbes Jahr vor der Errichtung der »Mauer« begon-

76 Neues Deutschland, 1.10.1959, zit. nach Mitter, Armin/Wolle, Stefan: Untergang auf Raten. Unbekannte Kapitel der DDR-Geschichte, München 1993, S. 302 f.

77 Ulbricht hatte ihm seinerseits vorgeworfen, die Arbeit im Innern der DDR vernachlässigt zu haben. S. hierzu Engelmann, Roger/Schumann, Silke: Der Ausbau des Überwachungsstaates. Der Konflikt Ulbricht–Wollweber und die Neuausrichtung des Staatssicherheitsdienstes der DDR 1957, Vierteljahrshefte für Zeitgeschichte 43 (1995) 2, S. 341–378; Engelmann, Roger / Fricke, Karl Wilhelm: »Konzentrierte Schläge«. Staatssicherheitsaktionen und politische Prozesse in der DDR 1953–1956, Berlin 1998, S. 223 ff.

> nen werden? Gab es überhaupt noch klare Perspektiven in dieser Zeit? Lag das an Walter Ulbricht? Ja, es lag an ihm. Durch eine Monopolisierung der Macht und des faktischen Vorbehalts aller wichtigen Entscheidungen bei ihm, die eine wirklich kollektive Beratung verhinderte.[78]

Wenn Wollweber behauptet, schon 1958 sei »unschwer vorauszusehen« gewesen, wo die DDR mit Ulbrichts Politik bei offener Grenze enden würde, darf man dies getrost als Klugheit nach dem Schaden beiseiteschieben. Deutlich wird aber, dass damals alle SED-Führer die DDR und den Sozialismus in der Offensive und den Westen in geradezu verzweifelter Defensive gesehen haben und nicht etwa umgekehrt.

3. Quellenkritischer Exkurs (III) – »alarmierende Zunahme der Massenflucht«?

»Am 21. August [1958] bereitete«, so schreibt Gerhard Wettig, »ein Bericht von ZK-Sekretär [sic!] Andropow die sowjetische Führung« auf eine Kursänderung hin zu einem schärferen Vorgehen gegen den Westen vor. In dem Bericht, so Wettig weiter,

> war von alarmierender Zunahme der Massenflucht aus der DDR die Rede. Im ersten Halbjahr habe sich der Exodus gegenüber dem Vorjahreszeitraum um 50 % erhöht. Darunter vor allem dringend benötigte Fachkräfte aus der Intelligenz. Die unausgesprochene Botschaft lautete, es müsse dringend etwas unternommen werden. Der erste Schritt erfolgte am 4. September gemäß sowjetischen Vorgaben und nach anschließender Überprüfung der Entwürfe in Moskau richtet die DDR Noten an die Vier Mächte einschließlich der UdSSR,[79] die sofort publiziert wurden.[80]

78 Wollweber, Aus Erinnerungen, S. 372.

79 Für die Note der DDR-Regierung an die Regierungen der Vier Mächte und jene an die Regierung der Bundesrepublik s. Dokumente zur Deutschlandpolitik. III. Reihe/Bd. 4, 3. Drittelbd., hg. vom Bundesministerium für gesamtdeutsche Fragen, Frankfurt am Main und Berlin 1969, S. 1546–1548 bzw. 1548–1549.

80 Wettig, Chruschtschows Berlin-Krise, S. 21, Anm. 72, verweist für den Andropow-Bericht auf eine russische Archivsignatur und einen Buchtitel: Orlov, Tajnaja bitva, S. 414 f.

Wettig scheint also in diesem Dokument eine Art Schlüsseldokument zu sehen, habe dieses doch die »sowjetische Führung« auf die Kursänderung vorbereiten sollen und prompte Folgen gehabt.

Hierbei fällt zunächst auf, dass die Aussage, die »Massenflucht« habe im ersten Halbjahr des Jahres 1958 gegenüber dem gleichen Zeitraum des Vorjahres um 50 Prozent zugenommen, nicht mit den wirklichen Abwanderungszahlen in Einklang zu bringen ist. Die von Juri Andropow angeblich behauptete »alarmierende Zunahme der Massenflucht aus der DDR«, gar eine Erhöhung um 50 Prozent gegenüber dem Vorjahreszeitraum, hat es nicht gegeben. Im Gegenteil, infolge der restriktiven Vergabe von Reisegenehmigungen, der Strafandrohung bei ungenehmigtem Grenzübertritt (Passgesetz) und einer relativen wirtschaftlichen und politischen Konsolidierung ging die Abwanderung deutlich zurück, im von Wettig unter Berufung auf Andropow benannten Vergleichszeitraum fast um die Hälfte.[81] Es gab also einen Rückgang um fast 50 Prozent, keine Erhöhung. Hätte Andropow sich wirklich so geäußert, wie Wettig behauptet, wäre die »sowjetische Führung« fälschlich alarmiert worden, und alles Folgende, bis hin zu Chruschtschows Berlin-Ultimatum, wäre die Reaktion auf eine dreiste Täuschung durch Andropow gewesen, der, um es schon einmal vorwegzunehmen, obendrein zu der Zeit auch noch gar kein ZK-Sekretär war. Im Unterschied zu vielen von Wettig und Harrison angeführten Quellen sind Angaben zu den Wanderungszahlen jedem leicht zugänglich und zumindest die westdeutschen Zahlen ja auch seit Jahrzehnten bekannt. Trotzdem hält sich hartnäckig das Bild[82] einer in den Jahren vor dem Mauerbau ständig und dramatisch anwachsenden Fluchtbewegung, und anscheinend liegt dieses Bild auch einem nicht geringen Teil der Literatur zugrunde. Nichtsdestoweniger ist es falsch. Selbst in den ersten sechs Monaten des Jahres 1961, um hier noch einmal vorzugreifen, stieg die Abwanderung nur mäßig

81 Im ersten Halbjahr 1957 verließen 163 802 Menschen die DDR in Richtung Westen, im gleichen Zeitraum des Jahres 1958 »nur« noch 96 540, im ersten Halbjahr des Jahres 1959 verringerte sich die Zahl nochmals auf 71 146. S. Melis, Republikflucht, S. 255.

82 Die Zahlen werden in der Regel korrekt wiedergegeben, kommen aber anscheinend nur schwer gegen das über Jahrzehnte gewachsene Bild an. Dies zeigt z. B. der Diskussionsbeitrag von Manfred Hagen beim 16. Rhöndorfer Gespräch. Hagen betonte, sowohl als Historiker als auch als Zeitzeuge zu sprechen, und meinte: »Wir alle haben die Kurve vor Augen, gemäß der die Flüchtlingszahlen nach einem gewissen Abfall Mitte der 50er Jahre anschließend wieder steil anstiegen.« S. Diskussionsbeitrag von Manfred Hagen in: Die sowjetische Deutschland-Politik in der Ära Adenauer, S. 151.

an, lag mit 100931 nur knapp über dem Wert des Jahres 1958, und auch gegenüber dem ersten Halbjahr 1960 waren bis Ende Juni 1961 gerade einmal 14000 Menschen mehr in den Westen gegangen.[83]

Zurück zum Andropow-Bericht. Andropow hätte es natürlich kaum gewagt, seine »Führung« so grob in die Irre zu führen. Dazu war er viel zu intelligent und noch nicht mächtig genug. Sein Weg zum ZK-Sekretär, zum KGB-Chef[84] und schließlich an die Spitze von Partei und Staat war noch weit.[85] Auch wenn er damals also weder ZK-Sekretär noch KGB-Chef war, sondern nur Abteilungsleiter im ZK, und zwar Chef der für die Beziehungen zu den kommunistischen und Arbeiterparteien der sozialistischen Länder zuständigen Abteilung, ist mit ziemlicher Sicherheit davon auszugehen, dass ihm die richtigen Zahlen bekannt waren. Getäuscht hat Andropow seine Vorgesetzten auch gar nicht, sondern sich mit seiner Prozentangabe ausschließlich auf die Abwanderung der Intelligenz bezogen:

> In letzter Zeit hat sich der Weggang der Intelligenz aus der DDR nach Westdeutschland bedeutend verstärkt. Die Zahl der Übertritte hat sich im Vergleich zum vergangenen Jahr um fünfzig Prozent erhöht. In den ersten sechs Monaten dieses Jahres verließen die Republik 1000 Lehrer, 518 Ärzte, 796 Menschen aus den Reihen der technischen Intelligenz und auch eine Reihe bedeutender Wissenschaftler und Spezialisten. Wie aus einer Reihe deutscher Mitteilungen zu ersehen ist, besteht der wesentliche Grund für den Weggang der Intelligenz darin, dass viele Organisationen sich oft unkorrekt gegenüber den Kopfarbeitern verhalten.[86]

83 Zahlen nach Melis, Republikflucht, S. 255.

84 Bei Baily/Kondrašev/Murphy, Die unsichtbare Front, S. 426, die dieses Dokument auch anführen, hat Andropow aktuell keine nennenswerte Funktion, sondern wird nur als »der spätere KGB-Vorsitzende« eingeordnet.

85 Juri W. Andropow (1914–1984) wurde 1967 Chef der sowjetischen Geheimpolizei KGB und war als bereits schwer Kranker von November 1982 bis zu seinem Tod im Februar 1984 Generalsekretär der KPdSU, ab Juni 1983 auch Staatschef. S. Medwedjew, Zhores: Andropow. Der Aufstieg zur Macht, Hamburg 1983, zu dessen Aufstieg zum ZK-Sekretär S. 61 f.

86 Bericht Ju. Andropows an die Mitglieder des Zentralkomitees der KPdSU, 21. 8. 1958, zit. nach Orlov, Tajnaja bitva, S. 414 f., Übersetzung d. Verf. Der letzte Teilsatz lautet im Russischen: »čto mnogie organizacii začastuju nepravil'no otnocjatsja k rabotnikam umstvennogo truda.«

Den Bericht hatte Andropow also nicht als ZK-Sekretär,[87] sondern nur als Leiter einer ZK-Abteilung verfasst und auch wahrscheinlich nicht, wie man bei Wettig vermuten könnte, an das KPdSU-Präsidium, sondern an das ZK gerichtet, an ein Gremium,[88] dass zwar de jure oberstes Parteiorgan war, aber in der Regel nicht als »sowjetische Führung« bezeichnet wird, wenn es auch unter Chruschtschow eine größere Bedeutung hatte als zuvor unter Stalin und später unter Leonid Breschnew.[89] Es ist also mehr als fraglich, ob diesem Dokument überhaupt jene herausragende Bedeutung zukommt, die Wettig, Orlov und Harrison ihm beimessen,[90] sowohl in dem Sinne, dass es irgendwelche Entscheidungen oder Handlungen in der »sowjetischen Führung« auslöste, als auch in jenem, dass es das ZK auf einen neuen Kurs Chruschtschows und des KPdSU-Präsidiums einstimmte. Dies ist allein schon deshalb unwahrscheinlich, weil seitens Andropows eben nicht ein massiver Anstieg der »Republikflucht« insgesamt, sondern lediglich ein solcher unter der Intelligenz beklagt bzw. mitgeteilt wurde. Insgesamt geht es dabei um weniger als 2500 Menschen, wenn auch um für die DDR wichtige. Außerdem konnte die »sowjetische Führung« sich im Laufe des Jahres schon wieder beruhigen, falls sie sich denn je erregt hatte, da über das Jahr gesehen 1958 mit 7601 nur 863 mehr

87 Andropow wird auch bei Orlov, Tajnaja bitva, S. 414, fälschlich als ZK-Sekretär bezeichnet. Er wurde erst 1961 Vollmitglied des ZK und nahm die hochrangige Funktion eines ZK-Sekretärs erst zwischen 1962 und 1967 ein. Anschließend wurde er KGB-Chef. Zu der Zeit des Berichts war er noch Leiter der ZK-Abteilung für die Beziehungen zu den kommunistischen und Arbeiterparteien der sozialistischen Länder.

88 Wettig, Chruschtschows Berlin-Krise, S. 21, Anm. 72, gibt in der Beleganmerkung an »Ju. Andropow an das ZK der KPdSU«, wie auch bei Orlov, Tajnaja bitva, S. 414. Zubok, V. M./Vodop'janova, Z. K.: Sovetskaja diplomatija i berlinskij krisis [Die sowjetische Diplomatie und die Berlin-Krise], in: Cholodnaja vojna. Novye podchody, novye dokumenty [Der Kalte Krieg. Neue Ansätze, neue Dokumente], red. Michail M. Narinskij, Moskau 1995, S. 258 – 274, hier S. 261, sprechen – allerdings in Zusammenhang mit einem Dokument von »Ende August« – davon, dass Andropow das »Präsidium des ZK« über die mit dem Weggang der Intelligenz verbundenen Schwierigkeiten für die DDR informiert habe. Zur Frage, ob es sich bei den auf den 21. 8., »Ende August« und den 28. 8. datierten Dokumenten um dasselbe handelt, s. weiter unten.

89 Es hatte inklusive Kandidaten weit über 300 Mitglieder. 1957 revidierte es eine Politbüroentscheidung zur Absetzung Chruschtschows, 1964 entmachtete es Chruschtschow und wählte Breschnew zu dessen Nachfolger.

90 Zubok/Vodop'janova, Sovetskaja diplomatija, S. 161 f., messen diesem Dokument nicht eine so große Bedeutung bei, bringen es lediglich im Zusammenhang mit den Vorwürfen der SED-Führung an Bonn, systematische Abwerbung zu betreiben.

Vertreter der Intelligenz die DDR verließen als 1957, was einer Zunahme von knapp 13 Prozent entspricht. 1959 waren es dann insgesamt sogar nur noch 3885 Intelligenzler, also schon wieder deutlich, fast 50 Prozent, weniger.[91] Der kurzzeitige Anstieg bei der Intelligenzabwanderung spiegelte also keine beunruhigende oder gar zu bündnisweiten Maßnahmen zwingende Tendenz wider, sondern war das Ergebnis konkreter Fehlentscheidungen der SED-Führung in den zurückliegenden Monaten, wie Andropow ja auch andeutete. Leider zitieren oder referieren alle Autoren immer nur dieselbe kurze Passage aus diesem vermeintlich so bedeutsamen Dokument. Niemand gibt dessen Umfang an, und auch Charakter und Zweck des Dokuments bleiben mehr oder weniger im Dunkeln.[92] Umfasste es nur diese zehn Zeilen? Liest man Aleksandr Orlov, könnte es ein mündlicher Bericht vor dem ZK gewesen sein.[93] Wettig spricht neutral von einem Bericht, und bei Harrison ist es ein »dringender Brief an das ZK«.

Möglicherweise handelt es sich bei dem von Harrison zitierten und referierten Schreiben um ein anderes (aber im Inhalt sehr ähnliches) Dokument als bei Orlov und Wettig, ist der »dringende Brief« bei ihr doch auf den 28. August 1958 datiert, also eine Woche später als Wettigs und Orlovs »Bericht«. Bei Harrison findet sich zusätzlich – allerdings mit zwei nicht unwichtigen Auslassungen – noch die Schlussfolgerung Andropows zitiert:

> Da das Problem der Flucht der Intelligenz aus der DDR in eine besonders kritische Phase eingetreten ist, [...] wäre es erforderlich, mit dem Genossen Ulbricht darüber zu sprechen ... (und) ihm unsere Besorgnis in dieser Frage deutlich zu machen.[94]

---

91 Zahlen nach Melis, Republikflucht, S. 255 f.

92 Zubok/Vodop'janova, Sovetskaja diplomatija, S. 161 f., nennen nur die Archivsignatur und machen, wie fast durchweg, keine Angaben zu Titel, Datum oder zum Charakter der Quelle.

93 »Sekretar' CK KPSS Ju. Andropov 21 avgusta 1958 goda v doklade členam Central'nogo Komiteta partii govoril:« [Der Sekretär des ZK der KPdSU Ju. Andropow sagte in seinem Bericht an die Mitglieder des Zentralkomitees der Partei:], Orlov, Tajnaja bitva, S. 414.

94 Auslassung bei Harrison, Ulbrichts Mauer, S. 168, vgl. Harrison, Driving the Soviets up the Wall, S. 100. Harrison, Bargaining Power, S. 154, erwähnt nur den zuletzt zitierten Satz Andropows. Ähnlich bei Zubok/Vodop'janova, Sovetskaja diplomatija, S. 161 f.

Wettig, Orlov und Harrison führen jeweils andere Archivsignaturen an, so dass sich auch hieran nicht ablesen lässt, ob es sich um jeweils das gleiche Dokument handelt.[95] Obwohl alle drei Autoren dem Dokument eine besondere Bedeutung beimessen, haben sie leider anscheinend nicht rezipiert, was der jeweils andere in seinen Arbeiten dazu schreibt und was er gegenüber jeweils früheren Texten bei sich selbst stillschweigend korrigiert hat.

Wettig jedenfalls hält im Jahr 2011 – anders als noch fünf Jahre zuvor – den bedeutsamen Bericht von »ZK-Sekretär Andropow«, in dem von »alarmierender Zunahme der Massenflucht aus der DDR die Rede« gewesen sein soll, offenbar nicht mehr für bedeutsam. Obwohl er über genau dieselben Vorgänge ausführlich schreibt, nämlich über die Note vom 4. September,[96] erwähnt Wettig in diesem Zusammenhang 2011 weder den »Bericht« Andropows noch Andropow selbst.[97] Dass er 2011 etwas weglässt, was er 2006 noch für nennenswert, da bedeutsam gehalten hatte, merkt er nicht an, und damit bleibt auch im Dunkeln, warum er diesen »Bericht« nicht mehr für erwähnenswert hält.

Wettig (2011) lässt Andropow aber nichtsdestoweniger wieder indirekt, das heißt von ihm referiert, zu Wort kommen. Er erwähnt ihn jetzt nicht mehr im Zusammenhang mit den Noten vom 4. September, sondern im Zusammenhang mit der »Sorge wegen des anschwellenden [tatsächlich rapide abschwellenden!][98] Exodus aus der DDR«. Auch zitiert Wettig jetzt nicht, wie 2006, aus dessen »Bericht« an »die sowjetische Führung« vom 21. August 1958,[99] sondern »referiert« aus einer »Ausarbeitung« des »Leiter[s]

95 Dies ist durchaus möglich, da Dokumente sich nicht selten in mehreren Akten und auch zuweilen mehrfach in einer Akte finden, je nachdem, wie der Verteiler war. Harrison bezieht sich auf dieselbe Signatur wie Zubok/Vodop'janova, Sovetskaja diplomatija, S. 161, gibt aber nicht wie diese Bl. 162–164 an, sondern in Bargaining Power, S. 154, Anm. 379, Bl. 2–3, in Driving the Soviets up the Wall, S. 100/270, Anm. 16, Bl. 1–3, und in Ulbrichts Mauer, S. 168/427, Anm. 16, fehlt jede Blattangabe. S. dazu ausführlicher und mit den entsprechenden Belegen Kubina, Frau Hope M. Harrisons Mauer (II), S. 88 f.

96 Die beiden Bücher überschneiden sich inhaltlich für das Jahr 1958.

97 Auch im Personenindex ist Andropow nicht mehr aufgeführt, obwohl er im Buch vorkommt, s. Wettig, Sowjetische Deutschland-Politik, S. 139 ff., 189.

98 1958 verließen 215 530 Menschen die DDR in Richtung Westen, 1957 waren es noch 351 668 und 1959 werden es nur noch 144 225 sein. Im Monat August 1958, um den es Wettig geht, gingen 20 769 DDR-Bewohner in den Westen, im gleichen Vorjahresmonat waren es noch 32 254 gewesen. Zahlen nach Melis, Republikflucht, S. 255.

99 Wettig, Chruschtschows Berlin-Krise, S. 21.

der Abteilung für die Beziehung zu den sozialistischen Ländern im ZK der KPdSU, Jurij Andropow«, vom 28. August 1958. Der Inhalt der Andropow-»Ausarbeitung« wird jetzt von Wettig folgendermaßen wiedergegeben:

> [D]ie Motive der Flüchtlinge seien weniger wirtschaftlicher als politischer Art. Es gäre vor allem unter den Intellektuellen, die das Land benötige, und den SED-Funktionären fehle das Gespür dafür, wie man mit ihnen umzugehen habe. Ulbricht müsse mit aller Deutlichkeit darauf hingewiesen werden, dass die Situation so nicht bleiben kann.

Als Beleg führt Wettig (2011) jetzt nicht mehr eine russische Archivquelle an, sondern die deutsche Buchausgabe Oleg A. Grinevskijs (1996, s.u.) und Hope M. Harrison (2003).[100] Die Referierung dessen, was Andropow nach den von ihm angeführten Quellen gesagt hat, muss zwar als recht frei und selektiv bezeichnet werden, aber Wettig nennt jetzt die tatsächliche Funktion Andropows und beruft sich auch nicht mehr auf dessen angebliche Warnung vor einer »alarmierende[n] Zunahme der Massenflucht«, spricht aber weiter – entgegen den tatsächlichen Zahlen – von einem »anschwellenden Exodus«.[101] Rätselhaft bleibt auch, warum Wettig (2006) Grinevskijs Darstellung zu dem Andropow-Bericht völlig ignoriert, obwohl er diesen Autor unmittelbar vor dem Andropow-»Bericht« vom 21. August als Beleg für eine eher banale Frage nennt, wobei er nur die russische, in einer Zeitschrift veröffentlichte Version anführt,[102] aber unerwähnt lässt, dass der Text dieses russischen Aufsatzes wörtlich in das zeitgleich mit diesem (1996) erschienene deutschsprachige Buch Grinevskijs[103] übernommen wurde, so dass man auch ohne Kenntnis des Russischen und ohne Zugang zu dieser russischen Zeitschrift Wettigs »Beleg« überprüfen

100 Wettig, Sowjetische Deutschland-Politik, S. 137 (Anm. 88).

101 Auf die direkte Zusammen- bzw. Gegenüberstellung der vollständigen Zitate des Andropow-Dokuments wird hier verzichtet, zumal die beiden Quellen in Deutschland problemlos greifbar sind: Grinevskij, Oleg: Tauwetter. Entspannung, Krisen und neue Eiszeit, Berlin 1996, S. 36; Harrsion, Driving the Soviets up the Wall, S. 99f.

102 Wettig, Chruschtschows Berlin-Krise, S. 20 (Anm. 65): Grinevskij, Oleg: Berlinskij krisis 1958–59 gg. Zametki diplomata [Die Berlinkrise 1958–59. Anmerkungen eines Diplomaten], Zvezda (1996) 2, S. 126–156.

103 Grinevskij, Tauwetter. Diese deutsche Ausgabe findet sich auch nicht im Literaturverzeichnis von Wettig, Chruschtschows Berlin-Krise, S. 303, nur drei russische Titel des Autors erschienen 1994–1998.

könnte.[104] Dies ist umso bedauerlicher, als Grinevskij,[105] bei dem der Bericht wie auch bei Harrison auf den 28. August datiert ist, wohl die treffendste Einordnung dieses Dokuments in die bürokratischen Abläufe bietet. Grinevskij nimmt Bezug auf den Umstand, dass inzwischen nicht nur Ulbricht, sondern auch Chruschtschow in West-Berlin »als Schaufenster der beeindruckenden Erfolge eines Systems« eine Belastung, ja eine Provokation sah, und beide dieses schließen wollten. »Einen ähnlichen Standpunkt«, fährt er fort, dabei zum Andropow-Bericht vom 28. August kommend,

> nahmen die Parteiideologen aus der für die sozialistischen Staaten zuständigen ZK-Abteilung ein. Sie allerdings quälten nicht so sehr die ökonomischen Probleme als vielmehr die Angst, der Sozialismus könne auf deutschem Boden nicht Fuß fassen. Sie gaben dem ZK daher zu verstehen, die Deutschen flüchteten nicht wegen der miserablen wirtschaftlichen Lage aus der DDR, sondern weil sie nicht im Sozialismus leben wollten, eine Ansicht, die der Leiter der Abteilung, Juri Wladimirowitsch Andropow, in seiner Note an das ZK vom 28. August 1958 ganz offen aussprach. Wie üblich[106] beunruhigte ihn vor allem die »Gärung« in den Reihen der Intelligenz.

Das Problem lag für Andropow damals also nicht schlicht im Weggang der Intelligenz, sondern in der darin zum Ausdruck kommenden Ablehnung des Sozialismus als gesellschaftlicher Ordnung durch die ostdeutsche Intelligenz. »Es wäre zweckmäßig«, zitiert Grinevskij aus Andropows Note, »diese Frage mit

104 Wettig, Chruschtschows Berlin-Krise, S. 20 (Anm. 65). Allerdings taugt, was Grinevskij an der angegebenen Stelle schreibt, kaum als Beleg für Wettigs Aussage. Für die gleiche Aussage im gleichen Zusammenhang führt Wettig (2011), Sowjetische Deutschland-Politik, S. 140 (Anm. 108), dann auch einen völlig anderen Beleg an, nämlich Harrison, Ulbricht and the Concrete »Rose«, S. 9 (im Internet S. 14; http://www.wilsoncenter.org/sites/default/files/ACFB81.pdf, Stand 24. 3. 2012). Grinevskij führt Wettig 2011 nur für den Satz »Einzelheiten wurden nicht verabredet« an. Allerdings geben Grinevskijs Ausführungen diese hier ansonsten unwichtige Aussage kaum her (Anm. 111).

105 Oleg A. Grinevskij (*1930) war seit 1957 Mitarbeiter des sowjetischen Außenministeriums in Moskau und wurde später ein hochrangiger Diplomat. Von 1991 bis 1997, also zum Zeitpunkt des Erscheinens seines Buches, war er Botschafter in Schweden, danach Professor an der Stanford University in Kalifornien.

106 Andropow erlebte die ungarische Revolution 1956 als Sowjetbotschafter hautnah mit. Zeit seines Lebens galt seit dieser Erfahrung seine besondere Aufmerksamkeit dem Kampf gegen Dissidenten.

dem Genossen Ulbricht bei seinem Aufenthalt in Moskau zu besprechen.«[107] Und nur unter diesem Blickwinkel macht auch die konkrete Empfehlung Andropows überhaupt einen Sinn, nämlich bei Ulbricht darauf hinzuwirken, den »kommunistischen Einfluss auf die deutsche [nicht nur die ostdeutsche] Intelligenz« zu verstärken.[108] Weder Orlov noch Wettig noch Harrison zitieren diese konkrete Zielstellung Andropows für die empfohlene Unterredung mit Ulbricht. Harrison zitiert zwar die Aussage Andropows, man möge die »Gelegenheit von Ulbrichts Aufenthalt in der Sowjetunion nutzen«, wortwörtlich, umschreibt aber – Andropows konkrete Empfehlung auslassend – diese mit eigenen Worten und lässt so Andropow empfehlen, mit Ulbricht »über die wachsende Zahl der aus dem Land fliehenden ostdeutschen Intelligenzler« zu sprechen.[109] Andropow ging es aber, wie zu sehen war, gar nicht um die Flucht der Intelligenz als solche, sondern um den darin zum Ausdruck kommenden mangelnden Einfluss der ostdeutschen Kommunisten auf diese Kreise, und über diesen mangelnden Einfluss sollte mit Ulbricht gesprochen werden, nicht über die Flucht selbst. Dem Andropow-Dokument dürfte kaum eine entscheidende Rolle im Hinblick darauf, was in den nächsten Wochen und Monaten geschah (Berlin-Ultimatum), zugekommen sein. Schon gar nicht werden die auf sowjetische Vorgaben zurückgehenden Noten der DDR an die Regierungen Frankreichs, Großbritanniens, der UdSSR und der USA bzw. der Bundesrepublik vom 4. September der »erste Schritt«[110] zur Überwindung des in dem Andropow-Dokument benannten Problems (unzureichender »kommunistischer Einfluss auf die deutsche Intelligenz«) gewesen sein. Die Noten vom 4. September sollten ein propagandistisches Gegengewicht zur deutschlandpolitischen Initiative Bonns vom 2. Juli 1958 schaffen.[111] Hier werden von den Autoren Kausalitäten und Plausibilitäten für historische Prozesse vorgegeben, die mit den genannten Belegen jedoch nicht zu untermauern sind.

Möglicherweise ist Wettig (2006) einfach Orlov gefolgt, der gar das Chruschtschow-Ultimatum aus dem Andropow-Dokument bzw. dem in ihm an-

---

107 Grinesvkij, Tauwetter, S. 36, identisch mit Grinevskij, Berlinskij krisis, S. 135 f.

108 Diese Passage wird wörtlich nur bei Zubok/Vodop'janova, Sovetskaja diplomatija, S. 261 zitiert.

109 Harrison, Bargaining Power, S. 154. Bei Harrison, Driving the Soviets up the Wall, S. 100, und Harrison, Ulbrichts Mauer, S. 168, wird dies eher suggeriert als explizit behauptet, die Auslassung findet sich aber auch hier.

110 Wettig, Chruschtschows Berlin-Krise, S. 21.

111 Grinevskij, Berlinskij Krisis, S. 136; vgl. zur Note auch Lemke, Die Berlinkrise, S. 99 f.

gesprochenen Problem ableitet, wobei Orlov unterstellt, das Problem habe in der Abwanderung der Intelligenz bestanden. Tatsächlich war diese aber nur die Folge. Das Problem, das Andropow benannte, war der mangelnde »kommunistische Einfluss« auf die *deutsche* Intelligenz, der aber damals nicht nur in der Flucht eines Teils der ostdeutschen Intelligenz seinen Ausdruck fand, sondern auch in dem, was als »Revisionismus« verketzert wurde. Andropow stand noch ganz unter dem Eindruck seiner Erlebnisse als Sowjetbotschafter in Ungarn während der Revolution 1956.[112] Die Bedrohung, die für die eigene Herrschaft aus einem unzureichenden kommunistischen Einfluss auf die Intelligenz erwachsen kann, war geradezu ein Trauma Andropows. Deren Abwehr, bald als Kampf gegen die Dissidenten definiert, wurde zu einer Art Lebensaufgabe von ihm.[113] Dies ist eine andere, viel tiefergehende Frage als der mögliche akute ökonomische Schaden, den die Flucht von Spezialisten, Forschern und Intellektuellen auch bedeuten kann. Unmittelbar nach dem Andropow-Zitat schreibt Orlov:

> Der Ausweg aus dieser Situation wurde darin gesehen, dass die UdSSR die Hilfe für die SED zur Stärkung des kommunistischen Einflusses auf die deutsche Intelligenz vergrößerte. Im Ergebnis wurde entschieden, Berlins »Besatzungsstatus aufzuheben«.[114]

Möglicherweise ist für jemanden, der aus dem Volk einer der Besatzungsmächte stammt, ohne tieferen Einblick in die damaligen Verhältnisse in Deutschland und in die Gründe für den als unzureichend eingeschätzten kommunistischen Einfluss eine Logik darin zu erkennen, dass dieser Mangel dadurch behoben werden sollte, »Berlins ›Besatzungsstatus‹« aufzuheben. Wahrscheinlicher ist aber, dass beides nichts oder wenig miteinander zu tun hatte. Moskau erkannte einerseits das Problem, das daraus erwachsen könnte bzw. schon erwuchs, dass der Sozialismus in seinem Vaterland, dem Land von Marx, Engels, Bebel, Liebknecht etc., nicht auf die sicher erwartete Begeisterung stieß, vor allem nicht in der Intelligenz. Jedenfalls betraf diese Skepsis den Sozialismus russischer Bauart, wobei diese Einschränkung die Sache eher verschlimmerte als milderte. Und Moskau erkannte auch das Problem, das aus dem »Pfahl im Fleische der DDR«, dem »Schaufenster der freien Welt«, aus West-Berlin, der

112 Medwedjew, Andropow, S. 50 – 61.
113 Ebd., S. 91 ff.
114 Orlov, Tajnaja bitva, S. 415.

DDR erwuchs. Beide Probleme mussten gelöst werden, das Chruschtschow-Ultimatum sollte vor allem Letzteres lösen. Wenn es im Erfolgsfall die westliche Propaganda etwas schwerer haben würde, die Menschen in der DDR zu erreichen, da West-Berlin nicht mehr zur Verfügung stand, würde es der SED-Führung sicher auch erleichtern, den kommunistischen Einfluss auf die ostdeutsche Intelligenz zu verstärken, aber eben nur auf diese. Aber dies würde kaum ausreichen. Ungarn und Polen hatten kein West-Berlin, um den »kommunistischen Einfluss« auf die dortige Intelligenz stand es jedoch kaum besser. Außerdem ließ die Lösung, die schließlich für das aus der Flucht resultierende ökonomische Problem gefunden wurde, die »Mauer«, West-Berlin als »Pfahl im Fleische«, als »Schaufenster der freien Welt« (über Rundfunk und Fernsehen) ja gerade bestehen, ja ließ diesem nun total verbotenen Ort geradezu mythische Qualitäten zuwachsen.

Auch der von Harrison direkt nach dem Andropow-Dokument hergestellte Zusammenhang scheint gewagt. Sie schreibt:

> Die ostdeutsche Führung hatte gehofft, die Beschlüsse des V. Parteitages der SED im Juli 1958, die eine Stärkung der Wirtschaft und größere Anstrengung beim Abschluss des »Aufbaus des Sozialismus in der DDR« vorsahen, würden den Flüchtlingsstrom verringern. Aber sie hatten die gegenteilige Wirkung.[115] Als Ulbricht Anfang Oktober Botschafter Perwuchin über die weiterhin schwierige Situation hinsichtlich der Intelligenz berichtete, hob er hervor, dass die Spannungen zwischen ihr und dem SED-Regime zunähmen.[116]

Da ist es wieder, das Problem, das Andropow tatsächlich meinte: die Spannungen zwischen der SED und der ostdeutschen Intelligenz, nicht deren Flucht, die ja nur Folge war. Auch wenn man die geistigen Fähigkeiten Ulbrichts und der SED-Führung sicher nicht zu hoch ansetzen darf, unterschätzt man sie wohl doch, wenn man wie Harrison behauptet, Ulbricht und die SED-Führung hätten von den Beschlüssen zum forcierten Aufbau des Sozialismus auf dem

115 Statt entsprechender Zahlen führt sie hier ein Dokument aus der sowjetischen Botschaft an, eine Notiz über ein Gespräch des stellvertretenden DDR-Innenministers Herbert Grünstein am 2.9.1958 mit dem Botschaftsrat P. G. Buschmanow, der bei Harrison »Buschman« heißt. Allerdings ist es äußerst unwahrscheinlich, dass Grünstein behauptet habe, die Fluchtzahlen seien gegenüber dem Vorjahr gestiegen, da das Gegenteil der Fall war.

116 Auch hier wird wieder auf eine Notiz über ein Gespräch in der sowjetischen Botschaft verwiesen, diesmal am 2.10.1958, s. Harrison, Ulbrichts Mauer, S. 168 f.

V. Parteitag der SED im Juli 1958 erwartet, sie könnten in zwei, drei Monaten »den Flüchtlingsstrom verringern«. Allerdings lagen die Zahlen der Abwandernden in dem von Harrison beschriebenen Zeitraum,[117] also von Mitte Juli bis Anfang Oktober 1958, anders als von ihr suggeriert, in jedem Monat deutlich unter denen des Vorjahres. 106 797 gingen von Juli bis Oktober 1957 in den Westen, 1958 waren es mit 86 580 über 20 000 weniger.[118] Hinzu kommt, dass Abwanderungszahlen immer noch nicht gleich »Fluchtzahlen« sind. 1958 erhielten 15 411 Ostdeutsche die Genehmigung zur legalen Übersiedlung, 1959 waren es sogar 21 933, also 42 Prozent mehr als im Vorjahr. Jeder Siebente, der 1959 in den Westen ging, konnte dies mit einer Übersiedlungsgenehmigung der DDR-Behörden tun.[119] Weder Orlov noch Wettig noch Harrison erwähnen in diesem Zusammenhang, dass Ulbricht zur Zeit des Andropow-Berichts in der Sowjetunion seinen Urlaub verbrachte, es also eine gute Gelegenheit gab, dieses grundsätzliche Problem (unzureichender kommunistischer Einfluss) einmal mit Ulbricht zu besprechen.[120]

Wir können nur vermuten, warum Wettig (2011) im Unterschied zu Wettig (2006) Andropows Bericht in Zusammenhang mit der DDR-Note vom 4. September nicht mehr für bedeutsam oder wenigstens mitteilenswert hält,[121] womöglich, weil er die krasse Fehlinterpretation von 2006 selber erkannt hat und nun lieber darüber schweigt, als sich selbst zu korrigieren; womöglich aber auch, weil er jetzt ein »Dokument« hat, das – nachdem er es umdatiert hat – viel besser »passt«, als der »Bericht des ZK-Sekretärs Andropow«.

117 Da Harrison hier mit ihren Belegen einmal nicht über Jahre hin- und herspringt, ist ausnahmsweise eine genaue zeitliche Zuordnung ihrer Aussagen möglich.

118 Abwanderungszahlen 1957/58 im Juli 27086/16426; August 32254/20769; September 39723/26162; Oktober 34820/23223. Zahlen nach Melis, Republikflucht, S. 255.

119 S. die Statistiken in BArch DO 1/21465 (MdI, Büro Stellvertreter des Ministers), Bl. 15 f., passim auch DO 1/27966 (HV DVP HA PM).

120 Ulbricht war vom 3.8. bis Anfang September in der Sowjetunion. Wettig, Sowjetische Deutschland-Politik, S. 140, teilt zwar mit, dass Ulbricht in dieser Zeit in der Sowjetunion zum Urlaub war, erwähnt hier aber den Andropow-Bericht gar nicht mehr.

121 Und das, obwohl er wieder die Passage bei Grinevskij als Beleg anführt, die auch die Schilderung des Andropow-Berichts durch Grinevskij enthält – diesmal, wie erwähnt, als Beleg für eine Aussage, die Grinevskij kaum hergibt, s. Wettig, Sowjetische Deutschland-Politik, S. 140 (Anm. 111). Wieder gibt er nur die russische Fassung an, obwohl sich die deutsche inzwischen auch in seinem Literaturverzeichnis findet (S. 175).

Nur fällt – um es vorwegzunehmen – die Validität dieser Quelle noch deutlich hinter der des Andropow-Berichts zurück. Wettig zitiert Chruschtschow mit folgenden Worten: »Walter, versteh doch eins: Bei offenen Grenzen können wir den Wettbewerb mit dem Kapitalismus nicht bestehen.« Und Wettig merkt an: »Der Angesprochene stimmte gerne zu«[122] – Chruschtschow als derjenige, der Ulbricht davon überzeugen will, dass die Grenze geschlossen werden müsse, um den Systemwettbewerb nicht zu verlieren. Es verwundert, dass man dieses fast schon sensationell anmutende Chruschtschow-Zitat bei Harrison vergeblich sucht, versucht sie doch seit über 20 Jahren, das Gegenteil zu beweisen, eben dass es Ulbricht war, der über acht lange Jahre auf den Mauerbau gedrängt und schließlich Chruschtschow dazu gebracht habe, der Grenzschließung zuzustimmen. Genauso lange ist jedoch auch diese Quelle bekannt. Vor 20 Jahren, als Harrison in Moskau ihre Archivstudien betrieb und Gespräche mit Zeitzeugen führte, ist auch jenes Interview, aus dem Wettigs »Chruschtschow«-Zitat stammt, in einer der größten russischen Tageszeitungen erschienen. Bei Harrison taucht nicht nur dieses mit ihrer Hauptthese kaum zu vereinbarende Zitat nicht auf, das ganze Interview kommt bei ihr nicht vor, nicht in ihrer Dissertation (1993), nicht in deren englischer Druckfassung (2003) und auch nicht in deren deutscher Ausgabe (2011). Dies ist umso bedauerlicher, als Wettigs Quelle als nur wenig belastbar eingestuft werden muss. Wettig (2006 und 2011) erwähnt bei diesem anscheinend überaus erhellenden Chruschtschow-Zitat nur in der Fußnote, dass das wörtliche Zitat nicht etwa, wie die meisten davor und danach, aus einer zeitgenössischen schriftlichen Überlieferung stammt, sondern von einem Zeitzeugen, ausgesagt in einem Interview über 30 Jahre nach der vermeintlichen Begebenheit. Wettig teilt weder den Kontext mit, in dem das Interview zu sehen ist, noch wer dieser wichtige Zeitzeuge eigentlich ist. Während er 2006 das Gespräch zwischen Chruschtschow und Ulbricht im Juni 1958 ansiedelt,[123] datiert er es fünf Jahre später auf Anfang August 1958. Er lässt den Leser nicht nur über die Gründe, die ihn zu dieser Verschiebung veranlassten, im Dunkeln, sondern auch über

122 Wettig, Sowjetische Deutschland-Politik, S. 140; vgl. Wettig, Chruschtschows Berlin-Krise, S. 117.

123 Wettig, Chruschtschows Berlin-Krise, S. 17. Wettig verweist zur Datierung auch auf »die bei H. Harrison, The Bargaining Power, a. a. O., S. 164, genannten Quellen«, doch tragen diese zur Datierung nicht bei. Harrison selbst erwähnt, wie gesagt, dieses Interview selbst überhaupt nicht.

die Tatsache der Umdatierung selbst.[124] Der interviewte Zeitzeuge Viktor N. Belezki[125] gibt nur das Jahr 1958 an, macht aber ansonsten für die Frage der zeitlichen Zuordnung aufschlussreiche, wenn auch etwas irritierende Angaben. Die Frage der Vorgeschichte der Berliner Mauer nimmt nur einen sehr kleinen Teil des Interviews mit Sergej Guk ein. Guk hatte Belezki gebeten: »Bringen Sie Klarheit in Bezug auf die Berliner Mauer. Bis heute gibt es zwei Meinungen: die einen versichern, die Sowjetunion sei der Initiator gewesen,

124 Wettig, Sowjetische Deutschland-Politik, S. 140.

125 Viktor N. Beleckij (Belezki; *1918) war zu der Zeit Mitarbeiter des sowjetischen Außenministeriums. Seit spätestens Anfang der 60er Jahre bis 1974 war er mit dem Arbeitsschwerpunkt West-Berlin an der Sowjetbotschaft in Ost-Berlin tätig. Seine Versetzung an die Botschaft in Prag 1974 wurde damals im Westen als Bemühen Moskaus gewertet, die Atmosphäre um Berlin zu verbessern. Beleckij stand für die aggressive Seite der sowjetischen Berlinpolitik. Immer wieder hatte er versucht, für die Sowjetunion Besatzungsrechte auch im Westteil der Stadt zu reklamieren. Er war damals auch Kontaktmann zu Egon Bahr, seinerzeit Chef des Presseamtes des Berliner Senats. Er galt als nicht gerade deutschfreundlich. Im November 1980 kehrte er als Vertreter von Sowjetbotschafter Abrassimow an die Ost-Berliner Botschaft zurück, was damals als ein Indiz für eine Verschärfung der sowjetischen Westpolitik gesehen wurde. 1982 wurde er als Botschafter in die Niederlande geschickt. 1988 trat er aus dem diplomatischen Dienst aus und wurde einer der ersten erfolgreichen Geschäftsmänner der Perestroika-Ära. Anlass des Interviews war sein gerade erschienenes Buch »Iz zapisok sovetskogo diplomata i biznesmena (ne tol'ko o strane mel'nic i tjul'panov no i o problemach perestrojki)« [Aus den Aufzeichnungen eines sowjetischen Diplomaten und Geschäftsmannes (nicht nur aus dem Land der Windmühlen und Tulpen, sondern auch über Probleme der Perestroika)]. Unter dem Namen Viktor Nikolaevič Beleckij sind vor 1989 auch einige Arbeiten zur sowjetischen Deutschlandpolitik erschienen. Wolfgang Seifert behauptet, die unter diesem Namen 1977 in Ost-Berlin erschienene Arbeit »Die Politik der Sowjetunion in den deutschen Angelegenheiten 1945–1976« stamme von Juli A. Kwizinski, der den Namen Beleckij als Pseudonym genutzt habe. Seifert, bis 1977 an der DDR-Akademie für Staats- und Rechtswissenschaft Institutsdirektor und Mitglied des Wissenschaftlichen Rates, der über die Annahme von Dissertationen und Habilitationen entschied, sollte es eigentlich wissen, s. Seifert, Wolfgang: Ein Mann mit vielen Namen, Der Spiegel H. 19, 5.5.1986, S. 53–55. (http://www.spiegel.de/spiegel/print/d-13516872.html, Stand 26.3.2012). Gerhard Keiderling, einst hochrangiger SED-Historiker mit Schwerpunkt Berlin, geht dagegen davon aus, dass V. N. Beleckij der tatsächliche Autor dieser Arbeit ist, der auch unter dem Pseudonym V. N. Boldyrew publizierte, etwa das 1973 in Ost-Berlin erschienene Buch »West-Berlin und die europäische Sicherheit, s. Keiderling, Gerhard: Die Periode 1961–1990 im Berlin-Schrifttum, Berlinische Monatsschrift, 10 (2001) 6, S. 205–212, hier S. 208. (http://www.luise-berlin.de/bms/bmstxt01/0106lita.htm, Stand 26.3.2012). Seifert meint hingegen, auch der Name Boldyrew sei von Kwizinski als Pseudonym genutzt worden.

die anderen, es sei die DDR gewesen.« Belezki schildert daraufhin zunächst kurz die Situation mit der Fluchtwelle im Sommer 1961, um dann zu sagen, er erinnere sich noch sehr gut, wie »1958 eine Partei- und Regierungsdelegation mit Ulbricht an der Spitze in die Sowjetunion« gekommen sei:

> Vom Außenministerium begleitete ich sie praktisch als ihr Dolmetscher. Während eines der abendlichen Tischgespräche sagte Chruschtschow gerade heraus: »Walter, du musst eines verstehen – bei offenen Grenzen können wir uns mit dem Kapitalismus nicht messen.«[126] Er hat es drei Mal wiederholt.

Guk fragt, ob Ulbricht nicht widersprochen habe, und Belezki erwidert:

> Nein, er war damit vollkommen einverstanden. Damals haben viele von uns, auch ich, das als den normalen Ausweg aus der Lage gesehen. Chruschtschow fügte noch hinzu: »Walter, wir müssen die DDR in das Schaufenster des Sozialismus verwandeln.« Ulbricht griff diese Idee begeistert auf und entwickelte sie schöpferisch weiter, ergänzte sie mit der Losung: die BRD überholen, ohne sie einzuholen (alle zerbrachen sich danach den Kopf darüber, wie soll man das verstehen?). Mit dem Schaufenster, das hat nicht wirklich geklappt. Allerdings war der Lebensstandard der DDR im Vergleich mit den anderen sozialistischen Ländern der höchste – nicht ohne unsere Hilfe, versteht sich.[127]

Einmal davon abgesehen, dass eine genaue zeitliche Zuordnung dieses »abendlichen Tischgesprächs« schlicht nicht sicher möglich ist, ist fraglich, ob es sich überhaupt in der geschilderten Form und im Jahr 1958 zugetragen hat. Wettig (2006) führte zur Datierung an, in dem Gespräch sei »Bezug auf die Losung des V. SED-Parteitages von Mitte Juli genommen« worden. Genau dieser Bezug macht jedoch deutlich, wie wenig verlässlich oder präzise Belezki hier als

126 Diese Passage ist im Interview selbst mit anderen Worten wiedergegeben als in der Überschrift des Interviews. In Ersterem heißt es »s otkrytami granicami my s kapitalizmon corevnovat'sja ne smožem«, in Letzterer heißt es »Pri otkrytach granicach my ne smožem tjagat'sja s kapitalizmom.« Auch wenn dies im Journalismus ein gängiges Verfahren ist und der Bedeutungsunterschied gegen null geht, qualifiziert ein solcher Umgang das Interview nicht unbedingt als Quelle für ein wörtliches Chruschtschow-Zitat.

127 Pri otkrytych granicach my ne smožem tjagat'sja s kapitalizmom, [Bei offenen Grenzen können wir uns nicht mit dem Kapitalismus messen; Interview von Sergej Guk mit Viktor N. Beleckij] Izvestija, Nr. 216, 29. 2. 1992, S. 6.

Zeuge ist. Die »Schaufenster«-Idee war, wie gesagt, längst in der Welt, und es war in diesem Fall tatsächlich Ulbricht, der drängte, sie mit aller Kraft, auch der der Sowjetunion und der anderen RGW-Mitglieder, umzusetzen, koste es, was es wolle. Losung des Parteitages war in der Tat, Westdeutschland bis 1961 zu überholen. Die, wie Belezki sagt, »schöpferische« Weiterentwicklung dieser Losung in ein »Überholen ohne einzuholen« stammt aber erst vom Ende der 60er Jahre. 1958 ging es tatsächlich noch um ein Überholen »mit« Einholen.[128] Belezkis Erinnerung täuscht ihn also zumindest hier gewaltig. Darüber, wie man Ulbrichts »Überholen ohne einzuholen« verstehen solle, können er und seine Genossen sich jedenfalls aller Wahrscheinlichkeit nach erst zehn Jahre später den Kopf zerbrochen haben, nicht schon bei diesem »abendlichen Tischgespräch« Ende der 50er Jahre. Wettig nimmt Aussage und Datierung (1958) aber offenbar für gegeben, fährt, wie erwähnt, direkt anschließend fort: »Ulbricht war gerne einverstanden«, referiert also nicht nur Belezki, sondern schildert es als gegebene Tatsache.[129]

So schön diese Episode auch klingen mag, kann sie doch kaum als wirklich belegt gelten. Einmal unterstellt, es hätte sich so abgespielt, stellte sich die Frage, warum Chruschtschow gemeint haben sollte, Ulbricht erst noch von der Notwendigkeit der Grenzschließung überzeugen zu müssen, wo Letzterer doch nach Meinung von Harrison und auch Wettig seit 1952 nicht nur permanent immer wieder genau diese Ansicht in Moskau vorgetragen, sondern sogar auch schon die Schließung der Berliner Sektorengrenze zum Zwecke der Fluchtverhinderung gefordert haben soll. Wettig selbst schreibt (allerdings nur 2006, als er das Zitat auf Juni 1958 datierte) unmittelbar vor dem vermeintlichen Chruschtschow-Zitat: »Mit dem Gerücht, die östliche Seite

128 Das spätere »Überholen ohne einzuholen« war sicherlich auch in gewissem Maße ein Reflex auf den Umstand, dass der Siebenjahrplan mit seinem Überholen 1961 gescheitert war und selbst ein Einholen außer Reichweite erschien. Der Slogan war aber nicht ganz so unsinnig, wie es den Eindruck erweckt. Ulbricht knüpfte 1968 an entsprechende Überlegungen eines sowjetischen Kybernetikers an, dem Westen bei der Entwicklung der EDV nicht nachahmend hinterherzurennen, sondern neue, eigenständige und zukunftstaugliche Wege zu beschreiten. Die Kybernetik war damals geradezu eine Modewissenschaft, von der wahre Wunder erwartet wurden, nicht zuletzt auch von Ulbricht selbst, s. Roesler, Jörg: Momente deutsch-deutscher Wirtschafts- und Sozialgeschichte 1945 bis 1990. Eine Analyse auf gleicher Augenhöhe, Leipzig 2006, S. 126 ff.; Steiner, André: Die DDR-Wirtschaftsreform der sechziger Jahre. Konflikt zwischen Effizienz und Machtkalkül, Berlin 1999, S. 442 ff.

129 Wettig, Chruschtschows Berlin-Krise, S. 17, so auch bei Wettig, Sowjetische Deutschland-Politik, S. 140.

plane Beschränkungen der Bewegungsfreiheit in Berlin, beeinflusste Ulbricht möglicherweise den Denkprozeß des Kremlchefs.« Aber worauf stützt sich diese Aussage? Wettig verweist auf Zubok und Vodop'janova, bei denen sich unmittelbar vor dem erwähnten (von Wettig aber 2011 nicht mehr angeführten) Andropow-Bericht folgender Satz findet: »Die Führung der DDR provozierte in regelmäßigen Abständen Gerüchte über bevorstehende Beschränkungen des Übergangs vom östlichen in den westlichen Sektor Berlins, um die sowjetischen Absichten zu testen.« Als Beleg findet sich bei ihnen eine Archivsignatur mit etlichen Blattangaben, kein einziger Dokumententitel, kein Datum, keine zeitliche Eingrenzung, nichts weiter. Wettig ordnet die Aussage von Zubok und Vodop'janova dem Frühsommer 1958 zu, ja meint sogar, sie im Vorfeld des Chruschtschow-Diktums zu den »offenen Grenzen« verorten zu können. Bei Zubok und Vodop'janova war es aber etwas, das in regelmäßigen Abständen (periodičeski) geschehen sein sollte. Ihr Aufsatz behandelt auf gut 25 Seiten die Jahre 1958 bis 1961. Es ist sehr wahrscheinlich, dass sich ihre Aussage erst auf 1960 bezieht, als die DDR tatsächlich schrittweise Veränderungen an der Sektorengrenze herbeiführte und Moskau (und den Westen) damit provozierte. Es ging aber stets um Beschränkungen nicht in Ost-West-, sondern in West-Ost-Richtung.[130] Möglicherweise beziehen sich die Gerüchte über Behinderungen im Ost-West-Verkehr auch gar nicht auf die Berliner Grenze, sondern auf den innerdeutschen Reiseverkehr, wo es ja seit Ende 1957 wirklich einschneidende Änderungen gab, und die Autoren bezogen die Information fälschlich auf Berlin, da sie, der einschlägigen Literatur folgend, davon ausgingen, dass die innerdeutsche Grenze ja bereits seit 1952 mehr oder weniger hermetisch geschlossen und Berlin das »einzige Schlupfloch« war. Vermutlich ging es den Autoren einfach grundsätzlich um die Zeit der Berlinkrise, nicht nur um den Sommer 1958. Bei der aus den Dokumenten abgeleiteten Aussage (Sektorengrenze, Ost-West-Richtung) hat wahrscheinlich wieder einmal schlicht das Evidenzprinzip gewirkt: In welche Richtung, wenn nicht in Ost-West-Richtung und in Berlin, hätte Ulbricht Beschränkungen der Bewegungsfreiheit denn sonst einführen oder ankündigen sollen? Das war doch angesichts der (angeblich) immer dramatischer ansteigenden Fluchtwelle und des Endergebnisses »Mauer« klar. Wenn diese Gerüchte aber tatsächlich schon ab Frühjahr 1958 und mit der genannten Aussage von Ulbricht »periodisch« gestreut wurden, warum halten dann Zubok, Vodop'janova und Har-

130 Zubok/Vodop'janova, Sovetskaja diplomatija, S. 261.

rison einen Bericht vom Oktober 1960 für so bemerkenswert und nun auch zitierwürdig, in dem aus der Moskauer Botschaft berichtet wurde, die SED plane *möglicherweise* die Beschränkung der Bewegungsfreiheit zwischen Ost- und West-Berlin für DDR-Bürger? Wahrscheinlich doch wohl deshalb, weil es der chronologisch erste Bericht mit einer solchen Aussage ist, der ihnen untergekommen war.[131]

Auch gab es ja nicht die geringste Notwendigkeit, Ulbricht von der Zweckmäßigkeit der Umwandlung der DDR in ein »Schaufenster des Sozialismus« zu überzeugen, hatte doch die SED-Führung gemeinsam mit Chruschtschow auf der RGW-Tagung im Mai engagiert darum gekämpft, auch die anderen RGW-Partner dafür zu gewinnen. Es könnte natürlich sein, dass Chruschtschow in dieser Runde, über deren Zusammensetzung nichts bekannt ist, als dass es eines der »abendlichen Tischgespräche« gewesen sein soll, schlicht nicht eingestehen wollte, Ulbricht habe Recht gehabt, er selbst dagegen sei mit seiner Begeisterung für die »offene Grenze« zwischen den Systemen einer Illusion erlegen. Sehr wahrscheinlich wäre dies, Harrisons Behauptung einmal als den Tatsachen entsprechend vorausgesetzt, trotzdem nicht. Vielleicht verwechselte Belezki aber in seiner Erinnerung einfach, was Ulbrichts und was Chruschtschows Worte waren …? Jede Auslegung dieser fragwürdigen Überlieferung ist reine Spekulation; die Präsentation dieses Zitats und seines Kontextes durch Wettig als gesichert ist unter quellenkritischen Aspekten nicht nachzuvollziehen. Fraglich ist zudem, bei allem, was bisher über die sowjetische Haltung zur Frage der Schließung der Sektorengrenze bekannt ist, ob Chruschtschow hier überhaupt schon die Sektorengrenze meinte oder nur die effektivere Kontrolle der innerdeutschen Demarkationslinie oder die Schließung der Grenze in einem eher übertragenen Sinne, also als Abbrechen möglichst vieler grenzüberschreitender Beziehungen. Und so muss auch offen bleiben, was genau Belezki eigentlich mit seinem »Das« meint, wenn er behauptet, »damals haben viele von uns, auch ich, *das* als den normalen Ausweg aus der Lage gesehen«. Was genau haben sie als den normalen Ausweg gesehen? Den pioniertechnischen Ausbau der innerdeutschen Demarkationslinie, die Einschränkung der Reisemöglichkeiten für Ostdeutsche, die Eroberung West-Berlins, die Übernahme der Kontrolle aller Zugangswege von und nach West-Berlin durch die DDR, die bessere Kontrolle oder gar die Schließung

131 S. Zubok, Khrushchev and the Berlin Crisis, S. 14; Zubok/Vodop'janova, Sovetskaja diplomatija, S. 266; Harrison, Driving the Soviets up the Wall, S. 148 f.; Harrison, Ulbrichts Mauer, S. 243.

der Sektorengrenze zur Fluchtverhinderung? Letzteres wohl 1958 noch eher nicht. Erinnert sei an die weiter oben geschilderte, von Juli A. Kwizinski überlieferte Episode um den Praktikanten Eduard Skoblew an der Sowjetbotschaft in Ost-Berlin, die sich nur wenige Monate später abgespielt haben soll. Der Praktikant habe im »Ergebnis langen Nachdenkens« die einzige Möglichkeit zur Lösung des Fluchtproblems in der Schließung der Sektorengrenze gesehen. Kwizinski schreibt: »Seine Idee grenzte für die damalige Zeit an Wahnsinn.« Die Gedanken des Praktikanten seien milde zurückgewiesen worden. »Wer hätte außerdem«, so fragt Kwizinski rhetorisch, »im Außenministerium der UdSSR damals wohl auf die ausgefallene Idee eines Praktikanten gehört? Wir alle lächelten über diese kühnen Ansichten unseres Freundes.«[132] Es ist jedenfalls wohl eher unwahrscheinlich, dass das, was bei Belezki »viele von uns« als »den normalen Ausweg gesehen haben«, genau das war, worüber laut Kwizinski etwa zur selben Zeit »wir alle« nur gelächelt hatten, weil es »an Wahnsinn grenzte«. Folgt man Wettig bzw. Belezki, dann wäre es Chruschtschows »Wahnsinn« gewesen, denn es war ja angeblich genau das, was Chruschtschow Ulbricht klarzumachen versuchte. Und noch eine Frage bleibt: Der Interviewer forderte Belezki auf, Klarheit in der Frage zu schaffen, wer die Mauer zu verantworten habe, auf wen sie zurückgehe. Diese Frage war seit dem Herbst 1992, dem Zeitpunkt des Interviews, von erheblicher politischer Bedeutung, stand sie doch in engem Zusammenhang mit der Verteidigungsstrategie der politischen und militärischen Führung der DDR, nicht zuletzt dann auch in den Prozessen um die Toten an innerdeutscher Grenze und Mauer. Zu den sowjetischen Entlastungszeugen, die Egon Krenz in seinem Prozess geladen sehen wollte, gehörte auch Belezki.[133] Auch Honecker berief sich nach seiner Auslieferung an Deutschland im Sommer 1992 auf die von Belezki in die Welt gesetzte Aussage Chruschtschows gegenüber Ulbricht, »mit offener Grenze könne man keinen Sozialismus aufbauen«.[134]

132 Kwizinskij, Vor dem Sturm, S. 161.

133 Krenz-Verteidigung will Aussetzung des Verfahrens. Zeugen aus Moskau sollen über Entscheidungen zum Regime an der Grenze DDR–BRD aussagen, Berliner Zeitung, 5. 3. 1996 (http://www.berliner-zeitung.de/archiv/zeugen-aus-moskau-sollen-ueber-entscheidungen-zum-regime-an-der-grenze-ddr-brd-aussagen-krenz-verteidigung-will-aussetzung-des-verfahrens,10810590,9091706.html, Stand 26. 3. 2012).

134 Laut Wolff, Friedrich: Verlorene Prozesse 1953-2003. Meine Verteidigungen in politischen Verfahren, Berlin 2009, S. 368, soll Honecker seinem Rechtsanwalt in Er-

So bleibt festzuhalten, dass dem von Belezki überlieferten und von Wettig (2006) erst auf Juni, dann (2011) auf August 1958 datierten Chruschtschow-Diktum mangels belastbarer Parallelquellen und mit großen Unsicherheiten bei der zeitlichen Zuordnung kaum jene Bedeutung zugemessen werden kann, die Wettig ihm beimisst. Einfach zu ignorieren, wie Harrison es tut, ist es aber auch nicht. Möglicherweise hat sich Belezki einfach im Jahr geirrt? Ein Jahr später, als die ersten Probleme mit dem wunderbaren Siebenjahrplan der SED offenbar wurden und Ulbricht wieder einmal Moskau um wirtschaftliche Hilfe bat, als Chruschtschow wegen Widerstandes im eigenen Politbüro sein Vorgehen gegen den Westen moderater als von ihm geplant gestalten musste, als er erkennen musste, dass er die Westmächte nicht von heute auf morgen aus West-Berlin herausbekommen würde, da wäre für einen solchen Wortwechsel jedenfalls eher der passende Kontext zu erkennen. Im Juni 1959 war auch tatsächlich eine »Partei- und Regierungsdelegation« in Moskau, und Belezki war bei den Gesprächen der SED-Delegation Protokollführer.

Wettig schreibt an anderer Stelle, sich auf Aleksandr Fursenko und Timothy Naftali, »denen sonst nicht zugängliche sowjetische Dokumente zur Verfügung gestanden« hätten, berufend, die »akute Misere des SED-Regimes« habe »den letzten Anstoß zum Vorgehen Chruschtschows gegen West-Berlin« gegeben.[135] Damit hat er wohl Recht, nur bestand diese »Misere« eben bei Weitem nicht nur in oder wegen der offenen Grenze in Berlin oder der zwar von 1957 bis 1959 mehr oder weniger kontinuierlich rückläufigen, dessen ungeachtet aber immer noch starken Abwanderung. Die offene Grenze in Berlin war inzwischen ein Problem, wie auch die Abwanderung auf immer noch hohem Niveau, aber beides hatte in Zusammenhang mit den Entscheidungen, die ab dem Sommer 1958 getroffen wurden und schließlich in Chruschtschows Ultimatum mündeten, nicht annähernd das Gewicht, das Harrison diesen Problemen zuschreibt – und in ihrer Folge teilweise auch Wettig und andere.

---

wartung seines Prozesses im Haftkrankenhaus im Herbst 1992 zum 13. August 1961 gesagt haben: »Das Politbüro sei mit der Vorbereitung dieses Tages nicht befasst gewesen. Auch er selbst habe davon vorher nichts gewusst. Chruschtschow habe gegenüber Ulbricht gesagt, mit offener Grenze könne man keinen Sozialismus aufbauen.«

135 Wettig, Sowjetische Deutschland-Politik, S. 140; Fursenko/Naftali, Khrushchev's Cold War, S. 189 ff. Insgesamt war das Motivgeflecht aber deutlich komplexer. Vgl. dazu auch immer noch, da grundlegend und analytisch hervorragend, Zubok, Khrushchev and the Berlin Crisis, S. 1 – 11.

4. Neue Zuversicht – sinkende Fluchtzahlen und Chruschtschows Ultimatum

Der Rückgang bei der Abwanderung im Laufe des Jahres 1958 war vor allem auf das Nachlassen von eher spontanen Fluchtentscheidungen zurückzuführen. So nahm der Anteil der Jugendlichen an den Flüchtlingen deutlich ab, während gleichzeitig der von Akademikern, insbesondere Wissenschaftlern, Ärzten und Lehrern,[136] trotz oder wegen der administrativen Gegenmaßnahmen der SED vorübergehend deutlich anstieg.[137] Parallel stieg auch die Zahl der Anträge auf legale Ausreise. Da diese meist abgelehnt wurden, folgte ein ebenso massiver Anstieg der die Reisefrage betreffenden Eingaben an staatliche Stellen – von den Polizeistationen bis zur Kanzlei des Präsidenten Wilhelm Pieck.[138] Im September 1958 sah sich das SED-Politbüro schließlich genötigt, einzugestehen, dass im Gesundheitswesen Fehler[139] begangen worden seien, die es den »westdeutschen NATO-Propagandisten« erleichtert hätten, Ärzte zur »Republikflucht« zu veranlassen. Die SED-Führung glaubte die Lage wieder beruhigen zu können, indem sie versicherte, dass ältere Mediziner in der

---

136 Abgänge an Intelligenzlern 1957/58: Wissenschaftler und Forscher 146/313; Ärzte, Tierärzte, Zahnärzte 600/1357; Lehrer 2286/2832; Ingenieure, Techniker, Chemiker 2376/1876; Künstler und andere Bildungsberufe 1274/1223. Zahlen nach Melis, Republikflucht, S. 256 f. Für eine zeitgenössische westliche Aufschlüsselung der Sozialstruktur s. Die Flucht aus der Sowjetzone, 4. ergänzte Auflage, hg. vom Bundesministerium für Vertriebene, Flüchtlinge und Kriegsgeschädigte, Bonn, Stand 30. 6. 1961, S. 4 f.

137 Für die Reaktionen im Westen vgl. die Stellungnahme des Bundesvertriebenenministers Theodor Oberländer auf einer Pressekonferenz am 11. 8. 1958 in Bonn, s. Berlin. Chronik der Jahre 1957–1958, S. 619. Vgl. auch die Erklärung des Regierenden Bürgermeisters von Berlin-West, Willi Brandt am 4. 9. 1958, ebd., S. 642.

138 Major, Behind the Berlin Wall, S. 101–105.

139 Ärzte sahen sich in vielerlei Hinsicht durch die SED drangsaliert, klagten über sehr starke außerwissenschaftliche Belastungen, erzwungene Bekenntnisse zum Sozialismus und Atheismus, Verweigerung von Studienmöglichkeiten für ihre Kinder, Reiseverbote und Schwierigkeiten bei wissenschaftlichen Kontakten nach Westdeutschland etc. Im Februar 1958 hatte Kurt Hager auf der 3. Hochschulkonferenz gar gefordert, geflüchteten Wissenschaftlern ihre akademischen Grade abzuerkennen. S. Berlin. Chronik der Jahre 1957–1958, S. 444 f., 554. Die Aberkennung wurde aber in Westdeutschland nicht rechtswirksam, s. Berlin. Chronik der Jahre 1959–1960, hg. im Auftrag des Senats von Berlin, Berlin 1978, S. 57 (Schriftenreihe zur Berliner Zeitgeschichte, Bd. 9).

DDR nicht verpflichtet seien, sich zum »Dialektischen Materialismus« zu bekennen, ihre Kinder selbstverständlich freien Zugang zum Abitur und zu den Universitäten hätten, jedoch angehende Ärzte an der Universität mit den Ideen des Sozialismus »vertraut gemacht« würden.[140] Der neue »Kirchenkampf« tobte gleichzeitig aber unvermindert weiter, wie insgesamt auch die Umgestaltung des Schulwesens in ein »sozialistisches Schulwesen« forciert wurde. Im Herbst 1957 hatte Ulbricht die »Jugendweihe« als pseudoreligiösen Initiationsritus faktisch zur Pflichtveranstaltung für jeden Jugendlichen erklärt, um den Kirchen die Jugend zu entziehen.[141] Unter den Lehrern, die damals in den Westen gingen, war der Anteil von bekennenden Christen besonders hoch.[142] Und auch in der Wissenschaft wurde der Marxismus-Leninismus zum alleinigen Dogma erklärt, und die ohnehin schon nur noch geringen Freiräume wurden weiter eingeschränkt. Im April 1958 beschloss man etwa, an den Hochschulen den Anteil des Marxismus-Leninismus-Unterrichts (M/L) von bis dahin durchschnittlich zehn auf 25 Prozent am Gesamtstudium zu erhöhen. Zweck war, die Herausbildung eines »sozialistischen Bewusstseins« zu forcieren und ideologische Defizite in den Reihen der Intelligenz abzubauen, da gerade hierin ja eine Ursache für die Abwanderung aus den Reihen der Intelligenz gesehen wurde.[143] Erreicht wurde damit freilich das Gegenteil, was die SED-Führung aber nicht anfocht, da sie den Zusammenhang nicht begriff

140 S. Politbürositzung vom 16.9.1958, Entwurf eines Kommuniques des Politbüros zur Entwicklung der ärztlichen Wissenschaft und des Gesundheitswesens, BArch DY 30 J IV/2/2/610, Tagesordnungspunkt 3, und den entsprechenden Beitrag im Neuen Deutschland vom 18.9.1958, nach Berlin. Chronik der Jahre 1957–1958, S. 655.

141 S. Goerner, Martin Georg: Die Kirche als Problem der SED. Strukturen kommunistischer Herrschaftsausübung gegenüber der evangelischen Kirche 1945 bis 1958, Berlin 1997, S. 285–291; Wentker, Hermann: Die Einführung der Jugendweihe in der DDR: Hintergründe, Motive, Probleme, in: Von der SBZ zur DDR, S. 139–165, hier S. 160–165.

142 Bei den parteigebundenen Lehrern unter den Flüchtenden war der der CDU besonders hoch, s. Prokop, Siegfried: Intellektuelle in den Wirren der Nachkriegszeit. Die soziale Schicht der Intelligenz der SBZ/DDR, Teil 2, 1956–1965, Berlin 2011, S. 381–387 (Schriften zur Geschichte des Kulturbundes, Bd. 3). Im Frühjahr 1958 waren beispielsweise christliche Lehrer gedrängt worden, eine Erklärung zu unterschreiben, in der sie sich gegen den angeblichen Missbrauch des Christentums für Atomkriegsvorbereitungen in Westdeutschland aussprachen und sich zur sozialistischen Schulpolitik der DDR bekannten.

143 Aufschlussreich im Hinblick auf die gesellschaftliche Stimmung während der erneuten »Verschärfung des Klassenkampfes« in der ersten Jahreshälfte 1958 ist immer noch ein Blick in die zeitgenössische Chronik aus dem Hause des Bundesministe-

bzw. vor dem Hintergrund ihrer ideologischen Axiome einfach nicht begreifen konnte.[144] Den »wirklichen« Grund für die Abwanderung aus der DDR, der die »Abwerbung« aus Bonn erst möglich mache, sah man unverdrossen weiterhin in erster Linie »in der fehlenden Einsicht in die historische Gesetzmäßigkeit des Sieges des Sozialismus auch in Deutschland«. Und dagegen half nur Schulung und Aufklärung. Diese »fehlende Einsicht in die historische Gesetzmäßigkeit« war für Ulbricht und Genossen, vermeintlich getreu nach Hegel, Marx und Engels, nichts anderes als Unfreiheit. Die Vermittlung dieser Einsicht war folglich nicht ideologischer Drill, nicht Knechtung des Denkens, nicht Machtmissbrauch, sondern war Beihilfe zur »Befreiung« jener, die noch nicht erkennen konnten, was zu tun »notwendig« war. Sei es »nicht sehr viel beglückender, in einer Gesellschaft zu leben – selbst unterstellt, daß gelegentlich ein Fehlgriff vorkommt –, in der die Friedenspolitik Selbstverständlichkeit ist?«, fragte rhetorisch ein führender SED-Jurist zweifelnde Akademiker.[145] Die SED wähnte sich aller Probleme zum Trotz und zunächst noch eher theoretisch als praktisch bald am Wendepunkt des Problems der »Republikflucht«, denn ihre Herrschaft schien sich zu konsolidieren. Die Wirtschaft wuchs, die Lebensmittelkarten waren abgeschafft, die Löhne stiegen wie auch der Lebensstandard insgesamt. Die Menschen richteten sich im ostdeutschen Teilstaat ein. Die DDR rangierte mit ihrer Industrieproduktion auf dem neunten Platz der Weltrangliste, eine beachtliche Leistung, auch wenn seitens der SED bei der Statistik vielleicht etwas nachgeholfen worden war.[146]

Im September 1958, auf der 2. ZK-Tagung, gab sich Grotewohl angesichts der zurückgehenden Abwanderungszahlen zuversichtlich und versuchte gleichzeitig, die innerdeutsche Wanderungsbewegung als etwas mehr oder weniger Normales hinzustellen. Es habe immer eine Bevölkerungswanderung innerhalb Deutschlands gegeben und werde sie auch weiter geben. Die Hauptursache der gegenwärtigen sei aber in den Auswirkungen des Krieges und in der »Spaltungspolitik der imperialistischen Mächte« zu suchen. Der Prozess der Zusammenführung auseinandergerissener Familien halte noch an, und

---

riums für gesamtdeutsche Fragen: SBZ von 1955–1958 oder in die entsprechenden Hefte des SBZ-Archivs 9 (1958).

144 S. Kowalczuk, Ilko-Sascha: Geist im Dienste der Macht. Hochschulpolitik in der SBZ/DDR 1945 bis 1961, Berlin 2003, S. 516.

145 So Prof. Peter Alfons Steiniger (1904–1980) im Juni 1958 auf Klagen von Kollegen über die unbefriedigenden Zustände in der DDR, die Ursache für die Flucht nicht zuletzt vieler Ärzte seien. Zit. nach Berlin. Chronik der Jahre 1957–1958, S. 554.

146 Weber, Geschichte der DDR, 2004, S. 268 ff.

in den letzten Jahren sei auch eine Viertelmillion westdeutscher Bürger in die DDR gekommen.[147] Im laufenden Jahr, so betonte er (zu Recht), sei die Abwanderung nach Westdeutschland deutlich zurückgegangen. Grotewohl ging dann in seiner Rede auf die Motive ein, die oft im privaten Bereich lägen, bei den etwa 36 Prozent Jugendlichen sei oft Abenteuerlust im Spiel. Viele kehrten daher bald enttäuscht und ernüchtert zurück. Auch das war nicht vollkommen falsch. Zudem, so weiter der einstige Sozialdemokrat, seien auch Kriminelle und »arbeitsscheue« Elemente[148] unter den »Republikflüchtigen«, und natürlich falle es bestimmten Menschen aufgrund ihrer Traditionen auch schwer, sich »mit dem Sozialismus zu befreunden«. Manch einer habe auch immer noch zu große Erwartungen in das vergängliche[149] Wirtschaftswunder Westdeutschlands gesetzt und schäme sich dann, zurückzukehren. Die »Republikflucht« schwankender Menschen verpflichte die Partei jedoch, ihren Kampf gegen die westdeutsche Hetze und Abwerbungsmaßnahmen noch wirksamer zu führen, die Aufklärung über die gesellschaftliche Entwicklung in den beiden deutschen Staaten zu verstärken und die gesamte Bevölkerung von der Gewissheit einer »glücklichen sozialistischen Zukunft zu überzeugen«.[150] Nun war in Grotewohls Redebeitrag sicher ein erhebliches Maß an Wunschdenken enthalten. Aber dieses Wunschdenken zeigt eben, wie die führenden Kommunisten ihre Perspektive sahen. Sie irrten, wie wir heute wissen und wie nicht wenige schon damals überzeugt waren, und Grotewohls Rede war natürlich auch Propaganda, enthielt wohl auch bewusste Lügen – in beiden Teilen Berlins standen Wahlen bevor. Aber die Zahlen *konnten* so interpretiert werden, wie Grotewohl es tat. Sein Ton unterschied sich auch deutlich davon, wie noch auf der ZK-Tagung im Oktober 1957 über die »Republikflucht« gesprochen worden war. Die Aggressivität war einer gewissen Jovialität gewichen, von Panik jedenfalls keine Spur.

Diese Jovialität meinte man sich leisten zu können, weil hinter einem selbst

147 Die Zuwanderungszahlen waren in der Tat in den Jahren 1954 bis 1957 recht hoch, jeweils deutlich über 70000, fielen 1958 allerdings auf nicht ganz 55000, s. Melis, Republikflucht, S. 256.

148 Vgl. dazu Schmelz, Migration und Politik, S. 137–174.

149 1958 hatte es, wie erwähnt, in Teilen der westdeutschen Wirtschaft, insbesondere im Bergbau, eine vorübergehende Konjunkturkrise gegeben, die von den Kommunisten zunächst als Vorbote einer größeren Krise gesehen wurde, vgl. Kahn, Zur ökonomischen Entwicklung in Westdeutschland, S. 8 ff.

150 Otto Grotewohl auf der 2. ZK-Tagung am 18. und 19. 9. 1958, nach Berlin. Chronik der Jahre 1957–1958, S. 657 f.

die siegreiche Sowjetmacht stand, die der Welt jetzt zeigen würde, zu wessen Gunsten sich die Gewichte in der Welt verschoben hätten und sich »gesetzmäßig« noch weiter verschieben würden. Am 24. November, drei Tage bevor Chruschtschow sein Ultimatum offiziell verkündete, bestritt Ulbricht in einem Interview mit der »Daily Mail« gar jeden Zusammenhang der östlichen Berlin-Initiative mit der Fluchtproblematik. Es gehe darum, die Lage in Berlin zu normalisieren, was auch der Wirtschaft in West-Berlin zugutekommen werde. Das Flüchtlingsproblem, so Ulbricht, sei

> eine Frage des kalten Krieges und hat mit der Frage Westberlin nichts zu tun. Wir werden diese Frage selbst in Ordnung bringen. Gegenwärtig ist die Lage übrigens so, daß die Zahl der aus der DDR Abwandernden zurückgeht und die Zahl der Einwanderer aus Westdeutschland schnell steigt.[151]

Letzteres war zwar etwas übertrieben, und natürlich betrieb auch Ulbricht hier Propaganda, aber es gibt überhaupt keinen Grund anzunehmen, er habe in dieser Lage insgeheim von einer Mauer in Berlin zur Verhinderung der Flucht seiner Bürger geträumt. Er war damals so siegesgewiss, wie der Westen oder zumindest die westliche Öffentlichkeit verunsichert waren. Wenn Ulbricht Chruschtschow zu etwas drängte, dann nicht zum Bau einer »Mauer« durch Berlin, sondern dazu, gegenüber dem Westen »aus einer Position der Stärke heraus zu agieren«.[152] Ulbricht wollte keine neutrale Stadt »Westberlin«, sondern deren faktische Eingliederung in die DDR.[153] Ulbrichts Interviewer, der britische Journalist Robin Smyth, stellte seinen Gesprächspartner als jenen Mann vor, der »die Lebensadern nach West-Berlin nach dem Abzug der Russen in wenigen Wochen [sic!] kontrollieren wird«. Warum sollte Ulbricht an etwas zweifeln, was Chruschtschow ihm zugesagt hatte und wovon anscheinend auch der britische Journalist überzeugt war, dass es umgesetzt würde? Chruschtschow stellte doch am 27. November kein Ultimatum, von dem er bereits wusste oder ahnte, dass er es folgenlos verstreichen lassen würde.

---

151 Dokumente zur Deutschlandpolitik. IV. Reihe/Bd. 1., 1. Halbbd., hg. vom Bundesministerium für innerdeutsche Beziehungen, Frankfurt am Main 1971, S. 133–136.

152 So Ulbricht in einem Gespräch mit Sowjetbotschafter Perwuchin am 2. 10. 1958, zit. nach Zubok, Khrushchev and the Berlin Crisis, S. 11; vgl. auch Harrison, Bargaining Power, S. 158 f.; Zubok/Vodop'janova, Sovetskaja diplomatija, S. 263 f.

153 Zubok, Khrushchev and the Berlin Crisis, S. 11; Wettig, Sowjetische Deutschland-Politik, S. 145.

Schon gar nicht konnte Ulbricht dies wissen. Dieser bestritt in dem Interview mit reichlich Chuzpe den westlichen Besatzungsmächten jegliche Rechte in Berlin:

> Dreizehn Jahre nach dem Hitlerkrieg sind wirklich keine besonderen Maßnahmen mehr notwendig, um klarzumachen, daß die Anwesenheit ausländischer Truppen in Westberlin längst überholt ist.[154]

Ulbricht hatte West-Berlin im Visier, nicht die abnehmende Zahl der Flüchtlinge.[155] Die Fluchtproblematik war ein Nebenkriegsschauplatz, der sich auflösen würde – mit dem Ausbleiben der »Hetzpropaganda« aus West-Berlin in die DDR, mit der Ulbricht als unausweichlich erscheinenden Anerkennung der DDR als Staat durch Bonn und den Westen und mit dem kommenden Aufschwung in der DDR.

Chruschtschows erstes Ultimatum

Chruschtschows Berlin-Ultimatum und seine Folgen gehören inzwischen zu den bestuntersuchten Krisen des Kalten Krieges[156] und müssen hier nur insoweit interessieren, als es für die Selbstsicht und für die Perspektive Ulbrichts und der SED-Führung von Bedeutung ist.[157] Chruschtschow hatte ursprünglich vor, das ist heute aus den sowjetischen Akten bekannt, noch direkter und härter gegen West-Berlin vorzugehen, als er es dann am 27. November mit seinem Ultimatum ankündigte. Er wollte eigentlich West-Berlin viel schneller und direkter in die DDR integrieren. Es gab aber Widerstand gegen seinen Kurs in der sowjetischen Führung, und Chruschtschow gab schließlich nach und brachte, erstmals am 20. November, öffentlich das Konzept einer »Freien Stadt« für den Westteil der Stadt ins Spiel,[158] eine Idee, der Ulbricht mehr als

154 Dokumente zur Deutschlandpolitik IV 1/1, S. 133 – 136.
155 Vgl. auch Lemke, Die Berlinkrise, S. 99.
156 Hier sei nur auf die neueren Arbeiten von Steininger, Uhl und Wettig im Literaturverzeichnis verwiesen, aus denen sich die umfangreiche Literatur erschließen lässt.
157 Zum Zusammenspiel von Ost-Berlin und Moskau s. Lemke, Die Berlinkrise, S. 99 – 107; Wilke, Der Weg zur Mauer, S. 200 – 217.
158 Wettig, Sowjetische Deutschland-Politik, S. 150, Wettig, Chruschtschows Berlin-Krise, S. 22 ff.; Harrison, Ulbrichts Mauer, S. 177 ff.; Zubok/Vodop'janova, Sovetskaja diplomatija, S. 262 f.

skeptisch gegenüberstand, wohl allein schon deshalb, weil er wenig Chancen sah, dass der Westen sich auf solch ein Modell einlassen würde, es also nur Zeitverlust brächte. Nach Chruschtschows Erinnerungen hatte Ulbricht zu bedenken gegeben: »Es gibt einen Präzedenzfall. Danzig war einst eine ›freie Stadt‹, und was ist dabei herausgekommen?«[159] Chruschtschow verstand Ulbrichts Skepsis, meinte jedoch, irgendetwas müsse jetzt dabei herauskommen, wenn der Westen natürlich auch nicht allem zustimmen werde, was sie vorschlügen.[160] Das heißt, der Kremlchef wollte Bewegung in die Dinge bringen, wohl wissend, dass er am Ende nicht alles würde durchsetzen können. Ulbricht war aber wohl auch deshalb skeptisch, weil er davon ausging, dass West-Berlin »Teil des Territoriums der DDR« sei und es eigentlich daher gar keine Basis für eine »Freie Stadt Westberlin« gebe.[161] Wenn Ulbricht zu dieser Zeit, wie Harrison immer wieder behauptet, tatsächlich sein Heil in der Errichtung einer »Mauer« in Berlin gesehen und Moskau dazu gedrängt hätte, hätte er das Konzept der »Freien Stadt« eigentlich befürworten müssen, da damit die Sektorengrenze zu West-Berlin zu einer völkerrechtlichen Grenze geworden und eine entsprechende Grenzsicherung viel leichter zu begründen gewesen wäre.[162]

Aber das war eben gerade nicht seine Perspektive. Die war Ende der 50er Jahre auch eine ganz andere als an deren Anfang, als er seine Pläne für eine Ab-

159 Infolge des von Deutschland verlorenen Ersten Weltkrieges wurde Danzig 1920, nun fast vollständig umschlossen vom neuen Staat Polen und gegen den Willen der fast ausschließlich deutschen Bevölkerung wie auch Polens, als eine sogenannte Freie Stadt eigenständiges Völkerrechtsubjekt und war fortan immer wieder Ursache von Spannungen zwischen dem Deutschen Reich und Polen. 1939 wurde die »Freie Stadt« unter Zustimmung des Großteils ihrer Bewohner vom Deutschen Reich annektiert. Die Annexion der Freien Stadt Danzig durch das Deutsche Reich wurde völkerrechtlich nie anerkannt, und auch die Bundesrepublik Deutschland hat im Zwei-plus-vier-Vertrag nicht für dieses Völkerrechtssubjekt gehandelt. Zum völkerrechtlichen Problem s. Böttcher, Hans V.: Die Freie Stadt Danzig: Wege und Umwege in die europäische Zukunft. Historischer Rückblick, staats- und völkerrechtliche Fragen, Bonn 1997.

160 »There was a precedent. Danzig was once a ›free city‹, but what came of that?«, Khushchev, Memoirs of Nikita Khrushchev, 2, S. 564.

161 Zubok/Vodop'janova, Sovetskaja diplomatija, S. 264 f.

162 Stattdessen musste Ulbricht ein Jahr später öffentlich erklären, die Schaffung einer »Freien Stadt« West-Berlin bedeute ganz und gar nicht deren Einverleibung in die DDR. Doch so weit war er im Herbst 1958 noch lange nicht, s. Fernsehinterview Ulbrichts mit Betty Adams, Westinghouse Broadcasting Company am 23. 11. 1959, nach: Berlin. Chronik der Jahre 1959–1960, S. 435.

riegelung West-Berlins entwickelte, und zwar vor dem Hintergrund des kläglichen Scheiterns des Versuchs Stalins, die Westmächte mit einer Blockade aus Berlin zu verdrängen, und der schmerzvollen Erkenntnis, dass deren Rechte in Berlin mit dem Übereinkommen der vier Mächte über die Beendigung der Blockade sogar noch gestärkt waren.[163] Gleichzeitig war die DDR (wie Westdeutschland) außenpolitisch damals nicht souverän, weder formal und schon gar nicht de facto, hatte also kaum eine Möglichkeit, eigenständig aktiv zu werden mit dem Ziel einer Änderung des Status quo in Berlin. Die Situation hatte sich inzwischen jedoch deutlich verändert.[164] Die DDR war (wie auch die Bundesrepublik), zumindest formal-rechtlich, seit 1955 weitgehend souverän. Die deutsche Niederlage im Zweiten Weltkrieg, in deren Ergebnis der Status quo in Berlin als vermeintliches Nachkriegsprovisorium der Besatzungsmächte entstanden war, lag inzwischen länger zurück, als die Naziherrschaft in Deutschland überhaupt bestanden hatte. Selbst die Lebenszeit der Weimarer Republik begann dieses vermeintliche Provisorium jetzt zu überholen, und ein Friedensvertrag stand immer noch aus. Zwar wurde die Teilung Deutschlands von den meisten Deutschen als »widernatürlich« wahrgenommen, war aber dennoch eine machtpolitische Realität, von der bei einem solchen Vertrag auszugehen gewesen wäre. Letzteres, eine machtpolitische Realität, war jedoch auch West-Berlin. Aber war nicht dieses letzte Stück reines Besatzungsgebiet mitten im Territorium des Staates DDR und von dessen Hauptstadt Berlin erst recht »widernatürlich«, schlicht ein Anachronismus? Anfang der 50er Jahre war der Staat DDR gerade erst gegründet worden, zwar unter der Obhut der siegreichen Sowjetmacht und als deutscher Kernstaat und Gegenprojekt zum Staat der Westalliierten, aber doch mit einer eher unklaren Perspektive (Stichwort Stalin-Noten). Ulbrichts Macht war an diesen Teilstaat und dieser an die Sowjetunion gebunden. Das wusste Ulbricht wahrscheinlich besser als sonst jemand. Sein »Mauerprojekt« für Berlin aus dem Jahr 1952 trug dieser Situation, den damaligen machtpolitischen Realitäten Rechnung. Wenn die Westmächte (und deren Agenturen für Sabotage, Spionage und Diversion) schon

163 Wie stark die Lage im Jahre 1961, als erkennbar wurde, dass die »Republikflucht« sich mit den bisherigen Rezepten nicht eindämmen ließ und zur existentiellen Gefahr für die SED zu werden drohte, den Blick zurück trübte, wird an dem Umstand deutlich, dass Chruschtschow in seinen Erinnerungen (also Ende der 60er/Anfang der 70er Jahre) schon der Berlin-Blockade Stalins den Zweck der Fluchtverhinderung aus der DDR zuschreibt. Die Fluchtfrage spielte dabei aber definitiv überhaupt keine Rolle, s. Khrushchev, Memoirs of Nikita Khrushchev, 3, S. 559.

164 Vgl. dazu Lemke, Die Berlinkrise, S. 93 – 99.

vorerst nicht aus dem Westteil der Stadt vertrieben werden konnten, wie das Scheitern der Blockade gezeigt hatte, dann sollten doch deren Aktionsmöglichkeiten aus ihrem Besatzungsgebiet inmitten des Territoriums der DDR so weit wie möglich eingeschränkt werden. Ulbrichts damaligen 1952er Mauerpläne waren eine Reaktion auf das Scheitern Moskaus als Besatzungsmacht gegenüber den westlichen Besatzungsmächten und auf das Fehlen einer alternativen strategischen Perspektive in Bezug auf West-Berlin. Und genau das war auch das Mauerprojekt vom Anfang der 60er Jahre: eine Reaktion auf das Scheitern Moskaus als Besatzungsmacht gegenüber den westlichen Besatzungsmächten (Berlin-Ultimatum) und dem Fehlen einer alternativen strategischen Perspektive. Solange dieses Scheitern nicht vorausgesehen oder die Wahrscheinlichkeit eines Scheiterns von Ulbricht nicht als besonders groß eingeschätzt wurde, die Perspektive also eine ganz andere war, ergab eine Neuauflage seines Mauerprojektes noch gar keinen Sinn. Erst recht war es wenig sinnvoll, das Problem der »Republikfluchtfrage« mittels einer Mauer in Berlin lösen zu wollen, solange die Möglichkeit der Lösung dieses Problems auf einem ganz anderen, viel grundsätzlicheren Weg gesehen, ja für wahrscheinlich gehalten wurde, eben durch den Weg, den vermeintlich der V. Parteitag mit dem Siebenjahrplan gewiesen hatte. Kurz: Eine »Mauer« um West-Berlin als (a) Penetrationsverhinderungswall war so lange wenig sinnvoll, wie Ulbricht davon ausgehen konnte, die andere Hälfte der Stadt binnen relativ kurzer Zeit mit Ost-Berlin und der DDR »wiedervereinigen« oder zumindest erst einmal die Einflussmöglichkeiten des Westens aus dieser Stadthälfte heraus wesentlich einschränken zu können. Eine »Mauer« um West-Berlin als (b) Fluchtverhinderungswall war so lange wenig zweckmäßig, wie Ulbricht davon ausging, das Fluchtproblem durch ein unmittelbar bevorstehendes ostdeutsch-sozialistisches Wirtschaftswunder lösen zu können, und zudem gleichzeitig kurzfristig mit einer Übergabe der Kontrollrechte für alle Zugangswege von und nach West-Berlin rechnen konnte.

In einem Interview zur sowjetischen Berlin-Note, also Chruschtschows Ultimatum, am 29. November 1958 sagte Ulbricht dem Chefkorrespondenten der »New York Times«, Sydney Gruson, auf dessen Frage, ob, um den von Ulbricht beklagten »Menschenhandel« zu stoppen, der »Verkehr mit Westberlin nicht mehr gestattet« werde, wenn West-Berlin eine Freie Stadt sei:

> Wenn Westberlin eine Freie Stadt ist, werden die Verbindungen Westberlins nach Ost und West noch weiter erleichtert und nicht erschwert werden. Die andere Frage ist die des organisierten Menschenhandels.

Ulbricht führte dann diesen »Menschenhandel« auf angebliche »Anweisungen des Lemmer-Ministeriums über die organisierte Abwerbung von Angehörigen der Intelligenz« aus der DDR zurück. Gruson hakte nach: »Ich möchte fragen, wie das gestoppt werden soll.« Ulbricht antwortete:

> Indem man die Spionageagenturen und die Organisationen, die den Menschenhandel in Westberlin betreiben, auflöst. Die Leute sollen einer ehrlichen Arbeit nachgehen und sollen sich nicht mit Menschenhandel beschäftigen.[165]

Anschließend verwies er darauf, dass die Fluchtzahlen weiter zurückgingen und zugleich mehr Menschen aus Westdeutschland in die DDR kämen.[166] Ulbricht setzte also darauf, nach Schaffung der »Freien Stadt« so viel Geltung über sein »Einflussgebiet« West-Berlin zu bekommen, dass eine Flucht über West-Berlin praktisch nicht mehr möglich sein würde; einerseits, weil er die Verkehrs- inklusive der Luftwege kontrollierte, andererseits, weil die »Spionageagenturen und die Organisationen, die den Menschenhandel in Westberlin betreiben«, wozu Ulbricht zum Beispiel auch das Notaufnahmelager Marienfelde zählte, aufgelöst würden, d. h. alles, was vom Osten unter Diversion etc. subsumiert wurde, nicht mehr oder nur noch sehr eingeschränkt möglich sein würde. Im schriftlichen Teil des Interviews sagte er:

> Es ist selbstverständlich, daß die Kriegspropaganda in Westberlin, der Menschenhandel, der unter der Firma »Flüchtlingsfürsorge« getrieben wird, sowie die Tätigkeit von mehr als 50 ausländischen und westdeutschen Spionageorganisationen unvereinbar mit einem solchen Status sind. Wenn Sie noch wissen wollen, welche anderen Mittel wir für notwendig halten, um die Erfüllung zu gewährleisten, so möchte ich Ihnen sagen, daß schon durch den Abzug der ausländischen Truppen und die Beseitigung der ausländischen Agenturen eine grundlegende Änderung herbeigeführt wird.[167]

---

165 Interview des Ersten Sekretärs des ZK der SED, Ulbricht, mit dem Chefkorrespondenten der Zeitung The New York Times, Sydney Gruson, Neues Deutschland, 2.12.1958, zit. nach: Dokumente zur Deutschlandpolitik, IV/1/1, S. 224–228, hier S. 225 (Anm. 1). Das Interview wurde zunächst schriftlich geführt. Beim Treffen am 29.11.1958 gewährte Ulbricht nach Grusons Darstellung noch ein mündliches Interview unter der Bedingung, dass die schriftlichen Fragen und Antworten unverändert veröffentlicht würden. Zum schriftlichen Teil s. ebd., S. 224–231, hier v. a. S. 229 f.

166 Ersteres stimmte, Letzteres ist nicht auszuschließen, da in den östlichen Zuwanderungsstatistiken nur jene erfasst wurden, denen eine Übersiedlung in die DDR von den DDR-Behörden genehmigt wurde. Zu den Zahlen s. Melis, Republikflucht, S. 255 f.

167 Dokumente zur Deutschlandpolitik, IV/1/1, S. 230.

Ulbricht machte überhaupt keinen Hehl daraus, dass die Freiheit der »Freien Stadt« darin bestehen würde, sich so zu verhalten, wie Ost-Berlin es wünschte.[168] Wozu hätte er da eine Mauer zur Fluchtverhinderung bauen sollen? Warum hätte er mit dieser Perspektive und bei deutlich zurückgehenden Abwanderungszahlen bei Chruschtschow auf den Bau einer Mauer durch »seine« Hauptstadt drängen sollen? Ein solches Verhalten ergäbe überhaupt keinen Sinn, und Harrison hat auch für diese Zeit keine Belege für das Vorhandensein einer solchen Idee bei Ulbricht.

Ein Westdeutschland ohne Adenauer

Auch in Bezug auf Westdeutschland hatte Ulbricht eine klare strategische Perspektive. In einer gemeinsamen Sitzung des SED-Politbüros mit dem Politbüro der verbotenen KPD im Dezember 1958 sagte er: »Bis 1961 muß es uns gelingen, stabilen Einfluß [in der Bundesrepublik] zu gewinnen.«[169] Das heißt, Ulbricht setzte auf einen gesellschaftspolitischen Wandel in Westdeutschland und den »Sturz« Adenauers, der in deutsch-deutschen Verhandlungen auf gleicher Augenhöhe münden würde. Wie sollte dieser »stabile Einfluss« der SED in Westdeutschland erreicht werden? Die »grundlegende nationale Position«, mit der man Adenauer schlagen könne, so Ulbricht gegenüber dem sowjetischen Botschafter Perwuchin, bestehe darin, das »Wiedererstehen des deutschen Militarismus und Faschismus« in Westdeutschland aufzuzeigen, bestehe in der »Entlarvung der aggressiven Pläne des deutschen Imperialismus«. Ihm lägen Dokumente vor über die »aggressiven Pläne der NATO«, wonach ein »Vordringen der westdeutschen Armee bis zur Oder« erwogen werde. Die Entlarvung dieser Pläne würde in der nächsten Zeit von »entscheidender Bedeutung für die Politik der DDR« sein. Ulbricht sprach hier wahrscheinlich von angeblichen Angriffsplänen der NATO, wie etwa einem mit der Codebezeichnung »Operation DECO-II«, den die SED in den nächsten Monaten ins Zentrum ihrer Propaganda stellen und der beweisen sollte, dass die

168 Für einen Vergleich der sowjetischen und ostdeutschen Entwürfe für ein Statut der »Freien Stadt« s. Wilke, Der Weg zur Mauer, S. 222–233.

169 Wortprotokoll der Sitzung des Politbüros der SED mit dem Politbüro der KPD, 20.12.1958, Anlage zum Politbüroprotokoll 52/58, 20.12.1958, BArch DY 30 J IV 2/2/624, Bl. 90, zit. nach Lemke, Einheit oder Sozialismus, S. 422.

NATO ganz konkret einen Angriffskrieg vorbereitete.[170] Die Pläne stammten bereits aus dem Jahr 1955, waren nach Aussagen von Generälen der Hauptverwaltung Aufklärung auch schon im Jahr ihrer Entstehung nach Ost-Berlin gelangt und wurden jetzt für die Propaganda freigegeben, da die angebliche Quelle nicht mehr für die HV A arbeitete.[171] Bis heute ist nicht geklärt, ob die Pläne echt oder gefälscht waren und ggf. von wem. Selbst wenn sie echt gewesen wären, belegen allein solche militärischen Planungen noch nicht, dass Vergleichbares auch politisch angestrebt wurde. Möglicherweise haben hier Militärs einfach nur ihren Job gemacht, um auf alle Eventualitäten vorbereitet zu sein. In jedem Fall aber bestärkten die Pläne die östliche Paranoia, ob nun von Ulbricht instrumentalisiert oder nicht.[172] Der DDR-Spionagechef Markus Wolf erinnerte sich in diesem Zusammenhang, dass »Ulbricht von der Furcht vor einem begrenzten Konflikt auf deutschem Boden mehr denn je beherrscht« gewesen sei.[173] Besonders beunruhigt haben dürfte Ulbricht, dass die Pläne vorsahen, den Vorstoß an der Oder-Neiße-Linie stoppen zu lassen, und dass geplant war, dies sofort den Sowjets zu signalisieren. Für Ulbricht musste das natürlich so aussehen, als versuchten Bonn bzw. die NATO einen Deal mit Moskau auf seine Kosten hinzubekommen. Gegenüber Perwuchin war Ulbricht ungeachtet dieser angeblichen Angriffspläne dennoch bedingt optimistisch, meinte, der »Wendepunkt« in der Frage der Anerkennung der

170 Ulbricht »enthüllte« die Pläne auf einer Pressekonferenz am 19.7.1959, s. dazu »Faksimiles«, in: Deutsche Kriegsbrandstifter wieder am Werk. Eine Dokumentation über die Militarisierung Westdeutschlands nach Materialien des Ausschusses für Deutsche Einheit, Berlin 1959, S. 168–179. Hier wurden auch die militärischen Karten als »Faksimiles« veröffentlicht. Die »Faksimiles« der Dokumente wurden anschließend auch »zur Verwendung in der Erziehungsarbeit« in den »bewaffneten Organen« benutzt, s. »Geheime Bundessache Operation DECO II«, übergeben von Stab des MdI an Leiter der HV DVP, Dombrowsky, 29.7.1959 BArch DO 1/28128, Bl. 17ff.

171 Wolf, Markus: Spionagechef im geheimen Krieg, München 1998, S. 118; Großmann, Werner: Bonn im Blick. Die DDR-Aufklärung aus der Sicht ihres letzten Chefs, Berlin 2007, S. 33f.

172 Diese Pläne wurden bis zum Schluss dann auch zur Rechtfertigung des Mauerbaus genutzt, s. etwa, noch vor dem Mauerbau, Mader, Julius: Die Killer lauern. Eine Dokumentation über die Ausbildung und den Einsatz militärischer Diversions- und Sabotageeinheiten in den USA und in Westdeutschland, Berlin 1961, S. 141ff.; Teller, Hans: Der kalte Krieg gegen die DDR. Von seinen Anfängen bis 1961, Berlin 1979, S. 206f.; Heinrich, Eberhard/Ullrich, Klaus: Befehdet seit dem ersten Tag. Über drei Jahrzehnte Attentate gegen die DDR, Berlin 1981, S. 229ff.

173 Wolf, Spionagechef, S. 119.

DDR sei gekommen. Möglicherweise war dies aber auch nur ein vorsorgliches Argument gegenüber Moskau, um klarzumachen, dass es angesichts der positiven Entwicklung nicht den geringsten Grund gebe, sich auf solch einen Deal einzulassen:

> Bisher glaubte die Bevölkerung Westdeutschlands, die DDR würde eines wunderschönen Tages an die BRD angeschlossen. Jetzt ändert sich diese Sicht. Der Fakt der Existenz der DDR, die Festigkeit ihrer Position gelangt in das Bewusstsein immer breiterer Schichten der Bevölkerung.[174]

Ganz falsch war diese Sicht nicht, wenngleich wohl auch noch nicht vom Wendepunkt gesprochen werden konnte.[175] Der kam erst mit dem Bau der Mauer. Aber in der Tat änderte sich in dieser Beziehung etwas in Westdeutschland. Es dauerte zwar noch ein paar Jahre, bis Ernst Richerts Buch »Das zweite Deutschland. Ein Staat, der nicht sein darf« in Westdeutschland zum Ausdruck brachte, was immer mehr Menschen im Westen schon länger dachten, nämlich, dass es keinen Sinn hatte, eine offensichtliche politische Realität zu leugnen.[176] Richerts 1964 erschienenes Buch hatte aber nicht nur großen Einfluss auf die kommende Politik, sondern bündelte natürlich auch in den letzten Jahren nicht nur von ihm gewonnene Erkenntnisse und neue Sichtweisen auf die DDR. Richert war immerhin ab 1958 als Berater des Gesamtdeutschen Ministeriums und ab 1960 des Berliner Senats tätig.[177] In seiner Schlussbetrachtung schreibt Richert 1964:

> Die DDR ist ein Staatsgebilde, in dem von vollem Frieden zwischen Gesellschaft und Führung keineswegs die Rede sein kann. Die recht erfolgversprechenden Ansätze der Jahre zwischen 1957 und Anfang 1960 wurden verschüttet; und das Maß von Loyalität, von anhebender Staatsgesinnung, das die SED-Führung vor ihren schweren psychologischen Fehlern von 1960/61 in Rechnung stellen konnte, wurde schwerlich schon wieder erreicht.[178]

---

174 Bericht Perwuchins an Moskau über ein Gespräch mit Ulbricht am 5.12.1958, zit. nach Orlov, Tajnaja bitva, S. 414.

175 Zu den deutschen und internationalen Entwicklungen, die diesen Optimismus beförderten s. Lemke, Die Berlinkrise, S. 105 ff.

176 Richert, Ernst: Das zweite Deutschland. Ein Staat, der nicht sein darf, Gütersloh 1964.

177 Ludz, Peter Christian: In Memoriam Ernst Richert, Deutschland Archiv 8 (1975) 9, S. 234 f.; Hüttmann, Jens: DDR-Geschichte und ihre Forscher. Akteure und Konjunkturen der bundesdeutschen DDR-Forschung, Berlin 2008, S. 129–146.

178 Richert, Das zweite Deutschland, S. 331.

Für die Jahre 1957 bis 1960 konstatierte Richert, ganz bestimmt kein Freund der SED, schon ein bestimmtes »Maß von Loyalität, von anhebender Staatsgesinnung«. Dabei ist weniger von Interesse, ob Richerts Feststellung zutraf, als dass die Dinge im Westen von immer mehr Menschen so wahrgenommen wurden. Die Zeit arbeite für Ulbricht; Verhandlungen mit dem Osten seien die einzige Möglichkeit, am Status quo etwas zu ändern, so Richert. Das sah Ulbricht genauso, und vor allem sah er auch die Zeichen des Wandels im Westen, wie sie dann nach dem Mauerbau in Richerts Buch oder in Egon Bahrs These vom »Wandel durch Annäherung«, präsentiert auf einer Tagung der Evangelischen Akademie in Tutzingen im Jahr davor,[179] schließlich klar und unverschleiert zum Ausdruck kamen. Der sogenannte Deutschlandplan der SPD vom März 1959, der unter maßgeblicher Beteiligung des Ex-Kommunisten Herbert Wehner konzipiert worden war,[180] entsprach zwar noch lange nicht den Vorstellungen der SED, zeigte aber doch, dass die Dinge in Westdeutschland in Bewegung waren, wenn auch nicht so grundsätzlich, wie Ulbricht vermutete oder hoffte. Auch war der Plan schnell Makulatur, da die SPD erkennen musste, dass keine Chance auf Umsetzung bestand. Doch nicht das ist hier von Bedeutung, sondern nur die Bewegung in der westdeutschen Politik, für die dieser Plan stand oder für Ulbricht zu stehen schien. Nach dem Scheitern der Pariser Gipfelkonferenz im Juni 1960 distanzierte sich die SPD endgültig von ihrem »Deutschlandplan«, und Wehner erklärte am 30. Juni 1960 im Bundestag, die von den Adenauerregierungen eingegangenen Bündnisverpflichtungen trügen auch für die SPD verbindlichen Charakter. Der Deutschlandplan sei »eine Sache der Vergangenheit«.[181] Für die SED stand jener 30. Juni 1960 fortan, mehr noch als der Godesberger Parteitag[182] im November des Vorjahres, für den Verrat der SPD-Führung.[183] Doch von beidem wusste Ulbricht Anfang 1959 noch nichts. Er ging vielmehr davon aus, den in Westdeutschland

179 S. dazu und zur Reaktion der SED darauf Staadt, Jochen: Die geheime Westpolitik der SED 1960 – 1970. Von der gesamtdeutschen Orientierung zur sozialistischen Nation, Berlin 1993, S. 77 ff.

180 S. Mit Wehner in den Abgrund? Ein Spiegel-Gespräch mit dem stellvertretenden SPD-Vorsitzenden Herbert Wehner, Der Spiegel, H. 16, 15. 4. 1959, S. 36 – 49.

181 Zit. nach Staadt, Geheime Westpolitik, S. 40 – 43.

182 Auf dem außerordentlichen Parteitag im November 1959 in Bad Godesberg bekannte sich die SPD zu Marktwirtschaft und Landesverteidigung, begriff sich von nun an nicht mehr als sozialistische Arbeiterpartei, sondern als Volkspartei, war fortan auch formal keine »marxistische« Partei mehr. Das Programm galt bis 1989.

183 S. Staadt, Geheime Westpolitik, S. 43.

sich andeutenden Wandel im Verhältnis zu seinem Staat mit den Erfolgen des Siebenjahrplanes und der erwarteten Konjunkturkrise im Westen noch befördern zu können. Bei den Arbeitern in Westdeutschland sei »eine Atmosphäre zu schaffen, in der das Verlangen reift, das Leben in der Existenzunsicherheit Westdeutschlands aufzugeben und in die DDR überzusiedeln«.[184] Das war Ulbrichts Ziel und Erwartung Anfang 1959.

Grenzkontrolle als Souveränitätsdemonstration

Ulbricht und die SED-Führung setzten nicht auf eine »Mauer«, sondern darauf, dass Chruschtschow mit seinem Ultimatum Erfolg haben würde, dass die Kontrollrechte über die Zugangswege nach und von Berlin an die DDR übergeben und mit einem Friedensvertrag die DDR ihre volle Souveränität erreichen würde, und zwar im Laufe der nächsten Monate, nicht Jahre. Auf der Basis sowjetischer Vorlagen erarbeiteten seit Anfang 1959 auf Beschluss des SED-Politbüros Kommissionen aus Vertretern verschiedener Ministerien, deren Mitglieder zuvor von der Staatssicherheit überprüft und bestätigt werden mussten, detaillierte und, wegen sowjetischer Einwände, immer wieder neue Pläne »Zur Regelung der Übergabe der Rechte und Funktionen der Sowjetunion hinsichtlich Westberlins an die DDR«.[185] Ein Problem stellte dabei für Ulbricht Chruschtschows Konzept einer »Freien Stadt Westberlin« dar, wenn es auch, zumindest intern, ausschließlich als Übergangskonzept gedacht war, nicht nur, weil er nun den Westdeutschen und West-Berlinern erklären und glaubhaft machen musste, dass die »Freie Stadt Westberlin« nicht ein Schicksal wie Danzig haben würde, obwohl genau dies sein Ziel war. In einer ostdeutschen Propagandabroschüre jener Tage wird die rhetorische Frage gestellt: »Spricht das Beispiel Danzigs gegen eine Lösung der Berlin-Frage in dem von der UdSSR und der DDR vorgeschlagenen Sinne?« Die Frage wird natürlich verneint, denn

184 Vorschläge für die Weiterentwicklung unserer Offensive nach und in Westdeutschland, Anlage zur Politbürositzung vom 20. 1. 1959, DY 30 J IV 2/2A/677, Bd. 1, zit. nach Lemke, Einheit oder Sozialismus, S. 423.

185 BStU, MfS, SdM, Nr. 1328, S. 70–77. Vgl. Lemke, Die Berlinkrise, S. 110–119; Wilke, Der Weg zur Mauer, S. 227 ff.

> zwischen dem von der Sowjetunion vorgeschlagenen Status Westberlins als einer entmilitarisierten Freien Stadt und der »Freien Stadt Danzig« bestehen grundsätzliche Unterschiede, so daß hier praktisch nur die beiden Begriffe gleich sind. [...] Wer aber durchaus historische Beispiele benutzen will, um zu erkennen, welche segenbringenden Folgen die sowjetischen Vorschläge bei ihrer Verwirklichung hätten, der möge das Beispiel Österreichs betrachten. Dort gab es auch zunächst einen Viermächtestatus und eine Viermächtebesetzung. Dann aber einigten sich die vier Mächte und beschlossen, aus Österreich abzuziehen und das Land zu neutralisieren. Der Nutznießer war vor allem das österreichische Volk. Niemand kann bezweifeln, daß es heute weit besser lebt, als wenn es unter das Regime der NATO geraten wäre.[186]

Das ist natürlich eine mehr als gewagte Argumentation, aber was hätte die SED sonst gegen den historisch derart belasteten Terminus vorbringen sollen?

Eine andere Folge von Chruschtschows »Freie Stadt«-Konzept war, dass Ulbricht jetzt durchaus damit rechnen konnte, aus Moskau das Plazet für eine striktere Kontrolle der Grenzen um West-Berlin, also auch der Sektorengrenze innerhalb Berlins zu bekommen, da im Falle der Umsetzung von Chruschtschows Plänen diese Grenzen ja zu völkerrechtlichen Grenzen geworden wären. Das wäre aber nicht die Erfüllung von Ulbrichts Wünschen vom Ende der 50er Jahre gewesen, sondern nur die seiner Wünsche vom Anfang der 50er Jahre, als sich die Lage für ihn, wie geschildert, aber ganz anders darstellte (kein Konzept für die Vertreibung der Westmächte aus West-Berlin, keine Souveränität der DDR). Zwar hatte er jetzt mit der »Republikflucht« ein Problem, das er Anfang der 50er Jahre noch nicht als solches erkannt hatte, aber im Vergleich zur Mitte der 50er Jahre hatte es sich auch schon wieder deutlich verringert. Im Jahr 1959 sank die »Republikflucht« auf den historischen Tiefststand von 144 225 Menschen.[187] Das waren nicht einmal mehr 40 Prozent des Jahres 1956, dem Jahr mit der höchsten Abwanderungszahl.[188]

---

186 Martin, Alexander: Brennpunkt Berlin. 70 Fragen und 70 Antworten zum Berlin-Problem, Berlin 1959, S. 141 f. Für das westliche Gegenstück s. »Freie Stadt« zwischen Stacheldraht? Die Zonen- und Sektorengrenze von Westberlin, hg. vom Bundesministerium für gesamtdeutsche Fragen, Bonn und Berlin (Mai) 1959.

187 Dies lag, wie erwähnt, nicht zuletzt auch an den erwähnten administrativen Beschränkungen (Passgesetz, weniger Reisegenehmigungen) und der besseren Kontrolle der innerdeutschen Grenze ab 1958, aber auch an einer gewissen wirtschaftlichen Konsolidierung (Abschaffung der Lebensmittelkarten) und wohl auch daran, dass sich die Menschen mit der Lage in Deutschland abzufinden begannen.

188 Melis, Republikflucht, S. 255.

Allerdings meldeten sich im Notaufnahmelager Berlin-Marienfelde im ersten Halbjahr 1959 455 Professoren und sonstige Hochschullehrer, 443 Ingenieure und 161 Ärzte.[189] Aber die – gerade bei vielen Akademikern noch fehlende – »Einsicht in die historische Gesetzmäßigkeit des Sieges des Sozialismus«, wie es Professor Peter Steiniger ausdrückte,[190] sollte ja der neue Siebenjahrplan bringen, den die SED schließlich im Herbst 1959 mit großem Propagandaaufwand beschloss. Und wo diese Einsicht nicht zeitnah eintreten wollte, würden die Kontrolle des Flugverkehrs von und nach West-Berlins und die konsequente Sicherung der innerdeutschen Grenze, aber nicht eine »Mauer« durch die Stadt das Übergangsproblem lösen. Ganz unabhängig von der Flucht-Frage war, falls West-Berlin »Freie Stadt« werden würde, nichtsdestoweniger eine Sicherung und Kontrolle der Grenze sinnvoll – aus Statusgründen, aus wirtschaftlichen Gründen und als Druckmittel auf die Westmächte, auf Bonn und auf die West-Berliner selbst.

Die ostdeutschen Pläne im Zusammenhang mit Chruschtschows Ultimatum betrafen daher nicht nur die Regelung der Übergabe der Kontrollrechte an die DDR, sondern auch die anderer Folgen der Beendigung des Besatzungsstatus für West-Berlin. Die entsprechenden Pläne zur Sicherung und Kontrolle der Grenze enthielten bereits Versuche, die Ausübung hoheitlicher Funktionen durch die DDR auf West-Berliner Gebiet sukzessive durchzusetzen. So sollten etwa unter Kontrolle des MfS Passierscheinbüros auf West-Berliner Bahnhöfen und an Übergängen über die Sektorengrenze eingerichtet werden, ganz so, wie sie auch unmittelbar nach dem Mauerbau in West-Berlin installiert, allerdings von den Westmächten sofort wieder geschlossen wurden. »Ein Problem dabei in der operativen Aufgabe«, so heißt es in einem Kommentar aus dem März 1959 zu den geplanten Regelungen bei der Übernahme der Kontrollfunktion,

> wird die Überprüfung der antragstellenden Personen sein, im Hinblick auf die bestehenden Karteien beim MfS, der DVP und dem AZKW. Es wird kaum möglich sein, irgendwelche Unterlagen dieser Art in diesen Büros zu belassen. Hier müßte eine Organisationsform gefunden werden, die a. die Kontrolle dieser Personen gewährleistet, vom Standpunkt der Sicherheit der DDR, und

---

189 So Ernst Lemmer, Bundesminister für gesamtdeutsche Fragen, am 4.8.1959, nach Berlin. Chronik der Jahre 1959–1960, S. 305.

190 Berlin. Chronik der Jahre 1957–1958, S. 554.

> b. bei Maßnahmen des Gegners gegen diese Büros keine größeren Schäden für die Sicherheit der DDR entstehen.[191]

Es war vorgesehen, dass Bundesbürger für den Aufenthalt in Ost-Berlin eine Aufenthaltsgenehmigung benötigten, wie es Ende August 1960 dann tatsächlich eingeführt wurde. Zur Frage des Zugangs von West-Berlinern nach Ost-Berlin und umgekehrt finden sich in dem Papier keine Aussagen.[192] Eine generelle Schließung der Grenze für Ostdeutsche schien aber nicht geplant zu sein, da die vom Politbüro eingesetzten Kommissionen Vorschläge dafür erarbeiten sollten, wie nach »Ausschaltung des alliierten Reise- und Verbindungsbüros in Westberlin« verfahren werden könnte, das in einem Antragsverfahren vorläufige Reisepapiere ausstellte für Reisen von DDR-Bürgern in westliche Länder, welche den DDR-Reisepass nicht anerkannten.[193] Können sich diese Überlegungen noch primär auf in dienstlichem Auftrag Reisende bezogen haben, also vor allem auf Funktionäre, so war der Auftrag, eine »Argumentation« zu erarbeiten, »um unseren Bürgern verständlich zu machen, warum sie in bestimmte Länder nicht reisen können«, eigentlich nur sinnvoll, wenn solche Reisen an der Nichtanerkennung der DDR-Pässe durch den Westen, nicht aber an der fehlenden Reisegenehmigung durch die DDR scheiterten.[194] Für Reisen nach Westdeutschland war keine Genehmigung des Allied Travel Office bzw. kein Reisepass nötig. Sie konnten folglich zu jener Zeit auch nicht an der Nichtanerkennung des DDR-Reisepasses scheitern bzw. mit einer solchen Begründung von der SED verweigert werden. Die SED-Führung bzw. das MfS gingen also davon aus, dass ihre Möglichkeiten in West-Berlin noch für eine gewisse Zeit stark eingeschränkt sein würden, die »Krebsgeschwulst« unter Umständen

---

191 Vermerk, Berlin, den 5.3.1959, o. Verf. und ähnliche Angaben, BStU, MfS, SdM, Nr. 1328, S. 78 – 83, hier S. 79 f. Der Satz ist im Original syntaktisch unvollständig.

192 Vorschläge zur Regelung der Übergabe der Rechte und Funktionen der Sowjetunion hinsichtlich Westberlins an die DDR, undatiert, mit Begleitschreiben von Winzer an Mielke vom 28.2.1959, BStU, MfS, SdM, Nr. 1328, S. 69 – 77.

193 Das Allied Travel Office (auch Board) erteilte bis 1970 sog. Temporary Travel Documents für DDR-Bewohner, die in NATO-Staaten reisen wollten. Höherrangige SED-Funktionäre bekamen i. d. R eine solche Genehmigung nicht. Berlin/Travelboard. Wind weg, Der Spiegel, H. 35, 25.8.1969, S. 69. Vgl. aus der Sicht eines DDR-Kriminalistik-Professors Paulsen, Werner: Westreisen. Zum Reiseverkehr von Bürgern der DDR nach NATO-Staaten und Berlin (West), Berlin 2011, S. 68 – 77, 103 f.

194 Betrifft: Die im Zusammenhang mit der Funktionsübergabe zu bildenden Kommissionen und deren Aufgaben, o. D.[ca. Februar 1959], o. Verf. und ähnliche Angaben, BStU, MfS, SdM, Nr. 1328, S. 64 – 68, hier S. 68.

nicht sofort beseitigt werden könne.[195] Die Grenze zur »Freien Stadt« sollte einer Kontrolle unterliegen, was aber nicht gleichbedeutend mit Plänen für den Bau einer »Mauer« ist.

Tief nach West-Berlin hineinwirken

Gleichzeitig musste die SED-Führung erkennen, dass sie politisch kaum noch Einfluss auf die Entwicklung in West-Berlin nehmen konnte. Bei den Wahlen zum (West-)Berliner Abgeordnetenhaus im Dezember 1958 erzielte die SED ganze 1,9 Prozent, ein Ergebnis, das vom Westen nicht zu Unrecht auch als Votum der West-Berliner gegen das Konzept einer »Freien Stadt« und gegen Chruschtschows Ultimatum deklariert wurde. Die SPD erreichte bei einer Rekordwahlbeteiligung von 93 Prozent mit 52,1 Prozent die absolute Mehrheit.[196] Vor dem Hintergrund dieses Debakels und des anvisierten und zumindest kurz- bis mittelfristig angelegten Sonderstatus für West-Berlin als »Freie Stadt« schuf die SED nun für West-Berlin eine formell eigenständige Parteileitung für den Westteil der Stadt, die aber ihrerseits weiter der gesamtberliner Parteileitung unterstand. Die SED-Organisation im Westteil blieb also noch Teil der SED.[197] Bisher war mehr oder weniger davon ausgegangen worden,

195 Ulbricht sprach davon, dass die Schaffung einer »Freien Stadt« erfordere, »dass beide Seiten den ernsten Willen haben, Westberlin in eine friedliche Stadt zu verwandeln, in der die Krebsgeschwulst beseitigt wird«. Der Parteitag der Erbauer des Kommunismus. Rede des Genossen Walter Ulbricht vor dem großen Parteiaktiv und Vertretern der Nationalen Front über den Außerordentlichen XXI. Parteitag der KPdSU, Neues Deutschland, 15.2.1959, S.3–5, hier S.4. Ulbricht griff damit eine Formulierung Chruschtschows auf dessen Pressekonferenz am 27.11.1958 auf, wonach West-Berlin »infolge einer gewissen Politik der Westmächte [...] gewissermaßen zu einem Krebsgeschwür geworden [ist], und wenn man dieses nicht beseitigt, so droht eine Gefahr, die zu recht unerwünschten Folgen führen kann. Darum haben wir denn auch beschlossen, einen chirurgischen Eingriff vorzunehmen, d.h. den Besatzungsstatus Berlins zu liquidieren.« Pressekonferenz des Ministerpräsidenten Chruschtschow in Moskau am 27.11.1958, Dokumente zur Deutschlandpolitik, IV/1/1, S.201–209, hier S.203.

196 Berlin, Chronik der Jahre 1957–1958, S.780ff.; Lemke, Vor der Mauer, S.138ff.

197 Als formell eigenständige Partei konstituierte sich die West-Berliner Parteiorganisation erst im November 1962, wohl nicht ganz zufällig unmittelbar nach dem Ende der Kuba-Krise, als klar wurde, dass die sowjetische Offensive auch in Bezug auf Berlin für absehbare Zeit ihr Ende gefunden hatte. S. Klein, Thomas: SEW. Die Westberliner Einheitssozialisten. Eine »ostdeutsche« Partei als Stachel im Fleische der

die SED-Politik für Ost-Berlin und die DDR würde eine Strahlwirkung auf die West-Berliner entfalten. Jetzt setzte sich langsam die Erkenntnis durch, dass gezielter auf die konkreten Lebensbedingungen im Westteil der Stadt eingegangen werden müsse, um dort Erfolge erzielen zu können. Chef der Parteileitung für die Kreisorganisationen im Westen wurde Gerhard Danelius, der bereits Erfahrungen in der Westarbeit der Partei gesammelt hatte.[198] Mit Paul Verner, der den eher farblosen Hans Kiefert als Chef der gesamtberliner SED-Leitung ablöste, übernahm auch in der gesamtberliner Leitung ein führender Mann der Westarbeit das Ruder. Die Übernahme der Berliner Bezirksleitung durch Verner macht deutlich, welchen Rang die Politik gegenüber West-Berlin für die SED-Führung von jetzt an haben sollte. Es blieb jedoch weiter Aufgabe der gesamten Berliner Parteiorganisation, so ihr neuer Chef, das »demokratische Berlin, die Hauptstadt der DDR«, so zu entwickeln, dass sie »tief nach West-Berlin hineinwirkt«. Verner versuchte, den West-Berlinern nun aber ihre Bedenken gegen das Konzept der »Freien Stadt« zu nehmen, indem er Vollbeschäftigung durch Aufträge aus dem Osten versprach, die bestehenden Besitzverhältnisse garantierte und ankündigte, nach Umwandlung in eine »Freie Stadt« könnten umgehend Verhandlungen über die Wiederaufnahme des durchgängigen Verkehrs, der Telefonverbindungen, der Rechts- und Amtshilfe etc. aufgenommen werden. Zuvor hatten die Genossen zuweilen eher den Eindruck vermittelt, das Schicksal West-Berlins sei besiegelt und die Verhältnisse würden sich bald grundlegend wandeln.[199] Auch diese organisatorische Teilverselbständigung der West-Berliner Parteiorganisation könnte im Rückblick, mit dem Wissen um den Mauerbau drei Jahre später, als Indiz dafür genommen werden, dass die SED diesen und die nahezu vollständige Spaltung der Stadt bereits zu diesem Zeitpunkt geplant oder betrieben hätte. Tatsächlich war dies aber vor allem Resultat der Erkenntnis, dass man politischen Einfluss im Westteil der Stadt nicht ohne eine gezielte, die dortigen Probleme und Lebensbedingungen berücksichtigende Politik »vor Ort« erzielen konnte. Hinzu kam wohl auch die Überlegung, dass bei Verwirklichung des

---

»Frontstadt«? Berlin 2009, S. 58 ff.; Teichert, Oliver: Die Sozialistische Einheitspartei Westberlins. Untersuchung der Steuerung der SEW durch die SED, Kassel 2011, S. 51–54.

198 Auch die anderen, bis dahin für die Parteiarbeit in West-Berlin zuständigen Sekretäre der Bezirksleitung wurden abgesetzt, s. Klein, SEW, S. 61; Teichert, Sozialistische Einheitspartei Westberlins, S. 55 f.

199 Zit. nach Berlin. Chronik der Jahre 1959–1960, S. 75 ff.

Konzepts einer »Freien Stadt« für West-Berlin die SED dort als eine formell selbständige Partei würde auftreten müssen.[200] Von den politischen Belastungen, die mit dem Bau der Mauer drei Jahre später auf die West-Berliner Genossen zukommen würden, ahnte die SED-Führung damals wahrscheinlich noch nicht einmal etwas.

5. Erste Zweifel an der Durchsetzungskraft Chruschtschows

Wurde das Konzept der »Freien Stadt« von Ulbricht schon skeptisch gesehen, weil es zumindest vorübergehend doch deutliche Abstriche an seinem Maximalziel bedeutete, kamen im Frühjahr 1959 zudem erste Zweifel auf an der Fähigkeit bzw. am Willen Chruschtschows, sein klares Ultimatum (sechs Monate) gegenüber den Westmächten überhaupt durchzusetzen. Denn Chruschtschow hatte mit der Zustimmung zu einer Außenministerkonferenz für den Mai in Genf,[201] für die eine Dauer von zwei bis drei Monaten vorgesehen war, das Ultimatum faktisch bereits vor dessen Ablauf verlängert.[202] Diese Zweifel wurden dadurch bestärkt, dass Moskau der SED keinerlei Informationen über »Vereinbarungen, Abmachungen, Dokumente (Frachtbriefe und andere Unterlagen) des bisherigen sowjetischen Kontrollmechanismus« gegenüber den Transporten der Westalliierten zukommen ließ. Sie blieben, wie es in einer Aktennotiz zur zweiten Sitzung der beim DDR-Außenministerium gebildeten Kommission zur Berlin-Frage hieß, »unerreichbar«.[203]

Zu dieser Zeit wurde Innenminister Maron von der Sicherheitskommission beauftragt, »einen Vorschlag über die Neuregelung des System der Sicherung der Sektorengrenze innerhalb Berlins auszuarbeiten und der Sicher-

200 Vgl. dazu aus zeitgenössischer Sicht Tannenhäuser, K.: Parteileitung Berlin-West der SED, Freie Rundschau, 3 (1960) 4, S. 22–24.

201 Zur Genfer Außenministerkonferenz s. Wettig, Chruschtschows Berlin-Krise, S. 55–70.

202 Note der Regierung der UdSSR an die Regierungen Frankreichs, Großbritanniens und der Vereinigten Staaten, 2. 3. 1959, in: Dokumente zur Deutschlandpolitik. IV. Reihe/Bd. 1., 2. Halbbd., hg. vom Bundesministerium für innerdeutsche Beziehungen, Frankfurt am Main 1971, S. 983–989, hier S. 989.

203 Aktennotiz über die 2. Sitzung der beim Ministerium für Auswärtige Angelegenheiten gebildeten Kommission in der Berlin-Frage am 14. 4. 1959, 11.00 Uhr, 15. 4. 1959, BStU, MfS, SdM, Nr. 1328, S. 61–63.

heitskommission zur Beratung vorzulegen«.[204] Honecker, der im Sekretariat für die Sicherheitskommission zuständig war, schickte Marons Entwurf mit der Bitte um Stellungnahme an MfS-Chef Mielke und an Verteidigungsminister Stoph.[205] Der »Begutachtung der Beschlußvorlage« durch Mielke ist zu entnehmen, dass selbst er nicht wusste, welchem genauen Zweck diese Grenzplanungen dienten. Das MfS befürwortete die Planungen zur Verstärkung der Kräfte an der Sektorengrenze, da so »die Sektoren-Grenze bis zu einer bestimmten Tiefe vollkommen blockiert werden kann«. Allerdings stellte das MfS seine Stellungnahme unter einen Vorbehalt:

> Eine genaue militärische Beurteilung über vorliegenden Beschluß und Karte kann nicht gegeben werden, weil: a) unbekannt sind die konkreten Aufgaben der Bereitschaften bis zu den Zügen b) die Kräfte, Planungen und Stoßrichtungen [sic!] des Gegners.[206]

Und in der Tat ist den Planungen nicht zu entnehmen, was – außer einer grundsätzlich besseren Sicherung – der genaue Zweck dieser Maßnahmen war. Allerdings war neben der Aufteilung der Sektorengrenze in drei Abschnitte, die fortan von der Bereitschaftspolizei gesichert werden sollte, wobei die Kontrollen an den Übergängen allein in die Zuständigkeit des Amtes für Zollkontrolle und Warenverkehr (AZKW) fallen sollten, auch vorgesehen, das Präsidium der Volkspolizei zu beauftragen,

> Vorbereitungen zu treffen, um in besonderen Fällen eine pioniermäßige [sic!] ausgebaute Sperrzone zu schaffen – unter Ausnutzung der natürlichen Hindernisse, Festlegung von Feuerpunkten sowie der Organisierung des Feuersystems und der Orientierungsmaßnahmen.[207]

---

204 Auszug aus dem Protokoll der Sicherheitskommission des Politbüros der SED vom 22.1.1959, BArch DVW 1/5046, Bl. 69. Vorausgegangen war dem eine Überprüfung der Situation an der Sektorengrenze, die zahlreiche »Mängel« an den Tag brachte: permanente Unterbesetzung, schlechte Disziplin – bis dahin, dass bei den Kontrolleuren überhaupt keine klare Vorstellung darüber bestand, was überhaupt und in welchen Mengen über die Grenze gebracht werden durfte. Es wurde daher überlegt, ob das AZKW die Kontrolle an der Sektorengrenze übernehmen sollte, s. HV DVP HA K, Berlin, 7.11.1958, Betr. Überprüfung der Sicherungsmaßnahmen an der Sektorengrenze, BArch DO 1/27779, Bl. 118–122.

205 Schreiben von Honecker an Mielke, 13.4.1959, BStU, MfS, SdM, Nr. 1327, S. 265.

206 Begutachtung der Beschlußvorlage über Maßnahmen zur Erhöhung des Schutzes der Sektoren-Grenze in Berlin, o.D. [nach dem 13.4.1959], o. Verf., BStU, MfS, SdM, Nr. 1327, S. 266–267.

207 Ebd.

Auch diese Maßnahme muss nicht zwangsläufig vorrangig auf eine Fluchtverhinderung gezielt haben. Genauso gut kann sie tatsächlich gegen erwartete Aktionen aus dem Westteil gegen Ost-Berlin gerichtet gewesen sein, sah sich doch das MfS etwa genötigt, auf die Notwendigkeit einer Koordinierung der Bewachung der wichtigsten Partei- und Regierungsgebäude zu verweisen, inklusive des »Städtchens« in Berlin-Pankow.[208] Es sei daran erinnert, dass der Aufstand vom 17. Juni 1953 als vom Westen initiiert und gesteuert galt. Das Trauma lebte fort. Auch die »Begründung der Beschlußvorlage« gibt keinen weiteren Aufschluss. Hierin wird lediglich, unter Bezug auf Details der Grenzsicherung, darauf verwiesen, dass das seit Oktober 1953 bestehende System der Grenzsicherung »veraltet« sei und »nicht mehr den Erfordernissen« entspreche. Was diese neuen Erfordernisse genau waren, wird nicht ausgeführt. »Die zur Verteidigung der Sektorengrenze notwendigen Pionier-Mittel fehlen (Sperrmaterialien usw.)«, heißt es weiter, und die »vorhandenen operativen Unterlagen zur Verteidigung der Sektorengrenze entsprechen nicht den an sie gestellten Forderungen. Sie sind unvollständig und veraltet.«[209] Unabhängig davon, mit welchem konkreten Ziel diese Planungen zur »Erhöhung des Schutzes der Sektoren-Grenze« in Angriff genommen wurden, dürften sie maßgeblich dazu beigetragen haben, dass die Schließung der Grenze am 13. August 1961 dann so relativ reibungslos vonstattengehen konnte.

In einem schriftlich geführten Interview mit dem Chef der Nachrichtenagentur UPI, F. H. Bartholomew, beantwortete Ulbricht im Mai 1959 dessen Frage, ob im Falle des Abschlusses eines separaten Friedensvertrages »die Verkehrsverbindungen zwischen dem östlichen und dem westlichen Teil Berlins erhalten bleiben« würden, mit: »Jawohl, die Verkehrsverbindungen zwischen dem östlichen und dem westlichen Teil Berlins werden aufrechterhalten bleiben.« Er hoffe aber noch darauf, »dass das amerikanische Volk dem Wunsche der friedliebenden Kräfte des deutschen Volkes auf Abschluß eines Friedensvertrages mit beiden deutschen Staaten Verständnis« entgegenbringen werde.[210] Natürlich kann man hier Ulbricht wieder eine perfide Verschleierungs-

---

208 Ebd., S. 266. Im darauffolgenden Jahr, also noch vor dem Mauerbau, zog die Parteiführung vom »Pankower Städtchen« in die neu errichtete Wandlitz-Siedlung im Nordosten Berlins.

209 Begründung der Beschlußvorlage, o. D. [ca. April 1959], BStU, MfS, SdM, Nr. 1327, S. 272–274.

210 Interview des Ersten Sekretärs des ZK der SED, Ulbricht, mit dem Präsidenten der Nachrichtenagentur UPI, F. H. Bartholomew, 27. 5. 1959, zit. nach Dokumente zur Deutschlandpolitik. IV. Reihe/Bd. 2., 1. Halbbd., hg. vom Bundesministerium für

taktik unterstellen, denn auszuschließen ist sie ja nicht. Viel wahrscheinlicher ist aber, dass in seiner Antwort die Hoffnung zum Ausdruck kommt, mit der Umwandlung West-Berlins in eine »Freie Stadt« die Probleme, die für die DDR aus der Existenz des alten West-Berlin erwuchsen, tatsächlich schrittweise einer Lösung zuführen zu können. Auch in diesem Interview legte er wieder besonderen Wert auf die »Einstellung der Politik der Provokation, der Störmanöver, der Agententätigkeit gegen die DDR« und fragte mit Blick auf den RIAS:

> Was würden zum Beispiel die Amerikaner dazu sagen, wenn in Washington eine ausländische Radiostation existierte, die Tag und Nacht gegen die amerikanische Regierung, gegen die führenden politischen Persönlichkeiten hetzt und die Amerikaner zur Sabotage, zu Spionage und zum Umsturz auffordert?[211]

Ulbricht hoffte, ja ging davon aus, dass die DDR die Kontrolle über ihre Grenzen erlangen (und damit die Abwanderung steuern könnte) und die »Diversion« aus West-Berlin beendet würde.

Genf: Ein Friedensvertrag frühestens 1961

Als im Juni 1959 eine DDR-Delegation unter Ulbricht und Grotewohl zu Gesprächen, vor allem über den Verlauf der Genfer Außenministerkonferenz,[212] in Moskau war, ließ Ulbricht gar keine Zweifel daran aufkommen, dass die DDR die Kontrollrechte übernehmen würde. Fraglich war für ihn nur, in welcher Form die DDR den noch für eine Übergangszeit in West-Berlin verbleibenden westlichen Truppenkontingenten den freien Zugang »garantieren«

innerdeutsche Beziehungen, Frankfurt am Main 1971, S. 376–383, hier S. 380. Dem mit dieser Antwort endenden schriftlich geführten Teil des Interviews folgte noch ein mündlich geführter, in dem Ulbricht betonte, die schriftlichen Fragen »präzise« beantwortet zu haben. Das Interview erschien am 28. 5. 1959 im Neuen Deutschland.

211 Ebd., S. 379.

212 Zur Genfer Außenministerkonferenz s. Wettig, Chruschtschows Berlin-Krise, S. 55–70; insbesondere zu den DDR-Positionen s. Lemke, Die Berlinkrise, S. 129 ff.; Harrison, Ulbrichts Mauer, S. 201–218; vor allem die Literatur zusammenfassend auch Wilke, Der Weg zur Mauer, S. 233 ff.

würde. Wahrscheinlich kannte Ulbricht zum Zeitpunkt des ersten Treffens mit der sowjetischen Führung am 9. Juni noch nicht den Bericht des stellvertretenden DDR-Außenministers Winzer aus Genf vom Vortag. Aber dass die Chancen für eine Eins-zu-eins-Umsetzung der östlichen Pläne mehr als gering waren, war für Ulbricht spätestens seit Beginn des Frühjahrs ohnehin klar.[213] In seinem Bericht informierte Winzer, dass die Sowjetunion es für unmöglich erachte, in Genf den Status einer »Freien Stadt« für West-Berlin durchzusetzen. Valerian Sorin, stellvertretender sowjetischer Außenminister, habe mitgeteilt, es gebe nur die Alternative, »entweder ein zeitweiliges Abkommen über Westberlin einzugehen, oder die Sowjetunion und die DDR werden selber handeln«. Sorin habe vorgeschlagen, den derzeitigen Zustand noch für ein Jahr zu akzeptieren, unter der Voraussetzung, dass die westlichen Truppen in West-Berlin verringert, keine Atomwaffen und Raketen dort stationiert[214] und die Diversion gegen die DDR eingestellt würden.[215]

Formell könnten die Westmächte die DDR jetzt noch nicht anerkennen, meinte Chruschtschow, schon allein aus Prestigegründen. Aber die »unrealistische Politik von Dulles[216]«, die auf die sogenannte »Befreiung« Osteuropas gerichtet gewesen sei, die auf die »Unterwanderung dieser Länder von innen« gesetzt habe, sei »komplett gescheitert«. Denn jetzt, so Chruschtschow weiter zur ostdeutschen Delegation, seien die Amerikaner nach Genf gekommen und hätten der Teilnahme der DDR zugestimmt und diese damit faktisch anerkannt. Allerdings rückte ein Friedensvertrag jetzt weiter in die Ferne, selbst einer nur mit der DDR. Moskau schlug vielmehr vor, eine deutsch-deutsche Kommission zur Verhandlung der Fragen der deutschen Wiedervereinigung zu bilden. Diese sollte ein bis eineinhalb Jahre, also bis 1961, Zeit haben. Wenn

213 Bereits im April hatte Sorin die Pläne für einen Friedensvertrag mit beiden deutschen Staaten und eine Umwandlung West-Berlins in eine »Freie Stadt« als »schwerlich erreichbar« und ein solches Ziel als »sehr hoch« eingeschätzt, Telegramm von DDR-Botschafter König aus Moskau, 13.4.1959, zit. nach Harrison, Ulbrichts Mauer, S. 202.

214 Für eine solche Absicht bei den Westalliierten gab es aber ohnehin keinerlei Indizien.

215 Bericht Winzers (aus Genf) an Ulbricht, Grotewohl, Rau und Schwab, 8.6.1959, zit. nach Lemke, Die Berlinkrise, S. 130f.

216 1958 wurde beim US-Außenminister John Foster Dulles Krebs im Endstadium diagnostiziert, worauf er im April 1959 sein Amt abgab und kurz darauf, am 24.5.1959, verstarb. Nicht auszuschließen, aber unwahrscheinlich ist, dass Chruschtschow dessen Bruder, den langjährigen CIA-Chef Allen Welsh Dulles, meint.

bis dahin keine Resultate erzielt worden seien, müssten die Anwesenheit der Westmächte in Berlin beendet und die Diversions- und Spionageaktivitäten eingestellt werden. Der Westen werde in dieser Zeit schwächer werden und »wir werden stärker sein«, so Chruschtschow:

> 1961 wird die DDR beginnen, die BRD im Lebensstandard zu überholen. Dies wird eine große politische Bedeutung haben. Das wird eine Bombe für sie werden. Daher ist unsere Haltung, Zeit zu gewinnen.

Grotewohl zeigte sich vollkommen einverstanden mit Chruschtschows Ausführungen. Wenn die Diversions- und Spionageaktivitäten aus West-Berlin bis 1961 nicht eingestellt würden, so merkte er jedoch an, »dann werden wir selbst Maßnahmen einleiten, um unsere Sicherheit zu gewährleisten«.[217] Möglicherweise hatte Grotewohl hier eine bessere Sicherung und stärkere Kontrolle der Sektorengrenze im Blick, wie sie seit dem Frühjahr unter der Obhut der Sicherheitskommission in Planung war. Aber die Frage der Flucht war in den Gesprächen in Moskau über Genf und das weitere Vorgehen kein Thema. Warum sollte sie es auch sein? 1959 war die Abwanderung aus der DDR so niedrig wie nie zuvor. Während 1958 noch deutlich über 200 000 Menschen in den Westen gegangen waren, waren es in der ersten Hälfte des Jahres 1959 nur noch knapp

217 Short Summary of the Talks with the GDR Party-Governmental Delegation on 9 June 1959, 4.7.1959, in: The Berlin Crisis and the Khrushchev-Ulbricht Summits in Moscow, 9 and 18 June 1959, Introduction, translation, and annotation by Hope M. Harrison, in: CWIHP Bulletin 11/1998, S. 204–217, das Dokument S. 206–212. Die Ausführungen Chruschtschows bei den Treffen am 9. und 18.6.1959 in den zusammenfassenden sowjetischen Protokollen decken sich ziemlich genau mit der offiziellen Veröffentlichung seiner Rede bei dem Treffen in Moskau, datiert auf den 19.6.1959. Harrison weist nicht einmal auf die Existenz einer solchen veröffentlichten Rede hin. Chruschtschows Rede wurde damals in mehreren sowjetischen und ausländischen Zeitungen in Russisch, Deutsch, Englisch und Französisch veröffentlicht, auch im »Neuen Deutschland«, und ist seit 1971 in den Dokumenten zur Deutschlandpolitik, IV/2/1, S. 665–679, leicht zugänglich. Die veröffentlichten Fassungen der Ausführungen der deutschen Teilnehmer unterscheiden sich stärker von den Aussagen in den sowjetischen Protokollen. In den veröffentlichten Fassungen fehlen die taktischen Überlegungen, die konkreten Bitten an Moskau um wirtschaftliche Hilfe und die andeutungsweise selbstkritischen Passagen, dafür enthalten sie lange, grundsätzliche, auf die deutsche Geschichte Bezug nehmende und vor allem an die (west-)deutsche Bevölkerung gerichtete Passagen. Für die Beiträge von Ulbricht, Grotewohl und Friedrich Ebert s. ebd., S. 680–695, für das offizielle Kommuniqué s. ebd., S. 695–705.

über 70 000.[218] Endlich konnte die SED-Führung hier Erfolge aufweisen. Aber Ulbricht war natürlich klar, dass die DDR wirtschaftlich vorankommen musste, um die sich bessernde Lage zu konsolidieren und die Abwanderung dauerhaft zu stoppen oder wenigstens deutlich zu begrenzen. Er kam deshalb, sekundiert von Grotewohl, als Chruschtschow die Unterredung eigentlich schon abgeschlossen hatte, noch einmal auf die wirtschaftliche Lage in der DDR zu sprechen. Zwar mache die DDR große Fortschritte, sie hätte aber Aufgaben zu lösen, die sie nicht allein bewältigen könne. Die Menschen verglichen den Lebensstandard in der DDR mit dem in Westdeutschland und West-Berlin, so Ulbricht zu Chruschtschow. Aber Ulbricht nahm jetzt bezeichnenderweise eben nicht Bezug auf die trotz Rückganges immer noch hohe Abwanderung in den Westen, sondern nur auf den Einkaufstourismus nach West-Berlin, der »natürlich negative politische Auswirkungen« habe.[219] Die westliche Diversion etc. war Ulbrichts Hauptthema und -sorge, weil sie seinen sozialistischen Aufbau störte, nicht aber die ja immer stärker abnehmende Abwanderung in den Westen, da sie vor allem als Folge der von ihm beklagten westlichen Störmanöver gesehen wurde, die die DDR eben daran hinderten, ihre wirtschaftliche und soziale Überlegenheit zu zeigen.

Nach einer einwöchigen Rundreise durch die Sowjetunion traf sich die Partei- und Regierungsdelegation noch einmal mit der sowjetischen Führung. Wieder waren Genf, die Frage eines Friedensvertrages und die Präsenz der Westmächte in Berlin Thema, nicht eine sich angeblich dramatisch verschlimmernde Lage bei der Massenflucht aus der DDR. Alle Teilnehmer stimmten darin überein, dass es darum gehe, »Zeit zu gewinnen«, da sie davon ausgingen, diese würde für den Osten arbeiten. Denn in ein bis zwei Jahren würde sich das Wirtschaftswunder in der DDR zeigen. Ulbricht sagte:

> Wir tun von unserer Seite alles, um diese Aufgaben zu lösen. Deshalb haben wir uns das Ziel gesetzt, die BRD zu überholen. Dies wird große Bedeutung auch für die Lösung der Berlin-Frage haben. Es ist deshalb auch kein Zufall, dass Brandt kürzlich sagte, dass die Frage des Kampfes um Berlin eine Frage des Kampfes von zwei Systemen ist. Allerdings, um die vor uns stehenden Aufgaben zu lösen, bitten wir darum, uns Hilfe zu geben.[220]

218 Zu den Zahlen s. Melis, Republikflucht, S. 255.

219 Short Summary of the Talks with the GDR Party-Governmental Delegation on 9 June 1959, 4. 7. 1959, in: The Berlin Crisis, S. 211.

220 Ebd., S. 215.

»Republikflucht« nicht auf der Tagesordnung

Moskau setzte mit der Frist von ein bis eineinhalb Jahren faktisch ein neues Ultimatum. Wären die Deutschen bis dahin nicht zu einer einvernehmlichen Lösung gekommen, würde die Sowjetunion einseitige Schritte ergreifen. Zwar behauptete Chruschtschow, dies sei kein Ultimatum, aber faktisch wirkte es so. Wenn die Verhinderung der Flucht aus der DDR zu jener Zeit das brennende Thema gewesen wäre, hätte man sich doch fragen müssen, welche Wirkung ein solches Ultimatum haben würde. Müsste es nicht die DDR-Bewohner in einer Art Torschlusspanik geradezu zur Flucht treiben? Einer der ostdeutschen Teilnehmer wandte auch vorsichtig ein, der Anschein eines Ultimatums sollte doch möglichst vermieden werden. Es war Paul Scholz, stellvertretender Ministerratsvorsitzender und stellvertretender Vorsitzender der Demokratischen Bauernpartei Deutschlands (DBD). Er wies darauf hin, dass man in der DDR bereits mit dem 27. Mai, dem Ende des ersten sowjetischen Ultimatums, Erfahrungen habe: »Wie bekannt ist, hat an diesem Tag jeder in der DDR damit gerechnet, dass etwas passiert.« Deshalb sei es besser, kein konkretes Datum zu benennen, sondern die Freiheit der Entscheidung für sich zu bewahren.[221] Und in der Tat waren im April die Fluchtzahlen nach oben gegangen, wenn auch moderat. Im Mai war dann mit der Nachricht von der bevorstehenden Außenministerkonferenz in Genf bereits Entspannung angesagt, und die Zahlen gingen wieder zurück.[222] Der Zusammenhang der Fluchtentwicklung mit den Entwicklungen auf internationaler Ebene war ziemlich offenkundig. Es dürfte kein Zufall sein, dass es der Chef der Bauernpartei war, der so seine Sorge zum Ausdruck brachte, war doch gerade die zweite große Kollektivierungswelle im Gang. Aber sein Einwand wurde von niemandem aufgenommen, die Fluchtfrage nicht besprochen, obwohl ansonsten recht offen und ins Detail gehend die Probleme in der DDR zur Sprache gebracht wurden.[223] Wenn aber die Fluchtfrage zu diesem Zeitpunkt bereits die wichtigste oder eine der wichtigsten Fragen im Zusammenhang mit dem Vorgehen gegenüber dem Westen und in der Berlin-Frage gewesen wäre, wenigstens für die SED, dann hätte man die Wirkungen ständig neuer Ultimaten und eines ständigen Wechsels

221 Ebd.

222 Im März gingen 9929, im April 14885 und im Mai 11726, s. Melis, Republikflucht, S. 255.

223 Summary of the Talks with the GDR Party-Governmental Delegation on 18 June 1959, 4. 7. 1959, in: The Berlin Crisis, S. 212–217.

zwischen Entspannungsphasen und neuen Krisenstimmungen stärker berücksichtigen müssen. Stattdessen war man sich einig, Zeit gewinnen zu wollen, die SED-Führung zumindest in Anbetracht des Umstandes, dass Moskau derzeit die Maximalziele nicht durchsetzen konnte oder wollte. Wenn man 1959 die Abwanderung als akut die Existenz bedrohend eingeschätzt hätte, hätte man dann auf Zeit spielen können, in Berlin bis 1961 planmäßig alles so belassen können, wie es war? Genau das war aber mit Genf und der sowjetischen Verlängerung des Ultimatums klar: Vor 1961 würde es keine wesentlichen Veränderungen geben, weder die volle Kontrolle der DDR über die Zugangswege noch einen Abzug der Westmächte noch wesentliche Veränderung der Situation an der Sektorengrenze.

Gelegentlich wurde eingewendet, die SED hätte durch den Verweis auf die Agententätigkeit versucht, sich »nach außen wie intern in ein viel besseres Licht« zu rücken, und deshalb eher darauf verzichtet, den »blamablen Tatbestand« der »Republikflucht« hervorzuheben.[224] Nun ist ein solches, von den negativen Folgen der eigenen Politik ablenkendes Vorgehen wohl grundsätzlich den meisten Politikern eigen, aber warum beklagte Ulbricht in diesen internen Gesprächen im Juni 1959 in Moskau lang und breit die für die DDR so schädlichen Folgen der westlichen Diversionstätigkeit,[225] nicht aber die der »Republikflucht«, und breitete die wirtschaftlichen Probleme der DDR vor Chruschtschow aus, um dann gerade in der für die Öffentlichkeit bestimmten Fassung seiner Rede in Moskau explizit Bezug auf die so blamable »Republikflucht« zu nehmen? War es nicht vielleicht deshalb so, weil dieses »Folgeproblem« vom Westen in der propagandistischen Auseinandersetzung zum Beweis für das Scheitern von Ulbrichts Politik genommen wurde, während es intern, unter Kommunisten, eben als Folge und Instrument des Kalten Krieges gegen die DDR begriffen wurde? Während Walter Ulbricht Willy Brandt in dem in-

224 So etwa Wettig in seiner Erwiderung auf den Aufsatz Ulbrichts obskures Objekt der Begierde, d. Verf. über Ulbrichts angebliche Pläne für eine Fluchtverhinderungsmauer in Berlin schon 1952/53, s. Wettig, Gerhard: Bemerkungen zur Frage der Motivation von Ulbrichts Verlangen nach Sperrung der Grenze in Berlin, Zeitschrift des Forschungsverbundes SED-Staat, Nr. 30/2011, S. 144–146, vgl. dazu auch die Antwort d. Verf., ebd., S. 147–149.

225 Der Ausschuss für Deutsche Einheit veröffentlichte zeitgleich eine Dokumentation: Spionage-Dschungel Westberlin. Eine Dokumentation über die westdeutschen und Westberliner Sabotage- und Spionageorganisationen und über die Geheimagenturen der imperialistischen Westmächte, Hg.: Ausschuss für deutsche Einheit, Berlin 1959.

ternen sowjetischen Protokoll mit der Aussage zitiert, der Kampf um Berlin sei der Kampf zwischen zwei Systemen, nimmt er in der veröffentlichten Fassung direkt Bezug auf die Frage der »Republikflucht« als Folge dieser Systemauseinandersetzung. Er behauptet in seiner veröffentlichten Rede, Brandt habe zugegeben,

> daß die Agentenstützpunkte in Westberlin notwendig seien, um die Republikflucht aus der Deutschen Demokratischen Republik weiterzuführen und den Kampf gegen das sozialistische System in den Ostländern zu führen.[226]

Nun kann das sowjetische, zusammenfassende Protokoll eine Ungenauigkeit oder Lücke aufweisen, aber das Argument, die SED-Führung habe das Thema möglichst über- oder umgangen, da es für sie »blamabel« gewesen sei, sticht hier wohl kaum. Der sowjetische Protokollant hat Ulbrichts Bezugnahme auf Brandts Äußerung hier möglicherweise auf den Kern zurückgeführt: auf die Systemauseinandersetzung, in der die »Republikflucht« lediglich ein jedem in Moskau bekanntes Instrument des Westens war und daher keiner besonderen Erwähnung bedurfte. Es war für die Kommunisten schlicht im Wesentlichen ein Folgeproblem der westlichen Diversion. Diese Gewichtung der Gründe für die »Republikflucht« schließt natürlich nicht aus, dass auch andere Gründe gesehen wurden, aber eben nachrangig. Deshalb wurden die Diversion und die Frage, wie sie zu verhindern sei, in Moskau angesprochen, aber weder von Moskau noch von der SED-Führung das Fluchtproblem selbst behandelt. Allerdings war den Amerikanern kurz zuvor ein kleiner propagandistischer Coup gelungen, der in der Frage der Diversion die Sowjets, zumindest vorübergehend, in eine gewisse Defensive zwang. Die CIA hatte Informationen über die östliche Geheimdienstarbeit von Ost-Berlin aus zusammengestellt, mit denen der neue US-Außenminister Christian Herter während der Genfer Konferenz seinen sowjetischen Kollegen Andrej Gromyko konfrontierte, der dies mit »versteinertem Gesicht« habe über sich ergehen lassen, um dann von diesem Thema abzulenken.[227] Parallel dazu hatte der West-Berliner Innensenator eine »Denkschrift östliche Untergrundarbeit gegen Westberlin« veröffentlicht, in

226 S. Dokumente zur Deutschlandpolitik, IV/2/1, S. 685.

227 Memorandum of Coversation, Meeting of Foreign Ministers, Genf, 1. 6. 1959, Foreign Relations of the United States (FRUS), Vol. VIII, S. 803–809, hier S. 803 f.; Telegram from Secretary of State Herter to the Department of State, Genf 1. 6. 1959, ebd., S. 812.

der ausführlich das gesamte Spektrum der östlichen Diversion und Spionage gegen West-Berlin dargestellt wurde.[228]

Wie bereits weiter oben erwähnt, ist Chruschtschows angebliches Diktum »Walter, versteh doch eins: Bei offenen Grenzen können wir den Wettbewerb mit dem Kapitalismus nicht bestehen« womöglich eher einem abendlichen Beisammensein im Rahmen dieses Treffens im Jahr 1959 als dem Jahr 1958 zuzuordnen.[229] Möglicherweise, aber das ist pure Spekulation, war Chruschtschow vor dem Hintergrund seitens der DDR nun tatsächlich immer drängender vorgetragener Bitten um wirtschaftliche Hilfe und der Probleme im eigenen Land langsam zu der Erkenntnis gekommen, dass ein direkter Vergleich mit dem Westen auf absehbare Zeit zuungunsten des Sozialismus ausfallen würde. Das ostdeutsche »Wirtschaftswunder« zeigte sich höchstens in zaghaften Ansätzen. Moskau hatte sich vom Sozialismus in Deutschland weltweite Impulse und Unterstützung für die eigene Wirtschaft erhofft, jetzt deutete sich die Notwendigkeit einer – aus sowjetischer Sicht – Subventionierung der DDR-Wirtschaft an, zumindest für eine Übergangsphase. International stand die Geschlossenheit des östlichen Lagers durch den sich verschärfenden Konflikt zwischen Peking und Moskau auf dem Spiel. So hatte man nicht gerechnet in Moskau. Chruschtschow gab den deutschen Genossen in Bezug auf die erbetene wirtschaftliche Hilfe denn auch zu bedenken:

> Wir werden uns das alles ansehen. Wir müssen unsere eigenen Möglichkeiten berücksichtigen. Ich möchte euch daran erinnern, dass wir den Wettkampf mit dem Kapitalismus nackt und barfuß begonnen haben. Die Menschen haben uns nicht nur geglaubt, weil wir Würstchen und Bier versprochen haben, sondern wegen der Lehren von Marx und Engels. Die Amerikaner verbinden große Hoffnungen mit der Organisierung ihrer Ausstellung in Moskau. Sie setzen darauf, dass die sowjetischen Menschen sich von ihrer Regierung abwenden werden, wenn sie deren Errungenschaften [die der Amerikaner] sehen. Aber die Amerikaner verstehen unsere Menschen nicht. Wir wollen die Ausstellung gegen die Amerikaner wenden. Wir werden unseren Menschen sagen: Seht, das ist, was das reichste Land des Kapitalismus in einhundert Jahren erreicht hat. Der Sozialismus gibt uns die Chance, dies bedeutend schneller zu erreichen. Deshalb wollen wir nicht die Fragen aufbringen, Sozialismus oder Kaffee. Sozialismus zuerst, aber der Kaffee muss serviert werden, heute mögli-

228 Denkschrift östliche Untergrundarbeit gegen Westberlin, hg. vom Senator für Inneres, Berlin, Stand 15. April 1959.
229 S. Pri otkrytych granicach.

cherweise noch nicht die ganze Tasse, aber morgen die ganze Tasse. Wir sind keine Händler, sondern Freunde. Deshalb gehen wir an alle Fragen politisch heran. Aber bevor wir eine Antwort geben, müssen wir unsere Möglichkeiten bedenken, müssen sie im Blick haben.[230]

6. Pepsi-Cola und »Pornographie« – Chruschtschows Schaufenstererfahrungen

Chruschtschow wusste jetzt sehr viel mehr über das Leben im Westen als noch einige Jahre zuvor, war schon etwas in der Welt herumgekommen, hatte viel gesehen und mit vielen Menschen, nicht zuletzt Politikern, Gespräche geführt. Chruschtschow war von der Überlegenheit des Kommunismus überzeugt, aber nicht blind, sonder wissbegierig und offen für Neues. Aber viele Argumente, mit denen er auf seinen Reisen konfrontiert wurde, waren ihm entweder vollkommen fremd oder seit Jahrzehnten im kommunistischen Freund-Feind-Schema fest einsortiert. Alles wurde vom eigenen »Klassenstandpunkt« aus bewertet. Zudem musste man dank Macht- und Meinungsmonopol im eigenen Herrschaftsbereich keine Auseinandersetzungen führen mit Argumenten, die jenseits des eigenen »Klassenstandpunktes« lokalisiert wurden. Dies erleichterte über die Jahre hinweg die Herausbildung einer weitgehend unangegriffenen Selbstsicherheit. Man unterhielt sich nur mit seinesgleichen und fand so unablässige Bestätigung. Dies galt für Chruschtschow und auch für Ulbricht. Aber Ulbricht in Berlin war den »Herausforderungen«, wie sie Chruschtschow etwa bei seinen Reisen in den Westen gegenübertraten, praktisch jeden Tag ausgesetzt. Chruschtschow dürfte erst mit den Jahren etwas mehr Verständnis für die schwierige Lage entwickelt haben, der sich Ulbricht im geteilten Berlin gegenübersah. Und das hieß, zu begreifen, dass die »Überlegenheit des Kommunismus« sich nicht so ohne Weiteres vermitteln ließ, sich den Menschen nicht von selbst oder allein aus der Theorie erschloss. Diese Entwicklung im Denken von Chruschtschow war noch weitgehend frei von jeder Selbstkritik, nahm nur überhaupt erst einmal und gezwungenermaßen die Widerstände und Argumente zur Kenntnis, die sich den eigenen Gewissheiten außerhalb seines Herrschaftsbereiches entgegenstellten.

230 Short Summary of the Talks with the GDR Party-Governmental Delegation on 9 June 1959, 4. 7. 1959, in: The Berlin Crisis, S. 212.

Chruschtschows und Ulbrichts Weg zur Mauer war nicht nur ein Weg der sukzessiven Desillusionierung, sondern auch ein Weg der gegenseitigen geistigen Annäherung. Ulbricht musste die Grenzen der Imperiumsmacht, des Landes Lenins und Stalins und der »Heimat aller Proletarier«, und deren über Deutschland und Berlin hinausgehende Perspektive zur Kenntnis nehmen. Chruschtschow musste die Grenzen der Leistungsfähigkeit des Sozialismus (auch) in Deutschland begreifen, den Widerstand, der sich im Vaterland von Marx und Engels, von Liebknecht und Luxemburg etc. dem Sozialismus (sowjetischer Art) in der Intelligenz, aber auch innerhalb der Arbeiterklasse entgegenstellte, ins Kalkül nehmen. Der Abschied von alten Gewissheiten, ja von Lebenslügen fällt Menschen nicht leicht, zumal wenn sie mit schwerwiegenden Folgen für die eigene Existenz verbunden sind. Oft gelingt solch ein Abschied nur unter äußerem Druck. Dieser Druck begann jetzt deutlich anzusteigen. Wenn man, wie Chruschtschow es tat, behauptete, die USA hätten einhundert Jahre zum Erreichen ihres aktuellen Lebensstandards gebraucht, und damit auf einen quasi wettbewerbsverzerrenden Vorteil bzw. Vorsprung verweist, dann ist es gedanklich nicht weit zu der Überlegung, eine zeitweise Abschottung gegenüber dem Westen könnte ein legitimes Mittel sein, um die Wettbewerbsverzerrung zu verringern. Aber wie gesagt, es fehlt eine belastbare Brücke, die die Konjunktive in den Indikativ führen könnte. Es gibt kaum wirklich konkrete Innenansichten von Chruschtschow und noch weniger von Ulbricht.

Auf der von Chruschtschow in der Besprechung mit der ostdeutschen Führung erwähnten amerikanischen Ausstellung in Moskau kam es – kurz nach diesen Gesprächen – zu einem erhellenden Disput zwischen Nikita Chruschtschow und dem amerikanischen Vizepräsidenten und späteren Präsidentschaftskandidaten Richard Nixon, der damals – nicht zuletzt dank modernster amerikanischer Fernsehtechnik – als »Küchendebatte« um die Welt ging. Die American National Exhibition, auf die Chruschtschow in seinen Gesprächen mit der Ost-Berliner Führung Bezug genommen hatte, fand im Rahmen eines Kulturaustauschprogrammes im Sokolniki-Park in Moskau statt.[231] Sie

231 Für eine amüsante Schilderung von Nixons Besuch in Moskau und vor allem auch Chruschtschows USA-Reise s. Carlson, Peter: K Blows Top: A Cold War Comic Interlude, Starring Nikita Khrushchev, America's Most Unlikely Tourist, New York 2009, für Nixons Moskau-Besuch s. S. 3–49. Im Juni und Juli hatte es eine sowjetische Ausstellung in New York gegeben., s. Red Fair Opens in New York, Universal International News (http://www.youtube.com/watch?v=iDwmmcI3Lqg, Stand

wurde von der unglaublichen Zahl von 2,7 Millionen Sowjetbürgern, vor allem Moskauern, besucht. Sie sollte das gegenseitige Kennenlernen befördern und natürlich auch tatsächlich das bewirken, was Chruschtschow in seinem Gespräch mit den ostdeutschen Genossen unterstellte, war Werbung für den amerikanischen Lebensstil, quasi legale »Diversion«, war für einen Sommer eine Art West-Berlin in Moskau. Die Amerikaner steckten 3,5 Millionen Dollar in diese Ausstellung, so viel wie in 18 andere Handelsmessen dieses Jahres zusammen. Sie inszenierten eine gigantische Show des American Way of Life.[232] Als besondere Attraktion wurde ein modernes, tatsächlich so in den USA existierendes Einfamilienhaus komplett in Moskau nachgebaut, allerdings in zwei Teile gespalten, damit die Menschenmassen den Luxus und die technischen Wunderwerke in ihm ohne Gedränge bestaunen konnten. Das Haus bekam wegen dieser Teilung und in Anlehnung an den sowjetischen »Sputnik« und dessen propagandistische Wirkung den Namen »Splitnik«.[233] Vor dem Hintergrund der Küche dieses Hauses entspann sich am 24. Juli 1959 die bemerkenswerte »Küchendebatte« zwischen Chruschtschow und Nixon.[234] Dieses spontane Gespräch sagt nicht nur viel über Chruschtschows Denken, seine Mentalität, seine Hoffnungen, seine Perspektiven, sondern gibt vor allem einen guten, auch visuellen Eindruck davon, wie der – noch völlig unentschiedene – »Systemwettbewerb« damals das Denken der Menschen in Ost und West bestimmte, bis hinein ins Führungspersonal – Sputnik versus Splitnik. Auch vermag diese auf Video festgehaltene Diskussion einen Eindruck davon zu vermitteln, wie die Gespräche zwischen Chruschtschow und Ulbricht – jenseits der überlieferten schriftlichen Protokolle – abgelaufen sein mögen. Auf der einen Seite Chruschtschow, ein temperament- und humorvoller, mit Bauern-

18.6.2012); vgl. auch Young, Murray: The Soviet Exhibition in New York, The Anglo-Soviet Journal, Sept. 1959, S. 16–18 (http://www.unz.org/Pub/AngloSovietJ-1959q3-00016, Stand 18.6.2012).

232 Belmonte, Laura A.: Selling the American Way. U.S. Propaganda and the Cold War, Philadelphia 2008, S. 87–94. Für die Wirkung der amerikanischen Ausstellung auf die sowjetischen Besucher vgl. http://www.youtube.com/watch?v=cpsK9qHLpME&feature=related, Stand 18.6.2012.

233 Davidson, Justin: The Kitchen Debate's Actual Kitchen. In 1959, this Commack ranch house-reproduced in Moscow-showed the Soviets what they were missing, 8.5.2011 (http://nymag.com/realestate/features/commack-moscow-2011-5/, Stand 18.6.2012).

234 Für das Transcript des Disputs, wie es am folgenden Tag in der New York Times erschien, s. The Kitchen Debate: An exploration into Cold War ideologies and propaganda (http://www3.sympatico.ca/robsab/debate.html, Stand 18.6.2012).

schläue ausgestatteter Mensch, im Bewusstsein seiner Macht immer wieder zu kleinen Spitzen gegen seinen Gesprächspartner aufgelegt, auf der anderen Seite ein eher humorloser, pedantischer Ulbricht, der im Bewusstsein seiner Abhängigkeit von Moskau und seiner beschränkten Macht in Deutschland Schritt für Schritt und beharrlich versuchen musste, seinen Vorstellungen und Wünschen in Moskau offene Ohren zu verschaffen.

Beim Aufbau der Ausstellung beklagten die amerikanischen Mitarbeiter die Faulheit der russischen Arbeiter, den achtlosen Umgang mit dem Baumaterial und die schlechte Qualität der Arbeiten. Der Betonfußboden überstand nicht einmal die ersten Tage der Ausstellung, bröselte und staubte unter den Tritten der Hunderttausenden Besucher. Aber diese Blamage gab es erst nach der »Küchendebatte«.[235] Chruschtschow war offensichtlich beeindruckt von dem, was er sah, und brachte zu seiner »Entlastung« das Argument, das er schon vor der ostdeutschen Führung angekündigt hatte, also weit weniger spontan, als es im Videomitschnitt den Eindruck macht:[236] Die Sowjetunion werde in weniger als 50 Jahren (am Ende dieses Siebenjahrplanes) den Lebensstandard Amerikas erreicht haben, also das, wofür die USA 150 Jahre benötigt hätten. Wohl voraussetzend, das, was Amerika in Moskau vorführe, habe mit dem wirklichen Leben der Amerikaner wenig zu tun, stellte er, um sein Gesicht zu wahren, etliche Behauptungen über den Lebensstandard in der Sowjetunion auf, die offenkundig falsch waren. Chruschtschow war klar – diesen Eindruck vermittelt der Videomitschnitt –, dass er im Moment in der schlechteren Position war. Alles, was er für die Zukunft behauptete, war nur Zukunft, was Amerika zeigte, war Gegenwart. Und sein Argument mit den 150 zu 50 Jahren mochte noch für den Vergleich USA–Sowjetunion nachvoll-

235 Belmonte, Selling the American Way, S. 89.

236 Für eine Fassung des Videomitschnitts s. http://www.youtube.com/watch?v=D7HqOrAakco; http://www.youtube.com/watch?v=z6RLCw1OZFw (Stand: 18. 6. 2012). Zur Frage des verlorengegangenen Originalbandes s. Lindner, Jim: The Loss of Early Video Recordings: The Nixon-Khrushchev »Kitchen Debate«, Abbey Newsletter 21 (1997) 7 (http://cool.conservation-us.org/byorg/abbey/an/an21/an21-7/an21-708.html, Stand 18. 6. 2012), vgl. auch die Erinnerungen von George Malko vom RCA-Studio auf der Ausstellung (http://www.youtube.com/watch?feature=endscreen&v=usbGrBpHiSY&NR=1; http://www.youtube.com/watch?v=7nF2LBmZ-js&feature=relmfu, Stand 18. 6. 2012). Für eine lebendige Schilderung der Umstände, unter denen die »Küchendebatte« zustande gekommen ist, s. die Erinnerungen William Safires auf der »Face-off to Facebook« Conference on Public Diplomacy an der George Washington University am 23. 7. 2009, in Washington D. C. (http://www.youtube.com/watch?v=U2DDI-Zpd1I&feature=related, Stand 18. 6. 2012).

ziehbar sein, nicht aber für das geteilte Deutschland und Berlin. Hier war das Jahr 1945 wirtschaftlich das Jahr null für beide deutschen Staaten. Am Ende der »Küchendebatte« kam Chruschtschow sogar auf Berlin zu sprechen, aber nicht auf dessen Schaufensterfunktion für den Westen. Vielmehr verband er die dortigen militärischen Basen der Westalliierten mit der Frage des Weltfriedens. Die Sowjetunion wolle alle Militärbasen im Ausland beseitigen. Wer dies wolle, sei für den Frieden, wer nicht, sei für Krieg. Solange die Berlin-Frage nicht in diesem Sinne gelöst sei, spreche man unterschiedliche Sprachen. Es war offenkundig, dass von der Präsenz der Amerikaner in West-Berlin keine militärische Bedrohung ausging, sondern wenn, nur eine, wie sie auch die Ausstellung in Moskau darstellte. Chruschtschow soll an diesem Tag ganze acht Becher Pepsi-Cola geleert haben, nachdem er überredet worden war, sie einmal zu probieren.[237] Das war die Gefahr, die von West-Berlin ausging. Und in Chruschtschow wuchs wahrscheinlich langsam die Erkenntnis, dass der Systemwettbewerb bei offenen Grenzen nicht so leicht zu gewinnen war. Die amerikanische Ausstellung dürfte jedenfalls seinen Erkenntnisprozess im Hinblick auf die Problematik der offenen Grenze in Berlin weiter befördert haben, was aber noch lange nicht bedeutete, dass er schon bereit gewesen wäre, eine Mauer durch Berlin zu bauen.

Kurze Zeit später war Chruschtschow auf Einladung des amerikanischen Präsidenten in den USA.[238] Dort fand ein ähnlich aufschlussreiches wie angeregtes Gespräch mit Vertretern der amerikanischen Gewerkschaften (AFL/CIO) statt. Auf die Verweigerung von demokratischen und Freiheitsrechten im kommunistischen Machtbereich angesprochen, reagierte Chruschtschow zunehmend gereizt. Auf seine Behauptung, die Kommunisten beuteten niemanden aus, entspann sich folgender Dialog mit dem Gewerkschaftschef Walter Reuther:

Reuther: Sie beuten die Arbeiter in Ostdeutschland aus.
Chruschtschow: Wo haben Sie sich denn das ausgedacht?

---

237 Junk, Wiebke: Nixon gegen Chruschtschow. Kalter Krieg in der Küche, einestages. Zeitgeschichten auf Spiegel Online, 2008 (http://einestages.spiegel.de/static/topicalbumbackground/4566/kalter_krieg_in_der_kueche.html, Stand 18.6.2012); Carlson, K blows top, S. 17 ff.

238 Für die Reise s. auch Kazarina, Irina: Von Washington nach Wien. »Dornen und Rosen« in Chruschevs US-Politik, in: Karner u. a., Der Wiener Gipfel, S. 207 – 227, hier S. 211 ff.; Carlson, K blows top, S. 184 ff.

> Reuther: Wenn Sie sie nicht ausbeuten, warum sind dann drei Millionen nach Westdeutschland gekommen?
> Chruschtschow: Sie leiden hoffnungslos an kapitalistischem Fieber. (Wortwechsel am Tisch)
> Reuther: Die Arbeiter in Westdeutschland sind frei.
> Chruschtschow: Wir sind auch frei.

Danach kam das Gespräch wieder auf Abrüstungsfragen, um zu Chruschtschows Unwillen dann aber bald wieder bei Freiheitsrechten zu landen. Chruschtschow wurde immer unbeherrschter. Die amerikanischen Gewerkschaftsvertreter, von Chruschtschow inzwischen als »kapitalistische Lakaien« beschimpft, streuten aber immer wieder Salz in Chruschtschows offene Wunde. Walter Reuther sagte recht respektlos, jedes Mal, wenn er eine Frage stelle, für die sein Gegenüber keine Antwort habe, »wird er böse«. Das Gespräch wurde ein wilder Wortwechsel, der auf dem Mitschnitt nicht mehr wirklich nachzuvollziehen ist. Als es wieder in etwas ruhigere Bahnen gelangt war, hakte ein anderer Gewerkschaftsvertreter noch einmal nach:

> Herr Ministerpräsident, ich kann es nicht verstehen: die Kommunistische Partei nennt sich der Befreier der Arbeiterklasse. Dennoch erleben wir nach einer kommunistischen Machtergreifung eine Massenabwanderung der Arbeiter in andere Länder [...][239] Herr Chruschtschow, können Sie uns einen einzigen Fall nennen, dass es nach einer kommunistischen Machtergreifung zu einer Masseneinwanderung von Arbeitern aus den angrenzenden nichtkommunistischen Ländern in das kommunistische Land gekommen ist? Wenn die Kommunistische Partei wirklich der Befreier der Arbeiterklasse ist, warum erleben wir das nicht?
> Chruschtschow: Ist das alles? Überlegen Sie es sich. Trinken Sie Ihr Bier. Vielleicht hilft Ihnen das, die Antwort auf Ihre Fragen zu finden.
> Feller: Das ist ganz und gar keine Antwort, und offensichtlich wird nichts Ihnen begreiflich machen, warum Millionen dem Kommunismus entfliehen möchten.
> Chruschtschow: Ich habe Ihnen gesagt, dass ich nicht einmal den Teufel fürchte.

Wer einmal mit Kommunisten im damaligen Ostblock diskutiert hat, der kennt solche Situationen. Sie stehen mit dem Rücken an der Wand, haben den Argumenten nichts mehr entgegenzusetzen, haben keine Antworten mehr,

239 Es folgen einige Beispiele.

lassen stattdessen ihre Macht spüren oder weichen aus. Sie sind vielleicht einen Moment irritiert, aber bleiben letztlich unbeirrt, weil das, was sie hören, nicht wahr sein kann, würde es anderenfalls doch die Grundfesten ihres Lebens erschüttern. Kurze Zeit später werden sie wieder unter ihresgleichen sein, die Irritation wird verschwinden und die Selbstgewissheit wieder da sein. Es ist wie bei einem gottesgläubigen Menschen, den Atheisten mit Argumenten bombardieren, die er nicht widerlegen kann. Auch er ist vielleicht im Moment etwas irritiert, aber seine ganze Erfahrung, das, worauf sein Leben aufbaut, steht den Argumenten entgegen, muss ihnen entgegenstehen, wenn nicht alles umsonst gewesen sein soll. Bald ist auch er wieder unter seinesgleichen. Sie werden doch nicht dem »Klassenfeind« bzw. »Teufel« auf den Leim gehen und sich beirren lassen? Es gibt ja auch tatsächlich Wahrheiten jenseits sophistischer Argumentationen. Ob die eigene Überzeugung zu solchen Wahrheiten gehört oder schlicht in weiten Bereichen falsches Bewusstsein ist, ist nicht immer so leicht zu erkennen, vor allem nicht, wenn man sich mitten im Gefecht wähnt. Und gab es beim Gegenüber nicht auch solche argumentativen Schwachstellen, ohne dass er darüber seine ganze Position aufgäbe?

In der sowjetischen Fassung[240] ist die oben zitierte Diskussionspassage nicht mehr wiederzuerkennen. Die sowjetische Nachrichtenagentur Tass kann so behaupten, das »Treffen endete in einer freundschaftlichen Atmosphäre«. Die amerikanische Gewerkschaft AFL/CIO war damals (wie auch später z.B. in den 80er Jahren in Polen) aktiv in den antikommunistischen Kampf des Westens eingebunden, diente unter anderem auch als »Geldwasch-

240 Der Abdruck des Wortlautes dieses Gespräches in westlichen Zeitungen veranlasste die sowjetische Führung, eine angeblich richtigstellende, aus erklärenden und »wörtlichen« Passagen bestehende Fassung dieses Gesprächs über die sowjetische Nachrichtenagentur TASS zu verbreiten. Es ist eher unwahrscheinlich, dass, wie Kazarina, Von Washington nach Wien, S. 217, schreibt, eine der sowjetischen Delegation angehörende Gruppe von Journalisten sich angesichts der amerikanischen Berichterstattung gezwungen gesehen habe, »im Interesse der Wiederherstellung der Wahrheit [...] die wichtigsten, der Öffentlichkeit verborgen gebliebenen oder von einigen amerikanischen Zeitungen tendenziös dargestellten Passagen des besagten Gespräches« zu veröffentlichen. Sowjetische Journalisten agierten i. d. R. selten eigeninitiativ »im Interesse der Wiederherstellung der Wahrheit«, sondern im Auftrag der Parteiführung. Kazarina selbst fasst das Gespräch mit folgenden Worten zusammen: »Im Verlauf der Diskussion, die einen heftigen und allgemein-ideologischen Charakter annahm, musste der KP-Führer eine ganze Reihe von – aus sowjetischer Sicht – ›provokanten‹ Fragen über sich ergehen lassen, was ihn manchmal aus der Fassung brachte und zu einigen weniger durchdachten Antworten führte.«

anlage« für CIA-Gelder, mit denen antikommunistische Organisationen, nicht zuletzt auch in Deutschland und West-Berlin, unterstützt wurden.[241] Ob Chruschtschow dies in dem Moment im Detail bekannt war, ist offen. Sein Vorwurf, sie seien »kapitalistische Lakaien«, muss dies nicht belegen, diente wohl vor allem dazu, diese massiven Vorwürfe aus den Mündern amerikanischer Arbeitervertreter überhaupt irgendwie »verdauen« zu können. Auf die Frage, warum er sich dem »freien Fluß der Ideen« widersetze, erwiderte Chruschtschow, als »Führer der Arbeiterklasse« wolle er »die Arbeiter vor kapitalistischer Propaganda schützen«. Als Beispiel führte Chruschtschow einen Cancan auf, lüftete sein Jackett wie die Cancan-Tänzerinnen[242] ihre Röcke und meinte: »Das ist das, was Sie Freiheit nennen – Freiheit für die Mädchen, ihr Hinterteil zu zeigen ... in unseren Augen ist das Pornographie.«[243] Insgesamt nahm Chruschtschow das Gespräch jedoch eher mit wenig Humor. Gegen den hartnäckigsten Gesprächspartner, den »Teufel« Walter Reuther,

241 Die Zusammenarbeit zwischen der CIA und den amerikanischen Gewerkschaften geht auf die Zeit des Zweiten Weltkrieges zurück. Kelber, Harry: AFL-CIO's Dark Past. A 6-Part Series, The Labour Educator, 8. 11. – 13. 12. 2004 (http://www.laboreducator.org/darkpast.htm, Stand 18. 6. 2012). Zur Zusammenarbeit im antikommunistischen Kampf s. etwa das Engagement der CIA mittels der AFL bei der linksliberalen, antikommunistischen Zeitschrift Der Monat, Hochgeschwender, Michael: Freiheit in der Offensive? Der Kongreß für kulturelle Freiheit und die Deutschen, München 1998, S. 19 (Anm. 11 mit weiterführender Literatur), 558 – 569, 582 – 592 (Ordnungssystem, Bd. 1). Für die Behandlung dieser Zusammenarbeit in einer zeitgenössischen Propagandabroschüre der SED s. Mord in Zelle 7. Ein Tatsachenbericht, geschildert nach den Aussagen von Hans Hagen, Berlin (Ost) 1956. Jener IM Hans Hagen ist übrigens der erste Ehemann von Eva-Maria Hagen, der späteren Lebensgefährtin Wolf Biermanns, und Vater von deren Tochter und Rocksängerin Nina Hagen.

242 Chruschtschow hatte bei seinem Besuch in den USA den Wunsch geäußert, in Hollywood ein Filmset zu besuchen. Man brachte ihn am 19. 9. 1959, einen Tag vor dem Zusammentreffen mit den AFL/CIO-Vertretern im Golden Empire Room des Mark-Hopkins-Hotels in San Francisco, zu 20th Century Fox ins Studio, wo für den Film »Can-Can« gerade einige Tanzszenen gedreht wurden. Anschließend gab Frank Sinatra ein Mittagessen für die hochrangigen Besucher.

243 Alle Zitate sind einem Auszug der Version der New York Times in der Frankfurter Allgemeinen Zeitung entnommen. Für diese und die sowjetische Fassung s. Dokumente zur Deutschlandpolitik. IV. Reihe/Bd. 3, hg. vom Bundesministerium für innerdeutsche Beziehungen, Frankfurt am Main 1972, S. 260 – 276. Vgl. auch die Ankündigung Reuthers über die Themen, die die amerikanischen Gewerkschaftsvertreter mit Chruschtschow besprechen wollten vor dem Gespräch, veröffentlicht in der New York Times am 22. 9. 1959, ebd., S. 256 – 259.

begann kurz darauf in den sowjetischen Medien eine massive Hetzkampagne, wobei genüsslich auf dessen anfängliche Begeisterung für den Kommunismus Bezug genommen wurde.[244] Reuther kannte die Verhältnisse in der Sowjetunion aus eigener Anschauung. In den 30er Jahren hatte er zu einer Gruppe vom Kommunismus begeisterter amerikanischer Arbeiter gehört, die in der russischen Stadt Nischni Nowgorod, damals Gorki, ein Automobilwerk errichteten.[245]

1973 schließlich, zwei Jahre nach Chruschtschows Tod, erlag der Kommunismus der Versuchung des American Ways of Life, zumindest in der Form von Pepsi. Der amerikanische Konzern begann mit Produktion und Verkauf von Pepsi in der Sowjetunion.[246] Das war ein absolutes Novum damals. Ein Dutzend Jahre später, 1985, im Rahmen von Gorbatschows Anti-Alkohol-Kampagne, sollte Pepsi helfen, die Limonadenproduktion in der Sowjetunion zu verdreifachen. So sah es der letzte Fünfjahresplan der Sowjetunion vor. Pepsi sagte, dies sei unmöglich. Erst jetzt kam auch Coca-Cola auf den russischen Markt.[247] Der Karikaturist der »Frankfurter Allgemeinen Zeitung« sah zwei Menschenschlangen auf dem Roten Platz in Moskau, eine vor dem Lenin-Mausoleum und eine vor einem Pepsi-Verkaufsstand.[248] Die KPdSU mit Pepsi

244 Welch enorme Bedeutung diese USA-Reise für Chruschtschow und sein Selbstverständnis als Führer einer Supermacht hatte, zeigt auch, dass er nach seiner Rückkehr von einem Kreis Journalisten, darunter sein Schwiegersohn A. Adschubei, Chefredakteur der Regierungszeitung Izvestija, einen 679 Seiten umfassenden, mit zahlreichen Fotos von Chruschtschows begeisterter Aufnahme in den USA ausgestatteten Reisebericht schreiben ließ. Das Buch erschien in einer Erstauflage von 250 000 Exemplaren. Auf S. 280 ff. findet sich der Bericht über das Treffen mit den Vertretern der amerikanischen Gewerkschaften, überschrieben mit »Menschen von gestern«. S. Licom k licu. Rasskaz o poezdke N. S. Chruščeva v SSA, 15 – 27 sentjabrja 1959 goda [Aug in Auge. Bericht über die Reise N. S. Chruschtschows in die USA, 15. – 27. September 1959], Moskau 1959.

245 Reuther. Eine gute Freundin, Der Spiegel, H. 49, 2. 12. 1959, S. 64 f.

246 Russland.TV (http://www.youtube.com/watch?v=_6bgSsrt4bQ, Stand 18. 6. 2012).

247 Coca-Cola hatte die Teilnahme an der Ausstellung abgelehnt. Richard Nixon, der, nicht zuletzt dank der indirekten Unterstützung Chruschtschows für John F. Kennedy, als Präsidentschaftskandidat gegen diesen unterlag, betätigte sich fortan als Pepsi-Repräsentant. Als er dann 1968 doch noch Präsident wurde, soll er als eine seiner ersten Amtshandlungen sämtliche Coca-Cola-Automaten aus dem Weißen Haus entfernen und durch Pepsi-Automaten ersetzen lassen haben, s. Schmeh, Klaus: Wie Pepsi den großen Rivalen Coca-Cola ärgerte, 3. 2. 2008 (http://www.heise.de/tp/artikel/27/27033/1.html, Stand 24. 6. 2012).

248 Mehr Pepsi für die Russen, Der Spiegel, H. 44, 28. 10. 1985, S. 156. (http://www.spiegel.de/spiegel/print/d-13516315.html, Stand 18. 6. 2012).

(und nun auch Coca-Cola) gegen Wodka, das russische Nationalgetränk; der Systemwettbewerb war entschieden. Aber das ist das Wissen von heute, von dem man sich lösen muss, will man die Vorgänge Ende der 50er, Anfang der 60er Jahre begreifen. Nixon sagte zu Chruschtschow, als er aus dem Hintergrund Jazz-Musik hörte, er möge solche Musik nicht. Chruschtschow pflichtete ihm bei, er auch nicht. Nixon erwiderte: Aber meine Mädchen mögen sie. Nicht nur Nixons Töchter, auch die russische Jugend war begeistert.[249] Nixon schaute bereits in die amerikanische Zukunft, während Chruschtschow schon mit der amerikanischen Gegenwart nicht konkurrieren konnte. Auch Ulbricht mochte weder Jazz und Rock 'n' Roll noch das spätere »Yeah, yeah, yeah« der Beatles.[250] Allen dreien dürfte aber gemein gewesen sein, dass sie keine Vorstellung davon hatten, welche Sprengkraft die Musik für beide Systeme, wenn auch in unterschiedlichem Ausmaß, im nächsten Jahrzehnt noch entwickeln würde. So offen war die Zukunft.

7. Bis 1961 kann sich noch vieles ändern

Doch zunächst war man in Moskau und Ost-Berlin immer noch guter Dinge. Alles würde sich zugunsten des Sozialismus entwickeln und dieser dank der »Friedenspolitik« der Sowjetunion und der DDR die notwendige Zeit gewinnen, um seine Überlegenheit zeigen zu können. Im September 1959 meinte Alfred (Ali) Neumann bei einem seiner Gespräche in der sowjetischen Botschaft,

> die Verstärkung der feindlichen Tätigkeit in die DDR in der letzten Zeit erklärt sich zweifellos aus der Angst der führenden Kreise der BRD vor einer internationalen Entspannung und dem Bestreben, mittels einer Provokation auf dem Territorium der DDR diesen Prozeß zu verhindern.[251]

249 S. Belmonte, Selling the American Way, S. 91.

250 Zu Ulbrichts Diktum von der »Monotonie des Yeah, yeah, yeah« auf dem 11. ZK-Plenum am 16. 12. 1965 s. Ohse, Marc-Dietrich: Jugend nach dem Mauerbau. Anpassung, Protest und Eigensinn (DDR 1961–1974), Berlin 2003, S. 106.

251 Gespräch zwischen A. Neumann und Botschaftsrat Kotschemasow am 15. 9. 1959, zit. nach Orlov, Tajnaja bitva, S. 417. Der russische Historiker, Spezialist für die Geschichte des Zweiten Weltkrieges, schreibt unmittelbar danach: »Die Idee einer Mauer in Berlin, die den Strom der Flüchtlinge stoppen würde, war schon in

Auch wenn es heute kaum noch nachvollziehbar erscheint, dass Neumann und Genossen das wirklich geglaubt haben sollen – warum hätte sich Neumann in der sowjetischen Botschaft sonst so äußern sollen? Da mag ein wenig ein Sich-selbst-gut-Zureden, Zweckoptimismus, Verdrängung und Projektion dabei gewesen sein, denn auch die SED musste eine Entspannung fürchten. Aber im Kern hielt die SED-Führung dies für eine realistische und vor allem plausible Lagebeschreibung. Wenige Tage später meinte Ulbricht, Bewegung in der Haltung der SPD in West-Berlin und bei Willy Brandt selbst erkennen zu können, und erklärte für die SED, sie verstehe »sehr gut, daß die Frage Westberlin nicht auf einmal gelöst werden kann. Das ist ein Entwicklungsprozeß.« Die SED würde es begrüßen, wenn Eisenhower und Chruschtschow »eine Verständigung über eine provisorische Lösung betreffend Westberlin« erzielen würden. Brandt hatte nach Ulbricht erklärt, »dass Westberlin nicht mehr als Störenfried gegenüber der DDR und anderen Staaten wirken wolle«.[252] Das war zwar eine eigenwillige Interpretation der Rede Brandts, aber immerhin hatte dieser für den Senat erklärt, es zu begrüßen, wenn unter UN-Kontrolle der Versuch unternommen würde, »Auswüchse auf dem Gebiet der Propaganda zu unterbinden«, was Ulbricht natürlich allein auf die West-Propaganda bezog, da seine eigene Propaganda ja Friedenskampf war. Brandt bezog sich seinerseits auf eine entsprechende Erklärung der Westmächte. Diese, so Brandt weiter, hätten einen solchen Vorschlag umso leichter machen können, »als sie wußten, dass eine derartige ›Wühltätigkeit‹ von Seiten der sogenannten DDR gerade auch in Berlin in reichem Maße betrieben wird«.[253] Dieses westliche »Zugeständnis« war eingebunden in eine Taktik, die den Viermächtestatus für ganz Berlin betonte und eine Umwandlung ganz Berlins in eine vereinigte »Freie

---

der zweiten Hälfte der 50er Jahre in Ost-Berlin und Moskau entstanden. Aber erst auf der Tagung des politisch-beratenden Komitees des Warschauer Vertrages vom 3.–5. August 1961 wurde sie bestätigt. Ulbricht forderte radikale Entscheidungen. Chruschtschow schwankte.« Leider gibt Orlov hier ausnahmsweise keinerlei Beleg für diese Aussage. Wahrscheinlich folgt er hier, ohne es anzugeben, schlicht Harrisons einschlägiger These.

252 Rede des Ersten Sekretärs des ZK der SED, Ulbricht, auf der 6. Tagung des ZK der SED, 19.9.1959, zit. nach Dokumente zur Deutschlandpolitik, IV/3, S. 249–254, hier S. 253f.

253 Erklärung des Regierenden Bürgermeisters von Berlin, Brandt, vor dem Abgeordnetenhaus von Berlin am 8.9.1959, zit. nach Dokumente zur Deutschlandpolitik, IV/3, S. 141–153, hier S. 144, 147f. Vgl. Denkschrift östliche Untergrundarbeit gegen Westberlin, die 1959 kurz zuvor vom Innensenator veröffentlicht worden war.

Stadt« vorschlug.[254] Für Ulbricht war Letzteres eine ungeheuerliche Provokation und Drohung, der Versuch der Annexion Ost-Berlins durch Bonn. Wenn er auch kaum davon ausgegangen sein dürfte, dass eine solche Lösung mit Zustimmung Chruschtschows zustande kommen könnte, war der Vorschlag ihm doch der Beleg für die »revisionistischen« Absichten des Westens.

Aber letztlich konnte die SED-Führung es sich einfach nicht vorstellen, dass West-Berlin, ob mit oder ohne separaten Friedensvertrag mit der DDR, ob als »Freie Stadt« oder noch unter bestimmten Bedingungen weiter bestehendes Besatzungsgebiet der Westalliierten, auch nur mittelfristig eine eigenständige Perspektive haben könnte, ohne sich mit der sie umgebenden DDR weitgehend zu arrangieren. Ulbricht lancierte daher die Vorstellung, man könnte eine Regelung in Anlehnung an den Lateranvertrag zwischen Italien und dem Heiligen Stuhl aus dem Jahr 1929 für West-Berlin schaffen. In einem Bericht dazu in der ostdeutschen »Außenpolitischen Korrespondenz« wurde, wohl nicht unbedacht, darauf hingewiesen, dass der Lateranvertrag »auch die Auslieferung von Personen, die sich in die Vatikanstadt geflüchtet haben und denen auf italienischem Gebiet begangene Handlungen zur Last gelegt werden«, vorsah. Auf den Einwand Brandts, die Vatikanstadt habe einen völlig ungehinderten und freien Zugang zu ihrer Umgebung, was in West-Berlin nicht der Fall sei, reagierte Ulbricht mit dem Hinweis:

> Wenn der kalte Krieg und die Störtätigkeit eingestellt werden, dann werden auf dem Wege von Verhandlungen auch jene Bestimmungen geändert werden, die den Westberliner Werktätigen noch in gewissem Sinne unangenehm sind.[255]

Zur gleichen Zeit, als in Ost-Berlin das 6. Plenum des ZK der SED tagte, den West-Berlinern die wirtschaftliche Unterstützung durch den Osten anbot und Ulbricht von einer Regelung à la Vatikanstadt fabulierte, einigten sich die westdeutsche Bundesbahn, die ostdeutsche Reichsbahn und das Bezirksamt Kreuzberg (Berlin-West) nach mehr als fünfjährigen Verhandlungen auf den

254 S. Friedensplan der Regierungen Frankreichs, Großbritanniens und der Vereinigten Staaten, 14. 5. 1959, Dokumente zur Deutschlandpolitik IV/2/1, S. 74–82, v. a. stage/Stufe I, S. 74 (englisch) bzw. 78 (deutsch), vgl. auch die westlichen Kompromissvorschläge zur Berlin-Frage vom 16. 6. 1959, ebd., S. 635–637.

255 Das Vatikanstatut als Beispiel für Westberlin, Außenpolitische Korrespondenz, Nr. 33, 26. 10. 1959, zit. nach Dokumente zur Deutschlandpolitik IV/3, S. 420–422, hier S. 421.

Abriss des im Krieg stark zerstörten Anhalter Bahnhofs. Bundesbahn und Reichsbahn hatten noch keine Einigung darüber erzielt, wo genau der neue zentrale Fernbahnhof Berlins gebaut werden sollte. Die Reichsbahn plädierte für einen Standort außerhalb des Berliner S-Bahn-Ringes, etwa auf dem Gelände des amerikanischen Militärbahnhofs in Lichterfelde, die Bundesbahn für einen Standort innerhalb des S-Bahn-Ringes. Es fällt aber auf, dass erstens ein Standort in West-Berlin für die östliche Seite überhaupt kein Problem war und zweitens ein derzeit von den Amerikanern genutzter Bahnhof in den Blick genommen wurde, dessen Gelände ja noch gar nicht zur Verfügung stand. Dass dieses Gelände aber bald frei werden würde, wurde einfach unterstellt.[256] Als Ausdruck eigner Souveränität und Abgrenzung von Westdeutschland erhielt die bisher noch gesamtdeutsch schwarz-rot-goldene Staatsflagge das Hammer-und-Zirkel-Wappen, das Staatswappen der DDR.[257] In den folgenden Wochen versuchte die Reichsbahn, mit dem Hissen der neuen DDR-Flagge auf West-Berliner Reichsbahngelände hoheitliche Ansprüche geltend zu machen, wogegen von West-Berliner Seite vorgegangen wurde. Gleichzeitig wurde von westlicher Seite deutlicher als bisher betont, dass das Land Berlin, also West-Berlin, »integraler Bestandteil der Bundesrepublik« sei.[258] Ulbricht nahm dies natürlich zur Kenntnis und bestritt die Rechtmäßigkeit dieser westlichen Behauptung, erkannte aber nicht, dass der Weg der stärkeren Anbindung des Westteils der Stadt an die Bundesrepublik nicht zuletzt ein Ergebnis des vom Osten aufgebauten Drucks war. Die Bindungen West-Berlins zur Bundesrepublik wurden in den kommenden Jahren immer weiter ausgebaut, ohne dass der Osten dagegen wirklich etwas unternehmen konnte.

Diese Entwicklung war eine jener Entwicklungen zum Anfang der 60er Jahre, die von Ulbricht nicht erwartet bzw. nicht für möglich gehalten wurden und die schließlich 1961 den Bau einer Mauer durch die Stadt aus seiner Sicht (vorerst) notwendig werden ließen. Zu diesen unerwarteten Entwicklungen gehörten auch das Bekenntnis der SPD zur Westbindung, zur Marktwirtschaft

256 Berlin. Chronik der Jahre 1959–1960, S. 350.

257 Gesetz zur Änderung des Gesetzes über das Staatswappen und die Staatsflagge der DDR vom 1. 10. 1959, Dokumente zur Deutschlandpolitik, IV/3, S. 308 f. In Westdeutschland wurde umgehend das Zeigen dieser Flagge als Störung der verfassungsmäßigen Ordnung eingestuft und damit verboten, s. Erklärung von Sprechern der Bundesregierung auf einer Pressekonferenz am 28. 10. 1959, ebd., S. 425–430.

258 Erklärung des Regierenden Bürgermeisters von Berlin, Brandt, im Deutschen Bundestag am 5. 11. 1959, zit. nach Dokumente zur Deutschlandpolitik, IV/3, S. 539–542, hier S. 540 f.

und die Abkehr vom Marxismus auf dem Godesberger Parteitag der SPD. Die Dinge entwickelten sich zwar auch teilweise zugunsten der DDR, ihrer Anerkennung als Staat, aber eben längst nicht nur zugunsten der DDR, sondern auch in Richtung einer Konsolidierung der Verhältnisse in Westdeutschland und in West-Berlin. Die Entwicklung war dialektisch. Die DDR-Marxisten hätten es eigentlich wissen müssen. Grotewohl gestand, nicht zuletzt wohl angesichts der programmatischen Entwicklung der SPD, auf einer gemeinsamen Sitzung der Politbüros der SED und der verbotenen KPD zwar ein, im Moment sei nicht mit einer völligen Veränderung der Situation in Westdeutschland zu rechnen, etwa mit dem Sturz Adenauers, beruhigte sich und die Genossen aber mit dem Hinweis, bis 1961 sei noch viel Zeit. Bis dahin könne »sich noch vieles verändern«.[259] Und auch die marxistischen Wirtschaftswissenschaftler mussten zur Kenntnis nehmen, dass sich die Wirtschaft in Westdeutschland anders entwickelte, als von ihnen prognostiziert.[260] Ein Jahr zuvor hatte Ulbricht noch formuliert: »Bis 1961 muß es uns gelingen, stabilen Einfluß« in Westdeutschland zu gewinnen, um die westdeutsche Regierung zu Verhandlungen mit der DDR zu bringen.[261] Das war schon ein anderer Tonfall. Aber nichtsdestoweniger gab sich Ulbricht noch am Ende des Jahres 1959, dem Jahr mit der geringsten Abwanderungszahl seit Bestehen des ostdeutschen Staates, optimistisch, was die weitere Entwicklung der Wanderungsbewegung in Deutschland betraf. In einem Rundfunk- und Fernsehinterview mit einem amerikanischen Sender ging er sachlich auf die entsprechenden Fragen des Interviewers ein. So wurde er gefragt, ob »Berlin Westdeutschland einverleibt werden [solle] oder Ostdeutschland«. Ulbricht klärte seinen Gesprächspartner zunächst – nicht zum ersten Mal – darüber auf, dass es nur um »Westberlin« gehe:

> Sehen Sie sich bitte die Karte an, dann können Sie feststellen, daß Westberlin mitten in der Deutschen Demokratischen Republik liegt, also eine Angliederung an Westdeutschland nicht ernsthaft erörtert werden kann.

259 Stenografisches Protokoll der gemeinsamen Tagung des Politbüros der SED und KPD, 22. 12. 1959, zit. nach Lemke, Einheit oder Sozialismus, S. 422.

260 Vgl. etwa Siegbert Kahns Ende 1959 gehaltenen Vortrag, Kahn, Zur ökonmischen Entwicklung in Westdeutschland.

261 Wortprotokoll der Sitzung des Politbüros der SED mit dem Politbüro der KPD, 20. 12. 1958, Anlage zum Politbüroprotokoll 52/58, 20. 12. 1958, zit. nach Lemke, Einheit oder Sozialismus, S. 422.

Auf die, »wie man in den USA hört«, etwa »2000 Ostdeutsche[n]« angesprochen, die »wöchentlich ihr Land verlassen«, antwortete Ulbricht:

> Ich will Ihnen genau sagen, wie diese Sache steht. Ihre Zahl mag richtig sein. Gleichzeitig aber sind im ersten Halbjahr dieses Jahres aus Westdeutschland 31 400 Menschen in die Deutsche Demokratische Republik eingewandert, es waren ursprünglich noch mehr. Wir haben aber nach Überprüfung der Einzelfälle einen Teil wieder zurückgeschickt. Sie dürfen nicht nur die eine Seite sehen. In der Vergangenheit wurde die Umstellung, die der Übergang vom Kapitalismus zum Sozialismus von jedem Menschen erfordert, von manchen unserer Bürger nicht begriffen. Ein Teil von ihnen wanderte nach dem Westen ab. In diesem Jahr begann jedoch in beachtlichem Maße eine umgekehrte Wanderung, und zwar wird der Strom vom Westen zu uns immer stärker, allein am ersten Wochenende des Monats November zum Beispiel sind 571 westdeutsche Bürger nach der Deutschen Demokratischen Republik umgesiedelt. Die Zahl der westdeutschen Bürger, die in die DDR kommen, um hier zu bleiben und zu arbeiten, ist in diesem Jahr sehr stark angestiegen. Es kommen besonders viele junge Menschen. Viele Bergarbeiter, die in Westdeutschland arbeitslos wurden,[262] arbeiten jetzt in der Deutschen Demokratischen Republik. Der Unterschied besteht darin, daß die westdeutsche Regierung illegal Abwerbung in der DDR organisiert, während wir das in Westdeutschland nicht tun. Aber der Versuch, die Deutsche Demokratische Republik durch Abwerbung zu schwächen, ist fehlgeschlagen.

Als der Journalist auf die vielen Autos in West-Berlin und die wenigen im Ostteil zu sprechen kam, meinte Ulbricht: »Wir haben weniger Automobile, dafür aber soziale Sicherheit, eine Gesellschaftsordnung ohne Konzernherren und Bankherren und ohne kapitalistische Ausbeutung.«[263]

Ulbricht war überzeugt von dem, was er sagte, war überzeugt, rational und daher plausibel zu argumentieren.[264] Und tatsächlich ist seine Argumenta-

262 1958 hatte es, wie erwähnt, in Teilen der westdeutschen Wirtschaft, insbesondere im Bergbau, eine vorübergehende Konjunkturkrise gegeben, die von den Kommunisten zunächst als Vorbote einer größeren Krise gesehen wurde, vgl. Kahn, Zur ökonomischen Entwicklung in Westdeutschland, S. 8 ff.

263 Rundfunk und Fernsehinterview Ulbrichts für die Westinghouse Broadcasting Company am 23. 11. 1959, zit. nach Dokumente zur Deutschlandpolitik, IV/3, S. 680–686, hier S. 682.

264 Vgl. für das kommunistische Freiheitsverständnis etwa auch die eindrucksvolle ostdeutsche Propagandabroschüre Von der Freiheit. Von der Freiheit der Anderen und von unserer Freiheit!, Hg.: Ausschuß der Nationalen Front des demokratischen

tion – mit etlichen Körnern Salzes und aus Ulbrichts Weltsicht – nicht völlig von der Hand zu weisen. Die Zahlen, die er nennt, stimmen, die Entwicklungen, in denen Ulbricht Trends erkennen zu können meinte, gab es wirklich,[265] und er war guter Dinge, dass sein persönlicher Wunsch in absehbarer Zeit in Erfüllung gehen könnte. Auf eine entsprechende Frage bekannte er: »Ich liebe die Natur und den Sport. Ich möchte gerne einmal 14 Tage in Ruhe verleben, ohne durch Brandmeldung aus Westberlin oder Revanchereden aus Westdeutschland gestört zu werden.«[266] Aber die Zahlen sollten sich im nächsten Jahr deutlich verändern und die vermeintlichen Trends wieder umkehren. Die Zuwanderung aus Westdeutschland nahm um über 30 Prozent ab und die Abwanderung um über 40 Prozent zu.[267] Die »soziale Sicherheit« war vielleicht noch gegeben, aber der Lebensstandard in der DDR sank wieder, die 1958 abgeschafften Lebensmittelkarten mussten faktisch wieder eingeführt werden.[268]

Deutschland der Hauptstadt Berlin, Berlin o.J. [1960]. In Karikaturen wird selbstbewusst das unterschiedliche Freiheitsverständnis von unterdrückter Mehrheit und herrschender Minderheit seit der Antike gegenübergestellt. Dass es sich um eine Propagandabroschüre handelt, bedeutet indes nicht, dass deren Schöpfer nicht glaubten, was sie hier verbreiteten.

265 Zumindest in der ersten Hälfte des Jahres 1959 lag die wöchentliche Abwanderung bei gut 2000, jedenfalls deutlich unter 3000. Die von Ulbricht genannte Zahl von 31400 im ersten Halbjahr 1959 stimmt exakt. Auf das Jahr gerechnet wurden 1959 ca. 15% mehr Westdeutsche in der DDR aufgenommen als 1958. S. Melis, Republikflucht, S. 255 f. Allerdings unterschlägt Ulbricht, dass ein nennenswerter Teil der Rückkehrer und Zuziehenden kurze Zeit später wieder nach Westdeutschland abwanderte. Im II. Quartal 1959 waren es nach Informationen, die Ulbricht vorlagen, immerhin 20%. S. Informationsbericht über Remigration und Zuwanderung aus der Bundesrepublik und West-Berlin, 17. 11. 1959, in: Die DDR vor dem Mauerbau. Dokumente zur Geschichte des anderen deutschen Staates 1949–1961, hg. von Dierk Hoffmann, Karl-Heinz Schmidt und Peter Skyba, München 1993, S. 351–354, hier S. 352.

266 Rundfunk und Fernsehinterview Ulbrichts für die Westinghouse Broadcasting Company am 23. 11. 1959, zit. nach Dokumente zur Deutschlandpolitik, IV/3, S. 685. Für einen visuellen Eindruck von Ulbrichts sportlichen Aktivitäten im Jahre 1959 s. http://www.volleyblog.de/volleyball/walter-ulbricht/, Stand 18. 6. 2012.

267 S. Melis, Republikflucht, S. 255 f.

268 S. dazu anschaulich und vor allem in Bezug auf die konkrete Lage in Berlin Lemke, Vor der Mauer, S. 230–257.

IV. »Verschiedene Überraschungen« – Götterdämmerung (1960–1961)

Veränderte Rahmenbedingungen

Die Genfer Außenministerkonferenz im Sommer 1959 war für lange Zeit die letzte internationale Konferenz, auf der die deutsche Frage im Mittelpunkt stand. Als Chruschtschow im November 1958 zum ersten Mal sein Ultimatum an die Westmächte verkündete, war dies ein offensiver Akt. Die Sowjetunion wähnte sich in einer Position der Stärke und wollte dies nutzen, um den Status quo in Europa dauerhaft zu ihren Gunsten zu verändern. Mit der Forderung nach Beendigung des Besatzungsstatus in West-Berlin, dem daraus folgenden Abzug der westlichen Alliierten und der Umwandlung West-Berlins in eine »Freie Stadt« sowie einem Friedensvertrag mit beiden deutschen Staaten sollte einerseits der ostdeutsche Staat von einem massiven Störfaktor befreit und als sozialistischer deutscher Kernstaat gestärkt werden, gleichzeitig hoffte Moskau, dass über den Umgang mit dem Ultimatum in der NATO Konflikte aufbrechen würden, die letztlich das westliche Verteidigungsbündnis zu sprengen vermochten. Chruschtschow sah in West-Berlin die Achillesferse des westlichen Bündnisses. Die USA sollten als Weltmacht mittels der Auseinandersetzung über Berlin nachhaltig geschwächt werden. West-Berlin war aber auch eine Achillesferse der DDR, derer diese zudem viele hatte. Dies musste Chruschtschow jetzt langsam erkennen.

Zwar gelang es Chruschtschow tatsächlich, Bewegung ins westliche Bündnis zu bringen, das nun unter bestimmten Bedingungen zur Aufgabe bisheriger Positionen bereit zu sein schien. Allerdings waren diese Bedingungen – aus Chruschtschows Sicht – unannehmbar bzw. hoffte er, den Westen mit der Zeit noch zu weitergehenden Zugeständnissen treiben zu können. So blieb am Ende der Genfer Außenministerkonferenz für Moskau nicht viel mehr als das Gefühl, im Westen habe bereits ein Aufweichungsprozess begonnen, aber eben ohne dass irgendwelche greifbaren Veränderungen am Status quo erreicht worden wären. Und die vermeintliche De-facto-Anerkennung der DDR durch den Westen – durch den Umstand ihrer Beteiligung als Konferenzbeobachter, gleichrangig mit Bonn – war eben keine völkerrechtliche. Ob Chruschtschow – wie Wettig meint – mehr hätte erreichen können, wenn er auf die westlichen Kompromissvorschläge eingegangen wäre, muss letztlich Spekulation bleiben. Er tat es nicht, und es ist völlig offen, wie der Westen in einem solchen Fall reagiert hätte, was Letzterer an Forderungen nachgeschoben hätte, welche Widerstände es aus Bonn gegeben hätte etc.[1] Chruschtschow war jedenfalls überzeugt, Zeit zu haben.

Zunächst, als Chruschtschow sein Ultimatum stellte, schien es, als gäbe es eine nahezu vollständige Interessenübereinstimmung zwischen Moskau und Ost-Berlin. Aber mit den Monaten stellte sich heraus, dass ungeachtet weitreichender Interessenübereinstimmung unterschiedliche Hauptziele – die Beseitigung des Viermächtestatus in Berlin und die völkerrechtliche Anerkennung der DDR auf Seiten der DDR und eben die Schwächung der amerikanischen Position in Europa und der Welt auf Seiten Moskaus – andere taktische und strategische Gewichtungen zur Folge hatten. Dies wurde klar, als Chruschtschows Hoffnung, innerhalb kürzester Zeit diese zwei Fliegen mit einer Klappe schlagen zu können, sich als Illusion herausstellte. Die Übertragung der Kontrollrechte an die DDR war für Chruschtschow nicht nur ein Ziel, sondern eben auch ein Mittel, die Westmächte unter Druck zu setzen. Solange er sein Hauptziel nicht erreicht hatte, war er, wie sich erwies und wie Ulbricht erkennen musste, nicht bereit, dieses Mittel aus der Hand zu geben. Damit hätte Ulbricht wahrscheinlich noch eine ganze Weile leben können, wenn die Lage geblieben wäre, wie sie sich 1959 darstellte: deutlich zurückgehende Abwanderungs- bei zunehmenden Zu- bzw. Rückwanderungszahlen, eine

1 S. Wettig, Chruschtschows Berlin-Krise, S. 65 ff.

gewisse wirtschaftliche Konsolidierung in der DDR, die sich, wie man hoffte, mit dem Siebenjahrplan verstätigen würde, eine gewisse Zurückhaltung auf westlicher Seite im Kalten Krieg, stärker werdende Anti-Adenauer-Kräfte in Westdeutschland und eine scheinbar auf den Osten zugehende SPD.

Aber es gab eben auch gegenläufige Tendenzen, wie etwa die Stärkung der Bindungen des Westteils Berlins an die Bundesrepublik, das Godesberger Programm der SPD, das die vermeintlichen Chancen, die ein SPD-Sieg bei den Bundestagswahlen für die DDR bieten würde, wieder relativierte, und, wie sich herausstellen sollte, unüberwindbare Probleme bei der Lösung der auf dem V. Parteitag der SED 1958 gestellten »ökonomischen Hauptaufgabe«, bis 1961 die Bundesrepublik zu überholen. Diese Probleme gab es nicht allein deswegen, weil Westdeutschland weiter enorme Wachstumszahlen vorlegte, die Konjunktur nicht, wie 1958 von Ulbricht erhofft, einbrach, sondern vor allem, weil die eigenen Planziffern sich als illusionär erwiesen. Auch der »sozialistische Frühling auf dem Land« 1960, der zweite große Kollektivierungsschritt hin zu einer »sozialistischen Landwirtschaft«, brachte nicht den erwarteten Aufschwung in der landwirtschaftlichen Produktion, sondern löste eine neue Fluchtwelle und – damit verbunden – eine Ernährungskrise in der DDR aus.[2] Dies hätte man möglicherweise voraussehen können, insbesondere, wenn man die Erfahrungen von 1952 berücksichtigt hätte, aber kaum, wenn man, wie Ulbricht, überzeugt war, dass man nicht weniger, sondern eben mehr Sozialismus bräuchte, um den wirtschaftlichen Rückstand gegenüber Westdeutschland aufzuholen, wenn man, wie Ulbricht, mit Marx sicher war, dass der Kapitalismus konstruktionsbedingt zyklisch Krisen erzeugen würde und dass diese in Massenelend und einer Mobilisierung des »Klassenbewusstseins« der Arbeiter enden würden, wie die Erfahrungen aus der Zwischenkriegszeit ja auch vermeintlich bestätigt hatten. Aber Westdeutschlands soziale Marktwirtschaft war nicht mehr der Kapitalismus der Zwischenkriegszeit. Die soziale Frage wurde im Westen nicht nur wegen der Erfahrungen in dieser Zwischenkriegszeit, sondern nicht zuletzt auch wegen der Herausforderungen durch den Weltkommunismus ernster genommen und auf eine Weise – zumindest auf Zeit und später vor allem auf Kredit – gelöst, die auch dazu beitrug, dass der Sozi-

2 S. Schöne, Jens: Der »sozialistische Frühling« auf dem Lande. Determinanten der SED-Agrarpolitik zwischen Reformdiskussionen und Vollkollektivierung, Deutschland Archiv 38 (2006) 1, S. 77–85; Schöne, Jens: Frühling auf dem Lande? Die Kollektivierung der DDR-Landwirtschaft, Berlin 2010, S. 198–234.

alismus nicht jene Strahlkraft entwickelte, auf die Ulbricht und Genossen gesetzt hatten und immer noch setzten.[3]

Im Bereich der Weltpolitik gab es Entwicklungen, die Schatten auf Chruschtschows machtpolitische wie auch ideologische Siegesgewissheit warfen. Zwischen Peking und Moskau entwickelten sich Differenzen, die schließlich die bis dahin weitgehend geschlossen unter Moskaus Führung agierende kommunistische Weltbewegung spalten sollte.[4] Einen gewissen Ausgleich für diesen Verlust an Geschlossenheit und Moskautreue konnten höchstens der Sieg Fidel Castros auf Kuba Anfang 1961 und seine zunehmend sozialistische Ausrichtung für Chruschtschow darstellen, schienen doch die nationalen Befreiungsbewegungen neuen Aufschwung zu bekommen und sich dabei auf Moskau auszurichten.[5] So sahen sich sowohl Chruschtschow als auch Ulbricht Anfang der 60er Jahre einer deutlich veränderten Lage ausgesetzt. Für Chruschtschow verschoben sich auf der weltpolitischen Ebene die Gewichte, weg von Deutschland; für Ulbricht wurde die Lage im eigenen Land immer schwerer zu beherrschen. Während Chruschtschow in Berlin weiter auf Zeit spielte, begann Ulbricht die Zeit wegzulaufen, in der er noch handlungsfähig sein würde. Er versuchte daher in den kommenden Monaten mit kleinen, sukzessiven Veränderungen am Status quo in Berlin die Dinge in seinem Sinne voranzutreiben, sowohl Druck auf den Westen als auch auf Chruschtschow auszuüben. Solange er damit nicht die sich aus dem Viermächtestatus ableitenden Rechte

3 In den 60er Jahren wurde von den DDR-Gesellschaftswissenschaftlern versucht, die unerwartete Konsolidierung der kapitalistischen Staaten und das Ausbleiben der Massenverelendung mit dem Konzept des »staatsmonopolistischen« Kapitalismus zu erklären. Nach dieser Theorie war die historische Phase des Spätkapitalismus durch einige spezielle ökonomische und politische Merkmale gekennzeichnet, u.a. durch eine hohe Zentralisation und Konzentration des Kapitals und der Produktion wie auch durch Zunahme der staatlichen Eingriffe in die kapitalistische Produktionsweise einerseits und gleichzeitig zunehmenden Einfluss des Kapitals auf die Politik andererseits. Hierdurch könnten die Widersprüche der kapitalistischen Produktionsweise zwar verschleiert, aber nicht aufgehoben werden. Sie verschärften sich vielmehr, was den Ausbau der Repressionsapparate (z.B. Notstandsgesetzgebung in Westdeutschland) notwendig mache. Allerdings weise die Phase des staatsmonopolistischen Kapitalismus auch Potentiale hin zum Sozialismus auf. Es komme daher darauf an, die Produktion unter gesellschaftliche Kontrolle zu stellen und Staat und Betriebe zu »demokratisieren«. Vgl. Imperialismus heute. Der staatsmonopolistische Kapitalismus in Westdeutschland, hg. vom Institut für Gesellschaftswissenschaften beim ZK der SED, Berlin 1965.

4 S. Subok/Pleschakow, Der Kreml im Kalten Krieg, S. 296–330, v. a. S. 314 ff.

5 Ebd., S. 291 ff., 336 ff., 355 f.

Moskaus in West-Berlin gefährdete,[6] wurde dieser Druckaufbau von Moskau toleriert. Allerdings schritt Moskau auch ein, als einer dieser Schritte, gerichtet gegen Westdeutsche, die Ost-Berlin besuchen wollten, die Aufkündigung des Interzonenhandelsabkommens seitens Bonns zur Folge hatte. Chruschtschow schien erst jetzt voll zu erfassen, in welchem Umfang die DDR wirtschaftlich von den Lieferungen aus Westdeutschland abhängig war. Von Ulbricht vor die Notwendigkeit gestellt, den Ausfall der westdeutschen Lieferungen zu kompensieren, drängte er darauf, mit Westdeutschland eine Verständigung über den innerdeutschen Handel herbeizuführen, ohne allerdings dafür grundsätzliche Standpunkte aufzugeben.[7]

Die sich wieder verschärfenden wirtschaftlichen Probleme der DDR und die wieder zunehmende Fluchtbewegung ließen die Zeit für Ulbrichts taktische »Spiele« knapp werden, zumal sich auch abzeichnete, dass der Westen nicht bereit sein würde, auf seine Rechte in Berlin zu verzichten. Ulbrichts Versuche, schärfere Kontrollen an der Sektorengrenze einzuführen, waren aber keine zielgerichteten Einzelschritte zum Bau einer »Mauer«, sondern dienten zunächst einmal dazu, die Souveränität der DDR auch in Berlin unter Beweis zu stellen, den Viermächtestatus der Stadt auszuhöhlen mit dem Ziel, West-Berlin als Störfaktor zumindest zu »neutralisieren«. Im Frühjahr 1961 stand Ulbricht dann bereits mit dem Rücken an der Wand. Dies war aber, das sei noch einmal betont, eine Lage, die sich aus der Perspektive Ulbrichts grundsätzlich von der Ende der 50er Jahre unterschied, als Ulbricht noch meinte, das Heft des Handelns, jedenfalls soweit Moskau es ihm überließ, in der Hand zu haben.

6 S. Wettig, Chruschtschows Berlin-Krise, S. 94 – 106.
7 S. ebd., S. 107 – 124.

1. Ulbricht drängt – aber nicht auf den Bau der Mauer (1960)

SED hofft auf Durchbruch auf dem Pariser Gipfel

Ulbricht und die SED-Führung setzten große Hoffnungen auf das für Mai 1960 geplante Viermächte-Gipfeltreffen in Paris. Er sei sicher, so äußerte sich Ulbricht jedenfalls vor den Vertretern des Demokratischen Blocks im Januar,

> daß wir auf der Gipfelkonferenz mit dem Friedensvertrag durchkommen werden, daß man einen Ausschuß für die Ausarbeitung eines Friedensvertrages einsetzen wird. Anders geht die Sache gar nicht. Die Engländer und Amerikaner werden zustimmen. Was De Gaulle macht, das weiß ich nicht. Jedenfalls werden die Fragen des Friedensvertrages im Mittelpunkt stehen, und es wird wahrscheinlich sein, daß den Deutschen empfohlen wird, ihre eigenen Angelegenheiten zu regeln und einen gesamtdeutschen Ausschuß zu bilden [...]. Das ist, was unbedingt herauskommen wird. Weiter wird eine gewisse Verständigung in der Frage Westberlin herauskommen.[8]

Da war möglicherweise eine gehörige Portion Zweckoptimismus gegenüber den »verbündeten« Parteien im Block mit im Spiel. Aber die Erwartung, dass irgendetwas in Richtung einer Interimslösung für West-Berlin beim Gipfel herauskommen würde, war durchaus nicht unrealistisch. Die SED-Führung ließ eine Reihe von Vorschlägen für die Gipfelkonferenz erarbeiten, darunter auch die Konzeption für einen »Vorfriedensvertrag«, mit dem der Westen unter Druck gesetzt werden sollte, sich auf schrittweise Veränderungen am Status quo in Berlin einzulassen.[9] Auch Chruschtschow hoffte, auf der Konferenz ein Abkommen mit den Westmächten erreichen zu können. Allerdings stand die Konferenz unter keinem guten Stern. Bereits im Vorfeld überschattete der Abschuss eines amerikanischen Spionageflugzeuges am 1. Mai durch die sowjetische Flugabwehr das Verhältnis zwischen Chruschtschow und Eisenhower. Chruschtschow, der die Sowjetunion schon seit geraumer Zeit durch solche Spionageflüge gedemütigt sah, wollte den Vorfall dazu nutzen, nun seinerseits die USA zu demütigen, und forderte von Eisenhower eine Entschuldigung,

8 Stenografische Niederschrift der Sitzung des Demokratischen Blocks, 26. 1. 1960, zit. nach Lemke, Die Berlinkrise, S. 177. Auslassung dort.
9 S. Wettig, Chruschtschows Berlin-Krise, S. 92 f.; Wilke, Der Weg zur Mauer, S. 248 f.

die jedoch von diesem verweigert wurde. Dessen ungeachtet richtete Chruschtschow die sowjetische Delegation noch bis kurz vor dem Treffen darauf aus, in Paris eine Übereinkunft zu erzielen. Erst unmittelbar vor dem Abflug aus Moskau machte er eine Entschuldigung Eisenhowers zur Vorbedingung für Verhandlungen auf dem Gipfeltreffen und ließ, mit der Verkündung dieser Forderung in Paris, die Konferenz platzen, bevor sie überhaupt begonnen hatte.[10] Der U2-Abschuss und seine Folgen für den Pariser Gipfel zeigen, wie unkalkulierbar die Entwicklung letztlich damals für alle Seiten war. Natürlich wurde der U2-Abschuss von Chruschtschow instrumentalisiert. Es ist aber unzweifelhaft, dass die Spionageflüge, die amerikanische Reaktion auf den Abschuss und seine Forderung nach Einstellung der Spionageflüge und einer Entschuldigung seine Haltung zu Eisenhower verändert haben. Ohne diesen Abschuss wären die Konferenz und möglicherweise auch die ganze folgende Entwicklung deutlich anders verlaufen, wenn auch niemand sagen kann, wie.

Für Ulbricht war das Scheitern von Paris zweischneidig. Einerseits schien es zunächst, als habe sich Chruschtschow zu einem härteren Vorgehen gegenüber dem Westen durchgerungen. Auf einer turbulent verlaufenen Pressekonferenz Chruschtschows noch in Paris konnte man jedenfalls diesen Eindruck gewinnen. Es wurde gar vermutet, Chruschtschow würde bei seinem vorher nicht geplanten Zwischenstopp auf der Rückreise in Ost-Berlin den Friedensvertrag mit der DDR unterzeichnen.[11] Das tat er bekanntlich nicht. Aber auf einer Kundgebung in der Ost-Berliner Werner-Seelenbinder-Halle polterte er noch einmal gegen die »amerikanischen Imperialisten und die Bonner Revanchisten«, deren »Inspirator« Adenauer sei, den er mit Hitler verglich. In deren Vorgehen zeige sich die »Weißglut finsterer und böser Leidenschaften«. Auch West-Berlins Regierenden Bürgermeister Willy Brandt reihte er hier mit ein und unterstellte ihm, unter Anspielung auf seinen Namen, ein »Brandstifter«

---

10 Was genau Chruschtschow zu diesem anscheinend plötzlichen Kurswechsel bewogen hatte, ist nicht vollkommen klar, vgl. Wettig, Chruschschows Berlin-Krise, S. 81 ff.; Bischof, Günter/Williamson, Richard: Berlin oder Abrüstung? Die Prioritäten des verpatzten Pariser Gipfels, in: Karner u. a., Der Wiener Gipfel, S. 107 – 136, v. a. S. 131 ff.; auch Bacher, Dieter/Knoll, Harald: »There is no Glory in this Business«. Die amerikanischen Spionageflüge über der Sowjetunion und ihre Auswirkungen auf die bilateralen Beziehungen, in: Karner u. a., Der Wiener Gipfel, S. 315 – 333.

11 Aus der Pressekonferenz des Ministerpräsidenten Chruschtschow in Paris, 18. 5. 1960, Dokumente zur Deutschlandpolitik. IV. Reihe/Bd. 4, 2. Halbbd., hg. vom Bundesministerium für innerdeutsche Beziehungen, Frankfurt am Main 1972, S. 1054 – 1056.

zu sein.[12] Allerdings hatte Chruschtschow die Konferenz nicht abgebrochen, sondern vorgeschlagen, sie »um etwa sechs bis acht Monate zu vertagen«, d. h. bis nach den Präsidentenwahlen in den USA, und so faktisch ein Moratorium verkündet: Man müsse »eine bestimmte Zeit vergehen lassen [...], damit sich die aufgetauchten Fragen klären«.[13] Er wiederholte dies auch in Berlin.[14] Ulbricht stimmte in seiner Antwortrede Chruschtschow natürlich in allen Punkten zu, aber nicht, ohne zu betonen, dass die »Lösung der Westberlinfrage [...] nicht auf die lange Bank geschoben werden« könne, und auch nicht, ohne einmal wieder die Beseitigung der »Überreste des zweiten Weltkrieges« zu fordern, um anschließend die selbstgestellte Frage zu beantworten, »worin diese Überreste bestehen, die nach Meinung aller friedliebenden Menschen in Deutschland beseitigt werden müssen«. Seine Aufzählung – angeblich nur »eine kleine Zusammenstellung« – beinhaltete nicht nur die bekannten, Berlin betreffenden Forderungen, von den Besatzungsrechten bis zu den »Provokationszentren sowie des RIAS als Organisator der Feindtätigkeit gegen die DDR«, sondern faktisch die Forderung nach einer Neutralisierung Westdeutschlands ähnlich des für West-Berlin angestrebten Freie-Stadt-Status. Überreste dort seien

> der Wiederaufbau der aggressiven Wehrmacht in Westdeutschland, die von den ehemaligen nazistischen und militaristischen Kräften beherrscht wird; die Revanchehetze, die Zulassung der Rassenhetze und der militaristischen und faschistischen Propaganda; der Einfluß der ehemaligen aktiven Nazis und militaristischen Kräfte, der Blutrichter, der Hitleroffiziere usw. im westdeutschen Staatsapparat.[15]

12 Rede des Ministerpräsidenten Chruschtschow, 20. 5. 1960, Dokumente zur Deutschlandpolitik IV/4/2, S. 1060–1080, hier nach der deutschen Übersetzung, S. 1072–1077.

13 Erklärung Chruschtschows auf dem Präliminartreffen der Regierungschefs Frankreichs, Großbritanniens, der Vereinigten Staaten und der UdSSR, 16. 5. 1960, Dokumente zur Deutschlandpolitik IV/4/2, S. 1037–1041, hier S. 1040.

14 Rede des Ministerpräsidenten Chruschtschow, 20. 5. 1960, Dokumente zur Deutschlandpolitik IV/4/2, S. 1077.

15 Rede des Ersten Sekretärs des ZK der SED, Ulbricht, 20. 5. 1960, Dokumente zur Deutschlandpolitik IV/4/2, 1080–1092, hier S. 1087 f.

Steigende Fluchtzahlen

Bei Ulbricht dürfte spätestens nach dem Scheitern von Paris und dem neuen Ultimatum Chruschtschows, das allerdings, wie gesagt, faktisch ein Moratorium beinhaltete, die Erkenntnis Oberhand gewonnen haben, dass kurzfristig und allein auf dem Verhandlungsweg kaum eines der wesentlichen Ziele, wie sie im ursprünglichen Ultimatum formuliert worden waren, erreicht werden würde. Ulbricht brauchte aber bald Lösungen, nicht zuletzt wegen der Entwicklung der Fluchtzahlen. Als Folge der neuen Zwangskollektivierungswelle und der immer größeren Versorgungsschwierigkeiten in der DDR stiegen die Fluchtzahlen seit März 1960 wieder deutlich an und blieben im ganzen Jahr Monat für Monat weit über den Vorjahreszahlen, während gleichzeitig die Rück- und Zuwanderung aus Westdeutschland wieder abnahm.[16] Neben den wirtschaftlichen Problemen, die Ursache wie teils auch Folge der Abwanderung waren, wurde auch der Imageschaden für die DDR wieder zu einem größeren Problem. Gerade zu einer Zeit, als die DDR sich vermeintlich anschickte, der internationalen Anerkennung Schritt für Schritt näherzukommen, machte die zunehmende Flucht über West-Berlin auch international wieder Schlagzeilen. Albert Norden musste Ulbricht darauf hinweisen, dass »bei ausnahmslos allen individuellen Gesprächen« wie auch bei Pressekonferenzen von DDR-Vertretern im Ausland die »Republikflucht« Thema sei.[17] Seit 1957 hatten die Fluchtzahlen beständig abgenommen, da wog umso mehr, dass sie seit März 1960 wieder merklich im Ansteigen begriffen waren. Die Trendumkehr musste erklärt werden, zumindest im Ausland und gegenüber Journalisten. Allein der Verweis auf die »systematische Abwerbung« konnte kaum noch als Erklärung ausreichen, da die ja schon seit Jahren angeblich der Hauptgrund war, die Abwanderungszahlen aber eben bis Anfang 1960 aller »systematischen Abwerbung« zum Trotz abgenommen hatten. Jetzt aber, da die DDR angeblich kurz davor war, laut Siebenjahrplan Westdeutschland nicht nur einzuholen, sondern sogar zu überholen, nahmen sie plötzlich wieder zu.

16 S. Melis, Republikflucht, S. 255.
17 Norden an Ulbricht, 12.4.1960, zit. nach Lemke, Die Berlinkrise, S. 48.

Politik der ständigen Nadelstiche

Es scheint, als habe Ulbricht die Spannung jetzt bewusst angeheizt, um Chruschtschow unter Handlungsdruck zu setzen. Er hoffte immer noch, West-Berlin einnehmen zu können, da das für ihn schlicht die »natürlichste« Lösung der Probleme gewesen wäre. Als Chruschtschow, der auf Nuklearwaffen setzte, einseitig eine Reduzierung der sowjetischen Truppen um ein Drittel ankündigte, schockierte Ulbricht die Sowjets mit Informationen, wonach Bonn angeblich eine militärische Provokation plane und vorhabe, Dresden und Leipzig mit taktischen Raketen zu bombardieren. Bonn würde versuchen, dies als »innerdeutsche Angelegenheit« auszugeben. Als Reaktion bleibe uns nichts anderes übrig, so Ulbricht gegenüber Perwuchin und Andrej Smirnow, dem sowjetischen Botschafter in Bonn, als »Bonn zu bombardieren«.[18] Möglicherweise war sich Ulbricht nicht sicher, ob Moskau unter allen Umständen die Existenz der DDR garantieren würde, und lancierte diese Meldung als Test. Möglicherweise wollte er Chruschtschow aber auch auf eine andere begrenzte militärische Auseinandersetzung, etwa zur Einnahme Berlins, einstimmen, indem er die Wahrscheinlichkeit eines solchen »kleinen Krieges« an die Wand malte. In der Berliner Operationsbasis der CIA (BOB) wurde damals spekuliert, die SED könnte beabsichtigen, in West-Berlin Zwischenfälle zu provozieren, um die von West-Berlin angeblich ausgehenden Gefahren unter Beweis zu stellen und dann ordnungschaffend einzugreifen. In diese Richtung wurde z. B. die Aktion der DDR interpretiert, auf Reichsbahngelände in West-Berlin die neue DDR-Flagge (mit Hammer und Zirkel) zu hissen. Beim Versuch, dies zu verhindern bzw. die Flaggen einzuholen, kam es zu handfesten Auseinandersetzungen zwischen der West-Berliner Polizei und Angehörigen der DDR-Kampfgruppen in Reichsbahnuniformen, ohne dass die westlichen Truppen unterstützend eingriffen. Die SED bezeichnete die West-Berliner Polizeiaktion als illegal und als eine unerhörte Provokation.[19]

Die Amerikaner waren damals besorgt, weil sie nicht innerhalb kürzester Zeit eine gemeinsame Linie mit den Franzosen und Briten in Berlin finden konnten. Der amerikanische Botschafter Bruce befürchtete einen »irreparablen Ansehensschaden« für die USA und Schwierigkeiten, die Position in Berlin zu halten, sowohl gegenüber den Berlinern als auch gegenüber den So-

18 So berichten jedenfalls Zubok/Vodop'janova, Sovetskaja diplomatija, S. 265 f., unter Berufung auf ein nicht näher bezeichnetes sowjetisches Dokument.

19 Berlin. Chronik der Jahre 1959–1960, S. 383.

wjets, wenn es den östlichen »Schlägern« noch einmal möglich sein würde, die DDR-Flaggen ungestraft zu hissen, und die westlichen Alliierten nicht konsequent dagegen vorgehen würden.[20] Die West-Berliner Polizei war infolge des Besatzungsstatuts nur schwach bewaffnet und hätte organisierte Unruhen kaum unter Kontrolle bringen können. Schließlich wurde eine Übereinkunft erzielt, künftig DDR-Flaggen sofort zu entfernen. Darüber hinaus wurde versichert, dass im Falle einer Überwältigung der West-Berliner Polizei die westlichen Truppen – auch unter Einsatz von Schusswaffen – die notwendigen Maßnahmen ergreifen würden, um die öffentliche Ordnung wiederherzustellen.[21] Bei der Vorbereitung des Planes für ein koordiniertes Vorgehen von Polizei und westlichen Truppen in Berlin kam die BOB zu der Erkenntnis, dass die Planungen bisher alle auf einen möglichen Angriff regulärer Streitkräfte ausgerichtet waren, also auf kriegerische Maßnahmen im klassischen Sinne. In Anbetracht der geringen militärischen Möglichkeiten der amerikanischen Truppen in der Stadt sei vorgesehen gewesen, alle Kräfte auf den Eigenschutz zu konzentrieren. Die Unterstützung der West-Berliner Polizei, die Verteidigung von öffentlichen Einrichtungen, der Polizeireviere, der Rundfunkstationen etc. sei kaum berücksichtigt gewesen. Die vom Osten eindringenden Kräfte hätten die Amerikaner einfach aussparen und sich auf die Besetzung der zivilen Befehlsstellen konzentrieren können.[22] Die Sorge der CIA-Vertreter in Berlin beruhte nicht nur auf Spekulation, sondern auf eigenen Quellen in der SED. In den Berichten dieser SED-Quellen sei, so schreibt der damalige CIA-Chef in Berlin, David E. Murphy, stets »nur von der Schaffung der Voraussetzungen für die Inbesitznahme lebenswichtiger ziviler Einrichtungen durch die DDR« die Rede gewesen, nie von sowjetischen Militäraktionen. Die BOB war sich relativ sicher, keiner östlichen Desinformation aufgesessen zu sein, die lediglich das Ziel verfolgt hätte, die Spannung anzuheizen.[23]

Die Flaggenaktion war nicht der einzige Versuch der DDR, hoheitliche Funktionen in West-Berlin auszuüben und damit entsprechende Rechte zu beanspruchen. So versuchte die Ost-Berliner Transportpolizei im April 1960 auf

20 Telegram from the Embassy in Germany to the Department of State, Bruce, 26. 10. 1959, FRUS, IX, S. 94 f.

21 Telegram from the Mission at Berlin to the Department of State, Ligthner, 3. 11. 1959, FRUS, IX, S. 104 f.

22 S. Bericht der BOB vom 1. 8. 1960, nach Baily/Kondrašev/Murphy, Die unsichtbare Front, S. 433.

23 Ebd., S. 434.

West-Berliner Bahnhöfen Ausweiskontrollen vorzunehmen. Sie wurde jedoch von der West-Berliner Polizei daran gehindert, auch wurden einige Transportpolizisten festgenommen. Die SED warf ihrerseits dem Senat vor, in provokatorischer Absicht gehandelt zu haben. Mit dem Hinweis, dass es allein der Umsicht und der Disziplin des Reichsbahnpersonals zu verdanken sei, wenn der Zugverkehr trotzdem planmäßig durchgeführt werden konnte, wurde versucht, den Senat als Störer der öffentlichen Ordnung zu brandmarken und die östliche Seite als Ordnungsmacht zu profilieren.[24] Kurz nach dem Scheitern des Pariser Gipfeltreffens erklärte der Ulbricht-Vertraute Alfred Neumann in der sowjetischen Botschaft, »mindestens 70 %« der SED-Aktivisten in Berlin seien in »Kampfstimmung« und bereit, schon morgen West-Berlin zu stürmen. Die Botschaft vermerkte etwas spöttisch in ihrem Bericht, dabei verstehe es sich von selbst, dass die sowjetischen Truppen als Vorhut agierten.[25] Solche Vorstellungen waren nicht neu, aber wahrscheinlich immer am Veto Moskaus gescheitert. Schon 1950, zum Pfingsttreffen der FDJ, befürchtete der Westen einen Sturm auf den Westteil der Stadt. Nicht nur, dass es im offiziellen Lied des Dichters Kuba (Kurt Bartel) für das Treffen mehrdeutig hieß, die »Freie Deutsche Jugend stürmt Berlin«.[26] Die FDJler sollten uniformiert und mit »ein paar ledernen Bundschuhen und einem festen Wanderstock« ausgestattet in einem Sternmarsch ins Zentrum Berlins marschieren.[27] Aus der ganzen DDR wurden damals Polizeikräfte nach Berlin abgestellt. Der Westen befürchtete bereits damals das, was ähnlich auch die BOB 1960 als die wahrscheinliche kommunistische Taktik ansah: Kleinere Sonderkommandos sollten sich zunächst in West-Berlin als Provokateure betätigen, und anschließend sollten Ost-Berliner Polizeieinheiten zur Wiederherstellung der Ordnung auf West-Berliner Gebiet vordringen.[28] Möglicherweise schwebte Ulbricht eine ähnliche Taktik vor, wie sie Mao zwei Jahre zuvor gegenüber dem mit den USA verbündeten Nationalchina angewandt hatte. Das militärische Vorgehen der

24 Berlin. Chronik der Jahre 1959–1960, S. 582.

25 First Secretary of the Embassy in the GDR (A. Avaldiey) on his conversation with O. Neumann, member of the SED Central Committee, 9. 6. 1960, zit. nach Zubok, Khrushchev and the Berlin Crisis, S. 13 f. Obwohl Zubok von »O. Neumann« schreibt, handelt es sich zweifellos um Alfred Neumann. Vgl. auch Zubok/Vodop'janova, Sovetskaja diplomatija, S. 266.

26 S. Borkowski, Für jeden kommt der Tag, S. 203.

27 So zitiert der damalige FDJ-Funktionär Honecker, s. ebd., S. 201.

28 Zusammenfassender Bericht über das Pfingsttreffen der FDJ, Stand 20. 3. 1950, AdsD Ostb. 383/A1.

chinesischen Kommunisten gegen zwei kleine zu Taiwan gehörige, aber in von Rotchina beanspruchten Hoheitsgewässern liegende Inseln,[29] so suggerierte Ulbricht, sei die richtige Blaupause für eine erfolgreiche Taktik in Berlin.[30] Obwohl Chruschtschow gegen das Vorgehen der Volksrepublik gegen Taiwan war, musste er nach außen als Imperiumsmacht Solidarität zeigen. Die Chinesen nahmen Moskau quasi in Geiselhaft für ihre eigene, aggressive Politik. Es spricht vieles dafür, dass Ulbricht jetzt eine ähnliche Taktik anzuwenden versuchte. Er platzierte eine kleine Attacke nach der anderen gegen die Präsenz der Westmächte in Berlin und den Viermächtestatus der Stadt und zwang Chruschtschow damit öffentlich in die Solidarität mit ihm. Dies funktionierte freilich nur sehr bedingt. Ulbricht war nicht Mao.

Im Spätsommer 1960 begann Ulbricht, neue Einreiseregelungen für den Ostteil der Stadt einzuführen. Zuvor hatte er sich die Zustimmung Moskaus geholt, allerdings nur für eine vorübergehende Maßnahme. Während einer in West-Berlin geplanten Veranstaltung der Vertriebenenverbände sollte den Teilnehmern dieses Treffens die Einreise verboten und die Einreise von Westdeutschen generell von der Erteilung einer Aufenthaltsgenehmigung abhängig gemacht werden.[31] Zugleich wurde Einzelpersonen die Durchreise durch die DDR nach West-Berlin verweigert. Die Kundgebung der Vertriebenenverbände in West-Berlin bezeichnete man als Teil der »Vorbereitung einer Intervention« gegen die DDR. Anknüpfend an die Erfahrungen aus der Zwischenkriegszeit wurden Parallelen zu Hitlers Kriegsvorbereitungen gezogen. Es sollte der Eindruck entstehen, hier seien ebenfalls konkrete Kriegsvorbereitungen im Gange. Zudem versuchte man, einen Widerspruch zwischen den Interessen der West-Berliner und denen der »Revanchisten und Militaristen« zu konstruieren, und stellte zugleich das Besatzungsstatut in Frage. In einer Fernsehdiskussion warfen sich Ulbricht, der Vorsitzende des Staatlichen Rundfunkkomitees und Ulbricht-Vertraute Gerhart Eisler sowie Gerhard Kegel, einst Agent des sowjetischen Militärnachrichtendienstes und nun außenpolitischer Berater Ulbrichts, gegenseitig die Bälle zu. Ulbricht nahm so auch direkt Be-

29 S. Subok/Pleschakow, Der Kreml im Kalten Krieg, S. 310 – 322.

30 S. Zubok/Vodop'janova, Sovetskaja diplomatija, S. 263 f.; Harrison, Ulbrichts Mauer, S. 174 f.

31 Anordnung des MdI der DDR über das »Betreten der Hauptstadt der Deutschen Demokratischen Republik Berlin (das demokratische Berlin) durch ›Bürger der Deutschen Bundesrepublik‹«, 29. 8. 1960, veröffentlicht im Neuen Deutschland am 31. 8. 1960, Dokumente zur Deutschlandpolitik. IV. Reihe/Bd. 5, hg. vom Bundesministerium für innerdeutsche Beziehungen, Frankfurt am Main 1973, S. 191 f.

zug auf Chruschtschows Moratorium vom Pariser Gipfel: »In den Reden von Ministerpräsident Chruschtschow ist nirgends gesagt, daß in diesen acht Monaten [des faktischen Moratoriums] die Provokateure einen Freibrief für ihre Kriegshetze hätten.« Den West-Berlinern »riet« er, auf den »Westberliner Senat einzuwirken, daß er mithilft, die anomalen Verhältnisse in Westberlin zu beseitigen« und für

> eine friedliche Ordnung in Westberlin zu sorgen. Was heißt, eine friedliche Ordnung in Westberlin schaffen? Das heißt, daß in Westberlin die Bevölkerung jede Kriegspropaganda verhindert und dafür sorgt, daß die Blutrichter und Revanchisten aus der Westberliner Verwaltung entfernt werden. Liebe Westberliner! Beherzigen Sie bitte meine Worte: Friede ist die erste Bürgerpflicht![32]

Wenn man ein wenig mit als »Aufbegehren des Volkes« inszenierten kommunistischen Putschen vertraut war, wie etwa mit dem 1948, der die Spaltung Berlins durch Vertreibung der demokratisch gewählten Abgeordneten aus dem Roten Rathaus zur Folge hatte, konnte man solche Forderungen durchaus als Teil einer Putschvorbereitung einstufen. Die drei gaben sich in der »Diskussion« geradezu siegestrunken. Ulbricht charakterisierte Brandt als eitlen Pfau, der sich nur spreizen möge; morgen werde er gerupft. Und Eisler sekundierte mit »Wiener Charme«, auf die Kanzlerkandidatur und den im Falle eines Sieges damit verbundenen Weggang Brandts aus Berlin anspielend:

> Herr Brandt scheint eine Art Vorgefühl des kommenden Rupfens zu haben. Deshalb möchte er sich aus Westberlin absetzen und nach Bonn übersiedeln.[33]

Unübersichtliche Lage

Die Diskussion der drei mutet aus heutiger Sicht geradezu surreal an, scheint es doch mit dem Blick zurück kaum eine reale Basis für diese Siegestrunkenheit gegeben zu haben. Es dauerte nicht einmal mehr ein Jahr, und die SED-Führer mussten mit dem Bau der Mauer ihren politischen Offenbarungseid

32 Fernsehdiskussion des Ersten Sekretärs des ZK der SED, Ulbricht, mit dem stellvertretenden Vorsitzenden des Staatlichen Rundfunkkomitees der DDR, Eisler, und dem Gesandten Kegel, 3.9.1960, nach Dokumente zur Deutschlandpolitik IV/5, S. 208–219, Zitate S. 219.

33 Ebd., S. 216.

leisten. Sich selbst hatten die SED-Führer schon in ihrem neuen Getto in Wandlitz eingemauert, das unsichere, unweit der Sektorengrenze gelegene »Städtchen« sukzessive geräumt. Aber es gibt keinen Grund, anzunehmen, dass sie nicht im Kern glaubten, was sie sagten. Sie betrieben natürlich Propaganda, spitzten zu und verdrängten alles, was die eigene Siegesgewissheit hätte trüben können. Sie setzten auf die Demoralisierung der West-Berliner, auf Einschüchterung, der dann bei angemessen unterwürfigem Verhalten Gesten der »Großzügigkeit« folgen könnten. Dies wurde in West-Berlin durchaus so verstanden, wenn Brandt auch Ulbrichts Vorstellung, die »Westberliner würden die ›friedliche Ordnung‹ erzwingen, wie sie in Ostberlin besteht«, als »Hirngespinste« einstufte und die »Herren in Ostberlin« davor warnte, »die Lage falsch einzuschätzen«.[34]

Welche Seite die Lage falsch einschätzte, war aber damals alles andere als klar. Und falsche Lageeinschätzungen sind oft die Ursache für verhängnisvolle Entscheidungen. Der Westen war kurz zuvor gerade bei einer östlichen Forderung eingeknickt. Warum sollte dies nicht so weitergehen können? Der Bundestag war in den vergangenen Jahren vier Mal in Berlin zusammengekommen, beim ersten Mal, 1955, sogar unter Beifallsbekundung aus Ost-Berlin. Für den September 1960 war wieder eine Bundestagssitzung in Berlin geplant. Im Juli wetterte Chruschtschow von Wien aus gegen dieses Vorhaben und spekulierte öffentlich:

> Vielleicht sollten wir uns mit den Genossen Grotewohl und Ulbricht und den Vertretern anderer sozialistischer Länder, die am Krieg gegen Hitlerdeutschland teilgenommen haben, etwas überlegen. Vielleicht sollten wir die Unterzeichnung eines Friedensvertrages mit der DDR zeitlich zur Einberufung des Bundestages in Berlin anberaumen. Und dann müßten alle Bundestagsabgeordneten sich bei Grotewohl Visa beschaffen, um aus Berlin nach Bonn heimfahren zu können.[35]

Obwohl Brandt in einem vertraulichen Schreiben an Adenauer sich gegen Überlegungen ausgesprochen hatte, auf die Sitzung zu verzichten, da dies als Nachgeben gegenüber den östlichen Einschüchterungsversuchen ausgelegt

34 Rundfunkansprache des Regierenden Bürgermeisters von Berlin, Brandt, über den Sender Rias, 4.9.1960, zit. nach Dokumente zur Deutschlandpolitik IV/5, S.224–226.

35 Aus der Pressekonferenz des Ministerpräsidenten Chruschtschow in Wien, 8.7.1960, zit. nach Dokumente zur Deutschlandpolitik IV/5, S.28–32, hier S.31.

werden und folgenschwere Wirkungen haben könne, wurde der Plan aufgegeben, da in der gegenwärtigen Situation nichts von deutscher Seite geschehen dürfe, was den Viermächtestatus der Stadt betreffe und nicht von den Westmächten gedeckt werde. Bonn befürchtete, der Osten würde die Sitzung möglicherweise zum Anlass nehmen, schwerwiegende Maßnahmen einzuleiten.[36] Die BOB der CIA sah damals zudem durchaus die Gefahr, dass »in den Köpfen der Westberliner Zweifel an der Bereitschaft oder Fähigkeit der Alliierten entstünden, dem ostdeutschen Druck auf Berlin zu widerstehen«.[37] Die Westmächte, Bonn und West-Berlin sahen sich vor dem Dilemma, einerseits die Bindungen West-Berlins an Westdeutschland stärken zu wollen, andererseits den besatzungsrechtlichen Status quo wahren zu müssen, da allein dieser die Existenz des Gebildes West-Berlin rechtfertigte. Zugleich wurde immer klarer, dass Chruschtschow eine Lösung für das Berlin-Problem seines Vasallen Ulbricht finden *musste*. Die Amerikaner bemerkten dabei durchaus, dass Chruschtschow darauf achtete, die Westmächte von den Messerstichen Ulbrichts zu verschonen, und einschritt, wenn Ulbricht diese Grenzlinie übertrat. Chruschtschow hoffte immer noch, mit dem Westen zu einer Einigung auf der Basis der östlichen Vorschläge zu kommen. Ulbricht war skeptischer denn je und zudem unter Zeitdruck, da sich die Lage im Lande weiter zuspitzte.

Abschottung vor Einnahme

Ulbrichts Politik der Nadelstiche nach dem gescheiterten Pariser Gipfel ist hinlänglich dargestellt worden.[38] Auf sie muss daher nicht weiter eingegangen werden. Wichtig ist hier nur, dass diese Nadelstiche alle auf eine Behauptung der eigenen Souveränität abhoben, sei es, dass hoheitliche Rechte in West-Berlin eingefordert, sei es, dass das Besatzungsrecht und der Viermächtestatus in Frage gestellt, sei es, dass neue Kontrollen und Einreisebestimmungen für Ost-Berlin eingeführt wurden. Ulbricht stand unter Druck und versuchte Druck zu

---

36 Berlin. Chronik der Jahre 1959–1960, S. 687; Berlin-Sitzung. Nebel, Der Spiegel, H. 31, 27. 7. 1960, S. 16 f.; Baily/Kondrašev/Murphy, Die unsichtbare Front, S. 434 ff.

37 CIA-Informationsbericht (Telegramm), 12. 9. 1960, zit. nach Baily/Kondrašev/Murphy, Die unsichtbare Front, S. 436.

38 Vgl. dazu Wettig, Chruschtschows Berlin-Krise, S. 91–106; Lemke, Die Berlinkrise, S. 149–153; Harrison, Ulbrichts Mauer, S. 235–246; Wilke, Der Weg zur Mauer, S. 253–259.

machen, auf den Westen wie auch auf Chruschtschow. Inzwischen waren fast zwei Jahre seit dessen Ultimatum an den Westen vergangen, ohne dass sich aus Ulbrichts Sicht an der Lage in Berlin irgendetwas grundlegend zugunsten der DDR verändert hatte. Dafür begann sich die Lage in der DDR dramatisch zu ändern. Das ostdeutsche Wirtschaftswunder, so viel war jetzt klar, ließ auf sich warten, wenn das Scheitern zunächst auch noch verbrämt wurde. Die »Einholung und Überholung« Westdeutschlands werde infolge des »hohen Entwicklungstempos auch in Westdeutschland sehr viel komplizierter« als erwartet, heißt es in einem »Vermerk zu Fragen der Einholung und Überholung Westdeutschlands«.[39] Da eine – wie auch immer kaschierte – Einverleibung West-Berlins wegen der zögerlichen Haltung Moskaus und des Beharrens der Westmächte auf ihren Besatzungsrechten in Berlin kurzfristig immer unwahrscheinlicher wurde, Ulbricht aber immer klarer auf eine baldige Lösung des Fluchtproblems angewiesen war, scheinen ab dem Sommer 1960 Überlegungen in den Vordergrund gerückt zu sein, die alternativ und provisorisch auf eine »Neutralisierung« des West-Berlin-Problems durch Abschottung zielten. West-Berlin sollte quasi unter Quarantäne gestellt werden. Die Maßnahmen an der Grenze waren nicht mehr bloß Mittel, um eine Lösung des Problems in Ulbrichts Sinne voranzutreiben, sondern sie sollten nun mehr und mehr vorübergehend die Lösung selbst sein können.

Auch wenn Ulbricht die DDR am längeren Hebel sah, musste er doch zur Kenntnis nehmen, dass auch der Klassenfeind Hebel besaß. Natürlich würden dessen Hebel kaum in der Lage sein, dem »Klassenfeind« das ihm gemäß dem »historischen Materialismus« vorherbestimmte Schicksal zu ersparen. Aber die Wirklichkeit entwickelte sich komplizierter, als nach der reinen Lehre zu erwarten gewesen wäre. Aus dieser konkret komplizierten Entwicklung ergaben sich neue Notwendigkeiten, die Ulbricht erkannte, und als wahrhaft »freier Mensch« handelte er ihnen entsprechend. Es waren im Wesentlichen zwei Notwendigkeiten, die sich für Ulbricht ergaben. Die eine, grundsätzlichere, bestand darin, die DDR wirtschaftlich vom Westen »störfrei«, also weitgehend unabhängig von Lieferungen zu machen. Die wirtschaftliche Unabhängigkeit würde auch politisch mehr Spielraum für die DDR schaffen. Dies wollte er vor allem dadurch erreichen, dass die DDR-Planwirtschaft so eng wie möglich in

39 Vermerk zu Fragen der Einholung und Überholung Westdeutschlands, 2. 7. 1960, zit. nach Lemke, Die Berlinkrise, S. 420. Ulbricht wandte sich darauf am 23. 7. mit einem Brief an Chruschtschow und schilderte diesem die Probleme bei der Umsetzung des Siebenjahrplanes, s. Harrison, Ulbrichts Mauer, S. 246 (Anm. 43).

den östlichen Wirtschaftsraum, insbesondere den der Sowjetunion, eingebunden wurde. Er schlug Chruschtschow de facto vor, aus Ostdeutschland wirtschaftlich eine Art Sowjetrepublik zu machen. Da dieses Ziel nicht kurzfristig zu erreichen war, sollte Moskau der DDR vorerst mit großzügigen Krediten unter die Arme greifen und damit die Verluste ausgleichen helfen, die der DDR aus dem verstärkten Wirtschaftskrieg des Westens gegen sie erwuchsen und noch erwachsen würden. Für Moskau war dieses »Angebot« nur wenig verlockend, bestand der Wert der DDR für Moskau doch vor allem darin, dass der deutsche Teilstaat mit dem erfolgreichen Aufbau einer sozialistischen Gesellschaftsordnung in einem hochindustrialisierten europäischen Land Strahlkraft auf ganz Europa und die westliche Welt entwickeln würde. Das wusste natürlich auch Ulbricht, und es ist daher anzunehmen, dass er nicht wirklich davon ausging, dass Moskau ein solches »Angebot« annehmen würde. Es war wohl mehr als eine Mischung aus Demutsgeste und Drohung zu verstehen, die auf Gewährung eines Höchstmaßes an wirtschaftlicher Hilfe abzielte. Hier sei nur daran erinnert, dass Ulbrichts Nachfolger Honecker 1981, in der letzten großen Systemkrise vor dem endgültigen Zusammenbruch des östlichen Lagers, Leonid Breschnew ebenfalls ein solches »Angebot« unterbreitete. Als 1981 in Polen die Demokratiebewegung der unabhängigen Gewerkschaft Solidarność die Macht zu übernehmen drohte und Moskau gleichzeitig seine Erdöllieferungen in die DDR drastisch zurückfahren musste, nutzte auch Honecker dieses »Angebot« als Droh- und Demutsgeste zugleich. Wie schon Chruschtschow war auch dessen Nachfolger Breschnew nicht geneigt, auf dieses Angebot einzugehen. Dass die DDR den Beweis für die Überlegenheit des Sozialismus erbringen würde, dürfte damals in Moskau jedoch kaum noch jemand erwartet haben. Die Imperiumsmacht wollte, wie jede Imperiumsmacht, aus ihrem Vasallenstaat Profit ziehen, sei es nun wirtschaftlich, politisch oder militärisch. Unter dem Strich sollte eine schwarze Zahl stehen. Honecker war sich mit hoher Wahrscheinlichkeit des Ulbricht'schen Angebots 20 Jahre zuvor bewusst, als er es 1981 erneuerte.[40] Und er erwartete wahrscheinlich auch nicht wirklich, dass Moskau darauf eingehen würde. Honeckers Demutsgeste zielte zwar auch darauf ab, ein Höchstmaß an Hilfe aus der Sowjetunion zu bekommen. Zugleich wusste er aber, dass Moskau dazu nur noch sehr begrenzte

40 S. »Hart und kompromisslos durchgreifen«. Die SED contra Polen 1980/81. Geheimakten der SED-Führung über die Unterdrückung der polnischen Demokratiebewegung, hg. von Michael Kubina und Manfred Wilke, Berlin 1995, S. 38–44, v. a. Das Dokument 86, S. 377–383, hier S. 377.

Möglichkeiten besaß. Honecker schickte sich anschließend an, seine sozialistische Kleingartenidylle namens DDR vom Osten »störfrei« zu machen, indem er sich von Bonn unterstützen ließ, d.h. er begab sich bewusst in die Abhängigkeit, von der sein Vorgänger noch meinte, sich mit Hilfe Moskaus und aufgrund grundsätzlicher, wenn auch im Moment nicht konkreter Überlegenheit befreien zu können. Zwischen beiden Angeboten an Moskau lagen ein Jahrzehnt unter Ulbricht, mit dem letzten großen Versuch, die Utopie Wirklichkeit werden zu lassen (Wirtschaftsreformen),[41] und ein Jahrzehnt unter Honecker, in dem die SED die Utopie zugunsten der »Einheit von Wirtschafts- und Sozialpolitik« endgültig aufgab.[42]

Als Ulbricht im September 1960 die zunächst nur mit dem »Revanchistentreffen« begründete und daher vorübergehend eingeführte Genehmigungspflicht für Westdeutsche beim Besuch des Ostteils der Stadt nach einigen Tagen Schampause dauerhaft wieder einsetzte, hatte das am 30. September die Kündigung des Interzonenhandelsabkommens zum 31. Dezember durch Bonn zur Folge. Für eine Weiterführung des wirtschaftlich für Ulbricht, aber nicht für Bonn wichtigen innerdeutschen Handels auf bisheriger Grundlage forderte die Bundesregierung eine Rücknahme der neuen Einreiseregelungen bzw. zumindest eine deutliche Entschärfung in der Praxis. Obwohl Ulbricht damit klar sein musste, dass die Einführung eines strengen Kontrollregimes an der Sektorengrenze vom Westen mit Sanktionen beantwortet werden würde, scheint er von nun an trotzdem vor allem kurzfristig auch darin eine realistische Notlösung für sein Berlin-Problem gesehen zu haben. Denn deutlich wurde auch schnell, dass Bonn dieses Druckmittel nicht wirklich längerfristig nutzen konnte, da es auf die Verbindungswege zwischen West-Berlin und Westdeutschland durch die DDR angewiesen war. Das Handelsabkommen wurde denn auch bald wieder verlängert.

Für Ulbricht bestand das West-Berlin-Problem zwar immer noch auch darin, dass die Existenz West-Berlins die Souveränität der DDR in Frage stellte bzw. einschränkte und von West-Berlin aus Sabotage, Spionage, Diversion etc. gegen die DDR betrieben wurde. Für Ulbricht und sein Sozialismusprojekt erwuchs aber jetzt eine sehr akute und konkrete Gefahr aus der neuen Fluchtwelle, die er freilich letztlich auf die Diversion zurückführte, sowie aus dem

41 S. Wolle, Stefan: Aufbruch nach Utopia. Alltag und Herrschaft in der DDR 1961 – 1971, Berlin 2011, passim; Schroeder, Klaus: Der SED-Staat. Geschichte und Strukturen der DDR, München 1998, S. 173 – 187.

42 Ebd., S. 199 – 254.

immer größer werdenden Wirtschaftsgefälle zwischen West- und Ost-Berlin und dem Umland als eigentlicher Ursache.[43] Eine Lösung dieser Probleme durfte nicht mehr lange herausgeschoben werden. Kurzfristig, so scheint bei Ulbricht die Überzeugung gewachsen zu sein, könne möglicherweise, wenn Chruschtschow weiter so zögerlich agieren würde, nur noch durch eine rigorose Schließung der Grenze nach West-Berlin eine weitere Eskalation der Krise zu Ulbrichts Lasten vermieden werden. Zumindest müsse eine solche Lösung vorbereitet werden. Gleichzeitig würde mit solchen Vorbereitungen der Druck auf Chruschtschow erhöht und dieser vielleicht doch dazu gebracht werden können, wesentliche Teile seines ursprünglichen Ultimatums umzusetzen, was natürlich immer noch das eigentliche Ziel Ulbrichts war. Welche von beiden Überlegungen bei Ulbricht überwog, ist nicht bekannt.

Der Plan ist nicht zu halten

Ab dem Herbst 1960 waren die Überlegungen für eine schärfere Grenzkontrolle in der SED-Führung offenkundig so weit gediehen, dass das entsprechende Vorhaben der SED explizit in der sowjetischen Botschaft angesprochen wurde. Die Belege, die dafür vorliegen, beweisen zwar immer noch nicht, dass Ulbricht auf eine »Mauer« und nicht auf die Umsetzung des Ultimatums »gedrängt und gedrängt« habe, aber immerhin, dass entsprechende konkrete Überlegungen angestellt wurden. Anfang Oktober gestand Ulbricht intern gravierende Planrückstände ein. Die für 1960 vorgesehenen »ökonomischen Hauptaufgaben«, so schrieb er an Grotewohl, würden nicht gelöst werden können.[44] Die Sowjetunion hatte die Aufstockung des Valutakredites an die DDR von 200 auf 475 Millionen Rubel kurz zuvor abgelehnt.[45] Sie drängte stattdessen ihrerseits auf die Einhaltung der bisherigen Bedingungen im beiderseitigen Handel, die die DDR klar benachteiligten. Ungeachtet aller Freundschaftsrhetorik waren die internen Signale aus Moskau (und den anderen RGW-Staaten) an Ulbricht eindeutig: Man werde nicht in dem von der SED erhofften Umfang helfen, und zwar nicht nur, weil man es nicht könne,

43 S. zu den aus dem Wirtschaftsgefälle resultierenden und weit über die Fluchtproblematik hinausgehenden Problemen Lemke, Vor der Mauer, passim, v. a. S. 235–263.

44 Ulbricht an Grotewohl, 3. 10. 1960, zit. nach Lemke, Einheit oder Sozialismus, S. 419.

45 Schreiben Perwuchins im Auftrag der Regierung der UdSSR an Ulbricht, 14. 9. 1960, zit. nach Lemke, ebd., S. 419.

sondern weil es der eigenen Bevölkerung nicht zu vermitteln sei. Ulbricht schrieb daraufhin an Chruschtschow, ohne sowjetische Hilfe sei es völlig offen, wie die DDR überhaupt weiterkommen könne.[46] Rudolf Dölling, der DDR-Botschafter in Moskau, machte in einem Vermerk über eine Besprechung mit den Vertretern der anderen Ostblockstaaten darauf aufmerksam, dass »noch lange nicht überall Klarheit über das deutsche Problem« bestünde. Die Menschen wie die Führungen der anderen sozialistischen Länder würden nicht einsehen, warum sie der DDR ökonomische Hilfe geben sollten, wo doch die DDR in der Propaganda damit prahle, »wie hoch der Lebensstandard ist, den wir erreicht haben«.[47] Gleichzeitig offenbarten die Analysen der »Republikfluchten«, dass die Gründe, weshalb immer noch so viele Menschen die DDR verließen, von der SED nicht so einfach zu beseitigen waren. Eine Einzelfallanalyse der Transportpolizei Dresden vom November 1960 zeigt, dass ein wichtiger Grund für »Republikfluchten« die seit 1958 deutlich restriktivere Vergabe von Reisegenehmigungen zu Verwandten in Westdeutschland war. Das Dilemma war offenkundig. Wenn die SED Reisegenehmigungen gab, wurden diese letztlich oft zur »Republikflucht« genutzt, verweigerte sie sie, wurde dies als Anlass zur »Republikflucht« genommen. Immer noch waren die wirtschaftlichen Verhältnisse (Wohnsituation, geringe Löhne) ein wichtiger Grund, während politische Gründe eher selten angeführt werden (Benachteiligung von Christen). Relativ viele derer, die in dieser Zeit in den Westen gingen, waren zudem erst kurz vorher aus dem Westen in die DDR gekommen und wollten nun, enttäuscht, zurück.[48]

In dieser Situation machten an einem Tag gleich zwei DDR-Funktionäre in der sowjetischen Botschaft auf die Dringlichkeit einer Lösung des Fluchtproblems in Berlin aufmerksam. Am 17. Oktober erklärte der Leiter der Hauptabteilung innere Angelegenheiten, Bergmann, nach der Gesprächsnotiz eines Botschaftsangehörigen, dass »im Interesse einer bedeutenden Verringerung der Abwanderung eine rasche Lösung der Frage von Westberlin, durch das 90 Prozent der Menschen strömen, die die Republik verlassen, nötig« sei.[49]

46 Ulbricht an Chruschtschow, 10. 10. 1960, BArch DY 30/3507.

47 Vermerk über eine Besprechung mit den Leitern der Auslandsvertretungen, 19./20. 12. 1960, zit. nach Lemke, Einheit oder Sozialismus, S. 420.

48 S. beispielsweise die Einzelfallanalysen, Trapo Dresden an MdI, HV DVP, HA Trapo, Abt. ZbK, 14. 11. 1960, DO 1/28428 (MdI) Bl. 18–26.

49 Notiz zur Besprechung mit dem Leiter der Abteilung innere Angelegenheiten des MdI der DDR, Genosse Bergmann, am 17. 10. 1960, Tagebuch von V. A. Suldin, 25. 10. 1960, zit. nach Harrison, Ulbrichts Mauer, S. 243.

Am selben Tag wurde der Chef der West-Berliner SED-Leitung in der Botschaft noch deutlicher. Der Zweite Sekretär der Botschaft, A. P. Kasjonnow[50], berichtet in einem Vermerk über sein Gespräch mit Gerhard Danelius, die ostdeutschen Freunde

> prüfen die Möglichkeit, Schritte zu unternehmen, die darauf gerichtet sind, zu verbieten und es für DDR-Bewohner schwieriger zu machen, in Westberlin zu arbeiten, und auch dahingehend, die Abwanderung der Bevölkerung der DDR über Westberlin zu stoppen.

Was im Gesprächsvermerk weiter folgt, ist besorgte Spekulation Kasjonnows, nicht jedoch Bericht dessen, was Danelius gesagt hatte:

> Eine von solchen Maßnahmen unserer Freunde könnte die Beendigung der Bewegungsfreiheit über die Sektorengrenze und die Einführung eines solchen Verfahrens für den Besuch von Bürgern der DDR in Westberlin sein, wie es für den Besuch der BRD existiert. Da Maßnahmen in diese Richtung deutliche Folgen für die Arbeit der Botschaft in Westberlin und für die Entwicklung direkter Kontakte mit Westberlin haben würden, wäre es angebracht, mit unseren Freunden auf der entsprechenden Ebene die Frage des Regimes an der Sektorengrenze zu erörtern.[51]

Bei Harrison wird aus dieser Spekulation Kasjonnows darüber, welcherart Maßnahmen Danelius wohl gemeint haben könnte, Kasjonnow habe nach

---

50 Die Schreibweise dieses Namens variiert in der hier benutzten Literatur stark, nicht nur nach benutzter Umschrift. Bei Zubok taucht er als Kazeinov auf, bei Harrison (2003) als Kazennov, (2011) als Kasennow (diese Schreibweise entspricht keiner normierten Umschrift). Nach der eine eindeutige Buchstaben-für-Buchstaben-Übertragung ermöglichenden wissenschaftlichen Transliteration, die hier nur bei russischen Dokumentenangaben im Apparat benutzt wird, schreibt er sich, soweit das ohne Vorliegen eines kyrillischen Dokuments eindeutig entschieden werden kann, Kazënnov, nach der hier im Text benutzten sog. Duden-Transkription Kasjonnow, mit stimmhaftem S.

51 Notiz zur Besprechung mit dem Sekretär der Berliner Bezirksleitung der SED G. Danelius, 17. 10. 1960, Tagebuch von A. P. Kasjonnow, Zweiter Sekretär der sowjetischen Botschaft in der DDR, 24. 10. 1960, zit. nach Harrison, Driving the Soviets up the Wall, S. 148 f. Das Zitat findet sich auch bei Harrison, Ulbrichts Mauer, S. 243. Bei der Übersetzung des ursprünglich russischen Textes aus der englischen Übersetzung ins Deutsche ist der Sinn aber etwas verändert worden.

Moskau berichtet, »die SED wolle[52]/wünsche[53] ›die Aufhebung der Bewegungsfreiheit über die Sektorengrenze‹«, also eine Art gegenüber Moskau geäußertes Begehren.[54]

Der Nationale Verteidigungsrat wird aktiv

Aber es deutet in der Tat einiges darauf hin, dass Kasjonnow mit seiner Spekulation über die möglichen Absichten der SED nicht ganz falsch lag. Auch ist davon auszugehen, dass bereits dahingehende grundsätzliche Überlegungen in der SED-Spitze (wahrscheinlich hier im kurz zuvor gebildeten Nationalen Verteidigungsrat als Nachfolger der SED-Sicherheitskommission) zu einem gewissen Abschluss gekommen waren. Es wurde bereits dargelegt, dass ab Anfang 1959 Schritte zur konsequenteren Sicherung der innerdeutschen Grenze unternommen wurden und auch Planspiele zu ähnlichen Maßnahmen an der Berliner Grenze nachweisbar sind. Wenn zwei Funktionäre, die nicht zur Führungsebene der SED gehören, am selben Tag in der sowjetischen Botschaft auf die Notwendigkeit einer schnellen Schließung des »Schlupflochs« Berlins verweisen und über Maßnahmen spekulieren, die eine Beendigung der bisherigen Freizügigkeit in Berlin bedeuten würden, dann lässt dies darauf schließen, dass hier bereits erste Signale aus der Führung an die nächste Ebene der Partei weitergeleitet wurden. Es ist kaum anzunehmen, dass jemand wie Danelius solche Spekulationen in der sowjetischen Botschaft sozusagen als Ergebnis nur eigener Überlegungen, wie etwa noch zwei Jahre zuvor der russische Praktikant Skoblew, verbreitet hätte. Es kann also durchaus sein, dass es hier tatsächlich darum ging, die Reaktion Moskaus zu testen. Andererseits spiegel-

52 So in Harrison, Hope M.: Walter Ulbricht, der Bau der Mauer und der Umgang damit seit 1989, Deutschland Archiv (2011) 6 (http://www.bpb.de/themen/UD6WIT, Stand 7.1.2012).

53 So in Harrison, Hope M.: Walter Ulbrichts »dringender Wunsch«, Aus Politik und Zeitgeschichte, 61 (2011) 31–34, S. 8–15, hier S. 11.

54 Bei Zubok, Khrushchev and the Berlin Crisis, S. 14, heißt es unter Bezugnahme auf dieses Dokument, Moskau habe ein Telegramm erhalten, »that the East German ›friends‹ were planning to close the sectoral border in Berlin. The Soviet observer recommended raising this issue ›on the appropriate level‹ to prevent future surprises.« Bei Zubok/Vodop'janova, Sovetskaja diplomatija, S. 266, liest man: Die »sowjetische Botschaft erfuhr davon, dass die ›Freunde‹ die ›Möglichkeit erörtern‹, den freien Verkehr der Bevölkerung Berlins ›über die Sektorengrenze‹ abzuschaffen.«

te das, was Danelius und Bergmann sagten, wohl auch einfach eine verbreitete Stimmung im gewissermaßen kämpferischen Teil der SED-Mitglieder und Funktionäre in Berlin wider. Die Lage in Berlin mit der »offenen Grenze«, Schwarzhandel, Währungsspekulation, Grenzgängern und Flucht wurde von Führung und Partei als unerträglich empfunden.[55]

Auf grundsätzliche Entscheidungen auf oberster SED-Ebene deuten auch Beschlüsse der dritten Sitzung des NVR am 19. Oktober hin. Das Protokoll lässt den Schluss zu, dass die Planungen und Überlegungen, die im Frühjahr 1959 noch unter der Leitung der Sicherheitskommission begonnen hatten, nun zur Beschlussreife gelangt waren. Unter Tagesordnungspunkt 1 berichtete Mielke über »Fragen der inneren Sicherheit«. Leider ist dem Protokoll nicht mehr als diese Mitteilung zu entnehmen. Aber allein dass dies der erste Tagesordnungspunkt war, zeigt, unter welchen Vorzeichen die anderen Entscheidungen getroffen wurden. Für die SED ging es ums Ganze. Unter Tagesordnungspunkt 13 »Maßnahmen zur Erhöhung der Sicherheit in der Hauptstadt der Deutschen Demokratischen Republik (das demokratische Berlin)« heißt es:

> Den vorgeschlagenen Maßnahmen zur Erhöhung der Sicherheit in der Hauptstadt der Deutschen Demokratischen Republik (das demokratische Berlin) wird zugestimmt. Es sind alle Vorbereitungen zu treffen, damit am festgelegten Termin die Waren- und Paßkontrolle von den Organen des AZKW übernommen wird. Gleichzeitig ist sicherzustellen, daß von Seiten der zuständigen Stellen der Deutschen Volkspolizei die an anderen Grenzen übliche polizeiliche Sicherung gewährleistet ist. Der Leiter für die Einsatzkräfte des AZKW an den Kontrollpunkten nach Westberlin ist im Sekretariat des Zentralkomitees zu bestätigen.[56]

Der vorletzte Satz ist im Protokoll unterstrichen. Berichterstatter war VP-Generalmajor Herbert Grünstein, zugleich 1. Stellvertreter des Ministers des Innern. In der zu diesem Tagesordnungspunkt gehörenden Anlage werden Details der Reorganisation der Berliner Bereitschaftspolizei zum Zwecke der Grenzsicherung festgelegt. Unter anderem heißt es:

55 S. Lemke, Vor der Mauer, S. 241 ff.; Roggenbuch, Das Berliner Grenzgängerproblem, S. 336 ff.; Major, Torschlußpanik, S. 228 ff.

56 3. Sitzung des NVR am 19. Oktober 1960, BArch DVW 1-39460, Bl. 10.

> Zur Gewährleistung der Tiefensicherung der Sektorengrenze, zur Zerschlagung konterrevolutionärer Aktionen und zur Bildung starker Reserven sind die Berliner Bereitschaften zu reorganisieren.[57]

Diese und noch weitere, im Detail aufgeführte organisatorische Maßnahmen, die Sicherung der Sektorengrenze betreffend, sollten bis zum 31. März 1961 abgeschlossen sein. Ähnliches galt für eine unter Tagesordnungspunkt 3 beschlossene

> Liste von Gesetzen, die auszuarbeiten sind [...] Die entsprechenden Gesetze sind ohne Verzögerung auszuarbeiten und im Januar 1961 dem Nationalen Verteidigungsrat bzw. dem Staatsrat der Deutschen Demokratischen Republik zur Behandlung vorzulegen.

Verantwortlich war Mielke.[58] Anscheinend ist es dann aber zur Verzögerung bei der Umsetzung der Vorhaben gekommen, denn auf der nächsten Sitzung des NVR im Januar 1961 finden sich keine entsprechenden Tagesordnungspunkte. Weder ist die Grenze in Berlin Thema, noch werden Gesetze behandelt, die auf die im Oktober beschlossene Liste zurückgeführt werden könnten. Lediglich in Bezug auf die innerdeutsche Grenze wird eine Umgruppierung der Kräfte der Deutschen Grenzpolizei beschlossen mit »dem Ziel, die Sicherung der Staatsgrenze West entschieden zu verbessern und die Wirksamkeit des Einsatzes der Deutschen Grenzpolizei im Falle einer Aggression zu erhöhen«. Da diese Maßnahmen auch für die Grenze zur ČSSR galten, ist ein Zusammenhang mit der Fluchtverhinderung höchstens indirekt in der Praxis gegeben. Aufgabe der Grenzpolizei sei es,

> keine Verletzung der Souveränität der Grenze der Deutschen Demokratischen Republik zuzulassen und das Eindringen von Spionen, Agenten, Diversanten und bewaffneten Banditengruppen zu unterbinden und Provokationen jeglicher Art zu unterbinden.[59]

---

57 Anlage 6 (zu TOP 13) der 3. Sitzung des NVR am 19. Oktober 1960, BArch DVW 1-39460, Bl. 41–42.

58 3. Sitzung des NVR am 19. Oktober 1960, BArch DVW 1-39460, Bl. 4.

59 4. Sitzung des NVR am 20. Januar 1961, BArch DVW 1-39460, Bl. 6. Mielke, Michael: NVA-Generäle blasen per Attest zum Rückzug. Prozeß wegen des Schießbefehls an der Grenze – Acht Hochdekorierte stehen vor Gericht, Die Welt, 17.8.1995 (auch http://www.welt.de/print-welt/article661270/NVA-Generaele-blasen-per-Attest-zum-Rueckzug.html, Stand 3.7.2012).

Auch die weiteren Ausführungen dazu sind klar auf die Abwehr einer Aggression von außen ausgerichtet, was aber durchaus in Zusammenhang mit den in Berlin geplanten Maßnahmen gesehen werden kann, da eine solche Aggression ja als Reaktion auf eine Grenzschließung in Berlin oder den Abschluss eines Friedensvertrages allein mit der DDR erwartet werden konnte. Aus Sicht des NVR seien beim NATO-Manöver »Hold fast« vom Herbst 1960 »alle Aspekte der Anfangsphase einer Aggression gegen das sozialistische Lager theoretisch und praktisch überprüft« worden. Die Hauptmethode sei dabei »die Führung plötzlicher Überfälle mit allen verfügbaren Massenvernichtungsmitteln gewesen«. Sämtliche Manöver und Übungen der NATO im Jahr 1960 seien eine Generalüberprüfung des Gesamt-Aggressionsplanes der NATO-Führung für einen Überfall auf das sozialistische Lager gewesen.[60]

Es ist kaum genau auslotbar, in welchem Maße diese Furcht ernsthaft bestand und inwieweit sie zur Rechtfertigung der Grenzsicherungsmaßnahmen instrumentalisiert wurde. Man ging von realen Bedrohungen aus, untermauerte deren Wahrnehmung mit ideologischen »Beweisführungen« und log sich, wo es nicht anders ging, zurecht, was eigentlich nicht ins eigene Weltbild passte: in Scharen das (künftige) Paradies verlassende junge Menschen, Arbeiter und Akademiker. West-Berlin war zu einer Art Apfel der Erkenntnis geworden, der von der imperialistischen Schlange den ideologisch Schwächelnden angepriesen wurde, nur dass Gott in Gestalt der SED-Führung milder gestimmt war als einst bei Adam und Eva und niemanden mehr aus dem Paradies vertreiben, sondern Schlange und Apfel vernichten und Adam und Eva und all ihre Nachkommen im Paradies behalten wollte.

Gesetzesvorlagen wurden vom NVR erst auf den beiden ersten Sitzungen nach dem Mauerbau behandelt, auf der Sitzung am 28. August unter anderem das Verteidigungsgesetz[61] und am 29. November 1961 das Wehrpflichtgesetz.[62] Sollte dieses Gesetz bereits Teil der »Liste von Gesetzen« vom 19. Oktober 1960 gewesen sein, würde dies einerseits die zeitliche Verschiebung der Behandlung der Gesetze erklären, andererseits indizieren, dass der NVR

60 Anlage 3: Charakter, Inhalt und Bedeutung des NATO-Aggressionsmanövers »Hold fast« vom 21. bis 23.9.1960, 4. Sitzung des NVR am 20. Januar 1961, BArch DVW 1-39460, Bl. 39–72, hier Bl. 43–44.

61 TOP 1: Fragen der Verteidigungsbereitschaft der DDR, 7. Sitzung des NVR am 28. August 1961, BArch DVW 1-39464, Bl. 2.

62 TOP 15: Gesetz über die Einführung einer allgemeinen Wehrpflicht, 8. Sitzung des NVR am 29. November 1961, BArch DVW 1-39465, Bl. 9.

schon für einen früheren Zeitpunkt eine Schließung der Grenze vorgesehen hatte, denn die Einführung der Wehrpflicht[63] setzte faktisch eine geschlossene Grenze voraus, da anderenfalls zu erwarten gewesen wäre, dass sich ein Großteil der wehrpflichtigen jungen Männer durch Flucht in den Westen dem Militärdienst entzogen hätte. Allerdings musste eine Schließung der Grenze nicht auch eine Schließung der Sektorengrenze bedeuten. Auch die Übernahme aller Kontrollfunktionen über die Verbindungswege hätte eine vergleichbare Wirkung gehabt. Zwar wurde auch von Ulbricht und der SED-Führung noch der Friedensvertrag und die Freie-Stadt-Lösung favorisiert, aber die kurzfristige Chance dafür allem Anschein nach für recht gering gehalten. Deshalb wurde eine Grenzschließung als Plan B jetzt zumindest konkret geplant, ohne aber vom Ziel der schrittweisen Übernahme West-Berlins abzugehen. Im November versuchte Generalmajor Helmut Borufka vom sowjetischen Stadtkommandanten Vermessungsunterlagen zur Grenze West-Berlins zu erhalten, die 1952 im Auftrag der Sowjets von deutscher Seite angefertigt und komplett an die Sowjets übergeben worden waren, ohne dass sich die deutsche Seite eine Zweitschrift angefertigt hatte:

> Da es für die Deutsche Grenzpolizei unerläßlich ist, genaue Unterlagen über den Verlauf und die Markierung der Grenze zu den Westsektoren von Berlin zu besitzen, bitte ich Sie zu prüfen, inwieweit es Ihnen möglich ist, der Deutschen Grenzpolizei besagte Unterlagen leihweise zum Zwecke der Vervielfältigung oder gänzlich zu überlassen.

Auf einem bereits für den nächsten Tag anberaumten Treffen sollten »nähere Einzelheiten« besprochen werden, was dieses Gespräch erbrachte, ist unbekannt.[64]

63 Sie wurde per Gesetz am 24. 1. 1962 eingeführt.

64 Generalmajor Borufka, MdI, Kommando der DVP, an den sowjetischen Stadtkommandanten von Groß-Berlin, Sacharow, betr.: Dokumentation über die Grenze zwischen den Westsektoren von Groß-Berlin und der Deutschen Demokratischen Republik, 17. 11. 1960, BArch GT 490, Bl. 1. Für den Hinweis auf das Dokument danke ich Axel Klausmeier. Borufka war 1961 maßgeblich am Mauerbau beteiligt. Zuletzt in der DDR Generalleutnant, gehörte er in den 1990er Jahren zu denen, die wegen der Toten an der Mauer angeklagt wurden, wie etliche seiner Kollegen aber wegen »Verhandlungsunfähigkeit« kein Urteil erhielten.

2. Zwischenbilanz ziehen und Kurs korrigieren

Parallel zu den nun ganz konkret anlaufenden Planungen für die Schließung der Grenze in Berlin wollte Ulbricht eine grundsätzliche Überprüfung der bisherigen Taktik in Bezug auf West-Berlin, wollte er Chruschtschow dazu drängen, eine Zwischenbilanz zu ziehen. Und da diese Bilanz nach zwei Jahren Ultimatum-Politik aus Ulbrichts Sicht nicht übermäßig befriedigend ausfiel, hoffte er, eine Kurskorrektur durchsetzen zu können. Die Mauerlösung war dabei nicht Ulbrichts Wunschlösung, sondern eine Notoperation, die er insgeheim vorbereitete für den Fall, dass er seine weitergehenden Ziele (»Friedensvertrag«) nicht würde durchsetzen können. Er wollte, so hat es den Anschein, einen solchen ausgearbeiteten Plan sicherheitshalber in der Hinterhand haben, angesichts der Unfähigkeit bzw. des Unwillens Chruschtschows, sein Ultimatum oder aber wenigstens eine massive wirtschaftliche Unterstützung der DDR durch die Länder des RGW durchzusetzen.

Enttäuschung in Moskau

Im November 1960 kamen in Moskau Vertreter von 81 kommunistischen und Arbeiterparteien der Welt zu einer gemeinsamen Beratung zusammen. Auch die SED war mit einer Delegation in Moskau vertreten, geleitet von Ulbricht. Am Rande dieser vom 10. November bis zum 1. Dezember andauernden Mammut-Tagung, auf der die sich abzeichnenden Meinungsverschiedenheiten zwischen Peking und Moskau ein wichtiges Thema waren, kam es auch zu einem Gespräch zwischen Chruschtschow und Vertretern der sowjetischen Führung einerseits sowie Ulbricht und Mitgliedern der SED-Delegation andererseits. Ulbricht hatte im Vorfeld bereits brieflich so detailliert wie selbstbewusst angekündigt, welche Fragen er in Moskau zu besprechen gedenke. Es sollte um die schwierige wirtschaftliche Lage in der DDR, um die Zukunft West-Berlins und um die Frage eines Friedensvertrages gehen. In diesen Briefen wird deutlich, dass Ulbricht der sowjetischen Zurückhaltung zumindest in den letzten beiden Fragen mit einer gewissen Fassungslosigkeit gegenüberstand. Ulbricht sah – mit Recht – einen logischen Widerspruch zwischen den propagandistischen Verlautbarungen des Ostens und der praktischen Politik, wie sie Chruschtschow betrieb. Der Viermächtestatus von Berlin werde von der DDR und der Sowjetunion bestritten, zugleich aber könnten Vertreter der die DDR nicht anerkennenden Westmächte in deren Hauptstadt fahren, ohne sich auch nur wenigstens ausweisen zu müssen. Allerdings war dies eben nur ein logischer Widerspruch, und es fiel Ulbricht umso leichter, diesen logischen Widerspruch in der östlichen Politik zu beanstanden, als politisch und militärisch eine konsequent der propagandistischen Logik folgende Politik nur von Moskau durchgesetzt und verantwortet werden konnte. Ulbricht konnte sie provozieren, aber ohne Rückendeckung aus Moskau eben nicht durchsetzen. Dass er die nicht hatte, stellte Chruschtschow in seiner kurzen schriftlichen Bestätigung der von Ulbricht erbetenen Besprechung in Moskau klar, indem er ihn aufforderte, bis dahin keinerlei Dinge zu unternehmen, die die derzeitige Lage an der Grenze zu West-Berlin ändern würden.[65] Das Treffen in Moskau im November 1960 scheint eine Art Wendepunkt für Ulbrichts strategisches Denken in Bezug auf die Lage in Berlin darzustellen. Bis dahin war Ulbricht davon ausgegangen, Chruschtschow würde – wenn auch langsamer als zunächst erhofft – alle wesentlichen Forderungen aus seinem Ultimatum vom November 1958 gegenüber dem Westen durchsetzen. Zwar waren ihm bereits im Frühjahr 1959 erste Zweifel daran aufgekommen, aus denen er aber zunächst den Schluss zog, Chruschtschow nur stärker unterstützen, beeinflussen und vorwärtsdrängen zu müssen, um seine Ziele zu erreichen. Im November 1960 musste er erkennen, dass die ökonomische und militärische Macht und – nicht zuletzt auch daraus resultierend – der Wille dazu in Moskau wohl nicht in ausreichendem Maße vorhanden waren. Ulbricht brauchte aber bald eine Lösung für seine Berlin-Probleme.

Das Treffen zwischen Ulbricht und Chruschtschow fand erst am 30. November statt, kurz vor Abschluss der internationalen Tagung. Da war Ulbricht schon fast drei Wochen in Moskau. Danach, dass der Friedensvertrag in der sowjetischen Führung ganz oben auf der Prioritätenliste stand, sah das nicht gerade aus, auch wenn nicht bekannt ist, welchen Hintergrund diese späte Terminierung hat. Allerdings scheint er auch schon vor diesem Treffen klare Signale in Moskau erhalten zu haben, dass sein aggressives und provokatorisches Vorpreschen in Berlin von Moskau nicht geduldet würde und Mos-

65 S. zu den Briefen von Ulbricht an Chruschtschow vom 18. 10. und 22. 11. 1960 ausführlich Schmidt, Karl-Heinz: Dialog über Deutschland. Studien zur Deutschlandpolitik von KPdSU und SED (1960 – 1979), Baden Baden 1998, S. 27 – 38; Harrison, Ulbrichts Mauer, S. 242 – 246. Der Brief vom 22. 11. 1960 wurde bereits 1993 vollständig von Steiner, André: Auf dem Weg zur Mauer? Ulbricht und Chruschtschow im November 1960, Utopie kreativ, (1993) 31/32 (Mai/Juni), S. 94 – 111, hier S. 101 – 108, publiziert, was von der Literatur geflissentlich ignoriert wird.

kau weiterhin auf – freilich Zeit kostende – Verhandlungslösungen mit dem Westen setzte. Bereits am 11. November schrieb Ulbricht in einem Brief an seinen Vertrauten Alfred Neumann in Berlin, was die Frage West-Berlins betreffe, so sei »es gegenwärtig nicht zweckmäßig, Waggons anzuhalten.[66] Es ist notwendig, zuerst zusammenhängend die Taktik festzulegen.«[67] Aus diesem und weiteren Briefen Ulbrichts aus Moskau an Neumann wird zugleich deutlich, in welch engem Zusammenhang er seine Politik gegenüber West-Berlin und in Bezug auf die Frage eines Friedensvertrages mit den Entwicklungen in Westdeutschland und dem Einfluss der SED auf diese Entwicklungen sah, und auch, wie überzeugt er von der Richtigkeit seiner eigenen Position war. Große Hoffnungen setzte er offenbar auf die westdeutschen Gewerkschaften. Über einen Entwurf für einen offenen Brief des FDGB-Bundesvorstandes schrieb er aus Moskau an Neumann:

> In dem Entwurf sind viele richtige Gedanken enthalten, aber es fehlt der große Zusammenhang. Nur wenn es gelingt, in diesem Dokument den Charakter der gegenwärtigen Epoche und den Weg der Arbeiterklasse und der Zukunft Deutschlands zu erklären, wird es möglich sein, überzeugend zu wirken.[68]

Ulbricht selbst war überzeugt, die »großen Zusammenhänge« und den »Charakter der gegenwärtigen Epoche« mit Hilfe von Marx, Engels und Lenin erkannt zu haben und dieser Erkenntnis gemäß zu handeln. Die beschränkten eigenen Möglichkeiten mochten ihn zu Rückzügen und Kompromissen zwingen, Chruschtschow und die sowjetische Führung mochten taktische Fehler begehen, Westdeutschland mochte, nicht zuletzt dank des Verrats der rechten Führer von SPD und DGB, die Menschen noch über den wahren Charakter des deutschen Imperialismus hinwegtäuschen können, am grundsätzlichen Gang der Geschichte würde dies jedoch nichts ändern. Jede westliche Abwehrmaßnahme gegen die östliche Propaganda sah er als Bestätigung der Richtigkeit seiner Position, als Ausdruck zunehmender Panik im Westen und zugleich als Rechtfertigung seiner eigenen Abwehrmaßnahmen. Die von der Bonner

---

66 Die DDR hatte, als Reaktion auf die Kündigung des Interzonenhandelsabkommens durch Bonn, seit Mitte Oktober für den Transitverkehr nach West-Berlin neue, erschwerende Verfahren eingeführt, s. Berlin. Chronik der Jahre 1959–1960, S. 786 f., 791 f., 807, 810, 824 f.

67 Ulbricht an Neumann, [Moskau] 11. 11. 1960, BArch DY 30/3291, Bl. 14–15.

68 Ebd.

Regierung, so Ulbricht am 16. November an Neumann, »durchgepeitschte« Notstandsgesetzgebung sah er als Ausdruck des sich verschärfenden Klassenkampfes in Westdeutschland selbst. Der westdeutsche Staat schottete sich, so wollte es Ulbricht sehen, gegen den vermeintlich zunehmenden Einfluss der Kräfte des Fortschritts und der Demokratie ab. Es solle, so Ulbrichts Interpretation der »Bonner Regierungspolitik«, der »›eiserne Vorhang‹ gegenüber der DDR herabgelassen werden«.[69]

Ein Gesetz zur Beschränkung der Ein- und Ausreise in die DDR – aus Bonn

Diese Formulierung verblüfft zunächst etwas. Für gewöhnlich sprach der Westen davon, dass der Osten einen »eisernen Vorhang« heruntergelassen und Europa in einen freien Westen und einen versklavten Osten geteilt habe. Projizierte Ulbricht hier nur auf den Gegner, was auf ihn selbst viel eher zutraf, war er schlicht dreist, oder bezog sich seine Formulierung auch auf einen realen Hintergrund, der ein solches Umdrehen des ursprünglich gegen den Osten gerichteten Bildes rechtfertigen konnte?

Wahrscheinlich verfügte Ulbricht bereits über Informationen über einen vom Bundeskabinett am 2. November bestätigten Gesetzesentwurf des westdeutschen Innenministers Gerhard Schröder.[70] Am 11. November hatte Schröder seinen Entwurf für ein »Gesetz über die Einreise und Ausreise« den Innenministern der Länder vorgestellt.[71] Am 17. November, also einen Tag nach Ulbrichts Brief an Neumann mit der Bemerkung über den »eisernen Vorhang«, der gegenüber der DDR heruntergelassen werden solle, veröffentlichte Bundesinnenminister Schröder seinen Gesetzesentwurf.[72] Bereits seit Anfang des Jahres, so wusste »Der Spiegel« damals zu berichten, habe das Bundesinnenministerium zusammen mit leitenden Verfassungsschutzbeamten nach Wegen gesucht, ungewollte Ein- und Ausreisen nach bzw. aus der Bundesrepublik verhindern zu können, ohne gleich die Gerichte bemühen zu müssen,

69 Ulbricht an Neumann, [Moskau] 16. 11. 1960, BArch DY 30/3291, Bl. 16 – 18.
70 Berlin. Chronik der Jahre 1959 – 1960, S. 833 f.
71 Ein- und Ausreise. Das Monstrum, Der Spiegel, H. 50, 7. 12. 1960, S. 28 – 31, hier S. 30.
72 Ansprache des Bundesministers Schröder im Deutschen Fernsehen, 17. 11. 1960, Dokumente zur Deutschlandpolitik, IV/5, S. 488 f.

also auch jenseits von Straftatbeständen.[73] Der Innenminister habe dann die Aufregung im Lande infolge der Spionageaffäre um den SPD-Bundestagsabgeordneten Alfred Frenzel[74] als günstige Gelegenheit genutzt, seinen Gesetzesentwurf zu präsentieren.[75] Der Gesetzesentwurf schlug ungeachtet der vermeintlich günstigen Stimmungslage im Land allerdings große Wellen, stieß auf heftigen Widerspruch, selbst aus den Reihen der CDU. »Der Spiegel« bezeichnete ihn, unter Berufung auf Berlins Innensenator Joachim Lipschitz, gar als »Monstrum«[76], und Theo Sommer überschrieb seinen Kommentar in der »Zeit« mit: »Mehr Angst als Freiheitsliebe?«[77] Die Aufregung war so groß, dass die Bundesregierung sofort eine die eigene Motivation und den Gesetzestext selbst erläuternde Propagandabroschüre in Umlauf brachte, die deutlich machen sollte, dass sich das Gesetz nur »gegen den roten Funktionär«, das heißt im Auftrag der SED Reisende und Spionage, Sabotage und Diversion Betreibende richten würde.[78] Allerdings gab der Gesetzesentwurf weit mehr her, beschränkte zudem nicht nur die Einreise von Deutschen aus der DDR in die Bundesrepublik (§ 1: Einreiseverbot), sondern auch die Ausreise von Deutschen aus der Bundesrepublik in die DDR (§ 2: Ausreiseverbot), denn entgegen landläufigen Vorstellungen ist das Recht auf Ausreise in der Bundesrepublik (bis heute) nicht ein vom Grundgesetz garantiertes, sondern nur »als Ausfluss der allgemeinen Handlungsfreiheit durch Artikel 2 Abs. 1 GG innerhalb der Schranken der verfassungsmäßigen Ordnung gewährleistet«.[79]

Schröders Gesetzesentwurf hatte es in der Tat in sich und soll daher hier kurz vorgestellt werden, um zu zeigen, dass Überlegungen zur Beschränkung der innerdeutschen Reisefreiheit zum Zwecke der Bekämpfung von aus dem anderen Teil heraus betriebener (tatsächlicher oder vermeintlicher) Sabotage,

73 Ein- und Ausreise. Das Monstrum, Der Spiegel, H. 50, 7. 12. 1960, S. 29.

74 Frenzel hatte jahrelang für den tschechoslowakischen Geheimdienst spioniert. Er wurde im Bundestag mit den belastenden Dokumenten konfrontiert und gestand sofort. Frenzel wurde zu 15 Jahren Zuchthaus verurteilt und Ende 1966 gegen vier Westdeutsche ausgetauscht, s. Kellerhof, Sven Felix: Wie ein Bundestagsabgeordneter Top-Spion wurde, Welt Online, 1. 11. 2010 (http://www.welt.de/kultur/article10672223/Wie-ein-Bundestagsabgeordneter-Top-Spion-wurde.html, Stand 10. 6. 2012).

75 Ein- und Ausreise, S. 29.

76 Ebd., S. 28.

77 Sommer, Theo: Mehr Angst als Freiheitsliebe?, Die Zeit Nr. 48, 25. 11. 1960, S. 1 (http://www.zeit.de/1960/48/mehr-angst-als-freiheitsliebe, Stand 10. 6. 2012).

78 Gegen den roten Funktionär. Material zum Entwurf eines Gesetzes über Einreise und Ausreise, hg. von der Bundesregierung, Bonn 1960.

79 Ebd., S. 25 f.

Spionage und Diversion etc. nicht nur in der DDR angestellt wurden. Der Gesetzesentwurf beinhaltete eine faktische Gleichstellung von (West-)Berlinern und Bewohnern der DDR mit Ausländern, schuf damit deutsche Staatsbürger unterschiedlicher Klassen und beschränkte die Freizügigkeit für potentiell alle Deutschen jenseits von Straftatbeständen, d. h. ohne dass die Betreffenden mit dem Gesetz in Konflikt gekommen wären. Neben den relevanten politischen Straftatbeständen führt der Entwurf ausdrücklich auch »sonstige [sic!] Bestrebungen gegen den Bestand, die äußere oder innere Sicherheit oder die freiheitliche demokratische Grundordnung« als hinreichenden Grund an, Westdeutschen die »Ausreise« nach Ostdeutschland sowie Berlinern und Ostdeutschen die »Einreise« in die Bundesrepublik zu versagen bzw. diese auszuweisen, wenn sie sich schon in der Bundesrepublik aufhielten (§ 5). »Sonstige« meint hier, nicht von Straftatbeständen erfasst. Vorgesehen waren auch Ausnahmeregelungen, etwa für Journalisten, denen eine »Ausreise« nach Ostdeutschland auch zu Veranstaltungen oder Zwecken genehmigt werden konnte, zu denen sie ansonsten zu untersagen war (§ 6). Der Entwurf sah zudem vor, die Grenzschutzorgane zu ermächtigen, alle Ein- und Ausreisenden (eben auch über die innerdeutsche Grenze) zu kontrollieren, zu vernehmen und zu registrieren (§§ 3 und 7). Aus- bzw. Einreise waren zu unterbinden, wenn sie die in den §§ 1 und 2 dargelegten Tatbestände erfüllten. Dies war keine Kann-, sondern eine Muss-Bestimmung. All dies sollte im Zuge eines einfachen Verwaltungsaktes geschehen. Illegales Überschreiten der innerdeutschen Demarkationslinie (mehr war sie nach westdeutscher Rechtsauffassung bis dahin noch nicht) wurde unter Strafe gestellt, wenn deren Zweck vom Gesetz erfasst wurde: Wer vorsätzlich

> unter Umgehung der Kontrollstellen einreist oder ausreist und dabei gegen § 1 oder § 2 verstößt [...] wird mit Gefängnis bis zu einem Jahr und mit Geldstrafe oder mit einer dieser Strafen bestraft, wenn die Tat nicht in anderen Vorschriften mit schwererer Strafe bedroht ist.

Gleiches galt für den, der gegen auf Basis dieses Gesetzes verhängte Reise- oder Aufenthaltsauflagen verstieß. In allen Fällen war bereits der Versuch strafbar (§ 9). Auf welcher Basis die mit der Kontrolle der Reisezwecke beauftragten Behörden eigentlich die Entscheidung über die Aus- bzw. Einreisegenehmigung an den Grenzkontrollpunkten treffen sollten, blieb völlig offen, vieles sollte allem Anschein nach im jeweiligen Ermessen liegen. Wenn etwa ein Reisender sich unkooperativ verhielt, sollte dies bereits als Indiz dafür dienen, dass er möglicherweise mit seiner Reise Zwecke verfolgte, die von den Paragraphen 1 oder 2 erfasst wurden. Da man sich im Klaren darüber war, dass direkt an der Grenze eine Überprüfung der Reisezwecke in der Regel schwierig sein würde, war einerseits vorgesehen, Personen, die unter Verstoß gegen § 2 des Gesetzes auszureisen beabsichtigten, präventiv mit einem Ausreiseverbot zu belegen (Erläuterungen zu § 4). Andererseits wurde allen, die »ohne Komplikationen an der Kontrollstelle« die Grenze passieren wollten, empfohlen, sich von ihrer Heimatstelle »auf Antrag« eine Unbedenklichkeitsbescheinigung zu besorgen (§ 6). Dies bedeutete, dass zwar keine Genehmigungspflicht für Reisen in die DDR eingeführt werden sollte,derjenige aber, der komplikationslos reisen wollte, gehalten war, sich mit der Unbedenklichkeitsbescheinigung seine Reise vorab genehmigen zu lassen.[80]

Die bundesdeutschen Passkontrollstellen hätten, so heißt es in der einführenden politischen Begründung für das Gesetzesvorhaben,

> allein in der Zeit vom 1. Januar bis 31. Oktober 1960 über 80000 Reisende festgestellt, denen nachgewiesen werden konnte oder [sic!] die unter dem dringenden Verdacht stehen, daß ihre Einreise in die Bundesrepublik der kommunistischen Agitation oder der Erledigung nachrichtendienstlicher Aufträge diente oder die in die SBZ fuhren, um dort für verfassungsfeindliche Tätigkeiten in der Bundesrepublik geschult zu werden. In dieser Zahl sind Rückreisende und Kinder (insbesondere die etwa 10000 Kinder, die sich in sowjetzonalen »Ferienlagern« befanden) nicht einbegriffen.[81]

Immerhin wurden die Kinder nicht mit zu den »roten Funktionären« gezählt, unter das Ausreiseverbot fielen solche Reisen aber nach dem Gesetzesentwurf trotzdem. In der Broschüre sind zum Beleg der Legitimität und Sinnhaftigkeit dieses Gesetzes auch zwei positive Pressestimmen wiedergegeben. Einer von ihnen ist zu entnehmen, dass Staatssekretär Franz Thedieck vom Gesamtdeutschen Ministerium erklärt habe, im oben genannten Zeitraum »hätten – niedrig geschätzt – 10000 Personen im Auftrag von DDR-Behörden Westdeutschland besucht.«[82] Auch wenn die erstgenannte Zahl (80000) auch die Reisenden in die DDR enthält, so scheinen Innen- und Gesamtdeutsches Ministerium doch von recht unterschiedlichen Zahlen ausgegangen zu sein bzw. unterschiedliche Kriterien angelegt zu haben. Pro Jahr, so schreibt der Autor

80 Für den Gesetzesentwurf und die Begründung s. ebd.
81 Ebd., S. 9.
82 Die gleiche Zahl bringt auch Sommer, Mehr Angst als Freiheitsliebe?, S. 1.

der »Neuen Zürcher Zeitung« weiter unter Berufung auf »Schätzungen westalliierter und deutscher Beobachter in Westberlin«, reisten allein

> etwa 40000 westdeutsche Gewerkschaftsmitglieder, unter ihnen auch Leute aus den Reihen der Sozialdemokratischen Partei, in die DDR, wo sie meistens in den Ferienheimen der Staatsgewerkschaft unentgeltlich Ferien verbringen.[83]

Genau auf solche Gewerkschaftskontakte setzte Ulbricht zu jener Zeit große Hoffnungen, wie seinem oben zitierten Brief vom 16. November 1960 an Alfred Neumann zu entnehmen ist, zu Unrecht, wie wir aber erst aus der Rückschau wissen.[84] Der Bundesinnenminister traute solchen Kontakten, den kommunistischen Propagandaaktivitäten in Westdeutschland und den entsprechenden Schulungsmaßnahmen für Westdeutsche in Ostdeutschland aber damals offenbar ähnlich viel zu wie Ulbricht und die SED-Führung. Man sah im Westen übrigens durchaus die Gefahr, dass die DDR ein solches Gesetz zum Anlass nehmen könnte, die Reisemöglichkeiten über die innerdeutsche Grenze ihrerseits weiter zu beschränken.[85] Das bundesdeutsche Reisegesetz hätte die innerdeutsche Demarkationslinie faktisch zu einer Außengrenze gemacht, zwangsläufig, wenn es seinen Zweck erfüllen sollte, auch eine erhebliche Verschärfung der Kontrollen an den anderen Grenzen der Bundesrepublik zur Folge gehabt, für Reisen in die DDR faktisch eine Genehmigungspflicht eingeführt und – legt man die vom Bundesinnenminister genannten Zahlen zugrunde – für Zigtausende Deutsche ein Ausreise- bzw. Einreiseverbot bedeutet, ohne dass diesen strafbare Handlungen nachgewiesen werden mussten. Das Gesetz wurde aber nie verabschiedet. In den Kabinettsprotokollen heißt es dazu lapidar: »Das Gesetz verfiel der Diskontinuität der Legislaturperiode.«[86] Vor dem

83 Gegen den roten Funktionär, S. 38 f.

84 S. Hildebrandt, Jens: Gewerkschaften im geteilten Deutschland. Die Beziehungen zwischen DGB und FDGB vom Kalten Krieg bis zur Neuen Ostpolitik 1955 bis 1969, St. Ingbert 2010, S. 397 ff.

85 S. die Ausführungen des Berichterstatters Josef Hermann Dufhues (CDU) vor dem Bundesrat, Entwurf eines »Gesetzes über Einreise und Ausreise« (Drucksache 372/60), Bundesrat. Bericht über die 227. Sitzung, Bonn, den 22. Dezember 1960, TOP 5, S. 560-573, hier S. 562.

86 Die Kabinettsprotokolle der Bundesregierung, Bd. 14: 1961, München 2004, S. 73 (auch http://www.bundesarchiv.de/cocoon/barch/0000/k/k1961k/kap1_2/kap2_3/para3_4.html, Stand 8. 6. 2012).

Ende der Legislaturperiode lag allerdings ein Ereignis, das die Verhältnisse an der innerdeutschen Demarkationslinie und vor allem auch den Ost-West-Reiseverkehr grundlegend veränderte, der Bau der Mauer am 13. August. Man darf wohl unterstellen, dass eher dieses Ereignis als die »Diskontinuität der Legislaturperiode« dem Gesetzesentwurf den Todesstoß gegeben hat.

Natürlich waren die vom Osten zu verantwortenden Beschränkungen im innerdeutschen Reiseverkehr seit 1957 viel rigider, als es die westdeutschen mit der Verabschiedung des Reisegesetzes gewesen wären, ganz zu schweigen von den Verhältnissen nach dem 13. August 1961. Selbstverständlich gab es auch gute Gründe für ein solches Gesetz, aber eben auch gute Gründe dagegen. Wie dem auch sei, das Gesetz wurde nicht verabschiedet, und es muss offen bleiben, welche Folgen es gehabt hätte, wie die SED reagiert hätte, wohin die rechtliche Unterscheidung zwischen Westdeutschen, Ostdeutschen und (West-)Berlinern etwa in der Frage der Staatsangehörigkeit geführt hätte, ob es nicht vom Bundesverfassungsgericht kassiert worden wäre etc. etc. Eines wäre mit diesem Gesetz aber klar gewesen: Es hätte kein bedingungsloses Recht für Deutsche im Sinne des Grundgesetzes mehr gegeben, innerhalb des Geltungsbereichs des Grundgesetzes zu leben oder in diesen einzureisen. Dieses bedingungslose Recht war vor und nach 1961 (neben der Aufnahmefähigkeit des westdeutschen Arbeitsmarktes und natürlich vor allem den hausgemachten, system- und regimebedingten Gründen zum Verlassen der DDR) mit ein Grund dafür, warum die DDR die Mauer baute und 28 Jahre stehen ließ.

So, wie nur spekuliert werden kann, wie sich die Dinge entwickelt hätten, wäre das Gesetz Wirklichkeit geworden, so muss auch Spekulation bleiben, wie Ulbricht und die SED-Führung die Nachricht von den Gesetzesplänen aufgenommen haben, ob sie sich ins Fäustchen lachten oder ob sie sich mehr über ihre propagandistischen Möglichkeiten im Westen Sorgen machten, ob sie hofften, dass das Gesetz kommen würde, oder dies befürchteten. Ulbricht jedenfalls konnte nun mit einer gewissen Berechtigung zu Neumann sagen, Bonn wolle den »›eisernen Vorhang‹ gegenüber der DDR« herablassen. Wir wissen, dass Ulbricht nicht eine solche Vorlage aus Bonn brauchte, um vor sich rechtfertigen zu können, die Reisemöglichkeiten seiner Bürger weiter einzuschränken, sie letztlich einzumauern und an der Grenze auf sie schießen zu lassen. Aber eine gewisse Bestätigung der vermeintlichen Legitimität dessen, was er als »Notlösung« plante und im kommenden Jahr dann auch umsetzen würde, dürfte dieses »parallele« westdeutsche Gesetzesvorhaben schon dargestellt haben, war doch das, was Bonn zu einem solchen Gesetzesvorhaben veranlasste, spiegelverkehrt dem sehr ähnlich, was Ulbricht an der Lage in Berlin seit Jahren auszusetzen hatte. Hier war die Grenze offen, und jeder (tatsächliche oder vermeintliche) westliche Saboteur, Spion oder Diversant konnte völlig unerkannt die Grenze überschreiten; seine eigenen Bürger waren in West-Berlin den Machenschaften und Propagandaaktivitäten des Gegners ausgesetzt, der die gesellschaftliche und politische Ordnung in der DDR und Ost-Berlin beseitigen wollte. So sah es aus Ulbrichts Perspektive aus.

Westdeutschland hatte dieses parallele, Innenminister Schröder zu dem Gesetzesentwurf animierende Problem in der Form, weil es an der rechtlichen Konstruktion des Fortbestandes des Deutschen Reiches in seinen Grenzen von 1937 festhielt. Ost-Berlin hatte sein Problem, weil Westdeutschland dies tat und weil in Berlin 16 Jahre nach Kriegsende immer noch ein Besatzungsstatut bestand (plus den bekannten systemimmanenten Ursachen). Natürlich war es ein großer Unterschied, ob eine demokratisch legitimierte Regierung zur Abwehr von inneren und äußeren Feinden die Reisemöglichkeiten einschränkte oder ob dies eine nicht demokratisch legitimierte Regierung gegen den erkennbaren Willen der Mehrheit der Bürger tat, vor allem um diese selbst an der Flucht zu hindern. Aber diesen Unterschied sieht man natürlich nur, wenn man die Legitimität der westdeutschen Regierung höher bewertet als die der ostdeutschen, der eine Legitimation durch freie und geheime Wahlen fehlte. Doch genau dieses Legitimitätsdefizit sah die SED natürlich gerade nicht, war doch aus ihrer Sicht die bürgerliche Demokratie lediglich eine Scheindemokratie (und die Flucht letztlich nur Ergebnis der Propaganda des Gegners). Die SED dagegen meinte sich darauf berufen zu können, die »historische Mission der Arbeiterklasse« und mit dem Aufbau des Kommunismus auch gleich noch die Geschichte zu erfüllen. Dies klang schon damals für die meisten absurd. Aber es war die Sicht von Ulbricht und Genossen, und hier geht es darum zu verstehen, warum sie so handelten, wie sie handelten. Will man dies verstehen, so muss man bereit sein, für den Prozess des Verstehens ihre Sicht einzunehmen, auch wenn mit vielen guten Gründen ihre vermeintliche Legitimation nicht akzeptiert werden kann, ihr Verhalten anmaßend und verbrecherisch und ihre Ideologie als eine totalitäre, letztlich menschenverachtende Irrlehre erscheint. Zu bedenken wäre auch, dass die Deutschen in Westdeutschland zwar nach Kriegsende von den Amerikanern die Demokratie bekamen und »entnazifiziert« wurden, deshalb aber noch lange nicht alle von einem Tag auf den anderen demokratisch gesinnt waren, oft wahrscheinlich nicht einmal eine Ahnung davon hatten, was dies eigentlich im westlichen Sinn bedeutete. Letztlich saßen, weil man die Nazis schließlich nicht alle einsperren oder umbringen konnte und zudem auf ihre Fähigkeiten angewiesen schien, viele (einstige?) Anhänger einer anderen totalitären und in noch weitaus größerem Maße menschenverachtenden Ideologie in Westdeutschland noch oder wieder an den Hebeln der Macht. Zumindest konnte man dies damals als Kommunist so sehen, ohne damit die Wirklichkeit vollkommen zu entstellen.

Einen Tag nach der Bestätigung des Gesetzesentwurfes durch das Bundeskabinett veröffentlichte das »Neue Deutschland« ein Schreiben von DDR-Innenminister Karl Maron an Bundesinnenminister Schröder, in dem er beklagte,

> in jüngster Zeit nehmen die willkürlichen Terrorakte der Organe des Bundesministeriums des Innern gegen Bürger der Deutschen Demokratischen Republik, die nach Westdeutschland reisen, in auffallendem Maße zu.

Nachdem er mehrere Fälle von Verhaftungen (vermeintlicher östlicher Agenten oder Diversanten) benannt hatte, schloss er mit folgenden Sätzen:

> Die Aktionen der westdeutschen Polizeibehörden stehen in krassem Widerspruch zu den von offiziellen Vertretern der Deutschen Bundesrepublik mehrfach aufgestellten Behauptungen, daß sie an einem freien Reiseverkehr zwischen den deutschen Staaten interessiert wären. Wenn die Behörden der Deutschen Bundesrepublik diese terroristischen Maßnahmen fortsetzen, so beweisen sie, daß sie tatsächlich die Herstellung friedlicher Kontakte zwischen den Bürgern beider deutscher Staaten mit allen Mitteln zu verhindern bemüht sind. Für die Folgen, die sich daraus ergeben, haben die Behörden der Deutschen Bundesrepublik die volle Verantwortung zu tragen.[87]

Westdeutschland – ein legitimer und souveräner Staat

Vom Treffen Ulbrichts mit Chruschtschow am 30. November in Moskau ist ein Wortprotokoll überliefert. Dieses lässt erkennen, dass Ulbricht, sich langsam vortastend, Chruschtschows Strategie für das nächste Jahr in Erfahrung bringen wollte, um seine Politik darauf einstellen und Chruschtschow mit taktischem Geschick in die von Ulbricht gewünschte Richtung drängen zu können. Die Frage einer möglichen Grenzschließung in Berlin wurde von ihm nicht

87 Schreiben des Ministers Maron an Bundesminister Schröder, in: Dokumente zur Deutschlandpolitik, IV/5, S. 471 f.

angesprochen. Das war allerdings auch kaum anders zu erwarten nach der eindeutigen Zurechtweisung, die er kurz zuvor von Chruschtschow erhalten hatte, bis zu diesem Treffen nichts zu unternehmen, was die Lage an der Sektorengrenze ändern würde. Ulbricht musste aus diesem Gespräch den Eindruck mitnehmen, dass Chruschtschow auch 1961 eher zögerlich und situationsbezogen handeln würde. Er sah für sich aber die Notwendigkeit, 1961 zu einer für ihn akzeptablen Lösung des Berlin-Problems zu kommen. Klar war bereits, dass die DDR in diesem Jahr nicht, wie 1958 großspurig angekündigt, Westdeutschland überholen, ja nicht einmal annähernd einholen würde.[88] Dass dieser Offenbarungseid die Form des Mauerbaus annehmen würde (müssen), war aber selbst Ulbricht zu dem Zeitpunkt wohl noch nicht bewusst.

Zunächst widersprach Ulbricht der Vorstellung, man könne 1961 den separaten Friedensvertrag mit der DDR unterzeichnen. Auf Chruschtschows entsprechende direkte Frage meinte er, darauf sei die DDR »ökonomisch« (Boykottgefahr) nicht hinreichend vorbereitet, politisch sei er aber dafür.[89] Die scheinbare Absage an eine Unterzeichnung des separaten Friedensvertrages im Jahr 1961 hatte also ganz offensichtlich nur den Zweck, Chruschtschow zu weitgehenden wirtschaftlichen Hilfen für die DDR zu bewegen.[90] Tatsächlich drängte Ulbricht im weiteren Gespräch auf eine Unterzeichnung noch 1961, was, seinen vorangegangenen Widerspruch bedenkend, implizit unterstellte, Moskau würde die DDR ökonomisch hinreichend absichern. Mit dem Argument, man könne nicht noch einmal wie im zurückliegenden Jahr Propaganda für den Friedensvertrag machen, ihn dann aber nicht abschließen, ohne massiv an Glaubwürdigkeit zu verlieren, versuchte er Chruschtschow, der den Friedensvertrag ja grundsätzlich auch wollte, eine verbindliche Zusage zu entlocken und sogar eine terminliche Festlegung zu erreichen. Da ihm klargemacht

88 S. Steiner, André: Vom Überholen eingeholt. Zur Wirtschaftskrise 1960/61 in der DDR, in: Sterben für Berlin, S. 245 – 262, v. a. S. 257 ff.

89 Gespräch Chruschtschows mit dem Ersten Sekretär der SED, Walter Ulbricht, am 30. 11. 1960, in: Wettig, Chruschtschows Westpolitik, 3, S. 33 – 50, hier S. 41.

90 Uhl, Matthias: Krieg um Berlin? Die sowjetische Militär- und Sicherheitspolitik in der zweiten Berlin-Krise 1958 bis 1963, München 2008, S. 115 f., leitet aus dieser Passage folgende Aussage ab: »Ulbricht beantwortet dieses Angebot [1961 einen Friedensvertrag abzuschließen] mit einem kategorischen: ›Nein!‹, da die eigenen Kräfte dafür nicht ausreichen würden.« Man wird diese Absage aber wohl kaum als »kategorisch« bezeichnen können, denn Ulbricht erläuterte direkt anschließend auf Nachfrage Chruschtschows, nur ökonomisch sehe er Probleme: »Politisch bin ich dafür.« S. Gespräch Chruschtschows mit dem Ersten Sekretär der SED, Walter Ulbricht, am 30. 11. 1960, in: Wettig, Chruschtschows Westpolitik, 3, S. 41.

wurde, dass in Berlin vor dem geplanten Treffen Chruschtschows mit dem neuen amerikanischen Präsidenten John F. Kennedy keine einschneidenden Maßnahmen durchgeführt werden könnten, versuchte er, Chruschtschow auf den Zeitraum unmittelbar nach dem Treffen und vor der Bundestagswahl am 17. September 1961 festzulegen.[91] Chruschtschow reagierte aber nur ausweichend und teilweise, jedenfalls nach dem Protokoll, nicht vollkommen verständlich:

> Aber wir werden unsere Truppen nicht dorthin schicken, damit sie ihre abziehen. Wir arbeiten mit euch eine Taktik der allmählichen Verdrängung der Westmächte aus West-Berlin aus, aber ohne Krieg. Dafür benutzen wir die Hebel, welche die DDR in der Hand hat.

Mit einem solchen Vorgehen hatte Ulbricht bereits in den letzten beiden Jahren seine Erfahrungen gemacht. Ihm musste aber klar sein, dass es angesichts der Lage in der DDR und in Berlin so nicht weitergehen konnte.[92] Er brauchte eine grundlegende Lageveränderung in Berlin im kommenden Jahr, möglichst noch vor den Bundestagswahlen, ging er doch davon aus, dass dies Adenauer Stimmen kosten würde, weil es als Beleg für die Sackgasse genommen würde, in die dessen Politik Westdeutschland und die deutsche Frage geführt hatte. Im weiteren Verlauf des Gesprächs ging Ulbricht noch einmal auf die schwierige wirtschaftliche Lage in der DDR ein, sprach davon, dass – bezogen auf die wirtschaftliche Leistungsfähigkeit – die Schere zwischen der DDR und der Bundesrepublik »immer weiter auseinander« gehe, man dies aber nicht weiter zulassen dürfe.[93] Auch dies war natürlich ein Versuch, Chruschtschow zur Zusage weitgehender wirtschaftlicher Hilfen zu veranlassen. Das, was Chruschtschow diesbezüglich sagte, dürfte ihn – ungeachtet der erklärten Bereitschaft Chruschtschows zu mehr wirtschaftlicher Unterstützung – aber kaum beruhigt haben. Ulbricht muss aus diesem Gespräch die Erkenntnis mitgenommen haben, dass er a) sich nicht darauf würde verlassen können, 1961 mit dem Abschluss eines separaten Friedensvertrages und der Übertragung aller Kontrollrechte auf die DDR eine grundlegende Veränderung der Lage

91 Gespräch Chruschtschows mit dem Ersten Sekretär der SED, Walter Ulbricht, am 30. 11. 1960, in: Wettig, Chruschtschows Westpolitik, 3, S. 42.
92 S. dazu Roggenbuch, Das Berliner Grenzgängerproblem, S. 336 ff.
93 Gespräch Chruschtschows mit dem Ersten Sekretär der SED, Walter Ulbricht, am 30. 11. 1960, in: Wettig, Chruschtschows Westpolitik, 3, S. 45.

in Berlin zu erreichen, und er b) auch nicht in einem solchen Maße auf wirtschaftliche Hilfe würde bauen können, dass die DDR davon ausgehen konnte, die Ziele des Siebenjahrplanes 1961 auch nur annähernd zu erreichen. Zudem rechnete er offenkundig nicht damit, dass der Westen in absehbarer Zeit noch zu grundlegenden Zugeständnissen zu bewegen wäre.[94] Das Treffen in Moskau endete, gemäß dem Protokoll, mit einem fast schon bizarr anmutenden Disput über die Frage, ob Westdeutschland ein »rechtmäßiger Staat« sei oder nicht. Ulbricht vertrat die Position, Westdeutschland sei zwar ein Staat, aber ein unrechtmäßiger, da er »die Beschlüsse der Potsdamer Konferenz[95] nicht verwirklicht« habe, und zudem sei er ein nicht souveräner. Gromyko widersprach, und Chruschtschow beendete nach einigem Hin und Her die Debatte mit den Worten:

> Wie die DDR intern (sic!) diese Fragen betrachtet, ist ihre innere Angelegenheit. Wir halten in dieser Frage an unserem Standpunkt fest. Wir sind nicht verpflichtet, Ihre Auffassung zu übernehmen. Wir haben diplomatische Beziehungen mit beiden deutschen Staaten und meinen, dass beide souverän sind.

Bei Ulbricht dürften die Alarmsignale aufgeleuchtet haben, denn dies hieß doch, Moskau vertraue nicht mehr auf die Fähigkeit der SED, in Westdeutschland Veränderungen herbeizuführen, und werde daher seine eigenen Beziehungen zu Bonn ausbauen. Damit verbunden war eindeutig ein Bedeutungsverlust für Ulbricht und die DDR. Nach dieser kleinen Ohrfeige folgte gleich die nächste. Ulbrichts Ansinnen, sich wegen der Bezahlung der Transportdienstleistung[96] mit einem Brief an die Westmächte zu wenden, wurde ebenfalls zurückgewiesen.[97]

All dies dürfte Ulbricht in der Überzeugung bestärkt haben, dass er für den Fall, dass Chruschtschow 1961 keinen Friedensvertrag mit der DDR abschließen würde, einen Plan B parat haben müsse, der ihn, allerdings auch hier zum

94 Vgl. Lemke, Michael: Die SED und die Berlin-Krise 1958 bis 1963, in: Die sowjetische Deutschland-Politik in der Ära Adenauer, S. 123–137, hier S. 132f.

95 Gemeint sind die sogenannten vier bzw. fünf Ds: Demilitarisierung, Denazifizierung, Demokratisierung und Dekartellisierung. Auf die zunächst ebenfalls beabsichtigte Deindustrialisierung wurde bekanntlich bald in beiden deutschen Staaten verzichtet.

96 Diese Dienstleistungen der DDR für die Westmächte wurden bisher im Rahmen des Interzonenhandelsabkommen, das nun ja von Bonn gekündigt war, bezahlt.

97 Gespräch Chruschtschows mit dem Ersten Sekretär der SED, Walter Ulbricht, am 30.11.1960, in: Wettig, Chruschtschows Westpolitik, 3, S. 48ff.

gegebenen Zeitpunkt natürlich die Zustimmung Chruschtschows vorausgesetzt, in den Stand versetzen würde, die Lage in Berlin auf andere Weise in seinem Sinne grundlegend zu verändern. Da er aber auch nicht sicher sein konnte, für welche Maßnahmen er im Ernstfall die Zustimmung Chruschtschows erhalten würde, scheint er sich dazu entschlossen zu haben, quasi konspirativ Maßnahmen verschiedener Härte unterhalb eines Friedensvertrages bzw. der Übertragung aller Kontrollrechte auf die DDR vorbereiten zu lassen, bis hin eben zur völligen Unterbindung des freien Verkehrs zwischen Ost- und West-Berlin sowie der DDR und West-Berlin. Für ihn wie auch wohl für die meisten SED-Funktionäre war das, würde es denn dazu kommen, ein Akt der Notwehr, Notwehr gegen die westliche Diversion etc., aber auch Notwehr gegen Moskaus zögerliche Haltung in Bezug auf eine hinreichende wirtschaftliche Unterstützung wie auch eine hinreichende politische Unterstützung. Wie konnte Moskau in Westdeutschland einen legitimen Staat sehen, hatte er doch die Beschlüsse der Potsdamer Konferenz nicht umgesetzt? Ulbricht kündigte seine eigenen Pläne betreffend die Lage in Berlin und die offene Grenze Chruschtschow gegenüber auch vorsichtig an, allerdings eingebettet in eine allgemeine Lagebeschreibung:

> Nun werden wir uns vor diesen unangenehmen Erscheinungen zu schützen suchen, und die Zahl der Konflikte in Berlin wird sich vergrößern. Dem müssen wir die Stirn bieten, denn wir haben die Pflicht, die Hauptstadt der DDR zu sichern, und wir können Westdeutschland nicht erlauben, dort alles zu machen, was es will. [...] Also wird es in Berlin keine großen Konflikte geben, aber es wird kleine Konflikte geben.[98]

Skrupel, die Bewohner Ostdeutschlands mit einer Gefängnismauer einfach einzusperren, dürften Ulbricht dabei aus mehreren Gründen kaum geplagt haben. Zum ersten sah er eine solche Maßnahme, wie erwähnt, als Notwehr und als legitimen Ausdruck staatlicher Souveränität, solange diese vom Nachbarstaat nicht anerkannt wurde. Zum zweiten sah er sie als provisorisch an, da er immer noch von der Überlegenheit des Sozialismus und von der Zwangsläufigkeit einer zunehmenden Verelendung der Massen im Kapitalismus überzeugt war. Was wogen (vielleicht) einige Jahre des Eingesperrtseins gegen die Perspektive, in einer Welt ohne kapitalistische Ausbeutung leben zu können,

98 Ebd., S. 35 f.

gegen die Chance, in das letzte, erlösende, weil jede Entfremdung aufhebende Stadium der Menschheitsgeschichte eintreten zu können? Zum dritten sah er sich ohnehin als Erzieher der Massen zu nahezu allem berechtigt, würde er alle Zwangsmittel doch nur zu deren letztlichem Wohle (und natürlich gegen den fast schon als anachronistisch empfundenen Klassenfeind) einsetzen. Zudem, wie gesehen, schickte sich Westdeutschland an, mit dem »Gesetz über die Einreise und Ausreise« einen Schritt in eine ähnliche Richtung zu gehen.

Die Bereitschaft, sich über grundlegende Rechte anderer Menschen hinwegzusetzen, ihre Freiheit zu beschränken oder sie sogar zu versklaven, und Verbrechen zu begehen, wächst in dem Maß, wie Menschen sich auf eine heilverheißende, eschatologische Ideologie berufen zu können meinen. Wenn eine solche Ideologie vielleicht auch nicht immer Voraussetzung dafür ist, dass Menschen politisch motivierte Verbrechen begehen, so erleichtert sie dies doch ungemein. Die meisten Menschen können auf Dauer nur leben, wenn sie ihr sittliche oder moralische Normen verletzendes Handeln vor sich selbst rechtfertigen können. Dies gelingt ihnen umso leichter, wenn sie sich nur noch mit Gleichgesinnten oder Willfährigen umgeben, welche die eigenen Überzeugungen und Rechtfertigungen in einem permanenten Prozess gegenseitigen Bestätigens sich verfestigen lassen. Ein solcher Prozess kann so weit gehen, dass irgendwann allein Rituale ausreichen, um die Selbstrechtfertigung als Voraussetzung von Lebensfähigkeit zu erhalten. Ulbricht war noch nicht so weit. Seine Überzeugung war noch echt; er hatte noch missionarischen Eifer, war von der heilbringenden Wirkung seines Tuns noch überzeugt. Er hoffte noch, so darf in Anbetracht seines Tuns nach dem Mauerbau unterstellt werden, die Menschen in überschaubarer Zeit hin zum sozialistischen Paradies führen zu können. Der einstige Marxist und spätere bedeutende Marx-Kritiker und Vertreter des kritischen Rationalismus Karl Popper hat die Folgen eines solchen, von eschatalogischer Hoffnung geleiteten Denkens für die Ethik der Handelnden prägnant formuliert:

> Aber von allen politischen Idealen ist der Wunsch, die Menschen glücklich zu machen, vielleicht der gefährlichste. Ein solcher Wunsch führt unvermeidlich zu dem Versuch, anderen Menschen unsere Ordnung »höherer« Werte aufzuzwingen, um ihnen so die Einsicht in Dinge zu verschaffen, die uns für ihr Glück am wichtigsten zu sein scheinen; also gleichsam zu dem Versuch, ihre Seelen zu retten. [...] der Versuch, den Himmel auf Erden einzurichten, produziert stets die Hölle.

Dieser Versuch beruhe, so Popper, »auf einem völligen Missverstehen unserer sittlichen Pflichten«.[99]

Ulbricht handelte aus einem solchen völligen Missverstehen seiner sittlichen Pflichten heraus. Und selbst im letzten Honecker'schen Politbüro ist von diesem völligen Missverständnis sittlicher Pflichten noch etwas zu finden gewesen, wenn auch bei den meisten dort die Vorstellung von so etwas wie einer »sittlichen Pflicht« nur noch tief vergraben unter ihren Alltagssorgen und -freuden zu finden gewesen sein dürfte, ganz ungeachtet der Frage, ob nun miss- oder richtig verstanden, da sie sich eben gar nicht mehr um ein Verständnis solcher Fragen scherten. Erst nach ihrem Sturz schien ihr ursprünglicher Glaube, ihr Missverstehen ihrer sittlichen Pflichten, noch einmal auf, etwa, wenn Mielke sein »Ich lieb doch alle« vor der Volkskammer stotterte, oder wenn er im Gefängnis versuchte, seinen peinlichen Auftritt zu erklären:

> Meine Ideale sind zerstört worden. Ich habe mein ganzes Leben nur der Frage gewidmet, daß es den Menschen besser gehen soll. Vor der Volkskammer habe ich zum Abschied gesagt: »Ich liebe alle.« Aber das war nur die Hälfte dessen, was ich eigentlich sagen wollte. Der Satz sollte weitergehen: »Alle, die für den Sozialismus und für den Frieden sind«, die beiden Worte gehören dazu.[100] Ich habe mein ganzes Leben eingesetzt für die Menschen, damit sie besser leben. Und ich habe mich nicht gescheut, zuerst mein persönliches Ich zu opfern und selbst, wenn notwendig, in den Tod zu gehen.[101]

Daraus leiteten sie ihr Recht ab, Hunderte meist junger Menschen an ihrer »Staatsgrenze« zu Tode bringen zu lassen oder ihnen mit Minen und Maschinengewehren schwere Verletzungen zuzufügen und Zigtausende in ihre Gefängnisse zu stecken, nur weil ihnen die Einsicht in die vermeintlichen Notwendigkeiten von Ulbricht, Honecker und Genossen fehlte.[102]

---

99 Popper, Karl: Die offene Gesellschaft und ihre Feinde, Bd. II: Falsche Propheten. Hegel, Marx und die Folgen, Tübingen 2003, S. 277.

100 Die betreffende Passage seiner Rede vor der Volkskammer ist zu sehen unter https://www.youtube.com/watch?v=1XBEqyu5Mck, Stand 11. 6. 2013.

101 Ich sterbe in diesem Kasten. Der frühere Stasi-Chef Erich Mielke über Erich Honecker und den Untergang des SED-Regimes, in: Der Spiegel, 36, 31. 8. 1992, S. 38–53. Die Fragen sollen vorher abgesprochen worden sein, und Mielke soll ein Papier vor sich liegen gehabt haben, Otto, Wilfriede: Erich Mielke. Biographie. Aufstieg und Fall eines Tschekisten, Berlin 2000, S. 494.

102 Zu den Zahlen s. Borbe, Ansgar: Die Zahl der Opfer des SED-Regimes, Berlin 2010, S. 27 ff.

Ungeachtet dieser bei Ulbricht und den SED-Führern gegebenen Bereitschaft, sich über grundlegende sittliche Pflichten hinwegzusetzen und den allgemeinen Grundsatz der Verhältnismäßigkeit der Mittel vollkommen zu missachten, dürfte ihnen das Ausmaß der Normabweichung ihres Tuns allerdings nur bedingt bewusst gewesen sein, sahen sie doch beim »Klassengegner« in noch größerem Ausmaß Verletzungen grundlegender sittlicher Pflichten, ja hielten sie diese Pflichtverletzungen geradezu für konstitutiv für dessen Herrschaft. Ihr Maßstab waren die im Zweiten Weltkrieg von Deutschen angeblich im Auftrag des Großkapitals begangenen Verbrechen, die das Ausmaß der sittlichen und moralischen Verwerflichkeit ihres eigenen Handelns, sofern sie es überhaupt als solches erkannten, relativierten.[103] Dies wird insbesondere an den nach dem Mauerbau von der SED herausgegebenen Broschüren deutlich, in denen explizit die Berliner Mauer ins Verhältnis zu anderen Mauern der »kapitalistischen« Geschichte gesetzt wurde.[104] Das war natürlich Propaganda, kalkulierte Verdrehung und Überspitzung, aber im Kern auch Ausdruck ihrer grundsätzlichen Überzeugung. Dass in all dieser Propaganda der Hauptgrund für den Mauerbau, die Tatsache, dass – warum auch immer – auch nach fast zehn Jahren »Aufbau des Sozialismus« in der DDR die Menschen diesem (künftigen) Paradies in Massen den Rücken kehrten, überhaupt nicht erwähnt wurde, stellte natürlich eine bewusste Lüge dar. Aber kann etwas, was man nicht sagt, eine Lüge sein? Wie soll doch Altbundeskanzler Helmut Schmidt gesagt haben: Ein Politiker müsse nicht alles sagen, was er wisse, aber was er sage, müsse wahr sein. Warum sollten die Kommunisten dem Klassenfeind Waffen gegen sich selbst in die Hand geben? Es war kalkuliertes Wahrheitsverschweigen, gerechtfertigt durch das vermeintlich hehre Ziel (und die Härte des »Klassenkampfes«). Der Gegner machte es, so ihre Überzeugung, auch nicht anders. Und Kommunisten in der Nachfolge Lenins und Stalins agierten machtorientiert, denn um die Macht ging es letztlich, sie war die Voraussetzung für alles Weitere, dafür, dass das »Proletariat« seine historische, die Menschheit beglückende Mission erfüllen konnte.

So bedurfte es sicherlich nicht der westdeutschen Pläne für ein Gesetz zur Kontrolle des Verkehrs zwischen der DDR und Westdeutschland, wie sie Anfang November bekannt wurden, um Ulbricht und Genossen bereit zum Mauerbau zu machen. Aber diese Pläne des Gegners schienen das eigene Weltbild

103 S. Kubina, Die SED und ihre Mauer; Kubina, Die SED und ihre Mauer (Ms.), beides passim.
104 Vgl. etwa Du und die Mauer. Hg.: Ausschuß für Deutsche Einheit, Berlin 1962.

aufs Vortrefflichste zu bestätigen, halfen zu rechtfertigen, was man jetzt zielstrebig zu planen begann, auch gegenüber Chruschtschow: »Die innere Lage in der BRD hat sich im letzten Jahr verschärft. Sie (die im Westen) behaupten«, sagte Ulbricht zu Chruschtschow,

> dass wir, die DDR, unsere Tätigkeit in der BRD verstärkt haben. Das ist zum Teil richtig. Aber sie wollen alle Kontakte zwischen beiden deutschen Staaten einschränken, darunter auch die sportlichen und kulturellen Kontakte, und verhaften unsere Leute, die nach Westdeutschland reisen. Das bedeutet, dass sie die Spaltung Deutschlands zementieren und unsere politische Propaganda fürchten.[105]

Man kann Schröders Entwurf für ein die Reisefreiheit einschränkendes Ein- und Ausreisegesetz durchaus als Steilvorlage für Ulbrichts sich jetzt verfestigende Notfallpläne bezeichnen. Darüber hinaus macht dieser Gesetzesentwurf deutlich, dass auch im Westen Beschränkungen der Reisefreiheit, ja selbst der Freizügigkeit innerhalb Deutschlands ins Auge gefasst wurden, wenn man sich nur einem als hinlänglich bedrohlich wahrgenommenen Druck seitens des Gegners ausgesetzt sah. Es geht hier dabei nicht darum, Äpfel mit Birnen zu vergleichen, eine Mauer mit Todesstreifen und Schießbefehl mit einem Gesetz zur Verhängung von Reisebeschränkungen für missliebige bzw. als gefährlich eingestufte, wenn auch nicht zwangsläufig straffällig gewordene Deutsche. Die SED-Führung nahm aber die Steilvorlage jedenfalls sofort an. Sie konnte damals davon ausgehen, dass das Gesetz in Westdeutschland angenommen wäre, bevor in Berlin die Sektorengrenze geschlossen oder die Kontrolle des Luftverkehrs von der DDR übernommen sein würde. Ulbricht hielt die Zeit unmittelbar vor den Bundestagswahlen, wie er Chruschtschow gegenüber am 30. November sagte und auch später noch mehrmals wiederholte, für die günstigste Zeit, entscheidende Maßnahmen in Berlin zu ergreifen, da Bonn vor den Wahlen keinerlei Interesse daran haben würde, die Lage zu verschärfen. Zugleich gingen Ulbricht und die SED-Führung davon aus, dass Adenauer nach den Wahlen eine Koalition würde eingehen müssen (man ging von einer mit der SPD aus), er also das vom CDU-Innenminister vorgelegte Gesetz noch vor Ende der Legislaturperiode »durchpeitschen« würde. Letzteres erwies sich als eine Fehleinschätzung, aber die Planungen für eine eventuelle Schließung

105 Gespräch Chruschtschows mit dem Ersten Sekretär der SED, Walter Ulbricht, am 30. 11. 1960, in: Wettig, Chruschtschows Westpolitik, 3, S. 36 f.

der Sektorengrenze liefen faktisch vor dem Hintergrund dieser Einschätzung. Das ist zunächst nur eine festzustellende parallele Entwicklung, keine Kausalkette. Doch ein Zusammenhang scheint durchaus gegeben. Die Machthaber in Bonn fürchteten, so hieß es in einer vor allem für Westdeutsche bestimmten ostdeutschen Propagandabroschüre aus dem Frühjahr 1961 unter Bezugnahme auf das Schröder'sche Gesetzesvorhaben, die »Verständigung und die gemeinsame Aktion aller deutscher Patrioten«. Deshalb hätten sie

> ein Gesetz ausgearbeitet, mit dem das Tor zwischen den beiden deutschen Staaten endgültig zugeschlagen und verrammelt werden soll. Sie wollen unter Bruch des Grundgesetzes[106] einen eisernen Vorhang herunterlassen und willkürlich sowohl die Einreise von DDR-Bürgern in die Bundesrepublik als auch die Ausreise von Bürgen der Bundesrepublik mit Polizeigewalt verhindern. Damit können und werden sich die Bürger Westdeutschlands genauso wenig abfinden wie die Bürger der DDR.

Neben dem Text war eine Zeichnung zu sehen, auf der westdeutsche Polizisten, eine Polizeikette bildend und vor einem heruntergelassenen Schlagbaum stehend, den Verkehr von Personen, Bussen, Kfz und Eisenbahnen in beide Richtungen verhinderten.[107]

3. Ein letzter Exkurs (IV) zur Quellenlage

Für die Monate unmittelbar vor dem Mauerbau steht die Forschung, mehr noch als für die davorliegende Zeit, vor einem großen Quellenproblem. Die ostdeutschen Akten wurden ganz offenkundig gesäubert, bevor sie archiviert wurden. Zu groß sind die Lücken, was die konkreten Vorbereitungen für den Mauerbau betrifft und auch bezüglich alternativer oder Stufenplanungen – von den Sicherheitsorganen über das Außenministerium bis hin zum ZK-Apparat und dem Politbüro.[108] Vieles geschah unter strengster Geheimhaltung. Über die Probleme der Forschung beim Zugang zu den russischen Archiven und die

106 Gemeint ist das Recht auf Freizügigkeit für alle Deutschen.

107 Was wäre wenn …?, Hg.: Ausschuß für Deutsche Einheit, Berlin 1961, unpaginiert, Zitat auf vorletzter Seite.

108 Vgl. etwa den Diskussionsbeitrag von Manfred Görtemaker beim 16. Rhöndorfer Gespräch, in: Die sowjetische Deutschland-Politik in der Ära Adenauer, S. 168 ff.

damit zusammenhängenden interpretatorischen Schwierigkeiten wurde hier schon mehrmals gesprochen. Akten der Führungsebene stehen bis heute nur sehr wenige zur Verfügung. Die Versuche, aus diesen wenigen Top-Quellen und den Überlieferungen nachgeordneter Organe Schlüsse auf Entscheidungsfindungsprozesse der obersten Ebene zu ziehen, sind mit einem hohen interpretatorischen Risiko verbunden und können daher schnell zu Fehlschlüssen führen.

Nachdem die endgültige Entscheidung zur Schließung der Sektorengrenze gefallen war, wagte man in Moskau nicht einmal, diese Information über das abhörsichere Hochfrequenznetz (Wtsche) des Warschauer Paktes nach Berlin durchzugeben, sondern beauftragte den rückreisenden Ulbricht, den sowjetischen Botschafter in Berlin zu informieren.[109] Vieles, was wir wissen, hat zufälligen Charakter. Zudem: Dass Dinge geplant wurden, heißt noch lange nicht, dass sie auch angestrebt wurden, sagt nichts darüber aus, ob sie Not- oder Wunschlösung waren. Entschieden wurde ohnehin nur in Moskau, von Chruschtschow und der engeren KPdSU-Führung. Über die vorangegangenen Diskussionen, eben über den Entscheidungsfindungsprozess wissen wir fast nichts. Die überlieferten Dokumente zu den Beratungen der Ostblockführer im März und August 1961 in Moskau machen mehr als deutlich, dass Fragen wie die einer möglichen Grenzschließung in Berlin jedenfalls nicht in den offiziellen Beratungen besprochen wurden. Selbst den Delegationen der Führungen der Warschauer-Pakt-Staaten trauten die Sowjets nicht vorbehaltlos, besprachen manches daher nur im engsten Kreis. Die Einladungen an die Führungen der Warschauer-Pakt-Staaten zum Treffen Anfang August 1961 beispielsweise enthielten nur in allgemeiner Form Aussagen über das Ziel der Beratung. Allein Ulbricht war vorab in den eigentlichen Zweck eingeweiht. Die Geheimhaltung ging so weit, dass der polnische Parteichef Władysław Gomułka gegenüber dem sowjetischen Botschafter in Warschau seine Besorgnis darüber zum Ausdruck brachte. Er sei beunruhigt, da es keinerlei Empfehlungen gebe, in welcher Zusammensetzung man nach Moskau kommen solle, ja man nicht einmal die Tagesordnung kenne. Mit seiner Anmerkung, ihn versetze »die Lage in der DDR in Schrecken«, machte er deutlich, welche Frage er in Moskau behandelt wissen wollte.[110] In der Antwort Andropows wurde

109 Fursenko, Aleksandr A.: Rossija i meždunarodnye krizisy: seredina XX veka [Russland und die internationalen Krisen: Mitte des 20. Jahrhunderts], Moskau 2006, S. 240.

110 Pazuro (Warschau) an das ZK der KPdSU, 27.7.1961, zit. nach Fursenko, Rossija i

dem polnischen Parteichef lapidar eröffnet, die Tagesordnung werde den Teilnehmern bei der Zusammenkunft in Moskau mitgeteilt. Aber zweifellos sei

> von der Erörterung der deutschen Frage, der Frage des Abschlusses eines deutschen Friedensvertrages, und auch anderer, mit der Einschätzung des jüngsten Auftritts Kennedys[111] in Radio und Fernsehen verbundener Fragen auszugehen.[112]

Am selben Tag, dem 29. Juli, bat Ulbricht die Moskauer Führung, den »Vertretern der kommunistischen Bruderparteien nur solche Materialien auszuhändigen, die veröffentlicht werden können«.[113] Die Einzelheiten, so waren sich Ulbricht und Chruschtschow am Vorabend der Tagung einig, könnten nur »im engeren Kreis« erörtert werden.[114]

Es versteht sich fast von selbst, dass angesichts solch strenger Geheimhaltungsmaßnahmen eine zweifelsfreie Rekonstruktion des Entscheidungsfindungsprozesses nahezu unmöglich ist. Wesentliche Teile der Kommunikation im unmittelbaren Vorfeld des Mauerbaus scheinen mündlich abgelaufen, Protokolle, wenn sie denn überhaupt angefertigt wurden, meist wieder vernichtet worden zu sein.[115] Einen großen Teil der Kommunikation kennen wir also sehr

---

meždunarodnye krizisy, S. 236. Fursenko/Naftali, Khrushchev's Cold War, S. 600 (Anm. 44) weisen den Verfasser dieser Nachricht als sowjetischen Botschafter in Warschau aus. Sowjetischer Botschafter war zu der Zeit aber Awerki B. Aristow, der im Februar 1961 P. A. Abrassimow abgelöst hatte. Die Identität Pazuros konnte durch d. Verf. nicht geklärt werden.

111 Am 25. Juli hatte Kennedy seine »drei Essentials« verkündet: den freien Zugang der Westmächte von und nach Berlin, deren weitere Anwesenheit in der Stadt auf der Basis ihrer Besatzungsrechte, also des Status quo, und die Freiheit und Lebensfähigkeit West-Berlins. Für die Rede s. Dokumente zur Deutschlandpolitik. IV. Reihe/Bd. 6, 2. Halbbd., hg. vom Bundesministerium für innerdeutsche Beziehungen, Frankfurt am Main 1975, S. 1348 – 1356.

112 Direktive für die Botschaft in Warschau, Ju. W. Andropow, 29. 7. 1961, zit. nach Fursenko, Rossija i meždunarodnye krizisy, S. 236.

113 Ulbricht an das ZK der KPdSU, 29. 7. 1961, zit. nach Fursenko, Rossija i meždunarodnye krizisy, S. 237.

114 Zu den Überlegungen, wie es diplomatisch hinzubekommen sei, dass ein Teil der Delegationen von der Besprechung der mit der Grenzschließung zusammenhängenden Fragen ausgeschlossen werden können, s. das Gespräch Chruschtschows mit dem Ersten Sekretär der SED, Walter Ulbricht, am 1. 8. 1961, in: Wettig, Chruschtschows Westpolitik, 3, S. 295 – 313, hier S. 313.

115 Vgl. dazu Kramer, Mark: Archival Research in Moscow: Progres and Pittfalls, CWIHPB Fall 1993, S. 1, 18 – 39.

wahrscheinlich gar nicht. Das heißt nicht, dass man, sofern man das wissenschaftliche Instrumentarium eines Historikers nutzt, nicht trotzdem fundierte Kenntnisse gewinnen oder valide Aussagen treffen kann. Aber zum wissenschaftlichen Anspruch gehört, die Unsicherheiten, die dem Urteil zugrunde liegen, auch entsprechend zu benennen und nicht den Eindruck zu erwecken, als wäre man als Historiker quasi dabei gewesen.

Der Westen hatte auf dem Höhepunkt der Berlin-Krise einen Top-Agenten in Moskau. Oleg Penkowski war Oberst der sowjetischen Spionageabwehr (GRU). Mitte 1960 bot er seine Dienste der CIA und dem britischen MI 6 an. Kurz darauf wurde er zum Berater des Staatskomitees für die Koordinierung wissenschaftlich-technischer Arbeiten berufen. Er hatte Zugang zu den höchsten Kreisen in Moskau und so einen tiefen Einblick in die sowjetischen Rüstungsplanungen. Bei einem Treffen mit seinem Kontaktmann in London berichtete er, Bezug nehmend auf die Entscheidung, in den Ostblockstaaten atomar bestückbare Raketen zu stationieren:

> The decision was made by the Presidium of the Central Committee of the KPSS together with the political leaders, who often come secretly without anything appearing in the press – Shivkov, Kadar[116]. They fly in, are met and seen off, and there is nothing in the press. When necessary they announce it – »The peace-loving Warsaw Pact met!«. [...] They, first of all, have telephone communications and Khrushchev can talk to them ten times a day. Representatives sit in the General Staff for coordination.[117]

---

116 Es handelt sich um das Transkript einer Tonbandaufnahme. Im Dokument heißt es »Kador or Mador«. Mador ist von Hand durchgestrichen und Kador in Kadar korrigiert. János Kádár war der ungarische KP-Chef, Todor Schiwkow der bulgarische.

117 Meeting No 12, London, England, 1 May 1961 regarding Penkovsky, Bl. 15 f. Die Berichte Penkowskis wurden von der CIA nach dem Freedom of Information Act deklassifiziert und sind online verfügbar, s. http://www.foia.cia.gov (Stand 21.6.2012). Die Recherchemöglichkeiten sind aber nicht sehr handlich, weshalb hier die Schreibweise des entsprechenden PDF-Dokuments beibehalten wurde. Die Berichte Penkowskis erwiesen sich als sehr zuverlässig und decken sich auch, was die taktischen und strategischen Überlegungen zur Grenzschließung am 13.8.1961 und den anschließend geplanten Abschluss eines separaten Friedensvertrages betrifft, mit den heutigen Erkenntnissen auf Basis der östlichen Archive. Penkowski wurde am 22.10.1962 verhaftet, in einem Schauprozess zum Tode verurteilt und hingerichtet. Auszüge aus seinen Berichten wurden bereits 1965 veröffentlicht, s. Penkowskij, Oleg: Geheime Aufzeichnungen, hg. und eingel. von Frank Gibney, München 1965, S. 9 ff., vgl. auch die auf der Basis eines breiteren Quellenzuganges entstandene Darstellung von Schecter, Jarold L./Deriabin, Peter: Die Penkowskij-Akte. Der Spion, der den Frieden rettete, Berlin 1993.

Von wie vielen solcher geheimen Spitzentreffen wissen wir nichts? Von Telefongesprächen ist fast nichts bekannt, geschweige denn, dass Protokolle darüber existierten, was in ihnen wie besprochen wurde. Nach den Erinnerungen von Kwizinski hatten der Sowjetbotschafter Perwuchin und Ulbricht

> fast täglich Kontakt miteinander, man lud den Botschafter zu »familiären« Treffen der Mitglieder des Politbüros des ZK der SED im engen Kreis, zu Neujahrsfeiern und zur Jagd ein. Gemeinsam mit Perwuchin war ich recht oft im Hause Walter Ulbrichts.[118]

Auch über diese »fast täglichen« Kontakte wissen wir fast nichts, jedenfalls nichts Zusammenhängendes. Gerade vor dem Hintergrund der absoluten Geheimhaltung in den Monaten vor dem Mauerbau dürften beides – Telefon und Perwuchin – jedoch wichtige Kommunikationskanäle gewesen sein.

Und selbst Augenzeugenberichte machen die Sache nicht in jedem Fall klarer. So gibt es zum Beispiel für ein wichtiges Treffen der Führer der Staaten des Warschauer Paktes im Vorfeld des Mauerbaus im März 1961 den Bericht eines Teilnehmers dieses Treffens.[119] Demnach habe Ulbricht bereits auf diesem Treffen von den Teilnehmern die Zustimmung verlangt, die Kontrollen an der Sektorengrenze verstärken und eine Stacheldrahtbarriere mitten durch Berlin ziehen zu dürfen. Dies sei allerdings von den Vertretern der anderen Ostblockstaaten entsetzt zurückgewiesen worden.[120] Nach den bisher vorliegenden Dokumenten zu dieser Tagung haben aber weder Chruschtschow noch Ulbricht die Frage einer möglichen Grenzschließung in Berlin angesprochen.[121] Was Ulbricht hier nach dem Protokoll seiner Rede sagte, unterschied sich kaum von dem, was er seit Monaten forderte, bestenfalls drängte er etwas energischer als

118 Kwizinskij, Vor dem Sturm, S. 173.

119 Es handelt sich um den stellvertretenden tschechoslowakischen Verteidigungsminister Jan Šejna, der nach der Niederschlagung des Prager Frühlings 1968 in den Westen floh.

120 Für Šejnas Bericht s. Kennedy: Vielleicht eine Mauer, Der Spiegel H. 34, 16. 8. 1976, S. 16; Catudal, Kennedy in der Mauer-Krise, S. 52 ff., für einen quellenkritischen Hinweis s. dort Anm. 25.

121 Allerdings behauptet Wettig, Chruschtschows Westpolitik, 3, S. 108, Anm. 157: »Statt sich, wie von der Tagesordnung vorgesehen, mit Fragen des Ausbaus der konventionellen Streitkräfte zu befassen, hatte Ulbricht die Probleme der DDR dargelegt. Diese könne man nur durch eine völlige Abriegelung gegenüber dem Westen, also durch Schließung der Grenze in Berlin, einlösen.« Wettig belegt diese Aussage nicht.

früher.[122] Allerdings gab es neben diesem »Šejna-Bericht« noch ein weiteres Indiz dafür, dass Ulbricht bereits auf dieser Tagung die Schließung der Sektorengrenze gefordert hatte. Unter Bezugnahme auf das Wortprotokoll von Ulbrichts Rede, in der dieser (wie seit Monaten immer wieder) die »Beseitigung der Anomalie der Lage in Berlin« gefordert habe, schreiben Matthias Uhl und Armin Wagner:

> Dass Ulbricht darunter eine strikte Abtrennung des Westteils der Stadt verstand, verdeutlichte der von der DDR-Seite vorbereitete Entwurf einer Erklärung der Regierung der Warschauer-Pakt-Staaten, den er im März 1961 in Moskau im Gepäck hatte. Es ist wohl kein Zufall, daß dieser exakt der bekannten Verlautbarung des Warschauer Paktes vom 13. August entsprach.[123]

Zwar war dieser Entwurf undatiert, wie Uhl und Wagner auch in der Fußnote vermerkten, aber sie wussten ja, dass Ulbricht ihn »im Gepäck« hatte. Nachdem Wettig (2006) zu bedenken gegeben hatte, dass dieses undatierte Dokument möglicherweise vom Archiv irrtümlich der Moskauer Tagung vom März zugeordnet worden sein könnte, da es ja schon auffällig sei, dass dieser Text exakt der vier Monate später, im August 1961, verabschiedeten Erklärung der Warschauer-Pakt-Staaten entsprach, sucht der Leser bei Uhl (2008) diesen interessanten Einblick in Ulbrichts Gepäck vergebens. Uhl teilt allerdings nicht mit, warum ihm 2008 der tiefe Einblick von 2003 in Ulbrichts Reisegepäck nicht mehr gewährt wird.[124]

Nicht weniger verwirrend wird es, betrachtet man die Veröffentlichungsgeschichte des Protokolls des Gesprächs zwischen Chruschtschow und Ulbricht am 1. August 1961, ein Schlüsseldokument zum Mauerbau. Aus diesem Gespräch wurden erstmals 2001 (ohne Quellenangabe) längere Passagen von einem russischen Historiker zitiert, der allerdings laut Harrison zwei Gespräche vermengte und als Datum den 3. August angab.[125] Harrison (2003)

122 Zur Einschätzung dieser Tagung vgl. Harrison, Ulbrichts Mauer, S. 274 f.; Wilke, Der Weg zur Mauer, S. 274–280; Uhl, Krieg um Berlin?, S. 116; Wettig, Chruschtschows Berlin-Krise, S. 138 ff.; Lemke; Berlinkrise, S. 157 f.; Uhl/Wagner, Ulbricht, Chruschtschow und die Mauer, S. 23 f.; Schmidt, Dialog über Deutschland, S. 76 ff.

123 Uhl/Wagner, Ulbricht, Chruschtschow und die Mauer, S. 23 f.

124 Uhl, Krieg um Berlin?, S. 116.

125 Fursenko, Aleksandr: Kak bylo postroena berlinskaja stena [Wie die Berliner Mauer gebaut wurde], Istoričeskie zapiski, 4/2001, S. 73–90, v. a. S. 77 ff.

übernahm den, wie sie 2011 meint,[126] Fehler Fursenkos und brachte, sich auf Fursenko berufend, ebenfalls Zitate aus diesem Dokument.[127] 2006 zitierten Alexander Fursenko und Timothy Naftali ebenfalls aus dem Gesprächsprotokoll vom 1. August, datierten es aber, wie schon Fursenko (2001), weiterhin auf den 3. August. Als Quelle wurde jetzt aber nicht Fursenkos Aufsatz von 2001 angegeben, sondern eine Quelle aus dem Präsidentenarchiv in Moskau, allerdings ohne Angabe der Signatur.[128] 2006 zitierte auch Wettig aus diesem Dokument, sich auf Fursenko 2001 berufend, datiert es aber jetzt, unter Bezugnahme auf einen entsprechenden Eintrag in das Besucherbuch bei Chruschtschow im Kreml, auf den 1. August, allerdings zusammen mit »3. August« überschriebenen handschriftlichen Notizen Ulbrichts zu einem Gespräch, wobei Wettig davon ausgeht, dass diese Notizen das Gespräch vom 1. August betreffen, nur am 3. August angefertigt oder falsch datiert wurden.[129] Wettig (2006) zitiert Ulbrichts handschriftliche Notizen vom »3. August« unter Verweis auf die entsprechende Archivsignatur, ohne zu erwähnen, dass das Dokument bereits 2002 in einem Sammelband[130] und 2003 von Uhl und Wagner in einer Dokumentation zum Mauerbau[131] vollständig veröffentlicht worden war. Es ist guter wissenschaftlicher Brauch, bei Dokumenten, die bereits anderenorts veröffentlicht wurden, diesen Ort auch zu benennen, auch wenn man sich aus bestimmten, in diesem Fall dann zu erläuternden Gründen selbst direkt auf die archivarische Quelle bezieht. Allerdings kann man sich auf eine solche Verfahrensweise bei einigen jüngeren Publikationen zur Geschichte des Mauerbaus nicht verlassen.[132] Aus dem Protokoll zum Gespräch am 1. August zitierte als Nächster 2008 Uhl. Er gibt jetzt erstmals die dazugehörige Archivsignatur an, verweist zur Datierung, wie bereits vor ihm Wettig (2006), auf

126 Harrison, Ulbrichts Mauer, S. 318 ff., s. hierzu die mehr als eine Seite umfassende Anm. 189.

127 Harrison, Driving the Soviets up the Wall, S. 192 ff.

128 Fursenko/Naftali, Khrushchev's Cold War, S. 379 f. Als Quelle wird in Anm. 60, die zweimal existiert, in der zweiten Anm. 60 genannt: »Memcon. N[ikita]S[ergeyevich] K[hrushchev] and Ulbricht, August 3, 1961, A[rchives of the]P[resident of the] R[ussian]F[ederation].

129 Wettig, Chruschtschows Berlin-Krise, S. 177 f.

130 Hertle, Hans-Hermann/Jarausch, Konrad J./Kleßmann, Christoph (Hg.): Mauerbau und Mauerfall. Ursachen. Verlauf. Auswirkungen, Berlin 2002, S. 315.

131 Uhl/Wagner, Ulbricht, Chruschtschow und die Mauer, S. 93 f.

132 Vgl. dazu auch die Sammelrezension von Rolf Steininger unter http://www.bpb.de/geschichte/zeitgeschichte/deutschlandarchiv/53825/vorgeschichte-des-mauerbaus (Stand 22. 6. 2012).

Chruschtschows Besucherbuch (aber nicht auf Wettig, der als Erster darauf aufmerksam gemacht hatte) und »für weitere Informationen zu diesem Gespräch« auf Fursenkos Aufsatz und Buch, nicht jedoch darauf, dass der Leser in Fursenkos Aufsatz nicht nur »weitere Informationen«, sondern eben leider auch falsche (fehlerhafte Datierung) findet.[133] Obwohl aus diesem Dokument bereits seit 2001 von verschiedenen Autoren zitiert wurde, unter anderem 2008 auch von Uhl selbst unter Angabe der vollständigen Archivsignatur, setzte Uhl seinen Aktenfund Ende Mai 2009 anlässlich eines »Geschichtsforums 1989–2009«[134] als sensationelle, völlig neue Entdeckung aus russischen Archiven in Szene, und zwar nicht nur im übertragenen Sinne, sondern auch im wörtlichen. Der Berliner »Tagesspiegel« wusste damals über die Entdeckung von Uhl zu berichten:

> Da er bei der Lektüre auch höchst performative Qualitäten entdeckte, suchte er den Kontakt zum Maxim Gorki Theater. So erlebte das Dokument mit Kroesingers szenischer Lesung »Vermauern« im Rahmen des »Geschichtsforums 1989/2009« jetzt seine Erstveröffentlichung.[135]

Parallel wurde das vermeintlich gerade erst aufgefundene Protokoll des »Telefongesprächs« auf »Welt-Online« publiziert[136] und von Uhl in der »Zeit«[137] kommentiert. Die Berliner »BZ« fragte gar: »Muss die deutsch-deutsche Geschichte jetzt neu geschrieben werden?«[138] Die Frage kann getrost verneint

133 Uhl, Krieg um Berlin?, S. 134 f., Anm. 208. Bei dem Buch handelt es sich um Fursenko, Rossija i meždunarodnye krizisy, S. 238 f. Auch Fursenko klärt den Leser nicht über den Fehler in seinem Aufsatz aus dem Jahr 2001 auf.

134 S. http://www.bpb.de/presse/49628/geschichtsforum-1989-i-2009; http://www.kulturstiftung-des-bundes.de/cms/de/programme/deutsche_einigung/archiv/geschichts forum_1989__2009_3410_69.html; http://www.stiftung-aufarbeitung.de/veranstaltungsnachlese-2009-2496.html?id=863 (Stand: 21. 6. 2012).

135 Wahl, Christine: Vermauern tut gut. Maxim Gorki Theater, Der Tagesspiegel, 31. 5. 2009 http://www.tagesspiegel.de/kultur/buehne-alt/maxim-gorki-theater-vermauern-tut-gut/1525528.html (Stand 21. 6. 2012); vgl. zur Aufführung auch http://www.nachtkritik.de/index.php?option=com_content&task=view&id=289&Itemid=99 (Stand 21. 6. 2012).

136 http://www.welt.de/politik/article3828451/Wie-Ulbricht-und-Chruschtschow-die-Mauer-schufen.html; http://www.welt.de/politik/article3828831/Das-Gespraech-zwischen-Ulbricht-und-Chruschtschow.html (Stand 21. 6. 2012).

137 Uhl, Matthias: Ein eiserner Ring um Berlin, in: Die Zeit, Nr. 24, 4. 6. 2009, S. 11.

138 Gößmann, Jochen: Chruschtschow befahl Mauer-Bau. Bislang geheime Dokumente beweisen: Sowjet-Führer Chruschtschow befahl den Bau der Berliner Mauer,

werden, aber die Geschichte der Publikation dieses Dokuments sollte schon geschrieben werden. So teilt Manfred Wilke (2011), der die »entscheidenden Passagen« selbst dokumentiert, Folgendes mit: »Das Protokoll dieses Gesprächs zählt zu den Schlüsseldokumenten des Mauerbaus. Erst 2009 wurde es in Moskau für die von Gerhard Wettig edierten Gespräche Chruschtschows freigegeben.« Wilke, dem Wettig vorab seine Übersetzungen aus dem Russischen zur Verfügung gestellt hatte, verweist für sein langes Zitat auf Wettigs zeitgleich und als Erstem erschienenen Band 3 zu »Chruschtschows Westpolitik«. Er merkt zudem in derselben Fußnote an, dass dieses »Gespräch [...] auch schon 2009 in Berlin in einem Theaterstück verarbeitet« worden sei. Davon, dass aus dem Dokument bereits seit 2001 mehrfach zitiert worden war und Uhl das komplette Dokument schon 2009 in eigener Übersetzung publiziert hatte und es seitdem komplett im Internet auf »Welt-Online« wie auch in der »Chronik der Mauer«[139] zur Verfügung steht, erfährt man nichts.[140] Anschließend zitiert Wilke nach Uhl und Wagner (2003) aus Ulbrichts mit »3. August« überschriebenen handschriftlichen Notizen und merkt an, diese hätten das Dokument »irrtümlich auf den 3. 8. datiert«.[141] Worin der Irrtum bestand und warum und wie Wilke ihn aufklären konnte, erfährt man ebenfalls nicht. Auf einer Podiumsdiskussion zwischen ihm und Harrison am 16. August 2011[142] berichtete er aber von einer interessanten Facette der Publikationsgeschichte dieses Dokumentes: Bei der Publikation des Dokuments vom 1. August durch Uhl in der »Welt« sei die Unterredung als »Telefongespräch« ausgegeben worden, um eine Publikation ohne Genehmigung des russischen Archivs zu ermöglichen, was

> bei den russischen Archivbehörden zu einer kleinen Krise gegenüber ihren deutschen Partnern geführt hat. Das nur so als Fußnote, denn es ist immer noch ein heikles Unterfangen, in Russland mit den Archiven und den Historikern dort ein solches Projekt durchzuziehen.[143]

BZ 1. 6. 2009, http://www.bz-berlin.de/aktuell/berlin/chruschtschow-befahl-mauerbau-article475525.html (Stand: 21. 6. 2012).

139 Chruschtschows oder Ulbrichts Mauer, Podiumsdiskussion am 7. 9. 2011, s. http://www.chronik-der-mauer.de/index.php/de/Media/TextPopup/id/1576253/month/August/oldAction/Detail/oldModule/Chronical/year/1961 (Stand 21. 6. 2012).

140 Wilke, Der Weg zur Mauer, S. 315 f.

141 Ebd., S. 316 (Anm. 339).

142 http://www.alliiertenmuseum.de/de/4_3.php?year=2011&activity_id=276 (Stand 21. 6. 2012).

143 Gründer, Ralf: Ulbrichts Mauer. Driving the Soviets up the Wall. Prof. Hope Harri-

Wettigs Band 3 seiner Dokumentenpublikation zu Chruschtschows Westpolitik ist, wie erwähnt, ebenfalls zum Jahrestag des Mauerbaus 2011 erschienen und enthält als Dokument 15 das besagte Gespräch zwischen Chruschtschow und Ulbricht am 1. August 1961.[144] Von der ganzen Vorgeschichte der Publikation dieses Dokumentes, von den tatsächlichen oder vermeintlichen Fehlern bei der Datierung von Ulbrichts mit »3. August« überschriebenen handschriftlichen Notizen, ja von deren Existenz erfahren wir nichts im wissenschaftlichen Apparat zu diesem Dokument. Eine Einleitung oder Ähnliches zu diesem Dokument gibt es nicht, wie auch bei keinem anderen Dokument in dieser wissenschaftlichen Quellenedition. Auch in der knapp gehaltenen Einleitung zu dem Band findet sich keinerlei Hinweis auf diese Vorgeschichte, auch nicht auf die Erstpublikation von Uhl in eigener Übersetzung. Nicht einmal auf seine eigenen, früheren Ausführungen verweist Wettig, und sogar den Umstand, dass, wie er fünf Jahre zuvor herausgefunden hatte, dank des Besucherbuches Chruschtschows eine genaue zeitliche Terminierung des Gespräches möglich ist (15.40 Uhr bis 18.00)[145], lässt er unerwähnt. Während Wettig Uhls Erstpublikation hier nur nicht erwähnt, heißt es in der von ihm mitverfassten Einleitung zu einem voluminösen Sammelband zum Wiener Gipfel 1961 (2011), das Gesprächsprotokoll vom 1. August 1961 gehöre »zu den bislang unveröffentlichten Schlüsseldokumenten«.[146]

son diskutiert mit Prof. Dr. Manfred Wilke. Videoaufnahme einer Veranstaltung im Berliner Alliiertenmuseum am 16.8.2011 (http://www.berliner-mauer.de/willy-hieronymus-schreiber-akte-eisladen-i-ii.html?id=543:podiumsdiskussion-ulbrichts-mauer-driving-the-soviets-up-the-wall&catid=85:beitraege-zum-thema-berliner-mauer); auch auf http://www.youtube.com/watch?feature=relmfu&v=YtLRE68QR8k&gl=DE (Stand 21.6.2012). Wilke nennt allerdings weder den Namen Uhl noch den Veröffentlichungsort Die Welt, der Zusammenhang ist aber eindeutig.

144 Gespräch Chruschtschows mit dem Ersten Sekretär der SED, Walter Ulbricht am 1.8.1961, in: Wettig, Chruschtschows Westpolitik, 3, S. 295–313.

145 Wettig, Chruschtschows Berlin-Krise, S. 177 (Anm. 88).

146 Bischof, Günter / Karner, Stefan/Ruggenthaler, Peter / Stelzl-Marx, Barbara und Wettig, Gerhard: Der Wiener Gipfel 1961 und seine Bedeutung für die internationale Politik. Zur Einleitung, in: Karner u.a., Der Wiener Gipfel, S. 17–74, hier S. 70, Anm. 258. An dieser Stelle findet sich kein Hinweis darauf, dass das Dokument in Wettigs zeitgleich erscheinendem Band 3 zu Chruschtschows Westpolitik publiziert wird, stattdessen wird auf Wettig (2006) und Wilke (2011) verwiesen. Einen solchen Hinweis bekommt der Leser nur, wenn er bis zum Eintrag für den »3.–5. August 1961« weiterliest. Dort wird dann in der Fußnote zu einem nochmaligen Zitat aus dem Protokoll vom 1. August auf Wettigs erwähnten Band 3 verwiesen.

Nach all dem verwundert kaum noch, wenn unter dem Eintrag zum »1. August 1961« von den Autoren der Einleitung des Bandes zum Wiener Gipfel apodiktisch behauptet wird: »In diesem Gespräch nannte Chruščëv dem SED-Chef den 13. August als den Termin, an dem die Schließung der Sektorengrenze erfolgen werde.«[147] Da ein Beleg an dieser Stelle, wie erwähnt, fehlt, kommt der Leser kaum in die Versuchung, diese Aussage im Dokument zu überprüfen. Tut er dies dennoch, muss er feststellen, dass eine solche Terminierung dem Gespräch weder explizit noch implizit zu entnehmen ist, und schon gar nicht, dass Chruschtschow Ulbricht diesen Termin quasi bestimmt hat. Ulbricht teilte Chruschtschow mit, »technisch können wir das in zwei Wochen einrichten«, und Letzterer erwiderte: »Führt das durch, wann ihr wollt, wir können darauf jederzeit eingehen.« Kurz darauf sprach Chruschtschow von »ein bis zwei Wochen«, die man den Deutschen Zeit ließe.[148]

Nur um das Bild abzurunden, sei noch darauf aufmerksam gemacht, dass Wettig in seiner Dokumentenpublikation in den Anmerkungen zuweilen Tatsachenbehauptungen aufstellt, die doch von nicht unerheblicher Bedeutung für den ereignisgeschichtlichen Ablauf sind, von ihm aber einfach nicht belegt werden. So führt er etwa in Anmerkung 528 zum Dokument vom 1. August aus:

> Chruščëv hatte seinem Botschafter in Ost-Berlin, Michail Pervuchin, am 20. Juli 1961 oder kurz danach seinen Entschluss zur Schließung der innerdeutschen Grenze und dann nähere Vorstellungen dazu mitgeteilt und ihn beauftragt, Ulbricht darüber zu unterrichten.

Worauf Wettig sich für diese Behauptung stützt, bleibt im Dunkeln. Schaut man in Wettig (2006), so liest man zu diesem Datum mit Erstaunen:

> Das Präsidium der KPdSU, dem in Abwesenheit Chruschtschows sein Stellvertreter Frol Koslow vorsaß, billigte den Schritt [gegen die Grenzgänger] am 20. Juli 1961. Der weitergehende Schritt einer Schließung der Sektorengrenze war demnach nicht aktuell. Auch stand die Errichtung von Sperranlagen in Berlin bis dahin nicht auf der Tagesordnung, wie der am 18. Juli verabschiedete Plan des SED-Politbüros einer Großkundgebung am 14. August zur Feier

147 Ebd., S. 71.

148 Gespräch Chruschtschows mit dem Ersten Sekretär der SED, Walter Ulbricht, am 1. 8. 1961, in: Wettig, Chruschtschows Westpolitik, 3, S. 309.

> des 90. Geburtstages von Karl Liebknecht auf dem Potsdamer Platz, also am Ort der dann einen Tag vorher erfolgten Grenzschließung, zeigt.[149]

Wettig (2006) gibt den »24. Juli oder kurz vorher« als Tag der Entscheidung Chruschtschows für die Grenzschließung an und diskutiert an dieser Stelle auch die Überlegungen anderer Autoren.[150] In dem Sammelband zum Wiener Gipfel 1961, der zeitgleich mit dem Dokumentenband, der die hier hinterfragte Anmerkung enthält, erschienen ist, äußert Wettig sich in seinem entsprechenden Aufsatz nicht explizit zu der Frage, ob oder ggf. wann genau Chruschtschow seinem Botschafter in Berlin seinen Entschluss zur Grenzschließung mitgeteilt hat, auch nicht dazu, an welchem Tag die Entscheidung bei ihm genau gefallen sei.[151] In der von ihm mit verfassten Einleitung heißt es aber: »Chruščëv hatte sich um [sic!] den 20. Juli 1961 entschlossen, die Sektorengrenze in Berlin zu sperren.« In der dazugehörigen Anmerkung 256 wird auf den separaten Beitrag Wettigs »zur Berlin-Krise« in demselben Band verwiesen, der aber, wie gesagt, keine explizite Aussage zu dieser Frage enthält. Weiter heißt es in der Einleitung unter dem Datum »20. Juli 1961«, Chruschtschow habe über seinen Botschafter Perwuchin Sowjet-Marschall Jakubowski angewiesen, die »notwendigen militärischen Vorbereitungen einzuleiten, ohne es für notwendig zu halten, dass Ulbricht gefragt oder auch nur unterrichtet wurde«. Iwan I. Jakubowski habe daraufhin die drei für Sicherheitsfragen zuständigen DDR-Minister in sein Hauptquartier nach Wünsdorf bestellt, und zwar für den Nachmittag des 20. Juli.[152] Fasst man beide Aussagen Wettigs zusammen, gerät man in das Dilemma, verstehen zu müssen, dass Chruschtschow am »20. oder kurz danach« Botschafter Perwuchin seine Entscheidung mitgeteilt habe mit der Maßgabe, »Ulbricht darüber zu informieren«,[153] und am 20. Juli Ja-

149 Wettig, Chruschtschows Berlin-Krise, S. 162.

150 Ebd., S. 168 ff.

151 Wettig, Chruščëv und die Berliner Mauer, S. 661 f.

152 Bischof u. a., Der Wiener Gipfel 1961 und seine Bedeutung, S. 70. Als Beleg wird lediglich auf »die entsprechenden Kapitel bei Wilke, Der Weg zur Mauer, und seinen Beitrag in diesem Band verwiesen«.

153 Wettig, Chruschtschows Westpolitik, 3, S. 297 (Anm. 528). Vgl. auch S. 308 (Anm. 543), wo Wettig zum selben Dokument erläutert: »Ulbricht war am 20. Juli oder kurz danach von Botschafter Pervuchin über den Entschluss Chruščëvs informiert worden, die Sektorengrenze zwischen Ost- und West-Berlin zu schließen.« Er fügt noch die so wenig belegte wie oft wiederholte Behauptung an: »wie er seit langem vergeblich gefordert hatte«.

kubowski über Perwuchin angewiesen habe, alle Maßnahmen mit den zuständigen DDR-Ministern vorzubereiten, »ohne es für notwendig zu halten, dass Ulbricht gefragt oder auch nur unterrichtet wurde«. Und am Nachmittag desselben Tages (20. Juli) waren die Minister schon bei Jakubowski in Wünsdorf, wobei unklar bleibt, ob sie vielleicht ihrerseits Ulbricht von der Vorladung informiert hätten. Chruschtschows Entscheidung selbst, so die Einleitung, sei »um den 20. Juli« gefallen. Nun, alles ist irgendwie zeitlich möglich, aber man sähe doch gerne einmal einen belastbaren Beleg dafür.[154] An der entsprechenden Stelle der Einleitung wird für die Jakubowski-Geschichte als (einzigem) Beleg auf »die entsprechenden Kapitel bei Wilke, Der Weg zur Mauer, und seinen Beitrag in diesem Band verwiesen«.[155]

Zunächst zum Beitrag Wilkes in dem Band. Hier schreibt er, Chruschtschow habe sich »in seinem Urlaub auf der Krim am [also nicht nur ›um den‹] 20. Juli endgültig« entschieden, »die Berliner Sektorengrenze abriegeln zu lassen«.[156] In der dazugehörigen Anmerkung verweist Wilke auf Uhl (2008)[157] und Steininger (2009).[158] An beiden Stellen findet sich keinerlei Hinweis darauf, wann Chruschtschow seine Entscheidung gefällt haben könnte, wann Perwuchin von Chruschtschow mit welcher Maßgabe darüber

---

154 Zur Diskussion der Standpunkte zu der Frage, wann die Entscheidung zum Mauerbau gefallen sei, allerdings auf dem Forschungsstand des Jahres 2000, vgl. Bonwetsch, Bernd/Filitov, Alexej: Chruschtschow und der Mauerbau. Die Gipfelkonferenz der Warschauer-Pakt-Staaten vom 3. bis 5. August 1961, Vierteljahrshefte für Zeitgeschichte 48 (2000) 1, S. 155 – 198, hier S. 157 ff.

155 Bischof u. a., Der Wiener Gipfel 1961 und seine Bedeutung, S. 70, Anm. 257.

156 Wilke, Manfred: Der Wiener Gipfel und der Bau der Berliner Mauer, in: Karner u. a., Der Wiener Gipfel, S. 681 – 704, hier S. 691.

157 Uhl, Kein Krieg um Berlin?, S. 165 – 182, behandelt die Kommandostabsübung »Burja« und die neue sowjetische Kernwaffenstrategie, aber nicht die Frage, wann Chruschtschows Entscheidung gefallen sein könnte. Uhl referiert auf den S. 122 – 124 die verschiedenen Positionen dazu, legt sich selbst aber nicht auf einen Termin fest, da »die Frage des genauen Datums des Entschlusses zur Abriegelung West-Berlins« für seine »Untersuchung der sowjetischen Militär- und Sicherheitspolitik« nicht im Vordergrund stehe. Er geht aber von »Mitte Juli 1961« aus.

158 Steininger, Rolf: Berlinkrise und Mauerbau. 1958 bis 1963, München 2009, S. 224, befasst sich mit John McCloys Gesprächen mit Chruschtschow Ende Juli 1961, aber nicht mit der Frage, die er hier laut Wilke belegen soll. Zu dieser Frage kommt Steininger auf S. 226 ff., ohne auch hier einen Beleg für Wilkes These zu bringen. Ohnehin ist Steininger eher Spezialist für die Rolle der Westmächte in der Berlin-Krise. Die Erstausgabe seines Buches hieß noch Der Mauerbau. Die Westmächte und Adenauer in der Berlinkrise 1958 – 1963, München 2001.

informiert wurde etc. Sucht man sich die »entsprechenden Kapitel bei Wilke, Der Weg zur Mauer« (2011), stößt man zwar wieder auf apodiktische Sätze mit dem Datum »20. Juli«, aber auf keinerlei nachvollziehbare Belegangabe für diese eindeutige Datumsangabe. So schreibt Wilke: »Die Entscheidung Chruschtschows, Ulbricht zu erlauben, die Sektorengrenze, der ›Hauptstadt der DDR‹ zu West-Berlin abzusperren, fiel am 20. Juli in seinem Urlaub auf der Krim.« Als Beleg verweist er nun in der Anmerkung auf ein Manuskript Wettigs aus dem Jahr 2009.[159] Doch warum teilt Wettig diese vermeintlich eindeutige Erkenntnis nicht auch in seinem Aufsatz im Band zum Wiener Gipfel 1961 (2011) mit? Wenig später schreibt Wilke: »Bevor Chruschtschow am 20. Juli endgültig entschied, die Berliner Sektorengrenze abzuriegeln, zog er Erkenntnisse und Berichte des militärischen Geheimdienstes (GRU) und des KGB vor allem über die amerikanische Politik zu Rate.« Belegt wird aber nur, dass Alexander N. Schelepin an diesem Tag einen Geheimdienstbericht an Chruschtschow geschickt hat, jedoch nicht, dass dieser daraufhin sofort seine Entscheidung getroffen habe. Folgt man der hier referierten Darstellung in der Literatur, müsste Chruschtschow Schelepins Bericht recht früh am Morgen bekommen haben, damit all das, was danach am 20. Juli noch passiert sein soll, auch noch hätte passieren können.[160] Wilke schreibt weiter:

> All diese Informationen erfuhr Chruschtschow am 20. Juli, und sie ließen für ihn nur eine Schlussfolgerung zu: Die NATO würde die Bedrohung des freien Zugangs nach West-Berlin als militärischen Ernstfall ansehen – genau jene Haltung, die Kennedy in seiner Rede am 25. Juli bekräftigen sollte. Chruschtschows Ja zur Grenzschließung in Berlin stand am Ende eines langen politischen Entscheidungsprozesses.[161]

Das war wohl so, nur weiß man über diesen Entscheidungsfindungsprozess eben leider ziemlich wenig, jedenfalls solange man sich nicht allein auf Chruschtschows oder Kwizinskis Memoiren verlassen will. Schon gar nicht ist

159 Wilke, Der Weg zur Mauer, S. 296, Anm. 300. Dort wird verwiesen auf ein Manuskript von »Gerhard Wettig: Chruschtschow, die Berliner Mauer und das Friedensvertragsultimatum, (Manuskript) 2009«.

160 Auszuschließen ist dies nicht. Wenn Chruschtschow um 12 Uhr mittags die Entscheidung getroffen hätte, hätte die Nachricht unter Berücksichtigung des Zeitunterschiedes spätestens um 11 Uhr in der sowjetischen Botschaft in Berlin gewesen sein können.

161 Wilke, Der Weg zur Mauer, S. 302 ff.

klar, dass das Ende dieses Prozesses definitiv am 20. Juli erreicht war. Chruschtschows und Kwizinskis Memoiren sind aber die Quellen für die schwer genau datierbare Kommunikation zwischen Chruschtschow und Perwuchin im Juli 1961. Harrison (2011) geht, sich auf Kwizinskis Erinnerungen berufend, davon aus, dass die Entscheidung bereits am 6. Juli gefallen sei.[162] Kwizinski wiederum berichtet 1993[163]:

> An einem Sommertag, es muß Ende Juni oder Anfang Juli gewesen sein, lud Ulbricht Michail Perwuchin zum Essen auf seine Datsche ein. [...] Er war vollkommen ruhig, noch ruhiger als gewöhnlich. Er sagte, die Lage in der DDR verschlechtere sich zusehends. Der wachsende[164] Flüchtlingsstrom desorganisiere immer mehr das ganze Leben der Republik. Bald müsse es zu einer Explosion kommen. Es gebe erste Anzeichen von Revolten, doch bisher könne Mielke diese unterbinden, indem er die Rädelsführer festsetze. Er, Ulbricht, habe die Weisung gegeben, die Kampfgruppen in erhöhte Alarmbereitschaft zu versetzen. Die Lage bleibe jedoch ernst. Man schreibe nicht 1953, und er befürchte, daß die Bundeswehr eingreifen könnte. Das würde Krieg bedeuten.
>
> Perwuchin sollte Chruschtschow mitteilen, wenn die gegenwärtige Situation der offenen Grenze[165] weiter bestehen bleibe, sei der Zusammenbruch unvermeidlich. Als Kommunist warne er davor und lehne alle Verantwortung

162 Harrison, Ulbrichts Mauer, S. 308 f.

163 Kwizinskij, Vor dem Sturm, S. 179 f.

164 Im Juni 1961 waren 1746 Menschen mehr als im Vorjahr in den Westen gegangen und 2129 mehr als im Mai des Jahres, allerdings waren dies etwa genauso viele wie im April. Während 1960 von Januar bis Juni 87 148 Menschen in den Westen gegangen waren, waren es im gleichen Zeitraum 1961 89 931, also gut 2783 Menschen oder gut 3 % mehr. Allerdings war die von der Staatlichen Plankommission für 1961 eingeplante Abwanderung von 80 000 Menschen bereits in der ersten Jahreshälfte erreicht worden, insofern war die Abwanderung offenkundig deutlich größer als von der SED prognostiziert. S. SPK (Abt. Arbeitskräfte), Begründung zu den Orientierungsziffern 1962, 12. 7. 1961, nach: Major, Torschlußpanik, S. 222. Interne Unterlagen über die negative Bevölkerungsentwicklung (nicht nur durch die Flucht) gelangten auch an den Spiegel, s. Arbeitermangel. Warten auf Babys, Der Spiegel, H. 26, 21. 6. 1961, S. 26.

165 Ulbricht forderte hier nicht expressis verbis die Schließung der Sektorengrenze, sondern die Veränderung »der gegenwärtige[n] Situation der offenen Grenze«, was nach östlicher Vorstellung auch zwangsläufig mit dem Abschluss eines Friedensvertrages verbunden gewesen wäre. Kwizinski selbst hatte es ja für möglich gehalten, dass Ulbricht mit dieser Hiobsbotschaft nur Druck auf den Abschluss eines Friedensvertrages ausüben hatte wollen bzw. zumindest, dass dies in Moskau so interpretiert wurde (s. übernächsten Absatz im Zitat).

> [dafür] ab, was weiter geschehe. Er könne diesmal nicht garantieren, die Lage unter Kontrolle zu halten. Das solle man in Moskau wissen.
> Zunächst geschah kaum etwas. Wir arbeiteten wie gewöhnlich, und ich glaubte schon, in Moskau habe man die Mitteilung Ulbrichts als einen Versuch aufgenommen, die Lage zu dramatisieren, um rascher einen Beschluß über die Unterzeichnung des Friedensvertrages mit der DDR herbeizuführen. Aber eines Tages befahl mir Perwuchin ganz unvermittelt, Ulbricht ausfindig zu machen, wo immer er sich aufhalte, und um eine dringende Begegnung zu bitten. Ulbricht war in diesem Augenblick in der Volkskammer, erklärte sich jedoch zu einem sofortigen Gespräch bereit, wenn es so dringend sei.[166]

Die Terminangaben in dem Bericht sind schwer mit der Wirklichkeit in Übereinstimmung zu bringen, dessen ungeachtet wird der Bericht genutzt, wo er passt. Liest man ihn genau, so wird klar, dass zwischen dem am Anfang erwähnten Gespräch und der Mitteilung Perwuchins an Ulbricht, Chruschtschow sei bereit, die Sektorengrenze zu schließen, eigentlich mindestens zwei Wochen vergangen sein müssen, eher drei oder vier. Anders sind die Ausführungen Kwizinskis, »zunächst geschah kaum etwas«, »ich glaubte schon ...« und dann »aber eines Tages ... unvermittelt«, kaum nachzuvollziehen. Das erste Gespräch datiert Kwizinski auf »Ende Juni oder Anfang Juli«, das zweite lässt er in seinem Buch undatiert. Geht man von etwa drei Wochen zwischen beiden Gesprächen aus, so hätte das zweite Gespräch um den 20. Juli stattgefunden. Das würde zwar zu den bisherigen Erkenntnissen passen, wann Chruschtschows Entscheidung möglicherweise gefallen sei, aber nicht zu Kwizinskis weiteren Angaben, denn eine Volkskammersitzung hat im relevanten Zeitraum nur am 6. Juli stattgefunden. Nur eine Woche Abstand zwischen beiden Gesprächen ist aus den genannten Gründen aber eher unwahrscheinlich. Wenn Kwizinski hier etwas verwechselt haben sollte, dann wäre zu fragen was. Wenn das zweite Gespräch tatsächlich bereits am 6. Juli stattgefunden hätte, was ist dann Ulbricht mitgeteilt worden, wo doch die Entscheidung zur Grenzschließung erst »um den 20. Juli« gefallen sein soll? War Ulbricht am 6. Juli nur die Erlaubnis gegeben worden, eine Grenzschließung vorzubereiten? Aber das tat er schon seit Monaten. Auch hier sind viele Versionen denkbar. Aber wir wissen auf Basis der heutigen Quellenlage nicht, wie es definitiv war, obwohl in der Literatur zuweilen der Anschein erweckt wird.[167]

166 Kwizinskij, Vor dem Sturm, S. 179 f.; identisch in der späteren russischen Ausgabe Kvicinskij, Vremja i slucaj, S. 216 f.

167 Wilke, Der Weg zur Mauer, S. 301 und 304, nutzt Kwizinskis Darstellung beispiels-

Wo Kwizinski 1993 noch keinerlei Erinnerung an das Datum des zweiten Gespräches hatte, nur dass es im Juli gewesen sei, da »erinnert sich Sowjetdiplomat Kwizinski« 2001 im »Spiegel« schon »genau«, dass es der 6. Juli gewesen sei.[168] Bei Harrison heißt es daraufhin:

> Dass die einzige Volkskammersitzung in dieser Phase am 6. Juli stattfand, verleiht Kwizinskis später Erinnerung an eben dieses Datum als Tag der Übermittlung der entscheidenden Nachricht an Ulbricht Glaubwürdigkeit.[169]

Das scheint nun unzweifelhaft ein Zirkelschluss zu sein. Harrison bedankt sich an dieser Stelle »bei Armin Wagner für den Hinweis darauf«, dass eine Volkskammersitzung in dieser Phase nur am 6. Juli stattgefunden habe. Nun wäre es aber denkbar, dass Wagners Erkenntnis auch zu Kwizinski gelangt sein könnte oder zum Historikerkollegen Klaus Wiegrefe, der Kwizinski 2001 für den »Spiegel« interviewte, oder dass Wiegrefe dies selbst recherchiert hat oder auch Kwizinski dies hat recherchieren lassen, um die Lücke in seinen 1993er Erinnerungen auffüllen zu können, oder dass es ihm irgendjemand anderes gesagt hat. So schwer ist es schließlich nicht zu recherchieren,[170] wann im Juli 1961 eine Volkskammersitzung gewesen ist.[171] Es ist aber sehr wahrscheinlich nicht so gewesen, wie Harrison unterstellt, dass sich Kwizinski Jahre nach Abfassen seiner Erinnerungen plötzlich an das genaue Datum 6. Juli erinnert hat und Historiker dann feststellten, an diesem Tag habe tatsächlich eine Volkskammersitzung stattgefunden, sondern wohl doch eher umgekehrt. Kwizinskis nachträgliche Erinnerung an den 6. Juli beweist also nichts, weil sie

---

weise zur Illustration der seinigen, ohne sich um die Datierungsprobleme (Volkskammersitzung am 6. 7.) zu kümmern.

168 Wiegrefe, Klaus: Die Schandmauer, Der Spiegel, H. 32, 6. 8. 2001, S. 64–73, hier S. 71.

169 Harrison, Ulbrichts Mauer, S. 454, Anm. 147.

170 Am 6. Juli 1961 fand die 18. Sitzung der Volkskammer statt, am 11. 8. 1961 die 19. Sitzung, s. Chronik 1961–1962. Der andere Teil Deutschlands in den Jahren 1961–1962. IV. Ergänzungsband zu SBZ von 1945 bis 1954, Bonn, Berlin 1969, S. 74 ff., 94 f.

171 Zu der 18. Sitzung ist sogar eine spezielle Propagandabroschüre erschienen: Der Deutsche Friedensplan mit dem Appell an alle Deutschen in Ost und West und der Erklärung des Vorsitzenden des Staatsrates der Deutschen Demokratischen Republik, Walter Ulbricht, in der Sitzung der Volkskammer am 6. Juli 1961, Schriftenreihe des Staatsrates der DDR, Nr. 13/1961.

sehr wahrscheinlich nicht Erinnerung an das Datum ist, sondern Ergebnis einer Recherche danach, wann im Juli eine Volkskammersitzung stattgefunden hat.

Manfred Wilke hatte zusammen mit Alexander J. Vatlin im September 2010 die Gelegenheit, den 79-jährigen Generaloberst Anatoli G. Mereschko zu befragen, der im Juli/August 1961 als stellvertretender Chef der operativen Abteilung des Stabes der Gruppe der Sowjetischen Streitkräfte in Deutschland (GSSD) mit den militärischen Planungen zur Grenzschließung in Berlin betraut war. In seiner Einleitung zu dem Interview teilt Wilke mit:

> Die Forschung hatte bislang geklärt, dass Nikita S. Chruschtschow am 20. Juli die politische Entscheidung traf, Walter Ulbricht zu erlauben, die Sektorengrenze in Berlin zu schließen. Diese Entscheidung wurde Ulbricht nach dem 20. Juli durch den sowjetischen Botschafter in Ost-Berlin, Michael G. Perwuchin, übermittelt.[172]

Wo und wie die Forschung dieses Datum als Tag der Entscheidung »geklärt« hat, teilt er auch hier nicht mit. Mereschko erinnerte sich, dass er »ungefähr am 22./23./24. Juli« mit Jakubowski zu Perwuchin in die Botschaft gefahren sei, dieser anschließend Ulbricht informiert habe und sich dann noch am selben Nachmittag um 15 Uhr die drei DDR-Minister bei Jakubowski in Wünsdorf eingefunden hätten, also nach Mereschko jedenfalls nicht am 20. Juli.[173] Wilke übernimmt diese Darstellung, obwohl er sich gleichzeitig zur Beschreibung der Vorgänge auf Kwizinskis Erinnerungen beruft. Unerwähnt lässt er allerdings, dass dieser sich erinnerte, die Benachrichtigung Ulbrichts durch ihn und Perwuchin habe an einem Tag stattgefunden, an dem die Volkskammer tagte, was nach Lage der Dinge nur der 6. Juli gewesen sein kann. Diese kaum in Einklang zu bringende Differenz von mindestens zwei Wochen in den Zeitzeugenüberlieferungen wird von ihm nirgends problematisiert. An anderer Stelle, bei der Frage, wann Jakubowski und er den fertigen Plan Ulbricht vorgelegt hätten, nennt Mereschko ein Datum, das nach derzeitigem Kennt-

172 Wilke, Manfred/Vatlin, Alexander J.: »Arbeiten Sie einen Plan zur Grenzordnung zwischen beiden Teilen Berlins aus!« Interview mit Generaloberst Anatolij Grigorjewitsch Mereschko, Deutschland Archiv 49 (2011) 2, S. 90–96, hier S. 90 f. (http://www.bpb.de/themen/NAWPSE.html, Stand 1. 4. 2011).

173 Ebd., S. 92.

nisstand nicht stimmen kann. Es soll »ungefähr am 2. August« gewesen sein, Ulbricht war aber bereits am 1. August in Moskau. Hier wird von Wilke kurzerhand ein Irrtum auf Seiten Mereschkos unterstellt, während er dies im Falle 6. oder »22./23./24.« Juli, ebenso rundheraus und ohne es dem Leser mitzuteilen oder gar zu erläutern, Kwizinski unterstellt.[174]

Möglicherweise hat Wettig ja einen Beleg dafür, dass Kwizinskis Erinnerungen trügen und Chruschtschow die Entscheidung an einem Tag getroffen bzw. Perwuchin mitgeteilt habe, an dem keine Volkskammersitzung war, verschweigt ihn aber. Es ist zudem nicht unwahrscheinlich, dass es der 20. Juli war, aber das ist bislang nicht zu belegen, auch nicht wie und wann nun genau welche Instruktionen an Perwuchin ergingen. Es gibt bis heute keinen eindeutigen Beleg dafür, dass die Entscheidung zur Grenzabriegelung (und nicht nur die, eine solche konkret vorzubereiten) vor dem Treffen in Moskau Anfang August gefallen wäre. Es soll hier auch gar nicht versucht werden, diese Frage zu klären, sondern nur deutlich gemacht werden, auf welch magerer und vor allem widersprüchlicher Quellenbasis gemeinhin argumentiert und behauptet wird, ja Gewissheiten verbreitet werden. Allerdings benennt Wettig im Band zum Wiener Gipfel noch ein indirektes Argument, das die Wahrscheinlichkeit, Chruschtschow habe sich am 20. Juli entschieden, stützen könnte:

> Wie der KGB-Vorsitzende, Aleksandr Šelepin, am 20. Juli warnte, musste der Exodus [aus der DDR] rasch beendet werden, um ein völliges wirtschaftliches Ausbluten zu verhindern.[175]

Eine solche deutliche Warnung seines Staatssicherheitschefs hätte Chruschtschow nicht mehr einfach beiseiteschieben können wie Ulbrichts entsprechende Warnungen und Wehklagen der letzten Monate, die letztlich vor allem darauf abzielten, mehr wirtschaftliche Unterstützung aus Moskau zu bekommen. Doch wie steht es um den Beleg für diese Aussage? Wettig führt in der entsprechenden Fußnote drei (vermeintliche) Belege an. Als Erstes verweist er auf einen Bericht Schelepins an Chruschtschow vom 20. Juli 1961, einen

174 Die weiteren Datumsangaben Mereschkos werden von Wilke wieder für gegeben genommen, offenbar weil es keine andere Überlieferung dazu gibt, s. Wilke, Ulbrichts Mauer, S. 333 ff.

175 Wettig, Chruščëv und die Berliner Mauer, S. 661.

Bericht, auf den auch andere Autoren[176] und er selbst[177] bereits früher Bezug genommen haben, allerdings nur dahingehend, dass Schelepin darin von der Entschlossenheit des Westens berichtet, eine Einschränkung der Rechte der Westmächte in Berlin nicht hinzunehmen und sich mit allen Mitteln dagegen zur Wehr zu setzen. Niemand, auch Wettig selbst nicht, hatte aber bis dahin erwähnt, dass Schelepin in diesem Bericht auch vor einem völligen wirtschaftlichen Ausbluten der DDR gewarnt und gefordert hatte, der Exodus müsse rasch beendet werden.

Diese russische Quelle ist vom russischen Geheimdienst 2003 publiziert worden, zusammen mit nur einigen wenigen anderen Geheimdienstberichten zur Berlin-Krise. Wir wissen also kaum, wie die Berichte davor und danach aussahen, worin sich dieser von den anderen möglicherweise unterschied etc. etc.[178] Aber die Mitteilung über die westliche Entschlossenheit und die Warnung vor dem Ausbluten der DDR wären natürlich sehr wahrscheinlich für Chruschtschows Entscheidungsfindungsprozess wichtige Argumente gewesen. Das Problem ist nur, dass sich in diesem Bericht von Schelepin zwar ausführliche und für Chruschtschow wohl besorgniserregende Informationen über die Pläne und Maßnahmen des Westens im Falle des Abschlusses eines separaten Friedensvertrages mit der DDR und der Übergabe der Kontrollrechte an diese finden, aber nicht ein Wort, das sich als Beleg für Wettigs Behauptung interpretieren ließe, Schelepin habe vor einem völligen wirtschaftlichen Ausbluten gewarnt und angemahnt, der Exodus müsse rasch beendet werden. Die Flucht aus der DDR und deren wirtschaftliche Folgen werden überhaupt nicht erwähnt, wie auch insgesamt die Lage in der DDR in dem Bericht keinerlei Rolle spielt. Auch die beiden weiteren Literaturbelege Wettigs können die von ihm behaupteten Warnungen des Staatssicherheitschefs nicht belegen,

---

176 S. beispielsweise Fursenko, Kak byla postroena, S. 74 ff.; Fursenko, Rossija i meždunarodnaja krizisy, S. 233 ff.; Fursenko/Naftali, Khrushchev's Cold War, S. 374; Uhl, Kein Krieg um Berlin, S. 223 ff.; Wilke, Der Weg zur Mauer, S. 302, unter Berufung auf Uhl; Harrison, Ulbrichts Mauer, S. 315, unter Berufung auf Fursenko.

177 Wettig, Chruschtschows Berlin-Krise, S. 168 f.

178 Streng geheim, A. Schelepin an Genossen N. S. Chruschtschow, 20. 7. 1961, in: Očerki istorii rossijskoj vnešnej razvedki [Abriss der Geschichte der russischen Auslandsaufklärung], Bd. 5: 1945–1965, glavnyj redaktor S. N. Lebedev, Moskau 2003, S. 701–705. Auch der Nachfolger des sowjetischen KGB versucht sich wie sein Gegner CIA in offener Informationspolitik, allerdings mit nur mäßigem Erfolg. Für die Buchreihe zur sowjetischen Auslandsaufklärung s. http://svr.gov.ru/smi/book-ocherki.htm (Stand 21. 6. 2012).

führen sie doch an den angegebenen Stellen ihrerseits wieder nur denselben Bericht Schelepins vom 20. Juli 1961 an.[179]

Zu den Unsicherheiten darüber, was wo gesagt oder nicht gesagt, welches Dokument wann und wo vorgelegt oder nicht vorgelegt wurde, kommt noch hinzu, dass vieles, was seit Anfang 1960 unter der Rubrik »Vorbereitung auf den Friedensvertrag« überlegt, geplant und teilweise auch umgesetzt wurde, großen interpretatorischen Spielraum lässt. Am Ende stand die Mauer, aber daraus ergibt sich noch lange nicht, dass sie auch bereits das Ziel all der Planungen war, die schließlich den Mauerbau möglich machten. Viele Maßnahmen zur besseren Kontrolle der Sektorengrenze oder auch zur Sicherung der innerdeutschen Grenze haben natürlich, nachdem die Entscheidung getroffen war, die Bewohner der DDR faktisch überhaupt nicht mehr in den Westen reisen zu lassen, augenscheinlich primär der Fluchtverhinderung gedient. Sie hatten aber auch jenseits dieser rigorosen Entscheidung Sinn, d. h. die Tatsache, dass diese Sicherungsmaßnahmen vorbereitet wurden, sagt noch nichts darüber aus, ob bereits zu der Zeit der feste Wille bestand, eine »Mauer« zu bauen.

Alle militärischen Maßnahmen konnten sowohl der besseren Grenzkontrolle, ihrer völligen Schließung als auch der Absicherung der mit dem Friedensvertrag verbundenen Übertragung aller Kontrollrechte an die DDR dienen. Der Umstand ihrer Vorbereitung und Durchführung erlaubt eben gerade keine Aussage darüber, was politisch gewollt und prioritär angestrebt wurde, ob die Prioritäten sich möglicherweise ab einem bestimmten Zeitpunkt änderten etc. So interpretieren Uhl und Wagner beispielsweise (mehr oder weniger) die im Frühjahr 1961 in Vorbereitung befindlichen Grenzsicherungsmaßnahmen als Vorbereitungen für den Mauerbau, dabei sind sie, zumindest zum Teil, eindeutig auf die innerdeutsche Grenze bezogen und ergeben auch Sinn als Vorbereitungsmaßnahme für den Abschluss eines separaten Friedensvertrages. Für diesen Fall gingen Moskau und Ost-Berlin von der Möglichkeit aus, dass die Westmächte einen Durchbruchsversuch nach Berlin unternehmen würden. Die Materialien für eine Grenzbefestigung wurden beispielsweise erst ab Anfang August von ihren Lagerorten an der innerdeutschen Grenze nach Berlin gebracht. Uhl und Wagner sehen in der vorhergehenden Lagerung an der innerdeutschen Grenze den Versuch, die eigentlichen Absichten zu

179 Wettig, Chruščëv und die Berliner Mauer, S. 661 f. (Anm. 68), führt noch an Fursenko, Rossija i meždunarodnaja krizisy, S. 233 f., 258; Fursenko/Naftali, Khrushchev's Cold War, S. 374.

verschleiern. Dies ist auch nicht völlig auszuschließen, aber bisher auch nicht wirklich zu belegen.[180]

Auch sind kausale Zusammenhänge und, wie wir gesehen haben, selbst zeitliche Abläufe meist nicht zweifelsfrei zu klären, da bei der lückenhaften Quellenlage schlicht nicht mit Bestimmtheit zu sagen ist, dass ein Vorschlag, eine Weisung oder Mitteilung tatsächlich dort ihren Ausgang hatte, wo ein uns mehr oder weniger zufällig und ohne vollständigen Zusammenhang überliefertes Dokument es erscheinen lässt. Es ist meist offen, warum ein Dokument überliefert ist, andere, deren einstige Existenz sich zum Beispiel aus dem überlieferten Dokument ergibt, aber nicht. Bei den russischen Quellen kommt noch hinzu, dass nicht auszuschließen ist, dass der Forschung gezielt Dokumente zur Verfügung gestellt wurden, die eine bestimmte, von Moskau gewollte Interpretation nahelegen.[181] Karl-Heinz Schmidt hat Ende der 90er Jahre mit einer quellenkritischen Untersuchung zur Deutschlandpolitik von KPdSU und SED in den Jahren 1960 bis 1970 versucht, auf die interpretatorischen Probleme aufmerksam zu machen. Zwar kann er – oft allein auf Basis der ostdeutschen Überlieferungen – mit seiner sorgfältigen Text- und Kontextanalyse erstaunliche Ergebnisse und Einsichten vermitteln, zeigt allerdings eben auch unmissverständlich auf, wie weit der interpretatorische Spielraum oft ist, wie schnell Fehlschlüsse entstehen können.[182] So vermittelt beispielsweise ein überlieferter Brief Peter Florins an Ulbricht den Eindruck, die Initiative zu dem Warschauer-Pakt-Treffen, dass dann Anfang August stattfand, sei von Ulbricht ausgegangen. Tatsächlich wissen wir aber aus einem Brief Ulbrichts an Chruschtschow, dass Ersterer nur auf Anregung des Letzteren in dieser Frage aktiv geworden war.[183] Leider werden diese komplexen Zusammenhänge und möglichen interpretatorischen Fallstricke, wie hier an einigen wenigen

---

180 S. Uhl/Wagner, Ulbricht, Chruschtschow und die Mauer, S. 27f., für die entsprechenden Dokumente s. S. 75–82; auch Uhl, Krieg um Berlin?, S. 114ff.

181 Nachweislich ist so beispielsweise in den 90er Jahren von Moskau im Falle der Krise in Polen 1980/81 und Dokumenten zur Frage, ob die Sowjetunion zu einer militärischen Intervention bereit gewesen sei, verfahren worden. Die 1993 vom russischen Präsidenten Boris Jelzin an den polnischen Präsidenten Lech Wałęsa übergebenen »Dokumente der Suslow-Kommission« unterstützten die These, Moskau wäre nicht dazu bereit gewesen. Zwar ist diese Sicht heute weitgehend anerkannt, die übergebene Dokumentation wies jedoch auffällige Lücken auf, die bis heute nicht geschlossen sind. Vgl. dazu Hart und kompromisslos durchgreifen, S. 10, Anm. 6.

182 S. Schmidt, Dialog über Deutschland, v. a. die Einleitung, S. 11–25, zur Entwicklung im Vorfeld des Mauerbaus, S. 27–113.

183 Ebd., S. 74.

Beispielen gezeigt wurde, nicht bei allen Untersuchungen zur Vorgeschichte des Mauerbaus hinreichend deutlich vermittelt oder auch nur wenigstens hinreichend bedacht.

Die Quellenlage erlaubt bis heute nicht, den Entscheidungsfindungsprozess, der schließlich zur Schließung der Sektorengrenze und dem bald darauf einsetzenden Ausbau der Grenze zu einem militärisch gesicherten Sperrgebiet mit Schießbefehl und Todesstreifen geführt hat, zweifelsfrei zu rekonstruieren. Es gibt Aussagen von einer gewissen Plausibilität, einige Daten, die als gesichert gelten können, aber auch immer noch viele widersprüchliche Informationen, interpretatorische Unklarheiten und vollkommen offene Fragen. Wenn die Darstellung sich im Folgenden dem Bau der »Mauer« nähert und damit dem Abschluss dieser Untersuchung, wird daher nicht versucht werden, den bestehenden eine neue, »endgültige« Version der unmittelbaren Vorgeschichte des Mauerbaus hinzuzufügen, sondern nur versucht, aufzuzeigen, was über Ulbrichts Rolle in dieser Phase und vor allem seine Sicht und sein Verhältnis zum Fluchtproblem gesagt werden kann. Wir »springen« jetzt also wieder vom Sommer 1961 in den vorangegangenen Winter zurück.

4. »Das muss doch zu Ende gehen«

Kurz vor Weihnachten stimmte Hermann Matern die Berliner SED auf kommende Veränderungen ein, indem er eingestand, dass ein innerer Wandel der Verhältnisse in West-Berlin nicht mehr zu erwarten sei, da die meisten West-Berliner »korrumpiert« seien. Deshalb müsse man angesichts der sowjetischen Berlin-Initiative fragen:

> Glaubt ihr, daß das für alle Ewigkeit so weitergehen wird? Ich meine der Zustand geht doch eines Tages zu Ende, und das ist nicht mehr so fern. Das muß doch zu Ende gehen.[184]

Dies wurde nicht nur wegen der wirtschaftlichen Folgen für die DDR so gesehen, sondern nicht zuletzt auch wegen der politischen. Die wieder ansteigende

184 Stenografische Niederschrift des Diskussionsbeitrages Materns auf der Bezirksaktivtagung der SED-Berlin, 19. 12. 1960, zit. nach Lemke, Vor der Mauer, S. 242.

Massenflucht aus der DDR, so hieß es in einem SED-Bericht über Ansichten und Argumente von SPD-Mitgliedern, führe die »Aufklärung über die DDR bei den westdeutschen Menschen« ad absurdum.[185] Der Imageschaden wog für die SED besonders schwer, weil sie ja immer noch große Hoffnungen darauf setzte, ihren Einfluss in Westdeutschland mittels Zusammenarbeit mit »fortschrittlichen« Kräften ausbauen zu können. Die bereits erwähnte Propagandabroschüre zu Gerhard Schröders Reisegesetz führt im Anhang Beispiele »aus den Akten der Sicherheitsbehörden« auf über das Ausmaß der Propagandaaktivitäten der SED. Die westdeutschen Sicherheitsbehörden hätten in den ersten zehn Monaten des Jahres 1960 Reisen von 16567 Gewerkschaftsmitgliedern, von 2000 SPD-Mitgliedern und etwa 20000 Jugendlichen und Sportlern zu propagandistischen Veranstaltungen in der DDR registriert. Der Aufwand der SED war also beträchtlich, die Wirkung, nicht zuletzt eben wegen der wieder ansteigenden Fluchtzahlen, eher gering, aber, wie wir gesehen haben, wiederum wohl auch nicht so gering, dass das westdeutsche Innenministerium diese Aktivitäten gelassen hingenommen hätte.

Für Januar verdichten sich die Zeichen dafür, dass die SED jenseits der favorisierten Friedensvertragslösung und der damit verbundenen Übergabe aller Kontrollrechte im Berlin-Verkehr an die DDR alternative Lösungsmöglichkeiten ausarbeiten ließ. Im Januar befasste sich das SED-Politbüro in zwei aufeinanderfolgenden Sitzungen mit der Frage der »Republikflucht«. Was an Analysen vorgelegt und während der hier tatsächlich einmal belegbaren »Diskussion« im Politbüro gesagt wurde, geht nicht über das hinaus, was bereits seit Jahren analysiert worden und der Führung bekannt war. Unter Bezugnahme auf verschiedene Analysen zur Entwicklung und zu den Gründen für die »Republikflucht« im Jahr 1960 resümiert Harrison: »Offensichtlich war seit 1953 nicht viel geschehen, um den Flüchtlingsstrom einzudämmen.«[186] Da ist ihr zuzustimmen, wenn auch verwundert, dass sie in dieser Aussage offenbar keinerlei Widerspruch zu ihrer Behauptung erkennen kann, Ulbricht habe seit über acht Jahren gedrängt und gedrängt, um die Grenze in Berlin zur Verhinderung der Abwanderung schließen zu dürfen. Sie fragt nicht danach, was die Gründe für diese Tatenlosigkeit sein könnten und warum sich dies jetzt offenbar zu ändern begann. Die Antwort ist relativ einfach. Die Perspektive der

185 Gesamtdeutsche Kommission beim Politbüro (Geggel): Ansichten und Argumente von SPD-Genossen, undat. (vor dem 13.8.1961), zit. nach Lemke, Die Berlinkrise, S.49.

186 Harrison, Ulbrichts Mauer, S.258.

SED-Führung begann sich zu ändern, und der seit 1957 anhaltende Trend der Abwanderungszahlen nach unten hatte sich wieder umgekehrt, und zwar deutlich. Von 1959, dem Jahr mit der, wie bereits mehrfach erwähnt, niedrigsten Abwanderungsrate, zu 1960 stieg die Zahl der »Republikflüchtigen« um fast 40 Prozent an.[187] Gleichzeitig löste sich die Hoffnung, Westdeutschland im Jahr 1961 wirtschaftlich zu überholen, in Luft auf. An eine baldige Umkehr der Wanderungsbewegung infolge eines ostdeutschen Wirtschaftswunders war auf absehbare Zeit nicht zu denken. Beides war die Grundlage dafür, dass Ulbricht und die SED-Führung jetzt entschlossen waren, um nahezu jeden Preis und mit welchem Mittel auch immer die Abwanderung zu verhindern. Hinzu kam, dass die Zweifel immer größer wurden, ob Chruschtschow tatsächlich in diesem Jahr die Umwandlung West-Berlins in eine »Freie Stadt« und den Abschluss eines Friedensvertrages würde durchsetzen können. Ulbricht stand vor der Notwendigkeit, »Zwischenlösungen« zu planen. In der für ihn typischen Art sächsischen Understatements sagte er zu seinen Genossen, nachdem er vorab die Erfolge der letzten Jahre gepriesen hatte:

> Ich bin dafür, dass eine Gruppe von Genossen eingesetzt wird, die eine Reihe Vorschläge macht, wie die Republikflucht entschieden eingedämmt wird, damit wir [es] nicht bei internationalen Verhandlungen mit dem Argument zu tun bekommen, »die Republikflucht nimmt zu«, sie muss zum großen Teil abgestoppt werden.[188]

Es ging also nicht mehr, wie in den Jahren davor, um eine graduelle, mit unterschiedlichsten Mitteln zu erreichende Verringerung der Abwanderung, sondern darum, sie weitgehend zu verhindern. Allerdings machen die anderen Ausführungen Ulbrichts deutlich, dass er immer noch auf eine große Lösung, also den Friedensvertrag mit der DDR, setzte. West-Berlin gehöre zur DDR. In der Umsetzung dieser Rechtsauffassung lag für ihn die anzustrebende Lösung. Alles, was jetzt an Planungen lief, diente der Vorbereitung dieser Lösung und allerdings nun auch der Vorbereitung auf Notfallszenarien. Über die Arbeit dieser »Gruppe von Genossen« ist kaum etwas bekannt, nur, dass im Sommer 1961 Ergebnisse vorlagen und die SED-Führung bestens auf die Schließung der Sektorengrenze vorbereitet war. Was in der Literatur über die Tatsache

187 Zahlen nach Melis, Republikflucht, S. 225.

188 Protokoll der Politbürositzung vom 4. 1. 1961, Stichwortprotokoll, BArch DY 30 J IV 2/2/743, zit. nach Harrison, Ulbrichts Mauer, S. 259.

ihrer Einsetzung hinausgehend zu finden ist, muss größtenteils als Spekulation eingeschätzt werden.[189] Die Vorbereitungen begannen aber, wie gezeigt wurde, einerseits bereits früher, andererseits sagen diese Vorbereitungen noch nichts darüber, ob hier der Notfall (kein »Friedensvertrag«) oder schon ein neues Ziel vorbereitet wurde. Auch sagen diese Planungen noch nichts darüber aus, ob etwa nur eine scharfe Kontrolle angestrebt wurde oder ein faktisches Reiseverbot für die Bewohner der DDR und Ost-Berlins eingeführt werden sollte. Solche Überlegungen musste man sich in Ost-Berlin zu jenem Zeitpunkt noch gar nicht so detailliert machen, da die Zukunft noch offen war. Niemand wusste, wie sich die Lage in Berlin im Sommer oder am Ende dieses Jahres darstellen würde. Es gab einfach zu viele Unbekannte. Ulbricht strebte eine internationale Aufwertung der DDR an. Es dürfte kein Zufall sein, dass er in seinem Statement vor dem Politbüro in seiner Begründung für die Einsetzung der Arbeitsgruppe primär den internationalen Imageschaden durch die »Republikflucht« ansprach.[190] Und er hatte immer noch die Hoffnung, dass die SED Einfluss auf die Entwicklung in Westdeutschland gewinnen könnte, wenn auch langsamer als zunächst vermutet. Er konstatierte eine zunehmende Distanz der westdeutschen Jugend zum Staat, was eine reale Perspektive zur Gewinnung der westdeutschen Bevölkerung eröffne. Wettig fragt: »Glaubte Ulbricht das wirklich, oder wollte er nur das düstere Bild etwas aufhellen?«[191] Man wird wohl sagen dürfen, es war beides, Zweckoptimismus und Überzeugung zugleich. Und musste Ulbrichts Hoffnung damals wirklich so unrealistisch sein, wie sie uns heute erscheinen mag? Im Hochschulverband der SPD, dem Sozialistischen Deutschen Studentenbund (SDS), entwickelte sich eine relativ starke, DDR-freundliche Fraktion. Die wurde zwar bald ausgeschlossen, trotzdem nahm der SDS eine Entwicklung, die dazu führte, dass die SPD-Führung 1961 einen Unvereinbarkeitsbeschluss fasste, der SDS-Mitglieder und -Sympathisanten aus der Partei ausstieß.[192] Und wie hätte die westdeut-

189 Vgl. unter diesem Vorbehalt Uhl, Matthias: »Westberlin stellt also ein großes Loch inmitten unserer Republik dar.« Die militärischen und politischen Planungen Moskaus und Ost-Berlins zum Mauerbau, in: Vor dem Mauerbau, S. 311–330, S. 314 ff.; Uhl/Wagner, Ulbricht, Chruschtschow und die Mauer, S. 20 f.; Wilke, Der Weg zur Mauer, S. 270.

190 Vgl. auch Lemke, Die Berlinkrise, S. 49.

191 Wettig, Chruschtschows Berlin-Krise, S. 94.

192 S. Fichter, Tilman/Lönnendonker, Siegward: Kleine Geschichte des SDS. Der Sozialistische Deutsche Studentenbund von 1946 bis zur Selbstauflösung, Berlin 1977, S. 55 ff.

sche Gesellschaft, insbesondere die Jugend, wohl auf Gerhard Schröders »Gesetz über die Einreise und Ausreise« reagiert? Es gab immer noch Gründe zu hoffen für Ulbricht, wenn auch vielleicht deutlich weniger als Anfang des Jahrzehnts, und auch andere als damals.

Am 13. Januar gab es anlässlich des Besuchs des Volkskammerpräsidenten Johannes Dieckmann (LDPD) in Marburg einen Eklat. Dieckmann sollte auf Einladung des Vorsitzenden der Marburger Gruppe des Liberalen Studentenbundes einen Vortrag über die »realen Möglichkeiten der Wiedervereinigung« halten, was ihm aber nur bedingt möglich war, da außerhalb des Saales korporierte Studenten »Dieckmann raus – hängt ihn auf« schrien, Scheiben des Veranstaltungshauses zerschlugen und das DDR-Emblem verbrannten. Bereits sein Eintrag im Hotel unter Staatsangehörigkeit »deutsch (DDR)« hatte Unmut hervorgerufen. Dieckmann fuhr noch in der Nacht in die DDR zurück.[193] Die SED-Führung nutzte diesen Vorfall natürlich propagandistisch weidlich aus, war aber anscheinend auch wirklich betroffen, entsetzt über die als Mob auftretenden Studenten in Marburg. Es wirkte als die perfekte Rechtfertigung für ihre Weltsicht, ihre Lehren aus der Vergangenheit, ihre Maßstäbe. Sie sah hier bereits wieder die SA marschieren. Und auch ihre Sicht auf das Problem der »Republikflucht« sah sie bestätigt, wie krude sie uns auch erscheinen mag:

> Der nächste Punkt ist der Missbrauch der Republikflüchtigen. Es wurden in Marburg zahlreiche sogenannte Republikflüchtige aus anderen Gegenden aufgefahren, die mit allen Hetzlosungen Lemmers auftraten. [...] Vor allem war es ein Arztehepaar, das sicherlich aus der DDR mit den Worten weggegangen ist, dass es überhaupt keine politische Angelegenheit sei, wenn jemand aus der DDR nach Westdeutschland geht, dass es nicht einmal ein Kavaliersdelikt sei, von einem deutschen Staate in den anderen zu reisen. Aber in Marburg sind die Republikflüchtigen als Pogromhetzer gegen Dieckmann aufgetreten. Dort haben sie sich missbrauchen lassen, andere Menschen zu Tätlichkeiten gegen Dieckmann aufzustacheln. [...] So »unpolitisch« sollen sie wieder gemacht werden, dass sie wieder Bücher verbrennen, Menschen schlachten und alles Mögliche tun. So werden sie drüben vergewaltigt.

193 Hübsch, Reinhard: Dieckmann raus – hängt ihn auf! Der Besuch des DDR-Volkskammerpräsidenten Johannes Dieckmann in Marburg am 13. Januar 1961, Bonn 1995, passim.

Dies ist nur ein kurzer Auszug der »Pressebesprechung« mit Horst Sindermann am 16. Januar im Haus des Nationalrats der Nationalen Front. Der ganze Vortrag war getragen von den »Lehren« der Geschichte, die man in der DDR angeblich gezogen hatte.[194] Es hat wenig Sinn, sich als Historiker über das Ausmaß der Realitätsverzerrung in den Köpfen der SED-Führung zu echauffieren, das hierin deutlich wird. Es geht einfach darum, diese Sicht als Basis ihres Handelns zur Kenntnis zu nehmen (und zu erklären, wie sie möglich war), wenn man verstehen will, warum sie taten, was sie taten. Die SED-Führung konnte es nicht anders sehen, als dass der Eklat bei Dieckmanns Auftritt von langer Hand vorbereitet war. Dass die SED-Führer da mehr von sich auf andere schlossen als die Realität wahrzunehmen, war ihnen wohl kaum bewusst. Die Affäre in Marburg sei »eine Exerzierübung für das Reisesperrgesetz«, meinte Albert Norden und brachte den Vorgang mit dem Einbringen des »Gesetzes über die Einreise und Ausreise« durch Innenminister Schröder in den Bundestag vier Tage später in Verbindung. Doch war diese Sicht so völlig abwegig? Seinen ersten Vorstoß hatte Schröder nach der Spionageaffäre um einen SPD-Bundestagsabgeordneten gemacht, den zweiten jetzt:

> So wie im Fall Dieckmann außergesetzlich will man nach Schröders Vorlage gesetzlich verfahren. Das Gesetz bedeutet die Dauerspaltung Deutschlands und ist das offene Bekenntnis des Bonner Regimes gegen die Einheit Deutschlands.[195]

Der studentische Organisator des Treffens mit Dieckmann wurde übrigens, obwohl er sich bei der Planung der Veranstaltung mit dem Gesamtdeutschen Ministerium vorher abgestimmt hatte, aus der FDP ausgeschlossen.[196]

Dennoch ist unverkennbar, dass nun all das, was bisher unter dem Codewort »Vorbereitung des Friedensvertrages« gelaufen war, eindeutig um die Komponente einer Abriegelung der Sektorengrenze mit dem Ziel der Minimierung des Verkehrs zwischen den beiden Stadthälften ergänzt wurde. Anscheinend hat es neben der aus Honecker (Sekretär für Sicherheitsfragen im ZK), Maron (Innenminister) und Mielke (Staatssicherheitsminister) beste-

194 Stenografische Niederschrift der Pressebesprechung mit dem Genossen Horst Sindermann im Kulturzentrum des Nationalrates am Thälmannplatz am Montag, dem 16. 1. 1961, SAMPO-BArch DY 30 IV 2/2.028/33, Bl. 5–13, hier Bl. 11.

195 Norden an Sindermann, 20. 1. 1961, SAMPO-BArch DY 30/IV 2/2.028/33, Bl. 14.

196 Hübsch, Dieckmann raus, S. 44 f.

henden und vom Politbüro im Januar eingesetzten Arbeitsgruppe aber noch eine zweite gegeben. Der Umstand, dass darüber lediglich Hans Bentzien berichtet, der zu jener Zeit gerade Kulturminister geworden war, zeigt allerdings nochmals in aller Deutlichkeit, wie gering die Kenntnisse über all diese unter strenger Geheimhaltung laufenden Aktivitäten immer noch sind. Am Tage seines Amtsantrittes, dem 23. Februar 1961, wurde Bentzien am Nachmittag zu Ulbricht geladen. Er nahm an, dort die Richtlinien für seine Arbeit benannt zu bekommen. Dies habe sich jedoch als irrig erwiesen: »Es tagte eine Kommission, vorwiegend aus Ministern zusammengesetzt, deren Mitglieder mich neugierig musterten.« Er schildert anschließend, wie Bruno Leuschner unvermittelt berichtete, die Rumänen könnten Stacheldraht liefern, forderten aber Dollar, die er nicht habe. »Die Frage«, so Bentzien, »wurde schnell erledigt. Ulbricht entschied, er könne ruhig unterschreiben: ›Sie haben es alle gewollt, nun werden sie auch alle bezahlen.‹« Anschließend habe der Verkehrsminister Erwin Kramer genaueste Pläne zur Trennung der Bahnverbindungen zwischen den Stadthälften erläutert. Ulbricht habe die Sitzung mit dem Hinweis beendet:

> Der Termin ist abhängig vom Ergebnis eines Treffens zwischen Genossen Chruschtschow und Kennedy, in dem eine Beruhigung der anormalen Lage in Deutschland besprochen wird. Bis dahin läuft alles wie vorbereitet.

Ulbricht habe Bentzien dann noch beiseitegenommen und ihn aufgefordert, alles so vorzubereiten, dass nach dem Tag X »unter allen Umständen die Vorhänge der DDR aufgingen. Es sei nicht abzusehen, wie der Westen sich verhielte und ob er die etwa 600 Künstler, die im Westteil Berlins wohnten, zur Arbeit bei uns ließe.«[197]

»Sie haben es alle gewollt, nun werden sie auch alle bezahlen«, begründete Ulbricht nach Bentzien seine sofortige Bereitschaft zur Ausgabe der so raren Devisen. Bentziens Bericht wird in der Literatur seit Jahren zitiert, aber niemand fragt oder erläutert gar, was Ulbricht mit diesem Satz gemeint haben könnte oder warum er Bentzien im Gedächtnis haftengeblieben ist. Interessant war dieser Bericht anscheinend nur unter dem Aspekt, dass hier ein Augenzeuge von den Vorbereitungen zum Mauerbau (Stacheldraht) auf der Führungsebene berichtet. Vorausgesetzt, Bentziens Erinnerungen trügen nicht, was die

197 Bentzien, Hans: Meine Sekretäre und ich, Berlin 1995, S. 173 f.

besondere Bedeutung dieses Tages für ihn persönlich relativ wahrscheinlich erscheinen lässt, ist dieser Satz doch am ehesten als ein Eingeständnis Ulbrichts zu interpretieren, dass er sich mit dem, was er gewünscht und angestrebt hatte, nicht habe durchsetzen können, und zwar weil sich »alle« geweigert hätten, ihm zu folgen. Bedenkt man, auf welcher Ebene Fragen wie die, die hier zur Debatte stehen, zu entscheiden waren, wird schnell deutlich, dass es sich bei »allen« nicht um die SED-Führung, sondern nur um die Führung in Moskau und die der anderen Staaten des östlichen Bündnisses handeln kann. Was war es, was diese anders als Ulbricht nicht gewollt hatten, so dass er ihnen jetzt mit einer gewissen Häme und im übertragenen Sinne die (Devisen-)Quittung präsentierte, unter dem Motto: Ihr habt es nicht anders gewollt, jetzt werdet ihr sehen, was ihr davon habt?

Wir erinnern uns des Versuches Ulbrichts, die Genossen in den Bruderländern und nicht zuletzt den »Großen Bruder«, »die Freunde«, ja Chruschtschow persönlich davon zu überzeugen, gemeinsam die DDR und Ost-Berlin zum Schaufenster des Sozialismus auszubauen. Bei Chruschtschow war es ihm ja sogar bedingt gelungen. Selbstverständlich wären mit der wirtschaftlichen Unterstützung für die DDR für alle Verbündeten zunächst Einschränkungen im eigenen Land verbunden gewesen. Aber welcher politische Gewinn wäre es gewesen, wenn in einem Land wie Ostdeutschland aller Welt und vor allem auch den Westdeutschen die Überlegenheit des Sozialismus hätte vor Augen geführt werden können, nicht irgendwann in den kommenden Jahren, sondern hier und heute? Vorausgesetzt, der von Bentzien überlieferte Satz ist authentisch, dann lässt er sich eigentlich nur in diese Richtung interpretieren. Für Ulbricht war das Ziehen einer Stacheldrahtbarriere mitten durch Berlin eine Niederlage, zumal im Jahr 1961, dem Jahr, in dem sein sozialistischer Staat das kapitalistische Westdeutschland überholt haben wollte. Das heißt nicht, dass ihn Skrupel geplagt hätten, aber es war nichtsdestoweniger eine Niederlage, gemessen an den Zielen, die er eigentlich angestrebt hatte. Aber als jemand, der »Freiheit« als nichts anderes als die Einsicht in die Notwendigkeit begreifen konnte, war ihm klar, was jetzt zu tun war. Der Hinweis auf das Treffen Chruschtschow–Kennedy macht zwar einerseits deutlich, dass noch nichts wirklich entschieden war, andererseits aber auch, dass von diesem Treffen wohl nur noch der Termin abhing, nicht das Ob. Aber wir wollen Bentziens Erinnerung nicht über Gebühr interpretatorisch belasten. Der Hauptsatz, alle hätten es so gewollt und jetzt müssten auch alle bezahlen, kann jedoch mit großer Wahrscheinlichkeit als authentisch gelten. Denn einerseits passt er so gar nicht in die Sicht auf die Dinge, die Mitte der 90er Jahre, als Bentzien seine

Erinnerungen veröffentlichte, verbreitet war, und ist eigentlich, wenn man ihn nicht übergeht, erklärungsbedürftig. Andererseits käme in ihm, wenn es nicht wirklich Ulbricht wäre, der dort spricht, sondern Bentziens Erinnerung an die Tage seines Amtsantrittes, eine damals wohl unter SED-Funktionären sehr wahrscheinlich verbreitete Sicht zum Ausdruck: Erst hat man der DDR durch Reparationsleistungen und Schlesien die ökonomische Basis genommen, sie dann im scharfen Wettbewerb mit dem Klassenfeind im eigenen Land bei offener Grenze nicht hinreichend wirtschaftlich unterstützt, und nun scheint man ihr auch noch die versprochene volle Souveränität, ihre territoriale Integrität und den Friedensvertrag nicht zuzugestehen. Diesem verzerrten Wettbewerb wollte die DDR sich so nicht mehr stellen.[198] So in etwa dürfte die Sicht nicht nur Ulbrichts, sondern der meisten SED-Funktionäre und Mitglieder gewesen sein. So wäre Ulbrichts Satz, jetzt würden eben auch alle bezahlen, zu erklären, denn auch die von ihm in der Besprechung Angesprochenen haben ihn ja anscheinend sofort verstanden.

Es gibt noch ein weiteres Zeugnis dafür, dass die Stacheldrahtlösung für Ulbricht nicht Wunsch-, sondern Notlösung war, ja einer Niederlage für ihn gleichkam, nicht nur gegenüber dem Klassenfeind, sondern gegenüber den eigenen Genossen im Bündnis. Am 1. Mai 1961 setzte sich ein Abteilungsleiter des Außenministeriums in den Westen ab. Er wurde sofort von den Amerikanern in die USA ausgeflogen und dort eingehend befragt. Im Sommer 1962 kehrte er nach Deutschland zurück und wurde vom BND an einen Mitarbeiter des Gesamtdeutschen Ministeriums vermittelt. Dieser gibt den Bericht des Flüchtlings folgendermaßen wieder:

> Im Januar [1961] sei der Sowjetbotschafter zu seinem routinemäßigen Besuch ins MfA gekommen und man habe u. a. die Frage des unaufhörlichen Flüchtlingsstroms aus der DDR nach Westberlin besprochen. Abschließend habe der Botschafter angeregt, die Regierung der DDR möge eine Fallstudie ausarbeiten, der die verschiedenen organisatorischen Möglichkeiten für die Unterbindung des Flüchtlingsstroms zu entnehmen seien. Im April seien diese Überlegungen abgeschlossen und zusammengefasst worden.

198 Vgl. (Entwurf) Rede Walter Ulbrichts am 3. August 1961 in Moskau, in: Otto, Wilfriede: 13. August 1961 – eine Zäsur in der europäischen Nachkriegsgeschichte, Beiträge zur Geschichte der Arbeiterbewegung, 39 (1997) 1 und 2, S. 40 – 74 bzw. 55 – 92, hier S. 55 – 84, wo Ulbricht diese Argumentationslinie teils offen, teils zwischen den Zeilen zieht.

Nach der Erinnerung des Mitarbeiters des Gesamtdeutschen Ministeriums sprach der Flüchtling von

> 6–8 Varianten, die in abgestufter Reihenfolge angeführt worden seien. Dabei sei die Möglichkeit des Baus einer Mauer entlang der Sektorengrenze durch Berlin als letzte und von der DDR am wenigsten favorisierte Variante dargestellt worden.

Was mit dieser Fallstudie dann geschehen sei, könne er nicht mehr sagen, da er dann in den Westen geflohen sei.[199]

In diese Richtung lässt sich auch ein im Nachgang an die Diskussion im SED-Politbüro von Ulbricht an Chruschtschow gesendeter Brandbrief interpretieren. Ulbricht bat darin um die Einberufung einer Zusammenkunft des Politisch Beratenden Ausschusses des Warschauer Paktes, um dessen Mitgliedsstaaten in die Kampagne der UdSSR und der DDR für einen Friedensvertrag voll mit einzubeziehen. »Bisher«, so Ulbricht,

> betrachtet die Mehrheit der Mitglieder des Warschauer Vertrages die friedliche Lösung der Deutschlandfrage und der Westberlinfrage als eine Angelegenheit, die nur die Sowjetunion und die DDR betrifft.[200]

Sollte Ulbricht tatsächlich, wie in der Literatur teilweise vermutet wird, aber nicht zu belegen ist,[201] auf dieser Tagung im März bereits seine vermeintliche Stacheldrahtvision für Berlin präsentiert haben, so kann man daraus ohne belastbare Quellen keinesfalls zweifelsfrei schließen, diese Vision sei tatsächlich sein Wunsch gewesen. Ulbricht besaß genug taktisches Geschick, dass man ihm zutrauen kann, diese neue Schreckensvision für das Bild des Sozialismus in der Welt nur ins Spiel gebracht zu haben, um sein eigentliches Ziel (Friedensvertrag, »Freie Stadt«) und die damit verbundenen Kosten schmackhafter zu machen. Dies würde auch erklären, warum diese Frage in den überliefer-

---

199 S. Plück, Kurt: Der schwarz-rot-goldene Faden. Vier Jahrzehnte erlebter Deutschlandpolitik, Bonn 1996, S. 100 f. Plück hatte damals einen Vermerk über das Gespräch für die Leitung des Hauses gemacht, konnte sich aber z. Zt. der Abfassung seiner Erinnerungen nicht mehr an den Namen des Flüchtlings erinnern.

200 Brief von Walter Ulbricht an Nikita Chruschtschow, 18. (19.) Januar 1961, zit. nach Steiner, Politische Vorstellungen, S. 247.

201 S. dazu die Ausführungen weiter oben im Kap. IV. 3. Ein letzter Exkurs (IV) zur Quellenlage.

ten Dokumenten dieser Moskauer Tagung überhaupt nicht erscheint. Sie war nicht Teil von Ulbrichts offizieller Agenda, wurde von ihm aber möglicherweise im Hintergrund als Schreckensszenario für den Fall lanciert, dass die DDR nicht die notwendige Unterstützung aus dem sozialistischen Lager bekäme. Der ganze Brief Ulbrichts ist ein Drängen auf diese beiden Ziele hin, und zwar bis zum Sommer 1961:

> Die zu veröffentlichenden Reden und die Erklärungen anläßlich der Beratung der Partei- und Regierungsdelegationen müssen dazu beitragen, daß die Westmächte die unausweichliche Notwendigkeit eines Kompromisses im Sommer 1961 klar verstehen.

Hauptargument des Gegners während der Verhandlungen über den Friedensvertrag etc. werde, so Ulbricht,

> die Republikflucht der Menschen aus der DDR sein. Daher ist die Hauptaufgabe im Jahr 1961 die wirtschaftliche Stabilisierung der DDR, um die Zahl der Flüchtlinge aus der DDR zu reduzieren.[202] Wir halten einen Kompromiß für möglich, d.h. eine nur teilweise Beseitigung der Überreste des Krieges, während die übrigen Fragen im Verlaufe der Verhandlungen zur Vorbereitung eines Friedensvertrages erörtert werden.

Voraussetzung für politische Erfolge sei eine »erhebliche Stabilisierung der wirtschaftlichen Lage der DDR im Jahr 1961«. Anschließend gesteht Ulbricht faktisch eine kolossale Fehleinschätzung der Entwicklung seit dem Sommer 1958 ein:

> Auf dem V. Parteitag unserer Partei im Jahr 1958 und während der Ausarbeitung des Siebenjahrplanes rechneten wir damit, daß in der wirtschaftlichen Entwicklung Westdeutschlands eine gewisse Stagnation eintritt und daß größere Lieferungen aus der UdSSR und den anderen sozialistischen Ländern von solchen Rohstoffen gesichert werden, die für unsere Volkswirtschaft von entscheidender Bedeutung sind. Die Entwicklung in Westdeutschland verlief jedoch anders. Westdeutschland erreichte im Jahr 1960 den allergrößten

202 95 Prozent der »Republikflucht« lief inzwischen über Berlin. HV DVP, Stand und Entwicklung der Bevölkerungsbewegung im Jahre 1960, 20.1.1961, nach: Major, Torschlußpanik, S. 234.

> Zuwachs in der Produktion und im Konsum der gesamten Nachkriegsjahre, und bisher gibt es keinen Grund, mit einer Änderung dieser Situation zu rechnen.[203]

Ulbricht schlug noch einmal faktisch die wirtschaftliche Eingliederung der DDR in die Sowjetunion vor und malte zwischen den Zeilen den Untergang des Sozialismus in Deutschland an die Wand, der freilich auch sein eigener gewesen wäre. Karl-Heinz Schmidt hat auf den logischen Widerspruch in diesem Brief Ulbrichts verwiesen, der darin bestehe, dass Ulbricht einerseits im Jahr 1961 »günstige Möglichkeiten« sehe, »die Überreste des Krieges in Westberlin und Deutschland zumindest teilweise zu beseitigen«, da weder Adenauer (Bundestagswahlkampf) noch Kennedy (erstes Jahr seiner Präsidentschaft) an »einer Zuspitzung der Lage interessiert« seien. Andererseits behauptet er direkt anschließend, Bonn schüre den Krieg[204] und unternehme alles, »um Verhandlungen über die Beseitigung dieser [anomalen] Lage [in] Westberlin auf die lange Bank zu schieben, mindestens bis nach den Bundestagswahlen«.[205] Schmidt kommt unter Berücksichtigung dieses Widerspruchs und des Umstandes, dass Chruschtschow in seinem Antwortbrief auf »die in ihrem Brief behandelten Maßnahmen« Bezug nimmt[206] – obwohl in Ulbrichts Brief gar keine konkreten Maßnahmen benannt werden, auf die sich diese Formulierung beziehen könnte –, zu dem Schluss, Ulbricht könne nur die Grenzschließung in Berlin im Blick gehabt haben. Für die sei die Lage vor den Bundestagswahlen günstig. Ulbricht hatte sie in seinem Brief zwar nicht erwähnt, aber Chruschtschow wusste anscheinend, worum es ihm ginge.[207] Schmidts Analyse ist überzeugend, sagt aber eben noch nichts darüber aus, ob Ulbricht die (bei Chruschtschow unbeliebte) Grenzschließung/-kontrolle hier nur als

203 Brief von Walter Ulbricht an Nikita Chruschtschow, 18. (19.) Januar 1961, zit. nach Steiner, Politische Vorstellungen, S. 248.

204 Die Auswerter des MfS scheinen mit Vorliebe martialische Sprüche westdeutscher Politiker gesammelt zu haben. S. Aggressive Äußerungen führender Bonner Militärs und Politiker [aus der Zeit April 1960 bis März 1961], BStU, MfS, SdM, Nr. 1159, S. 451–453.

205 Brief von Walter Ulbricht an Nikita Chruschtschow, 18. [19.] Januar 1961, zit. nach Steiner, Politische Vorstellungen, S. 243.

206 Brief Chruschtschows an Ulbricht, 30. 1. 1961, BArch, DY 30/3508, Bl. 114–116; auch auf: http://www.chronik-der-mauer.de/index.php/de/Media/TextPopup/id/655190/month/Januar/oldAction/Detail/oldModule/Chronical/year/1961 (Stand 19. 6. 2012).

207 Schmidt, Dialog über Deutschland, S. 48 ff.

Druckmittel einsetzte, um Chruschtschow doch noch zu einem energischen Handeln in Richtung eines Friedensvertrages zu bewegen, oder ob diese Grenzschließung/-kontrolle bereits sein eigentliches Ziel war. Wahrscheinlich ist diese Frage gar nicht eindeutig zu beantworten, da die Grenzschließung/-kontrolle für Ulbricht Rettungsanker und Druckmittel zugleich war. Ist es so abwegig, anzunehmen, dass er vielleicht die Mauer vorbereitete, um sie doch noch verhindern zu können? Selbstverständlich ging es ihm dabei – so oder so – nicht darum, Freiheitsrechte der Bevölkerung in der DDR zu bewahren, sondern das Problem West-Berlin grundlegender als mit einer Schließung der Sektorengrenze zu lösen und zugleich den Imageschaden, den eine solche innerstädtische Grenzanlage bedeuten würde, doch noch zu vermeiden. Aus Chruschtschows Antwortbrief wird jedenfalls deutlich, dass dieser weiter auf Verhandlungen setzte und einen eher langen Atem an den Tag legte.[208] Für Ulbricht und seinen Sozialismus wurde die Lage immer schwerer zu kalkulieren, wobei genauso schwer zu sagen ist, wie weit seine eigene Lage oder die seines Sozialismus ihm Sorge bereitete. Sein Brief vom 18./19. Januar an Chruschtschow erweckt den Eindruck, dass er zwischen beidem kaum zu differenzieren in der Lage war.

Bei einem Gespräch mit Chruschtschow am Rande des Warschauer Pakt-Treffens Ende März in Moskau musste Ulbricht sich dann gar von Chruschtschow veralbern lassen. Ulbricht war bemüht, Chruschtschow die Dimension der Probleme, die die »Republikflucht« für die DDR inzwischen bedeutete, klarzumachen, aber Chruschtschow hatte nur spöttische Bemerkungen für Ulbricht übrig, versuchte, ihm unlogische Argumentation nachzuweisen. Er spielte auf Zeit und meinte dann: »Natürlich verliert ihr einiges, weil bei euch die Tür offen steht.« Ulbricht erwiderte: »Damit verlieren wir viel. Es ist bei uns der einzige Punkt, wo wir derzeit verlieren«, worauf Chruschtschow konterte: »Und das habt ihr erst jetzt erkannt, dass ihr dabei verliert? Habt ihr vor 11 Jahren gedacht, dass ihr so dastehen würdet wie jetzt?« Ulbricht blieb nichts anderes übrig, als wie ein kleiner Schuljunge zu erwidern: »Damals haben wir nicht daran, sondern an andere Dinge gedacht.« Er wollte es sich ganz offensichtlich mit seinem »großen Bruder« nicht verderben, musste vorerst hinnehmen, dass die Dinge nicht gut für ihn liefen. Als Chruschtschow mit der Veralberung noch weitermachte, reichte es Ulbricht, und er bat die anderen Mitglieder seiner Delegation, sich zu äußern. DDR-Außenminister

208 Vgl. Zubok, Khrushchev, S. 16 ff.

Lothar Bolz gelang folgende salomonische, wenn auch deshalb naturgemäß nicht sonderlich klare Antwort: »Ich bin mit Gen. Chruschtschow einverstanden. Natürlich verlieren wir dabei, aber wir gewinnen mehr als wir verlieren.« Chruschtschow wollte sichergehen und fragte: »Heißt dies, dass wir hier einen einheitlichen Standpunkt haben?« Da blieb Ulbricht nur zu sagen: »Wir sind einverstanden.«[209] »Bargaining Power« sieht wohl doch ein wenig anders aus. Wir können davon ausgehen, dass das Protokoll nur einen blassen Eindruck davon vermittelt, wie demütigend dieses Gespräch für die SED-Führung gewesen sein dürfte.

Auch einem Schreiben des Sowjetbotschafters Perwuchin an Gromyko vom 19. Mai 1961 kommt wahrscheinlich kaum die Bedeutung zu, die manche Autoren ihm für die Frage der Vorgeschichte des Mauerbaus beimessen.[210] In diesem Schreiben, in dem Perwuchin zusammenfassend die Position der DDR-Führung in Bezug auf einen Friedensvertrag und die Berlin-Frage referiert und mögliche Differenzen mit der sowjetischen Führung herausarbeitet (wobei wir wieder nicht wissen, wie viele solcher Schreiben es davor und danach gegeben hat), heißt es an einer Stelle:

> Unsere ostdeutschen Freunde möchten jetzt an der Sektorengrenze zwischen dem Demokratischen und West-Berlin eine Kontrolle einrichten, die es ihnen erlauben würde, wie sie sagen, das »Tor in den Westen« zu schließen, den Exodus der Bevölkerung der Republik zu verringern und den westlichen Einfluss auf die ökonomische Diversion gegen die DDR, die direkt von West-Berlin ausgeht, zu schwächen.[211]

Während Perwuchin hier nur allgemein die Position der Ostdeutschen referiert und bewertet, behauptet Wettig, Perwuchins Brief sei auf einen Vorstoß Ulbrichts zurückzuführen, bringt aber keinerlei Beleg dafür. Er meint schreiben zu können:

---

209 Gespräch Chruschtschows mit dem Ersten Sekretär der SED, Walter Ulbricht, 31. März 1961 (Auszug), in: Wettig, Chruschtschows Westpolitik, 3, S. 106–115, hier S. 113 f.

210 Vgl. etwa Harrison, Ulbrichts Mauer, S. 274 f.; Wettig, Chruščëv und die Berliner Mauer, S. 660.

211 Brief Perwuchins an Außenminister Gromyko, 19. 5. 1961, streng geheim, zit. und übersetzt nach Harrison, Ulbricht and the »concrete rose«, Appendix D.; auch unter http://legacy.wilsoncenter.org/coldwarfiles/index-41824.html (Stand 12. 3. 2012).

> Als sich im Frühjahr die Lage in der DDR durch die anschwellende Massenflucht dramatisch verschlechterte, wagte Ulbricht schließlich im Mai einen vorsichtigen Vorstoß beim sowjetischen Botschafter Michail Pervuchin. Er erklärte ihm, sein Land sei auf eine Wirtschaftsblockade nicht vorbereitet, und knüpfte daran die Überlegung, ob nicht vielleicht Sperranlagen nötig seien, um die Menschen zurückzuhalten. Wenn diese dablieben, ließen sich die aufgetretenen Schwierigkeiten überwinden.[212]

Dass Ulbricht dies Perwuchin erklärt hätte, kann man Perwuchins Schreiben mit keinem Wort entnehmen. Zudem schwoll im April und Mai die Massenflucht mitnichten an. Im April 1961 gingen etwa 1700 Menschen mehr als im Vorjahresmonat über die Grenze, im Mai aber gut 1800 Menschen weniger als im Vormonat.[213] Allerdings befürchtete Ulbricht für die Zukunft ein Ansteigen der »Republikflucht«, wie er gegenüber seinen Wirtschaftslenkern Bruno Leuschner und Günter Mittag einschätzte, »weil bestimmte Ziele des Siebenjahrplanes nicht erfüllt werden können«.[214] Aber nirgends in dem Brief nimmt Perwuchin auf ein Gespräch oder einen Vorstoß Ulbrichts Bezug. Es scheint sogar eher unwahrscheinlich, dass es einen solchen zeitnah gegeben hat, da Perwuchin diesen Umstand wahrscheinlich erwähnt hätte, um die Autorität dessen, was er berichtet, zu erhöhen. Möglicherweise liegt Perwuchins Bericht schlicht die Konzeption zugrunde, die er nach dem Bericht des in den Westen geflohenen Mitarbeiters des DDR-Außenministeriums im Januar in Auftrag gegeben hatte. Es ist zudem zu bezweifeln, dass dieser Bericht nach Chruschtschows Gesprächen mit der DDR-Führung Ende März in Moskau für Chruschtschow allzu viel Neues enthielt. Wir erinnern uns an Berichte über ähnliche, der SED unterstellte Absichten schon im Herbst 1960.[215] Bereits im April zuvor hatte Chruschtschow zudem die »Mauer«-Lösung gegenüber dem westdeutschen Botschafter Hans Kroll ins Spiel gebracht, diesem deutlichzumachen versucht, dass es unausweichlich sei, dass die DDR die volle Kontrolle über alle Zugangswege von und nach Berlin bekomme:

212 Wettig, Chruščëv und die Berliner Mauer, S. 660. Wettig gibt keinen Hinweis darauf, dass dieser Brief bereits veröffentlicht und damit jedem Leser zugänglich ist.

213 Zu den genauen Zahlen s. Melis, Republikflucht, S. 255.

214 Vermerk über die Besprechung bei Genossen Walter Ulbricht am 3. 5. 1961, zit. nach Steiner, Politische Vorstellungen, S. 240.

215 S. dazu Kap. IV. 1. Ulbricht drängt – aber nicht auf den Bau der Mauer.

> Andernfalls wird es nötig sein, eine Festungsmauer um West-Berlin herum zu bauen oder ein Sonderregime zu errichten. Das ist[216] unmöglich, weil Berlin ein einheitliches Wirtschaftsgebiet ist, die Einwohner Berlins in verschiedenen Stadtteilen arbeiten, [dort][217] Verwandte haben usw.[218]

Wettig leitet anscheinend aus dieser Gesprächspassage von April die kategorische Aussage ab, »Chruschtschow hielt[e] aber noch [Ende Juni] daran fest, dass, wie er dem westdeutschen Botschafter Hans Kroll Ende April erklärt hatte, der Bau einer Mauer um West-Berlin absolut unmöglich sei«[219], denn einen Beleg, dass Chruschtschow das auch im Juni noch so sah, führt er nicht an. Die Gepflogenheiten der Diplomatie scheinen aber mehr Variationen dessen anzubieten, was Chruschtschow hier gegenüber dem westdeutschen Botschafter im April möglicherweise zum Ausdruck bringen wollte. Vielleicht ging es ihm schlicht darum, aufzuzeigen, was kommen könnte, wenn Bonn und die Westmächte weiter so starr bleiben würden.[220] Vielleicht drohte auch Chruschtschow nur mit einer Mauer durch Berlin, um sie doch noch zu vermeiden? Wir wissen es schlicht nicht, können aber nicht einfach mal in einer Aussage Chruschtschows Taktik vermuten und sie für bare Münze nehmen, wo es uns gerade passt.

216 Wettig hat hier ohne Notwendigkeit ein verstärkendes »aber« eingefügt.

217 Von Wettig eingefügt.

218 Gespräch Chruschtschows mit dem Botschafter der Bundesrepublik Deutschland, Hans Kroll, 24.4.1961, in: Wettig, Chruschtschows Westpolitik, 3, S. 135–151, S. 146.

219 Wettig, Chruščëv und die Berliner Mauer, S. 660.

220 Allerdings hatte Chruschtschow Informationen, dass Bonn und die Westmächte gerade in der Frage einer solchen »Festungsmauer« vielleicht gar nicht mehr so starr sein würden. Angeblich hatte US-Botschafter Lionel Thompsen angeboten, gemeinsam »bestimmte Maßnahmen« zu treffen, »dass es keinen Exodus [mehr] gibt. Uns beunruhigt das [ebenfalls], und die Westdeutschen sind unzufrieden, lassen Sie uns ausarbeiten, wie sich das unterbinden lässt.« S. Stellungnahme Chruschtschows im Präsidium des Zentralkomitees der KPdSU am 26. Mai 1961, in: Wettig, Chruschtschows Westpolitik, 3, S. 151–162, hier 157.

Verunsicherung in den eigenen Reihen

Im April erhielt Ulbricht die Möglichkeit, sich quasi hautnah mit den Ursachen für die »Republikflucht« vieler Jugendlicher selbst aus »fortschrittlichen« oder sogar kommunistischen Elternhäusern auseinanderzusetzen. Ein solch direkter Einblick war wahrscheinlich, so sollte man jedenfalls annehmen, doch etwas anderes, als nur die Analysen und statistischen Auswertungen des Apparates zu lesen. Aber auch diese konnten nicht umhin, eine hohe Fluchtrate selbst bei »langjährigen Parteimitgliedern« konstatieren zu müssen. »Starke ideologische Unklarheiten, der Unglaube an den Sieg unserer Sache, die direkte Feindeinwirkung und Abwerbung«, aber auch die »falschen Methoden in der Behandlung der Menschen« seien wesentliche Ursachen für die Zunahme seit 1960, hieß es in einer solchen Analyse vom Februar 1961.[221]

Über Vermittlung einer Verwandten und alten Genossin trug eine Mutter, ebenfalls aus der Arbeiterbewegung kommend und seit 1945 in der KPD/SED, seit Jahren Kaderleiterin in einem DDR-Betrieb, Ulbricht den Fall ihres Sohnes vor, der »unsere Republik verlassen« hat. Sie selbst habe diesem Schritt zunächst fassungslos gegenübergestanden, sich nach reiflicher Überlegung aber entschlossen, »Euch« den Brief, den er hinterlassen hat, zur Kenntnis zu geben. Sie, die ihrem Sohn sogar in den Westen hinterhergereist war, habe den »Entschluß meines Sohnes, den er von allen Seiten gründlich durchdacht hatte, nicht umstoßen können«. Ihr Sohn, damals 22 Jahre alt und selbst Parteimitglied, war zusammen mit einem Freund in den Westen gegangen. Beide wollten die Welt kennenlernen, Sprachen lernen und Journalist oder Schriftsteller werden. Nach ihrer Bildungsreise, die sie auf etwa drei, vier Jahre angelegt hatten, wollten sie wieder in die DDR zurückkommen. Der Brief, den der vermeintlich Abtrünnige seinen Eltern hinterlassen hatte und der nun Ulbricht vorlag, umfasst in seiner maschinenschriftlichen Abschrift zwölf eng beschriebene Seiten. Es ist ein kluger Brief, der auch zeigt, dass der Schreiber lange mit sich gerungen hatte, bevor er seine Entscheidung traf, obwohl sie ja von vornherein nicht von Dauer sein sollte. Er schildert, ausgehend von seinem jugendlich-marxistischen Weltbild, die ernüchternden Erfahrungen, die er mit den realen Verhältnissen in der DDR gemacht hatte. Es ist ein Entwicklungsroman im Kleinen und ein liebevoller Brief an seine Mutter. Was er über seine

221 Vorlage für das Politbüro, Anlage 10 zum Politbüroprotokoll 9/61, 21.2.1961, zit. nach Lemke, Die Berlinkrise, S. 49.

Enttäuschungen, seine Zweifel und Irritationen in Bezug auf das Leben in der DDR schreibt, ist ohne jede Häme. Er beschreibt einfach die ihn abstoßenden Realitäten im DDR-Sozialismus, die Heuchelei, den Opportunismus und Karrierismus, die geistlose Indoktrination der Jugend, das trostlose Leben im Parteiapparat, in der Armee und selbst an der Universität. Über all das haben vor und nach ihm noch viele geschrieben, und wegen alldem sind auch viele in den Westen gegangen:

> Man kann die Menschen, die Geister der Jugendlichen nicht von außen uniformieren, weil man ihnen doch gar nichts Falsches einimpfen will. Man macht aber etwas falsch, dessen bin ich mir ganz sicher, ich würde sonst diesen Schritt nicht tun, denn ich weiß, wie groß der Schaden ist, was er für Wirkung tut, wie viele sich die Hände reiben usw. Aber trotzdem.

Er fragt sich, warum die Menschen in den Westen gehen. Sie sagten, sie hätten keine Freiheit:

> Freiheit als Einsicht in die Notwendigkeit. Wenn ich mir überlege, was ich einsehe und für notwendig halte, dann gehe ich auch wegen der Freiheit, aber mit der Freiheit, eines Tages wiederzukommen. [...] Meine Heimat ist die DDR, und wenn man es genau nimmt, macht die DDR mir diesen Weg erst möglich. Die Erkenntnis, daß die bürgerliche Welt historisch überlebt ist und daß dieses auch auf Deutschland zutrifft, wird nie wieder in meinem Geist ausgelöscht. Aber ich glaube nicht, daß wir [sic!] keine Fehler machen, und ich glaube nicht, daß wir keine großen Fehler machen. [...] das Problem meines jetzigen Verrats wird mich noch lange beschäftigen. So lange, bis es keines mehr ist.[222]

Es ist nicht bekannt, was Ulbricht beim Lesen des Briefes dieses »Republikflüchtigen« gedacht hat, was er mit dessen Kritik an den Verhältnissen in der DDR anfangen konnte, ob sein gefestigtes Bild von den »Republikflüchtigen« eine »Knacks« bekommen hat. Ins übliche Feindbildraster konnte er ihn jedenfalls nur schwer einfügen. Dass der Brief tiefergehende Wirkungen auf ihn hatte, ist aber eher unwahrscheinlich, auch wenn er ihn immerhin an alle Mitglieder des Politbüros weiterleitete. Er schrieb an seine Genossen:

222 Brief von Helmut, undatiert [Ende 1960], BArch DY 30/3682, Bl. 44–55.

> Da der Brief wichtige Hinweise in Bezug auf die politische Arbeit in der DDR gibt und über den Individualismus vieler Jugendlichen, ist das sorgfältige Studium dieses Briefes für uns sehr wichtig. Ich schlage vor, daß sich das Sekretariat mit der Auswertung bestimmter Hinweise in diesem Brief beschäftigt. Mit sozialistischem Gruß! W. Ulbricht[223]

Mit diesem Verweis auf das Sekretariat dürfte eine Diskussion im Politbüro jedoch bereits abgeblockt gewesen sein und wohl kaum unbeabsichtigt. Als Ulbricht so alt war wie der junge (vorübergehend) republikflüchtige Genosse, war er im Ersten Weltkrieg und suchte bei Homer Zuflucht angesichts des »preußischen Militarismus«, der »systematisch den Charakter« verderbe, und hatte trotz der unglaublichen »Menschenschinderei [...], die Brust voll Hoffnung auf bessere Zeiten«.[224]

Leider enthält die Abschrift des Briefes, die Ulbricht vorlag, keinerlei Anstreichungen oder Ähnliches, die erkennen ließen, welche »bestimmten Hinweise« Ulbricht gemeint und welche er »wichtig« gefunden haben könnte. Auch dem Antwortbrief Ulbrichts an die Mutter ist nicht viel zu entnehmen:

> Ich habe Ihren Brief und den Brief Ihres Sohnes sorgfältig gelesen. Zweifellos sind bei ihm bestimmte Züge des Individualismus besonders stark entwickelt. Das ist jedoch für mich nicht das Wichtigste. Der Brief enthält viele Hinweise, die sich gegen den Schematismus richten, der vielfach bei unserer Schulungs- und Erziehungsarbeit zu verzeichnen ist. In der Erklärung des Staatsrates[225] haben wir Hinweise gegeben, wie diese Schwächen und Fehler beseitigt werden können.

Er hoffe, der Sohn werde nach einiger Zeit in die DDR zurückkehren und »hier mit seinen Erfahrungen dem Aufbau des Sozialismus« dienen.[226] Es sind im Grunde genommen nur drei Aussagen, die in Maßen eine Auslegung zulassen. Zum einen ist es der Hinweis auf den »Individualismus«, den er als

223 Ulbricht an die Mitglieder des Politbüros, 25.4.1961, BArch DY 30/3682, Bl. 40.

224 Ulbricht auf einer Postkarte aus Galizien an einen Freund, zit. nach Walter Ulbricht. Ein Leben für Deutschland, S. 25.

225 Wahrscheinlich bezieht sich Ulbricht hier auf die am 17.4.1961 vom Staatsrat »zur Diskussion« gestellte »Ordnung über die Aufgaben und die Arbeitsweise der örtlichen Volksvertretungen«.

226 Ulbricht an Gertrud Müller, Berlin, 25.4.1961, BArch DY 30/3682, Bl. 56.

Ursache für die Fehlentscheidung des Sohnes ausmacht. Dies bzw. die Kritik an ihm ist eine Konstante im kommunistischen Menschenbild, das ein Aufgehen des Individuums im Kollektiv anstrebt: »Vom Ich zum Wir«.[227] Dies leitet über zu einer anderen Konstante, nämlich dem Anspruch der Parteiführung, »ihr« Volk erziehen zu dürfen, ja erziehen zu müssen. Denn als einzig erwähnenswerte Schlussfolgerung aus dem außerordentlich vielschichtigen Brief scheint Ulbricht die Notwendigkeit zu sehen, »sich gegen den Schematismus zu richten, der vielfach bei unserer Schulungs- und Erziehungsarbeit zu verzeichnen ist«. Er sieht offenkundig keinerlei grundsätzliche gesellschaftliche Probleme in dem Brief angesprochen, die ein näheres Eingehen nötig machten. Einzig die Schulungs- und Erziehungsarbeit sei zu verbessern. Doch auch da sei bereits mit »der Erklärung des Staatsrates« alles Nötige veranlasst worden. Es ist nicht zu erkennen, dass dieser berührende Brief irgendeine nennenswerte Reflexion bei Ulbricht ausgelöst hätte. Seine Reaktion ist geradezu ein Musterbeispiel für den »Schematismus«, der seiner Meinung nach beseitigt werden müsse, für den er selbst aber wie kaum ein anderer stand. Einzig bemerkenswert ist, dass er immerhin zugesteht, der Sohn werde im Westen Erfahrungen sammeln, mit denen er dann nach seiner Rückkehr »dem Aufbau des Sozialismus« dienen könne. Allerdings konnte dieser Fall von zeitweiser »Republikflucht« letztlich auch wieder Ulbrichts Selbstgewissheit stärken, da der Abtrünnige zum Zeitpunkt, als Ulbricht der Mutter antwortete, bereits in die DDR zurückgekehrt war, was Ulbricht jedoch erst durch ein Schreiben der Mutter vom 3. Juni 1961 erfuhr.[228]

---

227 Mit dieser Parole wurde unter anderem auch die Kollektivierung der Landwirtschaft in der DDR propagiert. Sie stand bei jenen, die an den Sozialismus glaubten, für die »lichte Zukunft« einer ausbeutungsfreien Gesellschaft (und nicht zuletzt auch für »Geborgenheit im Kollektiv«), für jene, die die DDR-Realität mit etwas kritischeren Augen sahen, war es die Parole zur Verschleierung des totalitären Anspruchs der SED auf jedes Leben. Wenn man den Slogan heute im Internet suchen lässt, ist er fast durchweg positiv besetzt, von den Jungen Nationaldemokraten über Kai Pflaume bis hin zu Habermas. Jeder Text hat eben seinen Kontext.

228 Gertrud Müller, Jena, an Ulbricht, 3.6.1961, BArch DY 30/3682, Bl. 57. Helmut Schillers anschließendes Leben in der DDR verlief auch weiter nicht ohne Brüche, in der Partei war er nicht mehr. 1986 gab er seinen Lehrerberuf auf, um schriftstellerisch arbeiten zu können. Seinen Lebensunterhalt verdiente er sich als Hilfskraft in der Deutschen Zentralbücherei für Blinde zu Leipzig, deren Leitung er in der »Wende« übernahm und deren Geschichte er 1994 in einem Buch darstellte (100 Jahre DZB. Die wechselvolle Geschichte der ersten deutschen Blindenbücherei, Leipzig). Seine Jugend in der DDR und seine dreimonatige »Westreise« schildert Helmut Schiller in

Möglicherweise haben die Erkenntnisse, die dieser Brief für Ulbricht brachte, aber doch sogar Eingang in sein Referat auf der 13. ZK-Tagung am 3. und 4. Juli 1961 gefunden, in dem er einerseits ungewohnt offen das Versagen der Partei eingestand, allerdings in gewohnter Weise dabei die Schuld auf untere Parteigliederungen und das Versagen einzelner Kader schob, eben das alte Schwarze-Peter-Spiel:

> Es ist bisher nicht gelungen, die Massen der Bevölkerung auch nur in den Grundfragen der Politik der Arbeiter-und-Bauern-Macht aufzuklären und zu überzeugen [...]. Vor uns steht der Abschluß eines Friedensvertrages und die endgültige Regelung des West-Berlin-Problems. Und was zeigt sich in diesem Moment, in dem wir an die Regelung dieser Probleme gehen? Es zeigt sich, daß wir die Folgen davon zu spüren bekommen, daß Grundorganisationen und führende Kader jahrelang der Frage von Westreisen, von West-Berlin-Besuchen und der Republikflucht aus dem Wege gegangen sind. Der Opportunismus wurde zur Grundlage der Arbeit vieler Grundorganisationen und Funktionäre [...]. Das Ausweichen vor der Auseinandersetzung hat Zweifel an der sozialistischen Perspektive in Deutschland gebracht, die sich in der Parteiorganisation, selbst in den Hirnen vieler Funktionäre breitmachen.[229]

Von der in dem Brief an die Mutter noch angedeuteten Möglichkeit, dass Westreisen Erfahrungen zeitigen könnten, die beim Aufbau des Sozialismus dienlich sein könnten, ist hier allerdings nicht mehr die Rede. Hier werden diese Reisen und alle Formen des direkten Kontaktes mit dem Westen schlicht verdammt, wird bereits eine ideologische Mauer errichtet. Die SED-Führung sah sich in der »Republikfluchtfrage« im Grunde einem konzertierten Angriff der Wirklichkeit ausgesetzt. Es gab fast nichts, was nicht Anlass zur »Republikflucht« sein konnte: von Ehe- oder anderen Problemen im persönlichen Umfeld über die Angst vor Strafverfolgung, die Sorge vor einer möglicherweise baldigen Grenzschließung, den Einfluss der »westlichen Unkultur«, Abenteuerlust, die unterschiedlichsten finanziellen Anreize im Westen, den Einfluss der Rückverbindungen einstiger Flüchtlinge, die Einreiseverweigerung für einstige Flüchtlinge, die restriktive Handhabung von Reisegenehmigungen (Akademiker ja, andere meist nicht), jedes Problem in der Arbeit, die Mängel

---

Romanform in »Petting«, erschienen im Verlag am Park, Berlin 1999. Eine überarbeitete und um ein gutes Viertel gekürzte Neuauflage erschien 2011, s. Schiller, Helmut: Die kleinen Reisen des Achim Ansberg. Roman einer Jugend, Ditzingen 2011.

229 Zit. nach Weber, Hermann: Kleine Geschichte der DDR, Köln 1980, S. 102.

und Unzulänglichkeiten der DDR-Wirtschaft. Der Bericht einer Brigade der ZK-Abteilung Sicherheit resümiert daher fast schon verzweifelt:

> Aus der vorliegenden Darstellung der Ursachen, Umstände der Republikfluchten und Methoden der Abwerbung ist ersichtlich, daß die Sicherheitsorgane allein mit den Problemen nicht fertig werden. Der Brigadeeinsatz im Bezirk Halle hat dazu beigetragen, bei den Partei-, Staats- Wirtschaftsorganen und Massenorganisationen eine größere Klarheit auf diesem Gebiet zu erreichen.[230]

Die Lösung des Grenzgängerproblems

In Berlin war das Grenzgängerproblem mindestens so problematisch für die SED wie die »Republikflucht«. Immer mehr Ost-Berliner und Bewohner aus dem Umfeld arbeiteten in West-Berlin und lebten in Ost-Berlin oder der DDR. Infolge des Währungskurses war dies für sie mit einem hohen finanziellen Vorteil verbunden, auch wenn sie nur 40 Prozent ihres Gehaltes in Westmark und 60 Prozent in Ost-Mark ausgezahlt bekamen, jedenfalls wenn sie legal im Westteil der Stadt arbeiteten. Die ohnehin schon hohe Spekulation mit den beiden so unterschiedlich bewerteten Währungen erhöhte sich mit dem Ansteigen der Grenzgängerzahlen im Grunde automatisch. Vom 30. Juni bis zum 8. Dezember 1960 stieg die Zahl der offiziellen West-Grenzgänger von 43000 auf 53000.[231] Bedenkt man, dass in den Zahlen zur »Republikflucht« Personen jeden Alters vom Säugling bis zum Greis enthalten waren, die Grenzgänger aber ausschließlich Berufstätige waren, wird deutlich, welch schwierige wirtschaftliche Lage sie für die SED entstehen ließen. Die tatsächliche Zahl der in West-Berlin Arbeitenden war zudem noch deutlich höher, da in den Grenzgängerzahlen nur die legal in West-Berlin Arbeitenden erfasst sind, nicht aber die Schwarzarbeiter, vor allem nicht die sogenannte Scheuerkolonne. Der infolge der West-Grenzgänger und »Republikflüchtlingen« hohe Arbeitskräftemangel in Ost-Berlin und der DDR führte zudem dazu, dass sich auch eine hohe Binnenfluktuation entwickelte. Man konnte im Grunde bei jeder Unzufriedenheit seine Arbeit aufgeben, da man anderenorts schon

230 Ursachen der Abwanderung: Bericht einer Brigade der ZK-Abteilung für Sicherheitsfragen, 24.5.1961, zit. nach Die DDR vor dem Mauerbau, S. 384–389, hier S. 388 f.
231 S. Roggenbuch, Das Berliner Grenzgängerproblem, S. 351.

händeringend gesucht wurde. Hinzu kam, dass die Grenzgänger aus Sicht der SED permanent und quasi automatisch als ideologische »Diversanten« wirkten, trugen sie doch jeden Abend auf die eine oder andere Weise die feindliche Ideologie in die DDR.[232] In der Literatur wird zuweilen der Eindruck erweckt, die Kampagne gegen die Grenzgänger sei lediglich propagandistische Begleitmusik zur insgeheimen Vorbereitung des Mauerbaus gewesen. Tatsächlich war es ein Problem, das zum Beispiel mit der »Freie-Stadt«-Lösung noch gar nicht automatisch bewältigt worden wäre. Zudem stand die SED auch beim Grenzgängerproblem vor dem Dilemma, dass jede repressive Maßnahme, die eigentlich von der Arbeit im Westen abschrecken sollte, auch zur Entscheidung führen konnte, die DDR oder Ost-Berlin dann gleich ganz zu verlassen. Erfolg hatte die SED mit ihrer gegen die Grenzgänger gerichteten Propaganda höchstens insoweit, als angesichts der sich im Osten immer weiter verschlechternden Wirtschafts- und Versorgungslage der Neid auf die Grenzgänger und ihre Möglichkeiten, die Situation zu ihrem Vorteil auszunutzen, größer wurde.[233]

Die SED-Führung schob seit Jahren die Verantwortung für die unzureichenden Erfolge bei der Zurückdrängung der »Republikflucht« den Organen vor Ort, der Partei, Gewerkschaft, Polizei etc. zu. Das war einerseits, wie bereits mehrmals erwähnt wurde, das schlichte Weiterschieben des »Schwarzen Peters«, andererseits waren die Funktionäre und Polizisten vor Ort tatsächlich oft überfordert. Sie standen diesem Problem nicht minder hilflos gegenüber als ihre Führung. Sie sollten die Abwanderung zurückdrängen, bekamen aber keine eindeutigen Anweisungen, wie dies zu geschehen habe, was dann nicht selten zu – wie sich meist zeigte – kontraproduktiven Improvisationen führte. So ist selbst im Frühjahr 1961 noch keine eindeutige Linie im Umgang mit den Grenzgängern in Berlin zu erkennen. Ein »republikflüchtiger« Grenzgänger etwa berichtete nach seiner Flucht im März 1961, dass er Besuch von der Staatssicherheit erhalten habe und aufgefordert worden sei, mitzukommen. Auf die Frage nach den Gründen sei darauf verwiesen worden, dass er in West-Berlin arbeite, der SPD angehöre und andere zur »Republikflucht«

232 Tatsächlich verhielten sich die Grenzgänger nach Lemke eher zurückhaltend und vorsichtig bei politischen Diskussionen, wirkten eher »durch eine etwas andere Mentalität, westliche Kommunikationsformen, aber auch Kleidung«, s. Lemke, Vor der Mauer, S. 335.

233 Zu den Kaufkraftverhältnissen und dem Einkaufs-»Tourismus« zwischen den Stadthälften s. ebd., S. 382 ff.

habe überreden wollen. Als er Letzteres zurückgewiesen habe, habe der Staatssicherheitsmitarbeiter zu ihm gesagt:

> Wenn ich sofort meine Arbeit in Westberlin aufgeben würde, könnte er es hinbiegen, dass ich nicht sofort mitbräuchte [...]. Er wollte von mir den Personalausweis haben und sagte jovial, er käme morgen wieder, ich sollte nicht arbeiten gehen und es mir überlegen.

Er habe dies zugesagt und sei dann zu seiner Bekannten nach West-Berlin gegangen. Im April wurde dagegen ein uneinsichtiger Grenzgänger von der Polizei nach West-Berlin ausgewiesen, weil er nicht dazu zu bewegen gewesen war, seine Arbeit im Westteil der Stadt aufzugeben bzw. gegen seinen West-Berliner Arbeitgeber zu spionieren. Als Begründung für seine Ausweisung sei ihm mitgeteilt worden, dass er »für die sozialistische Sache der ›DDR‹ nicht tragbar wäre«. Seine Familie könne auch einen Antrag auf Umzug nach West-Berlin stellen. Dieser sei dann auch genehmigt worden, so der Bericht des Ausgewiesenen.[234] Zur gleichen Zeit wurden im Apparat »Vorschläge zur weitgehenden Eindämmung der Grenzgängerbewegung« erarbeitet. Diese gingen von einer offenen Grenze in Berlin aus und folgten durchweg einem ökonomischen Ansatz. Es sollte sich für die Grenzgänger nicht mehr rentieren, in West-Berlin zu arbeiten, da sie wesentliche Dienstleistungen im Osten künftig in Westmark zahlen sollten. Dabei wurde in Kauf genommen wurde, dass dies einen Teil, insbesondere Jugendliche ohne größere – persönliche und materielle – Bindungen, zur »Republikflucht« veranlassen könnte. Abschließend heißt es in dem Papier:

> Zweifelsohne werden unsere Gegner bei Einführung dieser Maßnahmen ein großes Geschrei z. B. über die Einschränkung der freien Arbeitsplatzwahl und viele andere Fragen erheben, aber das kann und darf uns nicht hindern, im Interesse unserer Wirtschaft und der gerechten Behandlung unserer Werktätigen, diese notwendigen Schritte zu tun. Die dargelegten Vorschläge, die in der Hauptsache ökonomischer Natur sind, gestatten uns, zum gegenwärtigen Zeitpunkt, solche hochpolitischen Fragen wie z. B. die des freien Verkehrs zwischen der Hauptstadt der DDR und Westberlin und andere Probleme auszuklammern.

234 Flüchtlingsbericht aus dem Büro für Gesamberliner Fragen, zit. nach Roggenbuch, Das Berliner Grenzgängerproblem, S. 561 f.

Der Umstand, dass man anscheinend sogar in Kauf nahm, dass einige der so wirtschaftlich in die Knie Gezwungenen nicht etwa ihre Arbeit im Westen aufgeben, sondern ganz dorthin gehen würden, macht deutlich, welche Dimensionen das mit den Grenzgängern verbundene Währungsproblem und dessen zersetzende Wirkung unter den Ost-Berlinern und den Bewohnern der DDR-Grenzkreise für die SED-Führung hatte. Die Zahl der Grenzgänger wurde auf aktuell 55 000 bis 60 000 beziffert und der »jährliche Produktionsverlust durch den Abzug dieser Arbeitskräfte« auf »rund eine Milliarde DM[235]«.[236] Die Verhältnisse in der Ost-Berliner Wirtschaft im ersten Halbjahr können als nahezu chaotisch bezeichnet werden.

Zugleich ist interessant, dass explizit ein ökonomischer Ansatz gewählt wurde, um die heikle Frage des freien Verkehrs, also des Viermächtestatus, nicht zu berühren. Leider ist auch dieses Moment in viele Richtungen interpretierbar und erlaubt keine eindeutige Aussage darüber, welches Ziel von Ulbricht und er SED-Führung zu diesem Zeitpunkt konkret angestrebt wurde. Die ökonomische Natur der Vorschläge wäre auch gut geeignet gewesen, das Grenzgängerwesen im Falle einer Umwandlung des Westteils in eine »Freie Stadt« weitgehend zu unterbinden. Gleichzeitig ist es aber auch als Vorstufe für eine spätere Grenzschließung denkbar, freilich verbunden mit dem (einkalkulierten) Risiko, dass ein Teil der Betroffenen diese Regelung zum Anlass nimmt, ganz nach West-Berlin zu gehen. So war es dann auch, als entsprechende Regelungen seit dem Sommer 1961 nach und nach eingeführt wurden.[237] Mit der sukzessiven Einführung schärferer Bestimmungen für Grenzgänger war eine sich immer mehr steigernde politische Kampagne gegen das Grenzgängerwesen verbunden.[238] Am 9. Juli drohte Verner den Grenzgängern in der »Berliner Zeitung«:

---

235 Die Ostmark hieß bis 1964 wie die Westmark noch DM.

236 Vorschläge zur weitgehenden Eindämmung der Grenzgänger-Bewegung aus der Hauptstadt und den Grenzkreisen um Berlin nach Westberlin, 24. 3. 1961, streng vertraulich [ohne Adressat oder Absender; Bestand Büro Ulbricht], BArch DY 30/3682, Bl. 59–62. Einer späteren Vorlage für das Politbüro ist zu entnehmen, dass die Vorschläge »von einer kleinen Gruppe von Genossen unter bestimmten Sicherungsmaßnahmen ausgearbeitet« worden seien. S. dazu Arbeitsprotokoll zur Politbürositzung vom 6. 6. 1961, BArch DY 30 J IV 2/2A/824, Bl. 104.

237 Vgl. dazu die umfangreichen Vorlagen im Arbeitsprotokoll zur Politbürositzung vom 6. 6. 1961, BArch DY 30 J IV 2/2A/824, Bl. 104–151.

238 Das Verbot des Evangelischen Kirchentages, der in Ost- und West-Berlin stattfinden sollte, könnte auch einen gewissen Anteil an der Zunahme der Fluchtzahlen gehabt haben. Das SED-Politbüro hatte dies am 7. 7. beschlossen, und am 9. 7. 1961 veröffent-

> Niemand soll sich der Illusion hingeben, dass wir diesen Zustand auf Dauer zulassen können, weil das zutiefst den Interessen unserer Bevölkerung und unserer Wirtschaft widerspricht.[239]

Einige Tage zuvor hatte Ulbricht die Stimmung mit einer Rede in der Volkskammer angeheizt, die am 7. Juli im »Neuen Deutschland« abgedruckt wurde. Das war jene Volkskammersitzung, während der Perwuchin nach den Erinnerungen Kwizinskis Ulbricht die »Erlaubnis« Chruschtschows zur Schließung der Sektorengrenze übermittelt haben soll. In dieser Rede stellte Ulbricht den Abschluss eines Friedensvertrages als unmittelbar bevorstehend dar und sagte vor allem, was dies für West-Berlin bedeuten würde:

> Mit dem Abschluß eines Friedensvertrages, auch wenn er nur mit der DDR unterzeichnet wird, beginnt die Neuregelung der Westberlin-Frage. Daran möchte ich keinen Zweifel lassen. Das heißt: der Provokationsherd in Westberlin und sein Mißbrauch als Stützpunkt des kalten Krieges werden in jedem Fall beseitigt. Es kann sich höchstens darum handeln, ob der Prozeß leichter oder schmerzloser oder schwieriger verläuft.

Der Friedensvertrag werde »auf dem gesamten Territorium der DDR, d.h. auch in Westberlin, die von den Westmächten noch in Anspruch genommenen, in Wirklichkeit längst hinfällig gewordenen Okkupationsrechte völkerrechtlich eindeutig aufheben«. Von den West-Berlinern verlangte er: »Westberlin muß aufhören, Stützpunkt des kalten Krieges zu sein.«[240]

Wer mit dem Gedanken spielte, in den Westen zu gehen, der tat es jetzt wahrscheinlich tatsächlich, und wenn vielleicht nur, um zurückzukommen, falls sich die Lage wieder beruhigte. Aber die Entschlossenheit des Ostens,

---

lichte das Neue Deutschland eine entsprechende Mitteilung des Ost-Berliner Polizeipräsidenten Eikemeier. Um eine Teilnahme von DDR-Bewohnern zu erschweren, wurden die Busunternehmen angewiesen, keine Busfahrten zum Kirchentag durchzuführen, s. Chronik 1961–1962, S. 79; Chronik der Mauer, 7. und 9. Juli http://www.chronik-der-mauer.de/index.php/de/Chronical/Detail/day/7/month/Juli/year/1961; http://www.chronik-der-mauer.de/index.php/de/Chronical/Detail/day/9/month/Juli/year/1961 (Stand 16.7.2012).

239 Berliner Zeitung, 9.7.1961, zit. nach Roggenbuch, Das Berliner Grenzgängerproblem, S. 367.

240 Erklärung des Staatsratsvorsitzenden Ulbricht in der Volkskammer, 6.7.1961, Dokumente zur Deutschlandpolitik IV/6/2, S. 1159–1182, hier S. 1168, 1172 f.

West-Berlin als »Schlupfloch« zu schließen, mit welchen Mitteln auch immer, war unüberhörbar.

Von jetzt an sanken die Tagesfluchtzahlen, bei allen Schwankungen, nicht mehr unter 1000. Bis zum 10. Juli hatten die Fluchtzahlen noch in etwa auf dem Niveau des Vorjahres gelegen. Ab dem 11. Juli stiegen sie auf ein neues Niveau, und es liegt nahe anzunehmen, dass dies vor allem mit der neuen Schärfe in der Grenzgängerkampagne zusammenhing. Lagen die Fluchtzahlen bisher (abgesehen vom 13. und 15. Juni) unter 1000, zum Teil deutlich, stiegen sie am 11. Juli von einem Tag auf den anderen auf fast das Doppelte (1218 gegen über 650 am Vortrag) und blieben fortan, oft deutlich, über 1000.[241] Anfang August stiegen die Zahlen noch einmal deutlich an, lagen jetzt oft über 2000 pro Tag. Auch hier ist der Zusammenhang mit der Kampagne gegen die Grenzgänger offenkundig, denn seit Anfang August wurde sie noch aggressiver, gefolgt von der Einführung der ersten rechtlichen Maßnahmen.[242] Nach Zahlen, die im September 1961 von der Zeitung »Die Welt« genannt wurden, waren in der Zeit vom 1. bis zum 22. August 8000 bis 9000 Grenzgänger ganz nach West-Berlin gegangen.[243] Sieht man sich die Tagesfluchtzahlen für den August an, kann davon ausgegangen werden, dass der 13. August selbst zwar noch keine wirklich einschneidende Wirkung hatte, aber doch von mindestens 6000 Grenzgänger-Fluchten in den beiden Wochen vor dem 13. August auszugehen ist. Bei – nach westdeutschen Angaben – nicht ganz 22000 Flüchtlingen nach West-Berlin im selben Zeitraum gegenüber etwa 16000 in den letzten beiden Juliwochen bedeutet dies,[244] dass der sprunghafte Anstieg der Flucht in den ersten beiden Augustwochen zumindest nicht unwesentlich auf die Flucht von Grenzgängern infolge der massiven Propaganda- und Kriminalisierungskampagne gegen sie seit Mitte Juli und dann, noch einmal gesteigert,

241 Zahlen nach den Tageszahlen in: Dokumente zur Deutschlandpolitik, IV/6/2, S. 1593.

242 S. Roggenbuch, Das Berliner Grenzgängerproblem, S. 377 ff.

243 Zahlen nach Roggenbuch, Das Berliner Grenzgängerproblem, S. 363. Dort in Anm. 87 Angaben zur ursprünglichen Quelle. Roggenbuch geht davon aus, dass »diese 8000 bis 9000 nahezu vollumfänglich vor dem 13.8. illegal abgewandert« seien, da nach dem 13. August die Flucht nur noch »vereinzelt« gelungen sei. Das geben die Zahlen aber nicht her, weder die westdeutschen, die sogar für September noch 14821 Fluchten ausweisen, noch die ostdeutschen, die für denselben Zeitraum noch 27584 ausweisen. Zu den westlichen Zahlen s. Dokumente zur Deutschlandpolitik IV/6/2, S. 1592 f.; zu den ostdeutschen Melis, Republikflucht, S. 255.

244 Zahlen nach den Tageszahlen in: Dokumente zur Deutschlandpolitik IV/6/2, S. 1593.

seit Ende Juli, Anfang August zurückgeht. Auch wenn die Zahlen wegen der Ungewissheiten bei der Art ihrer Erhebung nicht wirklich mikroskopisch interpretier- und belastbar sind, ergibt sich doch eine klare Parallele zwischen der Verstärkung der Kampagne und der Fluchtrate. Das heißt, die Fluchtwelle im Juli und August war weitgehend selbst provoziert. Sie wurde in Kauf genommen, möglicherweise aber nicht in dem Ausmaß erwartet.

Im Rückblick sieht es so aus, als sei die Kampagne gegen die Grenzgänger nichts anderes als eine getarnte Vorstufe zur völligen Grenzschließung gewesen, die die Menschen einerseits auf diese Maßnahme einstimmen und zugleich von ihrer Vorbereitung ablenken sollte. Denn die neuen Regelungen gegen die Grenzgänger waren ja wenig sinnvoll, wenn ohnehin die Grenze geschlossen werden sollte und damit das Grenzgängerproblem auf andere Weise radikal gelöst worden wäre. Und tatsächlich wurden viele der angekündigten Maßnahmen gar nicht mehr wirksam, da sie erst nach dem 13. August in Kraft treten sollten. Die wenigen vorliegenden Dokumente, die jenseits der ökonomischen auch politische Absichtslagen auf der Führungsebene erkennen lassen, stützen eine solche Interpretation aber nicht. In der von Verner dem Politbüro vorgelegten Begründung für die Vorschläge zur Bekämpfung des Grenzgängerwesens heißt es:

> Bei der Ausarbeitung von Maßnahmen wurde darauf orientiert, daß sie nicht mit dem Problem des Friedensvertrages und der friedlichen Lösung der Westberlin-Frage gekoppelt werden können. Deshalb tragen die vorgeschlagenen Maßnahmen ihrem Wesen nach ökonomischen Charakter mit dem Ziel, die Spekulation mit den Westmarkeinnahmen einzuschränken bzw. zu beseitigen. Diese Maßnahmen berühren nicht den freien Verkehr zwischen den beiden Teilen Berlins, die Freizügigkeit der Arbeitsplatzwahl usw. Es ist in jeder Hinsicht politisch zweckmäßig, Maßnahmen gegen die Grenzgänger unabhängig von dem Abschluß eines Friedensvertrages und der friedlichen Lösung der Westberlinfrage durchzuführen, da [bei] eine[r] Koppelung mit diesen Fragen das Grenzgängerproblem ein völlig anderes Gewicht erhalten und die Fragen des Friedensvertrages und das Westberlinproblem noch zusätzlich kompliziert würde[n]. Man könnte z. B. sagen, jetzt fangen sie mit der Einschränkung des freien Verkehrs und des Status der Freien Stadt an.
>
> Aus Gründen unserer wirtschaftlichen Lage und des Arbeitskräfteproblems sowie aus den oben dargelegten politischen Gründen ist es notwendig, Maßnahmen gegen die Grenzgänger so schnell wie möglich durchzuführen.[245]

245 Vorlage zur weiteren Eindämmung der Grenzgänger-Bewegung nach Westberlin

Geht man nicht von einer extremen Verschleierungstaktik Ulbrichts selbst noch im Politbüro aus, dann ergibt sich also relativ klar, dass das Grenzgängerproblem eines war, das unabhängig von der Frage, wie das West-Berlin-Problem der DDR im Laufe des Jahres – das war noch die Perspektive – gelöst würde, einer schnellen Lösung zugeführt werden sollte. Die SED-Führung sah sich in dieser Frage einfach mit dem Rücken an der Wand. Zudem waren alle auch nur halbwegs realistischen Lösungsvarianten jenseits einer völligen Abschottung von West-Berlin derart, dass das Grenzgängerproblem und das des Währungsgefälles bestehen geblieben wären. Es musste also unabhängig davon in jedem Fall gelöst werden. Nach allem, was wir bis jetzt darüber wissen, war es also ein eigenständiges Ziel der SED-Führung, das dann mit der für Ulbricht – wie noch zu zeigen sein wird – überraschenden Entscheidung Chruschtschows, die Sektorengrenze radikal abzuriegeln, von den geheimen Vorbereitungen zum Mauerbau überlagert wurde. Die Grenzgängerkampagne hatte zwar die Wirkung einer nahezu perfekten Verschleierungsaktion, war aber mit hoher Wahrscheinlichkeit nicht als solche konzipiert und ins Leben gerufen worden. Die Detailliertheit der Lösungsvorschläge und der geplanten gesetzlichen und anderen rechtlichen Maßnahmen lässt es auch als höchst unwahrscheinlich erscheinen, dass nicht an einen längeren Zeitraum gedacht wurde, währenddessen sie wirksam sein sollten. Die Verfasser spekulierten sogar, dass es infolge der geringeren Nachfrage nach Ost-Mark in den West-Berliner Wechselstuben durch Ausfall der Grenzgänger – die gezwungen werden sollten, ihr Gehalt in Ost-Berlin offiziell in einer sogenannten Lohnumtauschkasse[246] zu einem Kurs von 1:1 umzutauschen – zu einem Kursverfall der Ost-Mark in den West-Berliner Wechselstuben und damit zu einer geringeren Kauftätigkeit der DDR-Bewohner im Westen kommen würde. Ja man ging sogar davon aus, dass dieser Kursverfall sich hemmend auf die »Republikflucht« auswirken würde, weil die Flüchtigen im Westen immer weniger West-Mark für ihre Ersparnisse in Ost-Mark bekommen würden. Kurzfristig wurde jedoch, wie erwähnt, mit einem Anstieg der »Republikflucht« vor allem aus dem Kreis der jugendlichen Grenzgänger gerechnet. Der mit dem Kursverfall wachsende Anreiz für Besitzer von West-Mark, illegal hochwertige Produkte in der DDR zu kaufen,

aus der Hauptstadt der DDR und den Grenzkreisen um Berlin, streng geheim!, Arbeitsprotokoll zur Politbürositzung vom 6.6.1961, BArch DY 30 J IV 2/2A/824, Bl. 106–118, hier Bl. 107f.

246 Der Begriff lehnte sich bewusst an den Namen der West-Berliner »Lohnausgleichskasse« an.

so die Verfasser der Vorlage, würde allerdings »eine strenge Anwendung unserer gesetzlichen Bestimmungen und die Verschärfung der Kontrolle durch unsere Organe« erfordern.[247] Allein hieran wird aber auch deutlich, dass all solche Lösungsansätze, die nicht auf eine völlige Abschottung West-Berlins oder deren faktische Einnahme setzten, die Probleme der SED in Berlin höchstens eindämmen, aber nicht wirklich lösen konnten, solange sich die wirtschaftliche Lage in der DDR nicht grundlegend verbesserte. Zudem waren Schlussfolgerungen, zu welchen Wirkungen diese Maßnahmen führen würden, zu einem erheblichen Maße Spekulation. Niemand wusste, wie sich die Betroffenen verhalten würden. Nimmt man die Ausführungen in diesen Dokumenten ernst, wird jedenfalls klar, dass ein Anwachsen der Fluchtwelle mit ihnen nicht beabsichtigt, wenn auch kurzfristig in einem gewissen Maß erwartet und in Kauf genommen wurde. Nun könnte natürlich Ulbricht als gewiefter Taktiker insgeheim von einem stärkeren Anwachsen der Fluchtwelle ausgegangen sein – wozu es dann ja auch tatsächlich kam –, um damit Druck auf Chruschtschow auszuüben mit dem Ziel, kurzfristig dessen Einwilligung zur Schließung der Sektorengrenze zu bekommen. Aber hierfür gibt es keine Belege. Eine solche Unterstellung wäre pure Spekulation.[248] Zudem hat Ulbricht, nach dem, was wir heute vermuten können,[249] um den 20. bis 24. Juli wahrscheinlich von Chruschtschow die Anweisung bekommen, die Schließung der Sektorengrenze konkret vorzubereiten. Spätestens von da an war es wenig sinnvoll, die Flucht mit der Kampagne gegen die Grenzgänger immer noch weiter anzuheizen, es sei denn, die Entscheidung, die Grenze auch tatsächlich zu schließen, war bei Chruschtschow noch gar nicht gefallen. Doch auch hierzu erlaubt die derzeitige Quellenlage keine unzweifelhafte Aussage.

Ulbricht schickte die Entwürfe für die geplanten Maßnahmen gegen die Grenzgänger mit der Bitte um »Ihre Meinung« natürlich auch an Chruschtschow. Er schrieb:

247 Vorlage zur weiteren Eindämmung der Grenzgänger-Bewegung nach Westberlin aus der Hauptstadt der DDR und den Grenzkreisen um Berlin, streng geheim!, Arbeitsprotokoll zur Politbürositzung vom 6.6.1961, BArch DY 30 J IV 2/2A/824, Bl. 117. Für den Inhalt der Vorschläge s.a. Schmidt, Dialog über Deutschland, S. 68 ff.

248 S. ähnlich ebd., S. 66 ff.

249 S. das Kap. IV. 3. Ein letzter Exkurs (IV) zur Quellenlage.

> Das Politbüro hat sich eingehend mit der Grenzgängerfrage in Westberlin beschäftigt. Da das eine wichtige politische Frage ist, die mit dem Friedensvertrag und der Lösung der Westberlinfrage zusammenhängt, unterbreiten wir Ihnen unsere Erwägungen. Ich mache darauf aufmerksam, daß dieser Entwurf streng vertraulich behandelt wurde und auch nicht in unserem zentralen Parteiapparat vorhanden ist. Es geht darum, daß eine wachsende Zahl von Bürgern der Hauptstadt der DDR in Westberlin arbeiten [sic!]. Allein durch den Währungskurs erhöhen sie ihr Einkommen auf das Drei- bis Vierfache, sobald sie in Westberlin arbeiten. Da nicht damit zu rechnen ist, daß im Zusammenhang mit dem Abschluß eines Friedensvertrages eine Verständigung zwischen dem Westberliner Senat und der Regierung der DDR über den Wechselkurs zustande kommt, sind ökonomische Maßnahmen notwendig, um die Hauptstadt der DDR vor noch größeren Verlusten und Zersetzungen zu schützen. Es steht also die Frage: Erstens: Welche ökonomische Maßnahmen sind die zweckmäßigsten, und zweitens: Welches ist der günstigste Zeitpunkt.
> Wenn es politisch notwendig ist, müssen wir die Sache bis nach Abschluß des Friedensvertrages hinausschieben, aber das schafft uns im nächsten halben Jahr große Schwierigkeiten. Wir bitten Sie um Ihre Meinung in dieser Frage.[250]

Wettig schreibt unter Bezug auf diesen Brief:

> Ulbricht setzte sein Bemühen [um Chruschtschows Einwilligung zur Grenzschließung] unbeirrt fort. Er schrieb dem sowjetischen Führer, die Probleme aufgrund der Situation in Berlin hätten ein Ausmaß erreicht, das kein Abwarten mehr zulasse.[251]

250 Schreiben Ulbrichts an Chruschtschow, Juni 1961, BArch DY 30/3508, Bl. 194 – 196. Der Briefentwurf ist nur auf Juni datiert. Nach dem Inhalt ist er nach dem 20.6. entstanden, wahrscheinlich am 24.6.1961. Der Zeitraum ergibt sich aus verschiedenen Angaben im Brief. Wettig, Chruščëv und die Berliner Mauer, S. 660 (Anm. 64), datiert den Brief, ohne eine Begründung dafür anzuführen, auf »vermutlich 24.6.1961«. Wettig, Chruschtschows Berlin-Krise, S. 160 (Anm. 14), datierte ihn noch dezidiert auf den 24.6.1961 und führte zur Datierung an das Protokoll Nr. 336 der Sitzung des Präsidiums des ZK der KPdSU vom 3.7.1961, Punkt 7: Über den Brief des Gen. W. Ulbricht vom 24.6.1961, so auch Harrison, Ulbrichts Mauer, S. 451, Anm. 125.

251 Wettig, Chruscëv und die Berliner Mauer, S. 660. Bei Wettig findet sich auch kein Hinweis darauf, dass der Brief sowohl auf Deutsch als auch auf Englisch seit Jahren veröffentlicht und online zugänglich ist, s. http://www.chronik-der-mauer.de/index.php/de/Chronical/Detail/day/20/month/Juni/popupText/592849/year/1961 (Stand 16.7.2012); Harrison, Ulbricht and the Concrete »Rose«, Appendix E, S. 96 f.

Eine solche Aussage ist dem kurzen Brief nicht zu entnehmen. Die Frage einer Grenzschließung wird von Ulbricht gar nicht angesprochen, sondern die Grenzgängerfrage. Ulbricht räumt ein, dass politische Gründe eine Verschiebung der Einführung der von ihm gegen die Grenzgänger vorgesehenen Maßnahmen notwendig machen könnten. Dass Ulbricht solche Gründe eigentlich nicht sieht und eine sofortige Umsetzung bevorzugen würde, wird aus seinem Brief allerdings klar, aber es geht in ihm überhaupt nicht um die Grenzschließung.

Die Antwort Moskaus auf Ulbrichts Brief fiel schließlich positiv aus. Am 20. Juli, also erst einen knappen Monat nachdem Ulbricht seinen Brief nach Moskau geschickt hatte, billigte das Präsidium des ZK der KPdSU in Abwesenheit Chruschtschows Ulbrichts Vorschläge zum Grenzgängerproblem,[252] die dann in der Folge sukzessive umgesetzt wurden. Bereits am selben Tag, so Wilke, oder einige Tage später bzw. »um den 20. Juli«, so Wettig,[253] soll Chruschtschow die Entscheidung getroffen haben, die Sektorengrenze zu schließen, was die Grenzgängerregelung eigentlich überflüssig gemacht hätte.

Höchst interessant ist jedoch, dass Ulbricht offenkundig beim Abfassen dieses Briefes noch davon ausging, dass auch nach Abschluss eines Friedensvertrages die Berliner Sektorengrenze offen bleiben würde, denn er sagt ja in seinem Brief explizit, dass das Grenzgänger- bzw. Währungsproblem auch nach Abschluss eines Friedensvertrages bestehen bleiben würde, weil eine Einigung mit dem Senat über den Wechselkurs nicht zu erwarten sei. Der Friedensvertrag hätte die Lösung des Fluchtproblems gebracht, da die Flüchtlinge nicht mehr aus West-Berlin herausgekommen wären, aber eben nicht die Lösung des Wechselkursproblems. Diese Linie, von einer offenen Grenze in Berlin auch nach Abschluss des Friedensvertrages auszugehen, entsprach voll derjenigen, die Perwuchin einige Tage nachdem Ulbricht seinen Brief mit den Vorschlägen zur Lösung des Grenzgängerproblems nach Moskau geschickt hatte, als Vorschlag der sowjetischen Botschaft an Gromyko schickte. Perwuchin stellte einleitend fest, dass es zwei Möglichkeiten gebe, um das Fluchtproblem zu lösen: Entweder die DDR erhalte die volle Kontrolle über alle Verbindungs-

252 Protokoll Nr. 338 der Sitzung des Präsidiums des ZK der KPdSU am 20.7.1961, nach Wettig, Chruschtschows Berlin-Krise, S. 162, Anm. 25. Unter Punkt XXVII hat demnach das Präsidium in Abwesenheit Chruschtschows über die »Instruktionen der Botschaft der UdSSR in der DDR in Verbindung mit dem Brief des Gen. Ulbricht zur Frage der ›Grenzgänger‹« entschieden.

253 S. das Kap. IV. 3. Ein letzter Exkurs (IV) zur Quellenlage.

wege zwischen West-Berlin und der Bundesrepublik, oder die Sektorengrenze werde geschlossen. Da Letzteres aber zu großer Unzufriedenheit nicht nur bei den West-Berlinern, sondern auch bei allen DDR-Bewohnern führen und von der gegnerischen Propaganda ausgenutzt würde, zudem mit erheblichen technischen Schwierigkeiten verbunden wäre, sei erstere Lösung eindeutig anzustreben. Allerdings könnte, bei einer Verschlechterung der politischen Lage, die Schließung der Sektorengrenze notwendig werden, weshalb sie planerisch vorzubereiten sei.[254]

5. »Niemand hat die Absicht«

Knapp zwei Monate dauerte es noch von Ulbrichts Brief zur Lösung des Grenzgängerproblems an Chruschtschow, bis in Berlin zwar noch keine »Mauer« errichtet, aber doch die Sektorengrenze in einer Nacht-und-Nebel-Aktion militärisch gesichert und danach sukzessive ausgebaut wurde. Es gibt keine belastbaren Beweise dafür, dass Ulbricht diese Mauer gewollt hatte, jedenfalls nicht in dem Sinn, dass sie sein vorrangiges Ziel gewesen wäre. Er wollte die Flucht stoppen und sah im Laufe des Jahres 1961 die Notwendigkeit wachsen, dies bald zu tun, bis zum Sommer, nach dem Gipfeltreffen zwischen Chruschtschow und Kennedy Anfang Juni in Wien, aber noch vor den Bundestagswahlen in Westdeutschland im September. Das schien ihm ein günstiger Zeitpunkt zu sein, und diesen hat er seit dem Herbst 1960 zielstrebig anvisiert und versucht, die Notwendigkeit, dann auch zur Tat zu schreiten, Chruschtschow plausibel zu machen. Er hatte aber die Erfahrung machen müssen, dass er sich auf Chruschtschows Zusagen nicht verlassen konnte. Mehrmals hatte Chruschtschow seine Ultimaten verstreichen lassen, und einen separaten Friedensvertrag mit der DDR, mit dem die Kontrolle aller Verbindungswege von West-Berlin nach Westdeutschland der DDR übertragen worden wäre, gab es zwei Jahre nach dem Ablauf von Chruschtschows erstem Ultimatum immer noch nicht. Die

254 Perwuchin an Gromyko, 4. 7. 1961, englisch in: Harrison, Ulbricht and the Concrete »Rose«, Appendix F, S. 98 – 105, hier v. a. S. 98, 100. Perwuchin macht sehr genaue Ausführungen zu den praktischen Maßnahmen, die notwendig wären, um der DDR eine volle Kontrolle aller Verbindungswege zwischen West-Berlin und der Bundesrepublik zu ermöglichen. Die praktischen Probleme im Falle einer Schließung der Sektorengrenze werden dagegen nur kurz angedeutet.

Probleme in der DDR und in Berlin waren aber so, dass sie einer Lösung zugeführt werden mussten. Hauptsächliche Ursache aller Probleme war aus Sicht Ulbrichts und der SED-Führung inzwischen die offene Grenze in Berlin, mit ihrem Wirtschafts- und Währungsgefälle, als inzwischen primäre Fluchtroute von Tausenden Menschen jeden Monat und immer noch als Haupteinfalltor für die ideologische Diversion, auf die die Genossen ja die Flucht nicht unwesentlich zurückführten, und auch für Spionage und Sabotage.

Seit Herbst 1960 lassen sich, wie gezeigt wurde, konkrete Planungen zur Schließung der Grenze in Berlin nachweisen. Beleg für den Willen Ulbrichts, das Berlin-Problem jetzt prioritär auf diese Weise zu lösen, ist dieser Umstand aber mitnichten. Mindestens zwei andere Motive können sich, wie bereits ausgeführt, hinter diesen Planungen verbergen. Zum einen können es schlicht Notfallplanungen gewesen sein, wie sie jeder Politiker in der Schublade haben sollte für den Fall, dass man die eigentlichen Ziele nicht würde erreichen können. Zum anderen, oder besser zugleich, können diese Planungen und die gezielte Lancierung von entsprechenden Gerüchten nach Moskau auch den Zweck gehabt haben, Chruschtschow unter Druck zu setzen. Ulbricht wusste, dass Chruschtschow einer solchen Lösung nicht viel abgewinnen konnte. Da waren sie sich im Grunde einig, nur nicht in der Frage des Tempos, in dem es zum Friedensvertrag etc. kommen sollte. Da hatten beide eine völlig andere Perspektive: Chruschtschow die auf die Stellung der Sowjetunion in der Welt, Ulbricht die auf die Stabilität seiner Herrschaft. Das Berlin-Problem und die DDR waren für Chruschtschow wichtig, aber nicht alles – anders für Ulbricht. Bereitete er – entsprechend dem lateinischen Sprichwort »Si vis pacem, para bellum«[255] – die »Mauer« vor, um den Friedensvertrag zu bekommen? Es ist doch nicht allzu abwegig, bei seinem taktischen Geschick zu unterstellen, Ulbricht habe mit der Vorbereitung einer solchen Lösungsvariante Chruschtschow nicht etwa dazu bringen wollen, dieser Variante zuzustimmen, sondern das von Chruschtschow selbst deklarierte Ziel endlich energischer anzustreben, um die von ihm ungeliebte Grenzschließungsvariante vermeiden zu können: den Abschluss eines Friedensvertrages, die Umwandlung West-Berlins in eine »Freie Stadt« und vor allem auch die Übergabe der Kontrolle aller Verbindungswege zwischen Westdeutschland und Berlin an die DDR. Noch im Juli 1961 hielt es Kwizinski, zu jener Zeit persönlicher Mitarbeiter des Botschafters Perwuchin, für möglich, dass man in Moskau Ulbrichts die Lage

255 Wenn du den Frieden willst, bereite den Krieg vor.

dramatisierenden Meldungen und sein Drängen auf Schließung der Grenze lediglich als Versuche aufnahm, »um rascher einen Beschluss über die Unterzeichnung des Friedensvertrages mit der DDR herbeizuführen.«[256]

Es gibt keine belastbaren Belege dafür, dass es Ulbricht tatsächlich prioritär um die Durchsetzung der Mauer-Variante gegangen wäre. Selbst wenn es ein Dokument gäbe, wonach Ulbricht vor dem August 1961 zu Chruschtschow gesagt habe, wenn wir nicht bis zu dem und dem Termin den Friedensvertrag und die volle Kontrolle bekommen, dann müssen wir die Sektorengrenze schließen, so hieße das noch lange nicht, dass Zweck dieser Aussage gewesen wäre, von Chruschtschow die Zustimmung zur Grenzschließung zu erhalten. Es könnte genauso gut ein verzweifelter taktischer Versuch gewesen sein, Chruschtschow endlich zur Umsetzung dessen zu bringen, was er seit dem November 1958 zugesagt und immer wieder öffentlich gefordert hatte. Und nach dem, was wir wissen, träfe diese Interpretation mit höherer Wahrscheinlichkeit die Wirklichkeit. Aber es liegt solch ein Dokument bislang nicht vor, nur Aussagen zweit- und drittrangiger DDR-Funktionäre gegenüber durchweg nur drittrangigen Sowjetfunktionären. Wie schwach muss die Quellenlage sein, wenn Harrison als vermeintlichen Beleg für ihre Behauptung schreibt: »Ulbricht war nicht der einzige Funktionär, der die Berliner Sektorengrenze schließen wollte, um den Flüchtlingsstrom zu beenden«, um anschließend zu schildern, wie ein Referatsleiter aus dem DDR-Außenministerium Kwizinski »anvertraute«, dass man in der ZK-Abteilung für Internationale Verbindungen von der Möglichkeit spreche, »früher oder später in der einen oder anderen Form entsprechende Maßnahmen an der Sektorengrenze« zu ergreifen.[257] Harrisons Schlussfolgerung: »Anfang Juni sprachen Spitzenfunktionäre [sic!] der SED also offen über ihre Annahme, dass die Berliner Sektorengrenze in naher Zukunft geschlossen werden würde. Kwizinski fand das besorgniserregend.«[258] Darüber, dass es in Berlin nicht so bleiben könne, wie es war, sprachen SED-Funktionäre schon seit Jahren, und dass eine Möglichkeit, die Flucht zu verhindern, die Grenzschließung war, lag auf der Hand.

256 Kwizinskij, Vor dem Sturm, S. 179.

257 Zapis besedy so staršim referentom otdela Soveckogo Sojuza MID GDR E. Hiuttnerom, [Notiz über die Besprechung mit dem Referatsleiter in der Abteilung Sowjetunion des MfA, E. Hüttner] 10. 6. 1961, zit. nach Harrison, Ulbrichts Mauer, S. 289 f. Harrison präsentiert das Zitat so, dass die Worte »entsprechende Maßnahmen« nicht auf eine vorangehende Passage des Zitates selbst, sondern nur auf Ausführungen Harrisons, was davor gesagt worden sei, bezogen werden können.

258 Harrison, Ulbrichts Mauer, S. 290.

Dass dies Ulbrichts Wunschlösung gewesen war, kann man aus solchen Zitaten aber wohl kaum ableiten.

Angesichts der unbestritten sehr lückenhaften Quellenlage im Vorfeld des Mauerbaus ist es schlichtweg nicht möglich, zweifelsfrei zu sagen, was Ulbricht »wirklich wollte«. Wir können froh sein, wenn wir zweifelsfrei rekonstruieren können, was er tat. Wir können versuchen, Indizien, die auf mögliche tiefere Absichten Ulbrichts schließen lassen, zu suchen. Wir können uns bemühen, den historischen Kontext möglichst genau zu rekonstruieren. Wir können vor dem Hintergrund offenkundiger ideologischer Grundannahmen Ulbrichts die innere Logik von dessen Denken und die Perspektiven seines Tuns relativ sicher nachvollziehen. Und wir können Ulbrichts Interessenlage berücksichtigen und aus all dem eine Position herausarbeiten, die mit relativer Wahrscheinlichkeit beanspruchen kann, dem zu entsprechen, was Ulbricht gedacht und angestrebt hat. Bezeugte Zornesausbrüche, Tagebucheintragungen, Bekenntnisse gegenüber engeren Freunden – so etwas könnte dabei weiterhelfen. Aber so etwas ist von Ulbricht nicht bekannt. Aufschlussreich sein können aber natürlich auch sogenannte Freud'sche Fehlleistungen.

Die Pressekonferenz vom 15. Juni

Lange wurde Ulbrichts Aussage auf einer Pressekonferenz am 15. Juni 1961, niemand habe die Absicht, eine Mauer zu errichten,[259] als eine solche Fehlleistung gesehen. Denn das Erstaunliche war, dass Ulbricht mit dieser Antwort die Frage der Reporterin der »Frankfurter Rundschau«, Annemarie Doherr, danach beantwortete, ob die Bildung einer »Freien Stadt« (West-Berlin) seiner Meinung nach bedeute, »daß die Staatsgrenze am Brandenburger Tor errichtet wird? Und sind Sie entschlossen, dieser Tatsache mit allen Konsequenzen Rechnung zu tragen?« Von einer Mauer hatte sie gar nicht gesprochen. Mit dem 13. August schien Ulbricht nun vor aller Welt als Lügner entlarvt.

259 Staatsratsvorsitzender Ulbricht auf der Pressekonferenz am 15.6.1961, Dokumente zur Deutschlandpolitik IV/6/2, S. 925–945, hier S. 933 f. Für den Originalton s. http://www.chronik-der-mauer.de/index.php/de/Media/VideoPopup/day/15/field/audio_video/id/36381/month/Juni/oldAction/Detail/oldModule/Chronical/year/1961 (Stand 8.3.2011). Dies ist allerdings, ohne dass es kenntlich gemacht wird, ein Zusammenschnitt und gibt nicht den tatsächlichen Ablauf der Pressekonferenz wie auch nicht die ganze Antwort Ulbrichts wieder.

Die meisten Deutschen hatten von ihm wohl auch nichts anderes erwartet. Der »Spitzbart«, wie er despektierlich genannt wurde, hatte mit dem Mauerbau den Offenbarungseid seines Sozialismus in der »Zone« geleistet, den Bankrott des »Pankower« Regimes aller Welt vor Augen geführt. Die Mauerpassage der Pressekonferenz gelangte seit dem 13. August zu weltweiter Bekanntheit, fehlt in keinem Buch über die Berliner Mauer, wurde als Ansichtskarte von Touristen zigtausend Mal aus West-Berlin in alle Welt verschickt. Bis zum Mauerbau am 13. August 1961 wurde Ulbrichts damaliger Antwort, nicht die Absicht zu haben, in Berlin eine Mauer zu errichten, jedoch wenig Beachtung geschenkt. »Der Spiegel«, dessen Reporter dahingehend am hartnäckigsten nachgefragt hatte, berichtete anschließend, Ulbricht möchte »aus technischen und psychologischen Gründen eine vollständige Abriegelung der Sektorengrenzen vermeiden«. Der SED-Chef strebe »daher die volle Kontrolle auch der Passagiere im Luftverkehr von und nach Westberlin an, um die Republikflucht endgültig abzudrosseln«.[260]

Der Flüchtlingsstrom schwoll deutlich an, aber noch nicht im Juni, und vor allem nicht, wie Harrison behauptet, »am Tag nach der Pressekonferenz« und schon gar nicht steil.[261] Am 15. Juni waren es nach Angaben des Bundesministeriums für Vertriebene 1011 Flüchtlinge, am 16. Juni 825. Für den 17. und 18. Juni gibt es keine Angaben, da der 17. ein Feiertag und der 18. ein Sonntag war und im Notaufnahmelager in Berlin-Marienfelde an solchen Tagen anscheinend keine Flüchtlinge registriert wurden. An allen Tagen bis zum 10. Juli lagen die Fluchtzahlen unter denen vom 15. Juni, teilweise deutlich. Ein Ansteigen der Fluchtzahlen ist erst seit dem 11. Juli zu verzeichnen. Am 10. Juli waren es mit 650 Personen besonders wenig, am 11. Juli mit 1218 deutlich mehr. Auslöser dieser neuen Fluchtwelle war, wie dargelegt, vor allem die neue, in ihrer Schärfe bisher so nicht gekannte Kampagne gegen die Grenzgänger.[262] Selbst wenn man berücksichtigt, dass diese Zahlen im Mikroblick nicht allzu belastbar sind, u. a. weil es Registrierungs- und keine Abgangszahlen sind, ist doch offenkundig, dass Ulbrichts vermeintliche indirekte Drohung, eine Mauer zu errichten, noch keine unmittelbaren Auswirkungen auf die Fluchtentwicklung gehabt hat. Dies ist auch wenig verwunderlich, da

260 Luftverkehr via Schönefeld, Der Spiegel, Nr. 27, 28. 6. 1961, S. 22–23.

261 Harrison, Ulbrichts Mauer, S. 300. Harrison verlässt sich hier offenkundig einfach auf die entsprechende Erinnerung Norman Gelbs, ohne die tatsächlichen Zahlen betrachtet zu haben.

262 Vgl. zum Grenzgängerproblem das Kap. IV. 4. »Das muss doch zu Ende gehen«.

seine entsprechende Aussage damals nur ein relativ geringes Echo fand. Sollte Ulbricht, wie von einigen Autoren vermutet, also mit seiner Aussage das Ziel verfolgt haben, den Flüchtlingsstrom ansteigen zu lassen, um Chruschtschow die Einwilligung zur Grenzschließung abzuringen,[263] so war ihm dies nicht gelungen. Vieles deutet also darauf hin, dass »Der Spiegel« Ulbrichts Absichten damals recht genau erfasst hatte, wenn er schrieb, Ulbricht möchte »aus technischen und psychologischen Gründen eine vollständige Abriegelung der Sektorengrenzen vermeiden« und strebe »daher die volle Kontrolle auch der Passagiere im Luftverkehr von und nach Westberlin an, um die Republikflucht endgültig abzudrosseln«.[264] Honecker soll 1992 gegenüber seinem Rechtsanwalt Friedrich Wolff behauptet haben, die Mauer sei auf »Initiative der UdSSR« gebaut worden. Er selbst habe »bis Juli 1961 nichts von diesem Vorhaben gewusst«.[265]

---

263 So jüngst beispielsweise noch apodiktisch Wolfrum, Edgar: Die Mauer. Geschichte einer Teilung, München 2009, S. 37 f. Ähnlich auch Harrison, Driving the Soviets up the Wall, S. 179 ff.; Harrison, Ulbrichts Mauer, S. 2966 ff. Sie sieht bei Ulbricht, in Anlehnung an Gelb, Norman: The Berlin Wall, London 1986, S. 58–65, 100, die Absicht, die Spannung in und um Berlin zu erhöhen, was ihrer Hauptthese entspricht, Ulbricht habe Chruschtschow zum Mauerbau überlistet, der »Schwanz habe mit dem Hund« gewedelt. Gegen diese Hypothese spricht nicht zuletzt, dass Ulbrichts Aussage bis zum 13. August in den Medien kaum als Drohung, die Sektorengrenze zu schließen, erkannt oder wahrgenommen wurde. Adomeit, Hannes: Die Sowjetmacht in internationalen Krisen und Konflikten. Verhaltensmuster, Handlungsprinzipien, Bestimmungsfaktoren, Baden-Baden 1983, S. 274 und 377, hat zudem bereits darauf hingewiesen, dass Ulbrichts Aussage zum Zeitpunkt der Äußerung sowohl als Beruhigung, um den Flüchtlingsstrom zu drosseln, als auch als Provokation interpretiert werden konnte. Ulbricht konnte kaum sicher kalkuliert haben, wie die Menschen auf eine solche Äußerung reagieren würden. Auch Gelb, The Berlin Wall, S. 92, der die Provokationsthese vertritt, erwähnt selbst, dass nicht einer der anwesenden Reporter Ulbrichts »gratuitous declaration«, niemand habe die Absicht, eine Mauer zu bauen, irgendeine besondere Bedeutung beigemessen habe. Für Lemke, Die Berlinkrise, S. 162 f., war – unter Bezugnahme auf die Pressekonferenz – noch »unklar, von welchem Zeitpunkt an dem Ersten Sekretär die unmittelbare Notwendigkeit und dann die praktische Möglichkeit einer Grenzsperrung bewußt war«, um dann auf der folgenden Seite zu schreiben: »Spätestens Mitte Juni 1961«, also zum Zeitpunkt der Pressekonferenz, »stand für Ulbricht fest, daß es für ihn zur Abschottung der Grenze in Berlin keine realistische Alternative gab«. Der Frage, warum sich Ulbricht angesichts dessen auf der Pressekonferenz derart äußerte, geht er nicht nach. Ähnlich auch Lemke, Einheit oder Sozialismus, S. 463.

264 Luftverkehr via Schönefeld, Der Spiegel, Nr. 27, 28. 6. 1961, S. 22–23.

265 Zit. nach Honecker, Erich: Letzte Aufzeichnungen. Mit einem Vorwort von Margot Honecker, Berlin 2012, S. 51. Der Herausgeber Frank Schumann gibt hier keine

Mit ziemlicher Wahrscheinlichkeit ist tatsächlich wohl davon auszugehen, dass Ulbricht auf der Pressekonferenz schlicht mehr oder weniger das aussprach, wovon er zum damaligen Zeitpunkt wirklich ausging, was er hoffte, wozu er Chruschtschow mit dem öffentlichen Aufzeigen der Mauer-Alternative drängen wollte: Chruschtschow würde einen Friedensvertrag mit Ost-Berlin schließen und West-Berlin eine »Freie Stadt« werden, deren Zugangswege fortan der Kontrolle der DDR unterlägen, was eine rigide Abriegelung der Sektorengrenze zum Zwecke der Fluchtverhinderung erübrigen würde. Wörtlich sagte er auf die Frage Doherrs damals:

> Ich verstehe Ihre Frage so, daß es in Westdeutschland Menschen gibt, die wünschen, daß wir die Bauarbeiter der Hauptstadt der DDR dazu mobilisieren, eine Mauer aufzurichten. Mir ist nicht bekannt, daß eine solche Absicht besteht. Die Bauarbeiter unserer Hauptstadt beschäftigen sich hauptsächlich mit Wohnungsbau, und ihre Arbeitskraft wird dafür voll eingesetzt. Niemand hat die Absicht, eine Mauer zu errichten. Ich habe vorhin schon gesagt: Wir sind für [eine] vertragliche Regelung der Beziehungen zwischen Westberlin und der Regierung der Deutschen Demokratischen Republik. Das ist der einfachste und normalste Weg zur Regelung dieser Frage.
> Die Staatsgrenze verläuft, wie bekannt, z.B. an der Elbe usw. Und das Territorium Westberlins gehört zum Territorium der Deutschen Demokratischen Republik. In gewissem Sinne gibt es selbstverständlich staatliche Grenzfragen auch zwischen Westberlin und der Deutschen Demokratischen Republik, wenn die Neutralisierung Westberlins erfolgt. Aber es besteht ein Unterschied zwischen den Regelungen, die für die Staatsgrenze mit Westdeutschland gelten, und den Regelungen, die für Berlin getroffen werden.[266]

Genaugenommen schloss Ulbricht die Möglichkeit einer Grenzschließung, einer »Mauer« durch Berlin gar nicht aus, sagte nur, dass es niemandes und damit auch nicht seine »Absicht« sei, sie zu bauen. Diese Linie behielt er in den kommenden Wochen bei. Seine Absicht war es, eine »vertragliche Regelung« zu erreichen, dies sei »der einfachste und normalste Weg«. Die seiner Aussage

---

Quelle an. Möglicherweise hat sich Honeckers Anwalt Wolff so gegenüber Schumann geäußert. In Wolff, Verlorene Prozesse, findet sich keine Passage mit einer solchen Terminangabe, lediglich auf S. 368 die Aussage Honeckers, er habe »vorher« nichts gewusst: »Die Pläne für den Bau der Mauer seien dann vom Stab der Vereinigten Streitkräfte des Warschauer Vertrages erarbeitet worden.«

266 Staatsratsvorsitzender Ulbricht auf der Pressekonferenz am 15.6.1961, Dokumente zur Deutschlandpolitik IV/6/2, S. 934.

eventuell zu entnehmende Drohung, für den Fall, dass es zu keiner vertraglichen Regelung kommen würde, schwächte er zwar damit ab, dass er direkt anschließend anfügte, es bestehe »ein Unterschied zwischen den Regelungen, die für die Staatsgrenze mit Westdeutschland gelten, und den Regelungen, die für Berlin gelten«. Allerdings war diese Bemerkung wohl vor allem auf die Rechtsauffassung der DDR zurückzuführen, West-Berlin sei Teil des Territoriums der DDR. Ein Ausschließen der Möglichkeit einer rigiden Abriegelung der Sektorengrenze konnte man Ulbrichts Aussage damals nicht entnehmen, und »Der Spiegel« hat es ja auch richtig verstanden. Ulbricht bevorzugte die andere, vertragliche Lösung.

Der Verlauf der Pressekonferenz insgesamt unterstützt ganz deutlich eine solche Interpretation. Karl-Heinz Vater vom »Spiegel« fragte zweimal sehr konkret nach:

> Schließt die angestrebte Kontrolle der DDR über die Verkehrswege einer Freien Stadt Westberlin nach Westdeutschland weiterhin die Möglichkeit ein, daß Flüchtlinge aus Westberlin in die Bundesrepublik abgeflogen werden können?

Ulbricht antwortete darauf, die Abwerbung von Menschen, der »Menschenhandel« müsse beendet werden:

> Wir halten es für selbstverständlich, daß die sogenannten Flüchtlingslager in Westberlin geschlossen werden und die Personen, die sich mit Menschenhandel befassen, Westberlin verlassen. Dazu gehören nicht nur die Spionagezentralen der westdeutschen Bundesrepublik, sondern auch die Spionagedienste der USA, Frankreichs und Englands.

Selbstverständlich werde es immer Menschen geben, »die die Absicht haben, ihren Wohnsitz zu ändern«. Dies müsse auf gesetzlichem Wege geschehen, wie in allen Ländern:

> Wer also von den Organen der Deutschen Demokratischen Republik, vom Innenministerium die Erlaubnis erhält, der kann die DDR verlassen. Wer sie nicht erhält, der kann sie nicht verlassen.[267]

267 Ebd., S. 931.

Vater hakte dann etwas später noch einmal nach und fragte:

> Würde die Kontrolle über die Luftsicherheit einschließen, daß die DDR auch eine Kontrolle der Passagiere durchführt, die von Westberlin in die Bundesrepublik oder umgekehrt fliegen wollen? Eine weitere Zusatzfrage zu einem vorhin schon behandelten Komplex: Wenn ich Sie richtig verstanden habe, Herr Vorsitzender, sind Sie der Meinung, daß DDR-Bürger nicht nach Westberlin einreisen oder übersiedeln dürfen, sofern sie keine Genehmigung des Innenministeriums der DDR haben. Würde das nicht bedeuten, daß Westberlin nicht – wie sonst alle anderen Länder in dieser Welt – das Recht hat, politisches Asyl zu gewähren [...]?

Ulbricht verwies in seiner Antwort lapidar auf die international üblichen Verfahren bei der Kontrolle des Flugverkehrs, die auch in Berlin gelten würden, und zu der Frage der Republikflüchtigen nur auf seine vorangegangene Antwort, mit der er die Frage bereits »ganz präzise beantwortet« habe.[268]

Es bleibt noch zu klären, warum Ulbricht denn, wenn es so war, wie »Der Spiegel« damals meinte, und es heute ebenfalls als wahrscheinlich gelten muss, überhaupt konkret von einer »Mauer« und nicht etwa allgemeiner von Grenzschließung gesprochen hatte. Uhl meint, die Erwähnung einer »Mauer« belege, dass Ulbricht nicht nur bereits fest entschlossen gewesen war, West-Berlin radikal abzuriegeln, sondern sich sogar schon Gedanken über die konkrete technische Umsetzung gemacht habe, »eben eine Mauer, kein Zaun oder anderes«.[269] Möglicherweise ist die Erklärung für Ulbrichts vermeintliche Freud'sche Fehlleistung aber viel banaler. Kwizinski berichtet, dass in jenen Monaten vor dem Bauer der Mauer die Botschaft regelmäßig »die langen Mitschriften der Gespräche Chruschtschows mit führenden Vertretern des Westens« Ulbricht überbracht hätte. Er selbst habe sie für Ulbricht übersetzt, und dieser, so Kwizinski,

> machte sich fleißig Notizen, die er danach in seinen Reden verwendete. Bei einer dieser Gelegenheiten sagte auch Ulbricht, er habe nicht die Absicht, eine Mauer durch Berlin zu bauen. Später wurde diese Bemerkung häufig dahingehend interpretiert, der hinterhältige Ulbricht habe sich damals verplappert, nur sei dies niemandem aufgefallen. In Wirklichkeit hatte er nur ein weiteres Mal Chruschtschows Argumentation benutzt, um die »volle Einmütigkeit«

268 Ebd., S. 943.
269 Vgl. Uhl, Krieg um Berlin, S. 120.

> der Positionen der DDR und der UdSSR in der deutschen Frage zu demonstrieren. Von der Schließung der Grenze sprach er zum ersten Mal an jenem denkwürdigen Tag auf der Datsche, den ich bereits beschrieben habe.[270]

Kwizinski nimmt hier eindeutig auf Ulbrichts Pressekonferenz am 15. Juni 1961 Bezug und liefert – nebenbei gesagt – mit seiner Aussage, Ulbricht habe erstmals »an jenem denkwürdigen Tag auf der Datsche« von der Schließung der Grenze gesprochen, einen weiteren Beleg dafür, wie vorsichtig wir damit sein müssen, wann irgendetwas »zum ersten Mal« gewesen sei. Oft ist es nur der Termin, an dem ein Augenzeuge oder Beteiligter zum ersten Mal davon erfahren hat oder das erste Dokument dazu vorliegt. Folgt man Wettig und Harrison, hat Ulbricht die Schließung der Sektorengrenze zur Fluchtverhinderung ja angeblich bereits seit Jahren gefordert. Allerdings haben sie, wie zu sehen war, keine Belege dafür. Folgt man den Aussagen Šejnas, tat Ulbricht dies auch klar und unmissverständlich auf der Warschauer-Pakt-Tagung Ende März 1961 in Moskau, allerdings ist dessen Zeugnis sehr zweifelhaft. Und folgt man wieder Wettig und Harrison, hat Perwuchin diese Forderung Ulbrichts ja angeblich bereits am 19. Mai nach Moskau übermittelt, auf Ulbrichts Drängen hin. Allerdings kann man dies seinem Brief, wie gezeigt, gar nicht entnehmen. Sieht man sich aber Kwizinskis Bericht von dem Gespräch zwischen Perwuchin und Ulbricht »Ende Juni oder Anfang Juli« genau an, behauptet er nicht einmal explizit, Ulbricht habe die Schließung der Sektorengrenze gefordert. Möglicherweise hat Kwizinski dies nur im Nachhinein so interpretiert oder erinnert. Ging es vielleicht um das Grenzgängerproblem und gar nicht um die Schließung der Grenze? Zeitlich passen würde es. Aber selbst wenn Ulbricht in diesem Gespräch nun tatsächlich explizit die Grenzschließung gefordert hätte, hieße dies immer noch nicht zwangsläufig, die Grenzschließung und nicht etwa der Abschluss eines Friedensvertrages sei sein vorrangiges Ziel gewesen. Es wurde bereits erwähnt, dass Kwizinski es für möglich gehalten hatte, dass die Forderung Ulbrichts nach Grenzschließung in Moskau nicht für bare Münze genommen wurde, stattdessen als Druckmittel verstanden worden sei.

Doch zurück zur vermeintlichen Freud'schen Fehlleistung Ulbrichts am 15. Juni 1961. Kwizinski erinnert sich also an eine vergleichbare Formulierung in einem der Gespräche Chruschtschows mit einem westlichen Politiker, die von Ulbricht nur übernommen worden sei. Und in der Tat ist eine solche Be-

270 Kwizinskij, Vor dem Sturm, S. 216.

merkung Chruschtschows gegenüber dem westdeutschen Botschafter Kroll in Moskau überliefert. Das Gespräch im April, das oben bereits erwähnt wurde, war auf Bitte Hans Krolls zustande gekommen, der ausloten wollte, wann mit dem Abschluss eines Separatfriedensvertrages mit der DDR zu rechnen sei und welche Handlungsoptionen es für Bonn und den Westen gäbe. Chruschtschow lud Kroll auf seine Datsche ans Schwarze Meer in Gagra ein. Die dreistündige Unterredung fand nach einem gemeinsamen Bad in Chruschtschows Swimmingpool statt, bei dem Chruschtschow in einem alten Autoreifen hing, wie Kroll berichtet.[271] Es war also eine durchaus aufgeräumte Atmosphäre, Chruschtschow zeigte sich aber dessen ungeachtet in dem Gespräch entschlossen, noch 1961 einen Friedensvertrag abzuschließen, ob nun mit beiden deutschen Staaten oder nur mit der DDR. Zum Status einer »Freien Stadt« sagte er:

> Wir verstehen das so: Aufrechterhaltung der gegenwärtigen sozialen Struktur, welche die Einwohner der Stadt selbst wollen. Wir sind auch für so viele Beziehungen der Stadt zur Außenwelt wie möglich. Aber die Verbindungen der Freien Stadt werden im Rahmen der Souveränität der DDR praktiziert werden. Wenn ich an der Stelle von Gen. Ulbricht wäre, dann wäre ich schon jetzt nicht mit den Flügen der [westlichen] Flugzeuge einverstanden. [...] Die Luftverbindungen sind über einen Flugplatz der DDR abzuwickeln. Um es direkt zu sagen: zur Kontrolle von Ein- und Ausreise, weil ein souveräner Staat nicht bestehen kann, ohne zu wissen, wer in ihn einreist und was man einführt; er kann nicht mit offenen Türen leben.
> Aber all das werden die Deutschen [selbst] sagen, Gen. Ulbricht. Also – Verkehrsverbindungen per Eisenbahn, auf dem Wasser- und Luftweg, aber mittels Kontrolle der DDR. Andernfalls wird es nötig sein, eine Festungsmauer um West-Berlin herum zu bauen oder ein Sonderregime zu errichten. Das ist[272] unmöglich, weil Berlin ein einheitliches Wirtschaftsgebiet ist, die Einwohner Berlins in verschiedenen Stadtteilen arbeiten, (dort)[273] Verwandte haben usw.

Kroll ging nach dem Gesprächsprotokoll darauf nicht weiter ein, sondern kam auf die zuvor von Chruschtschow aufgeworfene Frage zurück, wann es Bonn am besten passe, eine »allgemeine Friedenskonferenz« abzuhalten, vor oder nach den Bundestagswahlen. Kroll plädierte für danach, »weil Adenauer nach dem Wahlsieg mehr Zeit hat und zudem seine Politik für die nächsten vier Jahre planen kann«. Chruschtschow erklärte sich einverstanden und stellte in

271 Kroll, Hans: Lebenserinnerungen eines Botschafters, Köln, Berlin 1967, S. 482 ff.
272 Der Hg. Wettig fügte hier ein »aber« ein.
273 Von Wettig eingefügt.

Aussicht, dass es diese Konferenz dann wohl erst nach dem Parteitag der KPdSU im Oktober geben werde.[274]

Kwizinskis Erklärung von Ulbrichts vermeintlicher Freud'scher Fehlleistung scheint die plausibelste von allen zu sein. Ulbricht hat zur Absicherung seiner Ausführungen einfach eine Formulierung Chruschtschows aufgenommen, die auch noch deshalb besonders geeignet zu sein schien, weil Chruschtschow sie gerade gegenüber dem westdeutschen Botschafter gemacht hatte. Alles, was Chruschtschow Kroll zu den zwangsläufigen Folgen eines Friedensvertrages gesagt hatte, entsprach voll und ganz dem, was Ulbricht wollte, entsprach seinen »Absichten«. Das Einzige, was ihn beunruhigt haben dürfte, ist, dass Chruschtschow, sogar noch bevor er überhaupt mit Kennedy in Wien zusammengetroffen war, die Friedenskonferenz bereits auf den November geschoben hatte. Ulbricht begann die Zeit davonzulaufen. Weshalb sollte er sicher sein können, dass Chruschtschow eine solche Konferenz tatsächlich noch 1961 abhalten würde, und vor allem, dass er in jedem Fall nach deren Ende mit der DDR einen Friedensvertrag abschließen würde? All dies schien für ihn – der innenpolitischen Entwicklung wegen – möglicherweise in unerreichbare Ferne zu rücken. Wie lange würde die DDR den Aderlass von Jugendlichen, Facharbeitern und Ärzten noch durchhalten? Wie lange würden die Menschen angesichts der immer schlechter werdenden Versorgungslage noch tatenlos zusehen?[275] Wahrscheinlich ist es in Anbetracht der Lage, in der sich Ulbricht befand, etwas weltfremd, zu fragen, was dessen »Absichten« gewesen seien.

---

274 Gespräch Chruschtschows mit dem Botschafter der Bundesrepublik Deutschland, Hans Kroll, am 24. April 1961, in: Wettig, Chruschtschows Westpolitik, 3, S. 135–151, hier S. 145 f.

275 Von 1959 bis 1960 stieg die Zahl der Verfahren wegen staatsgefährdender Hetze und Propaganda dramatisch: »Die Verfahren wegen Hetze und Staatsverleumdung sind im Berichtsjahr angestiegen, Staatsgefährdende Hetze und Propaganda nach § 19 [StGB DDR] von 2786 im Jahr 1959 auf 4809 Verfahren im Jahr 1960 = 72,6 % […] Auch die Verfahren wegen Hetze gegen die Arbeiter- und Bauern-Macht haben zugenommen. Das ist zum Teil auf die verstärkte Hetz- und Wühltätigkeit des Klassenfeindes zurückzuführen. Es sind jedoch auch Bürger wegen Äußerungen strafrechtlich verfolgt worden, die nicht die Schwere einer strafbaren Handlung hatten. Diese Äußerungen eines zurückgebliebenen Bewußtseins hätten durch sachliche Überzeugung geklärt werden können, dies um so mehr, als 60–70% der wegen Hetze Verurteilten Arbeiter waren, die z.T. in der Produktion gute Leistungen vollbrachten.« S. Bericht der zentralen Strafverfolgungsorgane der DDR über die Bewegung und Bekämpfung der Kriminalität im Jahr 1960 (Entwurf), undatiert, zit. nach Mitter/Wolle, Untergang auf Raten, S. 325 ff.

Die Lage in der DDR im Sommer 1961 stellte ihn vor neue historische »Notwendigkeiten«, und er sah die Freiheit seines Handelns daraus resultierend, dass er sie erkannte. Für Chruschtschow waren Ulbrichts »Absichten« ohne Bedeutung. Sie hatten zwar die gleichen – das, was Chruschtschow Kroll gegenüber klar dargelegt hatte –, aber Ulbricht konnte nur den starken Bruder drängen, dies durchzusetzen, denn er selbst hatte keine Mittel, es zu tun. Für den starken Bruder aber waren diese »Absichten« wünschenswerte Maximalforderungen, während sie für Ulbricht von existentieller Bedeutung waren. Ulbricht machte Druck mit der Variante Grenzschließung, und sie war zugleich sein Rettungsanker. Sein Essential war: Die Flucht »muss zum großen Teil abgestoppt werden«, wie er im Januar vor dem Politbüro sagte.[276] Er brauchte, wenn er den Friedensvertrag jetzt nicht bekommen konnte, die Grenzschließung, um handlungsfähig zu bleiben.[277] Es war für ihn aber zugleich klar nur die Vorstufe zu einer Regelung, die ein Friedensvertrag Ende des Jahres bringen würde. Und es war in diesem Sinne auch ein Druckmittel auf den Westen. Erst später erkannte Ulbricht, dass das Berlin-Problem damit für Chruschtschow erst einmal mehr oder weniger hinreichend gelöst war. Es bestand aus dessen Sicht kein Grund mehr zur Eile und zu unnötigem Risiko.

»Wir alle waren überrascht«

Im Spätsommer des Jahres, einige Zeit nach dem Mauerbau,[278] trafen Ulbricht und der CDU-Vorsitzende Gerald Götting anlässlich einer Sitzung des Staatsrates zusammen. Ulbricht war dessen Vorsitzender und Götting einer seiner

276 Protokoll der Politbürositzung vom 4. 1. 1961, Stichwortprotokoll, BArch DY 30 J IV 2/2/743, zit. nach Harrison, Ulbrichts Mauer, S. 259.

277 Trotz Geburtenüberschusses schrumpfte die ostdeutsche Bevölkerung weiter. Die anhaltende Konjunktur in Westdeutschland erlaubte Bonn, Hilfsleistungen für Flüchtlinge noch großzügiger zu gestalten bzw. anzuwenden, als es schon in den Vorjahren geschehen war. Die SED-Führung sah in diesen Maßnahmen Abwerbung, und in der Tat war deren Wirkung in der Praxis so, s. Stand und Entwicklung der Bevölkerungsbewegung im Jahre 1960, HA PM, 13. 2. 1961, BArch DO 1/27967, Bl. 37–60.

278 Götting macht in seinem Vermerk über die im Folgenden geschilderte Begebenheit keine genaue Zeitangabe. Er schreibt, »einige Zeit nach meiner Rückkehr« habe er Ulbricht bei einer Sitzung des Staatsrates getroffen. Die erste (12.) Sitzung des Staatsrates nach Göttings Rückkehr in die DDR am 15. 8. 1961 fand am 7. 9. 1961 statt. Sowohl von der Anzahl der Tagesordnungspunkte als auch von der Zahl der geladenen

Stellvertreter. Götting nahm diese Begegnung zum Anlass, Ulbricht seine Verwunderung darüber auszudrücken, dass sein Name unter der Erklärung des »Blocks« zum Mauerbau stehe, obwohl er zu jener Zeit in Afrika gewesen sei. Ulbricht fragte trocken: »Na hätten Sie denn nicht zugestimmt?« Götting erwiderte: »Was für eine Frage! – Das ändert nichts daran, daß über mich in einer wichtigen Frage verfügt worden war.« »Wir haben es mit Ihnen gut gemeint«, erwiderte Ulbricht väterlich-fürsorglich. Götting berichtet weiter, Ulbricht habe ihn dann »überraschenderweise« gefragt, ob er mit dem Auto

---

Gäste her liegt es aber näher, dass Götting sich auf die (13.) Sitzung am 18.9.1961 bezieht. Die eher auf diese Sitzung weisende Information, die betreffende Sitzung sei unerwartet »kurz« und Ulbrichts Fahrer deshalb noch nicht da gewesen, findet sich aber nicht in Göttings Gesprächsvermerk selbst, sondern nur in der Schilderung der Episode in Günther, Siegwart-Horst/Götting, Gerald: Was heißt Ehrfurcht vor dem Leben? Begegnung mit Albert Schweitzer, Berlin 2005, S. 194–196, hier S. 195. Lapp, Peter-Joachim: Gerald Götting. CDU-Chef in der DDR. Eine politische Biographie, Aachen 2011, S. 69 f., datiert die Fahrt ohne Begründung »im August 1961«. Im August fand aber keine Staatsratssitzung statt, so dass auch die »lebendige« Schilderung der Episode in der Jungen Welt vom 15.8.2005 eher nicht mit der Realität in Deckung zu bringen sein dürfte, s. Allertz, Robert [i.e. Schumann, Frank]/Ittershagen, Elisabeth: »Da hat mir Chruschtschow ganz schön etwas eingebrockt«. Niemand hat die Absicht, eine Mauer zu bauen, Teil 1. Zwischen Bonn und Moskau, Junge Welt, Nr. 189, 15.8.2005; Allertz, Robert [i.e. Schumann, Frank]/Ittershagen, Elisabeth: Halbe Souveränität, 100 Prozent Kontrolle. Niemand hat die Absicht, eine Mauer zu bauen, Teil 2 und Schluss, Junge Welt, Nr. 190, 16.8.2005. Hier wird der Eindruck erweckt, die Episode habe noch am Tage der Rückkehr Göttings aus Afrika, also am 15.8.1961, stattgefunden. Wie das hier suggerierte Datum eher unwahrscheinlich ist, so finden sich leider auch einige in der Jungen Welt angeführte »wörtliche« Zitate nicht in der angegebenen Quelle (Günther/Götting, Was heißt Ehrfurcht), etwa Ulbrichts angeblicher Eingangsseufzer gegenüber Götting: »Ach, [...] da hat mir Chruschtschow ganz schön etwas eingebrockt.« Dieser großzügige Umgang mit Quellen, Daten und Kontexten kann aber geradezu als ein Markenzeichen des Autors bezeichnet werden, der seine Identität wohl nicht zuletzt auch deshalb gern hinter Pseudonymen versteckt: Frank Schumann, Verleger der Edition Ost (Co-Autorin Elisabeth Ittershagen war einst Mitarbeiterin des Zentralen Parteiarchivs der SED). Beider Text mutierte übrigens 2011 zu Erinnerungen der Generäle Keßler und Streletz. In deren Buch, angeblich eben die Erinnerungen »zweier Zeitzeugen«, erscheint der Text nahezu wortgleich als einer der einstigen Generäle, s. Keßler, Heinz/Streletz, Fritz: Ohne die Mauer hätte es Krieg gegeben. Zwei Zeitzeugen erinnern sich, Berlin 2011, S. 9 ff. Schumann selbst taucht nur versteckt in einem kleingedruckten Postskriptum auf S. 171 auf. Dort bedanken sich die »Autoren«, also Keßler und Streletz, bei ihm für seine »allseitige Unterstützung«. Ohne dessen »Hilfe und Unterstützung wäre es für uns sehr schwer gewesen, dieses Buch zu schreiben«.

da sei und ihn in seinem Wagen mitnehmen könne. Er hätte seinen Wagen und Begleiter weggeschickt. So etwas sei noch nie vorgekommen und auch das einzige Mal geblieben. Doch so kam Götting zu einer exklusiven Information. Ulbricht wollte anscheinend die Gelegenheit nutzen und gegenüber seinem Stellvertreter im Staatsrat einige Dinge klarstellen. Bei dieser Fahrt, so Götting, habe Ulbricht ihm erzählt, »daß der Mauerbau für ihn von Moskau überraschend entschieden worden sei«. Abschließend bringt Götting Ulbricht in wörtlicher Rede:

> Gegen die Ausplünderung der DDR mußte etwas unternommen werden. Chruschtschow hatte vor seinem Gespräch mit Kennedy in Wien die fest verabredete Absicht [sic!], einen Friedensvertrag mit Gesamtdeutschland oder mit den beiden deutschen Staaten getrennt durchzusetzen. Sollte das nicht gelingen, würde die S[owjet]U[nion] mit der DDR einen Friedensvertrag abschließen und damit g[ä]be es völkerrechtliche Grenzen zwischen der[279] DDR und [der] BRD. – – So habe ich mit vollem Recht darauf verwiesen, daß wir keine Mauer bauen werden. – Das war das falsche Stichwort. Chruschtschow konnte in Wien keine Verständigung mit Kennedy erreichen. Wir alle waren überrascht, als Chruschtschow in der Beratung in Warschau[280] vom Bau einer Mauer in Berlin sprach. Er hatte meine Rede im Ohr und glaubte, daß das die bessere Lösung gegenüber einem separaten Friedensvertrag mit der DDR sei. Was ich abgelehnt hatte, fand er gut – so kam der Befehl zum Mauerbau von ihm und das Militär begrüßte diese Entscheidung, obwohl wir damals nicht wußten, wie Kennedy darauf reagieren würde.
> Ich habe Ihnen das gesagt, damit Sie sehen, daß es verschiedene Überraschungen gab. – Verständlicherweise kann über diese Vorgänge niemand öffentlich reden. Die Sowjets würden es heimzahlen.[281]

279 Handschriftlich eingefügt.

280 Hier muss es wohl anstatt »in Warschau« heißen »des Warschauer Vertrages«. Gemeint ist sehr wahrscheinlich die Gipfelkonferenz der Staaten des Warschauer Vertrages vom 3.–5.8.1961. Möglicherweise hat sich der Ohrenzeuge hier verhört, täuschte ihn seine Erinnerung bei der Aufzeichnung seiner Gesprächsnotiz oder aber wurde seine handschriftliche Gesprächsnotiz bei der Transkription missverstanden.

281 »Mein Gespräch mit Walter Ulbricht nach dem Bau der Berliner Mauer – August 1961«, dreiseitiges maschinenschriftliches Manuskript o.D. Das Dokument wurde in Teilen bereits von Lapp, Peter Joachim: Gerald Götting, S. 69 f., veröffentlicht und d. Verf. freundlicherweise von ihm als Kopie zur Verfügung gestellt. Es stammt aus dem Vorlass Gerald Göttings.

Götting berichtet abschließend, so habe er Ulbricht noch nie erlebt und »niemals wieder habe ich soviel Sympathie für seine komplizierte Lage empfunden wie in dieser Fahrt mit einem Auto«.[282] Nun, Götting wird nicht Sympathie für Ulbrichts komplizierte Lage, sondern für ihn selbst angesichts der Kompliziertheit seiner Lage empfunden haben. Göttings Sprache ist also nicht allzu präzise, und so sollte nicht jedes Komma in den von ihm überlieferten Ulbricht-Worten auf die Goldwaage gelegt werden. Aber die Grundlinien von Ulbrichts Bericht während der Autofahrt dürften von ihm schon richtig wiedergegeben worden sein. Das bedeutet natürlich noch nicht, dass Ulbricht seinem Stellvertreter im Staatsrat die reine Wahrheit gesagt haben muss. Möglicherweise wollte er sich nur in ein besseres Licht setzen. Diesen Aspekt dürfen wir nicht ausblenden. Aber letztlich ist es schlüssig, was und wie Ulbricht hier die Folgen seiner vermeintlichen »Fehlleistung« am 15. Juni darstellt. Er habe damit unwillentlich Chruschtschow das »falsche Stichwort« geliefert. Was er, Ulbricht, nur als Schreckensbild an die Wand gemalt (und, darf man wohl anfügen, als Notlösung in der Hinterhand gehalten) hatte, sei für Chruschtschow plötzlich die Alternative zu den mit einem separaten Friedensvertrag mit der DDR verbundenen hohen Risiken geworden, nachdem er bei Kennedy auf so entschlossenen Widerstand gestoßen war. Vor allem entband diese Lösung ihn von der Notwendigkeit, angesichts der explosiven Lage in der DDR sofort Entscheidungen treffen zu müssen, die weiterreichende Folgen hätten haben können. Zwar war auch nicht klar, wie Kennedy auf die Mauer-Lösung reagieren würde, aber das Risiko schien den Militärs kleiner zu sein als bei der Friedensvertragslösung, insbesondere nachdem Kennedy mit der Formulierung seiner berühmten drei Essentials Moskau im Grunde für den Ostteil der Stadt freie Hand gegeben hatte.

Ulbrichts Schilderung ist nicht nur in sich weitgehend schlüssig, sondern lässt sich auch mit unserem bisherigen Wissen über die Abläufe recht gut in Deckung bringen, wenn auch zu berücksichtigen ist, dass diese Kenntnisse zu einem großen Teil auf Spekulation und nicht auf belastbaren Quellen beruhen. Denn weder ist bekannt, welche Nachricht genau Chruschtschow Ulbricht über Perwuchin am 6. Juli in der Volkskammer überbringen ließ, noch, was genau der Inhalt seiner Botschaft an Ulbricht in den Tagen nach dem 20. Juli gewesen ist. Wir wissen, dass wohl ab dem »22./23./24. Juli« unter dem Oberbefehlshaber der GSSD Jakubowski in Berlin konkrete Vorbereitungen

282 Ebd.

für eine Grenzschließung begannen. Dies kann aber genauso gut der Überprüfung der technischen Machbarkeit einer solchen Lösungsvariante gedient haben. Die Grenzschließung könnte als Vorsichtsmaßnahme gedacht gewesen sein, als Versuchsballon, um die westliche Reaktion zu testen, oder auch als Druckmittel auf den Westen, um zu zeigen, wie die Alternative zur Freistadt-Lösung aussehen würde. Die Wochen nach dem 13. August zeigen eindeutig, dass die Friedensvertragslösung mit der Grenzschließung nicht vom Tisch war. Im Gegenteil, Ulbricht machte mehr Druck auf Chruschtschow als je zuvor. Wir haben kein Dokument, aus dem hervorginge, wo, wann, von wem, unter wessen Beteiligung und mit welcher Begründung die Entscheidung zur Grenzschließung getroffen wurde. Fursenko und Naftali schreiben, den Eindruck erweckend, ihnen läge ein solches Dokument vor:

> Am 26. Juli wies Chruschtschow den sowjetischen Botschafter in Ost-Berlin an, Ulbricht mitzuteilen, dass wir seiner Meinung nach »die Spannungen in den internationalen Beziehungen jetzt nutzen müssen, um einen eisernen Ring um Berlin zu legen. Das muss vor Abschluss eines Friedensvertrages gemacht sein.«

Chruschtschow habe Ulbricht mitteilen lassen, er habe sich das alles sorgfältig überlegt. Doch leider liegt den beiden Autoren gar kein entsprechendes Dokument vor, und auch was sie danach an interessanten wörtlichen Reden Chruschtschows einflechten, stammt nicht etwa aus dieser Anweisung Chruschtschows an Perwuchin, sondern sie »rekonstruieren« diese Botschaft nur aus der Antwort Perwuchins und dem Protokoll des Gesprächs zwischen Chruschtschow und Ulbricht am »3. August«. Dies erfährt der Leser aber ebenfalls nur, wenn er in die dazugehörige Fußnote schaut.[283]

Die Antwort Perwuchins vom 27. Juli jedoch findet sich wenigstens in den russischen Archiven, allerdings hat anscheinend bisher nur Fursenko dieses Dokument einsehen dürfen. Fursenko zufolge hat Perwuchin Chruschtschow

283 Fursenko/Naftali, Khrushchev's Cold War, S. 377, Anm. 51. Für die Passage mit dem »eisernen Ring« s. Gespräch Chruschtschows mit Ulbricht am 1.8.1961, in: Wettig, Chruschtschows Westpolitik, 3, S. 297. Fursenko/Naftali wissen auch zu berichten, dass Ulbricht die Information über Chruschtschows Entschluss, die Grenze zu schließen, »enthusiastisch« begrüßt und ausgerufen habe: »Das ist die Lösung!« Dieses Zitat nun wiederum stammt aus Chruschtschows Erinnerungen. Zu den Datierungsproblemen des Dokumentes vom »3. August« vgl. weiter oben Kap. IV. 3. Ein letzter Exkurs (IV) zur Quellenlage.

den Entwurf von Ulbrichts Rede und einiges Material zu den Maßnahmen, die im Hinblick auf den Abschluss eines Friedensvertrages vorbereitet worden waren, übermittelt. Sie betrafen vor allem die Regelung des Verkehrs und die Einrichtung einer »strengen Kontrolle« an der »Grenze Berlins« und an der »Sektorengrenze«. Das Interessante an Perwuchins Schreiben an Chruschtschow ist, dass es in ihm Hinweise darauf gibt, dass die sowjetische Seite anscheinend auf ein entschiedeneres Auftreten Ulbrichts auf der bevorstehenden Tagung in Moskau gedrängt hatte. Perwuchin schrieb an Chruschtschow:

> W. Ulbricht stimmt vollkommen überein mit Ihrer Auffassung bezüglich der Einführung eines neuen, strengeren Regimes an der Sektorengrenze in Berlin, als es sich in dem Entwurf seiner Rede für die Zusammenkunft im Kreml widerspiegelt.[284]

Also Chruschtschow hat demnach auf die Einführung eines strengeren Regimes an der Sektorengrenze gedrängt, als es von Ulbricht vorgesehen war. Man sollte diese kleine Passage gar nicht über Gebühr belasten, solange man nicht das ganze Dokument kennt, aber erklärungsbedürftig ist sie schon. Sie ist ein weiteres Indiz dafür, wie angesichts der dünnen Quellenlage anscheinend ganze, bis dahin schlüssig erscheinende Narrative durch ein neu aufkommendes Dokument weit weniger schlüssig erscheinen können. Hinzu kommt ein weiteres kleines Detail: In Ulbrichts Schreiben an Chruschtschow vom 26. Juli, in dem er die Hauptpunkte seiner Rede in Moskau darlegt, ist zwar schon die Rede von der »Notwendigkeit, die Sektorengrenze zu gegebener Zeit zu schließen und dort das Regime der Staatsgrenze einzuführen«, allerdings findet sich an dieser Stelle am Rand ein großes Fragezeichen. Bernd Bonwetsch und Alexej Filitow vermuten, es stamme von Andrej Gromyko.[285] War der Außenminister nicht eingeweiht in Chruschtschows bereits gefallene Entscheidung? Das scheint kaum vorstellbar. Möglicherweise meinte Gromyko, dies sollte nicht so klar ausgesprochen werden, selbst im Kreis der Ersten Sekretäre nicht. Wir wissen es nicht. Noch am 31. Juli, dem Tag vor seiner Abreise nach Moskau, verneinte Ulbricht die Frage eines britischen Journalisten, ob es von seiner Seite irgendeine Drohung gäbe, »die Grenzen zu schließen«:

284 Fursenko, Rossija i meždunarodnye krizisy, S. 235 f.
285 Bonwetsch/Filitov, Chruschtschow und der Mauerbau, S. 169, Anm. 49.

> Eine solche Drohung gibt es nicht. – Sehen Sie, das hängt von den Westmächten ab, nicht von uns. Das hängt davon ab, daß sie zu einem friedlichen Vertragssystem übergehen. Entscheidend ist, daß ein Friedensvertrag abgeschlossen wird und normale vertragliche Beziehungen zwischen der Deutschen Demokratischen Republik, Westberlin und den Staaten hergestellt werden, die die Transitlinien auf dem Gebiet der Deutschen Demokratischen Republik zu benutzen wünschen.

Der Reporter hakte nach und fragte, ob es richtig sei zu sagen: »Sie hätten heute nicht die Absicht, die Grenzen zu schließen?« Knapp, aber zweideutig wie zuvor antwortete Ulbricht:

> Das ist richtig. Voraussetzung ist, daß die andere Seite friedliche Absichten bezeugt, indem sie zu normalen Beziehungen übergeht.

Direkt anschließend machte Gerhard Kegel, Leiter der Agitprop-Abteilung im ZK und Gesandter, ein Ablenkungsmanöver, in dem er darauf verwies, es könne schließlich nicht angehen, dass die DDR »auf die Dauer die amerikanische Besatzung in Westberlin mitfinanziert«.[286] Einerseits kann Ulbrichts Aussage Ablenkungs- und Tarnmanöver gewesen sein, andererseits konditionierte Ulbricht seine Absage an eine Grenzschließung gleich selbst. Möglicherweise wollte er die Menschen auch auf die bevorstehende Grenzschließung einstimmen. Wir wissen auch hier nicht, warum er sich so äußerte und das Interview genau während der Moskauer Tagung veröffentlichen ließ.[287] Inhaltlich war es im Kern die gleiche Aussage wie sechs Wochen zuvor auf der Pressekonferenz am 15. Juni.

Noch im unmittelbaren Vorfeld des Mauerbaus oder gar währenddessen wurde eine SED-Propagandabroschüre gedruckt, die sich gegen die aus West-Berlin heraus betriebene »Hetze« und die »Grenzgänger« wandte sowie für einen »Friedensvertrag« und die »Freie Stadt Westberlin« warb. Betitelt ist sie: »So kann es nicht mehr weitergehen«. Auf dem Umschlag findet sich eine

286 Interview des Staatsratsvorsitzenden Ulbricht mit dem stellvertretenden Chefredakteur der Zeitung »Evening Standard«, Mr. Wilson, in: Dokumente zur Deutschlandpolitik, IV/6/2, S. 1378 – 1384, hier S. 1382. Das Interview erschien am 2. 8. 1961 im Neuen Deutschland.

287 Im Evening Standard ist es anscheinend nicht erschienen, jedenfalls fehlt in den Dokumenten zur Deutschlandpolitik ein Hinweis auf eine dortige Veröffentlichung.

Montage aus einer Karte mit den Umrissen Berlins, dem West-Berliner Funkturm mit dem RIAS-Logo und schematisierten Radiowellen, die hinein nach Ost-Berlin und die DDR strahlen. Davor ist ein Fotoausriss montiert, der Willy Brandt auf einem (wohl britischen) Panzerspähwagen zeigt. Die Sektorengrenze zwischen den beiden Stadthälften ist in der Karte im Hintergrund gelb markiert, aber eben nur die Sektorengrenze. Gegen Ende der Broschüre wird aus Ulbrichts Pressekonferenz vom 15. Juni 1961 zitiert:

> Die Westberliner wollen als friedliebende Menschen ihrer Arbeit nachgehen und gut leben. Und da haben sie völlig recht. Ein neutrales Westberlin wird ihnen das ermöglichen. Das ist einfach die Lage.

Auf der letzten Seite wird aus Chruschtschows Fernsehrede vom 7. August 1961, als die Entscheidung zur Grenzschließung bereits gefallen, aber eben noch streng geheim war, zitiert:

> Die Imperialisten wollen nicht wahrhaben, daß die Deutsche Demokratische Republik als souveräner Staat das Recht besitzt, über ihr ganzes Territorium die volle Kontrolle auszuüben. Die Imperialisten glauben, daß die gegenwärtige Lage ihnen ein willkommenes Hintertürchen öffnet, um die Entwicklung der DDR als sozialistischer Staat zu stören …
> Die Imperialisten trachten nur danach, diese Hintertür noch weiter zu öffnen, die Deutsche Demokratische Republik zu untergraben. Man sagt ihnen indes: »Haltet ein, Herrschaften, wir wissen gut, was ihr wollt, was ihr anstrebt; wir werden den Friedensvertrag unterzeichnen und eure Hintertür zur DDR zumachen.«

Die Broschüre muss also wenige Tage vor dem 13. August oder während des Mauerbaus in Druck gegangen sein und wurde wahrscheinlich nicht mehr ausgeliefert. Sie macht aber wenige Tage vor der Grenzschließung noch einmal deutlich, was Ulbrichts Ziel war, wohin er Chruschtschow noch in den Juli- und Augusttagen bringen wollte, wurde aber mit der Entscheidung zur Grenzschließung zu Makulatur. Zwischen dem Ulbricht-Zitat aus seiner Pressekonferenz vom 15. Juni und dem Chruschtschow-Zitat vom 7. August findet sich ein Foto von der 1.-Mai-Demonstration in Ost-Berlin ein Jahr zuvor. Zu sehen ist die Ehrentribüne mit dem Logo des Siebenjahrplanes und dem Slogan des V. Parteitages 1958: »Der Sozialismus siegt«. Im Vordergrund marschieren Menschen aus dem West-Berliner Bezirk Reinickendorf gemeinsam mit Ost-Berlinern. Das war Ulbrichts Perspektive. Die Bildunterschrift lautet:

> Westberlin ist einen Frieden wert. Die ehrliche und friedliebende Westberliner Bevölkerung hat nichts mit der kriegslüsternen Frontstadtpolitik einiger abenteuerlicher Militaristen und Ultras gemein. Wie hier während der Maidemonstration auf dem Marx-Engels-Platz fordern sie in zahlreichen Erklärungen ein entmilitarisiertes Berlin und damit Frieden.[288]

Das, was jenseits der offiziellen Reden in Moskau besprochen wurde, liegt nach wie vor fast vollständig im Dunkeln.[289] Wir wissen nicht einmal andeutungsweise, was in den Einzelgesprächen zwischen den Sitzungen besprochen wurde. Und die überlieferten und zugänglichen Protokolle werfen mehr Fragen auf, als sie beantworten. Die Tagung, die eigentlich »Fragen im Zusammenhang mit der Vorbereitung des Abschlusses eines Friedensvertrages mit Deutschland« gewidmet war, hat sich, darauf wiesen Bonwetsch und Filitow hin, »an zwei der drei Tage währenden Konferenz ausschließlich mit dem Problem Albaniens beschäftigt«.[290] Es handelte sich auch ursprünglich nicht um eine reine Tagung des Politisch Beratenden Ausschusses des Warschauer Paktes. Auch Vertreter asiatischer kommunistischer Staaten nahmen teil. Zunächst war es eine »Beratung der Ersten Sekretäre der kommunistischen und Arbeiterparteien der sozialistischen Länder«, wie es noch im unkorrigierten Protokoll hieß, erst später, im »Autorenexemplar« wurde Letzteres durch »der Teilnehmer des Warschauer Paktes« ersetzt.[291] Während der Verhandlungen, die Berlin und die deutsche Frage betrafen, wurde fast ausschließlich über die möglichen Folgen eines Friedensvertrages für die DDR und die Ostblockstaaten gesprochen. Einzig der Pole Gomułka nahm in seiner Rede explizit auf die von Ulbricht fast beiläufig angekündigte Grenzsperrung Bezug

---

288 Alle Zitate aus: So kann es nicht mehr weitergehen. Radarreihe. Deutscher Militärverlag, Berlin 1961, Lizenz-Nr. 5. Text: Karl-Heinz Lezim; Grafische Gestaltung: Manfred Hahn. Auslassung und syntaktischer Fehler (»fordern« statt richtig »fordert«) im Original. Die unpaginierte Broschüre befindet sich im Besitz d. Verf., ist aber weltweit in keiner Bibliothek nachgewiesen. Lediglich in der Objektdatenbank des (einst Ost-Berliner) Deutschen Historischen Museums ist der Titel mit der Inventar-Nr. DG 61/410 aufgeführt, s. http://www.dhm.de/datenbank/dhm.php?seite=5&fld_0=D2A12668 (Stand 5.3.2013).

289 Vgl. dazu das Interview mit Werner Eberlein bei Otto, 13. August 1961, S. 85 ff., der zwar auch nichts zum Inhalt dieser inoffiziellen Gespräche sagen kann, aber bezeugt, dass es sie gegeben hat.

290 Bonwetsch/Filitov, Chruschtschow und der Mauerbau, S. 164.

291 Ebd., S. 165.

und begrüßte sie.[292] Insbesondere Ulbricht selbst malte lang und breit aus, was infolge des – vermeintlich unmittelbar bevorstehenden – Abschlusses eines Friedensvertrages alles geschehen müsse, eben die Übergabe aller Kontrollrechte an die DDR, einschließlich der Kontrolle des Luftverkehrs. Ulbricht stellte unmissverständlich klar, die Lage müsse infolge des Friedensvertrages so sein, dass niemand aus West-Berlin herauskomme, ohne von der DDR kontrolliert zu sein.[293] Wenn eine mit Todesstreifen gesicherte Sektorengrenze geplant war, wäre eine solche Forderung eigentlich für die DDR nicht mehr unverzichtbar gewesen, höchstens als Ausweis der »Souveränität« der DDR. Auch in Bezug auf die Sektorengrenze hatte Ulbricht im Entwurf seiner Rede nur von »Kontrolle«, nicht von Schließung gesprochen, während die sowjetische Botschaft in ihrer Zusammenfassung der Rede von »Schließung der Sektorengrenze« sprach.[294] Erst das unkorrigierte Stenogramm seiner tatsächlich gehaltenen Rede enthält die Aussage, dass die Grenze »gesperrt wird«, im Entwurf fehlte diese Formulierung noch.[295] Bei seiner Rede in Moskau sagte Ulbricht abweichend vom Manuskript, die Lage mache es »notwendig, daß zu gegebener Zeit die Staatsgrenze, die mitten durch Berlin geht, gesperrt wird und von Bürgern der Deutschen Demokratischen Republik nur mit besonderer Ausreisebescheinigung passiert werden darf oder, soweit es einen Besuch von Bürgern der Hauptstadt der DDR in Westberlin betrifft, mit besonderer Bescheinigung erlaubt wird.«[296]

Aber nicht nur Ulbrichts Rede wirft Fragen auf, auch Chruschtschows, denn auch er plädierte so ausführlich wie vehement für den Abschluss eines

292 Für Gomułkas Rede s. Bonwetsch/Filitov, Chruschtschow und der Mauerbau, S. 174–177, zur Grenzschließung S. 174.

293 [Entwurf der] Rede Walter Ulbrichts am 3.8.1961, in: Otto, Der 13. August 1961, S. 55–84.

294 S. Schiljakow, G., Kurze Zusammenfassung des Entwurfs der Rede des Gen. W. Ulbricht auf der Zusammenkunft der Teilnehmerstaaten des Warschauer Vertrages vom 3.–4.8. des Jahres in Moskau, von Perwuchin am 26.8.1961 an Gromyko geschickt, nach Harrison, Ulbrichts Mauer, S. 314.

295 Im Entwurf stand: »Die Lage macht es notwendig, daß zu gegebener Zeit die Staatsgrenze der Deutschen Demokratischen Republik (die mitten durch Berlin geht) für [sic!] Bürger der Deutschen Demokratischen Republik nur mit besonderer Ausreisegenehmigung passiert werden darf, oder, soweit das einen Besuch von Bürgern der Hauptstadt der DDR in Westberlin betrifft, mit besonderer Bescheinigung erlaubt wird.« [Entwurf der] Rede Walter Ulbrichts am 3.8.1961, in: Otto, Der 13. August 1961, S. 70.

296 Zit. nach Bonwetsch/Filitov, Chruschtschow und der Mauerbau, S. 169.

Friedensvertrages, wollte ihn gar »von unseren früheren sogenannten Verbündeten – jetzt unseren Gegnern – losreißen«.[297] Direkt anschließend machte er eine eigenartige Bemerkung zu Kennedys Rede, vermutlich jene vom 25. Juli 1961 mit den drei Essentials, die man etwa folgendermaßen zusammenfassen kann: Kennedy habe eine starke Drohung abgeben wollen (Chruschtschow spricht davon, dass ein »böser Geist diese Rede in seinem Namen hervorgebracht haben könnte«): »Kennedy wollte das eine, doch etwas anderes kam dabei heraus.«

Meinte Chruschtschow vielleicht, wie tatsächlich lange in der Forschung angenommen, erst Kennedys Essentials, die sich ja nur auf den Westteil der Stadt bezogen, hätten ihn zu der Überzeugung gebracht, die Grenzschließung sei vorerst die beste Lösung? Die Redepassage in dem Protokoll ist schwer verständlich und lässt keine eindeutige Interpretation zu, aber diese Auslegung erscheint nicht unwahrscheinlich.[298] Im Gespräch mit Ulbricht drei Tage zuvor hatte Chruschtschow angedeutet, er befürchte nicht, dass allein die Grenzschließung schon zu einer Wirtschaftsblockade führe. Er hatte Ulbricht darauf aufmerksam gemacht, dass mit der Grenzschließung nicht die wirtschaftlichen Schwierigkeiten der DDR beseitigt seien. Ulbricht bestätigte dies und sagte: »Im Gegenteil, weil eine Blockade verhängt wird«, worauf Chruschtschow erwiderte: »Ich habe nicht den Abschluss des Friedensvertrages vor Augen, sondern die Maßnahmen, die jetzt rings um Berlin getroffen werden.«[299] Wobei er hier wiederum eigenartigerweise nicht von West-Berlin, sondern von Berlin spricht. Hier könnte er die provisorisch im Vorfeld der Schließung der Sektorengrenze am »Ring um Berlin« eingeführten schärferen Kontrollen gemeint haben, die verhindern sollten, dass sich in Ost-Berlin im größeren Umfang Fluchtwillige ansammelten. Aber darauf bezogen ergibt seine Aussage eigentlich keinen Sinn. Man kann ohnehin den Eindruck gewinnen, als sei die Frage, wo die Grenze geschlossen werden sollte, zwischen den beiden Stadthälften oder um ganz Berlin, mit Chruschtschow so richtig erst in diesem Gespräch

297 Rede Chruschtschows am 4. 8. 1961, in: Wettig, Chruschtschows Westpolitik, 3, S. 355 – 372, hier S. 356, dort nach Bonwetsch/Filitov, Chruschtschow und der Mauerbau, S. 180 – 195.

298 Rede Chruschtschows am 4. 8. 1961, in: Wettig, Chruschtschows Westpolitik, 3, S. 356 f., auch S. 362. Zu dem von Chruschtschow angesprochenen Gesprächen mit McCloy s. die Protokolle zum Gespräch am 26. 7. und am 27. 7. 1961 ebd., S. 274 – 294.

299 Gespräch Chruschtschows mit Ulbricht am 1. 8. 1961, in: Wettig, Chruschtschows Westpolitik, 3, S. 307.

geklärt worden.[300] Auch an dieser Stelle wirft das Protokoll also Fragen auf, die bisher nicht wirklich beantwortet werden können.

Etwas weiter unten in Chruschtschows Rede findet sich die wohl eigenartigste Passage seines Auftritts vor den versammelten Führern der kommunistisch regierten Staaten. Nachdem er sehr lange über die möglichen wirtschaftlichen Folgen eines Friedensvertrages (Boykott) und die Ursachen für die schwierige wirtschaftliche Lage in der DDR gesprochen hatte, kam er auf den – dessen ungeachtet – relativ hohen Lebensstandard in der DDR zu sprechen, jedenfalls im Vergleich zu dem der anderen kommunistisch regierten Staaten. Nur Spießer, so Chruschtschow, könnten sich darüber aufregen,

> doch ein Politiker, er versteht seine Ursachen, wenn wir jetzt ihren Lebensstandard an unseren angleichen, dann stürzen die Regierung und die Partei der DDR, das heißt, es kommt Adenauer hin.[301] Also Genossen, das muß man berücksichtigen, um so mehr, als Berlin eine offene Stadt sein wird [sic!]. Sogar falls es eine geschlossene DDR geben wird, darf man dies trotzdem nicht in Erwägung ziehen und darf es nicht zulassen. [...] Deutschland mit einem hohen Lebensstandard, das ist unser Musterland.[302]

Warum spricht Chruschtschow hier davon, dass Berlin eine »offene Stadt« sein werde, obwohl er drei Tage zuvor mit Ulbricht bis ins Detail erörtert hatte, wie die Grenzschließung erfolgen werde, einschließlich der Problematik der Häuser, die im sowjetischen Sektor stehen und ihre Ein- und Ausgänge zu einem westlichen Sektor haben? Ist sein Redemanuskript durch die vorangegangene Entscheidung teilweise überholt gewesen, und Chruschtschow hat dies nicht bemerkt? Kaum denkbar ist das. Oder wollte er auf den nur provisorischen Charakter der Grenzschließung hinweisen, bis zum Abschluss eines Friedensvertrages Ende des Jahres und der Übergabe der vollen Kontrolle der Verbindungswege an die DDR oder bis zu dem nun bei geschlossener Grenze bald zu erreichenden Überholen Westdeutschlands durch die DDR, zumal jederzeit mit einem Einbrechen der langen Konjunktur gerechnet werden konnte? Wir wissen auch dies einfach nicht.

---

300 Ebd., S. 311.

301 Ulbricht hatte im Gespräch mit Chruschtschow drei Tage zuvor eine akute Aufstandsgefahr in der DDR verneint. S. ebd., S. 300.

302 Rede Chruschtschows am 4. 8. 1961, in: Wettig, Chruschtschows Westpolitik, 3, S. 368.

Und dann gibt es auch wieder das Schreckgespenst eines von Bonn gesteuerten Aufstandes (»das heißt, es kommt Adenauer hin«), den sogenannten Tag X, der, wie es später bis zum Ende der DDR immer hieß, mit der Grenzschließung verhindert worden sei. Befürchtete Chruschtschow das wirklich? Erinnert sei hier an den ominösen Plan zur »Operation DECO II«. Am 11. August 1961 schickte die DDR-Militäraufklärung eine »streng geheime« »Sonderinformation über einen angeblichen Plan zur Organisierung eines Aufstandes in der Deutschen Demokratischen Republik« an Staatssicherheitschef Mielke. Die westliche Quelle habe »in der fast vierjährigen Zusammenarbeit« dem MfS »eine Vielzahl von Informationen, die sich im allgemeinen als zutreffend und zuverlässig erwiesen« übermittelt:

> Die Belegung ihrer Informationen durch Dokumente ist der Quelle nicht möglich, da sie aufgrund ihrer persönlichen Verbindungen zu westdeutschen und Westberliner Parteikreisen und Beamten ihre Informationen unter Ausnutzung unbewußter Informanten beschafft.

Was die Quelle berichtete, war sehr konkret, wenn auch mit leichten Anklängen an eine Räuberpistole. Sogar der Termin wurde bereits benannt:

> Das Signal für den Aufstand in der DDR soll eine Volksbefragung in Westberlin geben. An diesem Tag soll auch die Bevölkerung des demokratischen Berlins von Westberlin aus befragt werden. Der Termin für die Volksbefragung wird für den Tag festgelegt, an dem die Verhandlungen über den Abschluß eines Friedensvertrages mit der DDR beginnen. Das Code-Wort zur Benachrichtigung der Stützpunkte in der DDR zur Auslösung des Aufstandes liegt bereits fest.

Der Plan sei von der westdeutschen Regierung in »jahrelanger Arbeit« aufgestellt worden, an den Arbeiten habe nur ein »kleiner Kreis« teilgenommen, selbst die Amerikaner seien nicht eingeweiht, weshalb die Verfasser des Planes »wegen der Warnungen von amerikanischer Seite vor einem ›Volksaufstand‹ in der DDR sehr beunruhigt« seien. Man habe aber bereits »einen einflußreichen Staatsmann der DDR für sich« gewinnen können, der die Rolle übernehmen solle, die Imre Nagy 1956 in Ungarn gespielt hatte. Den westdeutschen Sicherheitsorganen sei es bereits gelungen, »große Teile des Staatsapparates der DDR aufzuweichen. Eine große Hilfe dazu sind die Republikflüchtigen«, die vielerlei Informationen lieferten. Man rechne auch damit, dass sich Teile der NVA dem Aufstand anschließen würden. In Berlin sei den Grenzgängern eine besondere Rolle zugedacht gewesen, was jetzt durch die Maßnahmen gegen die Grenzgänger erschwert werde. Nach dem Beginn des Generalstreiks sollte der angesprochene Vertraute in der DDR-Führung eine neue, provisorische Regierung bilden und einen Hilferuf an Westdeutschland und die Bundeswehr richten. Es werde damit gerechnet, dass sich Polen sofort dem Aufstand anschließen werde. Zur Frage, was in dem Plan zum Umgang mit der GSSD vorgesehen sei, konnte die Quelle keine Auskunft geben.[303] Es ist davon auszugehen, dass der Realitätsbezug dieser Meldung wahrscheinlich relativ gering war. Aber woher kam sie, was bezweckte sie? Hat hier eine Quelle, die über Jahre verlässliche Informationen beschafft hatte, nur phantasiert, war die Quelle einer gezielten Desinformation aufgesessen oder selbst der Desinformant und in wessen Auftrag, mit welchem Ziel und welcher Wirkung? Auch in dieser Hinsicht ist wenig bekannt. Was für Geheimdienstinformationen hatte Chruschtschow jenseits des uns bekannten Schelepin-Berichts vom 20. Juli in den zurückliegenden Tagen bekommen? Das bleibt offen.

Ulbricht behauptete gegenüber Götting ganz klar, die Entscheidung zur Grenzschließung wäre zu dessen Überraschung in Moskau gefallen und hätte nicht dem entsprochen, was er gewollt hätte. Dies kann gelogen sein. Möglicherweise ist er in den letzten Wochen oder Tagen selbst zu der Überzeugung gekommen, dass es besser sei, den Spatz (Grenzschließung) in der Hand als die Taube (Friedensvertrag) auf dem Dach zu haben. Davon jedoch, dass Ulbricht »acht Jahre lang [...] sich um Zustimmung der Sowjetunion bemüht« habe, die Grenze abzuriegeln mit einer Mauer in Berlin, um den Flüchtlingsstrom einzudämmen, wie Harrison behauptete, kann nach Quellenlage und Kontext überhaupt nicht die Rede sein.[304]

303 Sonderinformation über einen angeblichen Plan zur Organisierung eines Aufstandes in der Deutschen Demokratischen Republik, streng geheim, mit Begleitschreiben von Lehmann, MfNV, 12. Verwaltung, an Mielke, 11.8.1961, BStU, MfS, SdM, Nr. 1159, S. 391–396.

304 Harrison, Walter Ulbrichts »dringender Wunsch«, S. 8.

6. »Bis zum Abschluß eines Friedensvertrages«

Das SED-Politbüro wurde von Ulbricht am 7. August infomiert.[305] In der Nacht vom Samstag zum Sonntag, dem 13. August, um 1 Uhr wurde der Alarm ausgelöst, um 3 Uhr begannen die pioniertechnischen Arbeiten zur Grenzsicherung. Als kurz vor 5 Uhr in Berlin die Sonne aufging, war der Großteil der Grenze bereits gesichert. Die Straßen, die Ost- und West-Berlin noch verbunden hatten, waren bis auf die wenigen verbliebenen Übergänge verbarrikadiert, der durchgehende S- und U-Bahn-Verkehr unterbrochen. Auf dem Bahnhof Friedrichstraße stauten sich die Menschen, die mit der S-Bahn in den anderen Teil der Stadt wollten. Mehrere Dutzend wurden wegen »Verdachts der Republikflucht« festgenommen. Obwohl der West-Berliner Sender RIAS noch in der Nacht von den Sperrmaßnahmen berichtete, merkten viele Berliner erst im Laufe des Tages, was sich in ihrer Stadt ereignet hatte. Die meisten ließen den Sonntag langsam beginnen.[306] Doch allein vom 13. August bis zum 4. September kam es zu insgesamt über 6000 Festnahmen, bei rund 3100 von ihnen folgten Inhaftierungen.[307]

Ein am 13. August im »Neuen Deutschland« veröffentlichter und auf den Vortag datierter Beschluss des Ministerrates der Deutschen Demokratischen Republik gestattete bei Vorlage eines Personalausweises »friedlichen Bürgern Westberlins« Besuche Ost-Berlins und erklärte, dass für »Bürger der westdeutschen Bundesrepublik« und Ausländer die alten Regelungen in Kraft blieben. Weiter hieß es:

> Diese Grenzen [nach West-Berlin] dürfen von Bürgern der Deutschen Demokratischen Republik nur noch mit besonderer Genehmigung passiert werden. Solange Westberlin nicht in eine entmilitarisierte neutrale Freie Stadt verwandelt ist, bedürfen Bürger der Hauptstadt der Deutschen Demokratischen Republik für das Überschreiten der Grenzen nach Westberlin einer besonderen Bescheinigung.[308]

305 S. Protokoll der außerordentlichen Politbürositzung am 7.8.1961, in: Uhl/Wagner, Ulbricht, Chruschtschow und die Mauer, S. 94 ff.

306 Für die militärischen Details s. Uhl/Wagner, Ulbricht, Chruschtschow und die Mauer, S. 39–53, und die entsprechenden Dokumente dort; Koop, Volker: »Den Gegner vernichten«. Die Grenzsicherung der DDR, Bonn 1996, S. 91 ff.

307 Zahlen nach Eisenfeld, Bernd/Engelmann, Roger: 13. August 1961: Mauerbau, Fluchtbewegung und Machtsicherung, Bremen 2001, S. 77.

308 Beschluß des Ministerrates der Deutschen Demokratischen Republik vom 12.8.1961, Neues Deutschland, 13.8.1961, S. 1 f.

Mit einer Bekanntmachung des Innenministers vom selben Tag wurde unter Bezugnahme auf den Ministerratsbeschluss ausgeführt, dass eine Genehmigung des zuständigen Volkspolizei-Kreisamtes bzw. der Volkspolizei-Inspektion benötigt werde: »Über die Ausgabe solcher Genehmigungen erfolgt eine besondere Bekanntmachung«.[309] Der DDR-Rundfunk gab am 17. August bekannt, dass »bis zum Abschluß eines Friedensvertrages« keine Passierscheine nach West-Berlin ausgegeben würden.[310] Mit dem Blick zurück erscheint diese Formulierung als eine nur schlecht getarnte Lüge, um die »Mauer« als vermeintliches Provisorium für die Menschen etwas akzeptabler zu machen – kam es doch nie zu einem Friedensvertrag.[311] Doch Ulbrichts Aktivitäten in den kommenden Wochen machen mehr als klar, dass es ihm weiter um einen Friedensvertrag mit der DDR und die damit verbundenen Veränderungen der Situation in Berlin ging. Die Schließung der Grenze war für ihn jetzt nur der erste Schritt, um die Lage in der DDR zu konsolidieren und die Reaktion des Westens auszutesten. Als zweiten und entscheidenden Schritt ging Ulbricht weiter von dem für Ende des Jahres von Chruschtschow angekündigten Friedensvertrag aus, der den Westen über kurz oder lang zu Verhandlungen und Abmachungen mit der DDR zwingen würde. Doch zunächst wurde der erste Schritt abgesichert. In den kommenden Tagen wurden sechs der zunächst 13 Grenzübergänge – angeblich wegen »Provokationen« – geschlossen. Vom 23. August an durften West-Berliner nur noch mit einer Aufenthaltsgenehmigung in den Ostteil der Stadt bzw. die DDR einreisen. Da die von der DDR zur Erteilung der Passierscheine im Westteil eingerichteten Büros aus statusrechtlichen Gründen westlicherseits sofort wieder geschlossen wurden, war die Grenze von nun an bis zum ersten Passierscheinabkommen zu Weihnachten 1963 auch für West-Berliner geschlossen. Innenminister Maron forderte zudem »alle Personen« auf, »im Interesse ihrer eigenen Sicherheit den Grenzen zwischen der Hauptstadt der Deutschen Demokratischen Republik (demokratisches Berlin) und Westberlin in einem Abstand von beiderseits [sic!] 100 m

---

309 Ebd.

310 S. Der Bau der Mauer durch Berlin, S. 35.

311 Zur weiteren Entwicklung s. Uhl/Wagner, Ulbricht, Chruschtschow und die Mauer, S. 53 ff., und die dazugehörigen Dokumente; Wettig, Chruschtschows Berlin-Krise, S. 185 ff.; Harrison, Ulbrichts Mauer, S. 346 ff.; Schmidt, Dialog über Deutschland, S. 86 ff.; Wilke, Der Weg zur Mauer, S. 343 ff.; zur Entwicklung des Grenzregimes an der Berliner Mauer s. Sälter, Gerhard: Die Sperranlagen, oder: Der unendliche Mauerbau, in: Die Mauer. Errichtung, Überwindung, Erinnerung, hg. von Klaus-Dietmar Henke, München 2011, S. 122–137.

fernzubleiben«.[312] Wie offen die Situation selbst jetzt noch war, wird deutlich, wenn man sich die Frage stellt, wie die Geschichte wohl weiter verlaufen wäre, hätten die Westmächte nicht die von der DDR eingerichteten Besucherbüros in West-Berlin sofort wieder geschlossen. West-Berliner hätten dann, ähnlich wie nach dem Viermächteabkommen 1972, mit Passierscheinen weiter Ost-Berlin besuchen können. Warum hätte Ulbricht 1961 etwas für nicht möglich halten sollen, was elf Jahre später möglich war? Die verwandtschaftlichen und freundschaftlichen Beziehungen hätten in ganz anderer Weise weiter gepflegt werden können, der mit dem elf Jahre währenden weitgehenden Besuchsverbot für West-Berliner einhergehende Entfremdungsprozess wäre wohl von weitaus geringem Ausmaß gewesen. [313] Während die Ost-Berliner die neuen Besuchsmöglichkeiten für West-Berliner 1972, elf Jahre nach dem Mauerbau, als Erleichterung, als vermeintlich ersten Schritt hin zu einer »Normalisierung« des Lebens in der geteilten Stadt begrüßten, wäre diese Möglichkeit 1961 noch eine Selbstverständlichkeit gewesen, ja letztlich eine Verschlechterung des Status quo. Und die Ost-Berliner hätten wahrscheinlich nach dem Mauerbau, viel mehr noch als nach der mehr oder weniger beidseitig wirkenden Schließung der Grenze, ihre eigene Lage als inakzeptabel empfunden. Der einseitige »Einmauerungseffekt« wäre noch viel stärker hervorgetreten. Es ist daher viel wahrscheinlicher, dass Ulbricht 1961 davon ausging, das Fluchtproblem mit der Kontrolle der Zugangswege und dem Asylverbot für West-Berlin zu lösen, als dauerhaft mit einer »Mauer«, Schießbefehl und Todesstreifen.

In den folgenden Wochen, nachdem klar geworden war, dass der Westen nichts Ernsthaftes gegen die Schließung der Sektorengrenze unternehmen würde, wurde die Grenze nach West-Berlin immer weiter ausgebaut. Die SED war siegestrunken. Ulbricht fasste die Erfahrungen und Ergebnisse der Wochen seit dem 13. August Mitte September in einem Brief an Chruschtschow zusammen. Zunächst stellte er befriedigt fest, der Gegner habe »weniger Ge-

---

312 Bekanntmachung des Ministeriums des Innern, 22.8.1961, Neues Deutschland, 23.8.1961, S.2.

313 West-Berliner konnten Ost-Berlin i.d.R. bis zum Viermächteabkommen nur besuchen, wenn sie sich über einen zweiten »Wohnsitz« in Westdeutschland einen Pass als Bundesbürger besorgten. Nur infolge dreier Passierscheinabkommen 1964, 1965 und 1966 konnten West-Berliner zu einigen wenigen festgelegten Terminen und unter enggefassten Bedingungen Ost-Berlin besuchen, s. Alisch, Steffen: »Die Insel sollte sich das Meer nicht zum Feind machen!«. Die Berlin-Politik der SED zwischen Bau und Fall der Mauer, Stamsried 2004, S.81–144, zum Viermächteabkommen und seinen Folgen S.145–191.

genmaßnahmen unternommen als zu erwarten« gewesen wäre, um dann zu einer grundsätzlichen Feststellung zu kommen:

> Die Erfahrungen der letzten Jahre haben bewiesen, daß es nicht möglich ist, daß ein sozialistisches Land wie die DDR einen friedlichen Wettbewerb mit einem imperialistischen Land wie Westdeutschland bei offener Grenze durchführen kann. Solche Möglichkeiten sind erst gegeben, wenn das sozialistische Weltsystem in der Pro-Kopf-Produktion die kapitalistischen Länder übertroffen hat.[314]

Es gibt keinen Grund anzunehmen, Ulbricht wäre nicht immer noch fest davon überzeugt gewesen, dass dies in nicht allzu ferner Zeit erreicht sein würde. Interessant ist, dass er einerseits auf die besondere Lage der DDR als Teil eines geteilten Landes abhob, gleichzeitig aber das sozialistische Weltsystem im Ganzen und damit auch die Sowjetunion mit in die Pflicht nahm. Schließlich hatte nicht nur die DDR Westdeutschland bis 1961 überholen wollen, sondern auch die Sowjetunion die USA bis Mitte der 60er Jahre. Das Versagen wurde also allen attestiert, während nur die DDR vor den besonderen Schwierigkeiten in einem geteilten Land gestanden habe.

Die Menschen in der DDR hätten die Grenzschließung angeblich mit Begeisterung aufgenommen, ja Ulbricht meinte sogar einen »Umschwung in der Stimmung der Bevölkerung der DDR« feststellen zu können. Dieser kam, so Ulbricht an Chruschtschow,

> zum Ausdruck in der Freude darüber, daß den Feinden ein richtiger Schlag versetzt worden ist. Die Autorität der Staatsmacht der Deutschen Demokratischen Republik stieg im Bewußtsein der Menschen bedeutend. [...] Jene Bürger der Republik, die auf eine Wiedervereinigung Deutschlands durch ein unerklärliches Kompromiß zwischen den vier Mächten oder überhaupt durch irgendwelche »Konzessionen von beiden Seiten« gehofft hatten, waren jetzt gezwungen, die Fragen bis zu Ende zu denken, d.h., daß die Lösung der nationalen Fragen des deutschen Volkes die Überwindung des deutschen Imperialismus und den Sieg des Sozialismus in der DDR voraussetzt. Die Menschen haben in den Tagen nach dem 13. August gelernt, viele Fragen bis zu Ende zu denken.[315]

---

314 Ulbricht an Chruschtschow, [16.] 9. 1961, BArch DY 30/3509, Bl. 95–104, hier Bl. 96.

315 Ebd., Bl. 90 f.

Allerdings sollte in den nächsten Wochen auch Ulbricht lernen müssen, Fragen bis zu deren Ende zu denken. Und es sollte ihm ähnlich schwerfallen, wie es vielen Bewohnern der DDR schwerfiel, die Fragen in Ulbrichts Sinne bis zu Ende zu denken. Ulbricht machte in seinem Brief weiter Druck auf den baldigen Abschluss eines Friedensvertrages, wobei er wenig Zweifel ließ, dass er von einem Friedensvertrag mit der DDR und der Übertragung aller Kontrollrechte über die Verbindungswege ausging. Wenn auch vorsichtig, kritisierte er in seinem Brief nochmals die zögerliche Haltung Chruschtschows unmissverständlich, war es doch dieser selbst, der immer noch hoffte, die Berlin-Frage und die Frage eines Friedensvertrages mit Deutschland mit »irgendwelchen ›Konzessionen von beiden Seiten‹« lösen zu können.

Chruschtschows Antwort erfolgte am 28. September. Vordergründig Ulbrichts Lageeinschätzung zustimmend, machte er doch deutlich, dass er weiter auf eine Verhandlungslösung mit dem Westen setzte und die Lage diesbezüglich im Unterschied zu Ulbricht durchaus positiv einschätzte. Vorsorglich mahnte er Ulbricht, es

> sollten Schritte vermieden werden, die die Situation verschärfen könnten, besonders in Berlin. In diesem Zusammenhang erscheint es insbesondere angebracht, sich neuer Maßnahmen zu enthalten, die die von der Regierung der DDR errichtete Kontrollordnung an der Grenze mit Westberlin verändern würden.[316]

Auch in Bezug auf die Frage der Kontrolle der Flugverbindungen machte Chruschtschow nur unverbindliche und allgemeine Zusagen derart, dass in ei-

316 Am 23. August hatte die DDR den Zugang westlicher Militärs und Amtspersonen nach Ost-Berlin auf einen Übergang beschränkt (der dann von den Amerikanern Checkpoint Charlie genannt wurde), wogegen selbst der sowjetische Botschafter bei der DDR Einspruch erhob, allerdings ohne Erfolg. S. Wettig, Chruschtschows Berlin-Krise, S. 194ff. Am 7. 9. 1961 war Ost-Berlin durch Beschluss des Staatsrates mittelbar zum 15. Bezirk der DDR erklärt worden und damit seitens der DDR ein weiterer Schritt zur Aushöhlung des Viermächtestatus der Stadt unternommen worden. Die Formulierung im Staatsratsbeschluss war aber nicht ganz eindeutig: »Die Hauptstadt der Deutschen Demokratischen Republik übt die Funktion eines Bezirkes aus.« S. Ordnung über die Aufgaben und die Arbeitsweise der Stadtverordnetenversammlung von Groß-Berlin und ihrer Organe vom 7. September 1961 (GBl. DDR 341, S. 3), zit. nach http://user.cs.tu-berlin.de/~gozer/bln/andere/Ord-SVV.html; (Stand 12. 6. 2012).

nem Friedensvertrag Regelungen getroffen würden, die »der Souveränität der DDR und der üblichen internationalen Praxis Rechnung« trügen.[317]

Am ersten Tag des KPdSU-Parteitages, wegen dem der Abschluss des Friedensvertrages ursprünglich überhaupt auf das vierte Quartal »verschoben« worden war, hob Chruschtschow auch dieses Ultimatum auf, ohne ein neues zu stellen, ja er bestritt, je eines gestellt zu haben. Er äußerte sich wieder ausführlich zur Notwendigkeit eines Friedensvertrages und der »Beseitigung der Überreste des zweiten Weltkrieges«, da dies von »größter Bedeutung für die Erhaltung und Festigung des Friedens ist« und betonte:

> Ein deutscher Friedensvertrag muß und wird gemeinsam mit den Westmächten oder ohne sie unterzeichnet werden.
> Auf der Grundlage dieses Vertrages wird auch der Status Westberlins in Form einer entmilitarisierten Freien Stadt normalisiert werden. Die westlichen Staaten und alle Länder der Welt sollen das Recht auf Zugang nach Westberlin entsprechend den internationalen Normen besitzen, das heißt, daß man eine entsprechende Vereinbarung mit der Regierung der Deutschen Demokratischen Republik haben muß, durch deren Territorium alle Verbindungswege Westberlins zur Außenwelt verlaufen.
> Einige Vertreter der Westmächte sagen, daß unsere Vorschläge, den deutschen Friedensvertrag in diesem Jahr abzuschließen, ein Ultimatum sind. Das ist jedoch eine falsche Behauptung. [...]
> Die Sowjetunion besteht auch jetzt auf der raschesten Lösung der deutschen Frage. Sie ist dagegen, sie ewig hinauszuschieben. Wenn die Westmächte Bereitschaft zur Regelung des deutschen Problems zeigen, so wird die Frage der Termine der Unterzeichnung eines deutschen Friedensvertrages nicht solche Bedeutung haben. Wir werden dann nicht darauf bestehen, den Friedensvertrag unbedingt bis zum 31. Dezember 1961 zu unterzeichnen.[318]

Ulbricht war als Gast des Parteitages anwesend und wahrscheinlich nicht völlig überrascht von dieser neuerlichen Aufhebung eines Ultimatums durch Chruschtschow.[319] Noch in Moskau wandte sich Ulbricht in einem anschei-

317 Chruschtschow an Ulbricht, 28.9.1961, BArch DY 30/3509, Bl. 105–107, hier Bl. 106.

318 Rechenschaftsbericht des ZK der KPdSU an den XXII. Parteitag der Kommunistischen Partei der Sowjetunion, Berichterstatter N. S. Chruschtschow, (17.10.1961), in: Die Presse der Sowjetunion, Nr. 124 und 125, 20. und 22.10.1961, S. 2634–2664, hier Nr. 124, S. 2646 f.

319 Vgl. dazu Harrison, Ulbrichts Mauer, S. 351 f.; Wettig, Chruschtschows Berlin-Krise, S. 205 ff.

nend in gewisser Eile[320] abgefassten Brief am 30. Oktober und unter ausdrücklicher Bezugnahme auf Chruschtschows Rede vom 17. Oktober an diesen. Am Anfang bat er – er hielt sich bereits seit fast zwei Wochen in Moskau auf – im Namen der

> »Mitglieder der Delegation des Zentralkomitees der Sozialistischen Einheitspartei Deutschlands zum XXII. Parteitag der KPdSU [...] um eine Zusammenkunft mit Vertretern des Präsidiums des Zentralkomitees der KPdSU, um unsere weitere Taktik zu besprechen«.[321]

Mit der gleichen Bitte hatte er sich bereits ein knappes Jahr zuvor an Chruschtschow gewandt, ohne dabei dessen zögerliche Haltung ändern zu können. Das Ausmaß an Frustration auf Seiten Ulbrichts wird man wohl kaum überschätzen können.[322] Aus Ulbrichts Brief wird deutlich, dass es ihm weniger um einen Friedensvertrag mit beiden deutschen Staaten als um einen mit der DDR ging, der die »Überreste des zweiten Weltkrieges« auf dem Territorium der DDR beseitigen würde. Das angeblich provokatorische Verhalten der Westmächte zeige, so Ulbricht,

> daß es zu einer Vereinbarung über eine friedliche Lösung der Westberlinfrage offensichtlich erst dann kommen kann, wenn zunächst das Vorfeld künftiger Verhandlungen bereinigt wird, das heißt: es ist notwendig, zunächst die Souveränität der Deutschen Demokratischen Republik und ihrer Hauptstadt im wesentlichen herzustellen.

Während Chruschtschow auf Verhandlungen mit den Westmächten setzte und daher die Spannungen nicht anheizen wollte, meinte Ulbricht kategorisch: »Wir müssen auf die Westmächte einen noch stärkeren Druck ausüben«, um bei ihnen die Einsicht zu fördern,

> daß jede weitere Verzögerung ernsthafter Verhandlungen letztlich ihre Verhandlungsposition nur untergraben kann, da die Hoffnungen auf Verhand-

---

320 S. dazu Schmidt, Dialog über Deutschland, S. 91 ff.

321 Ulbricht an Chruschtschow, 30. 10. 1961, BArch NY 4182/1206, Bl. 32 – 44, hier Bl. 32.

322 S. den Brief Ulbrichts an Chruschtschow, Moskau, 22. 11. 1960, BArch DY 30/3507, in: Steiner, Auf dem Weg zur Mauer, S. 101 – 108.

> lungen über irgendwelche Rechte der Westmächte in der Hauptstadt der DDR völlig illusorisch sind.

Ulbrichts Linie war jetzt, sukzessive die Kontrollrechte bereits vor Abschluss eines Friedensvertrages zu erlangen. So forderte er, »die Grenze gegenüber Westberlin – mit Ausnahme des Verbindungsweges zwischen Westberlin und Westdeutschland – bis zu einem Ergebnis von Regierungsverhandlungen zu sperren«, also eine Art »gemäßigte« Blockade über West-Berlin zu verhängen. Dafür war er sogar bereit, ein Wirtschaftsembargo in Kauf zu nehmen, dessen Folgen freilich auf die eine oder andere Weise von der Sowjetunion und den anderen Ostblockstaaten hätte mitgetragen werden müssen. Angesichts der zu erwartenden Reaktion des Westens sei anzunehmen,

> daß in dieser Situation die Sowjetunion auf die Entsendung von Posten auf dem Gelände des sowjetischen Ehrenmals vor dem Reichstag [in West-Berlin] und auf die Beteiligung an der weiteren Bewachung der drei verurteilten Kriegsverbrecher in Spandau wird verzichten müssen.

Das war schon fast dreist von Ulbricht, der dafür aber den Sowjets gestatten wollte, ihren »Vertreter in der Luftsicherheitszentrale« vorerst zu belassen, »obwohl seine Anwesenheit dort [...] keinen Nutzen bringt«. Aber bereits auf der nächsten Seite entwickelt er das Szenario, nach dem dieser die Flugsicherheitszentrale »unter Protest zu verlassen« habe. Die Friedensvertragskonferenz mit den Warschauer-Pakt-Staaten sollte nun nach Ulbrichts Plänen zwar nicht im November, aber im Dezember stattfinden.

»Priorität genoß« für Ulbricht, so resümiert Karl-Heinz Schmidt, »die Beseitigung noch so kleiner westlicher Einwirkungsmöglichkeiten auf die DDR.« Schmidt hat in seiner Analyse dieses Briefes überzeugend die logischen Widersprüche, die argumentativen Schwächen, ja das insgesamt eher Plump-Dreiste dieses Schreibens herausgearbeitet.[323] Anscheinend war Ulbricht mit seinem Latein am Ende. Er reihte Argumente und Forderungen aneinander, die sich teilweise widersprachen, Chruschtschow eher provozieren mussten und sich bereits in der Vergangenheit als wenig wirksam erwiesen hatten. Schmidt sieht als dessen »Ursache weniger ein intellektuelles Defizit als die prekäre Lage der DDR«. Ulbricht musste ungeachtet der Differenzen und unterschiedli-

323 Schmidt, Dialog über Deutschland, S. 91 ff.

chen Prioritäten in der Deutschlandpolitik die sowjetische Politik in Worten billigen, hingen doch die Existenz seines Staates und seine eigene Macht ausschließlich von Moskau ab. Hinzu kommt, dass Ulbricht wohl schon ahnte, dass ihm mit der Grenzschließung und der damit unterbundenen Abwanderung der Bevölkerung eine wesentliche Ausrede für die wirtschaftlichen Probleme der DDR abhanden gekommen war. Er bringt so das Kunststück fertig, einerseits zu behaupten, »durch den Nichtabschluß des Friedensvertrages in diesem Jahr und die Zuspitzung der Beziehungen der beiden deutschen Staaten ist der Volkswirtschaftsplan der DDR von 1962 gefährdet«, um wenig später einzugestehen, dass ein Friedensvertrag neue wirtschaftliche Probleme für die DDR bringen würde. Denn nach dem Abschluss eines Friedensvertrages mit beiden deutschen Staaten würde aus dem innerdeutschen Handel ein Handel »zwischen zwei Staaten« werden und die DDR, anders als jetzt noch, auch hier für ihren Export nur Weltmarktpreise erzielen können. Der DDR würde daraus »ein voraussichtlicher Verlust in Höhe von 250 Millionen DM« entstehen. Möglicherweise war dies ein verzweifelter, aber offenkundig untauglicher Versuch, Chruschtschow von den Vorteilen des baldigen Abschlusses eines separaten Friedensvertrages mit der DDR anstelle eines späteren mit beiden deutschen Staaten zu überzeugen. Die letzten beiden Sätze in dem Brief dürften dem ganzen Schreiben in Chruschtschows Augen die Krone aufgesetzt haben. Nachdem er wieder einmal ausführlich die wirtschaftlichen Probleme der DDR dargelegt hatte, resümierte Ulbricht:

> Es zeigt sich, daß die Sicherung der DDR als Bastion des Friedens kostspielig ist sowohl für die Bevölkerung der DDR wie für die Sowjetunion und die Staaten des sozialistischen Lagers. Den Entwurf des Volkswirtschaftsplanes für 1962 übermitteln wir der Regierung der UdSSR im November.[324]

Das Gespräch Chruschtschows und anderer Vertreter der sowjetischen Führung mit Ulbricht und Mitgliedern der SED-Delegation verlief dann auch wenig erfreulich für die DDR-Seite. Chruschtschow zeigte sich regelrecht genervt. Er könne nicht begreifen, »wieso die Termine der Unterzeichnung des Friedensvertrages für Ihre Wirtschaft wichtig sind«, konterte er auf Ulbrichts neues Lamentieren über die wirtschaftlichen Probleme in der DDR. Er brach

324 Alle Zitate aus dem Brief Ulbrichts an Chruschtschow, Moskau, 30.10.1961, BArch DY 4182/1206, Bl. 31–44.

die Debatte über diese Frage ab und forderte Ulbricht auf: »Lassen Sie uns bessere Arbeit leisten.« Darauf sagte Ulbricht: »Aber wir werden unseren Plan nicht erfüllen«, worauf Chruschtschow lakonisch erwiderte:

> Aber wozu hier Adenauer? Er ist dafür nicht verantwortlich. Wir sind Kommunisten und müssen unsere Wirtschaft richten.

Danach bekam das Gespräch fast humoristische Züge:

> W. Ulbricht: Gut dann ist alles klar.
> Chruschtschow: Was ist klar? Lassen Sie uns klarstellen, was klar ist und was unklar ist.
> Honecker: Unklar ist, wann wir uns von der Einmischung Westdeutschlands befreien.

In diesem Stil ging es weiter bei der Besprechung der Abstimmung der Wirtschaftspläne, und im Nachhinein macht dieses Gespräch klar, dass an ein Überholen des Westens seitens Moskaus oder der DDR in absehbarer Zeit gar nicht zu denken war. Die Massenabwanderung gab es nicht mehr, aber Ulbricht lamentierte wie die Jahre zuvor, und Moskau verwies auf die eigenen wirtschaftlichen Probleme. Chruschtschow stieß schließlich sogar zu den ideologischen Grundlagen vor:

> Vielleicht war es ein Fehler von Marx, dass er die Arbeiter in die Machtergreifung hereingezogen hat. Und uns mit hereingezogen hat.
> Gromyko: Immer sind die Deutschen schuld!
> [Leipzigs SED-Bezirkschef Paul] Fröhlich: Aber Marx hat nicht vorgeschlagen, dass Deutschland gespalten wird und dass die DDR ohne Rohstoffe dasteht.
> Chruschtschow: Aber Marx hat die Pariser Kommune begrüßt, das heißt, er meinte, dass die Arbeiter sogar [nur] in einer Stadt siegen können.
> Verner: Aber die Kommune hat nicht gesiegt.
> Chruschtschow: Daran sind die Franzosen schuld.
> Ich erinnere mich, vor 5–6 Jahren hatte ich in der DDR ein langes Gespräch mit der Werksintelligenz der Chemiefabrik »Buna«. Das war ein interessantes Gespräch, ich habe gefühlt, dass diese Leute dachten: »Wozu brauchen wir zum Teufel den Sozialismus.« Sie wollten ein einheitliches Deutschland.

Tiefsinniger oder konstruktiver wurde das Gespräch nicht mehr. Eine Gesprächspassage deutet darauf hin, dass bereits am Vortag ein Gespräch über die »deutsche Frage« stattgefunden hatte, in dem Chruschtschow Ulbricht wohl klargemacht hatte, dass es einen separaten Friedensvertrag mit der DDR vor dem Abschluss oder dem Scheitern der Verhandlungen mit den USA nicht geben werde. Gegen einen massiven Ausbau der Befestigungsanlagen an der Grenze zu West-Berlin hatte Chruschtschow dagegen keine Einwände.[325] Wie das Gespräch am Vortag verlaufen ist und was sein genauer Inhalt war, wissen wir nicht.

In den kommenden Monaten sollte sich zeigen, dass Ulbricht damit sein letztes Pulver verschossen hatte. Obwohl die Kampagne für einen Friedensvertrag auch 1962 noch fortgesetzt wurde, war offenkundig, dass dieser nicht mehr zu den Prioritäten der sowjetischen Politik gehörte. Ulbricht und die SED-Führung mussten sich, ohne schon wirklich von der Vorstellung Abschied zu nehmen, auf eine Lage ohne Friedensvertrag und ohne alle souveränen Kontrollrechte auf ihrem Staatsterritorium einstellen und ihre Politik darauf ausrichten. Aus dem Provisorium »Mauer« wurde so eine Conditio sine qua non ihrer Herrschaft. Es ist letztlich eher müßig, darüber zu spekulieren, welche Auswirkungen beispielsweise die Übergabe der Kontrolle des Flugverkehrs an die DDR für das Regime an der Grenze zu West-Berlin, auf die Möglichkeiten für DDR-Bewohner, in den Westen zu reisen, etc. gehabt haben könnte. Manfred Wilke schließt aus Streichungen, die Ulbricht im September in Ausarbeitungen für den Fall eines Abschlusses eines Friedensvertrages vorgenommen hatte, kategorisch: »Die Abgrenzung sollte bleiben.«[326] Ulbrichts Streichungen betrafen Verträge und Abkommen, die die Beschäftigung von West-Berlinern in Betrieben Ost-Berlins und der DDR betrafen, ein Abkommen über die gegenseitige Unterstützung in Katastrophenfällen und eines über Fragen, »die sich aus dem Betreten und dem Aufenthalt von Bürgern der DDR in Westberlin bzw. von Bürgern Westberlins in der DDR ergeben (Genehmigungsverfahren, Versicherungs- und Haftungsfragen)«, sowie Fragen der Regelung des innerdeutschen Reiseverkehrs. An deren Stelle hatte Ulbricht die Forderung gesetzt, gegenüber West-Berlin durchzusetzen, dass es nicht zur Asylgewährung gegenüber Bewohnern der DDR und Ost-Berlins berechtigt sei.[327] Die »Abgrenzung« sollte sicher bleiben, zumindest

325 Gespräch Chruschtschows mit Ulbricht und weiteren Vertretern beider Führungen, Moskau, 2.11.1961, in: Wettig, Chruschtschows Westpolitik, 3, S. 471–488, für die Passage mit dem Hinweis auf das Gespräch am Vortag s. S. 481.

326 Wilke, Der Weg zur Mauer, S. 382.

327 Probleme und Aufgaben im Zusammenhang mit der Vorbereitung und dem Abschluß eines Friedensvertrages mit der DDR, BArch DY 30/3509, Bl. 85–94.

im übertragenen Sinne und wohl auch in bestimmtem Maße im praktischen. Aus den Streichungen lässt sich aber kaum ableiten, dass Ulbricht bereits ein komplettes und dauerhaftes Reiseverbot im Blick hatte, wie es dann mit nur leichten Aufweichungen bis 1989 bestehen sollte. Dagegen spricht nicht nur, dass für ihn die Frage des West-Berliner Asylrechts offenbar besondere Bedeutung hatte, deren Klärung er anderen Fragen des Reiseverkehrs möglicherweise nur vorgeschaltet haben wollte. Dagegen spricht auch immer noch seine Perspektive. »Solche Möglichkeiten sind erst gegeben, wenn«, wie er am Tag der Besprechung über die Vertragsvorlagen an Chruschtschow schrieb, »das sozialistische Weltsystem in der Pro-Kopf-Produktion die kapitalistischen Länder übertroffen hat.«[328] Er bezog sich dabei zwar konkret auf den »friedlichen Wettbewerb«, der erst unter den genannten Voraussetzungen »bei offener Grenze« durchgeführt werden könne. Aber daraus lassen sich natürlich die Konsequenzen für die Reisemöglichkeiten der DDR-Bewohner ableiten: Erst wenn der wirtschaftliche Rückstand aufgeholt wäre, könnten die Grenzen geöffnet werden. Für West-Berlin bot das Verbot der Asylgewährung bei bestehender Kontrolle aller Verbindungswege eine *Möglichkeit*, die Grenze gegebenenfalls bereits früher zu öffnen.

Der »antifaschistische Schutzwall«

Der Umstand, dass die SED-Führung bereits wenige Tage nach der Grenzschließung auf einen massiven Ausbau der Grenzanlagen und die Einrichtung einer Verbotszone drängte, belegt noch nicht, dass diese »Mauer« zu der Zeit bereits als ein Bauwerk mit jahrzehntelanger Lebensdauer angesehen wurde. Hinter diesen Maßnahmen standen vor allem Effektivitätsüberlegungen. Die »Mauer« sollte effektiv die Flucht verhindern, sollte bei der Bevölkerung die Einsicht fördern, die Dinge »zu Ende zu denken«, gegen »Provokationen« aus dem Westen widerstandsfähig sein und Macht, Souveränität und Selbstverständnis des Staates DDR demonstrieren. Bereits auf dem XXII. Parteitag der KPdSU in Moskau benutzte Ulbricht die Formel von der Berliner Mauer als einem »antifaschistischen Schutzwall«.[329] Der massive Ausbau und die

328 Ulbricht an Chruschtschow, [16.] 9. 1961, BArch DY 30/3509, Bl. 96.
329 Rede des Genossen Walter Ulbricht, XXII. Parteitag der KPdSU, Nachmittagssitzung am 20. 10. 1961, in: Die Presse der Sowjetunion, Nr. 137, 13. 11. 1961, S. 3043–3045, hier S. 3045.

Einrichtung einer Verbotszone dienten natürlich der effektiven Fluchtverhinderung, aber eben auch der Durchsetzung eines sehr deutschen Ordnungsverständnisses. Die Grenzanlage sollte so sein, dass jedem Bürger klar würde, dass ein illegales Überschreiten nicht geduldet werde. Sie sollte zum Beispiel verhindern, dass beim Einsatz von Schusswaffen West-Berliner Gebiet beschossen würde, um Flüchtlinge zu stellen. Kwizinski erinnert sich – es muss nach seiner Schilderung etwa Ende August gewesen sein –, dass Perwuchin ihn zu sich gerufen und ihm erklärt habe,

> die heiße Phase der Operation sei jetzt vorüber; jetzt müsse man die Lage konsolidieren und die Grenze befestigen. Der Stacheldraht könne nicht ewig bleiben, er reize die Menschen und provoziere zu immer neuen Versuchen, die Grenze zu durchbrechen. »Wir werden anstelle des Stacheldrahtes eine Betonmauer bauen«, sagte Ulbricht, »und sie sogar verputzen. Dafür werden wir unsere Bauprogramme etwas reduzieren müssen. Aber wir haben keine andere Wahl.«[330]

Im Sommer 1962, anlässlich der Feierlichkeiten zu seinem 69. Geburtstag, klagte Ulbricht dem sowjetischen Diplomaten A. I. Gortschakow die Probleme, die er mit der Durchsetzung seiner Vorstellung von der Grenzsicherung bei den »Freunden« im letzten Jahr gehabt hatte. Bereits am 21. August habe die DDR vorgeschlagen, »die von uns ausgearbeiteten Maßnahmen zur Schaffung einer Grenz-Verbotszone in Berlin zu schaffen. Es ist klar, daß es ohne eine Verbotszone unmöglich ist, Ordnung und Ruhe [sic!] an der Grenze zu schaffen. Eine solche Verbotszone ist unabdingbar.« Einzelne Maßnahmen habe die DDR bereits durchgeführt,

> zum Beispiel die Evakuierung der Bevölkerung aus den Stadtbezirken, die sich in unmittelbarer Grenznähe befinden. Dies wurde ohne besondere Instruktionen oder Befehle, ohne Lärm, vorgenommen. Wenn wir das nicht gemacht hätten, hätte es an der Grenze viel mehr Konflikte und Zwischenfälle gegeben. […] Nunmehr haben wir neue Maßnahmen zur Festigung der Staatsgrenze ausgearbeitet und sehen in ihnen insbesondere die Schaffung einer Grenzzone vor. Diese Maßnahmen werden wir in nächster Zeit nach Moskau schicken. Die Westmächte müssen [sic!] sich darum kümmern, daß auch von Westseite eine Art Grenzverbotsstreifen geschaffen wird, um Explosionen bei der Mauer und andere Versuche von Westberliner Seite, die Grenzbefestigungen zu

330 Kwizinskij, Vor dem Sturm, S. 186 f.

> zerstören, unmöglich zu machen. Rusk[331] muß Brandt zwingen, die offenen Aufrufe zur Zerstörung der Mauer zu stoppen und zur Organisation von Zwischenfällen und Konflikten an der Grenze anzuspornen.[332]

Für Ulbricht, den Erzieher seines Volkes, war die Mauer ein Gesundungsgürtel. »Es gibt Jugendliche, die durch die westliche imperialistische Propaganda und Asphaltkultur stark verseucht sind«, berichtete Ulbricht Chruschtschow nach der Grenzschließung, um anschließend mit der größten Selbstverständlichkeit mitzuteilen:

> Ein Teil junger Werktätiger weigerte sich zu arbeiten und trieb sich auf den Straßen herum. Wir haben ein Teil von ihnen von der Straße weg in Arbeitslager transportieren lassen zum Zwecke der Arbeitserziehung.[333]

In einer Fernsehansprache drückte Ulbricht es folgendermaßen aus:

> Rauschgiftsüchtige werden bekanntlich in ihrem eigenen Interesse und zu ihrer Gesundung vom Rauschgift isoliert. Ebenso haben wir manche vom Frontstadtsumpf benebelten Bürger unserer Republik in ihrem eigenen Interesse und zu ihrer Gesundung von diesem Sumpf Westberlin getrennt. Und ich bin der Überzeugung, daß bei der Mehrzahl von ihnen die Krankheit noch heilbar sein wird. In der sauberen Luft der DDR werden sie zur Vernunft kommen und einsehen, daß sie auf gefährlichem Wege waren, daß sie mit anständiger und ehrlicher Arbeit am besten fahren. Wir haben also mit dem Gesundungsgürtel um Westberlin unsere Atmosphäre geschützt und gereinigt.[334]

---

331 Der amerikanische Außenminister Dean Rusk hatte den sowjetischen Botschafter in Washington, Anatoli Dobrynin, angeblich aufgefordert, die Grenze in Berlin »sicherer« zu machen. Ulbrichts Ausführungen sind eine Replik auf eine entsprechende Mitteilung Gortschakows.

332 Aus dem Diensttagebuch des provisorischen Geschäftsträgers der UdSSR in der DDR A. I. Gortschakow, 4. 7. 1962, zit. nach Wilke, Der Weg zur Mauer, S. 346 f.

333 Ulbricht an Chruschtschow, [16.] 9. 1961, BArch DY 30/3509, Bl. 98.

334 Denken ist die erste Bürgerpflicht. Fernsehrede des Genossen Walter Ulbricht vom 15. September 1961, o. O. [Berlin] o. J. [1961], S. 7 ff.

Beate und Ivanko

Der erzieherische Impetus Ulbrichts kann kaum überschätzt werden. Von den drastischen Folgen für die seiner Erziehung Unterworfenen verschonte er auch seine volljährige Adoptivtochter Beate nicht. 1959, als sie in die Pubertät kam, wurde sie nach Leningrad auf ein Internat geschickt. Da ihre leibliche Mutter eine ukrainische Zwangsarbeiterin war (Beate hieß eigentlich Maria Pestunowa), hatte sie die sowjetische Staatsbürgerschaft. Die Adoption von sowjetischen Staatsbürgern durch Ausländer war aber verboten. Ulbricht konnte die Sache zwar 1950 weitgehend in seinem Sinne regeln, jedoch nicht erreichen, dass die Adoptivtochter aus der sowjetischen Staatsbürgerschaft entlassen wurde, und er war daher lange in Sorge, dass Moskau seine Staatsbürgerin vielleicht einfach zurückholen würde. Erst nach Stalins Tod, so erinnerte sich Nikolai Lunkow, einst Berater der Sowjetischen Kontrollkommission und Freund der Familie Ulbricht, habe die Anspannung nachgelassen – »man riet Ulbricht, sich deswegen nicht mehr zu beunruhigen«.[335] Beate Ulbricht machte in Leningrad das Abitur und studierte anschließend Germanistik. Während ihres Studiums lernte sie den Italiener Ivanko Matteoli kennen, den Sohn eines italienischen KP-Funktionärs. Als ihre Eltern von dem Verhältnis Wind bekamen, holten sie ihre Tochter umgehend zurück nach Berlin und versuchten, ihr diese Beziehung zu einem Ausländer auszureden. »Da Dich der Staat zum Studium entsandt hat«, so machten sie ihr klar,

> bestimmt er auch Deinen zukünftigen Arbeitsort. Wir denken, Du machst Dir das rechtzeitig klar. Du weißt, dass gerade Du keine Ausnahme machen kannst, und Du sollst auch wissen, dass sowohl die deutschen als auch die sowjetischen Stellen unseren Standpunkt kennen. Deine Dich innigst liebenden Eltern.[336]

---

335 Zit. nach Neef, Christian: Wertvolles Menschlein, Der Spiegel, H. 35, 23. 8. 2004, S. 48.

336 Zit. nach Geipel, Ines: Die ungebührliche Ulbricht-Tochter, Die Welt, 25. 7. 2009 (http://www.welt.de/debatte/kommentare/article6074982/Die-ungebuehrliche-Ulbricht-Tochter.html, Stand 10. 3. 2012); Geipel, Ines: Vergnügt und nützlich. Beate Matteoli, in: Geipel, Ines/Petersen, Andreas: Black Box DDR. Unerzählte Leben unterm SED-Regime, Wiesbaden 2009, S. 161 – 165.

Da Beate die Ehe mit Ivanko nicht auszureden war, stimmten die Adoptiveltern schließlich der Heirat unter der Bedingung zu, dass ihr Mann in die DDR komme und sich einbürgern lasse. Am 30. Oktober 1963 heirateten sie. Den Schwiegereltern in Italien wurde die Einreise von Ulbricht nicht gestattet, die Adoptiveltern blieben der Eheschließung fern. Obwohl Beate ihren Adoptiveltern bald ein Enkelkind gebar, gestaltete sich das Verhältnis zu Walter und Lotte Ulbricht weiter schwierig. Beide, Beate und Ivanko, beschlossen daher, die DDR zu verlassen, aber nicht etwa, um in den Westen, nach Italien zu gehen, sondern nur zurück nach Leningrad. Ivanko fuhr voraus, um eine Wohnung zu suchen und den Umzug zu regeln. Kaum hatte er das Land verlassen, wurde ihm die Wiedereinreise in die DDR verweigert und Beate der Reisepass entzogen. Anfangs versuchten sie noch, Kontakt zu halten, aber bald hörte sie nichts mehr von ihrem Mann. Sie begann zu trinken, vor allem Wermut, den ihr ihre Schwiegereltern aus Italien kistenweise geschickt hatten. Zermürbt gab sie schließlich dem Druck der Adoptiveltern nach und willigte in die Scheidung ein. Am Tag nach der Scheidung bekam sie ihren Reisepass zurück. Sie fuhr nach Leningrad, ihren Mann zu suchen, konnte ihn aber nicht mehr ausfindig machen. Von da an ging es mit ihrem Leben nur noch bergab. Sie verfiel dem Alkohol, wurde enterbt. Ende der 70er Jahre entzogen die Behörden ihr das Sorgerecht für ihre Kinder. Anfang der 80er Jahre wurde eine psychiatrische Untersuchung im Fachkrankenhaus Lichtenberg angeordnet, sie aber nicht in eine Anstalt eingewiesen. Sie lebte jetzt unter Trinkern. Zuletzt wohnte sie in einer verwahrlosten Wohnung in Berlin-Friedrichsfelde. Im September 1991 verkaufte sie ihre Geschichte der Illustrierten »Super«, wenige Wochen später wurde sie in ihrer Wohnung erschlagen aufgefunden. Die Tat konnte nie aufgeklärt werden.[337]

»Einsicht in die Notwendigkeit«. Das war Ulbrichts Freiheitsbegriff, und zwar in einer Schlichtheit und Eindimensionalität, wie man es sich kaum vorstellen kann. Dieser Freiheitsbegriff ließ ihn problemlos damit leben, »sein« Volk einzumauern, ganz so, wie er seiner erwachsenen Tochter einfach den Reisepass entziehen ließ, um sie von ihrem ungelittenen italienischen Ehemann zu trennen. Etwa zur gleichen Zeit, als ihrer Adoptivtochter der Reisepass abgenommen wurde, machten Lotte und Walter Ulbricht einen Staatsbesuch in Ägypten. Es war ein Ereignis, das Ulbrichts Staat aufwerten sollte. Wenn auch

337 S. Frank, Walter Ulbricht, S. 292 f.; Ulbricht, Lotte: Mein Leben. Selbstzeugnisse, Briefe und Dokumente, hg. von Frank Schumann, Berlin 2003, S. 56–69.

noch keine Botschafter zwischen beiden Ländern ausgetauscht wurden, sollte die Reise doch nach außen zeigen: Die DDR wird immer mehr als Staat wahrgenommen. Es war aber auch eine Reise, die Lotte Ulbricht als Mensch beeindruckte. Sie war fasziniert von all dem Neuen und Fremden, was sie sah. Nach ihrer Rückkehr verfasste sie ein kleines Buch mit dem Titel »Eine unvergessliche Reise«.[338] Dass ein solches, das Fernweh der »Landeskinder« anregendes Buch von der »Landesmutter« kurze Zeit nach dem Mauerbau veröffentlicht wurde, konnte eigentlich nur als Ausblick in die Zukunft verstanden werden: Seht, wenn die DDR erst einmal als Staat in der Welt anerkannt ist, können sich auch für die Bewohner der DDR die Reisemöglichkeiten erweitern. So kam es ja schließlich auch, wenn auch nur sehr spät und in homöopathisch kleinen Dosen, zu spät.

Wie Erich Honeckers Frau Margot, erfreute sich auch Lotte Ulbricht eines langen Lebens. Nach dem Zusammenbruch der DDR äußerte sie sich, inzwischen 93 Jahre alt, in einem Interview bedingt selbstkritisch: »Weißt du«, sagte sie 1996 zu Genossen,

> ich denke sehr viel darüber nach, was ich selbst verpatzt habe. [...] Wir haben die Menschen überschätzt. Wie konnten wir annehmen, daß sie sich in so kurzer Zeit ändern. Naziideologie, bürgerliche Ideologie wirken über Generationen. Also wundere dich nicht! ... Ich weiß auch nicht, ob mein Leben nicht ganz anders verlaufen wäre, wenn ich in meiner Jugend anderen Einflüssen ausgesetzt gewesen wäre ... [...]
> Das, was wir in langwierigen Prozessen geistiger Auseinandersetzung erkannt hatten, wozu wir standen, was wir durchzusetzen versuchten, haben wir anderen als selbstverständlich abverlangt, zu wenig erklärt. Woher sollten sie denn wissen? Das werfe ich mir heute vor![339]

Selbst das eigene Scheitern wird noch als Erziehungsproblem gegenüber dem Volk gesehen, nicht als Resultat ihrer Ideologie und des daraus abgeleiteten eigenen Handelns. Lotte und Walter Ulbricht waren, wie auch viele andere unter den SED-Führern, Autodidakten. Autodidakten sind oft von ihren mühsam gewonnenen Erkenntnissen so überzeugt, dass sie sich einfach nicht vorstellen können, dass andere Menschen mit gleichem Recht zu anderen Erkenntnissen und Schlüssen kommen können. Ulbricht und seine Moskauer Genossen hat-

338 Ebd., S. 104 f.

339 Pardon, Inge und Michael: »Ich lasse aus, was mich erheben könnte«, in: Ulbricht, Mein Leben, S. 193 – 203, hier S. 196 ff.

ten eine Zeitlang die Macht, ihre Welterkenntnis zur allein seligmachenden zu erklären. Er wollte zwar 1961 seine Bürger »vorübergehend«, bis die Überlegenheit des Sozialismus sich allen zeigen würde, mehr oder weniger einsperren, aber nicht mittels einer »Mauer« durch Berlin, sondern durch die Übernahme aller Kontrollrechte über die Verbindungswege von und nach West-Berlin und letztlich durch dessen Annexion. Ulbricht war überzeugt, dass sich diese Überlegenheit relativ bald zeigen würde, wenn nur der »Störfaktor« West-Berlin ausgeschaltet und die Massenabwanderung unterbunden sein würde.

Zusammenfassung

Das Erstaunliche an der Berliner Mauer ist nicht, dass sie gebaut wurde, sondern dass sie so lange Bestand hatte. Für den Bau der Mauer gab es 1961 viele nachvollziehbare, wenn auch kaum zu rechtfertigende Gründe. Sie war, und hier ist das »Unwort des Jahres 2010« einmal angebracht, alternativlos, jedenfalls unter der Prämisse, dass ein Krieg zur Lösung des Berlin-Problems ausgeschlossen und Ostdeutschland als »Schaufenster des Sozialismus« erhalten bleiben sollte.[1] Einen Krieg um Berlin wollte und konnte Moskau nicht führen, da er Selbstmord gewesen wäre.[2] Ostdeutschland und die SED-Herrschaft hätte man vielleicht, allein geostrategisch betrachtet, aufgeben können. Wenn man aber die ideologische Bedeutung Deutschlands für den Endsieg des Sozialismus mit in Betracht zog, war die Aufgabe Ostdeutschlands im Grunde indiskutabel.[3] Die Aufgabe Deutschlands wäre unter diesem Aspekt schlicht unsinnig gewesen, da Moskau sich gerade von Ostdeutschland einen anschaulichen Beweis für die Überlegenheit des Sozialismus erhoffte und die aktuellen

1 Vgl. Lemke, Schaufenster der Systemkonkurrenz, hier vor allem die Aufsätze unter B. Wirtschaft und Soziales und C. Kultur und Alltag.

2 Uhl, Krieg um Berlin?; Wettig, Chruschtschows Berlin-Krise.

3 Für die herausgehobene Bedeutung Deutschlands für den Weltkommunismus s. Kubina, 60 Jahre SED/PDS/Die Linke, S. 158 – 173.

wirtschaftlichen Schwierigkeiten nicht auf Systemschwächen, sondern auf den negativen Einfluss des Westens zurückführte, sie also nur für vorübergehend hielt, bis die ostdeutsche Wirtschaft von westlichen Einflüssen »störfrei« gemacht sein würde. Ostdeutschland wirtschaftlich so stark zu stützen, dass es kurzfristig konkurrenzfähig gegenüber Westdeutschland würde, überstieg dagegen die wirtschaftlichen Möglichkeiten der Sowjetunion und war bei den Verbündeten im Warschauer Pakt nicht durchzusetzen.[4] Stellt man die Frage nach Alternativen nicht aus der Sicht der Imperiumsmacht und des Sozialismus als gesellschaftlichem Konkurrenzmodell zum Kapitalismus, sondern aus der der SED-Führung, erscheint der Mauerbau noch eindeutiger als alternativlos. Einen Krieg konnte die DDR nicht führen und *mit* dem »Schlupfloch« Berlin konnte sie augenscheinlich 1961 nicht überleben. Die SED konnte ihre Macht nur halten und ihr Sozialismusprojekt nur fortführen, wenn das »Schlupfloch« Berlin geschlossen war. Die Macht aufzugeben, kaum dass man sie endlich, nach harten und opferreichen Kämpfen, errungen hatte, ergab aus Sicht der SED auch einfach keinen Sinn. Für die Generation, die damals in der DDR an der Macht war, für jene, die gegen den »Faschismus als höchstem Stadium des Imperialismus« im Untergrund und im Exil gekämpft, die in den Konzentrationslagern der Nationalsozialisten gelitten hatten, wäre die Aufgabe der eigenen Macht einem Verbrechen gleichgekommen, da sie der »Reaktion« wieder das Heft des Handelns in die Hand gegeben hätten. Zwar konnte die SED-Führung beträchtliche Fortschritte in ihrem Kampf um internationale Anerkennung als ein legitimer deutscher Staat verzeichnen. Gleichwohl blieb die »Deutsche Frage« offen, vielleicht gerade, weil die Grenze seit 1961 geschlossen war. Die Mauer war so 28 Jahre materieller Ausdruck sowohl der fehlenden politischen und »ökonomischen« Legitimation der SED und ihres Staates als auch des Bemühens, als Staat eine Legitimität zu behaupten. Nicht zuletzt war sie zugleich Ausdruck der Kraft des Faktischen. Die politische Struktur Nachkriegsdeutschlands war Ergebnis der Fähigkeit der Siegermächte, ihren politischen Willen in die Tat umzusetzen, war Resultat ihrer Macht. In Berlin war diese Macht und deren gegenseitige Begrenzung bis 1990 täglich erlebbar.

Die »Mauer«, dieser Fluchtverhinderungswall, wurde aber nicht, wie in der Literatur – dabei jüngst vor allem auf Harrison und in dessen Folge auch auf Wettig aufbauend – vielfach behauptet, von Ulbricht und der SED-Führung

4 Wettig, Chruschtschows Berlin-Krise, S. 179 ff.

seit Anfang der 50er Jahre angestrebt und penetrant von Moskau eingefordert. Vielmehr galten, wie hier gezeigt werden konnte, die Versuche, sowohl an der innerdeutschen Demarkationslinie als auch in Berlin die Grenze zum Westen unter Kontrolle zu bringen, zunächst lange der Verhinderung von allem, was die SED und Moskau unter Diversion, Sabotage und Spionage verstanden. Denn vor allem hierin sah man die Wurzel allen Übels, aller Probleme beim Aufbau des Sozialismus, nicht etwa in möglichen Schwächen des eigenen Gesellschaftsmodells. Inwieweit dieser östlichen Sorge reale Gefahren zugrunde lagen, ist dabei zunächst relativ unwichtig. Denn selbst wenn die vom Osten unterstellte Bedrohung in erster Linie Ergebnis einer ideologischen Selbsttäuschung der Kommunisten gewesen wäre, wäre sie nichtsdestoweniger als Basis ihres als Gefahrenabwehr begriffenen Handelns an der Grenze zur Kenntnis zu nehmen. Allein bewusste Lüge zu Zwecken der Propaganda war diese Sorge mit Sicherheit nicht, findet sich dieselbe Argumentation doch durchweg auch in den internen, vertraulichen Dokumenten.

Bis Anfang der 50er Jahre strömten über vier Millionen Flüchtlinge und Vertriebene in das Gebiet der SBZ. Die Gefahr eines »Ausblutens« der DDR lag angesichts solcher Zuwanderungsdimensionen wirklich nicht gerade auf der Hand. Jeder, der in den Westen (weiter-)ging, machte im Osten eine Unterkunft frei, war hier ein Arbeitsloser weniger, im Westen damals noch mit ziemlicher Sicherheit einer mehr. Entgegen der Darstellung in großen Teilen der einschlägigen Literatur waren die Sicherungsmaßnahmen an der innerdeutschen Demarkationslinie nicht mehr oder weniger von Anfang an auf die Fluchtverhinderung von Ost nach West gerichtet, sondern dienten zunächst einmal dazu, jede unkontrollierte Bewegung zwischen den Besatzungszonen zu unterbinden. Um dieses zu erreichen, wurde von Anfang an auch von der Schusswaffe Gebrauch gemacht, von der östlichen Seite öfter und erheblich skrupelloser als von westlicher Seite. Die Opfer eines solchen Schusswaffeneinsatzes waren aber zunächst nicht durchweg Ost-West-Flüchtlinge, sondern Menschen, die sich aus unterschiedlichsten Gründen illegal über die »Grenze« (teils hin und her) bewegten und dabei das Pech hatten, auf schießwütige, pflichtbewusste, ängstliche oder in besonderem Maße ideologisch verblendete Sowjets oder Ostdeutsche zu treffen. Und wer tatsächlich Flüchtling war, floh bei weitem nicht nur aus politischen Gründen, sondern zum Beispiel nicht selten auch vor Strafverfolgung wegen schlicht krimineller Delikte. Das Jahr 1949 stellte dabei keine Zäsur dar, wie auch nicht das Jahr 1952 in jenem Maße, wie in Teilen der Literatur behauptet, als die innerdeutsche Demarkationslinie (sie wurde immer noch so und nicht Grenze genannt) mit einem Sperrgebiet versehen und militärisch gesichert wurde. Erstens konnte auch jetzt und lange Zeit später nicht von einer undurchdringlichen und grundsätzlich lebensgefährlichen Grenze gesprochen werden, und zweitens galten auch die Maßnahmen vom Frühsommer 1952 noch nicht primär der Fluchtverhinderung, sondern der militärischen Verteidigung und der Abwehr von Schmuggel, Sabotage, Spionage, Diversion etc. aus dem Westen bzw. all dessen, was Moskau und Ost-Berlin dafür hielten. Aber natürlich war ihr Zweck, das unkontrollierte Überqueren der Grenze zu verhindern – in beiden Richtungen.

Zwar wurde ab dem Herbst 1952 von der SED-Führung auch die von nun an bis zum Schluss durchgängig als »Republikflucht« deklarierte Abwanderung aus dem Osten als Problem wahrgenommen, aber nicht als *das* Problem wie dann 1961, sondern als eines von vielen. Selbstverständlich befasste sich die SED-Führung mit dieser Frage, aber eben zunächst so, wie sie sich auch mit zig anderen Problemen beim »Aufbau des Sozialismus« befasste, wie sich jede Führung mit Problemen in ihrem Zuständigkeitsbereich befassen muss. Zunächst und noch lange galt die leichte Sorge der SED-Führung zudem vor allem der Abwanderung der Intelligenz. Im größten Teil der Abwanderung wurde auch weiterhin eine letztlich *gewollte* Abwanderung von Klassenfeinden, alten Nazis oder Kriminellen gesehen. Jeder Privatunternehmer oder selbständige Bauer, der ging, erleichterte die gesellschaftlich-ökonomische Umgestaltung in der DDR. Die Abwanderung war Anfang der 50er Jahre noch weitgehend gewollte Vertreibung, die der Intelligenz ein Kollateralschaden des »verschärften Klassenkampfes«.

Als Ulbricht 1951/52 daran ging, die nach der Spaltung der Stadt 1949 noch vorhandenen Abhängigkeiten des Ostteils und der DDR von West-Berlin zu beseitigen, ging es ihm nicht darum, die Voraussetzungen für einen Mauerbau zur Fluchtverhinderung zu schaffen, sondern darum, die Möglichkeiten des Westens zu begrenzen, Druck auf die DDR auszuüben. Teilweise gingen die Maßnahmen, wie etwa der Eisenbahnring um Berlin, sogar auf Vorkriegsplanungen zurück. Ohne bereits diesen Zweck gehabt zu haben, wurden mit ihnen natürlich auch die Voraussetzungen dafür geschaffen, dass ein Schritt wie der vom 13. August 1961 überhaupt möglich wurde. Die Abriegelungsmaßnahmen gegenüber West-Berlin, die Ulbricht 1952 von Moskau genehmigt haben wollte und die er teilweise auch umzusetzen in der Lage war, dienten ebenfalls noch nicht der Fluchtverhinderung, sondern waren darauf gerichtet, die Stör- und Einflussmöglichkeiten aus West-Berlin in den Ostsektor und die DDR zu verringern. Sicherlich war es in Ulbrichts Interesse, den grenzüberschreitenden Verkehr unter Kontrolle zu bringen, und die von ihm 1952 in und um Berlin geplanten und teilweise auch umgesetzten Maßnahmen wären ein Schritt in diese Richtung gewesen bzw. sie waren es auch. Dafür, dass Ulbricht damit aber die Abwanderung aus der DDR und Reisen in den Westen mehr oder weniger vollständig hätte unterbinden wollen, gibt es keine Belege.

Angesichts der weitgehend unerschütterlichen Zukunftsgewissheit Ulbrichts und der SED-Führung hätten solche Fluchtverhinderungsmaßnahmen auch wenig Sinn ergeben, waren doch sowohl die Kommunisten in Moskau als auch jene in der DDR fest davon überzeugt, dass die Zukunft ihnen gehören würde, dass der Sozialismus dem Kapitalismus in jeder Hinsicht überlegen sei und spätestens in der nahe bevorstehenden gesetzmäßigen Konjunkturkrise des Kapitalismus dies für jeden offenbar werden würde. »Durch den großen Fünfjahrplan«, so Ulbricht auf der II. Parteikonferenz im Sommer 1952, »wird ein solcher Aufschwung der Wirtschaft erreicht werden, daß bis zum Jahr 1955 die Lebenshaltung des Volkes die der Bevölkerung der kapitalistischen Länder übertreffen wird.«[5] Angesichts solcher Perspektive waren Pläne zur totalen Einmauerung der eigenen Bevölkerung kaum sinnvoll, würde doch Ostdeutschland vielmehr bald vor einer Einwanderungswelle westdeutscher Arbeiter stehen. Noch unmittelbar vor dem Volksaufstand am 17. Juni 1953 interessierte Ulbricht die »Republikflucht« nachweislich überhaupt nicht. Der Staatssicherheitsdienst wurde von ihm auf die Bekämpfung des Klassenfeindes, die Abwehr der aus West-Berlin heraus gegen die DDR betriebenen Spionage, Sabotage und Diversion eingeschworen, aber die Flucht seiner Bürger war für ihn kein Thema. Sie interessierte ihn zunächst höchstens wegen des (vermeintlich zeitweiligen) Imageschadens, der der DDR daraus erwuchs. Allerdings hat es Ulbricht wohl kaum in der Schärfe gesehen wie sein damaliger Rivale Rudolf Herrnstadt. Dieser brachte es wenige Tage nach der Verhängung des »Neuen Kurses« durch Moskau, aber noch vor Ausbruch des Aufstandes am 17. Juni in einer Politbürodiskussion auf den Punkt, sprach von »450000 Propagandisten gegen uns drüben«.[6] Vorausgegangen war dieser Einschätzung jedoch ein seit Anfang des Jahres wirklich massives Anwachsen der Flucht aus der DDR. Innerhalb weniger Monate war die Zahl des gesam-

5 Ulbricht, Walter: Die gegenwärtige Lage und die neuen Aufgaben der Sozialistischen Einheitspartei Deutschlands, in: Protokoll der Verhandlungen der II. Parteikonferenz der SED, 9. bis 12. Juli 1952 in der Werner-Seelenbinder-Halle zu Berlin, Berlin 1952, S. 56.

6 Diskussionsbeitrag von R. Herrnstadt in der außerordentlichen Sitzung des Politbüros am 6. 6. 1953, in: Otto, Die SED im Juni 1953, S. 80.

ten vorangegangenen Jahres erreicht. Die generelle Haltung der SED-Führung gegenüber dem Problem hatte bis dahin, wieder mit Herrnstadts Worten, anders ausgesehen: »Anstatt die Abwanderung dieser Menschen als einen Verlust für die Republik anzusehen, breitete sich die Tendenz aus, diese Menschen den – ziffernmäßig wenigen tatsächlichen Feinden, die zu gleicher Zeit die Republik verließen – gleichzusetzen und über die Tatsache ihrer Abwanderung hinwegzusehen.«[7] Nach dem Aufstand wurde vor »hinwegzusehen« sogar noch ein »gleichgültig« in den Text eingefügt.[8]

Auch die vorübergehende Schließung der Sektorengrenze als Reaktion auf die Streiks in Ost-Berlin und den Aufstand hatte nichts mit Fluchtverhinderungsabsichten zu tun. In gewissem Sinn mag die Schließung der Sektorengrenze »für einige Wochen nach dem 17. Juni« daher ein »wichtige[r] Vorläufer für den Plan, der dann am 13. August 1961 umgesetzt wurde«, gewesen sein, wie Harrison meint.[9] Am 13. August 1961 war jedoch die Verhinderung der »Republikflucht« der hauptsächliche und dringliche Zweck der Grenzsperrung. Dies war für jeden offenkundig und stellt sich – anders als 1952/53 – auch in den internen Dokumenten von SED und KPdSU klar so dar. Die Verhinderung der »Republikflucht« war aber eben weder Ziel der Grenzschließung am 17. Juni noch der vorhergehenden Pläne Ulbrichts und schon gar nicht Moskaus. Möglicherweise hat aber die Erinnerung an die drei Wochen nach dem 17. Juni 1953 dann 1961 in Ost-Berlin und Moskau die Illusion bestärkt, man könne den West-Drang der ostdeutschen Bevölkerung mit einigen Stacheldrahtsperren und verstärkten Grenzposten aufhalten. Aber 1953 sollten sie eben das Eindringen von »Agenten« und »Provokateuren« verhindern, die ggf. für ihr Handwerk etwas weniger Todesmut aufzubringen bereit waren, als es bei vielen Ostdeutschen in der umgekehrten Richtung der Fall war. Und so »musste« dann 1961 aus Stacheldraht bald eine »Mauer«

7 Vorlage von Rudolf Herrnstadt für den Tagesordnungspunkt 4 [Beschlussentwurf] der Sitzung des Politbüros am 13. 6. 1953 mit Anmerkungen von Walter Ulbricht, in: Otto, Die SED im Juni 1953, S. 102 – 108, hier S. 104.

8 Entwurf einer Entschließung von Rudolf Herrnstadt für die Sitzung des Politbüros am 3. 7. 1953 in Vorbereitung des 15. Plenums des ZK, in: Otto, Die SED im Juni 1953, S. 219 – 231, hier S. 221 f.

9 »The closure of the Berlin sectoral border, with the exception of a few checkpoints, for several weeks following the 17 June 1953 East German uprising was no doubt an important precursor for the plan which was implemented on 13 August 1961.« S. Harrison, Ulbricht and the Concrete »Rose«, S. 40.

mit Todesstreifen und Schießbefehl werden. Was Ulbricht aber 1952 wollte, war – nimmt man einmal für einen Moment Ulbrichts Weltsicht an – noch tatsächlich ein »antifaschistischer Schutz«- und kein Fluchtverhinderungswall.

Mit dem von Moskau nach Stalins Tod der SED-Führung verordneten »Neuen Kurs« wurde das Problem, das kurzzeitig dramatische Größenordnungen angenommen hatte, mittelfristig schon wieder als erledigt angesehen, da mit den Erleichterungen des »Neuen Kurses« für die Menschen in der DDR ein Großteil der Abwanderungsgründe für die potentiellen Flüchtlinge wegfallen würde, jedenfalls sofern es sich bei ihnen nicht um »Kriminelle« oder »Klassenfeinde« handelte. In den folgenden Jahren geriet angesichts der entgegen den Erwartungen der SED-Führer bis 1956 ansteigenden Abwanderungszahlen die »Republikflucht« allerdings nicht mehr aus dem Blick von SED und staatlichen Organen. Mit unterschiedlichsten administrativen, juristischen, polizeilichen und politischen Maßnahmen wurde versucht, sie einzudämmen. All dies blieb weitgehend wirkungslos, da solche Maßnahmen die Flucht zwar erschweren, persönliche und finanzielle Risiken erhöhen und der Entscheidung im Unterschied zum Anfang der 50er Jahre bald etwas eher Endgültiges geben konnten. Zu verhindern war die Abwanderung so allerdings kaum, jedenfalls solange der erwartete wirtschaftliche Aufschwung im Osten und die ebenso sicher erwartete Krise in Westdeutschland ausblieben. Zu verhindern war die Abwanderung natürlich ganz praktisch auch deshalb nicht, weil die innerdeutsche Grenze noch lange nicht wirklich »dicht« und vor allem die Grenze in Berlin noch weitgehend offen und nur sehr mangelhaft zu kontrollieren war. Andererseits wurde ein Großteil der »Republikfluchten« jedoch damals gar nicht direkt über diese Grenzen begangen, sondern während legaler Reisen nach Westdeutschland. Das heißt, die Reisenden kehrten einfach nicht nach Ostdeutschland zurück. Etwa ein Sechstel bis ein Siebentel der Ost-West-Abwanderung geschah zudem vollends auf legalem Weg, also mittels von den ostdeutschen Behörden genehmigter Übersiedlungen. Die Grenzfrage wurde von der SED deshalb auch noch nicht als Kern des Problems wahrgenommen, sondern vielmehr als Ausfluss der als ungelöst angesehenen Machtfrage in Deutschland, die, so meinten Ulbricht und Genossen, mit dem sicher erwarteten wirtschaftlichen Aufschwung in Ostdeutschland zur Entscheidung geführt werden würde. Die Vorstellung, über einen längeren Zeitraum mit dem Fremdkörper West-Berlin leben zu müssen und mittelfristig nur mit der Grenzschließung die Abwanderung verhindern oder deutlich eindämmen zu können, lag damals noch außerhalb der zukunftsgewissen Vorstellungswelt der SED-Führer.

Ab Mitte der 50er Jahre, als sich die erhofften wirtschaftlichen Verbesserungen und folglich auch die von ihnen erwarteten positiven Effekte auf die Ost-West-Wanderung noch immer nicht oder nicht in dem erhofften Maße eingestellt hatten, wurde das Fluchtproblem wieder intensiver wahrgenommen und nun mehr und mehr auch als akute Bedrohung empfunden. Kennzeichnend für die gesamten 50er Jahre blieb jedoch, dass die SED und ihre Führung diesem Phänomen weitgehend verständnislos gegenüberstanden. Sie konnten vor dem Hintergrund ihrer eigenen Überzeugungen, ihrer vermeintlich »wissenschaftlichen Weltanschauung«, einfach nicht begreifen, warum sich nicht alle Menschen (mit Ausnahme der »Klassenfeinde«) mit gleichem Enthusiasmus wie sie selbst an den Aufbau des Sozialismus machten, ging es doch, so meinten sie, um nicht weniger als die Schaffung einer neuen, besseren Welt, einer Welt ohne Ausbeutung und Krieg. Dieses Nichtbegreifen wird besonders gut deutlich anhand der Mitte der 50er Jahre noch relativ offen geführten »Aussprachen« auf den Tagungen des SED-Zentralkomitees. In diesem Gremium wurden zu jener Zeit noch zahlreiche, in den Verhältnissen in der DDR liegende, aber in Anbetracht des großen Ziels von der SED als eher marginal und vorübergehend eingeschätzte Gründe für die anhaltend hohe Abwanderung angesprochen. Die in den offiziellen Stellungnahmen der Partei gleichzeitig schon erhobenen Vorwürfe einer »planmäßigen Abwerbung« durch Bonn spielten 1955 in den internen »Aussprachen« aber praktisch noch kaum eine Rolle. Weil man sich die Lösung der Probleme durchaus noch zutraute, wurden die realen Probleme auch noch relativ offen diskutiert.

Je mehr jedoch dieses Zutrauen in die eigene Problemlösungsfähigkeit schwand, je weiter die Wiedervereinigung auf sozialistischer Grundlage in die Ferne rückte, desto verführerischer wurde es für die SED, in der »planmäßigen Abwerbung« die Hauptursache zu sehen. Dieser Desillusionierungsprozess bezüglich der eigenen Möglichkeiten begann jetzt. In dem Maße, wie die eigentlichen Ursachen der anhaltend hohen Abwanderung in der SED-Führung nicht mehr besprochen wurden und stattdessen die in der Propaganda beschworene »Abwerbung« in den Mittelpunkt auch der internen Diskussion gestellt wurde, enthob sich die Führung aber eben auch der Möglichkeit, die tatsächlichen Ursachen zu beseitigen, da sie sie immer weniger zur Kenntnis nahm, sie jedenfalls nicht mehr diskutierte. Mitte der 50er Jahre sah die SED-Führung aber, wie die »Aussprachen« auf den ZK-Tagungen eben zeigen, als eigentliche Ursache der hohen Abwanderung vor allem noch ein Vermittlungs- oder Erziehungsproblem der SED-Führung gegenüber »ihren« Bürgern. Die Partei sei noch nicht hinreichend in der Lage, die für sie unzweifelhaften Vorzüge des Sozialismus gegenüber den ebenso unleugbaren Schattenseiten des Kapitalismus den Bürgern in der nötigen Klarheit begreiflich zu machen. So war durchgehend der Tenor in diesen »Aussprachen«.

Mit dem Scheitern der Genfer Konferenz im Sommer 1955 ging ein deutlicher Perspektivwechsel in der Deutschlandpolitik der SED einher. Die Wiedervereinigung Deutschlands – bis dahin selbstverständliches, tagespolitisches Ziel aller Deutschen auf der Basis eines wie auch immer gearteten »Kompromisses« zwischen beiden Seiten – war für die SED nur noch eine Art Langzeitprogramm. Allerdings ging man wohl eher von einigen Jahren und kaum von Jahrzehnten aus. Die Eigenstaatlichkeit der DDR und ihr ökonomischer Erfolg wurden jetzt zum wirksamsten Instrument der Wiedervereinigungspolitik uminterpretiert. Dies hatte gravierende Folgen für die Perspektiven der Menschen in der DDR und ließ aus der Entscheidung, die DDR zu verlassen, immer mehr eine Lebensentscheidung werden, während ein solcher Wanderungsentschluss bis dahin oft noch mit eher kurz- oder mittelfristigen Zielen verbunden gewesen war und oft die Möglichkeit einer späteren Rückkehr nicht von vornherein ausschloss. Gleichzeitig wurde ein solcher Entschluss seitens der SED-Führung immer mehr kriminalisiert, was seinerseits wiederum dazu beitrug, die Entscheidung zu einer mehr oder weniger endgültigen werden zu lassen.

Während die Abwanderungszahl 1956 auf den Allzeithöchststand kletterte, verordnete Moskau nach dem XX. Parteitag auch der SED wieder einmal einen »liberaleren« Kurs, der sich auch in innerdeutschen Reiseerleichterungen niederschlug. Noch einmal versuchte die SED-Führung, die eigenen Bürger mit einer Mischung aus moderaten Veränderungen der repressiven Praxis und massiver Zukunftspropaganda hinter sich zu bringen. Nicht das konkrete Sein, sondern die Perspektive auf ein künftiges Sein sollte das Bewusstsein bestimmen. Gleichzeitig wurde das Sozialismusprojekt in Ostdeutschland zu einem des gesamten sozialistischen Lagers deklariert. Hier in Deutschland, dem Land von Marx und Engels, sollte sich die Überlegenheit des Sozialismus über den Kapitalismus zeigen. Die Frage der »Republikflucht« wurde damit von einem Problem des innerdeutschen Konkurrenzkampfes zu einem des Weltsozialismus. Ostdeutschland war unter dieser Prämisse nicht einmal mehr theoretisch disponibel, da unverzichtbarer Teil des Konstrukts »Sozialismus«. Die Ursache der Massenabwanderung wurde jetzt intern vor allem in der ökonomischen Schwäche der DDR gesehen, nicht in einer verbreiteten politischen Ablehnung der SED-Führung. Die Menschen »flüchten also nicht, sondern reisen aus«, heißt die bemerkenswerte Schlussfolgerung aus der Analyse der Wanderungsmotive durch die »Kommission zu den Fragen der Republikflucht« im November 1956.[10]

Mit der »Liberalisierung« im Ostblock kamen auch die Revisionismusdebatte und die Aufstände in Ungarn und Polen. Ulbricht, nach dem XX. Parteitag der KPdSU ähnlich in Bedrängnis wie 1953, vermochte aber beide Entwicklungen geschickt zu nutzen, um seine Widersacher in der SED-Führung auszuschalten und auch die ohnehin nur gering ausgeprägte Diskussionskultur in Führung, Apparat und Partei vollends zu beseitigen. Seine Opponenten hatten nicht zuletzt das »Republikflucht«-Problem gegen Ulbricht in Stellung zu bringen versucht. Ulbricht agierte in dieser Situation jedoch nicht rein machiavellistisch, allein um des eigenen Machterhalts willen, sondern war zugleich überzeugt, ausschließlich *seine* politische Linie sei richtig und schaffe durch die konsequente und rücksichtslose Bekämpfung des »Klassenfeindes« überhaupt erst die Möglichkeit, dass sich der »Sozialismus« in der DDR weiter entwickeln und seine Vorzüge offenbaren könne. Er selbst, Ulbricht als Führungsperson, war so quasi historische Notwendigkeit. Sich bestätigt sehen und die Schließung der Reihen einfordern konnte Ulbricht auch, weil im Westen in der Folge der »Entstalinisierung« bereits recht konkrete Pläne für eine »Entsedifizierung« und die Übernahme der DDR geschmiedet wurden.

Der SED-Führung, und zwar Ulbricht wie auch seinen Opponenten, war der Zusammenhang zwischen einem relativ ungehinderten innerdeutschen Reiseverkehr und einer Beruhigung der Lage in der Bevölkerung durchaus bewusst. Gleichzeitig wussten sie aber auch, dass in den Jahren 1954 bis 1957, den Jahren relativer Freizügigkeit, fast jede zweite »Republikflucht« anlässlich einer genehmigten Westreise begangen worden war. Allein schon dieses Größenverhältnis macht deutlich, dass die offene Grenze in Berlin als »Fluchtventil« zu dieser Zeit noch gar nicht die Hauptsorge der SED-Führung sein musste. Allerdings ließ Ulbricht im Sommer 1957 in Moskau prüfen, »ob es gegenwärtig möglich ist, Maßnahmen einzuleiten, die den Flugverkehr in den Luftkorridoren in Übereinstimmung mit der in den einschlägigen Dokumenten festgelegten Rechtslage bringen«.[11] Er wollte also möglicherweise gegen die Flucht über Berlin durch die Kontrolle des Luftverkehrs vorgehen,

10 Sektor Leitende Staatsorgane, Niederschrift über die Sitzung der Kommission zu den Fragen der Republikflucht am 23. 11. 1956, 4. 12. 1956, BArch DY 30/IV 2/13/397, zit. nach Major, Torschlußpanik, S. 223.

11 Anlage zur Verbalnote der DDR an die UdSSR, 29. 8. 1957, zit. nach Lemke, Sowjetische Interessen, S. 206.

scheiterte mit seinem Vorstoß jedoch noch. Allerdings muss die Fluchtverhinderung nicht wirklich Hauptmotiv des Vorstoßes gewesen sein. Nicht unwahrscheinlich ist, dass es ihm vor allem um die damit zusammenhängenden Souveränitätsrechte ging. Zum Jahresende wurden die Reisemöglichkeiten für DDR-Bürger aber schließlich massiv eingeschränkt. Mit dem neuen, restriktiven Passgesetz war das illegale Verlassen der DDR erstmals unter Strafe gestellt, und im kommenden Jahr wurden deutlich weniger Genehmigungen für Reisen nach Westdeutschland erteilt als in den Jahren zuvor. »Republikflucht« war nach den Vorgaben der 33. ZK-Tagung gleichbedeutend mit Vaterlandsverrat. Es waren nicht mehr nur »Verräter«, »Kriminelle«, »Reaktionäre« etc., die in den Westen flohen, sondern durch den Weggang in den Westen *wurde* man automatisch zum Verräter an der Sache des Sozialismus, ja in der Logik der Kommunisten damit auch Verräter am Frieden, zum Handlanger der »imperialistischen Kriegstreiber«. Zusammen mit einer gewissen ökonomischen Konsolidierung führten diese repressiven Maßnahmen zu einem weiteren und deutlichen Rückgang der Abwanderung.

Parallel wurde mit der endgültigen politischen Ausschaltung von Ulbrichts Opponenten, also vor allem Schirdewan, Wollweber und Oelßner, von Ulbricht der letzte Versuch in der SED-Führung abgewürgt, die »Republikflucht« auch als Folge eigener politischer Fehler zu diskutieren. Ein realistisches Konzept, wie die »Republikflucht« kurzfristig jenseits rein restriktiver administrativer Maßnahmen nennenswert reduziert werden könnte, war aber auch bei Ulbrichts Opponenten nicht zu erkennen. Während Schirdewan meinte, in jeder »Republikflucht« eine »Beleidigung für die Arbeiterklasse« sehen zu müssen, sprachen Ulbricht, Grotewohl oder Matern davon, sie sei »Verrat an der Arbeiterklasse«. [12] Der Unterschied zwischen diesen beiden Worten spiegelt im Grunde Kern und Ausmaß des Dissenses in der SED-Führung in der Frage der Bewertung der »Republikflucht« wider.

Ab 1958 rückt dann tatsächlich »Westberlin« immer mehr in den Blick Ulbrichts und der SED-Führung, nicht mehr nur als Zentrum der tatsächlich oder vermeintlich gegen die DDR gerichteten westlichen Spionage, Sabotage und Diversion und auch noch lange nicht vornehmlich als vermeintlich »letztes Schlupfloch«, sondern als immer mehr an Ausstrahlung gewinnendes »Schaufenster des Westens«, als wirtschaftliches Problem für die DDR (Währungsgefälle). Für die Lösung dieses Problems gab es im Grunde nur

12 Zit. nach Wollweber, Aus Erinnerungen, S. 378.

zwei Wege: a) das Wirtschafts- und Währungsgefälle zu beseitigen oder zu reduzieren – durch »Eroberung« West-Berlins, durch ein »Wirtschaftswunder« in der DDR oder eine Mischung aus beidem – oder b) den Verkehr zwischen den beiden Wirtschafts- und Währungsgebieten rigoros zu kontrollieren. Die SED strebte noch eindeutig Weg (a) an. Das mag rückblickend größenwahnsinnig und unrealistisch wirken; die Zeitgenossen sahen dies aber anders, je nach Standpunkt als reale Gefahr oder als reale Chance.

Sowohl in Moskau als auch in Ost-Berlin waren die Führungen immer noch überzeugt, bald in Ostdeutschland die eigene ökonomische Überlegenheit unter Beweis stellen zu können. Dafür sollte jetzt der gesamte Ostblock wirtschaftlich die DDR unterstützen, nicht aber um etwa die DDR-Bewohner auf Kosten der anderen Völker des RGW in Wohlstand schwelgen zu lassen, sondern um schließlich ganz Deutschland zum Bollwerk bzw. Magneten des Sozialismus in Europa zu machen. »Ohne diesen entscheidenden Schritt«, so machte Ulbricht den Vertretern der präsumtiven Geberländer in Moskau die eigentliche Zielrichtung deutlich, sei es schwer, »die Massen der Gewerkschaftsmitglieder in Westdeutschland zu überzeugen«.[13] Darum ging es ihm. Bestärkt durch die Unterstützungszusagen auf der Moskauer RGW-Tagung, erklärte Ulbricht es auf dem V. Parteitag der SED im Juli 1958 zur »ökonomischen Hauptaufgabe«, »die Volkswirtschaft der Deutschen Demokratischen Republik [...] innerhalb weniger Jahre so zu entwickeln, daß die Überlegenheit der sozialistischen Gesellschaftsordnung der DDR gegenüber der Herrschaft der imperialistischen Kräfte im Bonner Staat eindeutig bewiesen wird und infolgedessen der Pro-Kopf-Verbrauch unserer werktätigen Bevölkerung mit allen wichtigen Lebensmitteln und Konsumgütern den Pro-Kopf-Verbrauch der Gesamtbevölkerung in Westdeutschland erreicht und übertrifft (Lebhafter Beifall)«.[14] Das »wahre Wirtschaftswunder« werde 1961 in der DDR zu besichtigen sein; »wir wissen, was morgen geschieht« – so brachte im Herbst 1958 eine Ost-Berliner Propagandabroschüre zum neuen Siebenjahrplan die Zukunftsgewissheit der ostdeutschen Kommunisten auf den Punkt.[15] Ganz ähnlich hatte es bereits die II. Parteikonferenz 1952 formuliert. Es war, für je-

---

13 Schreiben Ulbrichts an die Leiter der Delegationen der kommunistischen und Arbeiterparteien der Staaten des RGW auf der ökonomischen Beratung in Moskau vom 20.–23.5.1958, zit. nach Lemke, Die Berlinkrise, S. 54.

14 Protokoll der Verhandlungen des V. Parteitages, Bd. 1, S. 68, vgl. auch Bd. 2, S. 1357.

15 Wir wissen was morgen geschieht.

den, der sich erinnern konnte, bereits der zweite Versuch, dieses Ziel in zwei bis drei Jahren zu erreichen.

Es war ein mehr als ehrgeiziges Ziel, das aber weit weniger irreal erscheint, wenn wir berücksichtigen, dass die SED-Führung fest von einem Ende der Konjunktur in Westdeutschland und dem Bevorstehen einer zyklischen Krise des Kapitalismus in allernächster Zeit ausging. Eine kleine Konjunkturdelle in Westdeutschland im Jahr 1958 schien ihre Überzeugung zu stützen. Diese Hoffnung und die nun bereits im dritten Jahr in Folge und gegenüber dem Vorjahr sogar deutlich zurückgehenden Abwanderungszahlen (315 668/215 530) ließen die SED-Führung eine lockerere Haltung gegenüber der Republikfluchtfrage einnehmen. Zugleich drängte Ulbricht Chruschtschow immer energischer, das »Westberlin-Problem« mit Macht einer Lösung zuzuführen. Ulbricht wollte keine »Mauer« in Berlin errichten und damit West-Berlin als Problem konservieren, sondern er forderte vielmehr von Chruschtschow, gegenüber dem Westen offensiv und »aus einer Position der Stärke heraus zu agieren«.[16] Er wollte keine neutrale Stadt »Westberlin«, sondern deren faktische, wenn auch vielleicht nur schrittweise Eingliederung in die DDR.[17]

Chruschtschows Ultimatum vom November 1958 an die Westmächte, West-Berlin binnen sechs Monaten in eine »Freie Stadt« umzuwandeln, war insofern für Ulbricht nicht die Formulierung all seiner Wünsche. Erstens sah er die Forderung kritisch, da er nicht erwartete, dass der Westen sich auf sie so ohne weiteres einlassen und es so wohl zunächst einmal nur zu einem Zeitverlust kommen würde. Zweitens sah er mit dem Begriff »Freie Stadt« die eigene Propaganda eher erschwert als erleichtert, kannte doch damals noch jeder das Schicksal der einst Freien Stadt Danzig. Wäre Ulbrichts Ziel schon damals eine Mauer zur Fluchtverhinderung in Berlin gewesen, hätte er das Konzept einer »Freien Stadt« eigentlich begrüßen müssen, da damit ja die Sektorengrenze in Berlin zu einer völkerrechtlichen Grenze geworden wäre und sich deren Sicherung und Kontrolle viel besser hätte »verkaufen« lassen. Ulbricht machte aber überhaupt keinen Hehl daraus, dass die Freiheit der »Freien Stadt« darin bestehen würde, sich so zu verhalten, wie Ost-Berlin es wünschte. Wozu hätte er da eine Mauer zur Fluchtverhinderung bauen sollen? Warum hätte er mit

16 So Ulbricht in einem Gespräch mit Sowjetbotschafter Perwuchin am 2. 10. 1958, zit. nach Zubok, Khrushchev and the Berlin Crisis, S. 11; vgl. auch Harrison, Bargaining Power, S. 158 f.; Zubok/Vodop'janova, Sovetskaja diplomatija, S. 263 f.

17 Zubok, Khrushchev and the Berlin Crisis, S. 11; Wettig, Sowjetische Deutschland-Politik, S. 145.

dieser Perspektive und bei zurückgehenden Fluchtzahlen bei Chruschtschow auf den Bau einer Mauer durch »seine« Hauptstadt drängen sollen? Ulbricht setzte vielmehr weiter auf Sieg – auf ein Westdeutschland ohne Adenauer, auf deutsch-deutsche Verhandlungen mit einer SPD-geführten Regierung auf Augenhöhe, auf einen Sieg des politischen »Realismus« im Westen und auf die wirtschaftlichen Erfolge des neuen Siebenjahrplanes und die Krise des Kapitalismus.

Parallel sind, wie gezeigt wurde, Überlegungen und Planungen nachweisbar, die sich mit den Möglichkeiten einer besseren Kontrolle der Sektorengrenze befassen, ohne dass jedoch Details oder auch nur die genaue Zielstellung den wenigen Quellen zu entnehmen sind. Im Januar 1959 wurde Innenminister Maron beauftragt, »einen Vorschlag über die Neuregelung des Systems der Sicherung der Sektorengrenze innerhalb Berlins auszuarbeiten und der Sicherheitskommission zur Beratung vorzulegen«.[18] Von nun an finden sich in gewissen Abständen immer wieder Hinweise, dass seitens der SED-Führung streng geheim zumindest Pläne in diese Richtung ausgearbeitet wurden. Ulbricht war wohl immer noch überzeugt, die Zeit arbeite für ihn bzw. den Sozialismus, musste aber gleichzeitig zur Kenntnis nehmen, dass es auch Entwicklungen gab, die die Gewichte konkret und momentan eben nicht zugunsten des Sozialismus bzw. der DDR verschoben. Die Bindungen West-Berlins an die Bundesrepublik wurden, nicht zuletzt als Reaktion auf Chruschtschows Ultimaten, deutlich ausgebaut, ohne dass der Osten dem wirklich etwas entgegenzusetzen gehabt hätte. Zu diesen unerwarteten Entwicklungen gehörten auch das Bekenntnis der SPD zur Westbindung, zur Marktwirtschaft und ihre offizielle Abkehr vom Marxismus auf ihrem Godesberger Parteitag. Und natürlich gehörte dazu auch die immer noch anhaltende Hochkonjunktur in Westdeutschland. Während sich sowohl die Abwanderungs- als auch die Zuwanderungszahlen 1959 noch zugunsten der DDR entwickelten, kehrte sich dieser dreijährige Trend im kommenden Jahr um. Parallel geriet die ostdeutsche Wirtschaft immer mehr in Rückstand gegenüber den ehrgeizigen Planzielen. Diese für die DDR negativen Entwicklungen seit 1960 waren aber neu. Und auf dieses Neue musste Ulbricht sich jetzt einstellen, und er stellte sich auch darauf ein. Wenn auch sein Glauben an die grundsätzliche Überlegenheit des Sozialismus weiterhin mehr oder weniger fest gewesen sein dürfte, so musste

18 Auszug aus dem Protokoll der Sicherheitskommission des Politbüros der SED vom 22. 1. 1959, BArch DVW 1/5046, Bl. 69.

er doch zur Kenntnis nehmen, dass sich diese vermeintliche Überlegenheit in der DDR kaum in den nächsten Wochen und Monaten zeigen würde, stattdessen vielmehr die Wirtschaft des Landes auf eine ernsthafte Krise zuging.

Anders als für Ulbricht, war die Übertragung der Kontrollrechte über die Verbindungswege von und nach Berlin an die DDR für Chruschtschow nicht nur ein Ziel, sondern vor allem auch ein Mittel, die Westmächte unter Druck zu setzen. Solange Chruschtschow sein Hauptziel, nämlich die nachhaltige Schwächung der Position der Amerikaner in Europa und der Welt, nicht erreicht hatte, war er, wie Ulbricht jetzt mehr und mehr erkennen musste, nicht bereit, dieses Mittel aus der Hand zu geben. Ulbricht hätte damit wahrscheinlich noch eine ganze Weile leben können, wenn die Lage geblieben wäre, wie sie sich noch 1959 darstellte, aber kaum angesichts der sich seit spätestens dem Herbst 1960 unausweichlich anbahnenden wirtschaftlichen und innenpolitischen Krise in der DDR. Chruschtschow wie auch Ulbricht sahen sich Anfang der 60er Jahre einer im Vergleich mit dem Jahr 1958, als Chruschtschow erstmals sein Ultimatum stellte, deutlich veränderten Lage ausgesetzt. Für Chruschtschow hatten sich auf der weltpolitischen Ebene die Gewichte weg von Deutschland verschoben; für Ulbricht wurde die Lage im eigenen Land immer schwerer zu beherrschen. Er sah seinen Staat auf eine schwere Krise zusteuern. Während Chruschtschow in Berlin weiter auf Zeit spielte, begann Ulbricht die Zeit davonzulaufen. Er versuchte daher in den kommenden Monaten mit kleinen, sukzessiven Veränderungen am Status quo in Berlin die Dinge in seinem Sinne voranzutreiben und damit sowohl Druck auf den Westen als auch auf Chruschtschow auszuüben, der endlich sein Ultimatum umsetzen und West-Berlin in eine »Freie Stadt« umwandeln und die Kontrollrechte über die Verbindungswege der DDR übertragen sollte. Chruschtschow andererseits hatte wohl erst jetzt im vollen Umfang erfasst, in welchem Maße die DDR-Wirtschaft von Lieferungen aus Westdeutschland abhängig war. Das Treffen Ulbrichts mit Chruschtschow Ende November 1960 in Moskau scheint eine Art Wendepunkt für Ulbrichts strategisches Denken in Bezug auf die Lage in Berlin gewesen zu sein. Bis dahin war Ulbricht bei aller Enttäuschung über dessen zögerliches Vorgehen noch davon ausgegangen, Chruschtschow würde in absehbarer Zeit letztlich alle wesentlichen Forderungen aus seinem Ultimatum vom November 1958 gegenüber dem Westen durchsetzen. Wer sollte sich einer Macht entgegenstellen, die mit dem Sputnik den ersten künstlichen Erdsatelliten in seine Umlaufbahn gebracht hatte?

Erste Zweifel plagten Ulbricht zwar bereits seit dem Frühjahr 1959, er leitete daraus aber zunächst einmal den Schluss ab, Chruschtschow schlicht stärker unterstützen, beeinflussen und vorwärtsdrängen zu müssen, um seine Ziele zu erreichen. Im November 1960 aber musste Ulbricht in Moskau erkennen, dass die ökonomische und militärische Macht sowie – nicht zuletzt auch daraus resultierend – der entsprechende Wille zur Durchsetzung des Ultimatums möglicherweise in Moskau nicht in ausreichendem Maße vorhanden waren. Ulbricht brauchte aber bald eine Lösung für seine Berlin-Probleme. Er brauchte daher einen Plan B für den Fall, dass Chruschtschow auch 1961 nicht entschlossen handeln würde. Da er aber auch nicht sicher sein konnte, für welche Maßnahmen seines Planes B er im Ernstfall die Zustimmung Moskaus erhalten würde, scheint er sich dazu entschlossen zu haben, quasi konspirativ Maßnahmen verschiedener Härte unterhalb eines Friedensvertrages bzw. der Übertragung aller Kontrollrechte auf die DDR vorbereiten zu lassen, bis hin eben zur völligen Unterbindung des freien Verkehrs zwischen Ost- und West-Berlin sowie der DDR und West-Berlin. Für ihn, wie auch wohl für die meisten SED-Funktionäre, war dieses Szenario, würde es denn dazu kommen, ein Akt der Notwehr, Notwehr gegen die westliche Diversion etc., aber auch Notwehr gegen Moskaus zögerliche Haltung in Bezug auf eine hinreichende wirtschaftliche wie auch politische Unterstützung. Dabei bedurfte es sicherlich nicht der westdeutschen Anfang November 1958 bekannt gewordenen Pläne für ein »Gesetz über die Einreise und Ausreise«, das den Verkehr zwischen der DDR und Westdeutschland einer Kontrolle ähnlich der an den Außengrenzen Westdeutschlands unterwerfen sollte, um Ulbricht und die SED von den Skrupeln gegenüber der Einmauerung der eigenen Bevölkerung zu befreien, aber es war wohl ein die Selbstrechtfertigung erleichterndes Element. Reisebeschränkungen scheint man zu der Zeit beiderseits des »eisernen Vorhanges« ein gewisses Problemlösungspotential zugetraut zu haben, wenn auch die Skrupel, die man diesbezüglich noch hatte, im Osten bereits erheblich geringer als im Westen waren. Vielleicht lag dies aber auch zum Teil daran, dass hier die Angst und Bedrohungswahrnehmung deutlich größer waren – eine boomende Wirtschaft auf der einen Seite, massive Planrückstände auf der anderen.

Für Januar 1961 verdichten sich die Zeichen dafür, dass die SED jenseits der favorisierten Friedensvertragslösung und der damit verbundenen Übergabe aller Kontrollrechte im Berlin-Verkehr an die DDR konkrete alternative Lösungsmöglichkeiten ausarbeiten ließ. Im Frühjahr 1961 sah Ulbricht sich im Grunde schon mit dem Rücken an der Wand. Gegenüber 1959, dem Jahr mit der niedrigsten Abwanderungsrate, war die »Republikflucht« 1960 um fast 40 Prozent angestiegen. Parallel verflüchtigte sich die Hoffnung, Westdeutschland im Jahr 1961 wirtschaftlich überholen zu können. An eine baldige

Umkehr der Wanderungsbewegung war, entgegen den Träumen der vergangenen Jahre, auf absehbare Zeit definitiv nicht mehr zu denken. Beides, die Trendumkehr bei der Abwanderung 1960 und die geplatzten wirtschaftlichen Illusionen, waren die Grundlage dafür, dass Ulbricht und die SED-Führung jetzt entschlossen waren, um nahezu jeden Preis und mit welchem Mittel auch immer die Abwanderung zu stoppen. Das heißt, es ging nicht mehr, wie in den Jahren davor, um eine graduelle, mit unterschiedlichsten Mitteln zu erreichende Verringerung der Abwanderung, sondern darum, sie (vorerst) weitgehend unmöglich zu machen. Zugleich lassen Ulbrichts Äußerungen dieser Tage erkennen, dass er immer noch auf eine große Lösung, also den Friedensvertrag mit der DDR setzte, diesen und nicht bzw. zumindest nicht primär eine »Mauer« anstrebte. West-Berlin gehörte für ihn zur DDR. In der Umsetzung dieser Rechtsauffassung lag für ihn die anzustrebende Lösung. Alles was jetzt an Planungen lief, diente der Vorbereitung dieser großen Lösung und allerdings nun auch der Vorbereitung auf Notfallszenarien.

Klar ist, dass seit Anfang 1961 die »Mauer«-Lösung intern auf dem Tisch lag. Weit weniger klar ist, was Ulbricht in ihr sah: a) eine reine Not- und Interimslösung für den Fall, dass ein Friedensvertrag mit der DDR und die Umwandlung West-Berlins in eine »Freie Stadt« nicht bis zum Sommer durchzusetzen sein würden, b) die unter den gegebenen Bedingungen einzig realistische Lösung für das Problem der »Republikflucht« bis zum Sommer 1961 oder c) vor allem oder auch ein Druckmittel, mit dem er Chruschtschow, der die »Mauer«-Variante nachweislich gern vermieden hätte, zu einem entschlossenen, risikobereiten Vorgehen gegen die Westmächte zu bringen hoffte. Die uns überlieferten Quellen aus dem ersten Halbjahr 1961 erlauben keine zweifelsfreie Antwort auf diese Frage. Klar scheint nur, dass die »Mauer«-Lösung nicht Ulbrichts Wunschlösung war. Mit Sicherheit hatte er nicht, wie Harrison meint, bereits seit acht Jahren Moskau gedrängt und gedrängt, auf diese Weise das Problem der »Republikflucht« lösen zu dürfen. Nicht zuletzt sein nun wirklich penetrant zu nennendes Drängen in Moskau auf den Abschluss eines Friedensvertrages mit der DDR in der zweiten Hälfte des Jahres 1961 lässt es als recht wahrscheinlich erscheinen, dass die »Mauer«-Lösung für ihn 1961 höchstens eine Not- und Interimslösung war. Wenn dem so war, dann ist es auch wahrscheinlich, dass er die entsprechenden Vorbereitungen seit dem Herbst 1960 und das Lancieren dieser Variante in Moskau nicht zuletzt als Druckmittel gegenüber Moskau genutzt hat, um eben seine Wunschlösung möglichst doch noch durchsetzen zu können. Es gibt nicht wenige Indizien, die eine solche Annahme stützen, nicht zuletzt Ulbrichts Äußerungen gegenüber dem CDU-Chef Götting kurz nach dem Mauerbau. Folgt man diesen, hatte sich Chruschtschow zu Ulbrichts Überraschung und Enttäuschung plötzlich doch für die von ihm bis dahin immer abgelehnte »Mauer«-Lösung entschieden. Ulbricht aber hatte sehr wahrscheinlich und nicht nur zum Zeitpunkt der Pressekonferenz am 15. Juni 1961 tatsächlich »nicht die Absicht, eine Mauer zu errichten«. Und er ging wohl auch noch davon aus, ja setzte darauf, dass Chruschtschow diese Absicht ebenfalls nicht hatte. Ein Friedensvertrag und eine »Freie Stadt« sollten den Sozialismus in Deutschland retten, nicht eine Gefängnismauer. Und deshalb musste Chruschtschow beides durchsetzen, so war wahrscheinlich Ulbrichts Kalkül. Ulbricht bereitete die »Mauer« vor, um sie noch verhindern zu können. Das ist auf der heutigen Quellenbasis zwar nicht zu beweisen, aber eine nicht unwahrscheinliche Hypothese, deutlich wahrscheinlicher als alle anderen.

Zu dieser Hypothese passt auch, wie die SED-Führung im Sommer 1961, unmittelbar vor dem Mauerbau, noch mit dem Grenzgängerproblem umging. Grundlage der Vorschläge, die Ulbricht damals nach Moskau schickte und die dort schließlich im Juli genehmigt wurden, war eine – auch nach Abschluss eines Friedensvertrages und der Umwandlung West-Berlins in eine »Freie Stadt« – im Prinzip weiter offene Grenze in Berlin. Im Rückblick sah es nach dem Mauerbau für viele so aus, als sei die Kampagne gegen die Grenzgänger nichts anderes als eine getarnte Vorstufe zur völligen Grenzschließung gewesen, die die Menschen einerseits auf diese Maßnahme einstimmen und zugleich von ihrer bereits im Gang befindlichen Vorbereitung ablenken sollte. Denn die neuen Regelungen gegen die Grenzgänger ergaben ja wenig Sinn, wenn ohnehin die Grenze geschlossen werden sollte und damit das Grenzgängerproblem auf andere Weise radikal gelöst worden wäre. Die gegen die Grenzgänger gerichteten Maßnahmen dämpften also Befürchtungen vor einer völligen Schließung der Grenze und wirkten so auf die meisten Menschen, mit Ausnahme der Grenzgänger selbst, wohl eher beruhigend. Tatsächlich wurden viele der angekündigten Maßnahmen gar nicht mehr wirksam, da sie erst nach dem 13. August in Kraft treten sollten. Nach außen entstand so der Eindruck, die ganze Kampagne sei nur ein großes Ablenkungsmanöver gewesen. Die wenigen vorliegenden Quellen, die jenseits der ökonomischen auch politische Absichtslagen auf der Führungsebene erkennen lassen, stützen eine solche Interpretation aber nicht. In der von Paul Verner dem Politbüro vorgelegten Begründung für die Vorschläge zur Bekämpfung des Grenzgängerwesens heißt es:

> Bei der Ausarbeitung von Maßnahmen wurde darauf orientiert, daß sie nicht mit dem Problem des Friedensvertrages und der friedlichen Lösung der Westberlin-Frage gekoppelt werden können. Deshalb tragen die vorgeschlagenen Maßnahmen ihrem Wesen nach ökonomischen Charakter mit dem Ziel, die Spekulation mit den Westmarkeinnahmen einzuschränken bzw. zu beseitigen. Diese Maßnahmen berühren nicht den freien Verkehr zwischen den beiden Teilen Berlins, die Freizügigkeit der Arbeitsplatzwahl usw. Es ist in jeder Hinsicht politisch zweckmäßig, Maßnahmen gegen die Grenzgänger unabhängig von dem Abschluß eines Friedensvertrages und der friedlichen Lösung der Westberlinfrage durchzuführen, da [bei] eine[r] Koppelung mit diesen Fragen das Grenzgängerproblem ein völlig anderes Gewicht erhalten und die Fragen des Friedensvertrages und das Westberlinproblem noch zusätzlich kompliziert würde[n]. Man könnte z. B. sagen, jetzt fangen sie mit der Einschränkung des freien Verkehrs und des Status der Freien Stadt an.[19]

Nach allem, was wir bis jetzt darüber wissen, war also die Einschränkung des Grenzgängerwesens ein eigenständiges Ziel der SED-Führung, das dann, mit der für Ulbricht überraschenden Entscheidung Chruschtschows, die Sektorengrenze radikal abzuriegeln, von den geheimen Vorbereitungen zum Mauerbau überlagert und mit dieser Lösung gleich mit »gelöst« wurde. Die Grenzgängerkampagne hatte zwar die Wirkung einer nahezu perfekten Verschleierungsaktion, war aber mit hoher Wahrscheinlichkeit nicht als solche konzipiert und ins Leben gerufen worden.

Seit Herbst 1960 lassen sich, wie wir gesehen haben, konkrete Planungen zur schärferen Kontrolle bzw. Schließung der Grenze in Berlin nachweisen. Auch dies belegt aber noch lange nicht, dass Ulbricht von da an das Berlin-Problem primär auf diese Weise lösen wollte. Vieles spricht, wie zu sehen war, dafür, dass Ulbricht, analog zur alten Weisheit der Römer, eine »Mauer« vorbereitete, um den Friedensvertrag zu bekommen – »Si vis pacem, para bellum«. Noch im Juli 1961 hielt es Kwizinski, zu der Zeit persönlicher Mitarbeiter des Botschafters Perwuchin, für möglich, dass man in Moskau Ulbrichts die Lage dramatisierenden Meldungen und sein Drängen auf Schließung der Grenze lediglich als Versuche aufnahm, »um rascher einen Beschluß über die Unterzeichnung

19 Vorlage zur weiteren Eindämmung der Grenzgänger-Bewegung nach Westberlin aus der Hauptstadt der DDR und den Grenzkreisen um Berlin, streng geheim!, Arbeitsprotokoll zur Politbürositzung vom 6.6.1961, BArch DY 30 J IV 2/2A/824, Bl. 106 – 118, hier Bl. 107 f.

des Friedensvertrages mit der DDR herbeizuführen«.[20] Was Moskau Ulbricht damals zutraute, dürfen wir ihm heute getrost auch zutrauen. So scheint auch Kwizinskis Erklärung von Ulbrichts vermeintlicher Freud'scher Fehlleistung auf der nach dem Mauerbau zur Berühmtheit gelangten Pressekonferenz am 15. Juni die plausibelste von allen zu sein. Ulbricht hatte zur Absicherung seiner Ausführungen einfach eine Formulierung Chruschtschows aufgenommen, die ihm dazu auch noch deshalb besonders geeignet zu sein schien, weil Chruschtschow sie gerade gegenüber dem westdeutschen Botschafter gemacht hatte. Alles, was Chruschtschow Kroll im April 1961 zu den zwangsläufigen Folgen eines Friedensvertrages gesagt hatte, entsprach voll und ganz dem, was Ulbricht wollte, entsprach seinen »Absichten«. Ulbricht machte Druck mit der Variante Grenzschließung, und sie war zugleich sein Rettungsanker. Sein Essential war: Die Flucht »muss zum großen Teil abgestoppt werden«, wie er im Januar vor dem Politbüro gesagt hatte.[21] Er brauchte, wenn er den Friedensvertrag jetzt nicht bekommen konnte, die Grenzschließung, um handlungsfähig zu bleiben. Die »Mauer« war für ihn aber zugleich klar nur die Vorstufe zu einer Regelung, die ein Friedensvertrag Ende des Jahres bringen würde. Und sie war in diesem Sinne auch ein Druckmittel auf den Westen. Erst später erkannte Ulbricht, dass das Berlin-Problem mit dem Mauerbau für Chruschtschow mehr oder weniger hinreichend auch praktisch gelöst war. Es bestand aus Chruschtschows Sicht kein Grund mehr zur Eile und vor allem nicht dazu, das mit einem Separatfrieden mit der DDR verbundene unnötige Risiko eines massiven Konfliktes mit den USA einzugehen, zumal er mit dem grundsätzlich noch ungelösten West-Berlin-Problem weiterhin ein Instrument zur Hand hatte, mit dem Moskau jederzeit wohldosierten Druck auf Washington und Bonn ausüben konnte.

Für Ulbricht war das Ziehen einer Stacheldrahtbarriere mitten durch Berlin eine Niederlage, zumal im Jahr 1961, jenem Jahr, in dem sein sozialistischer Staat das kapitalistische Westdeutschland überholt haben wollte. Das heißt nicht, dass ihn Skrupel geplagt hätten, aber es war nichtsdestoweniger eine Niederlage, gemessen an den Zielen, die er eigentlich angestrebt hatte. Aber als jemand, der »Freiheit« als nichts anderes als die Einsicht in die Notwendigkeit begreifen konnte, war für ihn klar, was jetzt zu tun war. Am 17. August gab der

20 Kwizinskij, Vor dem Sturm, S. 179.

21 Protokoll der Politbürositzung vom 4. 1. 1961, Stichwortprotokoll, BArch DY 30 J IV 2/2/743, zit. nach Harrison, Ulbrichts Mauer, S. 259.

DDR-Rundfunk bekannt, dass »bis zum Abschluß eines Friedensvertrages« keine Passierscheine nach West-Berlin ausgegeben würden.[22] Mit dem Wissen darum, wie die Entwicklung weiterging, erscheint auch diese Formulierung als eine nur schlecht getarnte Lüge, mit der die »Mauer« nach dem ersten Schock als vermeintliches Provisorium für die Menschen etwas akzeptabler gemacht werden sollte, kam es doch nie zu einem Friedensvertrag. Doch Ulbrichts Aktivitäten in den Wochen nach dem Mauerbau machen mehr als deutlich, dass es ihm weiterhin um einen Friedensvertrag mit der DDR und die damit verbundenen Veränderungen der Lage in Berlin ging. Die Schließung der Grenze war für ihn nur der erste Schritt, um die Lage in der DDR kurzfristig zu konsolidieren und die Reaktion der Westens auszutesten. Als zweiten und entscheidenden Schritt strebte Ulbricht weiter den von Chruschtschow für Ende des Jahres angekündigten Friedensvertrag mit der DDR an, der den Westen über kurz oder lang zu Verhandlungen und Abmachungen mit der DDR zwingen würde. Angesichts von Chruschtschows Zögern war Ulbrichts Linie jetzt aber zugleich zunehmend und notgedrungen, die »Mauer« als Grundlage aller weiteren Verhandlungen abzusichern und sukzessive die Kontrollrechte bereits vor Abschluss eines Friedensvertrages zu erlangen. In den kommenden Monaten zeigte sich jedoch, dass Ulbricht mit dem Mauerbau sein Pulver weitgehend verschossen hatte. Die Kampagne für einen Friedensvertrag wurde zwar auch 1962 noch weitergeführt, der Friedensvertrag gehörte aber ganz offenkundig nicht mehr zu den Prioritäten der sowjetischen Politik. Ulbricht und die SED-Führung mussten sich, ohne schon wirklich von der Vorstellung Abschied zu nehmen, auf eine Lage ohne Friedensvertrag und ohne alle souveränen Kontrollrechte auf ihrem Staatsterritorium einstellen und ihre Politik darauf ausrichten.

Nachdem die politische Entscheidung, die Grenze zu schließen und die grundlegenden Entscheidungen zum Regime an Mauer und innerdeutscher Grenze gefallen waren, war die »Mauer« bis zum Jahr 1989 dann kaum noch Thema im obersten Entscheidungsgremium der SED. Aus dem Provisorium und der Notlösung »Mauer« wurde eine Conditio sine qua non der SED-Herrschaft, nicht nur faktisch, sondern auch im Selbstverständnis der SED-Führung. Alle Fragen, die jetzt noch zu regeln waren, waren Fragen technischer und militärischer Art und wurden dort geregelt, wo solche eben geregelt wurden, in den zuständigen Ministerien oder im Nationalen Verteidigungs-

22 S. Die Flucht aus der Sowjetzone, S. 35.

rat. Die »Sicherung der Grenze« wurde sowohl praktisches Erfordernis der Herrschaftssicherung als auch eine Art Fetisch. In der möglichst absoluten Kontrolle dieser Grenze sollte sich Souveränität und Legitimität beweisen, an denen es der DDR und der SED bis 1989 nichtsdestoweniger ja stets mangelte. Die vermeintlichen wie auch tatsächlichen »Provokationen« von westlicher Seite an dieser Grenze wurden als eine Art generalstabsmäßiger Angriff auf die »Souveränität« und »Legitimität« der DDR verstanden und halfen, das eigene Bild von dieser Grenze als »Schutzwall« zu rechtfertigen. Völlig ausgeblendet wurde dabei freilich, dass diese »Provokationen« ja weitgehend erst durch die Brutalität an dieser Grenze »provoziert« wurden, also ihrerseits nichts als Reaktion auf die von den meisten Deutschen als Unrecht und Schande begriffenen Verhältnisse an der innerdeutschen Grenze waren. Für die SED dagegen waren die »Angriffe auf die Staatsgrenze West« quasi die Fortsetzung des nun nicht mehr möglichen Schwarzhandels, der Spionage, Sabotage und der Diversion, die in den 50er Jahren über diese Demarkationslinie zum Schaden der DDR betrieben worden waren. Da es in den 50er Jahren all das an der Grenze gegeben hatte, nicht wenige der illegalen Grenzgänger tatsächlich nicht (politische) Flüchtlinge waren, sondern oft auch Menschen, die sich ihr Leben mit Schwarzhandel und Schmuggel verdienten, die sich einer Strafverfolgung in der DDR entziehen wollten oder eben als Nazis oder »Klassenfeinde« galten, fiel es der SED leicht, dieses Bedrohungsbild auch auf die Zeit nach 1961 zu übertragen und den eigentlichen Zweck dieser Grenze seit 1961 aus dem eigenen Denken weitgehend zu verdrängen. Zudem hatte sie ja auch die Massenabwanderung bis zum Mauerbau auf »systematische Abwerbung« durch Bonn zurückgeführt. Durch die Schließung der Grenze war diese nun nicht mehr möglich. Und über etwas, das es nicht mehr gab, musste auch nicht diskutiert werden. So einfach war das wahrscheinlich für die SED-Führer. Wer weiter und ungeachtet der damit verbundenen Gefahr für Leib und Leben versuchte, diese Grenze ohne Genehmigung zu überschreiten, zu »durchbrechen«, wie es hieß, dem wurden grundsätzlich verwerfliche Motive oder mindestens ideologische Verblendung unterstellt.

An dieser ihrerseits rein ideologischen Sicht der SED-Führer auf das Problem änderte sich in den 28 Jahren der Existenz der Mauer kaum etwas. Letztlich hatten die Folgen von Mauer und Schießbefehl aber einfach keinen Platz im Denken der SED-Führung. Die Nachricht von einem neuen Todesopfer an der Grenze ihres Staates hatte für ihr politisches und privates Leben bestenfalls die Relevanz, wie sie eine Nachricht über Tote infolge eines Verkehrsunfalls in den Nachrichten hatte. Je nach psychischer Konditionierung mag mal etwas mehr, meist wohl eher weniger kurzzeitige Empathie dagewesen sein. Ein Unrechtsbewusstsein hat es, nach dem, was wir heute wissen, bei keinem in der Führung gegeben, ja nicht einmal den Gedanken, das Grenzregime könnte vielleicht angesichts der Entspannung zwischen Ost und West unverhältnismäßig sein.[23]

23 S. dazu Kubina, Die SED und ihre Mauer, S. 83–95.

Anhang

Quellen- und Literaturverzeichnis

Unveröffentlichte Quellen

Archiv der sozialen Demokratie (AdsD), Bonn
Ostbüro [Ostb.] 383/A1
Generalstaatsanwaltschaft, Berlin
GStA 2 Js 6/90
Die/Der Bundesbeauftragte für die Unterlagen des Staatssicherheitsdienstes der ehemaligen DDR (BStU), Berlin
MfS, HA I 5753
MfS, HA XX 4405
MfS, Rechtsstelle 1039
MfS, SdM 407; 412; 1159; 1199; 1201; 1327; 1328; 1481; 1554; 1906; 1909; 2377
MfS, ZAIG 8677
MfS, ZAIG/TB/3
Bundesarchiv (BArch)
Das Bundesarchiv digitalisiert sukzessive seine Bestände und stellt die Digitalisate z. T. online zur Verfügung. Für einen aktuellen Überblick über on-

line zur Verfügung stehende Digitalisate s. http://www.bundesarchiv.de/find buecher/argus/hilfeseiten/findbuecher_digitalisate.htm

Bundesarchiv, Berlin:

BArch MdI, Büro des Ministers DO 1/10302; 10308

BArch MdI, Büro Stellv. des Ministers DO 1/2103; 21458; 21456; 21458; 21464; 21465; 21466

BArch MdI, DVdI, Kriminalpolizei DO 1/25361 – 25375

BArch MdI, HV DVP Sekretariat DO 1/27019; 28428

BArch MdI, HV DVP HA Kriminalpolizei DO 1/27708; 27779; 27780

BArch MdI, HV DVP Operativer Stab DO 1/28127 – 28130; 28146; 28178

BArch MdI, HV DVP, Paß- und Meldewesen DO 1/27955; 27961 – 27968; 28355 ff.

Bundesarchiv, Stiftung Archiv der Parteien und Massenorganisationen der DDR (SAPMO), Berlin:

BArch DY 30/2204; 2507; 3291; 3507; 3508; 3509; 3558; 3681; 3682; 3685

BArch DY 30 J IV 2/2/...

BArch DY 30 J IV 2/2A/...

BArch DY 30 J IV 2/3/490

BArch DY 30 IV 2/1/...

BArch DY 30 IV 2/5/...

BArch DY 30 IV 2/2.028/33

BArch NY 4090/437

BArch NY 4182/1206; 1385

BArch NY 4215/1212

Bundesarchiv-Militärarchiv, Freiburg

BArch DVW 1/5046; 39503

BArch GT 490

Central Intelligence Agency (CIA), Washington

Penkovsky Papers – http://www.foia.cia.gov/penkovsky.asp (Stand 21.6.2012)

Rossiski Gossudarstwennoi Archiw Nowejschej Istorii (Russisches Staatsarchiv für neueste Geschichte; RGANI), Moskau

RGANI, f. 5, op. 48, d. 82 (rolik 8875), Bl. 11-13 (von Gerhard Wettig).

Periodika

Cicero, Berlin
Berliner Zeitung, Berlin
Bayernkurier, München
Beiträge zur Geschichte der Arbeiterbewegung, Berlin
Berlinische Monatsschrift, Berlin
Bild, Berlin
B. Z., Berlin
Deutschland Archiv, Köln und Bielefeld
Frankfurter Allgemeine Zeitung, Frankfurt am Main
Freie Rundschau, München
Istoričeskie zapiski, Moskau
Izvestija, Moskau
Neues Deutschland, Berlin
Niemandsland. Zeitschrift zwischen den Kulturen, Berlin
Die politische Meinung, St. Augustin
Die Presse der Sowjetunion, Berlin
SBZ-Archiv, Köln
Statistisches Monatsheft Baden-Württemberg, Stuttgart
Der Stern, Hamburg
Super Illu, Berlin
Der Tagesspiegel, Berlin
Telegraph. Ostdeutsche Zeitschrift, Berlin
Utopie kreativ, Berlin
Vierteljahrshefte für Zeitgeschichte, München
Welt am Sonntag, Berlin
Die Zeit, Hamburg
Zeitgeschichte regional. Mitteilungen aus Mecklenburg-Vorpommern, Schwerin
Zeitschrift für Geschichtswissenschaft, Berlin
Zvesda, St. Petersburg

Literatur

Um ein schnelleres Auffinden der im Text nach der Erstnennung nur noch mit Autorennachnamen und Kurztitel aufgeführten Literatur zu ermöglichen, wurde auf eine Gliederung der Literatur nach Gattungen (Dokumentationen, Aufsätze, Monografien) verzichtet. Für Namen in kyrillischer Schrift wird im Text in der Regel die dem deutschsprachigen Leser eher geläufige, sogenannte Duden-Umschrift (z. B. Belezki), in den reinen Quellenangaben jedoch die wissenschaftliche Transliteration (z. B. Beleckij) genutzt, da nur diese eine eindeutige Rückübertragung ins Kyrillische erlaubt. Bei Quellenbelegen in ursprünglich kyrillischer Schrift aus englischsprachiger Literatur wird die dort verwendete Umschrift beibehalten (z. B. Beletsky).

Abelshauser, Werner: Deutsche Wirtschaftsgeschichte seit 1945, München 2004.

Abelshauser, Werner: Zur Entstehung der »Magnet-Theorie« in der Deutschlandpolitik. Ein Bericht von Hans Schlange-Schöningen über einen Staatsbesuch in Thüringen im Mai 1946, Vierteljahrshefte für Zeitgeschichte 27 (1979) 4, S. 661 – 679.

Ackermann, Volker: Der »echte« Flüchtling. Deutsche Vertriebene und Flüchtlinge aus der DDR 1945 – 1961, Osnabrück 1995.

Adomeit, Hannes: Die Sowjetmacht in internationalen Krisen und Konflikten. Verhaltensmuster, Handlungsprinzipien, Bestimmungsfaktoren, Baden-Baden 1983.

Alisch, Steffen: »Die Insel sollte sich das Meer nicht zum Feind machen!«. Die Berlin-Politik der SED zwischen Bau und Fall der Mauer, Stamsried 2004.

Allertz, Robert [i. e. Schumann, Frank]/Ittershagen, Elisabeth: »Da hat mir Chruschtschow ganz schön etwas eingebrockt«. Niemand hat die Absicht, eine Mauer zu bauen, Teil 1. Zwischen Bonn und Moskau, Junge Welt, Nr. 189, 15. 8. 2005.

Allertz, Robert [i. e. Schumann, Frank]/Ittershagen, Elisabeth: Halbe Souveränität, 100 Prozent Kontrolle. Niemand hat die Absicht, eine Mauer zu bauen, Teil 2 und Schluss, Junge Welt, Nr. 190, 16. 8. 2005.

Amos, Heike: Politik und Organisation der SED-Zentrale 1949 – 1963. Struktur und Arbeitsweise von Politbüro, Sekretariat, Zentralkomitee und ZK-Apparat, Münster u. a. 2003.

Amos, Heike: Die Vertriebenenpolitik der SED 1949 bis 1990, München 2009 (Schriftenreihe der Vierteljahrshefte für Zeitgeschichte, Sondernummer 2009).

Anatomie der Parteizentrale. Die KPD/SED auf dem Weg zur Macht, hg. von Manfred Wilke, Berlin 1998.

Andreas-Friedrich, Ruth: Schauplatz Berlin. Tagebuchaufzeichnungen 1945–1948, Frankfurt am Main 1986.

Arbeitermangel. Warten auf Babys, Der Spiegel, H. 26, 21. 6. 1961, S. 26.

Augustin, Katja: Im Vorzimmer des Westens. Das Notaufnahmelager Marienfelde, in: Effner/Heidemeyer, Flucht im geteilten Deutschland, S. 135–151.

Aus dem Wortprotokoll der 25. Tagung des Zentralkomitees der SED vom 24.–27. Oktober 1955, o. O. o. J. (fotomechanischer Nachdruck, Bonn 1956).

Aus dem Wortprotokoll der 33. Tagung des Zentralkomitees der SED, o. J. (fotomechanischer Nachdruck, Bonn 1958).

Bacher, Dieter/Knoll, Harald: »There is no Glory in this Business«. Die amerikanischen Spionageflüge über der Sowjetunion und ihre Auswirkungen auf die bilateralen Beziehungen, in: Karner u. a., Der Wiener Gipfel, S. 315–333.

Bailey, George/Kondrašev, Sergej A./Murphy, David E.: Die unsichtbare Front. Der Krieg der Geheimdienste im geteilten Berlin, Berlin 1997.

Barke, Werner: »Ich glaube nur der Statistik, die ich selbst gefälscht habe …«, Statistisches Monatsheft Baden-Württemberg (2004) 11, S. 50–53.

Der Bau der Mauer durch Berlin. Die Flucht aus der Sowjetzone und die Sperrmaßnahmen des kommunistischen Regimes vom 13. August 1961 in Berlin. Faksimilierter Nachdruck der Denkschrift von 1961, hg. vom Bundesministerium für innerdeutsche Beziehungen, Bonn 1986.

Baumgarten, Klaus-Dieter/Freitag, Peter (Hg.): Die Grenzen der DDR. Geschichte, Fakten, Hintergründe, Berlin 2004.

Die Bedeutung der 25. ZK-Tagung des SED-Zentralkomitees für die künftige politische Entwicklung in der sowjetisch besetzten Zone Deutschlands und die »gesamtdeutschen« Pläne des SED-Regimes, BMG, Presse- und Informationsstelle, Berlin, Dezember 1955.

Beleckij, Viktor N.: Iz zapisok sovetskogo diplomata i biznesmena (ne tol'ko o strane mel'nic i tjul'panov no i o problemach perestrojki) [Aus den Aufzeichnungen eines sowjetischen Diplomaten und Geschäftsmannes (nicht nur aus dem Land der Windmühlen und Tulpen, sondern auch über Probleme der Perestroika)], Moskau 1992.

Belmonte, Laura A.: Selling the American Way. U. S. Propaganda and the Cold War, Philadelphia 2008 (http://books.google.de/books?id=wF9F

CggMpF4C&printsec=frontcover&hl=de#v=onepage&q&f=false; Stand 18.6.2012).

Bennewitz, Inge/Potratz, Rainer: Zwangsaussiedlungen an der innerdeutschen Grenze, Berlin 1997.

Bentzien, Hans: Meine Sekretäre und ich, Berlin 1995.

Berlin. III. Weltfestspiele der Jugend und Studenten für den Frieden, zusammengest. vom Amt für Information des Magistrats von Groß-Berlin unter Mitwirkung der Abt. Volksbildung, o. O. [Berlin] o.J. [1951].

Berlin. Chronik der Jahre 1951 – 1954, hg. im Auftrag des Senats von Berlin, Berlin 1968 (Schriftenreihe zur Berliner Zeitgeschichte, Bd. 5).

Berlin. Chronik der Jahre 1955 – 1956, hg. im Auftrag des Senats von Berlin, Berlin 1971 (Schriftenreihe zur Berliner Zeitgeschichte, Bd. 6).

Berlin. Chronik der Jahre 1957 – 1958, hg. im Auftrag des Senats von Berlin, Berlin 1974 (Schriftenreihe zur Berliner Zeitgeschichte, Bd. 8).

Berlin. Chronik der Jahre 1959 – 1960, hg. im Auftrag des Senats von Berlin, Berlin 1978 (Schriftenreihe zur Berliner Zeitgeschichte, Bd. 9).

Berlin. Ringen um Einheit und Wiederaufbau 1948 – 1951, hg. im Auftrag des Senats von Berlin, Berlin 1962 (Schriftenreihe zur Berliner Zeitgeschichte, Bd. 3).

The Berlin Crisis and the Khrushchev Ulbricht Summits in Moscow, 9 and 18 June 1959, Introduction, translation, and annotation by Hope M. Harrison, in: CWIHP Bulletin, 11/1998, S. 206 – 217.

Die Berliner Luftbrücke. Ereignis und Erinnerung, für das AlliiertenMuseum hg. von Helmut Trotnow und Bernd von Kostka, Berlin 2010.

Die Berliner Mauer. Vom Sperrwall zum Denkmal, Bonn 2009 (Schriftenreihe des Deutschen Komitees für Denkmalschutz, Bd. 76/1).

Bienert, Walther: Karl Marx' Zukunftsreich des Kommunismus und der Freiheit, in: Von kommenden Zeiten, S. 60 – 83.

Bikini. Die fünfziger Jahre. Politik, Alltag, Opposition. Kalter Krieg und Capri-Sonne. Fotos, Texte, Comics, Analysen, zusammengest. von Eckhard Siepmann, ausgebreitet von Irene Lusk, montiert von Jürgen Holtfreter, Berlin 1983.

Birkenfeld, Günter: Sprung in die Freiheit. Berichte über die Ursachen, Begleitumstände und Folgen der Massenflucht aus der Sowjetischen Besatzungszone, Ulm 1953.

Bischof, Günter u. a.: Der Wiener Gipfel 1961 und seine Bedeutung für die internationale Politik. Zur Einleitung, in: Karner u. a., Der Wiener Gipfel, S. 17 – 74.

Bischof, Günter/Williamson, Richard: Berlin oder Abrüstung? Die Prioritäten des verpatzten Pariser Gipfels, in: Karner u. a., Der Wiener Gipfel, S. 107 – 136.

Bispinck, Henrik: »Republikflucht«: Flucht und Ausreise als Problem für die DDR-Führung, in: Vor dem Mauerbau, S. 285 – 309.

Bodensieck, Heinrich: Wilhelm Piecks Moskauer Aufzeichnungen vom »4/6. 45« – ein Schlüsseldokument für Stalins Deutschlandpolitik?, in: Studien zur Geschichte der SBZ/DDR, S. 29 – 55.

Böttcher, Hans V.: Die Freie Stadt Danzig: Wege und Umwege in die europäische Zukunft. Historischer Rückblick, staats- und völkerrechtliche Fragen, Bonn 1997.

Bonwetsch, Bernd/Filitov, Alexej: Chruschtschow und der Mauerbau. Die Gipfelkonferenz der Warschauer-Pakt-Staaten vom 3. bis 5. August 1961, Vierteljahrshefte für Zeitgeschichte 48 (2000) 1, S. 155 – 198.

Bonwetsch, Bernd/Kudrjašov, Sergej: Stalin und die II. Parteikonferenz der SED. Ein Besuch der SED-Führung in Moskau, 31. März – 8. April 1952, und seine Folgen (Dokumentation), in: Stalin und die Deutschen, S. 173 – 206.

Borbe, Ansgar: Die Zahl der Opfer des SED-Regimes, Berlin 2010.

Borkowski, Dieter: Erich Honecker, München 1987.

Borkowski, Dieter: Für jeden kommt der Tag … Stationen einer Jugend in der DDR, Frankfurt am Main 1983.

Buschfort, Wolfgang: Das Ostbüro der SPD. Von der Gründung bis zur Berlin-Krise, München 1991 (Schriftenreihe der Vierteljahrshefte für Zeitgeschichte, Bd. 63).

Carlson, Peter: K Blows Top: A Cold War Comic Interlude, Starring Nikita Khrushchev, America's Most Unlikely Tourist, New York 2009.

Cate, Curtis: Riss durch Berlin. Der 13. August 1961, Hamburg 1980.

Catudal, Honore M.: Kennedy in der Mauer-Krise. Eine Fallstudie zur Entscheidungsfindung in den USA, Berlin 1981 (Politologische Studien, Bd. 18).

Cholodnaja vojna. Novye podchody, novye dokumenty [Der Kalte Krieg. Neue Ansätze, neue Dokumente], red. Michail M. Narinskij, Moskau 1995.

Chronik 1961 – 1962. Der andere Teil Deutschlands in den Jahren 1961 – 1962. IV. Ergänzungsband zu »SBZ von 1945 bis 1954«, Bonn und Berlin 1969.

Chruščëv, Nikita S.: Vremja, Ljudi, vlast' [Zeit, Menschen, Macht], 4 Bde., Moskau 1999.

Chruschtschow erinnert sich, hg. von Strobe Talbott, eingel. und kommentiert von Edward Crankshaw, Reinbek bei Hamburg 1971.

Chruschtschow erinnert sich. Die authentischen Memoiren, hg. von Strobe Talbott, eingel. und kommentiert von Edward Crankshaw, mit einem Vorwort zur Taschenbuchausgabe von Botho Kirsch, Reinbek bei Hamburg 1992.

Chruschtschow-Memoiren. Aus der Vorhölle, Der Spiegel, H. 48, 23. 11. 1970, S. 138 – 142.

Chruschtschow, Sergej: Die Geburt einer Supermacht. Ein Buch über meinen Vater, o. O. (Klitzschen) 2003.

Chruschtschow, Sergej: Nikita Chruschtschow. Marionette des KGB oder Vater der Perestroika, hg. von William Taubman, München 1991.

Ciesla, Burghard: »All das bremst uns, kann uns aber nicht aufhalten«. Wohlstandsversprechen und Wirtschaftswachstum: Grundprobleme der SED-Wirtschaftspolitik in den fünfziger Jahren, in: Vor dem Mauerbau, S. 149 – 164.

Clay, Lucius D.: Entscheidung in Deutschland, Frankfurt am Main 1950.

Creuzberger, Stefan: Abschirmungspolitik gegenüber dem westlichen Deutschland im Jahre 1952, in: Die sowjetische Deutschland-Politik in der Ära Adenauer, S. 12 – 36.

Čubar'jan, A. O.: Novaja istorija »cholodnoj vojny« [Neue Geschichte des »Kalten Krieges«], Novaja i novejšaja istorija, (1997) 6, S. 3 – 22.

Davidson, Justin: The Kitchen Debate's Actual Kitchen. In 1959, this Commack ranch house reproduced in Moscow showed the Soviets what they were missing, 8. 5. 2011 (http://nymag.com/realestate/features/commack-moscow-2011-5/; Stand 18. 6. 2012).

Die DDR vor dem Mauerbau. Dokumente zur Geschichte des anderen deutschen Staates 1949 – 1961, hg. von Dierk Hoffmann, Karl-Heinz Schmidt und Peter Skyba, München 1993.

Demke, Elena: »Antifaschistischer Schutzwall« – »Ulbrichts KZ«. Kalter Krieg der Mauer-Bilder, in: Die Mauer, S. 96 – 110.

Denken ist die erste Bürgerpflicht. Fernsehrede des Genossen Walter Ulbricht vom 15. September 1961, o. O. [Berlin] o. J. [1961].

Denkschrift östliche Untergrundarbeit gegen Westberlin, hg. vom Senator für Inneres, Berlin, Stand: 15. April 1959.

Deutsche flüchten zu Deutschen. Der Flüchtlingsstrom aus dem sowjetisch besetzten Gebiet nach Berlin, hg. vom Senator für Arbeit und Sozialwesen, Berlin o. J. [1956].

Der Deutsche Friedensplan mit dem Appell an alle Deutschen in Ost und West und der Erklärung des Vorsitzenden des Staatsrates der Deutschen Demokratischen Republik, Walter Ulbricht, in der Sitzung der Volkskammer am 6. Juli 1961. Schriftenreihe des Staatsrates der DDR, Nr. 13/1961.

Deutsche Kriegsbrandstifter wieder am Werk. Eine Dokumentation über die Militarisierung Westdeutschlands nach Materialien des Ausschusses für Deutsche Einheit, Berlin 1959.

Deutsche Schicksale 1956, Hg.: Büro des Präsidiums des Nationalrats der Nationalen Front des demokratischen Deutschland, Abt. Agitation und Schulung, Berlin o. J. [1956].

Diedrich, Torsten: Die Grenzpolizei der SBZ/DDR (1946 – 1961), in: Handbuch der bewaffneten Organe, S. 201 – 223.

Diedrich, Torsten: Waffen gegen das Volk. Der 17. Juni 1953 in der DDR, hg. vom Militärgeschichtlichen Forschungsamt, München 2003.

Dokumente der Sozialistischen Einheitspartei Deutschlands. Beschlüsse und Erklärungen des Zentralkomitees sowie seines Politbüros und seines Sekretariats, Bd. V, Berlin 1955.

Dokumente zur Deutschlandpolitik, III. Reihe/Bd. 4 in 3 Teilbänden, hg. vom Bundesministerium für gesamtdeutsche Fragen, Frankfurt am Main und Berlin 1969.

Dokumente zur Deutschlandpolitik, IV. Reihe/Bd. 1 bis 6 in Teilbänden, hg. vom Bundesministerium für innerdeutsche Beziehungen, Frankfurt am Main 1971 – 1975.

Drechsler, Sigrid: Der Haß stirbt mit der Erinnerung. Die Geschichte eines Todesschusses an der innerdeutschen Grenze, Emsdetten 1998.

Du und die Mauer, Hg.: Ausschuß für Deutsche Einheit, Berlin 1962.

Dwars, Jens F.: »... in der elitären Ebene.« Ein Gespräch mit Karl Schirdewan, Utopie kreativ, (2002) 139 (Mai), S. 428 – 438.

Effner, Bettina/Heidemeyer, Helge (Hg.): Flucht im geteilten Deutschland. Erinnerungsstätte Notaufnahmelager Marienfelde, Berlin 2005.

Effner, Bettina/Heidemeyer, Helge: Die Flucht in Zahlen, in: Effner/Heidemeyer, Flucht im geteilten Deutschland, S. 27 – 31.

Ein und Ausreise. Das Monstrum, Der Spiegel, H. 50, 7. 12. 1960, S. 28 – 31.

»Ein Zeichen des Versagens«. Interview mit Hope Harrison: Wie Ulbricht den Mörtel anrührte und Chruschtschow erpresste, Bayernkurier, Nr. 15, 16. 4. 2011.

Eisenfeld, Bernd/Engelmann, Roger: 13. August 1961: Mauerbau, Fluchtbewegung und Machtsicherung, Bremen 2001.

Das Ende der Arbeiterbewegung in Deutschland? Ein Diskussionsband zum sechzigsten Geburtstag von Theo Pirker, hg. von Rolf Ebbighausen und Friedrich Tiemann, Opladen 1984 (Schriften des Zentralinstituts für sozialwissenschaftliche Forschung der Freien Universität Berlin, 43).

Engelmann, Roger/Fricke, Karl Wilhelm: »Konzentrierte Schläge«. Staatssicherheitsaktionen und politische Prozesse in der DDR 1953 – 1956, Berlin 1998.

Engelmann, Roger/Schumann, Silke: Der Ausbau des Überwachungsstaates. Der Konflikt Ulbricht-Wollweber und die Neuausrichtung des Staatssicherheitsdienstes der DDR 1957, Vierteljahrshefte für Zeitgeschichte 43 (1995) 2, S. 341 – 378.

Engels, Friedrich: Herrn Eugen Dührings Umwälzung der Wissenschaft (»Anti-Dühring«), in: Marx-Engels-Werke, Bd. 20, S. 5 – 303.

Entwurf eines »Gesetzes über Einreise und Ausreise« (Drucksache 372/60), Bundesrat. Bericht über die 227. Sitzung, Bonn, den 22. 12. 1960, S. 560 – 573.

Erhard, Ludwig: Wohlstand für alle, Düsseldorf 1957.

Erhard, Ludwig: Wohlstand für alle, Düsseldorf 1964 (8., letzte von Erhard autorisierte Ausgabe; http://www.ludwig-erhard-stiftung.de/files/wohlstand_fuer_alle.pdf; Stand 18. 3. 2012).

Erler, Peter: »Moskau-Kader« der KPD in der SBZ, in: Anatomie der Parteizentrale, S. 229 – 291.

Fäßler, Peter E.: »Diversanten« oder »Aktivisten«? Westarbeiter in der DDR (1949 – 1961), Vierteljahrshefte für Zeitgeschichte, 49 (2001) 4, S. 613 – 642.

Fäßler, Peter E.: Westarbeiter im Dienste der Staatssicherheit, Deutschland Archiv 37 (2004) 6, S. 1022 – 1029.

Fichter, Tilman/Lönnendonker, Siegward: Kleine Geschichte des SDS. Der Sozialistische Deutsche Studentenbund von 1946 bis zur Selbstauflösung, Berlin 1977.

Die Flucht aus der Sowjetzone, 4. ergänzte Auflage, hg. vom Bundesministerium für Vertriebene, Flüchtlinge und Kriegsgeschädigte, Bonn, Stand: 30. 6. 1961.

Die Flucht aus der Sowjetzone und die Sperrmaßnahmen des kommunistischen Regimes vom 13. August 1961 in Berlin, hg. vom Bundesministerium für gesamtdeutsche Fragen, Bonn und Berlin 1961.

Fluchtziel Berlin. Die Geschichte des Notaufnahmelagers Berlin-Marienfelde, Hg.: Erinnerungsstätte Notaufnahmelager Marienfelde e. V., Berlin 2000.

Foreign Relations of the United States (FRUS), 1958 – 1960, Vol. VIII, Berlin Crisis 1958 – 1959, Washington 1993.

Frank, Mario: Walter Ulbricht. Eine deutsche Biographie, Berlin 2003.

»Freie Stadt« zwischen Stacheldraht? Die Zonen- und Sektorengrenze von Westberlin, hg. vom Bundesministerium für gesamtdeutsche Fragen, Bonn und Berlin (Mai) 1959.

Fricke, Karl W.: »Republikflucht« und Ausreise. Permanente Krisenelemente des SED-Herrschaftssystems, in: Machtokkupation und Systemimplosion, S. 45 – 65.

Frotscher, Kurt/Krug, Wolfgang (Hg.): 17. Juni 1953. Der Streit um sein Wesen, Schkeuditz 2004.

Frotscher Kurt/Liebig, Horst: Opfer deutscher Teilung. Beim Grenzschutz getötet, Schkeuditz 2005.

»Die Führung lag in Moskau«. Michael Schumann und Wolfgang Dreßen im Gespräch mit Karl Schirdewan, Niemandsland. Zeitschrift zwischen den Kulturen. Tugendterror 4 (1992) 10/11, S. 305 – 326.

Fursenko, Aleksandr A.: Kak bylo postroena berlinskaja stena [Wie die Berliner Mauer gebaut wurde], Istoričeskie zapiski, (2001) 4, S. 73 – 90.

Fursenko, Aleksandr A.: Rossija i meždunarodnye krizisy: seredina XX veka [Russland und die internationalen Krisen: Mitte des 20. Jahrhunderts], Moskau 2006.

Fursenko, Aleksandr A./Naftali, Timothy: Khrushchev's Cold War. The Inside Story of an American Adversery, New York, London 2006.

Gafert, Bärbel: Am Ende von Flucht und Massenvertreibung, Teil II: Die »Sondertransporte« aus dem Königsberger/Kaliningrader Gebiet 1947/48 in die SBZ, Zeitschrift des Forschungsverbundes SED-Staat, Nr. 29/2011, S. 4 – 25.

Gegen den roten Funktionär. Material zum Entwurf eines Gesetzes über Einreise und Ausreise, hg. von der Bundesregierung, Bonn 1960.

Geipel, Ines: Die ungebührliche Ulbricht-Tochter, Die Welt, 25. 7. 2009 (http://www.welt.de/debatte/kommentare/article6074982/Die-ungebuehrliche-Ulbricht-Tochter.html; Stand 10. 3. 2012).

Geipel, Ines: Vergnügt und nützlich. Beate Matteoli, in: Geipel/Petersen, Black Box DDR, S. 161 – 165.

Geipel, Ines/Petersen, Andreas: Black Box DDR. Unerzählte Leben unterm SED-Regime, Wiesbaden 2009.

Gelb, Norman: The Berlin Wall, London 1986.

Die Geschichte des Grenzschutzkommandos Nord 1951 – 1991, Hg.: Grenzschutzkommando Nord, Hannover 1991.

Goerner, Martin Georg: Die Kirche als Problem der SED. Strukturen kommunistischer Herrschaftsausübung gegenüber der evangelischen Kirche 1945 bis 1958, Berlin 1997.

Görtemaker, Manfred: Geschichte der Bundesrepublik Deutschland. Von der Gründung bis zur Gegenwart, München 1999.

Gößmann, Jochen: Chruschtschow befahl Mauer-Bau. Bislang geheime Dokumente beweisen: Sowjet Führer Chruschtschow befahl den Bau der Berliner Mauer, B.Z., 1.6.2009 (http://www.bz berlin.de/aktuell/berlin/chruschtschow-befahl-mauer-bau-article475525.html; Stand: 21.6.2012).

Gossweiler, Kurt: Die Taubenfuß-Chronik oder die Chruschtschowiade 1953 bis 1964: Dokumente, Kommentare, Analysen, Briefe, 2 Bde., München 2002/2005.

Greiner, Bernd/Müller, Christian/Walter, Dierk (Hg.): Krisen im Kalten Krieg, Hamburg 2008 (Studien zum Kalten Krieg, Bd. 2).

Grieder, Peter: The East German Leadership 1946 – 1973. Conflict and Crisis, Manchester 1999.

Grieder, Peter: Eine unabhängige britische Sicht auf die Konflikte im SED-Politbüro 1956 – 1958, in: Klein/Otto/Grieder, Visionen, S. 562 – 619.

Grinevskij, Oleg: Berlinskij krisis 1958 – 59 gg. Zametki diplomata [Die Berlinkrise 1958 – 59. Anmerkungen eines Diplomaten], Zvezda (1996) 2, S. 126 – 156.

Grinevskij, Oleg: Tauwetter. Entspannung, Krisen und neue Eiszeit, Berlin 1996.

Grinevskij, Oleg: Tysjača i odin den' Nikity Sergeeviča [Tausend und ein Tag des Nikita Sergejewitsch], Moskau 1998.

Großmann, Werner: Bonn im Blick. Die DDR-Aufklärung aus der Sicht ihres letzten Chefs, Berlin 2007.

Grotewohl, Otto: Im Kampf um die einige Deutsche Demokratische Republik. Reden und Aufsätze aus den Jahren 1954 – 1956, Bd. IV, Berlin 1959.

Gründer, Ralf: Ulbrichts Mauer. Driving the Soviets up the Wall. Prof. Hope Harrison diskutiert mit Prof. Dr. Manfred Wilke. Videoaufnahme einer Veranstaltung im Berliner Alliiertenmuseum am 16.8.2011 (http://www.berliner-mauer.de/willy-hieronymus-schreiber-akte-eisladen-i-ii.html?id=543:podiumsdiskussion-ulbrichts-mauer-driving-the-soviets-up-the-wall&catid=85:beitraege-zum-thema-berliner-mauer; Stand: 21.6.2012).

Günther, Siegwart-Horst/Götting, Gerald: Was heißt Ehrfurcht vor dem Leben? Begegnung mit Albert Schweitzer, Berlin 2005.
Handbuch der bewaffneten Organe, hg. im Auftrag des Militärgeschichtlichen Forschungsamtes von Torsten Diedrich, Hans Ehlert und Rüdiger Wenzke, Berlin 2007.
Harrison, Hope M.: The bargaining power of weaker allies in bipolarity and crisis. The dynamics of Soviet-East German relations. Ph. D. Dissertation, Ann Arbor 1993.
Harrison, Hope M.: Die Berlin-Krise und die Beziehungen zwischen der UdSSR und der DDR, in: Die sowjetische Deutschland-Politik in der Ära Adenauer, S. 105 – 122.
Harrison, Hope M.: Driving the Soviets up the Wall. Soviet-East German Relations 1953 – 1961, Oxford 2003.
Harrison, Hope M.: Research in Former Soviet and East German Archives on the Cold War and the Berlin Wall, Beitrag auf der Konferenz Power of Free Inquiry and Cold War International History, 25. – 26. 9. 1998, College Park, MD, (http://www.archives.gov/research/foreign-policy/cold-war/conference/harrison.html#027; Stand 8. 3. 2011).
Harrison, Hope M.: Ulbricht and the Concrete »Rose«. New Archival Evidence on the Dynamics of Soviet-East German Relations and the Berlin Crisis, 1958 – 1961, Washington D. C. 1993 (CWIHP Working Paper, No. 5).
Harrison, Hope M.: Ulbrichts Mauer. Wie die SED Moskaus Widerstand gegen den Mauerbau brach, Berlin 2011.
Harrison, Hope M.: Walter Ulbricht, der Bau der Mauer und der Umgang damit seit 1989, Deutschland Archiv Online, (2011) 6 (http://www.bpb.de/themen/UD6WIT; Stand 7. 1. 2012).
Harrison, Hope M.: Walter Ulbrichts »dringender Wunsch«, Aus Politik und Zeitgeschichte, 61 (2011) 31 – 34, S. 8 – 15.
»Hart und kompromißlos durchgreifen«. Die SED contra Polen 1980/81. Geheimakten der SED-Führung über die Unterdrückung der polnischen Demokratiebewegung, hg. von Michael Kubina und Manfred Wilke, Berlin 1995.
Heidemeyer, Helge: Flucht und Zuwanderung aus der SBZ/DDR 1945/1949 – 1961. Die Flüchtlingspolitik der Bundesrepublik Deutschland bis zum Bau der Berliner Mauer, Düsseldorf 1994 (Beiträge zur Geschichte des Parlamentarismus und der politischen Parteien, Bd. 100).
Heimann, Siegfried: Die SPD in Ostberlin 1945 – 1961, in: Die Parteien und Organisationen der DDR, S. 402 – 425.

Heine, Heinrich: Werke in fünf Bänden, Berlin, Weimar 1967 (Bibliothek deutscher Klassiker).

Heinrich, Eberhard/Ullrich, Klaus: Befehdet seit dem ersten Tag. Über drei Jahrzehnte Attentate gegen die DDR, Berlin 1981.

Herrnstadt, Rudolf: Das Herrnstadt-Dokument. Das Politbüro der SED und die Geschichte des 17. Juni 1953, hg., eingel. und bearbeitet von Nadja Stulz-Herrnstadt, Reinbek bei Hamburg 1990.

Hertle, Hans-Hermann/Jarausch, Konrad J./Kleßmann, Christoph (Hg.): Mauerbau und Mauerfall. Ursachen. Verlauf. Auswirkungen, Berlin 2002.

Herzberg, Guntolf: Anpassung und Aufbegehren. Die Intelligenz der DDR in den Krisenjahren 1956/58, Berlin 2006.

Heymann, Brita: Ernst Melsheimer (1897 – 1960). Eine juristische Karriere in verschiedenen staatlichen Systemen, Frankfurt am Main 2007.

Hildebrandt, Jens: Gewerkschaften im geteilten Deutschland. Die Beziehungen zwischen DGB und FDGB vom Kalten Krieg bis zur Neuen Ostpolitik 1955 bis 1969, St. Ingbert 2010.

Hochgeschwender, Michael: Freiheit in der Offensive? Der Kongreß für kulturelle Freiheit und die Deutschen, München 1998 (Ordnungssystem. Studien zur Ideengeschichte der Neuzeit, Bd. 1).

Hoffmann, Dierk: Die Beseitigung der Arbeitslosigkeit in der DDR, in: Vor dem Mauerbau, S. 87 – 117.

Honecker, Erich: Letzte Aufzeichnungen. Mit einem Vorwort von Margot Honecker, Berlin 2012.

Hübsch, Reinhard: Dieckmann raus – hängt ihn auf! Der Besuch des DDR-Volkskammerpräsidenten Johannes Dieckmann in Marburg am 13. Januar 1961, Bonn 1995.

Hüttmann, Jens: DDR-Geschichte und ihre Forscher. Akteure und Konjunkturen der bundesdeutschen DDR-Forschung, Berlin 2008.

Ich sterbe in diesem Kasten. Der frühere Stasi-Chef Erich Mielke über Erich Honecker und den Untergang des SED-Regimes, in: Der Spiegel, H. 36, 31. 8. 1992, S. 38 – 53.

Imperialismus heute. Der staatsmonopolistische Kapitalismus in Westdeutschland, hg. vom Institut für Gesellschaftswissenschaften beim ZK der SED, Berlin 1965.

Jahrbuch Extremismus & Demokratie (E & D), hg. von Uwe Backes und Eckhard Jesse, Baden-Baden 2009.

Junk, Wiebke: Nixon gegen Chruschtschow. Kalter Krieg in der Küche, einestages. Zeitgeschichten auf Spiegel Online, 2008 (http://einestages.spiegel.

de/static/topicalbumbackground/4566/kalter_krieg_in_der_kueche.html; Stand 18.6.2012).
Die Kabinettsprotokolle der Bundesregierung, Bd. 14: 1961, München 2004.
Kahlschlag. Das 11. Plenum des ZK der SED. Studien und Dokumente, hg. von Günter Agde, Berlin 2000.
Kahn, Siegbert: Zur ökonomischen Entwicklung in Westdeutschland, Berlin 1960 (Deutsche Akademie der Wissenschaften zu Berlin, Heft 67).
Karl Schirdewan: Fraktionsmacherei oder gegen Ulbrichts Diktat. Eine Stellungnahme vom 1. Januar 1958, Beiträge zur Geschichte der Arbeiterbewegung, 32 (1990) 4, S. 498 – 512.
Karlsch, Rainer: Allein bezahlt? Die Reparationsleistungen der SBZ/DDR 1945 – 53, Berlin 1993.
Karner, Stefan u. a. (Hg.): Der Wiener Gipfel 1961. Kennedy-Chruschtschow, Innsbruck, Wien, Bozen 2011 (Veröffentlichungen des Ludwig Boltzmann Instituts für Kriegsfolgen-Forschung, Graz – Wien – Klagenfurt, Sonderband 12).
Kazarina, Irina: Von Washington nach Wien. »Dornen und Rosen« in Chruščëvs US-Politik, in: Karner u. a., Der Wiener Gipfel, S. 207 – 227.
Keiderling, Gerhard: Die Periode 1961 – 1990 im Berlin-Schrifttum, Berlinische Monatsschrift, 10 (2001) 6, S. 205 – 211 (http://www.luise-berlin.de/bms/bmstxt01/0106lita.htm; Stand 26. 3. 2012).
Kelber, Harry: AFL CIO's Dark Past. A 6 Part Series, The Labour Educator, 8. 11. – 13. 12. 2004 (http://www.laboreducator.org/darkpast.htm; Stand 18. 6. 2012).
Kellerhoff, Sven F.: Wie ein Bundestagsabgeordneter Top-Spion wurde, Welt Online, 1. 11. 2010 (http://www.welt.de/kultur/article10672223/Wie-ein-Bundestagsabgeordneter-Top-Spion-wurde.html; Stand 18. 6. 2012).
Kempe, Frederick: Berlin 1961. Kennedy, Chruschtschow und der gefährlichste Ort der Welt, Berlin 2011.
Kennedy: Vielleicht eine Mauer, Der Spiegel, H. 34, 16. 8. 1976, S. 16.
Keßler, Heinz: Zur Sache und Person. Erinnerungen, Berlin 1997.
Keßler, Heinz/Streletz, Fritz: Ohne die Mauer hätte es Krieg gegeben. Zwei Zeitzeugen erinnern sich, Berlin 2011.
Khrushchev, Nikita S.: Memoirs of Nikita Khrushchev, Vol. 1 – 3, University Park, Pa. 2004 – 2007.
Kimmel, Elke: Das Notaufnahmeverfahren, in: Effner/Heidemeyer, Flucht im geteilten Deutschland, S. 115 – 133.

The Kitchen Debate: An exploration into Cold War ideologies and propaganda (http://www3.sympatico.ca/robsab/debate.html; Stand 18. 6. 2012).

Klausmeier, Axel: Hinter der Mauer. Zur militärischen und baulichen Infrastruktur des Grenzkommandos Mitte, Berlin 2012.

Klein, Thomas: »Für die Einheit und Reinheit der Partei«. Die innerparteilichen Kontrollorgane der SED in der Ära Ulbricht, Köln, Weimar, Wien 2002 (Zeithistorische Studien, Bd. 20).

Klein, Thomas: Kopflanger und Weißwäscher? Der Ort der Intelligenz als soziale Schicht in der heutigen Gesellschaft, Telegraph. Ostdeutsche Zeitschrift, Nr. 125/126, 2012, S. 64 – 69.

Klein, Thomas: SEW. Die Westberliner Einheitssozialisten. Eine »ostdeutsche« Partei als Stachel im Fleische der »Frontstadt«? Berlin 2009.

Klein, Thomas / Otto, Wilfriede / Grieder, Peter: Visionen. Repression und Opposition in der SED (1949 – 1989), 2 Teilbände, Frankfurt (Oder) 1996.

Knabe, Hubertus: 17. Juni 1953. Ein deutscher Aufstand, München 2003.

Koehler, John O.: Was Adenauer im Sommer 1945 mit dem US-Geheimdienst über Deutschland verhandelte, Welt am Sonntag, 5. 1. 1997, S. 10.

Kondraschow, Sergej: Über Ereignisse des Jahres 1953 und deren Bewertungen von Aufklärungsdiensten einiger Länder, in: Timmermann, 1953 in Deutschland, S. 26 – 43.

Koop, Volker: »Den Gegner vernichten«. Die Grenzsicherung der DDR, Bonn 1996.

Koop, Volker: Kein Kampf um Berlin. Deutsche Politik zur Zeit der Berlin-Blockade 1948/1949, Bonn 1998.

Kowalczuk, Ilko-Sascha: Geist im Dienste der Macht. Hochschulpolitik in der SBZ/DDR 1945 bis 1961, Berlin 2003.

Kramer, Mark: Archival Research in Moscow: Progres and Pittfalls, in: CWIHPB Fall 1993, S. 1, 18 – 39.

Kramer, Mark: Der Aufstand in Ostdeutschland im Juni 1953, in: Greiner/Müller/Walter, Krisen im Kalten Krieg, S. 80 – 126.

Krause, Fritz: Antimilitaristische Opposition in der BRD 1949 – 55, Frankfurt am Main 1971.

Kroll, Hans: Lebenserinnerungen eines Botschafters, Köln, Berlin 1967.

Krumholz, Walter: Berlin-ABC, hg. im Auftrag des Presse- und Informationsamtes des Landes Berlin, Berlin 1965.

Kruse, Michael: Politik und deutsch-deutsche Wirtschaftsbeziehungen von 1945 bis 1989. Berlin 2005.

Kubina, Michael: Alfred Neumann und die Mauer. Wie mit Hilfe eines ehemaligen SED-Historikers aus einem Poltergeist im Politbüro posthum Ulbrichts Favorit wurde, so daß ein Ehrenvorsitzender ihn seligsprechen konnte, Zeitschrift des Forschungsverbundes SED-Staat, Nr. 29/2011, S. 170 – 176.

Kubina, Michael: Antwort auf Gerhard Wettig, Zeitschrift des Forschungsverbundes SED-Staat, Nr. 30/2011, S. 147 – 149.

Kubina, Michael: Der Aufbau des zentralen Parteiapparates der KPD 1945 – 1946, in: Anatomie der Parteizentrale, S. 49 – 117.

Kubina, Michael: Frau Hope M. Harrisons Mauer (und ihre Folgen). Oder wie ein politikwissenschaftliches Modell mit der Hermeneutik wedelt, Zeitschrift des Forschungsverbundes SED-Staat, Nr. 31 (Teil I) und 32 (Teil II)/ 2012, S. 74 – 108 bzw. 84 – 109.

Kubina, Michael: »Die Mauer wird in 50 und auch in 100 Jahren noch bestehen bleiben«. Mauerstrategien der SED (1962 – 89), in: Die Berliner Mauer, S. 143 – 153.

Kubina, Michael: »Nichts Wesentliches unberücksichtigt gelassen«. Honecker und die Mauer. Versuch eines Psychogramms, Zeitschrift des Forschungsverbundes SED-Staat, Nr. 30/2011, S. 42 – 68.

Kubina, Michael: Das Recht auf Freizügigkeit. Die Aufnahmepolitik Westdeutschlands gegenüber den DDR-Zuwanderern, Zeitschrift des Forschungsverbundes SED-Staat, Nr. 28/2010, S. 75 – 89.

Kubina, Michael: 60 Jahre SED/PDS/Die Linke. Thesen zur Etablierung der SED-Herrschaft im sowjetisch besetzten Teil Deutschlands (1945 – 1953), Zeitschrift des Forschungsverbundes SED-Staat, Nr. 19/2006, S. 158 – 173.

Kubina, Michael: Die SED und ihre Mauer, in: Die Mauer, S. 83 – 95.

Kubina, Michael: Die SED und ihre Mauer. Der Umgang der SED-Führer mit Mauer und Schießbefehl nach ihrem Machtverlust, unveröffentlichtes Manuskript, 2012.

Kubina, Michael: Ulbrichts obskures Objekt der Begierde. Korrekturen zum Geschichtsbild von Ulbrichts angeblichen Mauerplänen vom Anfang der 50er Jahre, Zeitschrift des Forschungsverbundes SED-Staat, Nr. 29/2011, S. 26 – 81.

Kubina, Michael: »Was in dem einen Teil verwirklicht werden kann mit Hilfe der Roten Armee, wird im anderen Kampffrage sein.« Zum Aufbau des zentralen Westapparates der KPD/SED 1945 – 1949, in: Anatomie der Parteizentrale, S. 413 – 500.

Küchenmeister, Daniel (Hg.): Der Mauerbau. Krisenverlauf, Weichenstellung, Resultate, Berlin 2001.

Kufeke, Kay: »Jeder, ob Genosse oder nicht, ist schon ›drüben‹ gewesen.« Die Durchlässigkeit der innerdeutschen Grenze in Mecklenburg vor 1952, Zeitgeschichte regional. Mitteilungen aus Mecklenburg-Vorpommern 15 (2001) 2, S. 34 – 38.

Kvicinskij, Julij A.: Vremja i slučaj. Zametki professionala [Zeit und Begebenheit. Anmerkungen eines Profis], Moskau 1999.

Kwizinskij, Julij A.: Vor dem Sturm. Erinnerungen eines Diplomaten, Berlin 1993.

Lapp, Peter J.: Gefechtsdienst im Frieden. Das Grenzregime der DDR, Bonn 1999.

Lapp, Peter J.: Gerald Götting. CDU-Chef in der DDR. Eine politische Biographie, Aachen 2011.

Lapp, Peter J.: Lizenz zum Töten. Die Grenzsicherung der DDR, Horch und Guck, 20 (2011) 71=1, S. 4 – 9.

Lemke, Michael: Die Berlinkrise 1958 bis 1963. Interessen und Handlungsspielräume der SED im Ost-West-Konflikt, Berlin 1995.

Lemke, Michael: Einheit oder Sozialismus. Die Deutschlandpolitik der SED 1949 – 1961, Köln, Weimar, Wien 2001.

Lemke, Michael (Hg.): Schaufenster der Systemkonkurrenz. Die Region Berlin-Brandenburg im Kalten Krieg, Weimar, Wien 2006.

Lemke, Michael: Die SED und die Berlin-Krise 1958 bis 1963, in: Die sowjetische Deutschland-Politik in der Ära Adenauer, S. 123 – 137.

Lemke, Michael: Sowjetische Interessen und ostdeutscher Wille. Divergenzen zwischen den Berlinkonzepten von SED und UdSSR in der Expositionsphase der zweiten Berlinkrise, in: Sterben für Berlin, S. 203 – 219.

Lemke, Michael: Totale Blockade? Über das Verhältnis von Abschottung und Durchlässigkeit im Berliner Krisenalltag 1948/49, in: Die Berliner Luftbrücke, S. 121 – 135.

Lemke, Michael: Vor der Mauer. Berlin in der Ost-West-Konkurrenz 1948 bis 1961, Köln, Weimar 2011.

Lenin, Wladimir I.: Werke, Bd. 19, Berlin 1977.

Lichtenberger, Lutz: Vier Tage lang ging es auf dem »Geschichtsforum 1989 – 2009« auch um die unterschiedliche Sicht aus Ost und West auf die deutsche Vergangenheit: Sag mir, wo du stehst (http://www.berliner-zeitung.de/archiv/vier-tage-lang-ging-es-auf-dem--geschichtsforum-1989-2009--auch-um-die-unterschiedliche-sicht-aus-ost-und-west-auf-die-deut sche-vergangenheit-sag-mir-wo-du-stehst,10810590,10643270.html; Stand 21.6.2012).

Licom k licu. Rasskaz o poezdke N. S. Chruščëva v SŠA, 15–27 sentjabrja 1959 goda [Aug in Auge. Bericht über die Reise N. S. Chruschtschows in die USA, 15.–27. September 1959], Moskau 1959.

Lindner, Jim: The Loss of Early Video Recordings: The Nixon-Khrushchev »Kitchen Debate«, Abbey Newsletter 21 (1997) 7 (http://cool.conservation-us.org/byorg/abbey/an/an21/an21-7/an21-708.html; Stand 18.6.2012).

Loth, Wilfried: Die Sowjetunion und die deutsche Frage. Studien zur sowjetischen Deutschlandpolitik, Göttingen 2007.

Loth, Wilfried: Stalins ungeliebtes Kind. Warum Moskau die DDR nicht wollte, Berlin 1996.

Loth, Wilfried: Stalin's Unwanted Child. The Soviet Union, the German Question, and the Founding of the GDR, New York 1998.

Lotte Ulbricht. Mein Leben. Selbstzeugnisse, Briefe und Dokumente, hg. von Frank Schumann, Berlin 2003.

Lucas, Scott: Campaigns of Truth: The Psychological Strategy Board and American Ideology, 1951–1953, The International History Review 18 (1996) 2, S. 279–302.

Ludz, Peter Christian: In Memoriam Ernst Richert, Deutschland Archiv 8 (1975) 9, S. 234–235.

Machtokkupation und Systemimplosion. Anfang und Ende der DDR. Zehn Jahre danach. Dieter Voigt zum 65. Geburtstag, hg. von Lothar Mertens, Berlin 2001 (Schriftenreihe der Gesellschaft für Deutschlandforschung, Bd. 80).

Maddrell, Paul: Exploiting and Securing the Open Border in Berlin: The Western Secret Services, the Stasi, and the Second Berlin Crisis, 1958–1961. February 2009 (CWIHP Working Paper, No. 58).

Mader, Julius: Die Killer lauern. Eine Dokumentation über die Ausbildung und den Einsatz militärischer Diversions- und Sabotageeinheiten in den USA und in Westdeutschland, Berlin 1961.

Major, Patrick: Behind the Berlin Wall. East Germany and the Frontiers of Power, Oxford 2009.

Major, Patrick: Torschlußpanik und Mauerbau. »Republikflucht« als Symptom der zweiten Berlinkrise, in: Sterben für Berlin, S. 221–243.

Mallmann, Klaus-Michael: Kommunisten in der Weimarer Republik. Sozialgeschichte einer revolutionären Bewegung, Darmstadt 1996.

Martin, Alexander: Brennpunkt Berlin. 70 Fragen und 70 Antworten zum Berlin-Problem, Berlin 1959.

Marx-Engels-Werke, Bd. 19 und 20, Berlin 1972.

Marx, Karl: Kritik des Gothaer Programms, in: Marx-Engels-Werke, Bd. 19, S. 11–32.

Die Mauer. Errichtung, Überwindung, Erinnerung, hg. von Klaus-Dietmar Henke, München 2011.

Maurer, Jochen: Dienst an der Mauer. Der Alltag der Grenztruppen rund um Berlin, Berlin 2011.

Mayor under the Soviet Gun. Interview von James O'Donnell mit Willy Brandt, Saturday Evening Post, 30. 5. 1959, Vol. 231, Issue 48, S. 30.

Medwedjew, Zhores: Andropow. Der Aufstieg zur Macht, Hamburg 1983.

Melis, Damjan van: »Republikflucht«. Flucht und Auswanderung aus der SBZ/DDR 1945 bis 1961, München 2006.

Mielke, Michael: NVA-Generäle blasen per Attest zum Rückzug. Prozeß wegen des Schießbefehls an der Grenze – Acht Hochdekorierte stehen vor Gericht, Welt Online, 17. 8. 1995 (http://www.welt.de/print-welt/article661270/NVA-Generaele-blasen-per-Attest-zum-Rueckzug.html; Stand 10. 1. 2011).

Mitten in Deutschland. Mitten im 20. Jahrhundert. Die Zonengrenze, hg. vom Bundesministerium für gesamtdeutsche Fragen, Bonn 1958.

Mitter, Armin/Wolle, Stefan: Untergang auf Raten. Unbekannte Kapitel der DDR-Geschichte, Berlin 1993.

Mord in Zelle 7. Ein Tatsachenbericht geschildert nach den Aussagen von Hans Hagen, Berlin 1956.

Mühlfriedel, Wolfgang/Hellmuth, Edith: Carl Zeiss in Jena 1945–1990, Köln, Weimar, Wien 2004.

Müller, Peter: Die Sozialistische Einheitspartei Westberlins, in: Stöss, Parteienhandbuch, S. 2241–2273.

Müller, Werner: Karl Schirdewan – ein Stalinist mit preußischer Disziplin, in: Jahrbuch Extremismus & Demokratie, S. 64–91.

Müller-Enbergs, Helmut: Der Fall Rudolf Herrnstadt. Tauwetterpolitik vor dem 17. Juni, Berlin 1991.

»Nach Hitler kommen wir«. Dokumente zur Programmatik der Moskauer KPD-Führung 1944/45 für Nachkriegsdeutschland, hg. von Peter Erler, Horst Laude und Manfred Wilke, Berlin 1994.

Naimark, Norman M.: Die Sowjetische Militäradministration in Deutschland und die Frage des Stalinismus. Veränderte Sichtweisen auf der Grundlage neuer Quellen aus russischen Archiven, Zeitschrift für Geschichtswissenschaft, 43 (1995) 4, S. 293 – 307.

Nakath, Detlef: Zur Geschichte der deutsch-deutschen Handelsbeziehungen. Die besondere Bedeutung der Krisenjahre 1960/61 für die Entwicklung des innerdeutschen Handels, Berlin 1993 (Helle Panke, H. 4).

Neef, Christian: Wertwolles Menschlein, Der Spiegel, H. 35, 23. 8. 2004, S. 48.

Očerki istorii rossijskoj vnešnej razvedki [Abriss der Geschichte der russischen Auslandsaufklärung], Bd. 5: 1945 – 1965, glavnyj redaktor: S. N. Lebedev, Moskau 2003.

Oesterreich, Charlotte: Die Situation in den Flüchtlingseinrichtungen für DDR-Zuwanderer in den 1950er und 1960er Jahren. »Die aus der Mau-Mau-Siedlung«, Hamburg 2008.

Ohse, Marc-Dietrich: Jugend nach dem Mauerbau. Anpassung, Protest und Eigensinn (DDR 1961 – 1974), Berlin 2003.

Orlov, Aleksandr S.: Tajnaja bitva sverchderžav [Die geheime Schlacht der Supermächte], Moskau 2000.

Ostermann, Christian F.: »Keeping the Pot Simmering, the United States and the East German Uprising of 1953«, German Studies Review 19 (1996) 1, S. 61 – 89.

Ostermann, Christian F.: »This Is Not A Politburo, But A Madhouse«. The Post-Stalin Succession Struggle, Soviet Deutschlandpolitik and the SED: New Evidence from Russian, German, and Hungarian Archives, CWIHPB, 10. März 1998, S. 61 – 110.

Ostermann, Christian F.: The United States, the East German Uprising of 1953, and the Limits of Rollback, Washington 1994 (CWIHP Working Paper, No. 11).

Otto, Wilfriede: 13. August 1961 – eine Zäsur in der europäischen Nachkriegsgeschichte, Beiträge zur Geschichte der Arbeiterbewegung, 39 (1997) 1 und 2, S. 40 – 74 bzw. 55 – 92.

Otto, Wilfriede: Erich Mielke. Biographie. Aufstieg und Fall eines Tschekisten, Berlin 2000.

Otto, Wilfriede: Die SED im Juni 1953. Interne Dokumente, Berlin 2003 (Texte der Rosa-Luxemburg-Stiftung, Bd. 10).

Pardon, Inge und Michael: »Ich lasse aus, was mich erheben könnte«, in: Lotte Ulbricht, S. 193 – 203.

Die Parteien und Organisationen der DDR. Ein Handbuch, hg. von Gerd-Rüdiger Stephan u. a., Berlin 2002.

Paulsen, Werner: Westreisen. Zum Reiseverkehr von Bürgern der DDR nach NATO-Staaten und Berlin (West), Berlin 2011.

Penkowskij, Oleg: Geheime Aufzeichnungen, hg. und eingel. von Frank Gibney, München 1965.

Pirker, Theo: Arbeiterbewegung und Arbeiterkultur, Gewerkschaftliche Monatshefte, 36 (1985) 11, S. 676 – 692.

Pirker, Theo: Vom »Ende der Arbeiterbewegung«, in: Das Ende der Arbeiterbewegung in Deutschland, S. 39 – 51.

Plück, Kurt: Der schwarz-rot-goldene Faden. Vier Jahrzehnte erlebter Deutschlandpolitik, Bonn 1996.

Poljanski, Igor J./Schwartz, Matthias (Hg.): Die Spur des Sputnik. Kulturhistorische Expeditionen ins kosmische Zeitalter, Frankfurt am Main, New York 2009.

Poltergeist im Politbüro. Siegfried Prokop im Gespräch mit Alfred Neumann, Frankfurt (Oder) 1996.

Popper, Karl: Die offene Gesellschaft und ihre Feinde, Band II: Falsche Propheten. Hegel, Marx und die Folgen, Tübingen 2003.

The Post-Stalin Succession Struggle and the 17 June 1953 Uprising in East Germany. The Hidden History. Declassified Documents from U.S., Russian and Other European Archives, ed. by Christian F. Ostermann, The Cold War International History Project of the Woodrow Wilson International Center for Scholars and The National Security Archive at the George Washington University, Washington D. C. 1996.

Prezidium CK KPSS 1954 – 1964. Černovye protokol'nye zapisi zasedanij. Stenogrammy. Postanovlenija [Präsidium des ZK der KPdSU 1954 – 1964. Arbeitsprotokolle der Sitzungen. Stenogramme. Beschlüsse], v. 3 tomach [in 3 Bdn.], T. 3: Postanovlenija [Bd. 3: Beschlüsse] 1959 – 1964, glavnyj redaktor A.A. Fursenko, Moskau 2008.

Pri otkrytych granicach my ne smožem tjagat'sja s kapitalizmom, [Bei offenen Grenzen können wir uns nicht mit dem Kapitalismus messen; Interview von Sergej Guk mit Viktor N. Beleckij] Izvestija, Nr. 216, 29. 2. 1992, S. 6.

Prokop, Siegfried: Intellektuelle in den Wirren der Nachkriegszeit. Die soziale Schicht der Intelligenz der SBZ/DDR, Teil 2: 1956 – 1965, Berlin 2011 (Schriften zur Geschichte des Kulturbundes, Bd. 3).

Prokop, Siegfried: Der 17. Juni 1953. Geschichtsmythen und historischer Prozess, in: Frotscher/Krug, 17. Juni 1953, S. 67 – 104.

Prokop, Siegfried: Ulbrichts Favorit. Auskünfte von Alfred Neumann, Berlin 2009.

Protokoll der Verhandlungen der II. Parteikonferenz der SED, 9. bis 12. Juli 1952 in der Werner-Seelenbinder-Halle zu Berlin, Berlin 1952.

Protokoll der Verhandlungen des V. Parteitages der SED in Berlin, 10.–16.7.1958, 2 Bde., Berlin 1959.

Przybylski, Peter: Tatort Politbüro. Die Akte Honecker, Berlin 1991.

Richert, Ernst: Das zweite Deutschland. Ein Staat, der nicht sein darf, Gütersloh 1964.

Ritter, Gerhard A.: Die menschliche »Sturmflut« aus der »Ostzone«, in: Effner/Heidemeyer, Flucht im geteilten Deutschland, S. 33–47.

Ritter, Jürgen/Lapp, Peter J.: Die Grenze. Ein deutsches Bauwerk, Berlin 2011.

Röhlke, Cornelia: Entscheidung für den Osten. Die West-Ost-Migration, in: Effner/Heidemeyer, Flucht im geteilten Deutschland, S. 97–113.

Roesler, Jörg: Ende der Arbeitskräfteknappheit in der DDR? Erwartete und unerwartete Wirkungen der Grenzschließung auf wirtschaftlichem Gebiet, in: Küchenmeister, Der Mauerbau, S. 74–87.

Roesler, Jörg: Momente deutsch-deutscher Wirtschafts- und Sozialgeschichte 1945 bis 1990. Eine Analyse auf gleicher Augenhöhe, Leipzig 2006.

Roggenbuch, Frank: Das Berliner Grenzgängerproblem. Verflechtung und Systemkonkurrenz vor dem Mauerbau, Berlin, New York 2008 (Veröffentlichungen der Historischen Kommission zu Berlin, Bd. 107).

Rühle, Jürgen/Holzweißig, Günter: 13. August 1961. Die Mauer von Berlin, Köln 1981.

Ruhl, Andreas: Stalin-Kult und Rotes Woodstock. Die Weltjugendfestspiele 1951 und 1973 in Ostberlin, Marburg 2009 (Wissenschaftliche Beiträge aus dem Tectum Verlag, Reihe Geschichtswissenschaft, Bd. 7).

Sälter, Gerhard: Grenzpolizisten. Konformität, Verweigerung und Repression in der Grenzpolizei und den Grenztruppen der DDR 1952 bis 1965, Berlin 2009.

Sälter, Gerhard: Die Sperranlagen, oder: Der unendliche Mauerbau, in: Die Mauer, S. 122–137.

Salter, Ernest J.: Walter Ulbricht. Portrait eines Satrapen, Die politische Meinung, H. 37 (Sonderdruck), Juni 1959, S. 37–48.

SBZ von 1955–1958. Die Sowjetische Besatzungszone Deutschlands in den Jahren 1955–1958, hg. vom Bundesministerium für gesamtdeutsche Fragen, Bonn, Berlin 1961.

Schecter, Jarold L./Deriabin, Peter: Die Penkowskij-Akte. Der Spion, der den Frieden rettete, Berlin 1993.

Schenk, Fritz: Im Vorzimmer der Diktatur. 12 Jahre Pankow, Köln, Berlin 1962.

Schenk, Fritz: Die Magie der Planwirtschaft, Köln, Berlin 1960.

Schiller, Helmut: Die kleinen Reisen des Achim Ansberg. Roman einer Jugend, Ditzingen 2011.

Schiller, Helmut: Petting. Roman, Berlin 1999.

Schirdewan, Karl: Aufstand gegen Ulbricht, Berlin 1995.

Schirdewan, Karl: Ein Jahrhundert Leben. Erinnerungen und Visionen, Berlin 1998.

Schirdewan, Karl: Fraktionsmacherei oder gegen Ulbrichts Diktat? Eine Stellungnahme vom 1. Januar 1958, Beiträge zur Geschichte der Arbeiterbewegung, 32 (1990) 4, S. 498 – 512.

Schlaak, Peter: Wetter in Berlin von 1950 bis 1961, Berlinische Monatsschrift, 10 (2001) 3, S. 180 – 193.

Schmeh, Klaus: Wie Pepsi den großen Rivalen Coca Cola ärgerte, 3. 2. 2008 (http://www.heise.de/tp/artikel/27/27033/1.html; Stand 24. 6. 2012).

Schmelz, Andrea: Migration und Politik im geteilten Deutschland während des Kalten Krieges. Die West-Ost-Migration in die DDR in den 1950er und 1960er Jahren, Opladen 2002.

Schmidt, Hans-Jürgen: »Wir tragen den Adler des Bundes am Rock ...«. In Freiheit dienen. Chronik des Bundesgrenzschutzes am Beispiel des Standortes Coburg. 1951 – 1992, Coburg 1993.

Schmidt, Karl-Heinz: Dialog über Deutschland. Studien zur Deutschlandpolitik von KPdSU und SED (1960 – 1979), Baden-Baden 1998.

Schöne, Jens: Frühling auf dem Lande? Die Kollektivierung der DDR-Landwirtschaft, Berlin 2010.

Schöne, Jens: Der »sozialistische Frühling« auf dem Lande. Determinanten der SED-Agrarpolitik zwischen Reformdiskussionen und Vollkollektivierung, Deutschland Archiv 39 (2006) 1, S. 77 – 85.

Schroeder, Klaus: Der SED-Staat. Geschichte und Strukturen der DDR, München 1998.

Schwartz, Michael: Vertriebene und »Umsiedlerpolitik«: Integrationskonflikte in den deutschen Nachkriegs-Gesellschaften und die Assimilationsstrategien in der SBZ/DDR 1945 bis 1961, München 2004.

Sieger der Geschichte. 120 Jahre Geschichte der deutschen Arbeiterbewegung in Bildern und Dokumenten, hg. vom Dietz Verlag unter Beratung durch die Abteilung Propaganda des ZK der SED, Berlin 1963.

So kann es nicht mehr weitergehen. Radarreihe, Berlin 1961.

So sieht es in Westberlin wirklich aus, Hg.: SED, Bezirksleitung Groß-Berlin, Berlin 1953/54.

Some Facts about Expellees in Germany 1952, published by Federal Ministry for Expellees, Bonn 1952.

Sommer, Theo: Mehr Angst als Freiheitsliebe?, Die Zeit, Nr. 48, 25. 11. 1960, S. 1. (http://www.zeit.de/1960/48/mehr-angst-als-freiheitsliebe; Stand 10. 6. 2012).

Die sowjetische Deutschland-Politik in der Ära Adenauer, hg. von Gerhard Wettig, Bonn 1997 (Rhöndorfer Gespräche, Bd. 16).

Die Sperrmaßnahmen der DDR vom Mai 1952. Die Sperrmaßnahmen der Sowjetzonenregierung an der Zonengrenze und um Westberlin. Faksimilierter Nachdruck des Weißbuches von 1953, hg. vom Bundesministerium für innerdeutsche Beziehungen, Bonn 1987.

Die Sperrmaßnahmen der Sowjetzonenregierung an der Zonengrenze und um Westberlin, hg. vom Bundesministerium für gesamtdeutsche Fragen, Bonn 1953.

Spionage-Dschungel Westberlin. Eine Dokumentation über die westdeutschen und Westberliner Sabotage- und Spionageorganisationen und über die Geheimagenturen der imperialistischen Westmächte, Hg.: Ausschuss für deutsche Einheit, Berlin 1959.

Staadt, Jochen: Die geheime Westpolitik der SED 1960 – 1970. Von der gesamtdeutschen Orientierung zur sozialistischen Nation, Berlin 1993.

Stalin und die Deutschen. Neue Beiträge der Forschung, hg. von Jürgen Zarusky, München 2006 (Schriftenreihe der Vierteljahrshefte für Zeitgeschichte; Sondernummer).

Die Stalin-Note vom 10. März 1952. Neue Quellen und Analysen, hg. von Jürgen Zarusky, München 2002 (Schriftenreihe der Vierteljahrshefte für Zeitgeschichte, Bd. 84).

Stalins großer Bluff. Die Geschichte der Stalin-Note in Dokumenten der sowjetischen Führung, hg. und eingel. von Peter Ruggenthaler, München 2007.

Staritz, Dietrich: Die SED, Stalin und der »Aufbau des Sozialismus« in der DDR. Aus den Akten des Zentralen Parteiarchivs, Deutschland Archiv 24 (1991) 7, S. 686 – 700.

Steiner, André: Auf dem Weg zur Mauer? Ulbricht und Chruschtschow im November 1960, Utopie kreativ, (1993) 31/32 (Mai/Juni), S. 94 – 111.

Steiner, André: Die DDR Wirtschaftsreform der sechziger Jahre. Konflikt zwischen Effizienz und Machtkalkül, Berlin 1999.

Steiner, André: Politische Vorstellungen und ökonomische Probleme im Vorfeld der Errichtung der Berliner Mauer. Briefe Walter Ulbrichts an Nikita Chruschtschow, in: Von der SBZ zur DDR, S. 233 – 268.

Steiner, André: Vom Überholen eingeholt. Zur Wirtschaftskrise 1960/61 in der DDR, in: Sterben für Berlin, S. 245 – 262.

Steiner, André: Von Plan zu Plan: Eine Wirtschaftsgeschichte der DDR, Bonn 2007.

Steininger, Rolf: Berlinkrise und Mauerbau. 1958 bis 1963, München 2009.

Steininger, Rolf: Der Mauerbau. Die Westmächte und Adenauer in der Berlinkrise 1958 – 1963, München 2001.

Sterben für Berlin? Die Berliner Krisen 1948 – 1958, hg. von Burghard Ciesla, Michael Lemke und Thomas Lindenberger, Berlin 2000.

Stern, Carola: Ulbricht. Eine politische Biographie, Köln, Berlin 1964.

Stöss, Richard (Hg.): Parteienhandbuch. Die Parteien der Bundesrepublik Deutschland 1945 – 1980, Bd. 4, Opladen 1986.

Stoll, Klaus H.: Das war die Grenze. Erlebte Geschichte an der Zonengrenze im Fuldaer, Geisaer und Hünefelder Land von 1945 bis zur Grenzöffnung, Fulda 1997.

Studien zur Geschichte der SBZ/DDR, hg. von Alexander Fischer, Berlin 1993.

Subok, Wladislaw/Pleschakow, Konstantin: Der Kreml im Kalten Krieg. Von 1945 bis zur Kubakrise, Hildesheim 1997.

Tannenhäuser, K.: Parteileitung Berlin-West der SED, Freie Rundschau, 3 (1960) 4, S. 22 – 24.

Teichert, Oliver: Die Sozialistische Einheitspartei Westberlins. Untersuchung der Steuerung der SEW durch die SED, Kassel 2011.

Teller, Hans: Der kalte Krieg gegen die DDR. Von seinen Anfängen bis 1961, Berlin 1979.

Timmermann, Heiner (Hg.): 1953 in Deutschland. Der Aufstand im Fadenkreuz von Kaltem Krieg, Katastrophe und Katharsis, Münster, Hamburg, London 2003 (Dokumente und Schriften der Europäischen Akademie Otzenhausen, Bd. 110).

Uhl, Matthias: Ein eiserner Ring um Berlin, Die Zeit, Nr. 24, 4. 6. 2009, S. 11.

Uhl, Matthias: Krieg um Berlin? Die sowjetische Militär- und Sicherheitspolitik in der zweiten Berlin-Krise 1958 bis 1963, München 2008.

Uhl, Matthias: »Westberlin stellt also ein großes Loch inmitten unserer Republik dar.« Die militärischen und politischen Planungen Moskaus und Ost-Berlins zum Mauerbau, in: Vor dem Mauerbau, S. 311 – 330.

Uhl, Matthias/Wagner, Armin: Ulbricht, Chruschtschow und die Mauer. Eine Dokumentation, München 2003.

Uprising in East Germany. The Cold War, the German Question, and the First Major Upheaval behind the Iron Curtain, compiled, edited and introduced by Christian F. Ostermann, Budapest, New York 2001.

Vehlewald, Hans Jörg: So planten Ulbricht und Chruschtschow den Mauerbau, Bild, 15. 6. 2009 (http://www.bild.de/politik/2009/ddr/so-planten-sie-8690244.bild.html; Stand: 21. 6. 2012).

Die vergessenen Opfer der Mauer. Flucht und Inhaftierung in Deutschland 1961 – 1989, hg. von der Stiftung Gedenkstätte Berlin-Hohenschönhausen, Berlin 1999.

Volkserhebung gegen den SED-Staat. Eine Bestandsaufnahme zum 17. Juni 1953, hg. von Roger Engelmann und Ilko-Sascha Kowalczuk, Berlin 2005 (Analysen und Dokumente, Bd. 27).

Von der Freiheit. Von der Freiheit der Anderen und von unserer Freiheit!, Hg.: Ausschuß der Nationalen Front des demokratischen Deutschland der Hauptstadt Berlin, Berlin o. J. [1960].

Von kommenden Zeiten. Geschichtsprophetien im 19. und 20. Jahrhundert, hg. von Joachim H. Knoll und Julius H. Schoeps, Stuttgart, Bonn 1984 (Studien zur Geistesgeschichte, Bd. 4).

Von der SBZ zur DDR. Studien zum Herrschaftssystem in der Sowjetischen Besatzungszone und in der Deutschen Demokratischen Republik, hg. von Hartmut Mehringer, München 1995.

Vor dem Mauerbau. Politik und Gesellschaft in der DDR der fünfziger Jahre, hg. von Dierk Hoffmann, Michael Schwartz und Hermann Wentker, München 2003 (Schriftenreihe der Vierteljahrshefte für Zeitgeschichte, Sondernummer).

Wagner, Armin: Walter Ulbricht und die geheime Sicherheitspolitik der SED. Der Nationale Verteidigungsrat der DDR und seine Vorgeschichte. 1953 – 1971, Berlin 2002.

Wahl, Christine: Vermauern tut gut. Maxim-Gorki-Theater, Der Tagesspiegel, 31. 5. 2009 (http://www.tagesspiegel.de/kultur/buehne-alt/maxim-gorki-theater-vermauern-tut-gut/1525528.html; Stand: 21. 6. 2012).

Walter Ulbricht. Ein Leben für Deutschland, hg. vom Nationalrat der Nationalen Front des demokratischen Deutschland, Leipzig 1964.

Walther, Achim/Bittner, Joachim: Heringsbahn. Die innerdeutsche Grenze bei Hötensleben, Offleben und Schöningen, Bd. 1: 1945 bis 1952, Halle 2011.

Was wäre wenn ...?, Hg.: Ausschuß für Deutsche Einheit, Berlin 1961.
Weber, Hermann: Die Wandlung des deutschen Kommunismus. Die Stalinisierung der KPD in der Weimarer Republik, Frankfurt am Main 1969.
Weber, Hermann: Geschichte der DDR, München 1985.
Weber, Hermann: Geschichte der DDR, Köln 2004.
Weber, Hermann: Kleine Geschichte der DDR, Köln 1980.
Weitz, Eric D.: Creating German Communism, 1890–1990. From popular protests to socialist state, Princeton 1997.
Wendt, Hartmut: Die deutsch-deutschen Wanderungen. Bilanz einer 40jährigen Geschichte von Flucht und Ausreise, Deutschland Archiv 24 (1991) 4, S. 388–395.
Wentker, Hermann: Die Einführung der Jugendweihe in der DDR: Hintergründe, Motive, Probleme, in: Von der SBZ zur DDR, S. 139–65.
Wer RIAS hört, läßt den Todfeind in das eigene Haus!, Hg.: Büro des Präsidiums des Nationalrates der Nationalen Front des Demokratischen Deutschland, o. O. [Berlin] o. J. [1952] (Was jeder Deutsche wissen muß, H. 33).
Werkentin, Falco (Hg.): Der Aufbau der »Grundlagen des Sozialismus« in der DDR 1952/53, Berlin 2007 (Schriftenreihe des Berliner Landesbeauftragten für die Unterlagen des Staatssicherheitsdienstes der ehemaligen DDR, Bd. 15).
Werkentin, Falco: Die Politik der SED nach der 2. Parteikonferenz im Juli 1952, in: Werkentin, Der Aufbau der »Grundlagen des Sozialismus«, S. 49–65.
Wettig, Gerhard: Bemerkungen zur Frage der Motivation von Ulbrichts Verlangen nach Sperrung der Grenze in Berlin, Zeitschrift des Forschungsverbundes SED-Staat, Nr. 30/2011, S. 144–146.
Wettig, Gerhard: Bereitschaft zu Einheit in Freiheit? Die sowjetische Deutschland-Politik, München 1999.
Wettig, Gerhard: Chruščëv und die Berliner Mauer. Forderung nach einem Friedensvertrag 1961–1963, in: Karner u. a., Der Wiener Gipfel, S. 642–680.
Wettig, Gerhard: Chruščëvs außenpolitisches Weltbild. Leitvorstellungen in der Berlin-Krise, in: Karner u. a., Der Wiener Gipfel, S. 287–301.
Wettig, Gerhard: Chruschtschows Berlin-Krise 1958 bis 1963. Drohpolitik und Mauerbau, München 2006 (Quellen und Darstellungen zur Zeitgeschichte, Bd. 67).
Wettig, Gerhard: Chruschtschows Westpolitik 1955 bis 1964, Bd. 3: Kulmination der Berlin-Krise (Herbst 1960 bis Herbst 1962), München 2011 (Quellen und Darstellungen zur Zeitgeschichte, Bd. 88).

Wettig, Gerhard: Im Namen von Frieden und Freundschaft. Chruščevs Konzept der intersystemaren Kommunikation, in: Karner u.a., Der Wiener Gipfel, S.372–386.

Wettig, Gerhard: Sowjetische Deutschland-Politik 1953 bis 1958. Korrekturen an Stalins Erbe, Chruschtschows Aufstieg und der Weg zum Berlin-Ultimatum, München 2011 (Quellen und Darstellungen zur Zeitgeschichte, Bd.82).

Wettig, Gerhard: Sowjetische Machtapparate als integraler Bestandteil des SED-Regimes. Anfänge organisatorischer Durchdringung 1945 bis 1954, Osteuropa 50 (2000) 10, S.1149–1163.

Wettig, Gerhard: Die Sowjetunion und die Krise der DDR im Frühjahr und Sommer 1953, in: Volkserhebung gegen den SED-Staat, S.92–123.

Widerstand und Opposition in der DDR, hg. von Klaus-Dietmar Henke, Peter Steinbach und Johannes Tuchel, Köln, Weimar, Wien 1999 (Schriften des Hannah-Arendt-Instituts für Totalitarismusforschung, Bd.9).

Wiegrefe, Klaus: Die Schandmauer, Der Spiegel, H.32, 6.8.2001, S.64–73.

Wiegrefe, Klaus: Spionage im Kalten Krieg. Hinter der Mauer auf der Lauer, in: einestages Zeitgeschichten auf Spiegel-Online (http://einestages.spiegel.de/external/ShowTopicAlbumBackground/a5174/l0/l0/F.html#featuredEntry; Stand 7.1.2011).

Wiegrefe, Klaus: Wohin führt das?, Der Spiegel, H.10, 6.3.2000, S.62–64.

Wilhelm Pieck – Aufzeichnungen zur Deutschlandpolitik 1945–1993, hg. von Rolf Badstübner und Wilfried Loth, Berlin 1994.

Wilke, Manfred: Der Weg zur Mauer. Stationen der Teilungsgeschichte, Berlin 2011.

Wilke, Manfred: Der Wiener Gipfel und der Bau der Berliner Mauer, in: Karner u.a., Der Wiener Gipfel, S.681–704.

Wilke, Manfred/Vatlin, Alexander J.: »Arbeiten Sie einen Plan zur Grenzordnung zwischen beiden Teilen Berlins aus!« Interview mit Generaloberst Anatolij Grigorjewitsch Mereschko, Deutschland Archiv Online, (2011) 2, S.92–96. (http://www.bpb.de/themen/NAWPSE; Stand 1.4.2011).

Wilke, Manfred/Voigt, Tobias: Opposition gegen Ulbricht – Konflikte in der SED-Führung in den fünfziger Jahren, in: Widerstand und Opposition in der DDR, S.211–240.

Wir wissen was morgen geschieht, Hg.: Zentraler Wahlausschuß beim Nationalrat der Nationalen Front des demokratischen Deutschland, Berlin o.J. [1958].

Wolf, Markus: Spionagechef im geheimen Krieg, München 1998.

Wolff, Friedrich: Verlorene Prozesse 1953–2003. Meine Verteidigungen in politischen Verfahren, Berlin 2009.

Wolfrum, Edgar: Die Mauer. Geschichte einer Teilung, München 2009.

Wolkow, Waldimir K.: Die deutsche Frage aus Stalins Sicht (1947–1952), Zeitschrift für Geschichtswissenschaft, 48 (2000) 1, S. 20–49.

Wolle, Stefan: Aufbruch nach Utopia. Alltag und Herrschaft in der DDR 1961–1971, Berlin 2011.

Wollweber, Ernst: Aus Erinnerungen. Ein Porträt Walter Ulbrichts, Beiträge zur Geschichte der Arbeiterbewegung, 32 (1990) 3, S. 350–378.

Wroblewsky, Clement de: Wo wir sind ist vorn. Der politische Witz in der DDR, Hamburg 1990.

Young, Murray: The Soviet Exhibition in New York, The Anglo-Soviet Journal, Sept. 1959, S. 16–18. (http://www.unz.org/Pub/AngloSovietJ-1959q3-00016; Stand 18. 6. 2012).

Zubok, V. M./Vodop'janova, Z. K.: Sovetskaja diplomatija i berlinskij krisis [Die sowjetische Diplomatie und die Berlin-Krise], in: Cholodnaja vojna, Moskau 1995, S. 258–274.

Zubok, Vladislav M.: Khrushchev and the Berlin Crisis (1958–1962), Washington D. C. 1993 (CWIHP Working Paper, No. 6).

Abkürzungsverzeichnis

ADAV	Allgemeiner Deutscher Arbeiterverein
ADN	Allgemeiner Deutscher Nachrichtendienst
AZKW	Amt für Zollkontrolle und Warenverkehr
BArch	Bundesarchiv
BDVP	Bezirksverwaltung der Deutschen Volkspolizei
BND	Bundesnachrichtendienst
BOB	Berlin Operations Base (der CIA)
BRD	Bundesrepublik Deutschland
BStU	Die/Der Bundesbeauftragte für die Unterlagen des Staatssicherheitsdienstes der ehemaligen DDR
BVG	Berliner Verkehrsgesellschaft
CDU	Christlich Demokratische Union
CIA	Central Intelligence Agency
CWIHPB	Cold War International History Project Bulletin
DBD	Demokratische Bauernpartei Deutschlands
DDR	Deutsche Demokratische Republik
DM	Deutsche Mark
DVdI	Deutsche Verwaltung des Innern
DVP	Deutsche Volkspolizei
EAW	Elektro-Apparate-Werke
FDGB	Freier Deutscher Gewerkschaftsbund
FDJ	Freie Deutsche Jugend
FDP	Freie Demokratische Partei
FRUS	Foreign Relations of the United States
GSSD	Gruppe der Sowjetischen Streitkräfte in Deutschland
HA	Hauptabteilung
HICOG	High Comissioner for Germany
HV DVP	Hauptverwaltung der Deutschen Volkspolizei
IWF	Institut für wirtschaftswissenschaftliche Forschung
KGB	Komitet Gossudarstwennoi Besopasnosti (Komitee für Staatssicherheit der UdSSR)
KPD	Kommunistische Partei Deutschlands
KPdSU	Kommunistische Partei der Sowjetunion
LDPD	Liberaldemokratische Partei Deutschlands
MdI	Ministerium des Innern
MfS	Ministerium für Staatssicherheit

MGB	Ministerstwo Gossudarstwennoi Besopasnosti (Ministerium für Staatssicherheit der UdSSR)
NATO	North Atlantic Treaty Organization, westliches Militärbündnis
NS	Nationalsozialismus
NVA	Nationale Volksarmee
NVR	Nationaler Verteidigungsrat
PB	Politbüro
PdVP	Präsidium der Volkspolizei
PHV	Politische Hauptverwaltung
PM	Pass- und Meldewesen
Politbüro	Politisches Büro
PS	Personenschutz
RGANI	Rossiski Gossudarstwennoi Archiw Nowejschej Istorii (Russisches Staatsarchiv für neueste Geschichte)
RGW	Rat für Gegenseitige Wirtschaftshilfe
RIAS	Rundfunk im amerikanischen Sektor
SBZ	Sowjetische Besatzungszone
SdM	Sekretariat des Ministers
SDS	Sozialistischer Deutscher Studentenbund
SED	Sozialistische Einheitspartei Deutschlands
SEW	Sozialistische Einheitspartei Westberlins
SKK	Sowjetische Kontrollkommission (in Deutschland)
SMAD	Sowjetische Militäradministration in Deutschland
SPK	Staatliche Plankommission
Trapo	Transportpolizei
UdSSR	Union der Sozialistischen Sowjetrepubliken
UNO	United Nations Organization
US	United States
USA	United States of America
VP	Volkspolizei
ZAIG	Zentrale Auswertungs- und Informationsgruppe des MfS
ZK	Zentralkomitee
ZPKK	Zentrale Parteikontrollkommission

Personenregister

Zum Autor

Michael Kubina

Jahrgang 1958; 1980 – 1983 Studium der Theologie am Sprachenkonvikt der Evangelischen Kirche in Ost-Berlin, 1984 – 1991 der Ost- und Südosteuropäischen Geschichte, Politikwissenschaft und Slawistik an der Freien Universität Berlin in West-Berlin, 1991 – 1992 postgraduales Fernstudium der Informations- und Dokumentationswissenschaft an der Humboldt-Universität zu Berlin, 2000 Promotion zum Dr. phil., wissenschaftlicher Mitarbeiter und Projektleiter u. a. am Forschungsverbund SED-Staat der Freien Universität Berlin, am Bundesarchiv und am Institut für Zeitgeschichte.